Juan Gabriel Vásquez
Die Gestalt der Ruinen

Roman

Aus dem Spanischen
von Susanne Lange

Schöffling & Co.

Die Übersetzung aus dem Spanischen wurde mit Mitteln
des Auswärtigen Amtes unterstützt durch
LITPROM – Gesellschaft zur Förderung der Literatur
aus Afrika, Asien und Lateinamerika e.V.

Für Leonardo Garavito,
der mir die Ruinen in die Hand gelegt hat.

Für María Lynch und Pilar Reyes,
die mir die Gestalt für sie gezeigt haben.

Deutsche Erstausgabe

Erste Auflage 2018
© der deutschen Ausgabe:
Schöffling & Co. Verlagsbuchhandlung GmbH,
Frankfurt am Main 2018
Originaltitel: *La forma de las ruinas*
Originalverlag: Penguin Random House Grupo Editorial, Bogotá
Copyright © 2015 Juan Gabriel Vásquez
Alle Rechte vorbehalten
Satz: Fotosatz Amann, Memmingen
Druck & Bindung: Pustet, Regensburg
ISBN 978-3-89561-017-2

www.schoeffling.de

Thou art the ruins of the noblest man
Shakespeare, *Julius Caesar*

I. Der Mann des unheilvollen Datums

Zum letzten Mal hatte ich Carlos Carballo gesehen, als er gerade in einen Polizeiwagen kletterte, die Hände in Handschellen auf dem Rücken, den Kopf eingezogen; am Bildschirmrand gab eine Textzeile Auskunft über die Gründe seiner Verhaftung: Er hatte versucht, den Anzug eines ermordeten Politikers zu stehlen. Es war ein flüchtiges Bild, zufällig aufgeschnappt in den Abendnachrichten, zwischen der aggressiv gellenden Werbung und den Sportmeldungen, und mir war, das weiß ich noch, in den Sinn gekommen, dass Abertausend Zuschauer diesen Augenblick mit mir teilten, aber nur ich ehrlich behaupten konnte, dass ich nicht überrascht war. Der Schauplatz war Jorge Eliécer Gaitáns ehemaliges Haus, inzwischen ein Museum, in das Jahr für Jahr scharenweise Besucher einfallen, die für einen Moment symbolisch eintauchen wollen in das berühmteste Attentat der kolumbianischen Geschichte. Den besagten Anzug hatte Gaitán am 9. April 1948 getragen, als Juan Roa Sierra, ein junger Mann mit diffusen Nazi-Sympathien, der mit dem Rosenkreuzerorden geliebäugelt hatte und ein Zwiegespräch mit der Jungfrau Maria pflegte, vor seinem Büro auf ihn gewartet und aus nächster Nähe vier Schüsse auf ihn abgefeuert hatte, mitten auf einer belebten Straße Bogotás, am helllichten Mittag. Die Kugeln durchschlugen Sakko und Weste, und die Leute, die das wissen, besuchen das Museum nur, um diese hohlen, dunklen Kreise zu sehen. Carlos Carballo, hätte man denken können, war einer dieser Besucher.

Das geschah an einem Mittwoch, in der zweiten Aprilwoche 2014. Carballo war anscheinend gegen elf Uhr morgens in dem Museum eingetroffen, mehrere Stunden lang in dem Haus umhergestreift wie ein Kirchgänger in Trance, hatte vielleicht mit geneigtem Kopf vor den Strafrechtsbüchern gestanden, den Dokumentarfilm gesehen, in dem wieder und wieder die Bilder

der brennenden Straßenbahnen, der wütenden Leuten mit geschwungenen Macheten gezeigt werden. Er hatte gewartet, bis sich die letzten Schüler in ihren Uniformen verzogen hatten, war in den ersten Stock hinaufgegangen, wo in einer Vitrine der Anzug ausgestellt wird, den Gaitán am Tag seiner Ermordung getragen hatte, und das dicke Glas splitterte unter dem Schlagring. Er schaffte es noch, die Hand auf die mitternachtsblaue Sakkoschulter zu legen, aber mehr nicht: Der Wächter aus dem ersten Stock, vom Knall alarmiert, zielte mit der Pistole auf ihn. Carballo merkte, dass er sich an den Scherben geschnitten hatte, und leckte sich die Fingerknöchel wie ein Straßenköter. Aber er wirkte gefasst. So beschrieb es im Fernsehen eine junge Frau in weißer Bluse und Schottenrock:

»Als hätte man ihn dabei erwischt, wie er etwas an die Wand malt.«

Alle Zeitungen berichteten am nächsten Morgen von dem vereitelten Diebstahl. Alle waren überrascht, auf ihre heuchlerische Weise, dass Gaitáns Mythos sechsundsechzig Jahre nach der Tat immer noch die Emotionen hochkochen ließ, und einige verglichen zum x-ten Mal Gaitáns Ermordung mit der Kennedys, die sich im letzten November zum fünfzigsten Mal gejährt hatte und noch immer jeden wie am ersten Tag in Bann schlug. Alle riefen uns, als wäre das nötig gewesen, die erstaunlichen Folgen des Attentats in Erinnerung: die Stadt, in Brand gesetzt von den protestierenden Massen, die Scharfschützen auf den Dächern, die wild und wahllos auf alles schossen, die Bürgerkriegsjahre im Land. Überall servierte man die gleichen Fakten, mal mehr, mal weniger differenziert, dramatisiert, bebildert, etwa von der wütenden Menge, die eben den Mörder gelyncht hat und den halbnackten Leichnam über das Pflaster der Carrera Séptima schleift, zum Präsidentenpalast. Aber nirgendwo fand ich eine Vermutung darüber, so vage sie auch sein mochte, warum jemand, der nicht den Verstand verloren hat, in ein bewachtes Haus eindringt und gewaltsam die durchlöcherte Kleidung eines berühmten Toten entwenden will. Niemand stellte sich diese Frage, und unser mediales Gedächtnis vergaß nach und nach Carlos Carballo. In der Flut der alltäglichen Gewalt, die nicht einmal Zeit für die Frustration übrig lässt, verblich dieser harmlose Mann für die Kolumbianer wie ein Schatten am Abend. Niemand dachte mehr an ihn.

Seine Geschichte will ich hier, neben anderen, erzählen. Ich kann nicht behaupten, dass ich ihn gekannt hätte, aber wir waren so vertraut miteinander, wie es nur die sein können, die einander täuschen wollten. Doch für diese Geschichte (die, wie ich ahne, weit ausholen und doch zu kurz greifen wird) muss ich erst von dem Mann erzählen, der uns bekannt gemacht hat, denn was mir anschließend passiert ist, kann man nur verstehen, wenn ich erläutere, wie Francisco Benavides in mein Leben trat. Als ich gestern im Zentrum Bogotás noch einmal die Schauplätze besucht habe, an denen sich einige Ereignisse dieser Schilderung abgespielt haben, und überprüfen wollte, ob mir bei ihrer schmerzlichen Rekonstruktion auch nichts entgangen ist, musste ich mich plötzlich laut fragen, wie ich überhaupt von all dem, ohne das ich jetzt vielleicht besser dran wäre, erfahren hatte: Wie konnte ich die ganze Zeit über an diese Toten denken, mit ihnen leben, sprechen, mir ihre Klagen anhören und meinerseits darüber klagen, dass ich nichts tun kann, um ihr Leid zu lindern. Und verwundert stellte ich fest, dass alles mit ein paar dahingesagten Worten begonnen hatte, mit denen mich Doktor Benavides beiläufig zu sich nach Hause einlud. Die Einladung hatte ich damals, wie ich glaubte, angenommen, weil er mir in einem schwierigen Moment seine Zeit gewidmet hatte und ich ihm die meine nicht vorenthalten wollte; eine bloße Verbindlichkeit, eine der vielen Belanglosigkeiten, mit denen wir das Leben verbringen. Ich konnte nicht wissen, wie sehr ich im Irrtum war, denn was an jenem Abend geschah, setzte ein Räderwerk des Schreckens in Gang, das erst mit diesem Buch zum Stillstand kommen sollte: ein Buch als Sühne für Verbrechen, die ich zwar nicht begangen, aber doch geerbt habe.

Francisco Benavides war einer der renommiertesten Chirurgen im Land, Liebhaber von Malzwhisky und ein gieriger Leser, auch wenn er immer wieder betonte, dass ihn Historisches mehr interessierte als Erfundenes, und einen meiner Romane hatte er, eher stoisch als begeistert, wohl nur aus sentimentaler Anhänglichkeit zu seinem Patienten gelesen. Streng genommen war ich gar nicht sein Patient, und doch hatte uns meine Gesundheit in Verbindung gebracht. 1996, ich wohnte seit wenigen Wochen in Paris, versuchte ich eines Abends einen Essay von Georges Perec zu entschlüsseln, als ich etwas Merkwürdiges rechts vom Oberkiefer spürte, eine Art Murmel unter der Haut. Die Murmel wuchs in den folgenden Tagen an, aber ich war so mit meinem neuen Leben beschäftigt, damit, die Regeln der neuen Stadt zu entwirren und meinen Platz in ihr zu finden, dass ich die Veränderung nicht bemerkte. Nach ein paar Tagen war das Ganglion bereits so angeschwollen, dass es mein Gesicht entstellte. Die Leute auf der Straße sahen mich mitleidig an, und eine Mitstudentin hielt sich von mir fern, aus Angst, sich mit einer unbekannten Krankheit anzustecken. Die Untersuchungen begannen. Einem ganzen Heer von Pariser Ärzten gelang es nicht, eine korrekte Diagnose zu treffen; einer von ihnen, ich will mich nicht an seinen Namen erinnern, wagte sogar die Prognose, es könne Lymphdrüsenkrebs sein. Da konsultierte meine Familie Benavides und fragte ihn, ob er das für möglich halte. Benavides war kein Onkologe, begleitete jedoch seit einigen Jahren Kranke im Endstadium: eine Privatbeschäftigung, der er aus freien Stücken und ohne Vergütung nachging. Obwohl es unverantwortlich gewesen wäre, über den Atlantik hinweg eine Diagnose zu wagen, als es noch keine Telefone gab, die Fotos schicken konnten, keine Computer mit integrierter Kamera, stellte Benavides großzügig seine Zeit, seine Kenntnisse und seine Intuition zur Verfügung, und seine transatlantische Hilfe war mir fast so nützlich wie eine endgültige Diagnose. »Wenn Sie das hätten, was die Ärzte da suchen«, sagte er mir am Telefon, »dann hätten sie es bereits gefunden.« Die verwickelte Logik des Satzes war wie ein Rettungsring, dem man dem Ertrinkenden zuwirft: Man packt ihn, ohne sich zu fragen, ob er dicht ist.

Nach einigen Wochen (eine zeitlose Zeit für mich, während der mich die konkrete Möglichkeit begleitete, dass mein Leben mit dreiundzwanzig Jahren zu Ende ging, aber so betäubt von dem Schlag, dass ich nicht einmal echte Furcht oder echte Traurigkeit empfinden konnte) benötigte ein Allgemeinarzt, den ich zufällig in Belgien kennengelernt hatte, der für Ärzte ohne Grenzen arbeitete und eben erst von den Schrecken Afghanistans zurückgekehrt war, nur einen einzigen Blick, um eine Art Ganglientuberkulose festzustellen, die aus Europa verschwunden und nur noch (was mir ohne die Anführungszeichen erklärt wurde, die ich jetzt benutze) in der »Dritten Welt« anzutreffen war. Sie wiesen mich in ein Krankenhaus in Lüttich ein, isolierten mich in einem dunklen Raum, machten eine Untersuchung, die mein Blut zum Brodeln brachte, betäubten mich, schnitten die rechte Gesichtshälfte unter dem Kiefer auf, holten etwas von dem Ganglion heraus und legten eine Kultur an; nach einer Woche bestätigte das Labor, was der Arzt aus dem Stegreif festgestellt hatte, ohne all die kostspieligen Untersuchungen. Ich unterzog mich neun Monate lang einer Behandlung mit dreierlei Antibiotika, die meinen Urin grellorange färbten, das entzündete Ganglion schrumpfte, eines Morgens spürte ich etwas Feuchtes auf dem Kopfkissen und merkte, dass es geplatzt war. Danach kehrte mein Gesicht in seinen früheren Zustand zurück (abgesehen von zwei Narben: die eine kaum sichtbar, die des chirurgischen Eingriffs auffälliger), und endlich konnte ich die Angelegenheit hinter mir lassen, auch wenn ich sie in all den Jahren nie ganz vergessen habe, zur Erinnerung sind da die Narben. Das Gefühl, bei Doktor Benavides in der Schuld zu stehen, hatte mich niemals verlassen. Und als wir uns neun Jahre später zum ersten Mal persönlich begegneten, fiel mir gleich ein, dass ich mich nie gebührend bei ihm bedankt hatte. Vielleicht hatte ich ihn deshalb so ohne Weiteres in mein Leben eingelassen.

Wir trafen uns zufällig in der Cafeteria der Clínica Santa Fe. Meine Frau und ich waren seit zwei Wochen dort und kämpften so gut wie möglich mit dem Notfall, wegen dem wir unseren Aufenthalt in Bogotá hatten verlängern müssen. Wir waren Anfang August gekommen, gleich nach dem Unabhängigkeitstag, wollten die europäischen Sommerferien bei unseren Familien verbringen und rechtzeitig vor der Entbindung wieder in Barcelona sein. Bis zur vierundzwanzigsten Woche war die Schwangerschaft normal verlaufen, wofür wir Tag für Tag dankbar waren: Wir wussten, dass eine Zwillingsschwangerschaft per se in die Kategorie Risiko fällt. Aber eines Sonntags war es vorbei mit der Normalität, als wir nach einer Nacht des Unwohlseins und seltsamer Schmerzen Doktor Ricardo Rueda aufsuchten, Spezialist in allen Gefahren der Fortpflanzung, der uns von Anfang an begleitet hatte. Nach einem ausführlichen Ultraschall teilte uns Doktor Rueda die Nachricht mit:

»Gehen Sie nach Hause und holen Sie Wäsche«, sagte er mir. »Ihre Frau bleibt bis auf Weiteres hier.«

Er erklärte uns die Situation mit einem Ton, einer Gestik, als meldete er im Kinosaal ein Feuer: Man muss den Ernst der Lage vermitteln, aber so, dass die Leute sich nicht in überstürzter Flucht zertrampeln. Er beschrieb detailliert, was eine Zervix-insuffizienz ist, fragte M., ob sie Wehen gehabt habe, und eröffnete uns, dass dringend operiert werden müsse, damit der unwiderrufliche Prozess verlangsamt werde, der sich da ohne unser Wissen in Gang gesetzt hatte. Gleich darauf fügte er hinzu – er hatte ein Feuer entdeckt und versuchte, eine überstürzte Flucht zu verhindern –, eine Frühgeburt sei unausweichlich, nun gehe es darum, in dieser ungünstigen Lage so viel Zeit wie möglich zu gewinnen, von dieser Zeit hänge die Überlebenschance meiner Töchter ab. Anders gesagt: Wir hatten einen Wettlauf gegen den Kalender begonnen und wussten, eine Niederlage konnte Leben zerstören. Von da an hatte jede Entscheidung das Ziel, die Geburt aufzuschieben. Anfang September lag M. bereits zwei Wochen eingeschlossen in einem Zimmer im Erdgeschoss der Klinik, unter strengem Verbot, sich zu bewegen, und wurde Tag für Tag Untersuchungen ausgesetzt, die unsere Widerstandskraft, unseren Mut und unsere Nerven auf die Probe stellten.

Die tägliche Routine drehte sich um Kortisonspritzen für die Lungenreifung meiner ungeborenen Töchter, um Blutentnahmen, so zahlreich, dass meine Frau bald keine unversehrte Stelle mehr an den Unterarmen hatte, um höllische Ultraschallsitzungen, die bis zu zwei Stunden dauern konnten und bei denen der Zustand der Gehirne untersucht wurde, der Wirbelsäulen, der beiden Herzen, deren beschleunigter Rhythmus niemals im Einklang schlug. Die nächtliche Routine war nicht weniger anstrengend. Jederzeit kamen Krankenschwestern herein, erfassten Daten, stellten Fragen, und der Mangel an durchgehendem Schlaf machte uns zusätzlich zu der Anspannung immer gereizter. M. hatte nun Wehen, die sie nicht spürte; um sie zu verringern (nie erfuhr ich, ob ihre Intensität oder ihre Häufigkeit), bekam sie ein Medikament mit Namen Adalat, das, wie man uns erklärte, für ihre heftigen Hitzewallungen verantwortlich war, derentwegen ich das Fenster sperrangelweit öffnen und in der unbarmherzigen Kälte der Bogotaer Morgendämmerungen schlafen musste. Wenn die Kälte oder die Besuche der Krankenschwestern den Schlaf endgültig verscheucht hatten, wanderte ich durch die verlassene Klinik, setzte mich auf die Ledersofas der Wartezimmer, wenn ich einen beleuchteten Raum fand, und las ein paar Seiten in *Lolita,* auf dessen Umschlag mich Jeremy Irons musterte; oder ich streifte durch halbdunkle Gänge, da die Klinik in diesen Stunden die Hälfte der Neonlampen ausschaltete, ging von unserem Zimmer bis zur Neonatologie und von da zum Wartesaal der ambulanten Chirurgie. Während dieser nächtlichen Wanderungen durch weiße Korridore rekapitulierte ich die letzten Erklärungen der Ärzte und versuchte zu bestimmen, wie hoch das Risiko für die Mädchen war, wenn sie in diesem Augenblick auf die Welt kommen würden; dann überschlug ich, wie viel die Mädchen in den letzten Tagen zugenommen hatten und wann sie das minimale Gewicht für ihr Überleben erreichen würden, und es brachte mich aus der Fassung, dass mein Wohl von diesem verbissenen Grammzählen abhing. Allerdings entfernte ich mich nicht allzu weit von unserem Zimmer und hatte auf jeden Fall das Handy griffbereit, nicht in der Hosentasche, damit ich das Klingeln auch sicher hörte. Häufig nahm ich es zur Hand: um zu überprüfen, ob ich Empfang hatte, ob das Signal gut war und meine Töchter nicht ohne mich auf die Welt kamen, nur weil vier schwarze Balken am kleinen grauen Firmament eines LCD-Bildschirms gefehlt hatten.

Während einer dieser nächtlichen Exkursionen erkannte ich Doktor Benavides, oder vielmehr übernahm er das Erkennen. Ich rührte gerade lustlos in meinem zweiten Milchkaffee an einem der hinteren Tische in der rund um die Uhr geöffneten Cafeteria, fern von einer Gruppe Studenten, die Nachtschichtpause hatten (meine Stadt mit ihren kleinen oder großen Gewalttaten sorgt nachts immer für Beschäftigung), und in meinem Buch traten Lolita und Humbert Humbert ihre Reise durch die Vereinigten Staaten an, von Motel zu Motel, füllten Parkplätze mit Tränen und verbotener Liebe, setzten die Geografie in Bewegung. Der Mann kam auf mich zu, stellte sich seelenruhig vor und fragte mich zweierlei: erstens, ob ich mich an ihn erinnere; dann, was aus der Sache mit den Ganglien geworden sei. Bevor ich antworten konnte, hatte er sich schon gesetzt, die Kaffeetasse mit beiden Händen umklammert, als könnte sie ihm jemand entreißen. Es war keiner dieser Plastikbecher im Stil von Flüchtlingscamps, wie wir anderen sie bekamen, sondern eine schwere Keramiktasse in Dunkelblau. Hinter den kleinen Handtellern, den gespreizten Fingern lugte verzweifelt ein Universitätswappen hervor.

»Und was tun Sie um diese Zeit hier?«, fragte er.

Ich gab ihm eine knappe Zusammenfassung: die drohende Frühgeburt, die Wochenzahl, die Prognosen. Aber ich merkte, dass er keine große Lust hatte, sich darüber zu äußern, und kam einem Kommentar zuvor. »Und Sie?«, fragte ich.

»Ich besuche einen Patienten«, sagte er.

»Und was hat Ihr Patient?«

»Große Schmerzen«, lautete sein brutales Resümee. »Ich will sehen, wie ich ihm helfen kann.« Dann wechselte er das Thema, aber nicht, wie mir schien, um einer Antwort auszuweichen. Benavides gehörte nicht zu denen, die sich scheuen, über den Schmerz zu reden. »Ich habe Ihren Roman gelesen, den über die Deutschen«, sagte er. »Wer hätte das gedacht: Mein Patient hat sich als Schriftsteller entpuppt.«

»Wer hätte das gedacht.«

»Und Sie schreiben auch noch etwas für die Alten.«

»Für die Alten?«

»Über die vierziger Jahre. Über den zweiten Weltkrieg. Den 9. April und all das.«

Er meinte das Buch, das ich ein Jahr zuvor veröffentlicht hatte. Es ging auf meine Begegnung mit Ruth de Frank zurück, die ich 1999 kennengelernt hatte, eine deutsche Jüdin, die dem europäischen Debakel entkommen, 1938 in Kolumbien eingetroffen war und dort erlebt hatte, wie die kolumbianische Regierung als Alliierte der Alliierten die diplomatischen Beziehungen zu den Achsenmächten abbrach und begann, die Bürger der feindlichen Länder – Propagandisten oder Sympathisanten der europäischen Faschisten – in Luxushotels auf dem Lande einzusperren, die man in Lager verwandelt hatte. Drei Tage lang hatte ich das Vergnügen und das Vorrecht, diese Frau mit ihrem guten Gedächtnis zu befragen, die mir fast ihr ganzes Leben erzählte, das ich auf die Quadrate eines zu kleinen Notizblocks zwängte: das Einzige, was ich in dem Hotel in Tierra Caliente, wo wir uns trafen, zur Hand gehabt hatte. In Ruth de Franks faszinierendem Leben, das zwei Kontinente und über sieben Jahrzehnte umspannte, stach eine Anekdote besonders hervor: der Augenblick, in dem ihre Familie, geflüchtete Juden, durch eine der grausamen Ironien der Geschichte am Ende auch in Kolumbien verfolgt wurde, *weil sie eben deutsch war.* Dieses Missverständnis (aber *Missverständnis* ist hier ein unglückliches, frivoles Wort) wurde zum Anstoß für den Roman, den ich *Die Informanten* nannte, und Ruth de Franks Leben und Erinnerungen verwandelten sich – verzerrt, da die Fiktion immer verzerrt – in die der Hauptfigur, eine Art moralischer Kompass der fiktiven Welt: Sara Guterman.

Aber der Roman handelte von vielerlei. Da er vor allem in den vierziger Jahren spielte, war es unvermeidlich, dass die Geschichte oder ihre Figuren die Ereignisse des 9. April 1948 streiften. Die Personen in *Die Informanten* sprachen über diesen unheilvollen Tag; der Vater des Erzählers, Rhetorikprofessor, erinnerte sich mit Bewunderung an Gaitáns übernatürliches Redetalent, und der Erzähler begab sich auf ein paar wenigen Seiten ins Zentrum Bogotás und besuchte den Schauplatz des Verbrechens, wie ich es viele Male getan habe, und

Sara Guterman, die ihn dabei begleitete, bückte sich im Buch kurz, um die Straßenbahnschienen zu berühren, die in den Vierzigern noch auf der Carrera Séptima verkehrte. Im weißen Schweigen der nächtlichen Cafeteria, jeder vor seiner Kaffeetasse, gestand mir der Doktor, dass er wegen dieser Szene – eine ältere Frau, die sich zum Pflaster bückt, wo Gaitán niedergestreckt worden war, und die Schienen der dahingegangenen Straßenbahn berührt, als fühlte sie einem verletzten Tier den Puls – den Kontakt zu mir gesucht hatte. »Ich habe das nämlich auch gemacht«, sagte er.

»Was gemacht?«

»Ich gehe ins Zentrum. Stelle mich vor die Gedenktafeln. Bücke mich sogar und berühre die Schienen.« Er machte eine Pause. Dann: »Was packt Sie so daran?«

»Ich weiß nicht«, sagte ich. »Das war schon immer so. Eine meiner ersten Erzählungen handelt vom 9. April. Sie ist nie veröffentlicht worden, zum Glück. Ich weiß nur noch, dass am Ende Schnee fiel.«

»In Bogotá?«

»In Bogotá, ja. Auf Gaitáns Körper. Auf die Schienen.«

»Verstehe«, sagte er. »Mit gutem Grund lese ich ungern Erfundenes.«

So fingen wir vom 9. April an. Mir fiel auf, dass Benavides nicht den Ausdruck »Bogotazo« benutzte, wie wir Kolumbianer diesen legendären Tag großspurig nennen. Nein, Benavides gebrauchte immer das Datum, manchmal mit Jahresangabe, als wäre es der Vor- und Nachname von jemandem, der Respekt verdient, während ein Beiname unzulässige Vertrautheit bedeutet hätte: Mit den ehrwürdigen Ereignissen unserer Vergangenheit hatte man sich keine Vertraulichkeiten zu erlauben. Er erzählte mir Anekdoten, und ich versuchte mitzuhalten. Er sprach von den Scotland-Yard-Beamten, die 1948 im Auftrag der Regierung die Ermittlungen überwachen sollten, sprach von seinem kurzen Briefwechsel mit einem von ihnen viele Jahre später: einem äußerst höflichen Mann, der sich mit noch frischer Empörung an die fernen Tage seines Kolumbien-Aufenthalts erinnerte, als die Regierung tagtäglich Ergebnisse von den Ermittlern forderte und ihnen zugleich jedes nur mögliche Hindernis in den Weg legte. Ich erzählte ihm von meinem Gespräch mit Leticia González, der Tante meiner Frau, deren Mann Juan Roa Cervantes von einer kleinen Gruppe Liberaler mit Macheten verfolgt worden war, weil sie ihn für den gleichnamigen Mörder gehalten hatten. Als ich ihn später kennenlernte, erzählte er mir selbst von diesen Tagen der Angst, aber am tiefsten hatte sich ihm eingeprägt (er konnte kaum die Tränen zurückhalten), wie ihn die verirrten Gaitán-Anhänger gestraft hatten: Sie hatten seine Bibliothek angezündet.

»Der falsche Name an einem solchen Tag«, sagte Benavides.

Dann erzählte er, was er von Hernando de la Espriella erfahren hatte, einem Patienten von der Küste, der sich bei Ausbruch der Unruhen in Bogotá aufgehalten und die erste Nacht bäuchlings auf einem Leichenhaufen verbracht hatte, damit er nicht ebenfalls getötet wurde; und ich erzählte ihm von meinem Besuch in Gaitáns Haus, damals bereits ein Museum, in dem man den mitternachtsblauen Anzug in einer Vitrine an einer kopflosen Schaufensterpuppe besichtigen konnte, die Einschusslöcher im Stoff (zwei oder drei, ich erinnere mich nicht mehr) für alle Welt sichtbar … Fünfzehn, zwanzig Minuten verbrachten wir in der Cafeteria, die die Nachtschichtstudenten bereits verlassen hatten, und tauschten Anekdoten aus wie Jungen Fußballbildchen. Doch schließlich hatte Doktor Benavides das Gefühl, mich zu stören oder um meine stillen Momente zu bringen. So wirkte es auf mich: Benavides wusste wie alle Ärzte, die mit dem Schmerz und den Sorgen anderer leben, dass die Patienten oder ihre Angehörigen Zeit für sich brauchen, in der sie mit niemandem sprechen und niemand mit ihnen. Er verabschiedete sich.

»Ich wohne in der Nähe, Vásquez«, sagte er, als er mir die Hand drückte. »Wenn Sie über den 9. April reden wollen, kommen Sie bei mir vorbei, trinken Sie einen Whisky, und ich erzähle ein bisschen. Das Thema wird mir nie langweilig.«

Eine Weile dachte ich über diese Leute in Kolumbien nach: Leute, für die ein Gespräch über den 9. April das Gleiche ist wie Schach oder Karten zu spielen, Kreuzworträtsel zu lösen, zu stricken oder Briefmarken zu sammeln. Obwohl nur noch wenige von ihnen übrig sind. Sie sterben allmählich aus und wachsen nicht mehr nach, hinterlassen keine Erben, machen keine Schule, bezwungen von der unheilbaren Amnesie, die dieses arme Land seit jeher plagt. Aber es gibt sie noch, und das ist verständlich, denn die Ermordung Gaitáns – ein Rechtsanwalt aus bescheidenen Verhältnissen, der die Gipfel der Politik erklommen hatte und dazu bestimmt gewesen war, Kolumbien vor seinen unbarmherzigen Eliten zu retten, ein brillanter Redner, der in einem Satz die Gegenpole Marx und Mussolini vereinen konnte – ist Teil unserer nationalen Mythen, wie für einen Nordamerikaner die Ermordung Kennedys oder für einen Spanier der Putsch vom 23. Februar. Wie alle Kolumbianer bin ich mit den Meinungen groß geworden, Gaitán sei von den Konservativen umgebracht worden, von den Liberalen, den Kommunisten, von ausländischen Spionen, der Arbeiterklasse, die sich verraten oder von der Oligarchie, die sich bedroht gefühlt hatte; und bald schon akzeptierte ich, wie wir alle mit der Zeit, dass der Mörder Juan Roa Sierra bloß der bewaffnete Arm einer Verschwörung gewesen war, die man mit Erfolg vertuscht hatte. Vielleicht kommt daher meine Obsession für diesen Tag: Obwohl ich beileibe kein hingebungsvoller Gaitán-Anhänger bin – er kommt mir zwielichtiger vor, als viele wahrhaben möchten –, weiß ich doch, dass dieses Land ein besserer Ort wäre, wenn man ihn nicht umgebracht hätte, und das Land sich leichteren Herzens im Spiegel betrachten würde, wenn der Mord nicht immer noch ungesühnt wäre, nach so vielen Jahren.

Der 9. April ist ein schwarzes Loch in der kolumbianischen Geschichte, mag sein, aber er ist noch vieles mehr: eine einzelne Tat, die ein ganzes Land in einen blutigen Krieg gestürzt hat; eine kollektive Neurose, deretwegen wir einander über ein halbes Jahrhundert lang misstraut haben. All die Zeit, die seit dem Verbrechen vergangen ist, haben wir Kolumbianer erfolglos zu begreifen versucht, was an jenem Freitag 1948 geschehen war, und viele haben daraus einen mehr oder weniger ernsten Zeitvertreib gemacht und alle ihre Energien damit verbraucht.

Ebenso gibt es Nordamerikaner – ich kenne einige davon –, die ihr ganzes Leben lang über die Ermordung Kennedys sprechen, über die kleinsten Einzelheiten und Nuancen, Leute, die die Marke von Jackies Schuhen am Tag des Attentats kennen, Leute, die ganze Sätze aus dem Warren-Report auswendig wissen. Und ja: ebenso gibt es Spanier – ich kenne nicht viele, aber einen schon, und der ist mir genug –, die unaufhörlich von dem gescheiterten Putsch am 23. Februar 1981 im Abgeordnetenhaus in Madrid reden müssen und mit geschlossenen Augen die Einschusslöcher in der Decke des Parlamentsaals finden könnten. Solche Leute gibt es gewiss überall, Leute, die auf diese Weise auf Verschwörungen in ihren Ländern reagieren: indem sie eine Geschichte daraus machen, die man wie ein Märchen wieder und wieder erzählt, oder einen Ort in der Erinnerung oder der Phantasie, einen virtuellen Ort, den wir als Tourist besichtigen und an dem wir nostalgische Gefühle ausleben oder etwas suchen, was wir verloren haben. Der Doktor gehörte, wie mir damals schien, zu dieser Art Leute. Ich etwa auch? Benavides hatte mich gefragt, *was mich daran so packe,* und ich hatte eine Erzählung erwähnt, die ich in meinen Studienjahren geschrieben hatte. Aber von dem Anlass dieser Erzählung, ihren Umständen, hatte ich ihm nichts gesagt. Lang schon hatte ich nicht mehr daran gedacht und war überrascht, dass sich gerade jetzt, in einer bedrängenden Gegenwart, diese Erinnerungen zurückmeldeten.

Es waren die schweren Tage im Jahr 1991. Seit der Drogenboss Pablo Escobar im April 1984 den Justizminister Rodrigo Lara Bonilla hatte ermorden lassen, war meine Stadt Geisel und Schauplatz des Krieges zwischen dem Medellín-Kartell und dem Staat. Die Bomben explodierten an sorgfältig von den Narcos ausgesuchten Plätzen, mit dem Ziel, namenlose Bürger zu töten, die nicht an diesem Krieg teilhatten (obwohl wir alle Teil dieses Krieges waren; das zu leugnen, war naiv oder einfältig). Am Vorabend eines Muttertages, um ein Beispiel zu nennen, hinterließen zwei Attentate in Bogotaer Einkaufszentren einundzwanzig Tote; eine Bombe in Medellíns Stierkampfarena – ein weiteres Beispiel – hinterließ zweiundzwanzig. Die Explosionen schrieben sich in den Kalender ein. Im Laufe der Monate begriffen wir, dass wir niemals außer Gefahr waren, keiner von uns, denn jeden konnte in jedem Augenblick und an jedem Ort eine Bombe treffen. Die Tatorte waren durch einen atavistischen Reflex, der uns erst allmählich bewusst wurde, für die Passanten tabu. Teile der Stadt gingen uns verloren oder verwandelten sich einer nach dem anderen zu einem Memento mori aus Zement und Ziegeln, und zaghaft gaben wir einer noch scheuen Erkenntnis nach: dass eine neue Art von Zufall (ein Zufall, der uns vom Tod trennt, neben dem Zufall der Liebe also der größte und dreisteste) in unser Leben getreten war, unsichtbar und unvorhersehbar wie eine Detonationswelle.

Unterdessen hatte ich mit meinem Jurastudium an einer Universität im Zentrum Bogotás begonnen, ein altes Kloster aus dem 17. Jahrhundert, das später als Gefängnis für die Unabhängigkeitskämpfer gedient hatte und über dessen Treppen so mancher zum Schafott hinabgestiegen war. Die Hörsäle mit den dicken Mauern hatten mehrere Präsidenten hervorgebracht und nicht wenige Dichter und – in unglücklichen Fällen – Dichterpräsidenten. Im Unterricht sprachen wir kaum von dem, was draußen geschah. Wir diskutierten darüber, ob eine Gruppe verschütteter Höhlenforscher das Recht hatte, einander aufzuessen; diskutierten, ob Shylock im *Kaufmann von Venedig* das Recht hatte, Antonio ein Pfund Fleisch aus dem Leib zu schneiden, und ob es rechtmäßig war, dass Portia ihn mit einem billigen Trick daran hinderte. In anderen Vorlesungen (den meisten) langweilte ich mich auf eine fast physische Weise, eine Art Unruhe in der Brust, vergleichbar mit einer leichten Panikattacke. Die unsägliche Ödheit von Verfahrens- oder Sachenrecht trieb mich immer öfter in die letzte Reihe im Saal, und hinter einem bunt gewürfelten Schutzwall von Studenten zog ich ein Buch hervor, Borges oder Vargas Llosa oder Flaubert, Vargas Llosas Empfehlung, oder Stevenson oder Kafka, Borges' Empfehlungen. Sehr bald kam ich zu dem Schluss, dass es nicht der Mühe lohnte, zum Unterricht zu gehen`und dieses ausgefeilte Ritual akademischen Schwindels aufzuführen; ich fehlte immer öfter, vertrieb mir die Zeit mit Billardspielen und Gesprächen über Literatur, hörte mir auf den Ledersofas in der Casa Silva aufgezeichnete Dichterstimmen an, León de Greiff, Pablo Neruda, oder schlenderte in der Nähe der Universität umher, ohne Programm oder Plan, ohne Ziel, von den Schuhputzern auf dem Platz zum Café am Chorro de Quevedo, von den lauten Bänken im Parque Santander zu den versteckten, verschwiegenen im Palomar del Príncipe, oder vom Centro Cultural del Libro mit seinen quadratmetergroßen Ständen, den dicht an dicht gedrängten Buchhändlern, die jeden Roman des lateinamerikanischen Booms besorgen konnten, zum Templo de la Idea, einer dreistöckigen Villa, in der Bücher für Privatbibliotheken gebunden wurden und man sich auf die Stufen setzen und in einer Wolke von Leimgeruch und Maschinenlärm für andere bestimmte Bücher lesen konnte. Ich verfasste abstrakte Erzählungen voll poetischer Exzesse à la *Hundert Jahre Einsamkeit* und andere, in denen ich Cortázars Satzzeichen eines Saxophonspielers nachahmte wie in *Bestiarium*, sagen wir, oder in *Circe*. Gegen Ende des zweiten Studienjahres begriff ich etwas, was ich monatelang ausgebrütet hatte: Das Jurastudium interessierte mich nicht und nutzte mir nichts, denn meine einzige Leidenschaft war es, Fiktives zu lesen und es selbst schreiben zu lernen, mit der Zeit.

An einem dieser Tage geschah etwas.

In einem Seminar über die Geschichte der politischen Ideen sprachen wir gerade über Hobbes, Locke oder Montesquieu, als es auf der Straße zweimal laut knallte. Unser Raum befand sich im achten Stock, der auf die Carrera Séptima hinausging; vom Fenster aus konnte man die ganze Straße und den westlichen Gehweg überblicken. Ich lehnte an der Wand in der letzten Reihe und sprang als Erster zum Fenster. Auf dem Gehweg vor dem Schaufenster des Schreibwarenladens Panamericana lag der Körper, der gerade niedergeschossen worden war und vor aller Augen verblutete. Ich sah mich nach dem Schützen um, vergebens: Niemand schien eine Pistole in der Hand zu halten, niemand schien fortzulaufen und hinter einer opportunen Ecke zu verschwinden, keine Köpfe sahen einem Fliehenden nach, es gab keine neugierigen Blicke, keine deutenden Finger, denn in Bogotá hatte man gelernt, sich nicht in fremde Angelegenheiten zu mischen. Der Niedergeschossene trug einen Büroanzug, aber keine Krawatte; sein Sakko hatte sich beim Sturz geöffnet und gab den Blick frei auf das weiße, blutbefleckte Hemd. Er regte sich nicht. Ich dachte: er ist tot. Zwei Passanten hoben den Körper hoch; jemand hielt auf der Straße einen weißen Pick-up an. Sie legten den Körper auf die Ladefläche, und einer der beiden Passanten stieg mit hinauf. Ich fragte mich, ob er ihn kannte oder erkannt hatte, ob er im Moment der Schüsse bei ihm gewesen war (vielleicht ein Kompagnon bei trüben Geschäften) oder ob er es einfach aus Solidarität, aus ansteckendem Mitleid tat. Ohne das grüne Licht an der Avenida Jiménez abzuwarten, löste sich der weiße Pick-up aus dem Verkehr, bog abrupt nach links ab (ich begriff, dass sie den Verwundeten ins Hospital San José brachten) und verschwand aus meinem Blickfeld.

Nach dem Unterricht ging ich die acht Stockwerke hinunter bis zum Kreuzgang der Universität und trat auf die Plazoleta del Rosario, wo die Statue des Stadtgründers Don Gonzalo Jiménez de Quesada steht, Rüstung und Schwert in meiner Erinnerung mit ewigem Taubendreck überzogen. Ich ging durch die enge Calle 14, die immer kalt ist, weil sie nur morgens Sonne bekommt, niemals nach neun, und überquerte die Carrera Séptima auf Höhe des Schreibwarenladens. Der Blutfleck glänzte auf dem Gehweg wie ein verlorener Gegenstand, die Passanten machten einen Bogen um ihn, wichen ihm aus, als wäre das frische Blut des Angeschossenen ein Defekt im Pflaster, an dem man im Zentrum schon seit unvordenklichen Zeiten vorbeiging, an den man sich gewöhnt hatte und den man mied, ganz unbewusst. Der Fleck war von der Größe einer gespreizten Hand. Ich ging so nah heran, bis er sich zwischen meinen Füßen befand, als wollte ich ihn vor den Tritten der anderen schützen, doch dann tat ich genau das: ich trat darauf.

Ich tat es vorsichtig, eigentlich nur mit der Schuhspitze, wie ein Kind, das den Finger ins Wasser steckt, um die Temperatur zu prüfen. Die sauberen, klaren Umrisse des Flecks verwischten. Plötzlich musste mich Scham überkommen haben, denn ich sah mich um, ob es jemand beobachtet hatte und stillschweigend mein Betragen verurteilte (das etwas Respektloses, Ungebührliches hatte), und so unauffällig wie möglich trat ich von dem Fleck weg. Wenige Schritte entfernt befanden sich die Marmorgedenktafeln, die an die Ermordung Jorge Eliécer Gaitáns erinnerten. Ich blieb stehen und las sie oder tat zumindest so; dann überquerte ich die Séptima an der Jiménez-Ecke, ging einmal um den Block, trat ins Café *Pasaje*, bestellte einen Kaffee und putzte mir mit der Papierserviette die Schuhspitze ab. Ich hätte die Serviette auf dem Cafétisch zurücklassen können, unter dem Porzellantellerchen, aber ich nahm sie lieber mit, hütete mich jedoch davor, mit der bloßen Hand die getrockneten Blutreste des Mannes zu berühren. Ich warf die Serviette in den ersten Mülleimer, den ich fand. Mit niemandem sprach ich darüber, weder an dem Tag noch an den folgenden.

Doch am nächsten Morgen kehrte ich zu dem Stück Gehweg zurück. Der Fleck war nicht mehr da; kaum ein Schatten davon war auf dem grauen Beton zu sehen. Ich fragte mich, was mit dem verletzten Mann geschehen war: ob er überlebt hatte, ob er sich gerade in Begleitung seiner Frau, seiner Kinder erholte, ob er gestorben war und gerade die Totenwache gehalten wurde, irgendwo in dieser wütenden Stadt. Wie am Vortag ging ich ein paar Schritte in Richtung Avenida Jiménez und blieb vor den Marmortafeln stehen, aber diesmal las ich sie ganz, jede Zeile auf jeder der Tafeln, und mir wurde bewusst, dass ich das nie zuvor getan hatte. Gaitán, der Mann, der Teil unserer Familiengespräche gewesen war, seit ich denken konnte, war für mich praktisch immer noch ein Unbekannter, eine verschwommene Figur im vagen Bild, das ich von der kolumbianischen Geschichte hatte. An dem Nachmittag passte ich Professor Francisco Herrera nach seiner Rhetorikvorlesung ab und fragte, ob ich ihn auf ein Glas Bier einladen dürfe, damit er mir vom 9. April erzähle.

»Besser ein Milchkaffee«, sagte er. »Ich darf nicht mit Fahne nach Hause kommen.«

Francisco Herrera – Pacho für seine Freunde – war ein schlanker Mann mit großer schwarzer Hornbrille, dem Ruf eines Exzentrikers und prägnanter Baritonstimme, mit der er jeden unserer Politiker, egal welcher Tonlage, nachahmen konnte. Sein Gebiet war die Rechtsphilosophie, aber auf Grund seiner Rhetorikkenntnisse und seines Talents als Imitator gab er ein Abendseminar, in dem wir uns die großen Reden der politischen Rhetoriker anhörten und analysierten, von Marcus Antonius in *Julius Caesar* bis Martin Luther King. Nicht selten war das Seminar nur ein Vorspiel, denn nachher begleiteten ihn einige von uns ins Nachbarcafé, wo wir gegen einen Kaffee mit Schuss seine besten Imitationen vorgeführt bekamen, zur Verwunderung und Freude, manchmal auch zum Spott der Nachbartische. Gaitán konnte er besonders gut imitieren, denn die Adlernase und das nach hinten gegelte schwarze Haar erweckten die Illusion der Ähnlichkeit, doch vor allem verliehen seine erschöpfenden Kenntnisse über Gaitáns Leben und Werk – er hatte eine kurze Biografie in einem Universitätsverlag veröffentlicht – jedem einzelnen Satz eine Präzision, die eher an ein Medium bei einer spiritistischen Sitzung erinnerte. Durch seinen Mund erwachte Gaitán wieder zum Leben. Das sagte ich ihm einmal: Bei seinen Reden habe man das Gefühl, Gaitán habe Besitz von ihm ergriffen. Er lächelte, wie nur jemand lächeln kann, der sein Leben einer Verschrobenheit gewidmet hat und nun überrascht merkt, dass die Zeit nicht verschwendet war.

Vor der Tür des Café *Pasaje* – wir wollten gerade hinein, als ein Schuhputzer mit seinem Holzkasten unter dem Arm herauskam, und wir blieben stehen, um ihn vorbeizulassen – fragte mich Pacho, worüber ich reden wolle.

»Ich will wissen, wie das genau gewesen ist«, sagte ich. »Gaitáns Ermordung.«

»Ah, dann setzen wir uns besser nicht«, sagte er. »Kommen Sie, wir gehen um den Block.«

Das taten wir und zwar wortlos, beide gingen wir schweigend nebeneinander, nahmen auf dem kleinen Platz schweigend die Stufen zur Jiménez hinunter, gelangten schweigend an die Ecke und warteten schweigend, bis wir die Séptima mit ihrem dichten Verkehr überqueren konnten. Pacho schritt mit einer gewissen Eile aus, und ich bemühte mich, zu folgen. Er benahm sich wie ein älterer Bruder, der fortgezogen ist und dem jüngeren auf Besuch nun die neue Stadt zeigt. Wir gingen an den Marmortafeln vorbei, und es wunderte mich, dass Pacho nicht davor stehen blieb, nicht einmal mit einer Kopfbewegung, einer Geste andeutete, dass er sie kannte. Wir erreichten die Stelle, an der im Jahr 1948 das Agustín-Nieto-Gebäude gestanden hatte (nur wenige Schritte, wie mir auffiel, von dem Ort entfernt, wo sich am Vortag der Blutfleck befunden hatte und heute nur noch sein Gespenst, seine Erinnerung zurückgeblieben war). Pacho führte mich zur Glastür eines Geschäfts. »Anfassen«, sagte er.

Es dauerte einen Moment, bis ich begriff, was er wollte. »Ich soll die Tür anfassen?«

»Ja, fassen Sie die Tür an«, sagte Pacho, und ich gehorchte. »Hier, durch diese Tür, ist Gaitán am 9. April herausgekommen«, fuhr er fort. »Natürlich nicht durch dieselbe Tür, es war nicht einmal dasselbe Haus. Das Agustín-Nieto-Gebäude haben sie schon vor langem eingerissen und diesen hässlichen Kasten gebaut. Aber für uns ist diese Tür jetzt eben die Tür, durch die Gaitán herausgekommen ist, und Sie berühren sie gerade. Es war zur Mittagszeit, gegen ein Uhr, und Gaitán wollte mit ein paar Freunden essen gehen. Er war guter Laune. Wissen Sie, warum er guter Laune war?«

»Nein, Pacho«, sagte ich. Ein Pärchen kam aus dem Haus und musterte uns kurz. »Erklären Sie mir, warum.«

»Weil er am Vorabend einen Prozess gewonnen hatte. Deshalb war er so zufrieden.« Seine Verteidigung von Leutnant Cortés, angeklagt wegen Mordes an dem Journalisten Eudoro Galarza Ossa, war nicht nur ein Sieg vor Gericht, sondern ein regelrechtes Wunder gewesen. Gaitán hatte eine mitreißende Rede gehalten, eine der besten seines Lebens, hatte eingeräumt, ja, der Leutnant habe den Journalisten getötet, aber in legitimer Verteidigung seiner Ehre. Das Verbrechen lag zehn Jahre zurück. Der Journalist, Direktor einer Zeitung in Manizalez, hatte die Veröffentlichung eines Artikels gebilligt, der die schlechte Behandlung anprangerte, die der Leutnant seiner Truppe zukommen ließ. Cortés begab sich eines Tages zur Redaktion und beschwerte sich über den Artikel. Als Direktor Galarza seinen Reporter verteidigte, er habe schließlich nur die Wahrheit geschrieben, zog der Leutnant die Pistole und feuerte zweimal auf ihn. So weit das Geschehen. Doch Gaitán griff zu seinen besten rhetorischen Waffen, sprach von menschlicher Leidenschaft, Soldatenehre, Pflichtbewusstsein, von der Verteidigung patriotischer Werte, der Verhältnismäßigkeit von Angriff und Verteidigung, davon, dass gewisse Umstände den Soldaten entehren, aber nicht den Zivilisten, dass ein Soldat, der seine Ehre verteidigt, zugleich die ganze Gesellschaft verteidigt. Ich war nicht überrascht, dass Pacho den Schluss des Plädoyers auswendig kannte. Langsam verwandelte er sich, wie ich es schon oft erlebt hatte, seine Stimme schlug um, aus Francisco Herreras tiefer, voller wurde Gaitáns höhere mit ihrem tiefen Atem eines Metronoms, den betonten Konsonanten, dem leidenschaftlichen Rhythmus.

»Leutnant Cortés, ich weiß nicht, wie die Entscheidung des Gerichts ausfallen wird, aber die Menge erahnt und spürt sie! Leutnant Cortés, Sie sind nicht mein Mandant. Ihr nobles, Ihr schmerzliches Leben reicht mir die Hand, und ich drücke sie im Wissen, dass es die Hand eines Ehrenmannes ist, voll Anstand und Güte!«

»Anstand und Güte«, sagte ich.

»Wunderbar, nicht wahr?«, sagte Pacho. »Was für eine schamlose Manipulation, aber wunderbar. Oder vielmehr: wunderbar, gerade *weil* es so eine schamlose Manipulation ist.«

»Schamlos, aber erfolgreich«, sagte ich.

»Genau.«

»Bei so etwas war Gaitán ein Zauberer.«

»Ein Zauberer, ja«, sagte Pacho. »Er war ein Verteidiger der Freiheit, hatte aber gerade den Mörder eines Journalisten aus dem Gefängnis geholt. Und niemandem kam der Gedanke, dass darin ein Widerspruch stecken könnte. Die Moral: Glaube niemals einem großen Redner.«

Die Menge brach in Beifall aus und trug Gaitán auf ihren Schultern aus dem Saal wie einen Torero. Es war spätnachts, zehn nach eins. Gaitán, müde, doch befriedigt, ließ sich zur obligatorischen Feier überreden, stieß mit den Seinen und mit Wildfremden an und kam um vier Uhr morgens nach Hause. Aber fünf Stunden später war er schon wieder im Büro, makellos gekämmt und im Dreiteiler: ein dunkelblauer Anzug, fast schwarz, mit feinen weißen Streifen. Er empfing einen Mandanten, nahm Anrufe von Journalisten entgegen. Kurz vor ein Uhr mittags versammelten sich ein paar Freunde in Gaitáns Büro, die ihn beglückwünschen wollten. Da waren Pedro Eliseo Cruz, Alejandro Vallejo, Jorge Padilla. Einer von ihnen, Plinio Mendoza Neira, lud alle zum Mittagessen ein, denn das Ereignis der letzten Nacht musste gefeiert werden.

»Einverstanden«, sagte Gaitán und lachte auf. »Aber ich warne dich, Plinio, ich bin teuer.«

»Sie sind im Fahrstuhl hinuntergefahren, der war ungefähr da«, sagte Pacho und deutete auf den Eingang des Gebäudes (des hässlichen Kastens). »Der Fahrstuhl hat nicht immer funktioniert, im Agustín-Nieto ist manchmal der Strom ausgefallen. An dem Tag aber ging er. Und da sind sie nach unten gefahren, sehen Sie.« Und ich sah hin. »Sie sind hinausgegangen. Plinio Mendoza hat Gaitán beim Arm genommen, so.« Pacho nahm mich beim Arm und schob mich voran, weg von der Eingangstür, Richtung Carrera Séptima. Da der Eingangsbereich seine Stimme nicht mehr abschirmte, musste Pacho lauter sprechen und näher heranrücken, damit er den Lärm von Verkehr und Passanten übertönte. »Drüben, auf der anderen Straßenseite hingen die Plakate des Teatro Faenza. Es wurde gerade *Rom, offene Stadt* gezeigt, der Film von Rossellini. Gaitán hatte in Rom studiert, und wer weiß, vielleicht ist ihm das Plakat aufgefallen, eine blitzschnelle Gedankenverbindung. Aber das werden wir nie erfahren. Wir können nicht wissen, was einem Menschen vor dem Tod durch den Kopf geht: was für unterirdische Erinnerungen, Assoziationen. Ob in Gedanken bei Rom, bei Rossellini oder nicht, jedenfalls ist Plinio Mendoza ein paar Schritte vorgegangen, hat sich von den Freunden entfernt. Als hätte er etwas Vertrauliches mit Gaitán zu besprechen. Und wissen Sie was? Vielleicht war das auch so. ›Was ich dir sagen will, geht ganz schnell‹, hat Mendoza gesagt. Dann hat er gesehen, wie Gaitán abrupt stehen blieb und wieder Richtung Tür zurückwich, die Hände vors Gesicht geschlagen, als wollte er sich schützen. Drei Schüsse knallten hintereinander, einen Sekundenbruchteil später ein vierter. Gaitán ist rücklings hingeschlagen. ›Was ist passiert, Jorge?‹, hat Mendoza gefragt. Was für eine dumme Frage«, sagte Pacho. »Aber wem fällt in einem solchen Moment schon Originelleres ein?«

»Niemandem«, sagte ich.

»Mendoza hat den Mörder gesehen«, sagte Pacho, »und ist ihm hinterhergestürzt. Doch der richtete die Pistole auf ihn, und Mendoza musste zurückweichen. Er hat gedacht, dass er ihn ebenfalls erschießen will, und versucht, ins Haus zurückzugelangen, zum Eingang, damit er sich dort verstecken und verschanzen kann.«

Pacho nahm mich wieder beim Arm. Wir kehrten zum verschwundenen Eingang des Agustín-Nieto zurück. Drehten uns um, blickten zum Verkehr auf der Séptima, und Pacho hob die rechte Hand, um mir die Stelle auf dem Gehweg zu zeigen, wo Gaitán zu Boden gegangen war: von seinem Kopf rann ein dünner Faden Blut auf den Gehweg. »Da drüben hat Juan Roa Sierra gestanden, der Mörder. Anscheinend hatte er vor der Tür des Agustín-Nieto auf Gaitán gewartet. Genau weiß man das natürlich nicht. Nach dem Attentat haben Zeugen ausgesagt, sie hätten ihn ins Gebäude treten und öfter als üblich mit dem Fahrstuhl hinauf- und hinabfahren sehen. Er war ihnen also aufgefallen. Aber mit Sicherheit konnten sie es nicht sagen: Nach einer so furchtbaren Tat redet man sich ein, Dinge gesehen, etwas verdächtig gefunden zu haben … Einige sagten, Roa habe einen grau gestreiften Anzug getragen, alt und verschlissen. Andere, der Anzug sei gestreift gewesen, aber braun. Wieder andere haben gar nichts von Streifen gesagt. Man muss sich das Durcheinander vorstellen, von allen Seiten Schreie, rennende Menschen. Wer soll da den Überblick bewahren? Kurzum: Mendoza hat den Mörder von hier aus gesehen, wo wir jetzt stehen. Er hat gesehen, wie er den Revolver sinken ließ und dann erneut auf Gaitán zielte, wie zum Gnadenschuss.

Nach Mendozas Aussage hat Roa nicht geschossen. Ein anderer Zeuge hat ausgesagt, er habe sehr wohl geschossen, die Kugel sei auf dem Pflaster abgeprallt und habe beinahe Mendoza getötet. Roa hat sich dann nach allen Seiten umgesehen, einen Fluchtweg gesucht. Da, an der Ecke«, sagte Pacho und wedelte mit der Hand in Richtung Avenida Jiménez, »hat ein Polizist gestanden. Mendoza sah, wie der eine Sekunde zögerte, eine sehr kurze Sekunde, und dann seine Pistole zog, um auf Roa Sierra zu schießen. Roa ist Richtung Norden geflohen, da entlang, sehen Sie.«

»Ja, ich sehe.«

»Dann hat er sich umgedreht, als wollte er Gaitáns Begleiter bedrohen, verstehen Sie, als suchte er Deckung bei der Flucht. Und da haben ihn sich die Leute auf der Straße geschnappt. Ebenso der Polizist, der auf ihn schießen wollte, oder ein anderer, sagen einige. Manche behaupten aber auch, der Polizist sei von hinten gekommen, habe ihn mit der Pistole bedroht, und da hat Roa die Arme gehoben, und die anderen haben sich auf ihn gestürzt. Wieder andere sagen, er wollte weiter oben die Séptima überqueren, in östlicher Richtung. Aber sie haben ihn gepackt, hier auf dem Gehweg, bevor er hinüber konnte. Als die Freunde gesehen haben, dass der Mörder gefasst war, sind sie wieder zu Gaitán gegangen, um zu sehen, ob sie ihm helfen können. Der Hut war ihm heruntergefallen, einen Schritt vom Körper entfernt. Der Körper lag so da«, sagte Pacho und malte horizontale Linien in die Luft. »Parallel zur Straße. Aber alle waren so fassungslos, dass jeder der Freunde nachher etwas anderes erzählt hat. Die einen, Gaitáns Kopf habe nach Süden gezeigt, die Füße nach Norden; die anderen, das genaue Gegenteil. Doch in einem waren sie sich einig: Seine Augen waren offen und entsetzlich reglos. Jemand, vielleicht Vallejo, hat bemerkt, dass er aus dem Mund blutete. Ein anderer hat geschrien, man solle Wasser bringen. Im Erdgeschoss befand sich *El Gato Negro,* und eine Kellnerin kam mit einem Glas Wasser heraus. ›Sie haben Gaitancito umgebracht‹, hat sie angeblich gerufen. Die Leuten sind zu Gaitán getreten, haben sich gebückt und ihn angefasst, als berührten sie einen Heiligen: seine Kleidung, sein

Haar. Dann ist Pedro Eliseo Cruz gekommen, ein Arzt, er hat sich neben den Körper gekniet und ihm den Puls gefühlt. ›Lebt er?‹, hat Alejandro Vallejo gefragt. ›Du ruf einfach ein Taxi‹, hat Cruz entgegnet.«

»Aber das Taxi, ein schwarzes Taxi, war schon da, ohne dass es jemand hatte rufen müssen«, sagte Pacho. »Die Leute haben sich um das Privileg gestritten, Gaitán aufheben und in den Wagen legen zu dürfen. Doch zuvor hatte Cruz eine Wunde am Hinterkopf bemerkt. Er wollte sie untersuchen und hat Gaitáns Kopf bewegt, aber er hat Blut gespuckt. Jemand hat gefragt, wie es stehe. ›Hoffnungslos‹, hat Cruz gesagt. Gaitán hat ein paar Klagelaute von sich gegeben«, sagte Pacho. »Geräusche, die wie Klagelaute klangen.«

»Dann war er am Leben«, sagte ich.

»In dem Moment ja«, sagte Pacho. »Eine Kellnerin aus einem anderen Café in der Nähe, das *El Molino* oder *El Inca,* hat später geschworen, sie habe ihn sagen hören: ›Lasst mich nicht sterben.‹ Aber das glaube ich nicht. Ich glaube eher Cruz und seiner Einschätzung: Für Gaitán kam jede Hilfe zu spät. Da ist ein Kerl mit Kamera aufgetaucht und hat angefangen, Fotos von Gaitán zu machen.«

»Was denn, Pacho?«, sagte ich. »Es gibt Fotos von Gaitán? Nach den Schüssen?«

»So heißt es, ja. Ich habe sie nicht gesehen, aber es gibt sie wohl. Das heißt, jemand hat fotografiert, so viel ist sicher. Eine andere Frage ist, ob sie überlebt haben. Man kann sich zwar nicht vorstellen, dass etwas so Wichtiges verlegt worden, beim Räumen verloren gegangen sein soll. Aber so ist es aller Wahrscheinlichkeit nach gewesen. Sonst wären sie uns doch überliefert worden, nicht wahr? Natürlich kann sie auch jemand vernichtet haben. So viele Geheimnisse verschleiern diesen Tag ... Kurzum: es hat sich wohl so abgespielt. Der Fotograf hat sich einen Weg durch die Menge gebahnt und angefangen, Gaitán zu fotografieren. Einer der anwesenden Zeugen hat sich empört. ›Der Tote ist nicht wichtig‹, hat er zum Fotografen gesagt. ›Nehmen Sie lieber den Mörder auf.‹«

»Aber das hat der Fotograf nicht getan«, sagte Pacho. »Inzwischen hatten die Leute Gaitán ins Taxi gehoben. Cruz ist mit eingestiegen, die übrigen in ein anderes Taxi, das gleich danach aufgetaucht ist. Und alle sind Richtung Süden zur Clínica Central gefahren. Danach sollen sich einige zu der Stelle gebückt haben, wo der Körper gelegen hat, sie haben ihre Taschentücher hervorgezogen und in Gaitáns Blut getaucht. Dann hat einer das Gleiche mit einer kolumbianischen Flagge getan.«

»Und Roa Sierra?«, fragte ich.

»Roa Sierra hatte ein Polizist geschnappt, erinnern Sie sich?«

»Ja, neben dem Gebäude.«

»Fast an der Ecke. Roa Sierra ist Richtung Jiménez zurückgewichen, und da hat ihn der Polizist von hinten gepackt und die Pistole in die Rippen gedrückt. ›Töten Sie mich nicht, Hauptmann‹, hat Roa gesagt. Es war ein stellvertretender Wachmann, der gerade Dienst hatte. Er hat Roa entwaffnet (hat ihm die vernickelte Pistole weggenommen und sie sich in die Hosentasche gesteckt) und ihn beim Arm genommen.«

»Er hieß Jiménez«, sagte Pacho. »Wachmann Jiménez im Dienst auf der Avenida Jiménez: Etwas mehr Phantasie könnte die Geschichte schon haben, oder? Nun gut, der Wachmann führt Roa Sierra also gerade ab, da fällt jemand auf der Straße über Roa her und schlägt ihn, ich weiß nicht, ob mit der Faust oder mit einem Kasten, und Roa Sierra prallt gegen ein Schaufenster, genau dort.« Pacho deutete auf eine Tür neben dem Agustín-Nieto. »Das Gebäude hieß Faux, glaube ich, und da ist das Schaufenster zu Bruch gegangen: ein Kodak-Fotoladen, scheint mir, aber ich bin mir nicht sicher. Man weiß nicht, ob es der Schlag war oder der Prall gegen das Schaufenster, jedenfalls lief Roa Blut aus der Nase.«

Als er sah, dass die Leute sie umringten, suchte Wachmann Jiménez einen Unterschlupf. Er ging Richtung Süden, wieder an dem Gebäude vorbei. »Der war's«, schrie die Menge, »der hat Doktor Gaitán umgebracht.« Der Wachmann führte Roa immer noch am Arm und steuerte auf die Granada-Apotheke zu, konnte auf der kurzen Strecke jedoch nicht verhindern, dass die Schuhputzer mit ihren schweren Holzkästen nach ihm schlugen.

»Roa hatte Todesangst«, sagte Pacho. »Nach Aussagen von Vallejo und Mendoza, die ihn hatten schießen sehen, war sein Gesicht von Hass verzerrt gewesen. Der Hass eines Fanatikers. Alle waren sich einig, dass Roa im Augenblick des Schusses absolute Selbstbeherrschung gezeigt hatte. Aber nachher, als ihn die wütenden Schuhputzer umringten, ihn schlugen und er gewiss dachte, dass diese Leute ihn lynchen wollten … da war es vorbei mit Fanatismus und Selbstbeherrschung. Nackte Angst. Die Veränderung war so drastisch, dass viele dachten, es seien zwei unterschiedliche Männer gewesen, der Fanatiker und der Verschreckte.«

Gaitáns Mörder war bleich. Er hatte olivfarbene Haut und ein kantiges Gesicht; das schlaffe Haar war zu lang, und eine nachlässige Rasur zeichnete ihm schmutzige Schatten ins Gesicht. Er machte den Eindruck eines Straßenköters. Einige Zeugen sagten aus, er habe wie ein Mechaniker oder Handwerker ausgesehen, und einer behauptete sogar, einen Ölfleck auf dem Ärmel gesehen zu haben. »Lyncht den Mörder!«, schrie jemand. Mit gebrochener Nase ließ Roa sich zur Granada-Apotheke stoßen. Pascal del Vecchio, ein Freund Gaitáns, bat den Apotheker, den Mörder einzulassen, damit er nicht gelyncht würde. Sie schoben Roa hinein, der sich anscheinend mit seinem Schicksal abgefunden hatte und keinerlei Widerstand mehr leistete; er hockte sich in eine Ecke der Apotheke, die von der Straße nicht einsehbar war. Jemand ließ die Metalljalousie herunter. Einer der Angestellten trat auf ihn zu:

»Warum haben Sie Doktor Gaitán getötet?«

»Ach, wissen Sie«, sagte Roa, »da ist Mächtiges im Spiel, von dem ich nicht reden kann.«

Draußen versuchte man, die Jalousie aufzubrechen. Der Inhaber erschrak oder wollte nicht, dass man ihm den Laden zerstörte, und so öffnete er am Ende selbst.

»Die Leute werden Sie lynchen«, drang der Angestellte weiter in ihn. »Sagen Sie, wer Sie geschickt hat.«

»Ich kann nicht«, sagte Roa.

»Roa wollte sich hinter der Theke verstecken, aber bevor er sie umrunden konnte, hatten sie ihn schon gepackt«, sagte

Pacho. »Die Schuhputzer haben sich auf ihn geworfen und ihn hinausgeschleift. Aber er war noch nicht auf der Straße, da hat sich jemand eine Schubkarre gegriffen, so ein Metallwägelchen für Kisten. Nun, dieser Jemand packt die Karre und wirft sie auf Roa. Ich glaube, Roa war danach schon bewusstlos. Die Leute haben ihn auf die Straße gestoßen. Haben dort weiter auf ihn eingeprügelt: mit Fäusten, Füßen, Kästen. Einer soll ihm mehrmals einen Kugelschreiber ins Fleisch gebohrt haben. Sie haben ihn Richtung Süden geschleift, zum Präsidentenpalast. Es gibt ein Foto, ein berühmtes Foto, von einem der oberen Stockwerke aufgenommen, da ist die Meute schon weiter vorne, auf Höhe der Plaza de Bolívar. Man sieht, wie die Meute Roa hinter sich her schleift, und man sieht Roa oder vielmehr seinen toten Leib. Beim Schleifen hat er die Kleider verloren und ist fast nackt. Das ist eines der furchtbarsten Fotos, die von diesem furchtbaren Tag geblieben sind. Roa war da bereits tot, er muss also auf dem Weg von der Granada-Apotheke gestorben sein. Manchmal kommt mir der Gedanke, dass Roa gleichzeitig mit Gaitán gestorben ist. Wissen Sie, wann genau Gaitán starb? Um ein Uhr fünfundfünfzig. Fünf vor zwei. Gut möglich, dass er zur selben Zeit gestorben ist wie sein Mörder, nicht wahr? Ich weiß nicht, warum das wichtig sein soll, das heißt, ich weiß, dass es nicht wichtig ist, aber manchmal kommt mir dieser Gedanke. Von dort drüben aus haben sie Roa Sierra mitgeschleift. Da war die Granada-Apotheke, und von da haben sie ihn mitgeschleift. Vielleicht war er hier, wo wir beide jetzt stehen, bereits tot. Vielleicht ist er später gestorben. Man weiß es nicht, wird es niemals wissen.«

Pacho verstummte. Er streckte die Hand aus und blickte zum Himmel.

»Mist, es nieselt«, sagte er. »Wollen Sie noch mehr wissen?«

Wir standen nur ein paar Schritte von der Stelle entfernt, an der vor wenigen Stunden ein unbekannter Mann zu Boden gegangen war. Fast hätte ich Pacho gefragt, ob er davon gehört habe, hielt es dann aber für eine überflüssige Information, ja sogar für respektlos gegenüber dem Mann, der mich an seinem Wissen hatte teilhaben lassen. Es waren zwei ganz unterschiedliche Tote, Gaitán und dieser Unbekannte, so viele Jahre lagen zwischen ihnen, und doch waren die beiden Blutlachen – die eine von 1948, in die die Leute ihre Taschentücher getaucht hatten, und die andere aus dem Jahr 1991, die meine Schuhspitze benetzt hatte – im Grunde gar nicht so verschieden. Nichts verband sie außer meiner Faszination, meiner krankhaften Neugier, aber das war ausreichend, denn diese krankhafte Neugier oder Faszination war so stark wie der abgrundtiefe Widerwillen, den ich allmählich für die Stadt empfand, für diese Mörderstadt, diese Friedhofsstadt, die Stadt, in der jede Ecke ihren Gefallenen hatte. Ebendas entdeckte ich, mit einer Art Entsetzen, damals in mir selbst, die dunkle Faszination für die Toten, von denen die Stadt wimmelte: die gegenwärtigen Toten und die vergangenen ebenso. Ich ging durch die wütende Stadt, suchte die Schauplätze bestimmter Verbrechen auf, eben weil sie mich entsetzten, verfolgte die Gespenster der Toten, die eines gewaltsamen Todes gestorben waren, eben weil ich Angst hatte, eines Tages zu ihnen zu gehören. Aber das war nicht einfach zu erklären, nicht einmal jemandem wie Pacho Herrera.

»Nein, mehr nicht«, sagte ich. »Danke für alles.«

Und ich sah ihm nach, wie er sich in der Menge verlor.

An dem Abend kam ich nach Hause und schrieb in einem Schwung sieben Seiten einer Erzählung, die wiedergab oder wiederzugeben versuchte, was mir Pacho Herrera auf der Séptima erzählt hatte, auf demselben Gehweg, auf dem die Geschichte meines Landes eine radikale Wende vollzogen hatte. Ich glaube, ich begriff nicht einmal, wie sehr Pachos Bericht meine Phantasie gefesselt hatte, und wohl ebenso wenig, dass es Abertausend Kolumbianern in den letzten dreiundvierzig Jahren nicht anders gegangen war. Die Erzählung taugte nicht viel, aber es war meine, ihr Stil war nicht García Márquez, Cortázar oder Borges entliehen, wie bei vielen meiner anderen Versuche damals, sondern ihr Ton, ihre Perspektive hatte etwas, was ich zum ersten Mal als Eigenes empfand. Ich zeigte sie Pacho – ein junger Mann, der die Billigung des Älteren sucht –, und von da an änderte sich unsere Beziehung, wurde vertrauter, aus der Respektsperson wurde eine Art Freund. Wenige Tage später fragte er mich, ob ich mit ihm Gaitáns Haus besuchen wolle.

»Gaitán hat ein Haus?«

»Das Haus, in dem er gewohnt hat, als sie ihn umgebracht haben«, sagte Pacho. »Jetzt ist es natürlich ein Museum.«

Dorthin gingen wir an einem sonnigen Nachmittag, zu einem großen zweistöckigen Haus, das ich seitdem nicht wieder besucht habe, von Grün umgeben (ich erinnere mich an eine kleine Wiese und einen Baum) und restlos besetzt von Gaitáns Gespenst. Im Erdgeschoss wiederholte sich in einem alten Fernseher ein Dokumentarfilm über sein Leben, Lautsprecher spuckten Aufnahmen seiner Reden aus, und oben, gleich hinter der weit geschwungenen Treppe, stieß man auf die viereckige Vitrine, in der man aufrecht den mitternachtsblauen Anzug sah. Ich ging um die Vitrine herum, suchte nach den Einschusslöchern im Stoff und fand sie mit einem Schaudern. Später suchte ich das Grab im Garten und blieb eine Weile davor stehen, dachte an das, was Pacho mir erzählt hatte, blickte auf, sah die Blätter des Baums im Wind schaukeln und spürte Bogotás Abendsonne auf dem Kopf. Da trat Pacho wieder auf die Straße, ließ mir keine Zeit zum Verabschieden, hielt ein Taxi an und stieg ein. Ich sah, wie er die Tür schloss, wie sich sein Mund bewegte und eine Adresse angab, sah ihn die Brille abnehmen, als wollte er sich ein Staubkorn aus dem Auge wischen, eine lästige Wimper, eine Träne, die uns den Blick trübt.

Der Besuch bei Doktor Benavides fand ein paar Tage nach unserem Gespräch statt. Am Samstag hatte ich, als Abwechslung zum eintönigen Speiseplan der Cafeteria, zwei Stunden im Restaurantgeschoss eines benachbarten Einkaufszentrums gesessen und anschließend etwas Zeit in der Librería Nacional verbummelt, wo ich auf ein Buch von José Avellanos gestoßen war, das mir für den Roman nützlich sein konnte, den ich in der herausgeschundenen freien Zeit zu schreiben versuchte. Es war eine pikareske, bizarre Geschichte über einen möglichen Aufenthalt Joseph Conrads in Panama, und mit jedem Satz merkte ich, dass das Schreiben nur einen einzigen Zweck erfüllte: mich von den medizinischen Schrecken abzulenken, sie zu verbannen. Als ich in das Krankenhauszimmer zurückkehrte, steckte M. gerade mitten in einer Untersuchung, die die Intensität ihrer heimlichen Wehen maß. Ihr Bauch war mit Elektroden bedeckt; aus einer Maschine neben dem Bett drang elektrisches Säuseln und im Hintergrund das sanfte, doch frenetische Fegen einer Feder, die Tintenlinien auf Millimeterpapier zeichnete. Bei jeder Wehe gerieten die Linien in Bewegung, schüttelten sich wie ein Tier, das im Schlaf gestört wird. »Da war eben eine«, sagte die Krankenschwester. »Die haben Sie doch gespürt?« Und sie musste zugeben, nein, auch diesmal habe sie nichts gespürt, missmutig, als ärgerte sie absurderweise die eigene Fühllosigkeit. Für mich dagegen war dieses durchfurchte Papier eine der ersten Spuren, die meine Töchter in der Welt hinterließen, und ich wollte die Krankenschwestern schon um eines der Diagramme bitten oder um eine Kopie. Aber dann sagte ich mir: Und wenn es schlecht ausgeht? Wenn es eine Fehlgeburt wird und die Mädchen nicht überleben oder nur unter widrigen Umständen, und wenn es in der Zukunft nichts zu gedenken, geschweige denn zu feiern gibt? Diese Möglichkeit war noch nicht vom Tisch; weder die Ärzte noch die Untersuchungen hatten sie ausgeschlossen. Ich ließ die Krankenschwestern also gehen, ohne sie darum zu bitten.

»Wie war die Untersuchung?«, fragte ich.

»Wie immer«, sagte M. mit einem angedeuteten Lächeln. »Die beiden wollen unbedingt hinaus, als hätten sie ein Rendezvous.« Und dann: »Jemand hat etwas für dich abgegeben. Da, auf dem Tisch.«

Es war eine Postkarte, die ich sofort erkannte, oder eher ein Foto in Postkartenformat mit einer Nachricht auf der Rückseite. Es stammte von Sady González, nicht nur einer der größten Fotografen des 20. Jahrhunderts, sondern der Zeuge schlechthin des Bogotazo. Das war eines seiner bekanntesten Fotos. González hatte es in der Clínica Central aufgenommen, wo man Gaitáns Leben zu retten versucht hatte. Auf dem Foto haben sich die Bemühungen der Ärzte bereits als vergeblich erwiesen, der Verletzte ist für tot erklärt worden, man hat ihn

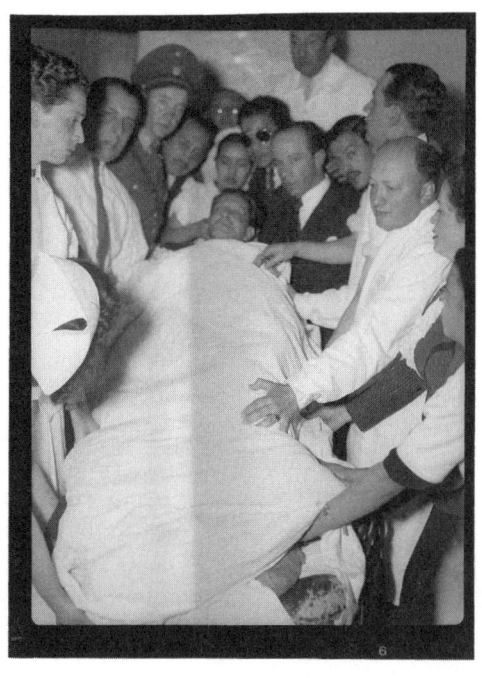

schon ein wenig hergerichtet und andere hereingelassen. Gaitán
ist mit einem weißen Laken bedeckt – makellos, verstörend
weiß – und von Personen umgeben. Manche der Umstehenden
sind Ärzte. Einer legt die linke Hand, an der ein schwerer Ring
zu sehen ist, auf Gaitáns Körper, als wollte er verhindern, dass
er herunterfällt; ein anderer, womöglich Pedro Eliseo Cruz,
blickt nach hinten, vielleicht zu dem Polizisten, der sich ins
Foto reckt (er wird die Bedeutsamkeit des Augenblicks geahnt
haben). Auf der linken Seite sieht man im Profil Doktor Antonio Arias, der besonders niedergeschlagen ins Leere starrt, zumindest kommt es mir so vor, denn Doktor Arias scheint als
Einziger nicht auf den Fotografen zu achten, eine tatsächliche
Trauer scheint ihm den Blick auf das zu verschleiern, was sich
im Zimmer abspielt. Zwischen ihnen liegt Gaitán, jemand hebt
leicht seinen Kopf an – eine unnatürliche Haltung –, damit er

auf dem Foto gut sichtbar ist, denn aus diesem Grund wurde es aufgenommen: um Zeugnis vom Tod des politischen Führers abzulegen, doch für mich hat es weitaus größere Bedeutung, denn in Gaitáns Gesicht sieht man das, was einer meiner Lieblingsverse als leere Anonymität des Schmerzes bezeichnet. Ich wusste nicht, wie oft ich dieses Bild schon gesehen hatte, aber dort im Klinikzimmer, neben meiner liegenden Frau, fiel mir zum ersten Mal das Mädchen hinter Gaitán auf, das anscheinend den Kopf des Toten halten soll. Ich zeigte M. das Foto, und sie sagte, nein, der Mann mit der Sonnenbrille halte ihn, denn die Hand des Mädchens sei geschlossen und in einem Winkel, in dem sie unmöglich etwas stützen könne. Ich hätte ihr gern recht gegeben, konnte es aber nicht. Ich sah die Hand des Mädchens, sah, wie sie Gaitáns Kopf hielt, der über dem weißen Laken zu schweben schien, und das beunruhigte mich.

Auf der Rückseite der Aufnahme hatte Doktor Benavides mit Folienstift (damit die Schrift nicht auf der Plastikoberfläche verwischte) Folgendes geschrieben:

Sehr geehrter Patient,
am morgigen Sonntag lade ich zu einem Abendessen bei mir zu Hause ein. En petit comité, auf Französisch, weil ich so gern den Gebildeten spiele. Ich erwarte Sie um 8 und freue mich schon, über Dinge zu sprechen, die niemanden mehr interessieren. Ich weiß, Sie sind mit Wichtigerem beschäftigt, aber ich schwöre, ich werde alles tun, damit es sich lohnt. Und wenn ich mit Whisky nachhelfen muss.
Herzlich
FB

Also machte ich mich am nächsten Tag, dem 11. September, in Bogotás Norden auf, wo sich die zerfasernde Stadt in eine planlose Abfolge verbunkerter Wohnanlagen und Einkaufszentren verwandelt und schließlich zu einer riesigen Leerfläche wird, hier und da besprenkelt mit Bauten von zweifelhafter Legalität. Im Radio war von den Anschlägen in New York 2001 die Rede, und die Sprecher und Kommentatoren taten das, was bei jedem Jahrestag zum Brauch geworden war: Sie erinnerten sich daran, wo sie sich in dem Moment befunden hatten. Wo war ich vor vier Jahren gewesen? In Barcelona, hatte gerade das Mittagessen beendet. Damals besaß ich keinen Fernseher, sodass ich nichts mitbekam, bis mich Enrique de Hériz anrief: »Komm sofort rüber«, sagte er. »Die Welt stürzt zusammen.« Und jetzt fuhr ich über die Carrera Novena Richtung Norden, und der Radiosender spielte Aufnahmen von jenem Tag ab: die Live-Berichte, die betroffenen, wütenden Reaktionen nach dem Einsturz des ersten Turms, die Erklärungen der Politiker, die nicht einmal in diesem Fall echte Empörung zeigen konnten. Einer der Kommentatoren sagte, das sei ihnen recht geschehen. »Wem?«, fragte jemand, so überrascht wie ich. »Den Vereinigten Staaten«, entgegnete er. »Nach all den Jahrzehnten Imperialismus und Erniedrigung. Jetzt hat endlich mal jemand drauf geantwortet.« Da erreichte ich mein Ziel, aber im Kopf hatte ich nicht mehr Benavides' Erläuterungen, wie ich zu seinem Haus gelangte, sondern meinen Aufenthalt in New York acht Monate nach den Attentaten, meine Interviews mit Leuten, die jemanden dabei verloren hatten, meine Eindrücke von dem Schmerz einer Stadt, die mit Solidarität und Entschlossenheit auf die Anschläge reagierte. Der Sprecher redete weiter. Mein Kopf füllte sich mit wirren Antworten, und ich konnte nur laut, aber ins Leere sagen: »Armer Scheißkerl.«

Der Doktor erwartete mich, seine Gestalt nahm die ganze Türöffnung ein. Er war zwar nur einen halben Kopf größer als ich, schien mir aber einer von denen zu sein, die mit gesenktem Haupt durchs Leben gehen, damit sie nicht gegen die Querbalken stoßen. Er trug eine Aluminiumbrille mit getönten Gläsern, vielleicht solche, die je nach Lichtintensität ihre Tönung verändern, und dort auf der Schwelle, unter den flinken Wolken über unseren Köpfen, wirkte er auf mich wie ein Spion aus einem Roman, eine Art Smiley, wenn auch etwas korpulenter und vor allem schwermütiger. Mit seinen kaum fünfzig Jahren, in der offenen Jacke schlecht geschützt gegen die Abendkälte Bogotás, wirkte Benavides wie ein müder Mann. Der Schmerz anderer kann einen auf mehr oder weniger subtile Weise verschleißen. Benavides hatte viele Jahre lang mit ihm gekämpft, das Leid der Kranken, ihre Furcht geteilt, und dieses Mitleiden hatte seine Kräfte untergraben. Fern von ihrem Arbeitsplatz altern die Menschen ganz plötzlich, und dafür machen wir manchmal das Erstbeste verantwortlich, was uns einfällt und was wir aus ihrem Leben kennen: das Unglück, das wir von weitem verfolgt haben, die Krankheit, von der uns jemand erzählt hat. Oder bei Benavides die Besonderheiten seines Berufs, die ich gut genug kannte, um ihn oder vielmehr seine Hingabe an die anderen zu bewundern und zu bedauern, dass ich nicht so war wie er.

»Sie kommen früh«, sagte der Doktor. Er führte mich in einen Innenhof, dessen Glasdecke noch immer das schräge Abendlicht einfallen ließ. Während ein paar Minuten angeregter Unterhaltung sprach er wieder von meinem Roman, fragte mich nach meiner Frau und den möglichen Namen meiner Töchter und ließ mich wissen, dass er zwei Kinder um die zwanzig hatte, Junge und Mädchen; gleich darauf erzählte er, dass die Bank, auf der ich saß, eine Eisenbahnschwelle sei, die er selbst mit Beinen versehen habe, und anschließend deutete er auf die Wand und erklärte mir, die Haken dort seien die dazugehörigen Schwellenschrauben (ich kenne den Fachausdruck dafür nicht). Der Stuhl, auf dem er saß, erzählte er weiter, stamme aus einem Hotel in Popayán, das beim Erdbeben 1983 eingestürzt sei, und die einzige Dekoration auf dem Couchtisch gehöre zur Schraube eines Handelsschiffs. »Ich weiß nicht, wie all diese Dinge mich aushalten, aber sie tun es«, sagte er. Später kam mir der Gedanke, dass mich der Doktor auf die Probe hatte stellen, herausfinden wollen, ob ich sein irrationales Interesse an den Dingen der Vergangenheit teilte, an diesen stummen Gespenstern.

»Gut, gehen wir hinein, die klamme Nacht ist da«, sagte er, aber das Gesicht dazu war inzwischen im Halbdunkel untergetaucht oder verschwommen. »Es scheint, die anderen sind endlich eingetroffen.«

Das *comité* erwies sich als nicht so *petit,* wie Benavides angedeutet hatte. Das kleine Haus war voller Gäste, die meisten im Alter meines Gastgebers und, wie ich ins Blaue hinein dachte, Kollegen von ihm. Die Leute drängten sich um den Esstisch, balancierten Teller in der Hand, füllten sich kalten Braten auf, attackierten den Kartoffelsalat oder versuchten, ein paar widerspenstige Spargel zu bändigen, die von der Gabel rutschten. Aus unsichtbaren Boxen flüsterte die Stimme von Billie Holiday oder Aretha Franklin. Benavides stellte mir seine Frau vor. Estela war eine kleine Person mit markanten Knochen und arabischer Nase, deren großzügiges Lächeln einen ewig ironischen Blick ausglich. Dann machten wir eine Runde durchs Zimmer (die Luft darin bereits dick von Rauch), denn Benavides wollte mir einige der Gäste vorstellen. Der Erste war ein Mann mit dicker Brille, der mich an den erinnerte, der auf dem Foto hinter Gaitáns Kopf steht, dann kam ein kleiner Kahlkopf mit Schnurrbart dran, der seiner Frau mit gefärbtem Haar erst die Hand entwinden musste, damit er mich begrüßen konnte. »Ein Patient von mir«, stellte mich Benavides vor, und diese harmlose Lüge schien ihn zu amüsieren. Mir war inzwischen etwas unwohl oder unruhig zumute, der Grund dafür war unschwer zu erraten: ein Teil meines Bewusstseins machte sich wieder Gedanken über meine noch zukünftige Familie, über diese Mädchen, die unter Gefahren im Bauch meiner Frau heranwuchsen. Beim Umhergehen in Benavides' Haus spürte ich eine neue Art Beklemmung; ich fragte mich, ob dieses plötzliche Gefühl von Einsamkeit die Vaterschaft ausmachte, diese abergläubische Überzeugung, das Schlimmste werde während meiner Abwesenheit passieren; und ich bereute es, hergekommen zu sein, damit ich in Gesellschaft Banalitäten von mir gab, anstatt bei M. zu bleiben und zu helfen, wo ich konnte. Jemand hinter mir rezitierte gerade ein paar Verse:

Diese Rose, sie bezeugte:
wenn dies keine Liebe war,
ist die Liebe immer falsch.
Diese Rose, sie bezeugte,
dass du endlich meine warst!

Es war León de Greiffs schlechtestes Gedicht oder seines großartigen Werks am wenigsten würdig, wie mir schien, doch es
gehörte zum Repertoire eines jeden Kolumbianers, einer jeden
Blütenlese – treffender kann man es in dem Fall nicht ausdrücken –, aus der man sich unweigerlich in bestimmten Kreisen bediente. Und wieder bereute ich, gekommen zu sein. Unter einem hängenden Farn neben der Schiebetür zum kleinen,
nun nachtschwarzen Garten standen zwei Schränke mit Glas-
türen, die mich anzogen, denn die Gegenstände darin waren
wie Ausstellungsstücke drapiert. Ich blieb davor stehen, starrte
erst blicklos hinein, da ich eigentlich nur den gesellschaftlichen
Verpflichtungen hinter mir hatte entkommen wollen. Aber
nach und nach fesselte der Inhalt der Schränke meine Neugier.
Was war das alles?

»Das ist ein Kupferkaleidoskop«, sagte Benavides. Er hatte
sich lautlos neben mich gestellt und wohl meine Gedanken gehört, vielleicht war er daran gewöhnt, dass die Neulinge unter
seinen Besuchern vor dem Schrank stehen blieben und Fragen
stellten. »Das hier ist ein echter Skorpionstachel aus dem Ama-
zonas. Da ein LeMat Revolver von 1856. Hier das Skelett einer
Klapperschlange. Winzig, mag sein, aber Sie wissen ja, auf die
Größe kommt es nicht an.«

»Ihr Privatmuseum«, sagte ich.

Er sah mich mit offensichtlicher Befriedigung an. »So ungefähr«, sagte er. »Das hat sich im Laufe der Jahre angesammelt.«

Jetzt lächelte Benavides breit und zeigte auf die Wand über
dem Schrank. Zwei Rahmen schmückten sie (obwohl es »schmü-
cken« nicht traf, denn sie hatten keinen ästhetischen Anspruch).
»Das ist das Cover einer Sidney-Bechet-Platte«, sagte Benavides. Bechet hatte Autogramm und Datum darauf hinterlassen:
2. Mai 1959. »Und das da«, er deutete auf ein kleines Möbelstück, das neben dem Schrank fast unterging, »ist eine Waage,
die mir jemand aus China mitgebracht hat.«

»Ist die echt?«, fragte ich dumm.

»Bis zum letzten Einzelteil«, sagte Benavides. Es war ein
wunderschönes Gerät, mit gedrechseltem Holzrahmen, an
dessen Querbalken ein umgekehrtes T mit zwei Waagschalen

baumelte. »Sehen Sie das Lackkästchen? Darin sind die Blei-gewichte, etwas Hübscheres kann man sich kaum denken. Ach ja, ich möchte Ihnen jemanden vorstellen.«

Erst da merkte ich, dass er in Begleitung war. Als hätte er sich aus Schüchternheit oder Vorsicht versteckt, wartete hinter meinem Gastgeber ein blasser Mann, der in der Linken ein Glas Sprudelwasser hielt. Er hatte dicke Tränensäcke unter den Augen, obwohl er eigentlich nicht viel älter als Benavides wirkte; an seinem seltsamen Aufzug – braunes Cordsakko, Hemd mit gestärktem Stehkragen – stach vor allem ein roter Foulard ins Auge, ein sattes, fast blitzendes Rot, das Rot eines Torero-Umhangs. Der Mann im roten Foulard reichte mir eine weiche, feuchte Hand und stellte sich mit unsicherer oder femi-niner Stimme leise vor: die Art Stimme, bei der man näher he-rankommen muss, wenn man verstehen will.

»Carlos Carballo«, nannte sich der Mensch alliterativ. »Zu Ihren Diensten.«

»Carlos ist ein Freund der Familie«, sagte Benavides. »Ein alter, uralter. Ich weiß gar nicht, wann es ihn nicht gegeben hat.«

»Ich war eben erst der Freund deines Papas«, sagte der Mann.

»Erst sein Schüler, dann sein Freund«, sagte Benavides. »Und dann meiner. Eine Art Erbschaft, wie ein Paar Schuhe.«

»Schüler?«, fragte ich. »Schüler worin?«

»Mein Vater war Professor an der Nacional«, sagte Bena-vides. »Er hat Gerichtsmedizin für Juristen unterrichtet. Da kann ich Ihnen einiges erzählen, Vásquez. Der Mann hatte un-zählige Anekdoten auf Lager.«

»Unzählige«, sagte oder bekräftigte Carballo. »Er war der beste Professor der Welt, sie hätten ihn hören müssen. Ich glaube, er hat nicht nur mein Leben verändert.« Er setzte eine feierliche Miene auf und schien sich bei den folgenden Worten sogar zu recken: »Ein Geist erster Güte.«

»Wann ist er gestorben?«, fragte ich.

»1987«, sagte Benavides.

»Bald zwanzig Jahre«, sagte Carballo. »Wie die Zeit ver-geht.«

Es verstörte mich, dass jemand, der sich so einen Foulard um-band – dieser Affront aus feiner Seide –, zugleich Redewen-dungen und Gemeinplätzen benutzte. Aber Carballo war offen-sichtlich unberechenbar; vielleicht interessierte er mich deshalb mehr als die anderen Gäste, und ich mied seine Gesellschaft nicht, suchte keinen Vorwand, um aus der Ecke zu fliehen. Ich zog das Handy hervor, überprüfte das Vorhandensein der klei-nen schwarzen Balken und das Fehlen verpasster Anrufe und steckte es wieder ein. Da zog jemand Benavides' Aufmerksam-keit auf sich. Ich blickte in die Richtung, in die er sah, und da stand Estela am anderen Ende des Wohnzimmers und ruderte mit beiden Armen (die Ärmel ihrer weiten Bluse rutschten hinab und legten ihre Arme frei, bleich wie der Bauch eines Frosches). »Ich gehe«, sagte Benavides. »Eins von beiden: ent-weder ist meine Frau am Ertrinken, oder ich muss Eis holen.« Carballo sprach darüber, wie sehr ihm sein Maestro fehle – so nannte er ihn nun, *Maestro* –, vor allem, wenn man aus den Dingen die Wahrheit herauslesen wolle. Der Satz war ein Juwel im Schlamm: endlich etwas, was zum Foulard passte.

»Die Wahrheit aus den Dingen herauslesen?«, fragte ich. »Was meinen Sie?«

»Na, mir geht das die ganze Zeit so«, sagte Carballo. »Ihnen nicht?«

»Was denn?«

»Dass ich nicht weiß, was ich denken soll. Jemanden brau-che, der mich anleitet. Wie heute, zum Beispiel. Auf dem Weg hierher habe ich im Auto Radio gehört, Sie wissen schon, das Abendprogramm. Und sie haben über den 11. September ge-sprochen.«

»Das habe ich unterwegs auch gehört«, sagte ich.

»Und da habe ich gedacht, wie sehr fehlt uns heute Maestro Benavides. Damit er uns hilft, die verborgene Wahrheit hinter der politischen Manipulation zu erkennen, hinter der kriminel-len Verschwörung der Medien. Er hätte die Geschichte nicht geschluckt. Er hätte den Schwindel aufgedeckt.«

»Was für einen Schwindel?«

»Das Ganze ist ein Schwindel, sagen Sie nicht, das hätten Sie nicht gemerkt. Das mit al-Qaida. Das mit Bin Laden. Nichts als Bockmist, mit Verlaub. So spielt sich das nicht ab. Wer soll glauben, dass Gebäude wie die Zwillingstürme einfach so einstürzen, weil sich ein Flugzeug in sie bohrt? Nein, nein, das war ein Insiderjob, eine kontrollierte Zerstörung. Maestro Benavides hätte das gleich bemerkt.«

»Moment, Moment«, sagte ich, halb von Interesse, halb von krankhafter Neugier gepackt. »Erklären Sie mir das mit der Zerstörung.«

»Ganz einfach. Gebäude wie diese mit vollkommen senkrechten Linien stürzen nur auf diese Art ein, wenn man sie von unten sprengt. Man muss ihnen die Beine wegziehen, nicht auf den Kopf hauen. So sind nun mal die physikalischen Gesetze. Oder haben Sie schon einen Baum umstürzen sehen, weil man ihm den Wipfel absägt?«

»Aber ein Gebäude ist kein Baum. Die Flugzeuge sind eingeschlagen, das Feuer hat sich ausgebreitet und die Struktur des Gebäudes beschädigt, die Türme sind eingestürzt. War es nicht so?«

»Gut«, sagte Carballo. »Wenn Sie das glauben wollen.« Er trank einen Schluck. »Aber so ein Gebäude stürzt nicht restlos ein, nicht so vollkommen. Der Einsturz der Türme war wie im Bilderbuch, das können Sie nicht leugnen.«

»Das bedeutet noch gar nichts.«

»Nein, natürlich nicht«, seufzte Carballo. »Das bedeutet gar nichts, wenn man es nicht sehen will. Tatsächlich ist keiner blinder als der, der nicht sehen will.«

»Kommen Sie mir nicht mit dummen Redensarten«, sagte ich. Ich weiß nicht, woher diese Grobheit kam, die mir sonst fremd ist. Ich habe etwas gegen bewusste Unvernunft und verabscheue Leute, die sich hinter der Sprache verstecken, vor allem hinter den tausendundein Formeln, mit denen die Sprache den menschlichen Drang schützt, ohne Beweise zu glauben. Doch selbst dann versuche ich, meine schlimmsten Reflexe zu bändigen, und das tat ich auch damals. »Wenn Sie mich überzeugen, lasse ich mich überzeugen, aber bis jetzt haben Sie mich von gar nichts überzeugt.«

»All das kommt Ihnen also nicht seltsam vor.«

»Was denn? Die Art, in der die Türme eingestürzt sind? Ich bin mir nicht sicher. Ich bin kein Ingenieur, ich könnte nicht ...«

»Nicht nur das. Sondern dass genau an dem Morgen die Luftabwehr nicht in Bereitschaft war. Dass genau an dem Morgen das Luftabwehrsystem ausgeschaltet war. Dass die Anschläge geradewegs zu einem so opportunen Krieg geführt haben, opportun, um den Status quo aufrechtzuerhalten.«

»Aber das sind zweierlei Dinge, Carlos, und sagen Sie nicht, das muss ich Ihnen erklären«, sagte ich. »Das Eine ist, dass Bush den Anschlag als Vorwand für einen Krieg benutzt hat, den er seit langem schon führen wollte. Und etwas ganz anderes, den Tod von dreitausend Mitbürgern in Kauf zu nehmen.«

»Ganz genau, so scheint es. Es scheint zweierlei zu sein. Das ist die große Leistung dieser Leute: uns glauben zu machen, dass etwas getrennt abläuft, was in Wirklichkeit schön eng zusammenhängt. Heute glauben bloß die Naiven, dass Prinzessin Diana bei einem Unfall ums Leben gekommen ist.«

»Prinzessin Diana? Aber was hat das mit ...«

»Bloß die Naiven sehen nicht die Parallelen zwischen ihrem Tod und dem von Marilyn. Aber einige von uns sehen es klar und deutlich.«

»Ach, reden Sie doch keinen Quatsch«, stieß ich aus. »Das ist keine Klarsicht, das ist Zeitverschwendung.«

Da kam Benavides zu uns, er hatte den letzten Satz gehört. Ich schämte mich, fand aber keine Worte der Entschuldigung. Mein Ärger war übertrieben, versteht sich, und mir war nicht klar, was genau ihn ausgelöst hatte. So wenig Geduld ich mit denen habe, die die Welt als eine einzige Verschwörung lesen, meine Unhöflichkeit war inakzeptabel. Ich musste an einen Roman von Ricardo Piglia denken, in dem es heißt, dass selbst die Paranoiker Feinde haben. Der ständige Umgang mit der Paranoia anderer, die viele Formen annehmen kann und hinter den friedlichsten Menschen lauert, setzt uns ganz unmerklich zu, und ehe man es sich versieht, verschwendet man seine Kräfte bei dummen Diskussionen mit Leuten, die ihr Leben unvernünftigen Ahnungen widmen. Aber vielleicht war ich ungerecht zu Carballo. Vielleicht betete er nur geschickt Informationen herunter, die er aus der Kloake des Internets gefischt hatte, oder gehörte zu denen, die eine unkontrollierbare Sucht nach Provokation haben, mal mehr, mal weniger subtil, nach der Empörung leicht zu beeindruckender Menschen. Oder vielleicht war alles noch einfacher: Carballo war ein gebrochener Mann, und seine Überzeugungen waren ein Abwehrmechanismus gegen das Unberechenbare des Lebens, dieses Lebens, das ihn auf unergründliche Weise verletzt hatte.

Benavides war die gespannte Atmosphäre aufgefallen und ebenso, dass sie sich nach meiner schroffen Reaktion wieder entspannen ließ. Er reichte mir ein Glas Whisky und entschuldigte sich dabei: »Das war ein Weg mit Hindernissen, und die Serviette ist inzwischen nass geworden.« Ich nahm das Glas wortlos entgegen und spürte das massive Gewicht in der Hand, die harten Kanten. Carballo sagte ebenfalls nichts. Er blickte zu Boden. Nach einem reichlich unbehaglichen Schweigen sagte Benavides: »Carlos, rat mal, wessen Neffe Vásquez ist.«

Carballo ließ sich widerwillig auf das Spiel ein: »Wessen Neffe?«, fragte er.

»Von José María Villarreal«, sagte Benavides.

In Carballos Augen regte sich etwas, zumindest kam es mir so vor. Sie weiteten sich nicht etwa, für uns das konventionelle Zeichen der Überraschung oder Bewunderung, doch ihr Ausdruck interessierte mich, allerdings nicht das, was er zeigte, sondern der offensichtliche Versuch, es nicht zu deutlich zu zeigen. »José María Villarreal war Ihr Onkel?«, fragte Carballo. Er war wieder hellwach wie vorhin, als er über die Zwillingstürme gesprochen hatte, und ich fragte mich, woher Benavides von dieser Verwandtschaft wusste. Doch allzu überraschend war es auch nicht, denn mein Onkel José María Villarreal war ein wichtiger Politiker der konservativen Partei gewesen, und in der kolumbianischen Politik kennt jeder jeden. Diese Verwandtschaft war sogar ein Thema, das während unseres ersten Gesprächs in der Krankenhauscafeteria hätte auftauchen können oder müssen. Weshalb hatte sie Benavides damals nicht erwähnt? Warum interessierte Carballo sich dafür? Das konnte ich damals nicht ahnen. Es lag auf der Hand, dass Benavides durch die Erwähnung meines Onkels die feindselige Atmosphäre hatte auflösen wollen, die er bei seiner Rückkehr zu uns gespürt hatte. Ebenso lag es auf der Hand, dass ihm das sofort gelungen war.

»Und Sie haben einander gekannt?«, fragte Carballo. »Sie und Ihr Onkel, meine ich. Sie haben einander gut gekannt?«

»Weniger gut, als ich gewollt hätte«, sagte ich. »Ich war um die dreiundzwanzig, als er starb.«

»Woran ist er gestorben?«

»Ich weiß nicht. Eines natürlichen Todes.« Ich sah zu Benavides. »Und woher kennen Sie beide ihn?«

»Wie sollten wir ihn nicht kennen«, sagte Carballo. Er stand nicht mehr gebeugt da, seine Stimme war wieder lebendig, unseren Streit hatte es nie gegeben. »Francisco, holen Sie das Buch. Wir zeigen es ihm.«

»Jetzt nicht, Mann. Wir sind mitten in einer Gesellschaft.«

»Holen Sie das Buch, bitte. Tun Sie es für mich.«

»Was für ein Buch?«, fragte ich.

»Holen Sie es, und wir zeigen es ihm«, sagte Carballo.

Benavides zog eine komische Grimasse, wie ein Kind, das einer bloßen Laune der Eltern folgen soll. Er verschwand im Nachbarzimmer und kam gleich wieder zurück. Viel Mühe hatte es nicht gemacht, das fragliche Buch zu finden, vielleicht las er gerade darin, oder seine Bibliothek war streng geordnet, und er konnte jeden Titel lokalisieren, ohne die Regale zu durchforsten, ohne mit zögernden Fingern über ungeduldige Buchrücken zu streifen. Ich erkannte den roten Schuber schon, bevor der Doktor ihn Carballo überreichte. Es war *Leben, um davon zu erzählen,* der Memoirenband, den García Márquez vor drei Jahren veröffentlicht hatte und dessen Exemplare damals alle kolumbianischen Bücherschränke überschwemmten, auch viele der nichtkolumbianischen. Carballo nahm das Buch entgegen und suchte nach der Seite, die ihn interessierte, aber bevor er sie gefunden hatte, sagten mir bereits Erinnerung (und Instinkt), was er mir zeigen würde. Ich hätte es längst erraten müssen: Wir würden über den 9. April sprechen.

»Ja, hier ist es«, sagte Carballo.

Er reichte mir das Buch und deutete mit dem Finger auf einen Absatz auf Seite 352 der Ausgabe, die auch bei mir in Barcelona stand. In dem Kapitel erinnerte sich García Márquez an Gaitáns Ermordung, die ihn in Bogotá überrascht hatte, wo er ohne jede Neigung Jura studierte und von der Hand in den Mund lebte, in einer Pension im Zentrum, in der Carrera Octava, nicht einmal zweihundert Schritte von der Stelle entfernt, an der Roa Sierra die vier unheilvollen Schüsse abgefeuert hatte. Über die Tumulte, die Brände, die Gewalt und das allgemeine Chaos nach dem Mord (ebenso über die Anstrengungen der konservativen Regierung, die Kontrolle zu behalten) schrieb García Márquez: »Im Nachbarbezirk Boyacá, bekannt für seinen historisch gewachsenen Liberalismus und seinen unversöhnlichen Konservatismus, war Gouverneur José María Villarreal, konservativ bis ins Mark, nicht nur früh gegen die lokalen Unruheherde vorgegangen, sondern er schickte nun auch Truppen nach Bogotá, die besser ausgerüstet waren, den Aufruhr zu unterdrücken.« *Konservativ bis ins Mark:* García Márquez' Worte über meinen Onkel waren sogar noch liebenswürdig, denn er war der Mann gewesen, der auf Befehl von Präsident Ospina ein Polizeikorps zusammengestellt hatte, in das nur Mitglieder mit dem Parteibuch der Konservativen aufgenommen wurden. Kurz vor dem 9. April war diese allzu politisierte Polizei bereits aus dem Ruder gelaufen und zu einem unheilvollen Unterdrückungsinstrument geworden.

»Wussten Sie das, Vásquez?«, fragte Benavides. »Wussten Sie, dass darin von Ihrem Onkel die Rede ist?«

»Ja, doch.«

»Konservativ bis ins Mark«, sagte Carballo.

»Wir haben nie über Politik gesprochen«, sagte ich.

»Nein? Sie haben nie über den 9. April gesprochen?«

»Nicht dass ich wüsste. Es gab da ein paar Anekdoten, das schon.«

»Ah, das interessiert mich«, sagte Carballo. »Stimmt's, Francisco? Das interessiert uns.«

»Stimmt«, sagte Benavides.

»Also, erzählen Sie«, sagte Carballo.

»Na ja, ich weiß nicht. Es gibt da ein paar. Einmal hat ihn ein liberaler Freund zur Zeit des Abendessens besucht. ›Lieber Chepe‹, hat er ihm gesagt, ›du musst anderswo schlafen.‹ ›Warum?‹, hat mein Onkel gefragt. Und der liberale Freund hat gesagt: ›Weil wir dich heute Nacht töten werden.‹ Solche Sachen hat er mir erzählt, von all den Anschlägen auf ihn.«

»Und vom 9. April?«, fragte Carballo. »Vom 9. April hat er nie erzählt?«

»Nein«, sagte ich. »Er hat wohl ein paar Interviews dazu gegeben, mehr nicht. Ich habe nie mit ihm darüber gesprochen.«

»Aber er hat doch bestimmt einen Haufen Dinge gewusst, oder?«

»Was für Dinge?«

»Na, er war doch damals Gouverneur von Boyacá. Das weiß alle Welt. Er ist benachrichtigt worden und hat deshalb seine Polizei nach Bogotá geschickt. Man denkt doch, dass er danach über die Geschehnisse auf dem Laufenden gehalten worden ist, nicht wahr? Und man stellt sich vor, dass er während seines langen Lebens bestimmt mit vielen Leuten gesprochen, einen Haufen Dinge gewusst hat, Dinge, die sich, wie soll ich sagen, fern vom Auge der Öffentlichkeit abgespielt haben.«

»Ich weiß nicht. Davon hat er mir nie erzählt.«

»Ich verstehe«, sagte Carballo. »Sagen Sie, Ihr Onkel hat nie von dem eleganten Mann gesprochen?«

Er sah mich nicht an, als er diese Frage stellte. Daran erinnere ich mich gut, und ich suchte Benavides' Blick, der ebenfalls abwesend war, sich fortgestohlen hatte, Zerstreutheit vorgab, als interessierte ihn das Gespräch auf einmal nicht mehr. Später begriff ich, dass es ihn in dem Augenblick mehr denn je interessierte; aber damals hatte ich keinen Grund gehabt, in diesem scheinbar beiläufigen Dialog verborgene Absichten zu vermuten.

»Was für ein eleganter Mann?«, fragte ich.

Carballos Finger stürzten sich wieder geschäftig über die Seiten von *Leben, um davon zu erzählen*. Sie brauchten nicht lange, bis sie gefunden hatten, was sie suchten.

»Lesen Sie«, forderte mich Carballo auf und legte den rechten Zeigefinger auf ein Wort. »Von hier an.«

Nach Gaitáns Ermordung, erzählte García Márquez, wurde Juan Roa Sierra von einer wütenden Menge verfolgt und musste sich in die Granada-Apotheke flüchten, damit man ihn nicht lynchte. Bei ihm waren ein paar Polizisten und der Inhaber der Apotheke, sodass Roa Sierra sich wohl in Sicherheit fühlte. Ein Mann »in grauem Dreiteiler und den Umgangsformen eines britischen Herzogs« hetzte die Menge auf, und seine Worte hatten eine solche Wirkung, sein Auftreten eine solche Autorität, dass der Inhaber der Apotheke die Metalljalousie hochzog und die Schuhputzer mit der Wucht ihrer Kästen eindringen und den entsetzten Mörder mitnehmen ließ. Noch vor Ort, mitten auf der Carrera Séptima, vor den Augen der Polizisten und angefeuert vom eleganten Mann schlugen sie ihn tot. Der elegante Mann – in seinem Dreiteiler und den Umgangsformen eines britischen Herzogs – rief dann: »Zum Palast!« Anschließend schreibt García Márquez:

»Fünfzig Jahre später hält meine Erinnerung noch immer das Bild dieses Mannes fest, der den Mob vor der Apotheke aufzuwiegeln schien, und ich habe ihn in keinem der unzähligen Zeugnisse, die ich über diesen Tag gelesen habe, wiedergefunden. Ich hatte ihn aus nächster Nähe gesehen, in hochklassigem Anzug, mit Alabasterhaut und millimetergenau kontrollierten Gesten. Er fesselte meine Aufmerksamkeit so sehr, dass ich ihn nicht aus den Augen ließ, bis man ihn in einem allzu neuen Auto abholte, nachdem der Leichnam des Mörders fortgeschafft worden war; von da an schien er aus dem historischen Gedächtnis gestrichen worden zu sein. Sogar aus meinem, bis mich viele Jahre später, in meiner Zeit als Journalist, der Gedanke überfiel, dass dieser Mann es geschafft hatte, dass man einen Falschen umbrachte, um die Identität des wahren Mörders zu schützen.«

»Um die Identität des wahren Mörders zu schützen«, wiederholte Carballo gleichzeitig mit mir, sodass wir im Rauschen der Gespräche wie ein schiefer Chor klangen. »Seltsam, finden Sie nicht?«

»Ja, seltsam«, sagte ich.

»Und das sagt García Márquez, kein dahergelaufener Knall-kopf. Dazu noch in seinen Memoiren. Sagen Sie bloß, das sei nicht seltsam. Sagen Sie bloß, da sei nichts dran, an dem Typen. Daran, dass ihn das Vergessen geschluckt hat.«

»Natürlich ist da was dran«, sagte ich. »Ein Mord, der unauf-geklärt ist. Ein Mord, den Verschwörungstheorien umschweben. Es überrascht mich nicht, dass Sie das so interessant finden, Carlos. Das ist Ihre Welt, so viel habe ich mitbekommen. Aber ich weiß nicht, ob man die Sätze eines Romanciers für die ent-hüllte Wahrheit nehmen darf. Und mag er hundertmal García Márquez heißen.«

Carballo war nicht nur enttäuscht, er war verärgert. Er machte einen Schritt rückwärts (abweichende Meinungen kön-nen so mächtig sein, dass wir uns angegriffen fühlen, es fehlt nicht viel und wir heben unsere Fäuste wie ein Boxer), er schlug das Buch zu, und ohne es loszulassen oder in den roten Schuber zu stecken, verschränkte er die Hände hinter dem Rücken. »Ich verstehe«, sagte er sarkastisch. »Und, was meinen Sie, Fran-cisco? Wie finde ich heraus aus meiner Welt, in der wir alle ver-rückt sind?«

»Aber Carlos, nun haben Sie sich nicht so. Was er damit sagen möchte …«

»Ich weiß sehr gut, was er sagen möchte. Er hat es mir schon vorher gesagt: dass ich meine Zeit verschwende.«

»Nein, nein. Verzeihen Sie mir«, sagte ich. »Das habe ich nicht …«

»Aber manch einer denkt genau das Gegenteil, nicht wahr, Francisco? Manch einer sieht, wo andere blind sind. Nicht in Ihrer Welt, Vásquez. In Ihrer Welt gibt es nur Zufälle. Es ist Zufall, dass die Türme eingestürzt sind, als es keinerlei Grund für einen Einsturz gab. Zufall, dass ein Mann die Öffnung der Granada-Apotheke durchgesetzt hat, ohne es selbst verlangen zu müssen. Zufall, dass der Name Ihres Onkels vierzehn Seiten nach dem Vorfall auftaucht.«

»Jetzt verstehe ich Sie wirklich nicht«, sagte ich. »Was hat mein Onkel mit dem Mann zu tun?«

»Ich weiß es nicht«, sagte Carballo. »Und Sie auch nicht, weil Sie ihn niemals etwas gefragt haben. Weil Sie mit Ihrem Onkel niemals über den 9. April gesprochen haben. Weil Sie nicht wissen, ob Ihr Onkel womöglich den Mann gekannt hat, der die Granada-Apotheke hat öffnen lassen. Interessiert es Sie nicht, Vásquez? Interessiert es Sie nicht, wer der Mann war, der Juan Roa Sierra vor aller Augen ermorden ließ, danach in einen Luxuswagen stieg und für immer verschwand? Wir reden hier über das schlimmste Ereignis in Ihrem Land, aber Sie scheint es nicht zu kümmern. Ein Verwandter von Ihnen hatte Teil an diesem historischen Augenblick und hätte wissen können, wer der Mann gewesen ist, alle Welt kannte einander damals. Und Sie kümmert das anscheinend einen feuchten Dreck. Alle seid Ihr gleich, mein Lieber: Ihr zieht fort und vergesst Euer Land. Aber vielleicht auch nicht, wenn ich es recht bedenke. Vielleicht schützen Sie bloß Ihren Onkel. Vielleicht haben Sie gar nichts vergessen, sondern wissen sehr gut, was passiert ist. Wissen sehr gut, dass Ihr Onkel Boyacás Polizei aufgebaut hat. Wissen sehr wohl, dass diese Polizei später zu einer Mörderpolizei wurde. Wie fühlt sich der Gedanke an? Kümmert es Sie, gut informiert zu sein? Hat es Sie früher gekümmert? Oder kümmert es Sie einen feuchten Dreck, denken Sie, all das hat nichts mit Ihnen zu tun, all das ist ein Vierteljahrhundert vor Ihrer Geburt passiert? Ja, genau das denken Sie bestimmt, Sie denken, das ist nicht ihr Bier, nicht Ihr Problem. Aber wissen Sie was? Es freut mich, dass Sie das Schicksal gezwungen hat, hier zu entbinden. Oder vielmehr Ihre Frau: Es freut mich, dass sie hier entbinden muss. Damit Ihr Land Ihnen und Ihrem Egoismus eine Lektion erteilt. Damit Ihre Töchter Ihnen bald die Lektion erteilen, was es heißt, Kolumbianer zu sein. Natürlich nur, wenn Sie tatsächlich auf die Welt kommen, nicht wahr? Wenn Sie nicht gleich sterben wie schwächliche Kätzchen. Auch das wäre eine Lektion, wenn ich es recht bedenke.«

Was dann passierte, habe ich nur nebelhaft in Erinnerung. Ich erinnere mich noch, dass ich in der nächsten Sekunde kein Whiskyglas mehr in der Hand hielt; in der folgenden war mir bewusst geworden, dass ich es Carballo ins Gesicht geworfen hatte, und gut erinnere ich mich an das Dröhnen, als das Glas auf dem Boden aufschlug, erinnere mich auch an Carballo, der auf dem Boden kniete, die Hände vor dem Gesicht, und aus der gebrochenen Nase blutete, Blut befleckte den Foulard, Rot auf Rot, ein dunkles Rot (das schwarze Blut, wie die Griechen sagten) auf dem leuchtenden Rot des Torero-Tuchs, es rann ihm auch am Rand der linken Hand hinab, beschmutzte Manschette und Uhrarmband, das aus einem weißen Stoff war und deshalb anfälliger für Flecken als eines aus Leder. Ich erinnere mich an Carballos Schmerzensschreie, vielleicht war es auch Angst: Auf manche hat der Anblick von Blut diese Wirkung. Ich erinnere mich auch an Benavides, der mich entschlossen und streng am Arm packte (fast ein Jahrzehnt ist vergangen, aber der Druck dieser Hand auf dem Arm ist noch immer lebendig, immer noch spürbar) und mich durch das Wohnzimmer führte, in dem die Leute zur Seite wichen, um uns hindurchzulassen, mit Blicken der Verblüffung oder der offenen Missbilligung; aus dem Augenwinkel sah ich, wie Estela, meine Gastgeberin, mit einem Eisbeutel in der Hand zu dem Verletzten lief und eine weitere Frau, vielleicht die Hausangestellte, mit Besen und Kehrschaufel kam, im Gesicht Verdruss oder Ungeduld. Ich hatte noch Zeit für den Gedanken, dass Benavides mich nun aus dem Haus werfen würde. Hatte Zeit, es zu bedauern, ja, das Ende einer Beziehung zu bedauern, die keine Freundschaft gewesen war, aber eine hätte werden können, und ein schuldbewusster Gedankenblitz spielte mir die Szene vor, die offene Tür, den Stoß nach draußen. Ich war müde, hatte vielleicht einen Schluck zu viel getrunken, obwohl ich das gar nicht glaube, aber inmitten der Vernebelung war ich bereit, die Konsequenzen meiner Taten zu tragen, begann rasch im Kopf Sätze der Entschuldigung oder Rechtfertigung zu entwerfen und hatte wohl schon etwas davon ausgesprochen, als ich merkte, dass Benavides mich nicht zur Haustür führte, sondern zur Treppe. »Gehen Sie hinauf, öffnen Sie die erste Tür zur Linken, sperren Sie sich ein und warten Sie auf mich«, sagte er und legte mir einen Schlüsselbund in die Hand. »Öffnen Sie niemand anderem. Ich komme, sobald ich kann. Ich glaube, wir haben viel zu bereden.«

II. Reliquien berühmter Toter

Ich weiß nicht, wie lange ich in diesem chaotischen Zimmer verbrachte, in dem die Luft kaum zirkulierte. Es war ein Arbeitszimmer ohne Fenster, offensichtlich Benavides' Terrain und ganz auf ihn zugeschnitten. Darin stand ein Lesesessel im Lichtstrahl einer großen Lampe, die Ähnlichkeit mit einer alten Trockenhaube aus dem Friseursalon hatte, und dorthin setzte ich mich, nachdem ich auf und ab gegangen war und keinen Platz gefunden hatte, der für einen Besucher bestimmt war: Das Arbeitszimmer des Doktors war nicht für Gäste gedacht. Auf einem kleinen Tisch neben dem Sessel türmten sich ein Dutzend Bücher, die ich musterte, aber nicht zum Blättern hochnahm, aus Angst, eine heimliche Ordnung zu verletzen. Ich sah eine Biografie von Jean Jaurès und Plutarchs *Parallelbiografien,* ebenso Arturo Alapes Buch über den Bogotazo und noch einen dünneren Band, dessen Autor ich nicht entziffern konnte, der Titel klang jedoch allzu sehr nach Pamphlet: *Weshalb der politische Liberalismus in Kolumbien keine Sünde ist.* An der Längswand stand ein Schreibtisch, die Oberfläche ein Rechteck aus grünem Leder, auf dem peinliche Ordnung herrschte: zwei säuberlich getrennte Stapel, einer mit geschlossenen Briefumschlägen, der andere mit zusammengefalteten Rechnungen (ein seltsames Zugeständnis an das praktische Leben, denn sonst schien der Ort den unterschiedlichen Formen der Kontemplation gewidmet zu sein), beschwert von einem Stiftebecher, der nach Kunsthandwerk aussah. Zwei Geräte regierten die Oberfläche: ein Scanner und ein Computerbildschirm, ein weißes Ungetüm, neustes Modell, das seinen Platz wie ein Götze einnahm. Nein, dachte ich sogleich: nicht wie ein Götze, sondern wie ein großes Auge, wie das Auge, das alles sieht, alles weiß. Ich war so lächerlich, zu überprüfen, ob der Computer ausgeschaltet war, zumindest seine Kamera, nicht dass mich jemand heimlich beobachtete.

Was war da unten geschehen? Es war mir noch immer nicht ganz klar. Meine gewaltsame Reaktion überraschte mich, obwohl ich wie ein Großteil meiner Generation einen Rest unterdrückter Gewalt mit mir trage, weil ich in einer Zeit aufgewachsen bin, in der die Stadt, meine Stadt, zu einem verminten Gelände geworden war. Die brutale Gewalt der Bomben und Schießereien wiederholte sich in uns mit ihrem heimtückischen Mechanismus. Bestimmt erinnert sich jeder von uns noch daran, wie man prompt aus dem Auto stieg und wegen eines banalen Vorfalls im Verkehr einem anderen die Schnauze einschlug, und sicher bin ich nicht der Einzige, der mehr als einmal in die schwarze Mündung eines Pistolenlaufs geblickt hat, der einem ins Gesicht zielt. Auch mit meiner Faszination für gewaltsame Szenen bin ich gewiss nicht allein, für die Fußballspiele, die zu Feldschlachten werden, für die versteckten Kameras, die irgendwo Fausthiebe aufzeichnen, in der Madrider Metro oder an einer Tankstelle in Buenos Aires, Szenen, die ich im Internet suche und mir ansehe, um den nötigen Adrenalinstoß zu bekommen. Aber nichts davon rechtfertigte, was unten geschehen war; nur der Zustand meiner Nerven inmitten von Anspannung und Schlaflosigkeit taugte wenigstens für den Versuch einer Erklärung. Daran klammerte ich mich: Ja, das war nicht ich selbst gewesen, Doktor Benavides und seine Frau mussten es einfach verstehen. Dreißig Straßen weiter schwebten meine ungeborenen Töchter in Lebensgefahr, und Tag für Tag wurde mein Wohlergehen und das meiner Frau aufs Spiel gesetzt von der Gefahr einer Risikogeburt. War es da nicht verständlich, dass Carballos Bemerkung mich einen Moment lang um den Verstand gebracht hatte?

Andererseits, wie viel wusste Carballo über meine Beziehung zu José María Villarreal? Es lag auf der Hand, dass er nicht über konkrete Einzelheiten verfügte, aber auch, dass Benavides und er recht ausführlich über mich geredet hatten. Seit wann? Hatte mich Benavides mit der geheimen Absicht eingeladen, dass er mir Carballo vorstellen oder Carballo mich kennenlernen konnte? Warum? Weil ich Neffe von jemandem war, der aus erster Hand vom 9. April zu berichten wusste und eine entscheidende Rolle bei den Geschehnissen nach Gaitáns Ermordung gespielt hatte. Ja, das zumindest stimmte. Das war anerkannte Tatsache und Teil der offiziellen Geschichte: Der regimetreue Gouverneur schickt tausend Mann, die den Aufstand bezwingen sollen. Und natürlich hatte ich García Márquez' Memoiren gelesen, wie alle Welt, und wie alle Welt war ich betroffen und beunruhigt davon gewesen, wie deutlich der größte Romancier des Landes und zudem unser einflussreichster Intellektueller ungeschminkt und direkt andeutete, dass es eine verborgene Wahrheit gab. Denn nichts anderes besagte diese Seite: Indem García Márquez von dem eleganten Mann sprach und seiner möglichen Beteiligung an der Ermordung des Mörders, hielt er schwarz auf weiß die tiefe Überzeugung fest, dass Juan Roa Sierra nicht der alleinige Mörder von Jorge Eliécer Gaitán war, sondern dass hinter dem Verbrechen eine ausgeklügelte politische Verschwörung steckte. *Dieser Mann hatte es geschafft, dass man einen Falschen umbrachte, um die Identität des wahren Mörders zu schützen.* Diese Worte erschienen nun in einem neuen Licht. Aber natürlich war ich nicht auf den Gedanken gekommen, dass mein Onkel hätte wissen können, wer der elegante Mann gewesen war. Das war ein unsinniger Gedanke, so gut man sich damals in der politischen Elite gekannt haben mochte. War er unsinnig? Vielleicht. Oder doch nicht? Aus jedem von Carballos Worten schien eine tiefe Überzeugung zu sprechen: Mein Onkel José María war womöglich in Besitz von Kenntnissen gewesen, die ein Licht, mochte es auch noch so schwach sein, auf die Identität des Mannes hätten werfen können, *der es geschafft hatte, dass man einen Falschen umbrachte, um die Identität des wahren Mörders zu schützen.*

Bei diesen Überlegungen war ich gerade, als es an der Tür klopfte.

Beim Öffnen stieß ich auf Doktor Benavides, eine Ausführung mit Augenringen und Hängeschultern, als hätten die jüngsten Ereignisse ihn noch mehr ausgelaugt. In der Hand hielt er ein Tablett mit zwei Tassen und eine fuchsiafarbene Thermosflasche, wie sie Sportler beim Joggen benutzen, mit dem Unterschied, dass Doktor Benavides' Thermosflasche kein Wasser, keinen Energydrink enthielt, sondern starken schwarzen Kaffee. »Für mich nicht, danke«, sagte ich, und er entgegnete: »Doch, für Sie schon. Danke.« Und er schenkte mir eine Tasse ein. »Ach, Vásquez«, fuhr er fort. »In was für ein Schlamassel haben Sie mich heute gebracht.«

»Ich weiß«, sagte ich. »Verzeihen Sie mir, Francisco. Ich weiß nicht, was mit mir los war.«

»Das wissen Sie nicht? Ich weiß es schon. Mit Ihnen war los, was vermutlich mit jedem anderen an Ihrer Stelle los gewesen wäre. Carballo ist zu weit gegangen, auch das weiß ich. Aber das Schlamassel wird dadurch nicht kleiner.« Er ging in eine Zimmerecke und drückte auf einen Apparat mit Gitterrost. Die Temperatur sank um mehrere Grad, und die Luft, schien mir, war nicht mehr feucht. »Sie haben meine Gesellschaft ruiniert, lieber Freund«, sagte Benavides. »Sie haben mein Fest und das meiner Frau ruiniert.«

»Ich kann hinuntergehen«, bot ich an. »Und alle um Verzeihung bitten.«

»Keine Sorge. Sie sind schon alle fort.«

»Carballo auch?«

»Auch Carballo«, sagte Benavides. »In der Klinik. Damit sie seine Nase richten.«

Dann ging er zum Schreibtisch, setzte sich und schaltete den Computer ein. »Carballo ist schon ein besonderes Kaliber«, sagte er, »man hält ihn schnell für verrückt. Das will ich nicht abstreiten. Aber in Wirklichkeit ist er ein wertvoller Mensch, der in seiner Leidenschaft manchmal über das Ziel hinausschießt. Und leidenschaftliche Menschen mag ich. Das ist eine Schwäche von mir, aber was soll ich machen. Ich mag Leute, die das, was sie glauben, mit echter Leidenschaft glauben. Und das ist bei Carballo weiß Gott der Fall.« Beim Sprechen fuhr Benavides mit der Maus über das grüne Leder des Tischs, und auf dem Bildschirm wechselten die Elemente einander ab, Fenster öffneten sich, legten sich übereinander, und dahinter schien das Bild durch, das Benavides als Hintergrund gewählt hatte. Ich war nicht überrascht, als ich ein weiteres von Sady González' berühmten Fotos erkannte: die Straßenbahn, die während der

Unruhen am 9. April in Brand gesetzt wird. Es war ein Bild voller Gewalt, das wohl einiges über den Mann verriet, der es beim Anstellen des Computers jedes Mal vor Augen haben wollte, aber darüber dachte ich lieber nicht weiter nach. Man musste in dem Bild nicht die anklagende Darstellung der Gefahr und der Zerstörung an jenem unheilvollen Tag sehen, sondern konnte es auch einfach als Gedächtnisbrücke nehmen, als historisches Zeugnis. »Haben Sie Ihren Kaffee schon getrunken?«, fragte Benavides.

Ich zeigte ihm die leere Tasse, deren Grund nun zwei braune Ringe schmückten, die manche (ich nicht) zu lesen und zu interpretieren wissen. »Ausgetrunken«, sagte ich.

»Sehr gut. Und sind Sie wach, oder gieße ich Ihnen noch einen ein?«

»Ich bin wach, Doktor. Das da unten war etwas anderes. Das war …«

»Nennen Sie mich nicht Doktor, Vásquez, ich bitte Sie. Erstens hat dieses Wörtchen bei uns stark an Wert verloren. Jeden, aber auch jeden, nennt man so. Zweitens bin ich nicht Ihr Arzt. Drittens sind wir beide bereits Freunde. Etwa nicht?«

»Doch, Doktor. Francisco. Doch, Francisco.«

»Und Freunde reden sich nicht mit solchen Formeln an. Oder?«

»Nein, Francisco.«

»Ich könnte Sie ebenso Doktor nennen, Vásquez. Jetzt sind Sie Autor, aber vorher haben Sie Ihren Abschluss als Anwalt gemacht. Und Anwälte nennt man in diesem Land auch Doktor, stimmt's?«

»Stimmt.«

»Und wissen Sie, warum ich Sie nicht Doktor nenne?«

»Weil wir Freunde sind.«

»Ganz genau. Weil wir Freunde sind. Und ebendarum vertraue ich Ihnen. Und Sie vertrauen mir, nehme ich an.«

»Ja, Francisco. Ich vertraue Ihnen.«

»Genau. Und weil wir einander vertrauen, bin ich drauf und dran, etwas zu tun, was ich nur mit Leuten mache, denen ich vertraue. Ich tue es, weil ich Vertrauen zu Ihnen habe und das

Gefühl, dass ich Ihnen eine Erklärung schuldig bin. Sie sind mir ein Whiskyglas schuldig und ein Fest mit Freunden, aber ich schulde Ihnen eine Erklärung. Doch selbst wenn ich Ihnen keine schulden würde, Sie bekämen sie trotzdem. Ich glaube, Sie können verstehen, was ich Ihnen zeigen werde. Verstehen und schätzen. Und davon gibt es nicht viele. Ich glaube, Sie können es. Hoffentlich, hoffentlich irre ich mich nicht gewaltig. Kommen Sie«, sagte er und deutete mit gebieterischem Finger auf den Boden neben seinem Stuhl, vor dem Schreibtisch mit den Papieren. »Stellen Sie sich dorthin.«

Ich gehorchte und fand den Computerbildschirm verändert vor. Er war nun, abgesehen von ein paar bunten Icons, die den unteren Rand eines jeden Bildschirms bevölkern, gänzlich von etwas ausgefüllt, was ich sofort als Röntgenbild eines Brustkorbs identifizierte. Mitten auf dem Röntgenbild, auf der Wirbelsäule, klebte, flankiert vom Schatten der Rippen, ein schwarzer Fleck in Form einer Bohne.

Ich sprach es aus, »eine Bohne«, oder fragte »und was ist die Bohne da«, und Benavides entgegnete, das sei keine Bohne, sondern eine Kugel, die der Aufprall auf die Wirbel verformt habe: eine der vier Kugeln, die am 9. April 1948 Jorge Eliécer Gaitán getötet hatten.

Gaitáns Knochen. Die Kugel, die Gaitán getötet hatte. Da war sie: vor meinen Augen. Ich spürte, was für ein Privileg, ein seltenes Privileg es war, hier zu sein. Ich dachte an Gaitán, an das berühmte Foto von seinem schon leblosen Gesicht, an den Besuch in seinem Haus während meiner Studentenzeit, als ich begonnen hatte, mich für seine Biografie, seinen Tod zu interessieren und für das, was dieser Tod und diese Biografie über uns aussagten, uns Kolumbianer. Ich erinnerte mich an die Vitrine und den Dreiteiler, den Gaitán getragen hatte, als er getötet worden war; ich erinnerte mich an die Löcher im dunklen Stoff, von den Kugeln des Mörders Juan Roa Sierra. Jetzt sah ich eine dieser Kugeln im Körper, im leblosen Körper. Benavides kommentierte und erklärte wie ein guter Professor, zählte Wirbel, zeigte

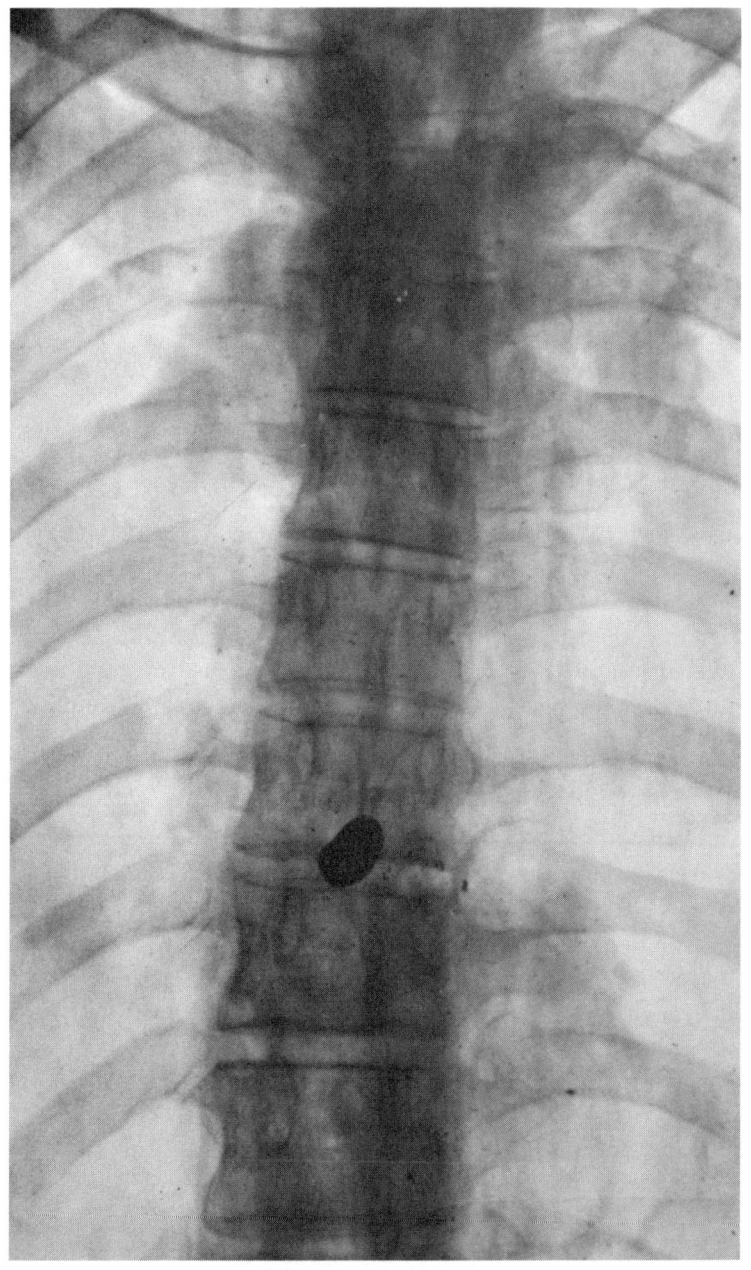

unsichtbare Organe und rezitierte auswendig, als wären es Gedichte, ganze Sätze aus Gaitáns Autopsie. Einer davon, »das Herz ganz unversehrt, ohne tückische Vorboten eines Infarkts«, schien mir eines besseren Schicksals würdig (bestimmt wegen der *tückischen Vorboten,* die ich großartig fand), aber das war nicht der Moment für Literatur. Ich konnte mich nur im Stillen fragen, wie das in seine Hände gelangt war. Bis ich mich nicht länger im Stillen fragte, sondern die Frage tatsächlich stellte:

»Wie ist das möglich? Wie ist es möglich, dass Sie das besitzen?«

»Das Original habe ich in der Schublade«, sagte Benavides, als Antwort auf eine Frage, die ihm niemand gestellt hatte. »Logisch, nicht wahr? Obwohl niemand weiß, dass es hier ist.«

»Aber warum ist es hier?«

Benavides ließ in seinem Gesicht so etwas wie ein Lächeln aufscheinen. »Mein Vater hat es mitgebracht«, sagte er. Er sagte nicht »Papa«, wie bei uns Kolumbianern üblich, auch unter Erwachsenen, die sich an andere Erwachsene oder sogar Unbekannte wenden. Spricht in anderen spanischsprachigen Ländern ein Erwachsener zu einem anderen von seinem Papa, hat das unweigerlich etwas Kitschiges oder Infantiles. Nicht in Kolumbien. Dennoch sprach Benavides immer nur von seinem Vater. Irgendwie gefiel mir das.

»Er hat es mitgebracht?«, sagte ich. »Woher? Warum hatte er es?«

»Wie schön, dass Sie das fragen«, sagte Benavides. »Dann haben Sie etwas Geduld, ich serviere Ihnen die ganze Geschichte, schön der Reihe nach.«

Er rollte seinen Stuhl – schwarz und modern, mit einer Art elastischem Netz als Lehne und voller Hebel und Schalter, deren Zweck mir unbekannt war – neben den Lesesessel. Benavides machte mir ein Zeichen: *Sie setzen sich hierhin.* Er nahm den Sessel, verschränkte die Hände über den Jackenknöpfen und fing an, mir die Geschichte seines Vaters zu erzählen.

Don Luis Ángel Benavides hatte Bakteriologie an der Universidad Nacional studiert. Trotz seines dürftigen Interesses am Studium hatte er den besten Durchschnitt in seinem Fach erzielt und erhielt während des letzten Studienjahres einen Besuch, der sein Leben veränderte: Auf Empfehlung seines Lehrers, des legendären Doktor Guillermo Uribe Cualla, bat ihn die Universitätsbehörde, ein rechtsmedizinisches Labor zu gründen. Niemals mehr schlug er ein Bakteriologiebuch auf. Er reiste in die Vereinigten Staaten, um sich in Ballistik und Rechtsmedizin fortzubilden, und kehrte nach Kolumbien zurück, bereit, zu einer Koryphäe auf seinem Gebiet zu werden, zum maßgeblichen Professor seiner Zeit. »Er hat am Institut für Strafrechtswissenschaft der juristischen Fakultät unterricht«, sagte Benavides. »Ein hochtrabender Titel für ein paar Seminarräume, finden Sie nicht? Jedenfalls gibt es zwanzig Jahrgänge kolumbianischer Richter, die über Rechtsmedizin nur das wissen, was mein Vater ihnen beigebracht hat.« Im Laufe seiner langen Karriere sammelte der erste Doktor Benavides Gegenstände – Objekte, die er für seinen Unterricht verwendete, aber auch Raritäten oder Kuriositäten, die ihm seine unzähligen Schüler oder Kollegen schenkten: Feuerwaffen, alte Schwerter, einen Mondstein, den Schädel eines *Homo habilis* –, doch als er eines Tages in sein Institut kam, setzte er ein melancholisches Gesicht auf. »Caramba«, sagte er. »Als lebte man in einem Museum.« Und das war die Entscheidung: Als wäre es das Selbstverständlichste auf der Welt, gründete und betrieb er in ebenden Räumlichkeiten der Universidad Nacional das rechtsmedizinische Museum Luis Ángel Benavides Carrasco.

»Während der sechziger Jahre, als die Studenten der Nacional einmal pro Monat streikten, hat mein Vater die wertvollsten Stücke des Museums mit nach Hause gebracht«, erzählte Doktor Benavides. »Um sie in Sicherheit zu bringen, Sie verstehen schon. Denn man konnte nie wissen, was bei einem solchen Streik geschah: Steinwürfe, Zerstörungswut, Zusammenstöße mit der Polizei. Aber dem Museum ist nie etwas geschehen. Die Studenten haben wie die Wahnsinnigen mit Steinen geschmissen, aber niemals auch nur einen Ziegel des Museums angerührt. Sie haben es behütet, geliebt. Das habe ich mit eigenen Augen gesehen, Vásquez, ich erinnere mich gut. Nun ja, das hier hat zu dem gehört, was mein Vater hin und wieder mitgebracht hat. Damals hat er im Haus, hinter der Küche, ein Labor gehabt, wo er sich nach und nach ein weiteres Museum eingerichtet hat, mit Dingen, die ihn persönlich interessierten. Und dort hat er auch seine Mitbringsel aus der Universität aufgehoben, solange die Streiks andauerten. Zum Beispiel dieses Röntgenbild, das ihm sehr wichtig war. Mehr als einmal habe ich gesehen, wie er es im Hof gegen das Licht gehalten und nach wer weiß was gesucht hat; auf mich hat er damals wie ein Musiker gewirkt, der eine Partitur liest. Das ist eine der eindrücklichsten Erinnerungen, die ich von ihm habe: Mein Vater, der in der hellsten Stunde des Tages neben einem Fenster steht und versucht, über dieses Bild auf eine verborgene Wahrheit zu stoßen.«

Luis Ángel Benavides war 1987 gestorben. »Und eines schönen Tages«, fuhr Doktor Benavides fort, »taucht einer meiner Brüder auf und sagt mir, es gebe eine Versicherungspolice. Wir müssten sie einlösen, sie dürfe nicht verfallen, die Zeit dränge, wir könnten sie verlieren … Um die Versicherungssumme zu bekommen – warum, weiß ich nicht mehr –, mussten wir ein Inventar des Museums erstellen. Damals hatte es bereits eine beträchtliche Anzahl von Ausstellungsstücken: tausendfünfhundert, zweitausend. Wer kann das bewältigen? Das war eine Herkulesarbeit, ein reiner Verwaltungsakt dazu, und weder meine Geschwister noch ich konnten unsere Zeit mit so etwas verschwenden. Also haben wir eine ehemalige Schülerin meines Vaters gefragt, eine Frau, die für den DAS gearbeitet hat. Sie war einverstanden und hat angefangen, das Inventar zu erstellen, und damit war sie beschäftigt, als die Bombe explodiert ist.«

Die Bombe im DAS-Gebäude. Ich war sechzehn Jahre alt gewesen (im nächsten Jahr sollte ich Abitur machen), als die Drogenbosse Pablo Escobar und Gonzalo Rodríguez Gacha sich verschworen und einen Bus mit fünfhundert Kilo Dynamit vor dem Gebäude geparkt hatten, in dem der Inlandsgeheimdienst saß. Ihr Ziel war streng genommen nicht der Geheimdienst, sondern der General gewesen, der ihn leitete und damals für sie den Feind symbolisierte, dem das Medellín-Kartell den Krieg erklärt hatte. Es war der 6. Dezember 1989, um 7:30 Uhr morgens, als die Explosion das Paloquemao-Viertel erschütterte. Um die Zeit saß ich bereits im Klassenzimmer am anderen Ende der Stadt, ich erinnere mich noch gut, wie sich die Angst im Gesicht des Lehrers abzeichnete, der uns die Nachricht mitteilte, erinnere mich an den ausgesetzten Unterricht, an die Rückkehr nach Hause und das Gefühl von Befremden und Haltlosigkeit, von Unverständnis und Beklemmung, das ich zunehmend mit jenen Tagen assoziieren sollte, in denen der Terrorismus unseren Alltag auf den Kopf stellte, selbst bei denen, die das Glück gehabt hatten, sich anderswo zu befinden. Die Bombe vor dem DAS tötete fast achtzig Menschen und hinterließ über sechshundert Verletzte. Unter den Toten befanden sich Beamte, Sicherheitskräfte, ahnungslose Passanten, die von herabregnenden Betonblöcken getroffen worden waren. Eine der Toten war Doktor Luis Ángel Benavides' Schülerin gewesen. Sie war eine der Toten gewesen?, fragte ich. Genau, entgegnete der Doktor: sie war eine der Toten gewesen.

»Das Inventar ist nie erstellt worden«, sagte Benavides. »Und eines Tages bin ich zum Museum gegangen, weil ich einen Blick auf die Stücke werfen und sehen wollte, ob ich mit dem Inventar weitermachen konnte, und da fand ich es geschlossen. Drinnen sah man nur zwei Männer, beide mit Sakko und Krawatte. Sie waren keine Professoren, das war mir klar, sobald ich sie sah. Einer trug einen widerlichen kleinen Schnurrbart, à la Rudolph Valentino. Sie wissen, wer Valentino war? Gut, so sah der Schnurrbart aus, und Leute mit so einem Schnurrbart haben mich schon immer angewidert. Der Typ ist auf und ab gegangen, die Arme hinter dem Rücken, so, und hat zu seinem Kollegen gesagt, wozu das hier alles gut sein solle, man müsse das Museum schließen. Da hat mich die Angst gepackt, denn blitzschnell habe ich mir ausgemalt, was es da alles gab, all die wunderschönen Stücke, die so wichtig für meinen Vater gewesen waren, habe mir ausgemalt, wie sie in Kisten vor sich hin modern und in irgendeinem fernen Keller verstauben, als wären sie in Rumpelstilzchens Kammer gelandet, in diesem gleichgültigen Land. Es hat mich weder Überwindung noch Schuldgefühle gekostet: Ich habe mir eine Tüte gegriffen und eingepackt, das Nächstbeste, was mir in die Finger kam. Und dann bin ich langsam hinausgegangen, so langsam wie nur möglich, damit ich keinem auffiel, keinen Verdacht erregte. Ich glaube, ich habe gut daran getan, denn das Museum wurde geschlossen, wie sie gesagt hatten. Buchstäblich geschlossen: mit einer Ziegelwand. Ja, sie haben es eingemauert. Und wenn Sie die Schätze gesehen hätten, Vásquez, die Schätze, die es dort gegeben hat.«

»Das Röntgenbild ist einer davon«, sagte ich.

»Einer von denen, die ich gerettet habe, ja.«

»Aber nicht der einzige.«

Benavides stand auf und ging zur linken Wand. Mit beiden Händen nahm er den einzigen Bilderrahmen dort ab. Es war das Plakat einer Hommage an Julio Garavito, einem seiner Vorfahren, der vor über hundert Jahren Bogotás Breitengrad bestimmt und eine Methode erfunden hatte, die Mondbahn zu berechnen. Darauf war der Mann mit seinem buschigen Schnurrbart zu sehen, daneben ein Bild des Mondes, auf dem das Mare Tranquillitatis zu erkennen war. Benavides hängte den Rahmen ab. Auf dem rückwärtigen Papier sah man, mit vier Klebestreifen an den Ecken, einen Luftpostumschlag, wie es sie früher gegeben hatte, mit rot-blauen Streifen am Rand. Benavides steckte zwei Finger in den Umschlag und zog vorsichtig einen glänzenden Gegenstand hervor. Es war ein Schlüssel.

»Nein, nicht der einzige«, sagte Benavides. »Nicht einmal der Wichtigste. Natürlich kann man die Bedeutung der Stücke nicht ermessen. Aber Sie werden gewiss einer Meinung mit mir sein. Mal sehen, was Sie davon halten.«

Mit dem Schlüssel öffnete er den Aktenschrank unter dem Schreibtisch, und vom Schloss befreit glitt das Schubfach auf, als hätte man ihm Leben eingehaucht. Benavides steckte die Hand hinein und reichte mir ein dickes Einmachglas. Es sah gewollt banal aus: In ihm hätte man Rumaprikosen, getrocknete Tomaten, Basilikumauberginen einlegen können. In dem Glas schwamm ein nicht zu identifizierendes Objekt – weder Auberginen noch Tomaten oder Aprikosen, versteht sich – in einer durchsichtigen Flüssigkeit. Nachdem ich akzeptiert hatte, dass es sich um das Fragment einer Wirbelsäule handelte, begriff ich,

dass die Fasern rundherum Reste von Fleisch, von menschlichem Fleisch waren. Nach starken Eindrücken ist Schweigen empfehlenswert, jede Frage, jede Vermutung wäre überflüssig oder sogar beleidigend. (Man darf die Dinge der Vergangenheit nicht beleidigen.) Benavides wartete nicht einmal, bis ich in Worte fasste, was sich in meinem Kopf überstürzte. Mitten aus Gaitáns Wirbel starrte mich ein schwarzes Loch an wie das Auge einer Galaxie.

»Mein Vater hat an einen zweiten Schützen geglaubt«, sagte Benavides. »Zumindest eine Zeit lang.«

Er spielte auf eine der vielen Verschwörungstheorien an, die sich um Gaitáns Ermordung rankten. Demnach hatte Juan Roa Sierra am 9. April nicht allein gehandelt. Ein anderer Mann hatte ihn begleitet, der für die weiteren Schüsse und eine der Mörderkugeln verantwortlich war. In den fünfziger Jahren hatte die Theorie eines zweiten Schützen mehr Gewicht bekommen, der Grund dafür war eine unbestreitbare Tatsache: Eine der Kugeln, die Gaitán getötet hatten, war während der Autopsie nicht aufgetaucht. »Und die Phantasie der Leute tut natürlich das Ihre«, sagte Benavides. »Immer mehr Zeugen waren sich sicher, einen weiteren Mörder gesehen zu haben. Manche haben ihn sogar beschrieben. Und einige behaupteten, die fehlende Kugel sei die einzig tödliche gewesen; sie gingen davon aus, dass die Kugel aus einer anderen Waffe abgefeuert worden und Roa Sierra darum nicht einmal der Mörder gewesen war.« Da die Zeugen ernsthafte, achtbare Leute waren und die Gespenster des 9. April weiterhin ihr Unwesen trieben, bekam ein Untersuchungsrichter 1960 den Auftrag, die Theorie eines zweiten Schützen zu überprüfen und sie entweder zu bestätigen oder definitiv auszuschließen: um die Paranoiker zum Schweigen zu bringen. Der Richter hieß Teobaldo Avendaño und besaß die seltene Eigenschaft, dass ihn weder die Liberalen noch die Konservativen hassten. In diesem Land ist das die größte aller Tugenden. »Als Erstes«, sagte Benavides, »ließ der Richter den Leichnam exhumieren.«

»Um die Kugel zu suchen?«, fragte ich.

»Die Autopsie war damals sehr knapp ausgefallen. Stellen Sie sich vor, Vásquez, was die Ärzte 1948 dabei empfunden haben müssen. Stellen Sie sich vor, was es bedeutet, vor dem toten

Körper des großen liberalen Führers Jorge Eliécer Gaitán zu stehen, Volksheld und künftiger Präsident der Republik Kolumbien. Wie sollen sie da nicht befangen gewesen sein? Nachdem die Todesursache feststand, haben sie beschlossen, den Körper nicht weiter zu zerstören, obwohl sie die andere Kugel nicht gefunden hatten. So haben sie ihn nicht rückwärtig aufgeschnitten, obwohl eine der Kugeln hinten eingeschlagen war. Aber all das war am Abend, nach sechs, und in dem Moment gab es nur eine einzige Wahrheit: Ein Mann mit Namen Juan Roa Sierra hatte Gaitán ermordet und war seinerseits von der wütenden Menge ermordet worden. Das war alles: Was spielte es da für eine Rolle, wie viele Kugeln der Mörder abgefeuert hatte? Das wurde erst später wichtig, als die anderen Versionen auftauchten, die Widersprüche, die Fragen ohne Antwort, die Probleme: all die Spekulationen, die sich an jede Spur hängen. Die Verschwörungstheorien sind wie Schlingpflanzen, Vásquez, sie krallen sich an allem und jedem fest, wollen emporklettern und klettern immer weiter, wenn man ihnen nicht den Halt entzieht. Deshalb musste man Gaitán ausgraben, den Rücken aufschneiden, die fehlende Kugel suchen. Und wen hat Avedaño darum gebeten? Wissen Sie, auf wen das Los fiel? Ganz genau: auf meinen Vater. Auf Doktor Luis Ángel Benavides Carrasco.«

»Den Experten«, sagte ich, »für Ballistik und Rechtsmedizin.«

»Ganz genau. Datum und Uhrzeit der Ermittlung wurden geheim gehalten. Gaitán war neben seinem Haus beerdigt worden, im Garten, in Santa Teresita. Sind Sie in dem Viertel gewesen, in Gaitáns Haus? Nun gut, da also lag er begraben. Sie haben den Sarg heraufgeholt und ihn in den Hof gebracht. Wohin genau, weiß ich nicht, aber vermutlich in diesen kleinen Hof hinten im Erdgeschoss. Da hat mein Vater gewartet. Wie oft hat er mir diese Geschichte erzählt, Vásquez: dreißig, vierzig, fünfzig Mal, seit ich ein kleiner Junge war. ›Papa, erzähl mir, wie sie Gaitán ausgegraben haben‹, und sofort fing er an zu erzählen. Jedenfalls hat mein Vater dort auf den Sarg gewartet und überwacht, wie er geöffnet wurde; er war überrascht, wie gut erhalten Gaitáns Leichnam war. Manche Körper halten länger durch, manche weniger. Zwölf Jahre nach seinem Tod wirkte der von Gaitán wie einbalsamiert ... Aber sobald er an der Luft war, fing die Zersetzung an. Das Haus hat sich mit dem Geruch nach Tod gefüllt. *Das ganze Viertel*, hat mein Vater gesagt, hat sich mit dem Geruch nach Tod gefüllt. Es muss unerträglich gewesen sein. Die Anwesenden sind einer nach dem anderen hinausgegangen. Bleich, unwohl, haben das Gesicht im Mantelärmel vergraben. Und kurz darauf sind sie zurückgekommen, als wäre nichts geschehen, frisch und blühend. Mein Vater hat später erfahren, dass Felipe González Toledo, der einzige Journalist unter ihnen, sie in den Laden nebenan mitgenommen hat, damit sie sich Schnaps unter die Nase reiben, um durchzuhalten. González Toledo kannte alle Kniffe. Nicht umsonst war er der beste Kriminalreporter im Land.«

»Und hat er über diesen Tag geschrieben?«

»Selbstverständlich. Es gibt den Artikel, Sie können ihn suchen und lesen und schwarz auf weiß den Namen meines Vaters sehen. Der Artikel erzählt, wie mein Vater und der Pathologe von der Rechtsmedizin die Kugel entfernt haben. Er geht nicht ins Detail, aber ich kenne die Einzelheiten, ich weiß, dass sie auf den Wirbel gestoßen sind, in dem die Kugel steckte, weiß, dass sie ihn herausgenommen und Gaitán wieder begraben haben. Damit bloß nicht irgendein Verrückter auf die Idee kam, den Leichnam zu entführen.«

»Und der Wirbel?«

»Den haben sie ins Institut mitgenommen.«

»Ins Institut für Rechtsmedizin«, sagte ich.

»Und dort hat man bestätigt, das heißt, mein Vater, der der Fachmann war, dass die Kugel aus derselben Pistole stammte.«

»Aus Roa Sierras Pistole?«

»Ja«, sagte Benavides. »Aus derselben Pistole, aus der die anderen Kugeln gekommen waren. Das kennen Sie bestimmt, man sieht es tagtäglich im Fernsehen, ich muss also nicht erklären, was eine Laufseele ist oder dass der Lauf eine so gut wie unverwechselbare Spur auf der Kugel hinterlässt. Es reicht, wenn ich sage, dass mein Vater die Untersuchungen durchgeführt, Bilder gemacht hat und zu dem Schluss gekommen ist, dass es sich um dieselbe Pistole handelte. Also hat es keinen zweiten Schützen gegeben. Nach diesen Erkenntnissen jedenfalls nicht. Und natürlich haben sie den Wirbel mit der Kugel nicht wieder in Gaitáns Leib eingesetzt. Sie haben ihn unter Verschluss aufbewahrt. Das heißt, mein Vater, der ihn jahrelang in seinem Unterricht gebraucht hat. Noch so ein Bild, das ich von meinem Vater in Erinnerung habe, die Fahrt im Oberleitungsbus. Er fuhr nicht gern Auto und hat für den Weg zur Universität und zurück den Obus genommen. Haben Sie noch Bogotás Obusse gekannt, Vásquez? Also stellen Sie sich die Szene vor: Ein Mann wie jeder andere, denn mein Vater war der normalste Mensch auf Erden, steigt mit Aktentasche in der Hand in den Obus. Niemand hätte sich träumen lassen, dass er in der Tasche Jorge Eliécer Gaitáns Knochen trug. Manchmal bin ich mit ihm gefahren, ein Kind an der Hand seines Vaters, mit der einen Hand hat mein Vater sein lebendiges Kind gehalten, mit der anderen eine Tasche mit Totenknochen. Knochen, für die so mancher prompt getötet hätte. Und er hat sie bei sich getragen, hat sie im Obus spazieren gefahren, gut verstaut in seiner Ledertasche.«

»Und so ist der Wirbel in diesem Haus gelandet.«

»Von der Universität ins Museum, vom Museum in dieses Zimmer, von dort in Ihre Hände. Mit Empfehlungen des Hauses.«

»Und die Flüssigkeit?«

»Fünfprozentiges Formol.«

»Nein, nein. Ich meine, ist es noch dieselbe?«

»Ich tausche sie gelegentlich aus. Damit sie nicht trübe wird, Sie verstehen? Damit man ihn klar sehen kann.«

Manche von uns sehen klar und deutlich, fiel mir da ein. Ich hob das Glas gegen das Licht. Fleisch, Knochen, fünfprozentiges Formol: menschliche Überreste, ja, vor allem aber waren es Dinge der Vergangenheit. Dafür habe ich schon immer eine Vorliebe gehabt, eine Schwäche sogar, und ich gestehe, meine Beziehung zu ihnen hat etwas von Faszination oder Fetischismus und ebenso (das kann ich nicht leugnen) eine Spur von altem Aberglauben. Ich weiß, dass ein Teil von mir sie als Reliquien sieht, immer gesehen hat, und deshalb habe ich es nie unbegreiflich oder exotisch gefunden, wenn Gläubige Kult um einen Splitter des Heiligen Kreuzes treiben oder um das berühmte Tuch, auf das sich durch Zauberwerk das Bild eines Mannes geprägt hat. Ich kann sehr gut verstehen, mit welcher Hingabe die verfolgten, ermordeten Urchristen die sterblichen Überreste ihrer Märtyrer aufgehoben und verehrt haben, die Ketten, die sie gefesselt, die Schwerter, die sie getötet hatten, die Folterinstrumente, mit denen man sie während langer Stunden der Gefangenschaft gequält hatte. Diese Urchristen, die ihre Gefährten in der Arena sterben sahen und aus der Ferne beobachteten, wie die Verurteilten nach dem Raubtier- oder Lanzenangriff verbluteten, riskierten ihr eigenes Leben und warfen sich auf die Körper, um ihre Lumpen mit dem frischen Blut zu benetzen. In dieser Nacht in Doktor Benavides' Arbeitszimmer, Gaitáns Wirbel vor Augen, musste ich zwangsläufig daran denken, dass die Zeugen des Attentats vom 9. April in Bogotá ein Gleiches getan hatten: Sie waren auf dem Pflaster der Carrera Séptima auf die Knie gefallen, vor dem Agustín-Nieto-Gebäude, wenige Schritte von den Trambahnschienen entfernt, also mit einem Risiko für ihr eigenes Leben, und hatten das schwarze Blut ihres toten Anführers aufgenommen, das üppig vergossene Blut nach Juan Roa Sierras vier Schüssen. Ein atavistischer Instinkt treibt uns zu so verzweifelten Taten, dachte ich, Gaitáns Wirbel in der Hand.

Ja, genau das war der Wirbel: eine Reliquie. Durch Glas und Formol hindurch übertrug sich eine Energie, wie sie die Christen verspürt haben mochten, sagen wir der Heilige Augustinus, als sie die Überreste eines Märtyrerleibs in Händen gehalten hatten, sagen wir vom Heiligen Stephanus. Augustinus erwähnt sogar – ich weiß nur nicht mehr, wo ich das gelesen habe – einen der Steine, mit denen Stephanus gesteinigt wurde; auch dieser Stein war damals aufgehoben worden, auch dieser Mörderstein war eine Reliquie. Und die Kugel, die Gaitán getötet hatte, wo war die? Wo war die Kugel, die ich eben auf dem Röntgenbild gesehen hatte, die vom Aufprall auf die Knochen zerquetschte Kugel? Wo war die Kugel, die von hinten in Gaitáns Körper eingedrungen, von Doktor Luis Ángel Benavides entfernt und untersucht worden war, nachdem sie der Aufprall verformt hatte? Wo war die Kugel, die nach Doktor Benavides' Worten nicht mehr in dem Wirbel steckte? Benavides betrachtete mich durch Glas und Formol hindurch beim Betrachten. Das Licht im Zimmer spielte mit der dicken Flüssigkeit, auf dem Glas tanzten Farbblitze, die nicht vom Wirbel stammten, Farben, in die das Prisma das Licht zerlegt hatte: Gespensterfarben. Ich musste an den Stein denken, der den Heiligen Stephanus getötet hatte, und an die Kugel, die Gaitán getötet hatte. »Wo ist die Kugel?«, fragte ich schließlich.

»Ach, ja, die Kugel«, sagte Benavides. »Nun, das werden wir nie erfahren.«

»Hat man sie nicht aufgehoben?«

»Vielleicht, vielleicht wollte das jemand tun. Vielleicht liegt sie irgendwo aufbewahrt, im Staub versunken. Aber ich glaube nicht, dass mein Vater sie aufgehoben hat.«

»Aber er hätte sie doch gebrauchen können«, sagte ich. »Für seinen Unterricht zumindest.«

»Ja, stimmt. Für seinen Unterricht. Was soll ich sagen, Vásquez, auch ich habe daran gedacht. Nichts logischer, als dass mein Vater sie hätte aufheben wollen. Aber ich habe sie nie gesehen. Vielleicht hat er sie aufbewahrt und im Unterricht benutzt, als ich mir über all das noch keine Gedanken machte. Aber nach Hause hat er sie nie mitgebracht, soweit ich weiß.« Er schwieg. »Obwohl man ganze Bücher mit dem füllen könnte, was man nicht weiß.«

»Wer hat diese Dinge hier noch gesehen?«

»Seit ich sie habe, sind Sie der Erste. Abgesehen von meiner Familie, versteht sich. Meine Frau und meine Kinder wissen, dass es diese Dinge gibt und dass sie hier in meinem Tresor sind. Für meine Kinder existieren sie im Grunde nicht. Für meine Frau sind sie der Zeitvertreib eines Kauzes.«

»Und Carballo?«

»Carballo weiß, dass es sie gibt. Ja, er hat noch früher davon gewusst als ich. Mein Vater hat mit ihm darüber gesprochen. Über die Autopsie 1960 und dergleichen. Gut möglich, dass Carballo sie im Unterricht gesehen hat. Aber er weiß nicht, dass ich sie habe.«

»Wie bitte?«

»Er weiß nicht, dass sie hier sind.«

»Warum haben Sie es ihm nicht erzählt? Ich habe Carballos Gesicht gesehen, als Sie von Gaitán zu sprechen anfingen. Als Sie meinen Onkel erwähnt haben. Sein Gesicht hat aufgeleuchtet, die Augen haben sich geweitet, als gäbe man einem Kind ein Geschenk. Er hat eindeutig ebenso viel Interesse daran wie Sie oder mehr noch, falls möglich. Warum haben Sie ihn daran nicht teilhaben lassen?«

»Ich weiß nicht«, sagte Benavides. »Etwas muss ich auch für mich behalten.«

»Ich verstehe nicht.«

»Für meinen Vater war Carballo nicht irgendein Student«, sagte Benavides. »Er war sein Lieblingsschüler. Sein Erbe, sein Jünger. Jeder Professor ist anfällig für Bewunderung, Vásquez. Und viele unterrichten nur, um diese Bewunderung zu spüren. Was Carballo für meinen Vater empfunden hat, ging noch viel weiter: es war Schmeichelei, Vergötterung, Fanatismus beinahe. So wirkte es wenigstens auf mich. Und er war ein brillanter Schüler, dieser Carballo. Ich habe ihn kennengelernt, als mein Vater anfing, ihn zum Mittagessen herzubringen, und da war er schon der Jahrgangsbeste, aber mein Vater hat gesagt, von wegen Jahrgang: er sei der beste Schüler, den er in seiner ganzen Laufbahn gehabt habe. ›Wie schade, dass er Jura studiert‹, hat mein Vater gesagt. ›Carlitos sollte Rechtsmediziner werden.‹ Er hatte wirklich eine Schwäche für ihn. Ich war manchmal richtig eifersüchtig.«

»Eifersüchtig auf Carballo, Francisco?« Ich lachte. Der Doktor lachte auch, ein Lächeln mit geneigtem Kopf, eine verschwörerische und zugleich beschämte Grimasse. »Eifersüchtig auf diese Schießbudenfigur, ich bitte Sie! Das hätte ich wirklich nicht von Ihnen erwartet.«

»Warum nicht? Zuerst einmal ist er weit weniger Schießbudenfigur, als Sie denken. Ein brillanter Mann, Sie mögen es nicht glauben: Mit seinen lächerlichen Schals ist Carballo einer der hellsten Köpfe, die mir je untergekommen sind. Schade, dass er niemals auf seinem Gebiet gearbeitet hat, denn er wäre ein brillanter Anwalt geworden. Aber ich glaube, er hat sich nichts aus Jura gemacht. Aus dem Unterricht meines Vaters hat er sich etwas gemacht und war einer der Besten des Jahrgangs, aber aus dem restlichen Studium nicht, als studierte er bloß gezwungenermaßen. Aber das spielt hier keine Rolle. Verschwinden solche Regungen etwa, wenn man erwachsen ist? Keineswegs, Vásquez. Eifersucht und Neid bewegen die Welt. Die Hälfte aller Entscheidungen trifft man auf Grund so elementarer Gefühle wie Neid oder Eifersucht. Erniedrigung, Groll, sexuelle Frustration, Minderwertigkeitskomplexe, das treibt die Geschichte an, mein lieber Patient. Jetzt gerade trifft jemand eine Entscheidung, die uns beide angeht, und er tut es aus solchen Gründen: um es einem Feind zu zeigen, um sich für eine Beleidigung zu rächen, um eine Frau zu beeindrucken und mit ihr ins Bett zu gehen. So funktioniert die Welt.«

»Gut, mag sein. Aber nichts davon gilt für Sie. Warum waren Sie eifersüchtig? Weil Ihr Vater sich mehr mit Carballo beschäftigt hat als mit Ihnen? Sie waren ja nicht einmal im selben Jahrgang.«

»Ich habe nicht einmal dasselbe *Fach* studiert«, sagte Benavides. »Deshalb war ich auch nicht an derselben Universität eingeschrieben. Ich habe an der Javeriana studiert, denn ich wollte nicht an der Nacional aufgenommen werden, weil mein Vater so angesehen war. Außerdem war Carballo ein paar Jahre älter als ich, sieben oder acht, je nachdem, wen sie fragen. Einerlei, ich bin zum Mittagessen nach Hause gekommen, und da war er, saß auf meinem Platz und hat sich mit meinem Vater unterhalten.«

»Moment mal, Francisco«, unterbrach ich. »Erklären Sie mir das.«

»Nun, wenn ich zum Essen nach Hause gekommen bin, saß da manchmal Carballo am Esstisch, und der ganze Tisch war voll aufgeschlagener Bücher, Notizhefte, Zeichnungen, Diagramme, zusammengerollter Papiere.«

»Nein, nein. Erklären Sie mir das mit dem Altersunterschied.«

»Was meinen Sie?«

»Sie haben eben gesagt, Carballo sei sieben oder acht Jahre älter«, sagte ich. »Je nachdem, wen man fragt, haben Sie eben gesagt. Ich verstehe nicht.«

Benavides lächelte. »Ja, stimmt. Ich bin so daran gewöhnt, dass ich vergesse, wie seltsam das klingt. Aber es ist ganz einfach. Wenn Sie Carballo nach seinem Geburtsdatum fragen, wird er sagen: 1948. Wenn man das Standesamt fragt, sehen Sie, dass es eine Lüge ist: Er ist 1947 geboren worden. Nun, woher kommt der Unterschied? Einmal dürfen Sie raten. Warum behauptet Carballo, 1948 geboren zu sein?«

»Damit es mit dem 9. April zusammenfällt.«

»Brillant, Vásquez. Carballo hat keine Geheimnisse mehr für Sie.« Wieder lächelte er, und nun hatte ich Mühe, in seinem Lächeln zu lesen. War es reiner Sarkasmus, eine Spur Zuneigung, eine Mischung aus Sarkasmus, Verständnis und Toleranz, die Toleranz gegenüber Kindern oder Verrückten? Mir fiel ein, dass auch García Márquez etwas Ähnliches getan hatte: Viele Jahre lang hatte er behauptet, 1928 geboren worden zu sein, obwohl er ein Jahr zuvor auf die Welt gekommen war. Der Grund? Er wollte, dass seine Geburt mit einer seiner Obsessionen zusammenfiel, dem berühmten Massaker der Bananenplantagen, das er im besten Kapitel von *Hundert Jahre Einsamkeit* erzählt oder neu erfindet. Ich erwähnte es nicht, weil ich Benavides' Geschichte nicht allzu oft unterbrechen wollte.

»Sie waren beim Esszimmer«, sagte ich.

»Ja. Man kam nach Hause, und da saß Carballo und plauderte mit meinem Vater, der ganze Tisch bedeckt mit Papieren zu seinem jüngsten Fall. Die ganze Familie musste warten, bis mein Vater mit dem zu Ende war, was er seinem Schüler gerade erklärte. Seinem Jünger. Der Neid, Vásquez, ist nichts anderes als die Überzeugung, dass der andere den Platz einnimmt, der einem selber zusteht. Und das Gefühl hatte ich bei Carballo: dass er mich verdrängt, mich ersetzt, mir meinen Platz am Esstisch stiehlt. Von mir aus konnte mein Vater in der Universität seinen Lieblingsschüler mit all seinen Theorien über die Welt bombardieren. Von mir aus konnte er ihm Dinge erzählen, die er mir niemals erzählt hatte. Aber nach Hause zu kommen und so weiterzumachen, nun gut, das hat mich geärgert. Dass mein Vater dort mit ihm gesprochen hat, nicht mit mir: das hat mich geärgert. Wenn etwas in der Universität los war, dann hat er es ihm erzählt, nicht mir. Ja, Vásquez, ja: das hat mich geärgert. Hat mir das Leben vergiftet. Ich war schon ein gestandener Mann, wie es früher hieß, aber das hat mir das Leben vergiftet, und da war nichts zu machen. Nun gut, damals war ich noch sehr jung. Ich habe mit vierundzwanzig geheiratet, meinen Abschluss als Chirurg gemacht und den Quatsch vergessen. Mich haben andere Dinge beschäftigt ... All das nur, um Ihnen zu sagen: Nein, Carballo weiß nicht, dass ich das hier habe. Und so soll es auch bleiben. Mir ist es lieber, er erfährt nichts davon. Ich weiß nicht, ob Sie den Grund verstehen.«

»Besser, als Sie denken«, sagte ich. »Darf ich Sie etwas fragen?«

»Nur zu.«

»War die Beziehung zwischen Ihrem Vater und Carballo immer unverändert?«

»Unverändert«, sagte Benavides. »Meister und Schüler, Mentor und Schützling. Als hätte mein Vater seinen Erben gefunden. Oder Carballo einen Vater, auch so kann man es sehen.«

»Wer ist Carballos Vater?«

»Ich weiß nicht«, sagte Benavides. »Anscheinend ist er nach 1948, in den Jahren der Gewalt, umgekommen. Er war Liberaler und ist von den Konservativen umgebracht worden. Carballo stammt aus bescheidenen Verhältnissen, Vásquez, er ist als Erster in der Familie auf die Universität gegangen. Jedenfalls weiß ich nichts über diesen Vater. Carballo wollte nie darüber sprechen.«

»Nein, natürlich nicht. Mit gutem Grund also. Mit gutem Grund hat er sich an Doktor Benavides geklammert und nicht mehr losgelassen. Eine Art Ersatzvater.«

»Ich mag diesen Ausdruck nicht, aber so war es wohl. Das erklärt es teilweise. Sie haben sich oft gesehen, telefoniert ... Haben einander Bücher geliehen, das heißt, mein Vater ihm. Abends haben sie sich dann das Land vorgenommen, haben besprochen, seit wann es mit Kolumbien den Bach runterging.

Und so sahen die letzten fünf Lebensjahre meines Vaters aus. Fünf oder sechs. So haben sie ausgesehen.«

»Was für Theorien?«

»Wie bitte?«

»Sie haben gesagt, Ihr Vater habe Carballo mit seinen Theorien bombardiert. Was waren das für Theorien?«

Benavides schenkte sich noch eine Tasse Kaffee ein, nahm einen Schluck und war in zwei Schritten bei seinem Schreibtisch. Er zog ein Hängeregister voll purpurfarbener Mappen heraus, die Etiketten mit Schreibmaschine beschriftet, aber ich war zu weit weg, um sie zu lesen. Er zog eine der Mappen heraus, ging zum Sessel zurück, legte sie sich auf den Schoß und fuhr mit der Hand darüber, streichelte oder beruhigte sie, als wäre er ein Bösewicht aus einem James-Bond-Film und die Mappe seine weiße Katze. »Mein Vater hatte nicht viele Freizeitbeschäftigungen«, sagte er dann. »Er gehörte zu den Glücklichen, die das tun, was ihnen am meisten Spaß macht, und nur Spaß haben, wenn sie genau das tun. Seine Arbeit war seine Zerstreuung. Aber wenn es in seinem Leben eine Art Hobby, einen Zeitvertreib gab, dann diesen hier: berühmte Verbrechen aus rechtsmedizinischer Sicht rekonstruieren. Mein Großvater war in der Familie berühmt dafür, Puzzle mit zwei-, dreitausend Teilen zusammenzusetzen. Das war sein Zeitvertreib: Riesenpuzzles. Er hat sie auf dem Esstisch ausgebreitet, und solange er damit beschäftigt war, konnte die Familie nicht im Esszimmer essen. Nun, die forensische Analyse von Mordanschlägen war das Puzzle meines Vaters. Samstags und sonntags ist er in aller Frühe aufgestanden und hat sie studiert, als wären es aktuelle Fälle. Die Ermordung von Jean Jaurès. Von Erzherzog Franz Ferdinand. Einmal ist er sogar bis Julius Caesar zurückgegangen, stellen Sie sich vor. Monatelang hat er den Fall untersucht und einen detaillierten Bericht über die Verschwörung geschrieben, bei dem er sich unter anderem auf Shakespeare stützt. Manchmal hat er auch in Todesfällen Verbrechen gesehen, die keine waren. Ich erinnere mich noch an die Monate, in denen er zu beweisen versuchte, dass Bolívar nicht an Tuberkulose gestorben war, sondern seine kolumbianischen Feinde ihn vergiftet hatten … Nur damit Sie wissen, dass alles ein Spiel war. Ein ernstes Spiel, wie die Puzzles für den, der sie zusammensetzt, aber letztlich doch ein Spiel. Huh, Sie hätten sehen sollen, wie sich mein Großvater angestellt hat, wenn jemand ein Teil verschoben hatte. Da konnte man nur noch das Weite suchen.«

»Und diese Mappe ist eines dieser Puzzles?«, fragte ich.

»Ja«, sagte Benavides. »Das Puzzle John Fitzgerald Kennedy. Ich weiß nicht, seit wann ihn das beschäftigt hat, aber dieses Spielzeug, wenn ich das so salopp sagen darf, hat ihn sein ganzes Leben lang begleitet. Alle fünf oder zehn Jahre hat er es aus dem Archiv gezogen, das Puzzle wieder zusammengesetzt oder es versucht. Nehmen Sie nur diese Unterlagen hier. Das sind kolumbianische Zeitungsausschnitte, die sich mit Kennedys Ermordung beschäftigen. Sehen Sie sich das Datum an: 4. Februar 1975. Und der aus *El Espacio* ist aus dem Jahr 1983. Das Datum steht ganz oben in der Ecke, aber zum Jahrestag wurde der Artikel noch einmal in ›20 Jahre nach dem Attentat auf Kennedy‹ veröffentlicht, da kann man es klar und deutlich lesen. Stellen Sie sich meinen Vater vor, der ein Boulevardblättchen wie *El Espacio* liest! Aber alles, was er über Kennedy finden konnte, landete im Archiv. Hier gibt es an die zwanzig, dreißig Artikel, wichtige und weniger wichtige. Aber alle gehörten zum Hobby meines Vaters. Deshalb bewahre ich sie auf, deshalb sind sie wertvoll für mich. Ich glaube nicht, dass sie für jemand anderen Wert besitzen.«

»Darf ich sie sehen?«

»Deshalb habe ich sie geholt. Ich möchte, dass Sie sie sehen.« Er stand auf, machte einen Buckel, wie jemand, der Probleme mit der Wirbelsäule hat. »Vergnügen Sie sich eine Weile damit, während ich nachsehe, was sich im restlichen Haus so tut. Wollen Sie etwas aus der Küche?«

»Nichts, danke«, sagte ich. »Darf ich Ihnen eine Frage stellten, Francisco?«

»Nur zu.«

»Warum diese Mappe und keine andere? Die ganze Schublade ist voller Mappen. Gibt es einen bestimmten Grund, warum Sie mir ausgerechnet diese zeigen wollen?«

»Aber natürlich gibt es einen Grund, Vásquez. Die hier hat viel mit Carballo zu tun. Und wir haben von ihm gesprochen, von Carballo, die ganze Zeit über haben wir von Carballo gesprochen, auch wenn Sie es nicht gemerkt haben. Also: sehen Sie sich das an. Ich bin gleich zurück und erzähle weiter.«

Nachdem er das gesagt hatte, schloss er die Tür und ließ mich allein.

Ich schlug, immer noch auf dem Schreibtischstuhl, die Mappe auf. Aber die Papiere glitten mir vom Schoß, fielen zu Boden, und ich musste einige mit verrenkter linker Hand festhalten, während ich mit der rechten versuchte, in den anderen zu blättern, sodass ich mich schließlich einfach auf den Boden setzte, auf den Teppich aus Naturwolle, und sie dort verteilte, eins neben dem anderen. *L. H. Oswald hat J. F. Kennedy nicht ermordet,* schrie mir vom Teppich aus der älteste Ausschnitt entgegen.

Doktor Luis Ángel Benavides hatte das Datum festgehalten, aber nicht die Quelle, doch ich glaubte, das Druckbild von *El Tiempo* wiederzuerkennen. Die Meldung sprach von einem Film, der gerade in Chicago uraufgeführt worden war und zu einem eindeutigen Schluss kam: Präsident Kennedy war von »4 oder vielleicht 5 Personen« erschossen worden. Der Film, wie in der Meldung zu lesen war, stammte von Robert Groden, einem »Fotografen und Fototechniker aus New York«. Ein politischer Aktivist mit Namen Dick Gregory erklärte, der Film werde »das Schicksal und den Lauf der Welt verändern«. Die beiden Namen waren neu für mich, aber die restliche Meldung legte nahe, dass es sich bei dem Film um den von Abraham Zapruder handelte: die berühmte Acht-Millimeter-Version, die ein Amateur am Tag des Attentats gefilmt hatte, diese siebenundzwanzig Sekunden, die immer noch das unmittelbarste Zeugnis der Geschehnisse sind, das wir je haben werden, und ebenso die Quelle aller Verschwörungstheorien, die seitdem aus dem Boden geschossen sind. Zapruders Film gehört inzwischen zum kollektiven Gedächtnis des 20. Jahrhunderts (seine Einzelbilder leben auf unserer Netzhaut, und wir erkennen sie so-

L. H. Oswald no matò a J. F. Kennedy

J. F. KENNEDY   L. H. OSWALD

CHICAGO, 3 (UPI). Lee Harvey Oswald "no tuvo nada qué ver con el asesinato" del Presidente John F. Kennedy, según prueba una película hecha por un fotógrafo y experto óptico de Nueva York, que fue exhibida en Chicago en rueda de prensa.

Según Robert Groden, "4 ó tal vez 5 personas", dispararon contra Kennedy, y se hicieron 6 disparos y no 3, como estableció la Comisión Warren, que investigó el asesinato del Presidente, ocurrido en Dallas, el 22 de noviembre de 1963.

Oswald fue arrestado y, a su vez, fue asesinado en el cuartel general de la Policía de Dallas por Jack Ruby, dueño de un bar nudista.

Dick Gregory, un activista político, dijo que la película "cambiará el destino y la suerte del mundo". Agregó que ella "salvará la vida del senador Edward Kennedy".

La semana pasada, Gregory y un profesor adjunto de filosofía, Ralph Schoenman, dijeron que tenían pruebas de que la Agencia Central de Inteligencia (CIA) había intervenido en el asesinato de Kennedy.

Groden exhibió el filme en una conferencia de prensa realizada en Chicago y dijo que se trataba de una ampliación de la película original sobre el asesinato. El filme original es de propiedad de la empresa periodista "Time Inc.".

La película, ampliada a gran tamaño y utilizando la cámara lenta, muestra el momento en que el Presidente Kennedy es alcanzado por una bala en la cabeza. Según Groden, la fuerza del proyectil lanzó a Kennedy hacia atrás y a la izquierda, lo que indica que fue disparada de frente y no de espaldas al Presidente, como se ha pensado hasta ahora.

En la película también se ven dos hombres que, según Groden, estaban disparando a Kennedy. Uno desde detrás de un pedestal, en un prado, frente a la comitiva. El otro está semioculto bajo un arbusto y también de frente a la comitiva, empuñando un fusil, según Groden.

Gregory dijo que él, Groden y Schoenman viajarán el sábado a Washington para mostrar el filme ante la comisión que investiga las actividades de la CIA, que preside el vicepresidente Nelson Rockefeller.

fort), aber noch nicht am Datum der Meldung. Damals wurde er immer noch als geheim gehandelt und war nur einigen wenigen bekannt, weshalb ihm der Redakteur nicht einmal den Namen zuweisen konnte, unter dem er heute bekannt ist. Nach der Meldung zu schließen, hatte der Redakteur anscheinend sogar Groden für den Urheber des Films gehalten, während ihn Groden – Fotograf und Fototechniker – nur vergrößert, untersucht und die Öffentlichkeit dann unmissverständlich hatte wissen lassen, was er dort sah und was ihn zu den entsetzlichen Schlussfolgerungen führte, die das Schicksal und den Lauf der Welt verändern würden.

»Der Film«, las ich, »zeigt den Augenblick, in dem Präsident Kennedy von einer Kugel in den Kopf getroffen wird. Das Projektil schleuderte Kennedy, laut Groden, nach links hinten, was

beweist, dass es von vorn auf den Präsidenten abgefeuert worden war und nicht von hinten, wie man bisher angenommen
hatte.« Es war faszinierend: In der Welt dieses Artikels, der
Welt des 4. Februar 1975, waren diese Offenbarungen noch Offenbarungen. Inzwischen sind sie zum Gemeinplatz geworden.
Alle wissen wir, dass die Bewegung von Kennedys Kopf ganz
offenkundig der offiziellen Version widerspricht, und sie sind
der quälendste Stein im Schuh derer, die weiterhin behaupten,
Oswald habe allein gehandelt. Der Artikel fuhr fort: »Laut
Groden sieht man in dem Film auch zwei Männer, die auf Kennedy schießen. Einer hinter einem Podest auf einer Wiese, der
Wagenkolonne gegenüber. Der andere steht halb versteckt hinter einem Busch, ebenfalls der Kolonne gegenüber, und hält ein
Gewehr, laut Groden.« Die Wiederholung der beiden Wörter
laut Groden war wie ein Fenster, durch das man die Haltung
des Journalisten sah: vorsichtig, ängstlich, darum bemüht, zu
betonen (vielleicht im Namen der Zeitung), dass so subversive
Enthüllungen ganz allein der Person zuzuschreiben waren,
über die berichtet wurde. Wie anders las man das Wort *laut*
dreißig Jahre später: wie sehr hatte es sich mit neuen Bedeutun-
gen angefüllt, das Zögerliche abgeschüttelt, war zur Gewissheit
geworden. Immer ist es schwierig, dachte ich, ein Dokument
aus einer anderen Zeit mit den Augen der damaligen Leser zu
sehen. Manchen gelingt das nie, dachte ich, und deshalb werden
sie niemals Verbindung zur Vergangenheit aufnehmen können,
werden taub für ihr Flüstern bleiben, für die Geheimnisse, die
sie uns erzählt, für das Verständnis ihrer geheimnisvollen Me-
chanismen.

Ein anderer Ausschnitt zeigte sechs Einzelbilder aus dem
Zapruder-Film. Die Zeitung hatte spielerisch ihre Herkunft
thematisiert und die Bilder als Filmstreifen aneinandergefügt,
und Doktor Luis Ángel Benavides hatte sie in den Transport-
löchern nummeriert, auch wenn mir nicht klar war, worauf sich
die Nummerierung bezog.

Der Doktor hatte sich nicht die Mühe gemacht, die Quelle festzuhalten, sodass man unmöglich wissen konnte, woher der

Ausschnitt kam und wann er veröffentlicht worden war, aber ich vermutete, dass er um einiges jünger war als die Robert-Groden-Meldung, denn nach der Aufführung des Zapruder-Films in Chicago mussten erst mehrere Jahre vergehen, bis die Medien auf der ganzen Welt seinen Inhalt wiedergeben durften. Diese Bilder. Diesen Film. Auf dem Teppich in Benavides' Arbeitszimmer dachte ich: Nie werde ich mich an sie gewöhnen. Dachte: Nie werden sie ihre Außergewöhnlichkeit verlieren. Wie viele Zufälle hatten zusammentreffen müssen, damit ein Mann mit einer guten Kamera am perfekten Ort stand und eines der entscheidenden Ereignisse unserer Zeit aufzeichnete? Heute, in der Ära der Tablets und Smartphones, hat alle Welt ständig eine Kamera zur Hand, und kein Skandal, kein öffentliches Ereignis, so harmlos es sein mag, entkommt diesen professionellen Zeugen, denen nichts entgeht, diesen allgegenwärtigen digitalen Klatschmäulern, die alles filmen und alles sofort in den Netzwerken zugänglich machen, gewissenhaft, aber skrupellos, empört, aber indiskret. Doch im November '63 war es noch selten oder ein großer Zufall, dass ein unbekannter Mann mit einem Privatgerät ein unerwartetes Ereignis aufnahm. Und das war Zapruder, der unbekannte Mann, einer unter vielen, mehr wollte er nicht sein. Ein Mann, der nicht hätte da sein müssen, wo er am 22. November um die Mittagszeit gewesen war, mit einer Kamera in der Hand.

Zapruder hätte ohne Weiteres nicht dort gewesen sein können. Wenn seine Familie nicht 1920 aus der Ukraine emigriert wäre, vertrieben von der Gewalt des Bürgerkrieges, wenn sie während der Revolution umgekommen wäre oder ein anderes Land für ihr Exil gewählt hätte, wäre Zapruder nicht dort gewesen. Wenn er nicht gelernt hätte, Schnittmuster für die Läden in Manhattan anzufertigen, wäre Zapruder nicht von Nardis angestellt worden, einem Unternehmen für Sportbekleidung in Dallas, und er wäre nicht dort gewesen. Wenn er kein Faible für Kameras gehabt und sich nicht im Vorjahr das neuste Modell einer Bell & Howell gekauft hätte, dann hätte er nicht gefilmt, was er gefilmt hatte. Um ein Haar hätte dieser Film nicht existiert. Das wissen wir heute. Wir wissen, dass Mr. Zapruder fest vorgehabt hatte, die Kolonne des Präsidenten zu filmen, die Kamera jedoch, als es am Morgen regnete, zu Hause ließ und ohne sie zur Arbeit ging; wir wissen, dass seine Sekretärin ihm sagte, es habe wieder aufgeklart, und vorschlug, er solle seine Kamera holen, damit ihm dieses wichtige Ereignis nicht entgehe. Und es war ein wichtiges Ereignis, tatsächlich, doch Mr. Zapruder hätte sich nicht darauf einlassen müssen, aus Faulheit oder Zeitmangel, weil er seinen Arbeitsplatz nicht verlassen wollte, weil er andere Besorgungen zu erledigen hatte ... Warum tat er es doch? Warum eilte er von der Arbeit nach Hause, um seine Bell & Howell zu holen?

Zapruder wirkt wie ein schüchterner Mann um die fünfzig, kahl, mit großer schwarzer Hornbrille und diskretem russischen Einschlag, der in seinem Geschäft für Sportkleidung still vor sich hin arbeitet und sich als Nordamerikaner fühlen will. Womöglich sind ihm damals, nach der Stationierung der russischen Raketen auf Kuba und der Konfrontation mit Chruschtschow, seine Herkunft und sein Akzent unangenehm gewesen. War die Bewunderung für Präsident Kennedy ein Versuch, sich zu integrieren, seine Loyalität zu den Vereinigten Staaten in der harten Zeit des Kalten Krieges zu beweisen? Indem er den Rat seiner Sekretärin befolgte und die Kamera holen ging, demonstrierte er damit, dass Kennedys Besuch auch für ihn wichtig, dass auch er ein überzeugter Demokrat war und wie alle anderen an dem patriotischen Fest teilnahm, das der Besuch des Präsidenten darstellte? Wie viel Anteil hatte die alte, tiefe Unsicherheit des Einwanderers – auch wenn er das schon seit vier Jahrzehnten war – an seinem Entschluss, zur Dealey Plaza zu gehen, seine Bell & Howell, Modell 414-PD, hervorzuziehen und zu filmen? Ja, aber auch das hätte ganz anders verlaufen können, denn wir wissen, dass Mr. Zapruder zuerst vom Bürofenster aus hatte filmen wollen und erst in letzter Minute beschlossen hatte, eine bessere Perspektive zu wählen und hinunter zur Elm Street zu gehen; dort überschlug er den Weg, den die Autokolonne nehmen würde, und stellte fest, dass der ideale Standpunkt ein Betonpodest nördlich der Straße war, in der Nähe der Überführung, auf einer Anhöhe mit gepflegtem Rasen. Dorthin ging er, kletterte mithilfe seiner Sekretärin Marilyn Sitzman auf das Podest und bat sie, ihn am Mantel festzuhalten, da ihm von klein auf leicht schwindlig wurde. Als die Präsidentenkolonne in der Houston Street auftauchte, vergaß Zapruder das Schwindelgefühl, vergaß die Hand, die sich hinten an seinen Mantel krallte, vergaß alles außer seiner Kamera Bell & Howell und fing an, die 27 Sekunden zu filmen, die 486 Einzelbilder, die für immer und zum einzigen Mal in der Geschichte der Menschheit den Augenblick aufzeichnen, in dem mehrere Kugeln den Kopf eines Staatschefs zerstören. »Wie ein Knallkörper«, sollte er später sagen. »Sein Kopf explodierte wie ein Knallkörper.«

Was folgte, war eine Welt im Kriegszustand. Hysterische Schreie, Menschen, die sich auf den Boden warfen und mit dem Körper ihre Kinder schützten, hemmungsloses Weinen, Ohnmachten. Inmitten des Aufruhrs ging Zapruder, der noch nicht ganz verstanden hatte, was eben geschehen war, mit seiner Sekretärin ins Büro zurück, als ihn unterwegs ein Reporter der *Dallas Morning News* ansprach. Er hieß Harry McCormick; er hatte ihn filmen sehen und bot sich an, den Kontakt zu dem Geheimdienstmitarbeiter Forrest Sorrels herzustellen, der bestimmt wissen würde, wie man mit diesem außergewöhnlichen Dokument umging, das er in Händen hielt. Zapruder erklärte sich bereit, den Film dem Agenten Sorrels zu übergeben, aber unter einer Bedingung: er dürfe nur benutzt werden, um das Attentat zu untersuchen. Nachdem sie sich geeinigt hatten, gingen die Männer ins Fernsehstudio des WFAA, um den Film zu entwickeln, doch ohne Erfolg. Die Fernsehtechniker hatten nicht die geeigneten Gerätschaften. Also brachte Zapruder den Film in die Entwicklungsanstalt von Kodak und wartete bis 18:30 Uhr, ging anschließend zur Jamieson Film Company, ließ zwei Kopien des entwickelten Films anfertigen und kehrte dann nach dem anstrengendsten Tag seines Lebens nach Hause zurück. In der Nacht war er im Traum wieder in Manhattan, wo er seine ersten zwanzig Jahre in den Vereinigten Staaten verlebt hatte, und sah auf dem Times Square ein Plakat, das ein Spektakel ankündigte: Sehen Sie den Kopf des Präsidenten explodieren!

Ich habe ihn explodieren sehen. Abermillionen haben ihn explodieren sehen (wie einen Knallkörper), und wir haben ebenso gesehen, was nachher kam, die unfassbaren Sekunden, in denen Jackie Kennedy sich nach hinten wirft, um Teile vom Kopf ihres Mannes aufzusammeln, den gerade ein Schuss zerstört hat. Da waren sie, unter Doktor Luis Ángel Benavides' Zeitungsausschnitten, die Einzelbilder der eleganten, perfekt gekleideten Frau: Jackie, die auf dem Heck der Lincoln-Limousine (in Mitternachtsblau: die gleiche Farbe wie Gaitáns Anzug) den Schädelstücken oder der Hirnmasse ihres Mannes folgt. Was hatte Jackie gesucht? Welcher Instinkt verlangte von ihr, die Fragmente eines Körpers wiederzuerlangen, den sie geliebt hatte und der bereits nicht mehr lebte? Wir können spekulieren, etwa an einen Instinkt denken, den man mangels eines besseren Wortes Verbindungsinstinkt nennen könnte: das Bedürfnis, nicht zerfallen zu lassen, was zusammengehört. Als er vollständig gewesen war, hatte John Fitzgerald Kennedys Körper gelebt und gehandelt, war der Körper eines Vaters und Ehemanns gewesen (und auch der eines Präsidenten, eines Freundes, eines fleißigen Liebhabers); von den eingeschlagenen Kugeln in Stücke zerbrochen, die jetzt über das Mitternachtsblau der Karosserie glitten, hatte dieser lebendige Körper zu existieren aufgehört. Vielleicht war ebendas Jackies Wunsch gewesen, wenn auch unbewusst: den auseinandergefallenen Körper zusammenzusetzen, ihn wieder in seinen ursprünglichen Zustand zu bringen, in den Zustand, in dem er sich ein paar Sekunden zuvor befunden hatte, in der Illusion, der zerstörte Körper möge durch das Wiedereinfügen der verlorenen Fragmente wieder zum Leben erwachen. Ob dem Professor für Rechtsmedizin beim Betrachten der Zeitungsseite und beim Ausschneiden der Bilder aus dem Zapruder-Film ähnliche Gedanken gekommen waren? Vielleicht hatte Luis Ángel Benavides diese Bilder ganz anders gelesen, hatte vielleicht guten Grund zu der Annahme gehabt, dass Jackie bereits wie eine Rechtsmedizinerin gehandelt hatte: Sie hatte Beweismittel gesammelt, damit sie den Staatsanwälten später bei der Untersuchung helfen konnte, beim Überführen des Schuldigen, bei seiner gerechten Bestrafung.

Gut möglich, dass er mit diesen Gedanken die Seite ausgeschnitten und dem Dossier hinzugefügt hatte, seinem Puzzle;
möglich, sage ich, denn wir alle sehen heute nüchtern und dis-
tanziert die Bilder, die Zapruder mit der Kamera aufgefangen
hat, und die Vorstellung ist nicht abwegig, dass Benavides se-
nior sie im Moment des Ausschneidens auf die gleiche Art
betrachtet hatte. Aber zu glauben, derlei Überlegungen seien
Jackie Kennedy am 22. November 1963 durch den Kopf gegangen, zu glauben, methodische Gründe hätten sie angetrieben,
als sie jegliche Haltung verlor und auf das Heck der Limousine
kletterte, während das noch frische Blut ihres Mannes in den
Stoff ihres Kostüms sickerte und es rettungslos befleckte, das
hieße, die Macht zu leugnen, die unsere atavistischen Reflexe
über uns haben. Jackies Kostüm: eine weitere Reliquie. Wenn
sich um JFK herum eine Religion gebildet hätte (völlig absurd ist
der Gedanke nicht), wäre jede einzelne seiner Fasern nun eine
Reliquie. Und wir würden sie anbeten, ja, anbeten und Altäre
oder Museen für sie bauen, würden sie über die Zeiten hinweg
bewahren wie einen Schatz.

In diese Überlegungen war ich versunken, als Doktor Benavides zurückkehrte. »Alle schlafen bereits«, sagte er und ließ
sich erschöpft in den Lesesessel fallen. Und es war, als spürte
auch ich dadurch – durch seine Bewegungen, den tiefen Seufzer,
der ihm entschlüpfte –, dass ich müde war: der Kopf schmerzte
leicht, die Augen hatten zu jucken begonnen und die Klaustrophobie erwachte, die mich von klein auf begleitet hat (ja, wie
Mr. Zapruder das Schwindelgefühl). Ich sehnte mich nach offenen Plätzen, nach der kalten Luft der Bogotaer Nächte, wollte
den fensterlosen Raum verlassen, der nach Papieren aus der
Vergangenheit, nach kaltem Kaffee roch, wollte zurück in die
Klinik und M. sehen, mich nach meinen Töchtern erkundigen,
die noch in einer fernen, für mich unbegreiflichen Welt lebten.
Ich zog das Handy hervor: keine Anrufe und guter Empfang,
garantiert durch die Balken in der Ecke des Bildschirms, fest
und parallel, nach Größe aufgestellt wie ein Kinderchor. Benavides deutete auf den Teppich mit den Zeitungsausschnitten

und fügte hinzu: »Na, das ist Ihnen wohl über den Kopf gewachsen.«

»Eine ganz schöne Hingabe hatte Ihr Vater«, sagte ich. »Bewundernswert.«

»Ja, so ist er gewesen. Aber er war schon alt, als ihn das Fieber so richtig gepackt hat. Das war 1983, beim zwanzigsten Jahrestag, da war es nicht mehr nur Hingabe. Eines Tages hat er mir gesagt: Ich sterbe nicht, bevor ich nicht den Fall Kennedy gelöst habe. Natürlich ist er gestorben, ohne ihn zu lösen, aber da sind noch seine Unterlagen. Ist hier nicht …?« Er bückte sich, strich mit der Hand über die Papiere und griff sich eines. »Ja, das hier. Das stammt aus dieser Zeit, sehen Sie: eine Analyse der verschiedenen Hypothesen zum Attentat, mit eigener Hand geschrieben. Lesen Sie bitte.«

»Ich soll lesen?«

»Bitte.«

Ich räusperte mich. »Hypothese eins«, las ich. »Zwei Schützen, Seite 95. Seite 95 von was?«

»Ich weiß nicht. Von irgendeinem Buch, in dem er nachgeschlagen hat. Weiter.«

Ich gehorchte: »Zwei Schützen, einer am Fenster des sechsten Stockwerks, der andere im zweiten Stock. Anmerkung: um zwölf Uhr zwanzig zeigt ein Film die Umrisse von zwei Gestalten im Fenster des sechsten Stocks. In Klammern: um zwölf Uhr einunddreißig wird auf den Präsidenten geschossen. Der Leiter der Büros, Roy S. Truly, geht sofort nach den Schüssen mit einem Polizisten hinauf und stößt auf Oswald, der im Gang des zweiten Stocks eine Cola trinkt. Ich glaube, so steht es da, die Handschrift Ihres Vaters lässt sich schwer entziffern.«

»Mir geht es ebenso. Weiter.«

»Hypothese zwei. Seite 97. Oswald hat vom Fenster des zweiten Stocks geschossen und der andere, geübtere Schütze mit Oswalds Karabiner aus dem sechsten Stock. Hypothese drei …«

»Nein, die nicht. Die taugt nichts.«

»Da steht, Oswald wollte vielleicht den Gouverneur töten.«

Hipotesis ①

2 Tiradores ? pag 95

uno en la ventana del
6° piso

otro en el 2° piso

Nota: a las 12,20 una
película muestra dos
siluetas de personas
en la ventana del
6° piso (A las 12,31 dis-
pararon entre el Presidente
el Jefe de las oficinas
Roy STruly al salir la
en policía inmediata-
mente de los disparos

encontrarse Oswald
tomandose una Coca Cola
en el pasillo del 2°
piso.
    Hipotesis ② pag 97-106
Oswald disparó desde la
ventana del 2° piso y
el otro tirador que se encontraba
experto en tiro disparó la
    la carabina de Oswald ?
desde la pu ventana del
6° piso
    Hipotesis ③ pag 72-71
Oswald quería matar era al
Gobernador de quien era
enemigo ?

›94‹

»Ja, genau. Die taugt nichts. Wichtig sind die folgenden, da finden Sie die Überzeugungen meines Vaters.«

»Seine Schlussfolgerungen?«

»Nein, keine Schlussfolgerungen, denn er ist zu keiner endgültigen gekommen. Aber doch zu der Überzeugung, so endgültig sie nur sein kann, dass Oswald nicht allein gehandelt hat. Dass die Theorie des *lone wolf,* wie die Gringos sie nennen, völlig verfehlt ist. Der einsame Wolf, so sagt man doch, nicht wahr? Allein der Name ist schon absurd. Niemand hätte das allein bewerkstelligen können, das ist doch wohl klar. Vielmehr: klarer geht es nicht. Man muss schon blind sein, um das nicht zu sehen. Das heißt: man muss es nicht sehen wollen, um es nicht zu sehen.«

»Sie reden wie Carballo«, sagte ich.

Benavides lachte. »Mag sein, mag sein.« Dann: »Sie haben den Zapruder-Film gesehen, vermute ich.«

»Mehrmals, ja.«

»Dann erinnern Sie sich gut.«

»Woran?«

»An den Kopf, Vásquez. An was sonst?«

Vielleicht zögerte ich mit der Antwort, schwieg nach seinen Worten einen winzigen Moment lang, denn Benavides war mit einem Satz beim Schreibtisch, stellte sich vor den allzu großen Bildschirm (auf dem Stuhl saß ich, aber er hatte ihn nicht von mir verlangt), lehnte sich vor wie bei einer steifen Verbeugung, bewegte die Maus und tippte. In Sekundenschnelle öffnete sich eine YouTube-Seite: *The Zapruder Film* las ich. Und da war die Lincoln-Limousine, bewegte sich mit dieser entsetzlichen Langsamkeit voran, flankiert von Motorradfahrern mit weißen Helmen, und in ihr saß Kennedy. Da ist der Präsident: Er sitzt so nah an der Tür, dass er den rechten Arm darauf stützen kann, und grüßt mit seiner lässigen Hand nach allen Seiten, bezwingt die Welt mit seinem Propagandalächeln, mit seiner perfekt sitzenden Frisur, die nicht einmal der Wind zerzausen kann, ist sich seines Lebens, seiner Taten sicher oder markiert zumindest massives Selbstvertrauen. Die Kolonne verschwindet vorübergehend hinter einem Objekt, das ein Schild oder ein Werbeplakat sein kann, und als sie wieder auftaucht, wieder ins Blickfeld kommt, geschieht etwas, was niemand zu verstehen scheint: Kennedy vollführt eine seltsame Geste mit den Armen, eine Geste, die bei niemandem natürlich ausgesehen hätte, schon gar nicht bei einem Präsidenten, auf den gerade die Augen der Welt gerichtet sind. Er ballt die Fäuste vor der Kehle – das heißt, vor dem Krawattenknoten – und hebt symmetrisch beide Ellbogen, wie eine Marionette. Der erste Schuss hat ihn getroffen. Die Kugel hat ihn von hinten durchbohrt, und womöglich hat Kennedy da schon das Bewusstsein verloren, denn er schließt die Augen, als würde er einschlafen, und neigt sich zu Jackie. Furchtbar ist die Langsamkeit, der Gleichmut, mit dem der Tod Einzug in die Lincoln-Limousine hält: vor aller Augen, ohne sich zu verstecken, ohne sich anzuschleichen, wie sonst immer, sondern bei helllichtem Tag. Die Frau des Präsidenten weiß noch nicht, was geschehen ist; sie weiß, etwas Seltsames ist passiert, denn ihr Mann beugt sich zu ihr, als fühlte er sich plötzlich unwohl, und da neigt sie ihren Kopf zu ihm (ihren makellosen Hut, ihre Frisur, die eine ganze Generation geprägt hat) und sagt etwas, zumindest scheint es so. Wir können uns ihre Worte ausmalen, ihre ängstlichen Worte, die noch nicht wissen, dass ihr Empfänger sie nicht mehr hören kann. »Ist etwas?«, mag Jackie Kennedy gefragt haben. Oder vielleicht: »Was ist mit dir? Geht es dir gut?« Und da explodiert der Kopf ihres Mannes: ja, wie ein Knallkörper. Das ist die zweite Kugel, die ihm das Hinterhaupt aufbricht und seine zerfetzten Knochen verstreut, seine Reliquien. Das Video geht noch ein paar Sekunden weiter, und dann wird der Bildschirm schwarz. Ich brauchte einen Moment, bis ich mich aus dem Bann lösen konnte. Benavides war zum Lesesessel zurückgekehrt und winkte mich mit einer Geste (eine fast unmerkliche Bewegung der offenen Hand) ebenfalls zu meinem Sitz zurück.

»Sie sehen es, nicht wahr?«, sagte er. »Der erste Schuss durchbohrt Kennedy von hinten. Mein Vater hat geglaubt, dass er in dem Moment bereits tot war. Der zweite Schuss kommt von vorne. Denken Sie an den Kopf: Er schleudert nach links hinten, weil die Kugel von vorn kommt, von rechts. Einverstanden?«

»Einverstanden.«

»Gut. Dann sagen Sie mir, wie kann sich Oswald im Moment des ersten Schusses hinter dem Präsidenten befunden haben und eine Sekunde später vor ihm? Wäre die zweite Kugel vom selben Mörder wie die erste abgefeuert worden, wäre der Kopf beim Aufprall nach vorn geschleudert worden. Und Jackie hätte sich nicht nach hinten geworfen, um die Schädelstücke auf dem Autoheck aufzusammeln, sondern alles wäre nach vorn geflogen, wo der Gouverneur sitzt oder der Chauffeur. Nein, Vásquez, die beiden Schüsse können unmöglich aus derselben Richtung gekommen sein. Das sage weder ich noch irgendeine Verschwörungstheorie: das sagt die Physik. Genau so hat es mein Vater formuliert: ›Das ist eine Frage der Physik.‹ Seit langem schon wissen wir das, auch wenn es die offizielle Geschichtsschreibung nicht akzeptieren mag. Mein Vater hat das auch gewusst. Er hat gewusst, dass es mindestens zwei Schützen waren.«

»Im Schulbuchlager, ja. Einer im sechsten Stock und einer im zweiten.«

»Genau. Aber auch das erklärt nicht die Herkunft des Schusses, der Kennedys Kopf explodieren lässt. Mein Vater war der Ansicht, dass dieser Schuss nicht aus dem Schulbuchlager kam, sondern von einem Ort gegenüber der Kolonne.«

»So steht es in dem Artikel von 1975. Die Theorie dieses Groden.«

»Ja. Einer oder zwei Schützen haben von vorn geschossen. Groden sagt, einer hinter einem Podest, der andere hinter einem Busch. Und der hinter dem Busch habe ein Gewehr gehabt. Aber wissen Sie, was Zapruder nach dem Attentat gesagt hat? Ein Sonderermittler hat seine Aussage aufgenommen, und Zapruder hat versichert, der Mörder habe sich hinter ihm befunden. Vor der Warren-Kommission hat er später einen Rückzieher gemacht. Er hat gesagt, auf der Dealey Plaza habe es zu viele Echos gegeben, er sei sich nicht sicher. Aber in seiner ersten Version, am Tag nach dem Attentat, war er sich so sicher, wie man nur sein kann. Er hatte keinerlei Zweifel, hat nicht gesagt ›ich glaube, dass‹ oder ›womöglich ist es so gewesen‹. Nein, er war sich sicher. Und auch mein Vater war sich sicher.«

»Aber in seinen Aufzeichnungen schreibt er nichts dazu.«

»Die Aufzeichnungen, die ich Ihnen gezeigt habe, sind bloß ein Teil seiner Forschungen. Es gibt ganze Seiten davon, sehr viel größer als diese Kärtchen, aber sie sind nicht hier. Wissen Sie, wer sie hat?«

»Sagen Sie jetzt nicht, Carballo.«

»Ganz genau. Carballo hat sie. Warum? Weil er sie hatte, als mein Vater starb, so einfach ist das. Carballo hat viele seiner Unterlagen behalten, mein Vater hatte sie ihm überlassen. Vielmehr hat er sie ihm gegeben und nie zurückverlangt. Und so schwer es mir fällt, ich kann den Grund verstehen: Niemand hat ihm in den letzten Jahren so unermüdlich Gesellschaft geleistet wie Carballo. Carballo hat ihn besucht, ihm seine Zeit gewidmet, seine Geschichten angehört, seine Theorien, und diese Begleitung wurde für einen alten Mann wie meinen Vater wichtiger als alles andere. Es war mein Fehler, Vásquez, es war mein Fehler, und das werde ich mir nie verzeihen. Ich habe meinen Vater in seinen letzten Lebensjahren vernachlässigt. Ich war so sehr mit mir selbst beschäftigt, verstehen Sie mich recht. Ich hatte mich meiner Laufbahn und meiner Familie gewidmet, war fasziniert von dem neuen Leben als Erwachsener. Von meinem ersten Kind, das ein Jahr nach der Hochzeit auf die Welt kam oder etwas später. Als sich das Kennedy-Attentat zum zwanzigsten Mal jährte, war mein zweites Kind gerade auf die Welt gekommen. 1983 musste ich also Vater von zwei Kindern sein, Ehemann, ein Chirurg, der seinen Weg in der Welt machen will, und obendrein musste ich mich noch um meinen Vater kümmern. Natürlich war es mir nur recht, sehr recht sogar, dass Carballo da war.«

»Damit er Ihrem Vater Gesellschaft leistete«, sagte ich.

»Da bin ich wohl kaum der Einzige, oder?«, sagte Benavides. »Alle Söhne von verwitweten Vätern sind dankbar, wenn sich jemand um den einsamen Alten kümmert. Carballo hat diese Rolle für mich übernommen. Er war die perfekte Gesellschaft für meinen Vater, mit ihm hat er sich lebendig gefühlt, wach, und das Beste war, dass Carballo gar nicht das Gefühl hatte, ihm einen Gefallen zu tun. Er hat es eher als Privileg empfun-

den: dass mein Vater ihm einen Gefallen tat, indem er ihn empfing, ihm seine Zeit, seine Ideen schenkte. Was im Übrigen der
Wahrheit ziemlich nahekommt. ›Hast du es gut‹, hat Carballo
mir gesagt. ›Wie gern hätte ich einen Mann wie den Doktor
zum Vater gehabt.‹ Es war eine perfekte Übereinkunft. Un-
bezahlbar. Obwohl ich ihn schon bezahlt habe: in Naturalien.
Mit Manuskripten meines Vaters. Mit Büchern und Unterlagen.
Mit einer Unmenge von Dingen, die wertvoll für mich sind,
auch wenn ich das zu spät gemerkt habe.«

»Darunter auch Papiere, die in dieser Mappe sein müssten«,
sagte ich.

»Genau. Aber für Carballo sind sie mehr als das: sie sind
Fährten.«

»Fährten im Fall Kennedy«, sagte ich, als wollte ich das
Offensichtliche festhalten. Aber so offensichtlich war es doch
nicht.

»Nein«, sagte Benavides. »Fährten im Fall Gaitán. Damit Sie
mich recht verstehen: Das Einzige, was Carballo interessiert, ist
Gaitán. Der 9. April ist seine einzige Obsession, eine andere hat
er nicht. Der Fall Kennedy interessiert ihn nur, insoweit er
Licht auf den Fall Gaitán wirft. Carballo sagt, bei Kennedy
gebe es Fährten für Gaitán, warum er getötet wurde und wie
die Verschwörung verheimlicht worden ist. Kennedy führt zu
Gaitán.«

»Aber das mit Kennedy ist doch später passiert.«

»Denken Sie, das habe ich ihm nicht gesagt? Abertausendmal
und in jedem nur möglichen Ton. Aber für ihn ist alles Fährte.
Überall findet er Fährten. Und wenn er eine sieht, stürzt er sich
darauf.«

Benavides beugte sich vor und griff wieder zur purpurnen
Mappe, streckte im Sessel die langen Arme so weit aus, dass
die Manschetten über der Haut spannten, und begann, die Ausschnitte einzusammeln. Er tat es sorgfältig, nahm jedes Papier-
rechteck in die Zange von Zeigefinger und Daumen. »Wie ver-
gilbt sie sind, die Armen«, sagte er zärtlich, als spräche er mit
einem Wurf Welpen. Auch ich beugte mich hinunter und sammelte Ausschnitte auf, eine Szene, die etwas seltsam Vertrautes

hatte. Benavides legte eines der Papiere beiseite, auf das Lesetischchen. Als die übrigen wieder in der Mappe waren, nahm er es auf und fragte mich, ob ich auch das gesehen hätte.

»Natürlich«, sagte ich. »Jack Ruby, der Oswald ermordet. Alle Welt kennt dieses Foto, Francisco. Ebenso wie den Zapruder-Film.«

»Ich frage nicht, ob Sie das Bild kennen«, sagte Benavides. »Ich frage, ob Sie *dieses* Bild hier gesehen haben, diese Reproduktion, die *El Tiempo* 1983 veröffentlicht hat, mein Vater hat da etwas unterstrichen.« Benavides deutete mit dem Zeigefinger auf den unterstrichenen Satz, der zweite unter dem Foto, und er sagte ihn auf, ohne ihn ablesen zu müssen: *»In dem Moment setzten die Zweifel ein«*, sagte er, *»über die wahren Urheber des Präsidentenmordes in Dallas.«*

»Ich habe den unterstrichenen Satz gesehen«, sagte ich. »Was ist damit?«

»Ich erinnere mich, Vásquez, erinnere mich, als wäre es gestern gewesen«, sagte Benavides. »Ich erinnere mich an den Tag, an dem Carballo in meine Praxis gekommen ist, die Memoiren von García Márquez in der Hand. Das war vor gut zwei Jahren. Im Januar 2003, das weiß ich noch, weil gerade Neujahr vorbei war. Am ersten Werktag im Jahr bin ich in meine Praxis gekommen, und im Wartezimmer, auf einem der Sofas, als wäre er ein Patient wie jeder andere, sitzt Carballo. Er ist aufgesprungen, als er mich kommen sah, und hat sich auf mich gestürzt. ›Hast du schon gelesen?‹, rief er. ›Hast du das schon gelesen? Dein Papa hatte recht!‹, hat er gesagt. Während der folgenden Tage, nein Wochen und Monate, hat er sich immer mehr hineingesteigert: was da nicht alles ans Licht komme, wenn man die beiden Attentate nebeneinander betrachte. Und er hat es mir aufgezählt. Erstens: der Mörder. Was haben Juan Roa Sierra und Lee Harvey Oswald gemein? Beide sind angeklagt worden, allein gehandelt zu haben, *lone wolves*. Zweitens: die beiden haben zu der Zeit jeweils den Feind repräsentiert. Juan Roa Sierra wurde später beschuldigt, mit den Nazis sympathisiert zu haben, ich weiß nicht, ob Sie sich daran erinnern: Roa hatte in der deut-

El 25 de noviembre de 1963, Jack Ruby dispara mortalmente sobre Lee Harvey Oswald, quien había sido detenido acusado de ser el asesino del Presidente John F. Kennedy tres días antes. En ese momento comenzaron las dudas sobre la verdadera autoría del magnicidio de Dallas que conmocionó al mundo. (Foto archivo de EL TIEMPO).

schen Botschaft gearbeitet und Nazi-Pamphlete mit nach Hause genommen, davon erfuhr die ganze Welt. Und Oswald war natürlich Kommunist. ›Ebendarum hat man sie ausgewählt‹, hat Carballo mir gesagt, ›denn mit solchen Leuten wollte niemand solidarisch sein. Sie waren der öffentliche Feind ihrer Zeit: Sie haben ihn repräsentiert, verkörpert. Wenn Sie heute gelebt hätten, dann wären sie bei al-Qaida. So schlucken die Leute die Märchen einfacher.‹ Drittens: die beiden Mörder wurden fast unmittelbar danach selbst ermordet. ›Damit sie nicht reden‹, hat Carballo gesagt, ›liegt das nicht auf der Hand?‹

Und dann hat er García Márquez' Memoiren hervorgezogen und mir die Passage vom eleganten Mann vorgelesen, der von der *Menge einen Falschen umbringen lässt, um die Identität des wahren Mörders zu schützen.* Er ließ sich den Satz auf der Zunge zergehen, Vásquez, wiederholte ihn ein ums andere Mal, eine echte Darbietung, es wurde immer beängstigender, blieb aber Darbietung. Später kam noch der Satz unter Jack Rubys Foto dazu. *In dem Moment setzten die Zweifel ein …* Er fing an, mit ihnen zu spielen, tauschte sie zum Beispiel aus. ›Stimmt es nicht, dass Jack Ruby *einen Falschen* getötet hat, *um die Identität des wahren Mörders zu schützen?* Stimmt es nicht, Francisco? Stimmt es nicht, dass der Augenblick, als der elegante Mann die Leute vor der Granada-Apotheke angestachelt hat, der Moment war, in dem *die Zweifel über die wahren Urheber des Politikermords einsetzten?* Der Doktor hat das durchschaut‹, wiederholte er. ›Warum hätte er sonst den Satz unterstrichen? Warum sonst diese Obsession mit dem zweiten Schützen bei Kennedy, da er ja auch die Kugeln des zweiten Schützen in Gaitáns Körper gesucht hat? Ist er da nicht auf eine Spur gekommen, wenn auch unbewusst? Es gibt zu viele Parallelen, das kann kein Zufall gewesen sein.‹ Ich machte mich über ihn lustig: ›Was willst du damit sagen, Carlos? Dass Kennedy dieselben Leute umgebracht haben wie Gaitán?‹ Und er: Nein, natürlich nicht, er sei nicht verrückt … Aber es gebe doch zu viele Parallelen. ›Darin liegt Methode. Womöglich haben die Leute, die Kennedy getötet haben, von denen gelernt, die Gaitán getötet haben. Waren in Bogotá am 9. April nicht Gringos gewesen? CIA-Agenten? Und sicher haben die Leute, die Gaitán getötet haben, von jemand anderem gelernt, nicht wahr? Eine so perfekte Verschwörung zettelt kein Laie an.‹ Ich sagte, er solle mit dem Unsinn aufhören, das seien bloß Zufälle. Und er: ›Den Zufall gibt es nicht.‹ Er riss die Augen auf, als er das sagte: Den Zufall gibt es nicht. Mir ist keiner untergekommen, der so die Augen aufreißen und die Brauen hochziehen kann.«

»Aber bei Gaitán gab es keinen zweiten Schützen«, sagte ich. »Ihr Vater hat selbst die Autopsie vorgenommen.«

»Auch das habe ich ihm gesagt. Habe ihn daran erinnert, dass mein Vater die ballistische Untersuchung durchgeführt hat. Dass er bestätigt hat, was die Ermittlung 1948 von Anfang an behauptet hatte: Alle Kugeln, die Gaitán getötet haben, sind aus Roa Sierras Pistole gekommen. Aber Carballo hat den Blick abgewandt oder eine seiner ungläubigen Grimassen gezogen.

Natürlich, denn für ihn war alles, was die 48er-Ermittlung behauptet hat, eine Lüge. ›Das Problem ist nur, dass wir am 9. April keinen Zapruder hatten‹, sagte er. ›Hätten wir einen Zapruder gehabt, dann würde in diesem Land ein anderer Wind wehen.‹ Ja, mit ihm lässt sich schwer reden. Das werden Sie heute Abend bemerkt haben. Was heute Nacht passiert ist, hat jedenfalls mit seiner Obsession zu tun. Carballo will wissen, wer der elegante Mann vor der Granada-Apotheke gewesen ist. Er will wissen, wer der Typ war, der Juan Roa Sierra ermorden ließ. Warum? Vermutlich weil er ihn dann mit Jack Ruby vergleichen und überprüfen könnte, ob die beiden etwas gemeinsam haben. Im Grunde will er einfach wissen, was am 9. April geschehen ist, will der Sache auf den Grund gehen. Und überlegen Sie einmal, Vásquez: Wollen wir das nicht alle?«

»Stimmt«, sagte ich. »Aber in vernünftigen Grenzen, ich weiß nicht, wie ich es ausdrücken soll.«

»Jemanden wie Carballo kann man als Verrückten bezeichnen, als Paranoiker, als Zeitvergeuder, was immer Sie wollen. Aber diese Leute widmen ihr ganzes Leben der Aufgabe, die Wahrheit über etwas Wichtiges zu suchen. Mag sein, sie wählen dabei den falschen Weg. Mag sein, ihre Leidenschaft führt zu Exzessen, zu unsinnigen Überzeugungen. Aber sie tun etwas, was weder Sie noch ich tun können. Ja, womöglich sind sie unbequem, sprengen eine Runde, wenn sie sich im Ton vergreifen oder politisch unkorrekt sind. Gebärden sich womöglich ungeschickt in Gesellschaft, benehmen sich ständig daneben, können unverschämt oder sogar beleidigend sein. Aber ich glaube, sie leisten uns einen Dienst, weil sie wachsam bleiben, nicht alles schlucken, mögen ihre Vorstellungen auch Unsinn sein. Und der springende Punkt bei dieser Theorie, bei dem Gedanken, dass Kennedys und Gaitáns Ermordung vielerlei gemein haben, ist ebender: dass nichts davon, wenn man es recht betrachtet, wirklich Unsinn ist.«

»Nichts davon scheint Unsinn zu sein, weil das Ganze Unsinn ist«, sagte ich. »Als würde man mit dem verrückten Hutmacher sprechen.«

»Das mag Ihre Meinung sein. Jeder darf denken, was er mag.«

»Aber Sie können das unmöglich ernst nehmen, Francisco.«

»Wie ernst ich das nehme, tut nichts zur Sache. Halten Sie sich damit nicht auf, Vásquez. Gehen Sie den Dingen auf den Grund. Lernen Sie, über das Offensichtliche hinaus zu blicken. Für Carballo ist das die Mission seines Lebens. Das bedeutet nicht nur Zeit und Energie, sondern auch Geld. Er hat sein letztes Hemd hergegeben, weil er an seine Vision glaubt. Das hat er mir gesagt: Ich habe eine Vision. Oder: Meine Mission ist meine Vision. Oder umgekehrt, ich weiß nicht mehr. Einerlei. Wenn es bei diesen Morden eine Wahrheit für ihn gibt, dann diese: dass man uns nicht die Wahrheit gesagt hat. Und können wir behaupten, dass er nicht recht hat? Nein, Vásquez, alle Welt weiß, dass man uns nicht die Wahrheit gesagt hat. Nur ein Einfaltspinsel oder jemand, der die Geschichte nicht kennt, glaubt, dass Juan Roa Sierra ohne fremde Hilfe gehandelt hat, von niemandem angestiftet worden ist. Heutzutage denkt nur ein Einfaltspinsel, dass Lee Harvey Oswald wie ein Scharfschütze all die Schüsse abgefeuert hat, die Kennedy getötet haben. Was machen wir mit dieser Erkenntnis? Lassen wir sie ruhen, oder tun wir etwas mit ihr? Ja, ich bin mir bewusst, dass Carballo für Sie nicht mehr als ein verantwortungsloser Spinner ist. Aber gehen Sie in sich, Vásquez, sehen Sie sich im Spiegel an, und fragen Sie sich ernsthaft, ob Ihnen das, was Carballo denkt, deshalb missfällt, weil es absurd ist oder weil es gefährlich ist. Ärgert oder erschreckt es Sie? Gehen Sie in sich, blicken Sie in den Spiegel. Vielleicht hätte ich Sie gar nicht vorstellen sollen, das wird mir jetzt bewusst, vielleicht habe ich mich getäuscht. Wenn das so ist, verzeihen Sie mir. Ich muss Ihnen etwas gestehen, Vásquez: Er hat mich darum gebeten. Er wollte Sie kennenlernen, hat mich gebeten, Sie ihm vorzustellen. Vermutlich war er überzeugt, Sie könnten ihm etwas Nützliches sagen. So ist er nun mal, wenn es um den 9. April geht: Wenn er eine Fährte findet, die er noch nicht erforscht hat, stürzt er sich darauf wie ein Bluthund. Und Sie mit Ihrem Onkel ... Sie sind eine Fährte. Also war der Zusammenstoß von heute Abend vielleicht auch meine Schuld, weil ich die Lage nicht richtig eingeschätzt habe. Machen Sie sich jedenfalls keine Sorgen. Ich glaube nicht, dass Sie ihn noch einmal sehen werden. Heute war das erste Mal. Ich glaube, ein zweites wird es nicht geben. Was geschehen ist, ist geschehen, ein eher unglücklicher Zwischenfall, gewiss. Aber Sie können beruhigt sein, Vásquez. Ihr Leben und seines kreuzen sich nicht so einfach.«

Hoffentlich haben Sie recht, dachte ich, als ich sein Haus verließ. Hoffentlich sehe ich ihn nie wieder.

Es beschäftigte mich die Nacht über und verfolgte mich den ganzen nächsten Tag, wenn auch aus unterschiedlichen, unvorhersehbaren Gründen. Nie hätte ich mir träumen lassen, was für eine widersprüchliche Mischung von Abscheu und Faszination, Verlockung und Ablehnung in mir die Erinnerung an das hervorrief, was ich bei Benavides gesehen und gehört hatte: wenn ich an Carlos Carballo und an Jorge Eliécer Gaitán dachte, an Lee Harvey Oswald und an Juan Roa Sierra, an John Fitzgerald Kennedy. Keine Stunde verging, seit ich Benavides' Haus verlassen hatte, in der ich nicht an diese Männer und ihr trauriges Schicksal dachte, und ich unternahm nicht die geringste Anstrengung, diese Bilder und Informationen aus meinem Gedächtnis zu verbannen, sondern flirtete mit ihnen, reicherte sie mit meiner Phantasie an, dachte mir Geschichten aus, damit ich Worte für einen Anfang fand. Am Dienstag ging ich frühmorgens ins Zentrum, ins Candelaria-Viertel, nur um auf dem Fleck zu stehen, an dem Gaitán zusammengebrochen war, und mir die Geschichte in Erinnerung zu rufen, die mir Pacho Herrera 1991 offeriert hatte. Anschließend wiederholte ich meine Spaziergänge damals als Jurastudent, vom Chorro de Quevedo zum Palomar del Príncipe, von den Bänken im Parque Santander bis zu den Stufen der Primatialkirche. Damals waren die Streifzüge ziellos und willkürlich gewesen, mit Absicht dem Zufall überlassen und den Launen der Tage (die sich niemals gleichen), aber mit der Zeit hatte sich eine gewisse Ordnung eingestellt, und diese Ordnung, die ich bei meinen folgenden Aufenthalten in Kolumbien verfeinert hatte, war inzwischen zu einer festen Routine geworden. Auf der Karte des Viertels war meine Tour ein Parallelogramm, das sich von einer

Gewalttat zur nächsten spannte, wie in »Der Tod und der Kompass«, mit dem Unterschied, dass diese Form bei Borges die wohlüberlegte, bewusste Falle eines literarischen Verbrechers war und sich bei mir bloß aus den unbarmherzigen Zufällen der Geschichte ergab.

Für gewöhnlich begann ich im Café *Pasaje*, trank einen Kaffee mit Schuss, überquerte dann die Plaza del Rosario und nahm die Calle 14 Richtung Osten, vorbei an dem Haus mit dem hohen Gehweg, wo sich der Dichter José Asunción Silva 1896 mit einem Schuss ins Herz getötet hatte; dann ging ich weiter Richtung Süden, die Calle 10 hinunter, setzte meine Füße vorsichtig auf die Pflastersteine, die diese Straße wie tote Schildkröten bedecken, und schlenderte zu dem Fenster, aus dem Simón Bolívar in der schändlichen Septembernacht 1828 gesprungen war, als eine Verschwörerbande mit gezückten Schwertern in sein Haus eindrang, um ihn in seinem eigenen Schlafzimmer zu erdolchen. Das Zimmer ging auf die Séptima hinaus, auf Höhe des Kapitols, und nach weiteren zwanzig Schritten befand ich mich im Jahr 1914, stand vor den beiden marmornen Gedenktafeln, die mit etwas seltsam anmutender Redundanz das Attentat auf General Rafael Uribe Uribe beklagen. Anschließend wanderte ich vier Blocks weiter Richtung Norden, bis ich vor dem nun verschwundenen Agustín-Nieto-Gebäude stand, das heißt an der Stelle des Gehwegs, wo Jorge Eliécer Gaitán tot zu Boden gegangen war. Manchmal (aber nicht immer) beendete ich die Runde ein paar Meter weiter, an dem Ort, an dem sich 1931 der Kolonialwarenladen befunden hatte, in dem der Karikaturist Ricardo Rendón – dessen Zeichnungen ich schon in früher Kindheit bewundert hatte, ohne sie recht zu verstehen – mit ein paar Strichen einen Kopf zeichnete, in den eine Kugel eintritt, ein letztes Glas Bier trank und sich einen Schuss in den Kopf jagte, aus Gründen, die niemand je erfahren hatte. All das wiederholte ich an jenem Dienstag, den 13. September, aber diesmal in Gedanken an die Toten, die wir geerbt haben, die im Laufe so vieler Jahre in einem so begrenzten Raum gefallen und Teil unserer Landschaft geworden sind, mögen wir uns dessen auch nicht bewusst sein, und es schockierte mich, dass die Leute an den Gedenktafeln vorbeigingen, ohne anzuhalten, ohne ihnen vermutlich auch nur einen Gedanken zu widmen, einen kurzen Gedanken an die Toten, die davon leben. Wir Lebenden sind grausam.

Das tat ich in früher Morgenstunde, wie damals, als ich mit dem Jurastudium rang und täglich um sieben Uhr morgens Unterricht hatte. Aber diesmal kehrte ich an einen Ort zurück, den ich in den letzten zwölf Jahren nicht mehr besucht, an den ich nicht einmal gedacht hatte. An einem Tag Anfang 1993 war ich zu einem meiner Spaziergänge durchs Zentrum aufgebrochen, wie ich es häufig tat, um der tödlichen Langeweile meiner Juravorlesungen zu entkommen. An dem Morgen war ich auf der Jagd nach Julio Cortázars *Letzte Runde,* die zweibändige Ausgabe von Siglo XXI, die so schwer aufzutreiben war. Nachdem ich vergeblich in der Librería Lerner gesucht hatte, beschloss ich, beim Centro Cultural del Libro vorbeizugehen, einem ungewöhnlichen Gebäude, einer Lagerhalle ähnlich: drei Stockwerke mit Ziegelwänden, deren Stände eng an eng fast jedes gebrauchte Buch bereithielten, das man sich nur wünschen konnte. Aber bevor ich mich in dem Labyrinth verlor, fiel mir eine kleine Buchhandlung ein, gegenüber im selben Block, eingebaut in ein Geschäft für Schulbedarf, und ich entschied, mein Glück erst dort zu versuchen. Ich hatte damals vergessen, dass gerade das neue Schuljahr begonnen hatte, und verärgert stieß ich vor dem Schaufenster auf einen Haufen zappelnder Kinder, die sich zwischen den Rockschößen allzu vieler Mütter die Kehle aus dem Leib schrien. Nein, ich würde an einem anderen Tag wiederkommen. Ich ging weiter, bog Richtung Osten ab und näherte mich der nächsten Ecke, wo ich Richtung Süden den ersten Eingang der Buchhändlerhalle ansteuern musste, als ein Knall, wie ich ihn noch nie gehört hatte und den ich doch sofort erkannte, die Mauern erschütterte. Es wunderte mich, dass das Gebäude nicht davon eingestürzt war, denn die Explosion war so gewaltig, dass viele von uns sich fragten, ob die Bombe nicht an Ort und Stelle hochgegangen war. Ich rannte zur Avenida Jiménez, mit nur einem Gedanken im Kopf: mir einen Weg durch die Leute zu bahnen, die in die entgegengesetzte Richtung liefen, um die Universität zu erreichen, mich zu vergewissern, dass es meiner Schwester gut ging, und die Gegend so schnell wie möglich zu verlassen. Erst später erfuhr ich durch die Abendnachrichten, dass die Explosion Dutzende von Toten und Verwundeten hinterlassen hatte (abgesehen von einem tiefen Krater in der Straße) und dass mehrere Opfer Mütter oder Kinder waren, die Schulbedarf in einem Schreibwarengeschäft in der Nähe kaufen wollten.

Und jetzt, als ich zu der Stelle gelangte, an der nach meinem fehlbaren Gedächtnis die Bombe hochgegangen war, auf der Suche nach dem Schreibwarengeschäft, in das ich hatte gehen wollen (und feststellen musste, dass es verschwunden war, wie so vieles in meiner unbeständigen Stadt), fiel mir dieser Tag wieder ein, der Schmerz im Trommelfell und die Erkenntnis, zu der ich ohne große oder romantische Worte kam: dass ich einer der Toten hätte sein können. Ich durchlebte noch einmal die schwierigen Momente während der ersten Monate des Jahres 1993: die Bombe an der Ecke Séptima und 72, die an der Ecke 100 und 33, die anderen beiden im Zentrum, eine an der Ecke 13 und 15, die andere an der Ecke 25 und Novena, und die in dem Einkaufszentrum im Norden, in der Calle 93. Jetzt war selbstverständlich keine Spur mehr von der Bombe oder ihren dreiundzwanzig Toten zu sehen. Ich meinte nicht Ruinen oder Überreste der Zerstörung, sondern eine dieser Tafeln, die an den Tod berühmter oder wichtiger Personen erinnern, öffentlicher Figuren, deren Tod das Leben anderer beeinflusst hat. Nein, das war zweifellos einer der Erfolge des Terrorismus in meinem Land: An die Massentode (was für ein entsetzlicher Ausdruck), die kollektiven Tode (nein, auch nicht besser) wurde niemals gedacht, sie schienen nicht einmal die kleine Ehrung an den Hauswänden zu verdienen, vielleicht weil die Tafeln zwangsläufig groß ausfallen müssten (wenn dreiundzwanzig Namen darauf passen sollen oder dreimal so viel, wie im Fall der DAS-Bombe), vielleicht weil eine ungeschriebene, stillschweigende Tradition solche Marmortafeln denen vorbehält, die andere mit sich in den Tod nehmen oder deren unvorhergesehener Abgang eine ganze Gesellschaft mit sich reißen kann und es oft tut: Deshalb beschützen wir sie, deshalb fürchten wir ihren Tod. In früheren Zeiten hätte niemand gezögert, sein Leben für seinen Prinzen, seinen König, seine Königin zu geben, denn alle wussten, dass ihr Tod, mochte sein Grund auch Verrücktheit, Verschwörung oder Selbstmord sein, sehr wohl ein ganzes Königreich in den Abgrund stürzen konnte. So war es auch bei Jorge Eliécer Gaitán gewesen, dachte ich, dessen Tod wir vielleicht hätten verhindern können, und es gibt wohl keinen Kolumbianer, der sich nicht fragt, was passiert wäre, wenn wir ihn verhindert hätten, wie viele anonyme Tote wir uns erspart hätten, was für ein Land wir heute wären. Da das Gedächtnis unvorhersehbar ist und immer tut, was es mag, fiel mir ein Satz ein, der Napoleon zugeschrieben wird: »Um einen Menschen zu verstehen, muss man die Welt verstehen, in der er mit zwanzig gelebt hat.« Für mich, der ich 1973 auf die Welt kam, war die Welt mit zwanzig ebendiese gewesen: die der Bomben zwischen Januar und April; die von Pablo Escobars Tod, im Kugelhagel auf einem Dach in Medellín. Aber ich wusste nicht, was das für mein eigenes Leben bedeuten würde.

Ich umrundete den Block und betrat das Backsteingebäude, aber ich hatte kaum die ersten Stände abgeklappert, da rief M. auf dem Handy an (das Klingeln, das ich seit Tagen gefürchtet hatte). Mit fester Stimme, zweifellos, um mir eine Ruhe zu vermitteln, die sie offensichtlich nicht spürte, sagte sie, die Fruchtblase sei geplatzt. Die Ärzte hätten ihr erklärt, dass sie in einer Stunde mit einem Kaiserschnitt geholt werden würden. Ich fragte, ob ich noch Zeit hätte, sie vorher zu sehen.

»Ich glaube schon«, sagte sie. »Aber beeil dich, bitte.«

Ich stieß auf eine Klinik in Aufruhr. Schlangen an allen Eingängen: Schlangen von Autos, die auf den Parkplatz drängten, Schlangen von Menschen, die vor der Glastür des Gebäudes standen. Ein bewaffneter Wachmann durchsuchte die Handtaschen der Frauen und die Aktentaschen der Männer, alles, was wie eine Tasche aussah; als ich die Kontrolle hinter mir hatte, hielt mich ein weiterer Wachmann an, ich solle die Arme ausbreiten, und er fing an, mich abzutasten. »Was ist los?«, fragte ich. »Sicherheitsmaßnahmen«, sagte er. »Gerade ist Präsident Turbay gestorben.« Aber die Sicherheitsmaßnahmen hatten mich mehrere Minuten gekostet, und während ich im Laufschritt durch die Klinikgänge eilte und gemächlichen Menschen auswich (denen meine Eile offensichtlich fremd war), dachte ich, dass ich zu spät eintreffen, meine Frau nicht mehr sehen würde, bevor sie in die Chirurgie kam, dass ich ihr nicht das Gefühl würde geben können, von mir begleitet, behütet zu werden, und da schimpfte ich – ein Kopf unter Druck funktioniert oft seltsam, der Druck entweicht in die unerwartetsten Richtungen – auf Turbay, mit einem kindlichen und zugleich heftigen Groll, dessen ich mich heute schäme, eine kurze, private Trotzreaktion, die sofort wieder verflog und nur ein unbehagliches Gefühl der Erniedrigung zurückließ, das nicht einmal begründet gewesen war, denn trotz der Schlangen, trotz Durchsuchung und Körperkontrolle traf ich schließlich rechtzeitig ein. M. lag auf einem Rollbett, das mitten in einem schlecht beleuchteten Gang im Weg stand, und beantwortete die Fragen des Anästhesisten, während sie darauf wartete, dass man sie in den Operationssaal brachte; sie sah bleich aus, ihre Hände waren feucht, aber ihr Gesicht hatte den Ausdruck von jemandem, der die Lage unter Kontrolle hat, und ich konnte nicht umhin, sie zu bewundern.

Die Mädchen kamen um 12 und um 12:04 Uhr auf die Welt. Die Ärzte erlaubten mir keinen Blick auf sie. Ihr Bett verließ den Operationssaal so schnell, dass ich für einen Moment den Windstoß des Unglücks verspürte. Ich erkannte nur ein Wirrwarr aus weißem Stoff. Aus dem leblosen Bündel ragten ovale, durchsichtige Sauerstoffpumpen, die die Krankenpfleger drückten, damit meine Töchter mit ihren kortisongereiften Lungen ihre ersten Atemzüge machen konnten. M. würde noch einige Minuten unter Narkose sein, aber ich bat um Erlaubnis, bei ihr zu sitzen, und dachte während des Wartens an die Enttäuschung, die sie von nun an begleiten würde: dass sie ihre Töchter nicht hatte auf die Welt kommen sehen. Sie würde aufwachen, ich würde ihr erzählen, dass alles gut gegangen war, dass die Mädchen in ihren Brutkästen lagen und sich allmählich erholten, aber nichts davon würde etwas an der Tatsache ändern, dass sie die beiden nicht gesehen hatte. Das machte mich traurig, aber meine Traurigkeit, dachte ich, ließ sich nicht mit der ihren vergleichen. Doch wichtig war jetzt etwas anderes, nach dem Notfall der Frühgeburt mussten wir uns einer neuen Herausforderung stellen: den ungewissen Überlebenschancen von zwei Wesen, die dreißig Wochen alt und deren Körper nicht bereit fürs Leben waren.

Stunden vergingen, bevor ich sie zum ersten Mal sehen durfte. Ich war allein: Nach siebenundzwanzig reglosen Tagen hatte M. eine leichte Muskelatrophie in den Beinen und konnte nicht einmal vom Bett aufstehen, also nahm ich, sobald ich meine Töchter sehen durfte, die Kamera, die wir mitgebracht hatten, um den Augenblick festzuhalten (auch wenn wir uns den Augenblick anders vorgestellt hatten), und ging geradewegs zur Neonatologie. Dort lagen, zwischen sechs oder sieben Neugeborenen, die für mich nie mehr als Flecken in der Landschaft waren, die beiden Mädchen, jedes mit einem weißen Schild beschriftet, das Schild mit Isolierband an die Plastikwand des Brutkastens geklebt. Ein heller Lichtstrahl überflutete sie. Sie waren gut abgedeckt: der Kopf mit einer Wollmütze, die Augen mit weißen Binden, damit ihnen das Licht keinen Schaden zufügte, der Mund mit einer Sauerstoffmaske. Kein Zipfel Gesicht war zu sehen, damit ich es kennenlernen, in mich aufnehmen, mir einprägen konnte, wie wir es mit den neuen Gesichtern machen, die in unser Leben treten. Tausendvierzig und tausendzweihundertsechzig Gramm war ihr exaktes Gewicht, dem Schild nach: so viel wie die Nudeln, mit denen man ein Abendessen für Freunde kocht. Bei ihrem Anblick (die Arme von der Dicke meines Fingers, die violett getönte Haut, noch mit Lanugo bedeckt, die Elektroden, die auf dem schmalen Brustkorb kaum Platz fanden) überfiel mich eine erschreckende Erkenntnis: Das Überleben meiner Töchter lag nicht in meiner Hand, ich konnte nichts tun, um sie vor dem Verhängnis zu beschützen, das auf sie lauerte, denn dieses Verhängnis kam von innen, befand sich in diesen unreifen Körpern, eine Zeitbombe, die hochgehen konnte oder nicht, und das wusste ich, auch wenn ich noch keine komplette Aufzählung der Risiken bekommen hatte. Das sollte später geschehen. Im Laufe der folgenden Stunden und Tage sollten die Ärzte vom Ductus arteriosus sprechen, ein Verbindungsgang zum Herzen, der operiert werden musste, falls er sich nach einer gewissen Zeit nicht schloss, sollten mir erklären, was genau eine Zyanose war, und von der Sauerstoffsättigung sprechen, von der empfindlichen Netzhaut und der Gefahr der Erblindung, die weiterhin drohte. Ich nahm ein paar Fotos von entsetzlicher Qualität auf (das Plastik der Brutkästen reflektierte den Blitz und verschleierte zum Teil, was sich auf der anderen Seite befand) und brachte sie M.

»Da sind deine Töchter«, sagte ich und zwang ein Lächeln heraus.

»Da sind sie«, sagte sie.

Und dann fing sie zum ersten Mal, seit all das begonnen hatte, zu weinen an.

So sehr war ich mit meinen Töchtern beschäftigt, dass ich M. nicht erzählt hatte, was ich bei Benavides gesehen hatte. Es musste noch etwas geschehen, damit ich es tat. Und es geschah, kurz bevor sie endlich entlassen wurde. Sie konnte bereits kurze Spaziergänge durch die Klinik machen, und beide besuchten wir die Mädchen so oft, wie es die Vorschriften der Neonatologie zuließen. Es waren kurze Besuche von höchstens zwanzig Minuten, wir durften sie aus den Brutkästen und kurz auf den Arm nehmen, durften sie spüren und zulassen, dass sie uns spürten. Während dieser Augenblicke nahmen ihnen die Krankenschwestern die Elektroden ab, und das unsympathische Pfeifen der Maschinen – dieses Memento mori – erlosch. Den Sauerstoffschlauch, der die CPAP-Maske der ersten Tage ersetzt hatte, konnte man dagegen nicht abnehmen: Er klebte den Mädchen am Gesicht (zwei Pflaster an den winzigen Nasenflügeln), und wir, die Besucher, mussten uns so nah wie möglich an die Brutkästen setzen, damit der Schlauch nicht spannte oder Gefahr lief, sich zu lösen. Auf diese Weise, an den Sauerstoffkonzentrator gekoppelt, unbequem zurückgelehnt, die kläglichen Körper auf unserer Brust schlafend, vergingen diese Minuten, die voll zaghaften Glücks und zugleich voll unterschwelliger Sorge waren, denn in den Momenten stach ihre Verletzlichkeit besonders deutlich hervor. Ich hielt eine der Hände meiner Töchter zwischen Zeigefinger und Daumen und war mir bewusst, dass ich sie zerbrechen konnte, wenn ich wollte; ich überwachte die große Tür des Saales, denn ich war der Überzeugung, dass ein Luftzug sich verheerend auf ihre Lungen auswirken würde; ich desinfizierte mir die Hände mehr als nötig mit einem durchsichtigen Gel, dessen Alkoholdampf in den Augen brannte, denn das Immunsystem der Frühgeborenen kann nicht einmal die harmlosesten Bakterien abwehren. Und allmählich entdeckte ich, weniger mit Interesse als mit Beklemmung, dass die ganze Welt sich in eine Bedrohung verwandelt hatte. Ungewohnte Gegenstände und die Nähe anderer Menschen machten mich nervös, ja aggressiv, auch wenn es Bekannte und diese Bekannten Ärzte waren, die in derselben Klinik arbeiteten. Diesen Angstzuständen schrieb ich meine Reaktion an dem Tag zu, an dem M. ihre Sachen packte, um die Klinik zu verlassen, und ich meine Töchter besuchte und auf Doktor Benavides traf, der sich über einen der Brutkästen beugte und mit bloßen Händen am Sauerstoffschlauch herumfummelte. Ohne zu grüßen, fragte ich, was er da tue.

»Der Schlauch hat sich losgemacht«, sagte er und lächelte, ohne mich anzusehen. »Ich haben ihn eben wieder angeklebt.«

»Nehmen Sie Ihre Hände weg, bitte.«

Benavides strich noch ein Pflaster mit der Kuppe des kleinen Fingers glatt, nahm die Hände aus dem Brutkasten und drehte sich zu mir. »Keine Sorge, das war mehr als simpel«, sagte er. »Der Schlauch ...«

»Mir wäre es lieber«, unterbrach ich ihn, »wenn Sie die Hände nicht in die Brutkästen meiner Töchter steckten, wenn ich nicht da bin. Sie nicht anfassen, ich weiß nicht, ob Sie mich verstehen.«

»Ich habe den Schlauch festgemacht.«

»Es ist mir gleich, was Sie getan haben, Francisco. Ich will nicht, dass Sie sie anfassen. So sehr Sie auch Arzt sein mögen.«

Der Doktor war ehrlich verwundert. Er ging zur Wand und drückte den Hebel des Desinfektionsmittels, einmal, zweimal.

»Ich wollte Ihnen guten Tag sagen und mich nach Ihren Töchtern erkundigen. Vielmehr meine Hilfe anbieten.«

»Vielen Dank auch, aber wir kommen zurecht. Das ist nicht Ihr Fachgebiet, Doktor.«

»Verzeihung, Papa«, sagte eine Krankenschwester, die auf mich zukam.

»Was ist?«

»Sie dürfen hier nicht ohne Kittel rein, Vorschrift ist Vorschrift.«

Ich nahm ein hellblaues Bündel entgegen, das noch nach warmer, frisch gebügelter Wäsche roch. Als ich mir Kittel und sterile Haube aufgesetzt hatte, war Benavides bereits fort. Ich war unhöflich gewesen, dachte ich, hatte ihn beleidigt, und dachte dann, zum Teufel mit ihm. M. war ihm nicht begegnet, die Minuten später kam und sich neben mich setzte, Haube und Kittel ordentlich angezogen und bereit, das andere Mädchen entgegenzunehmen. Etwas musste sie in meinem Gesicht gelesen haben, denn sie fragte, ob ich etwas hätte. Und da war ich drauf und dran, ihr alles zu erzählen – von Benavides und seinem Vater, von Carballo, Gaitáns Wirbel –, aber ich konnte nicht. »Nein, ich habe nichts«, sagte ich. »Das glaube ich nicht«, entgegnete sie, ihr Instinkt war schon immer untrüglich gewesen, »irgendwas ist los mit dir.« Und ich sagte, ja, es sei etwas los, aber wir würden später darüber sprechen, draußen. Für mich war es sehr unbequem, mit dem Mädchen auf der Brust zu sprechen, und außerdem konnte meine Stimme, mein Atem sie stören, ihren Schlaf unterbrechen, den friedlichsten, stillsten, dem ich je zugesehen habe. Nichts davon entsprach den wahren Gründen, aus denen ich dort nicht sprechen wollte, aber ich war nicht in der Lage, sie zu erkennen. Nie erreichen uns die Fetzen Erkenntnis, die wir über uns selbst erlangen können, zur rechten Zeit; ich musste mehrere Tage warten, bis ich merkte, dass M. recht gehabt hatte, als sie mir nach meinem detaillierten, leicht zerknirschten Bericht über den Zusammenstoß mit Doktor Benavides diese einfachen Worte über unsere Töchter gesagt hatte: »Du willst einfach nicht, dass ihnen schmutzige Leute zu nahe kommen.«

Ich wollte entgegnen, dass dieses Adjektiv nicht auf Doktor Benavides passte, der mir von Anfang an als einer der anständigsten, offensten Menschen erschienen war – ja: der saubersten –, die ich je kennengelernt habe, aber dann begriff ich, dass sie etwas anderes meinte: nicht Francisco Benavides' moralische Eigenschaften, sondern das, was er mit sich trug wie die Schnecke ihr Haus: das Erbe seines Vaters. Mit anderen Worten, die unleugbare Wahrscheinlichkeit, dass diese Hand, die das Pflaster auf der linken Backe meiner Tochter glättete, irgendwann einmal den Wirbel eines erschossenen Mannes gehalten hatte, und nicht irgendeines Mannes, sondern von jemandem, dessen Ermordung unter uns Kolumbianern noch immer lebendig war und auf dunklen Wegen die vielfältigen Kriege antrieb, in denen wir einander auch noch siebenundfünfzig Jahre später töteten. Ich fragte mich, ob sich in meinem Leben womöglich eine Tür öffnete und die Ungeheuer der Gewalt eindrangen, die immer Strategien und Listen aushecken, um sich in unser Leben zu zwängen, in unsere Häuser, Zimmer, in die Betten unserer Kinder. Niemand ist je in Sicherheit: an diesen Gedanken damals erinnere ich mich und erinnere mich, versprochen zu haben – ein Versprechen ohne Zeugen, nicht frei von heimlichem Unbehagen –, dass meine Töchter sicher sein sollten. Das sagte ich mir Tag für Tag, wenn ich meine Mädchen besuchte, sie aus dem Brutkasten nahm und abwechselnd auf meiner Brust schlafen ließ oder wenn ich bei meinen Schwiegereltern war – in dem kalten Arbeitszimmer, dessen kleine Terrasse auf ein ganzes Heer von Eukalyptusbäumen blickte – und die eine oder andere Seite zum Archiv meines Romans über Joseph Conrad in Panama hinzufügte. (Zum Beispiel die, auf der die Tochter des Erzählers nach sechseinhalb Monaten Schwangerschaft geboren wird und es von ihr heißt, sie sei so winzig gewesen, dass sie völlig unter den Händen verschwand, so spindeldürr, dass die Beinchen die Konturen der Knochen verrieten, und mit so schwachen Muskeln, dass ihr Mund es nicht mit der Brust der Mutter aufnehmen konnte.) Und eines Abends, während M. versuchte, den Saugreflex der Mädchen anzuregen, indem sie ihnen den Knöchel des rechten kleinen Fingers in den Mund steckte, merkte ich, dass ich nicht an meine Töchter dachte, sondern an Francisco Benavides, nicht an die Muttermilch, die wir ihnen für die Nacht bringen mussten, sondern an das Röntgenbild eines Brustkorbs mit einer Kugel darin, nicht an die Injektionen in eine winzige Ferse oder an Blutbilder, sondern an die schillernden Schattierungen eines Wirbels in Formol. »Das wird allmählich zur Obsession«, warf M. mir eines Abends vor. »Das sehe ich dir an der Nase an.«

»Was siehst du?«

»Ich weiß nicht. Aber es wäre mir lieber, wenn es nicht jetzt passieren würde. All das ist erschöpfend, ich bin erschöpft, du bist erschöpft. Und mir ist es lieber, wenn ich das nicht allein machen muss. Das mit den Mädchen, meine ich. Ich weiß nicht, was mit dir los ist, aber mir ist es lieber, du bist hier bei mir, und wir machen das beide zusammen.«

»Wir machen es beide zusammen.«

»Aber etwas ist mit dir los.«

»Nichts ist mit mir los«, sagte ich. »Rein gar nichts.«

III. Ein verletztes Tier

Carballo tauchte Ende November wieder in meinem Leben auf. Meine Töchter hatten bereits ihre Brutkästen verlassen und verbrachten die Nächte mit uns in M.'s ehemaligem Zimmer bei ihren Eltern. Wir hatten ein Bettchen mit verstellbarem Gitter aufgestellt, in dem beide Platz hatten, eine an jedem Ende, angeschlossen an ihren Sauerstoffkonzentrator, der sie von dem Gitter aus wie ein stummer Verwandter musterte, und jede mit ihrem Plastikschlauch über der Oberlippe. Am 21. gegen sechs Uhr, ich wechselte gerade eine Windel, rief mich eine Freundin an und teilte mir die Nachricht mit: Rafael Humberto Moreno-Durán, einer der erstaunlichsten Romanciers seiner Generation und seit einigen Jahren mein Freund, war in den Morgenstunden gestorben. »Jetzt ist er tot«, sagte sie, legte das ganze Gewicht der Stimme auf das resignierte Adverb am Anfang und gab mir dann die Uhrzeit der Trauerzeremonie, den Namen der Kirche und die genaue Adresse durch. Und da war ich am nächsten Morgen, teilte mit den Freunden und Angehörigen R.H.s (so nannten wir ihn alle) die Trauer, aber auch die Erleichterung, denn die Krankheit war schwer gewesen, weniger lang als intensiv, auf jeden Fall mit starken Schmerzen verbunden, die er jedoch mit Humor erduldet hatte und mit etwas, was ich nur als Mut bezeichnen kann.

Wir hatten uns kennengelernt, als ich noch Jurastudent gewesen war, der nichts als Romane schreiben wollte, wie es ihm selbst drei Jahrzehnte zuvor ergangen war, und ganz unmerklich wurden wir zu Freunden. Er besuchte mich in Barcelona, der Stadt, in der er zwölf glückliche Lehrjahre verbrachte hatte, und ich besuchte ihn wann immer möglich in Bogotá, aß manchmal bei ihm zu Mittag oder begleitete ihn, wenn er die Post aus seinem Postfach abholte. Das war für ihn eiserne Routine: zu Fuß zum Avianca-Gebäude gehen, hinauf in die Korridore mit den Schließfächern, und mit einem Armvoll Briefe und Zeitschriften wieder herauskommen. Auf einem dieser Postgänge erzählte er mir von seiner Krankheit. Er erklärte, eines Nachmittags sei er die Treppe zu seiner Wohnung hinaufgegangen und auf einmal außer Atem gewesen, habe nicht mehr klar gesehen – die Welt war ein schwarzer Raum geworden – und wäre beinahe an Ort und Stelle in Ohnmacht gefallen, mitten auf der harten ziegelsteinroten Treppe. Die Ärzte brauchten nicht lange, um eine Anämie zu diagnostizieren, und fanden gleich darauf die Ursache, den Krebs, der schon seit langem heimlich in der Speiseröhre saß und ihm inzwischen mehrere Behandlungen aufgezwungen und den Appetit verdorben hatte. Sein *Alien* nannte er ihn. »Ich habe ein Alien«, sagte er jedem, der ihn nach seiner plötzlichen Magerkeit fragte. Und wenn er schlecht aussah oder reizbar war, entschuldigte er sich: »Heute will sich mein Alien einfach nicht benehmen.« Nun hatte er, nur ein gutes Jahr nach der Diagnose, den Kampf gegen diese Scheißkrankheit verloren, die weder Würde noch Waffenruhe respektiert.

Und da waren wir, seine Bekannten und Freunde, traten ins weite Kirchenschiff, suchten einen freien Platz auf den Holzbänken, bewegten uns zwischen den vier weißen Wänden und begrüßten uns mit der gedämpften Stimme trauriger Anlässe, aber vor allem kamen wir um vor Kälte, denn ein verschworener Kreis von Bürogebäuden und dichten Eukalyptusbäumen hatte die Kirche umzingelt und ließ nicht einen betrübten Sonnenstrahl hindurch. Alle waren wir da: wer R. H. geliebt oder geachtet hatte, wer ihn weder geliebt noch geachtet hatte, aber Bewunderung für seine Bücher empfand, wer seine Bücher bewunderte, es aus Neid aber nicht zugab, wer einmal Ziel seines Spotts oder seiner direkten Angriffe gewesen war und sich jetzt im stillen Winkel der Verbitterung darüber freuen wollte, dass R. H. nicht mehr da war, um ihm seine Mittelmäßigkeit unter die Nase zu reiben. An wenigen Orten verdichtet sich die Heuchelei so sehr wie beim Begräbnis eines Schriftstellers. Dort in der Kirche, vor dem Sarg, in dem R. H.s Körper ruhte, stand augenblicklich mindestens einer, der sich der alten Kunst des Simulierens hingab und Trauer, Untröstlichkeit, Niedergeschlagenheit vortäuschte, obwohl er in Wirklichkeit dachte, dass ihm nun weder R. H. noch seine Bücher mehr im Licht stehen konnten.

Ich setzte mich an den Rand, auf eine der mittleren Bänke (nicht so nah am Sarg, dass man mich als Eindringling empfunden hätte, nicht so weit weg, dass ich als bloßer Zaungast erschienen wäre) und versuchte mich zu erinnern, wann ich das letzte Mal eine religiöse Abschiedszeremonie für jemanden erlebt hatte, der nicht an die Religion glaubte. War R. H. in seinen letzten Tagen Gott nähergekommen, wie bei so vielen Agnostikern? Solche Metamorphosen der Seele vollziehen sich, wo nicht einmal wir Freunde sie sehen, also war es müßig, darüber zu spekulieren, doch tatsächlich sollte man einmal untersuchen, wie viele Konversionen dem Krebs geschuldet sind (umgekehrt geschieht so etwas nie: ich weiß von keiner Krankheit, die einen von der Religion abfallen lässt). Als der Pfarrer zu reden begann, fiel mir ein Mann weiter vorne auf, nah am Mittelgang, dessen Profil zu jedem Satz nickte, der aus den Lautsprechern drang, wie ein Wahlkampfleiter, der mit der Redekunst seines Kandidaten zufrieden ist. Dann kam Bewegung in das Kirchenschiff, Gemurmel und Kopfdrehen, denn R. H.s Frau, Mónica Sarmiento, war nach einer leichten Verneigung des Pfarrers aufgestanden und ging auf das Pult zu. Sie stellte das Mikrofon auf ihre Größe ein, nahm die Sonnenbrille ab, fuhr sich mit der Hand über die müden Augen und verkündete mit einer Tapferkeit und Kraft, die aus den unergründlichen Tiefen ihrer Trauer kamen, dass sie einen Brief vorlesen werde, den R. H. für Alejandro hinterlassen hatte.

»Wer ist Alejandro?«, fragte jemand neben mir.

»Ich weiß nicht«, sagte ein anderer. »Wahrscheinlich sein Sohn.«

»Lieber Alejandro«, sagte Mónica, und Schweigen sank auf uns herab, »womöglich wirst du mit deinen knapp elf Jahren die Gründe noch nicht verstehen, aus denen ich dir diesen Brief schreibe. Aber ich tue es in weiser Voraussicht. Lass mich erklären: Früher oder später durchlebt jeder Sohn das Kafka-Syndrom, das heißt, er verspürt das Bedürfnis, seinem Vater einen

Brief zu schreiben, in dem er ihm ›die Leviten liest‹, ihm seinen Mangel an Verständnis und Toleranz vorwirft und wie willkürlich und egoistisch er ist oder war. Denn in einem gewissen Alter fühlt sich der Sohn als Krone der Schöpfung und verlangt volle Hingabe und Aufmerksamkeit für sich, und bekommt er die von seinem Vater nicht, dann greift er zur Vergeltung, das heißt, zu Abneigung, Ungehorsam, Feindseligkeit, oder er fasst es, wie bei Kafka, schriftlich in rächende, schreckliche Worte. Mit diesem Brief möchte ich vorbauen, für alle Fälle. Vor vielen Jahren habe ich etwas gelesen, das heute seine volle Bedeutung erlangt. Nie werde ich den ersten Satz eines Essays von Lordkanzler Francis Bacon vergessen – ein so weiser Moralist, dass er genau das Gegenteil von dem tat, was er predigte: ›Wer Weib und Kinder besitzt, hat dem Schicksal Geiseln gegeben.‹ Und ich glaube, lieber Alejandro, dass heute ich die Geisel des Schicksals bin, das heißt, des Zufalls, der Fortuna, die uns aneinanderbindet; dass mein freier Wille nicht mehr der meiner Wanderjahre durch die Welt ist, als nichts und niemand meine Freiheit einschränkte und alles eine weite Landkarte voll offener Wege war. Ich hielt mich für ewig jung, für unbezähmbar und war überzeugt – das schwöre ich –, dass das Leben mit achtzehn Jahren anfängt und alles, was dieses Alter noch nicht erreicht hat, zur Ordnung der Einzeller gehört. Kinder waren für mich die elfte biblische Plage, ja die Initialen meiner Vornamen wurden fast zur Chiffre für einen Kindsmörder: R. H. bedeutete nicht Rafael Humberto, sondern Rey Herodes. Bis schließlich du auf die Welt kamst und ich entdeckte, dass Lordkanzler Bacons Satz unerwartete Überraschungen bereithielt: Bei deiner Geburt wurde ich zur Geisel deines Schicksals.«

Die Leute in der Kirche lächelten, und ich dachte: typisch R. H. Typisch für ihn, bei einem Anlass für Trauer und Klage dem Humor eine Chance zu geben, den Wortspielen, dem Esprit, der alles Feierliche wegwischt. Ich dachte auch an meine Töchter: Hatte ich mich in die Geisel ihres Schicksals verwandelt? R. H. sprach nun aus Mónicas Mund von der Geburt seines Sohnes oder sprach vielmehr zu seinem Sohn selbst; er bekannte sich zur unvermeidlichen Sentimentalität eines jeden

Vaters, der von seinen Kindern spricht, erzählte lustige Anekdoten, wie sie Väter von ihren Kindern erzählen und dabei doch wissen, dass die anderen das Lustige daran womöglich nicht erkennen. In einer dieser Anekdoten erinnerte er sich an den Tag, an dem mexikanische Freunde Alejandro als Stofftier einen Pegasus geschenkt hatten. R. H.s Sohn fragte, warum das Pferd Flügel habe, und R. H. erklärte ihm, der Pegasus sei aus dem Blut der Medusa entsprungen, als Perseus ihr das Haupt abgeschlagen habe, ihre Haare seien Aberhundert Schlangen gewesen, mit denen sie ihre Opfer lähmte. »Erzähl keine Witze, Papa«, hatte Alejandro da gesagt. »Zum Trost dafür, dass ich mich so lächerlich gemacht hatte«, sagte R. H. mit Mónicas Stimme, »wusste ich nun, dass du von Geburt an immun gegen den magischen Realismus warst.«

Im Kirchenschiff hallten ein paar Lacher wider.

»Gegen was?«, fragte jemand neben mir.

»Lassen Sie uns zuhören«, wurde ihm geantwortet.

»Und warum erzähle ich all diese Anekdoten?«, fuhr Mónica fort. »Weil der Vater sich in seinen reifen Jahren für eine Art Gedächtnis des Sohnes hält oder dazu werden will, denn für den kleinen Sohn ist alles noch flüchtig und belanglos, als ahnte er, dass das bisher Erlebte herzlich wenig wert ist und nur das Bedeutung hat, was er noch erleben wird. Die Kindheit existiert nicht für die Kinder; für die Erwachsenen dagegen ist die Kindheit dieses Land der Vergangenheit, das wir eines Tages verloren haben und vergebens wiedererlangen wollen, indem wir es mit verschwommenen oder nicht existierenden Erinnerungen bevölkern, meist nur Schatten von Träumen. Deshalb wollen wir für den Sohn zum Notar seines Gedächtnisses werden: festhalten, was er sehr schnell vergessen wird, was für den Vater jedoch der beste Beweis ist, dass er seine Nachwelt gezeugt hat. Wie könnte man diese Sammlung kindlicher Philosophien vergessen, mit denen der Sohn, ganz unbewusst, durch eigene Vorstellungen eine Welt erfassen will, die allmählich zu der seinen wird? Eines Abends wartete ich auf die Nachrichten, und wir beide haben uns vor dem Fernseher die Zeit vertrieben. Gerade wurden live die letzten – und heißesten – Stunden des Karnevals von Rio übertragen. Du hattest es dir auf dem Sofa gemütlich gemacht und gierig diese unglaubliche Fülle dunkler Haut im Sambódromo betrachtet, die das Begehren anstachelte. Du warst ungefähr fünf, und ich konnte nicht an mich halten und habe zu dir gesagt, als wären wir zwei geile Alte: ›Alejandro, die Frauen sind eine Wucht.‹ Und du, ohne dich umzudrehen, als wärst du Experte auf dem Gebiet, hast geantwortet: ›Ja, Papa. Und dazu geben sie noch Milch.‹«

Diesmal erfüllten die Lacher die ganze Kirche. Die Leute lachten, doch war ihnen unbehaglich dabei: War das erlaubt?, schienen sich alle zu fragen. In seiner Vergangenheit oder Abwesenheit war das R. H. herzlich egal, vielleicht bereitete es ihm auch wahres Vergnügen, hier diesen harmlosen Zwiespalt zu säen.

»Lieber Alejandro, wenn ich etwas bereue, dann, dass ich meinem Vater nicht gesagt habe, wie sehr ich ihn bewunderte und liebte. Der einzige Beweis meiner Zuneigung war ein rascher Kuss auf die Stirn gewesen, zwei Tage vor seinem Tod. Der Kuss schmeckte nach Zucker, und ich kam mir vor wie ein Dieb, der heimlich stahl, was niemandem mehr gehörte. Warum verbergen wir unsere Gefühle? Aus Feigheit? Aus Egoismus? Bei der Mutter ist es anders: Wir überhäufen sie mit Blumen, Geschenken, zuckersüßen Sätzen. Was hindert uns daran, zum Vater liebevoll zu sein und ihm persönlich zu sagen, wie sehr wir ihn lieben oder bewundern? Warum verfluchen wir ihn dagegen leise, wenn er uns in unsere Schranken verweist? Warum reagieren wir trotzig und nicht voll Zuneigung, sobald sich nur die Gelegenheit bietet? Warum sind wir beim Beschimpfen mutig und feige bei der Zuneigung? Warum habe ich all das meinem Vater nie gesagt und sage es dagegen dir, der du es womöglich noch gar nicht verstehst? Eines Abends wollte ich mit meinem Vater sprechen und ging in sein Zimmer, traf ihn aber schlafend an. Als ich diskret hinausgehen wollte, hörte ich, wie er im Traum mit verzweifelter Stimme sagte: ›Nein, Papa, nein!‹ Was für einen seltsamen, unruhigen Traum durchlebte mein Vater mit dem eigenen? Abgesehen vom Rätsel des Traums, erstaunte mich vor allem, dass mein Vater damals achtundsiebzig Jahre alt und mein Großvater schon vor mindestens einem

Vierteljahrhundert gestorben war. Muss man sterben, um mit dem Vater sprechen zu können?«

Da begann leichter Regen zu fallen. Nein, kein leichter, sondern ein spärlicher: ein Regen mit dicken, schweren, aber spärlichen Tropfen. Von draußen erreichte uns sein sanftes Klappern auf den Metalldächern der geparkten Autos, und es ließ sich nur noch schwer verstehen, was Mónica vorlas. Meine Aufmerksamkeit schweifte ab, wie sie es oft tut; zum zweiten Mal fragte ich mich, ob auch ich jetzt, da meine Töchter auf der Welt waren, eine Geisel des Schicksals war, und ich wusste nicht, welche Antwort ich mir geben oder wo ich anfangen sollte, sie zu suchen. Wie würden sie sich später zu mir verhalten? Wie war die Beziehung eines Vaters zu seinen Töchtern? Gewiss war sie anders als die von zwei Männern, Vater und Sohn, vor allem von zwei Männern unterschiedlicher Generationen. Aber wenn ich Söhne bekommen hätte, dachte ich, würden mich dann nicht ähnliche Schwierigkeiten erwarten? Würden meine Söhne vor mir ihre Gefühle verbergen? Würden sie trotzig und nicht liebevoll auf mich reagieren? Und weshalb sollten nicht auch meine Töchter eine angespannte, schwierige Beziehung zu mir haben? Mein Lebtag hatte ich mich besser mit Frauen verstanden als mit Männern, vielleicht, weil mir männliche Kameradschaft und Verschworenheit immer lächerlich erschienen waren, aber wie würde es mit meinen Töchtern sein? Da sah ich, dass Mónica offensichtlich die letzten Worte las, die Blätter faltete, herabkam und sich wieder unter die Männer und Frauen mischte, die sie mit offenen Armen empfingen. Nicht inmitten von Beifall, sondern inmitten unterdrückten Beifalls. R. H.s Brief an seinen Sohn hatte die Konventionen der Totenmesse durchbrochen, und die Anwesenden waren verwirrt, auf schöne Weise verwirrt, man sah ihren Gesichtern die Freude an, nicht genau zu wissen, wie sie sich betragen sollten, für altbekannte Abschiedsrituale hergekommen und nun auf ungewissem Terrain gelandet zu sein, zu lachen und Lust zum Lachen zu haben, nicht zu klatschen, aber die Lust zu verspüren, alle vielleicht in Gedanken an ihre Söhne oder Töchter, wie ich an die meinen dachte.

Ich weiß nicht, was sonst noch bei der Messe geschah. Ich erinnere mich nicht an das Abendmahl, an dem ich nicht teilnahm, nicht an den Friedensgruß, den ich aus Zerstreutheit niemandem weitergab. Der Sarg mit R. H.s Leichnam zog an mir vorbei, und ich ließ ihn vorbeiziehen, ließ mich vom Strom der Trauergäste verschlingen, von dem aufgewühlten Schweigen, mit dem er voranglitt. Ich konnte die Augen nicht vom Sarg abwenden; er bewegte sich hartnäckig auf das Lichtrechteck des Tors zu, auf und ab, dem Gang der Träger folgend. Von hinten sah ich, wie er in die Mittagsluft hinausschwebte, die Stufen hinunter zum Leichenwagen, die Hecktür aufgesperrt wie ein Maul. Ich wartete, beobachtete schweigend von der ersten Stufe aus, wie der Fahrer die Tür schloss, sah in goldenen Lettern auf einer Purpurschleife den Namen geschrieben, den ich so oft auf Covern oder Buchrücken gelesen hatte, in Interviewüberschriften oder unter Zeitungskritiken. Wann hatte Rafael Humberto beschlossen, R. H. zu sein? Die erste Auflage seines ersten Romans, *Damespiel,* war 1977 erschienen und führte auf Cover und Buchrücken den vollständigen Namen an, und in der Widmung, die er mir zwanzig Jahre später im Restaurant *La Romana* hineingeschrieben hatte, als wir Pasta mit allzu viel Soße aßen, tauchte ebenfalls noch der lange zusammengesetzte Name auf. In welchem Moment hatte sich der Name in Initialen verwandeln wollen, als bereitete er sich darauf vor, problemlos auf die Purpurschleife eines Leichenwagens zu passen? Die Kirche leerte sich langsam, die Anwesenden gingen zum Parkplatz hinunter und stiegen in ihre Autos, und die Autos fuhren eines nach dem anderen los; und wir, die wir noch auf der obersten Stufe standen, sahen die Kolonne abfahren in ihrer erschreckenden Disziplin. Nur Wenige blieben noch – wenn ich mich recht erinnere, sechs oder sieben –, als der Regen stärker wurde. Gerade wollte ich die Treppe hinuntergehen, den Park nebenan durchqueren und mir auf der Carrera 11 ein Taxi suchen, bevor der Platzregen losbrach, da spürte ich eine schwere Hand auf der Schulter, und als ich mich umdrehte, stieß ich auf Carballo.

Er war das gewesen. Der Mann, der mir vor R. H.s Brief an seinen Sohn aufgefallen war. Warum hatte ich ihn nicht sofort erkannt? Was hatte sich an seinem Aussehen verändert? Ich fand es nicht heraus, war aber fest davon überzeugt, dass er mich sogleich erkannt hatte. Mehr noch: Ich wusste oder glaubte zu wissen, dass Carballo sich die ganze Messe hindurch meiner Gegenwart bewusst gewesen war, mich aus der Ferne beobachtet hatte, mir gefolgt war wie ein Spion, sich neben mich gestellt, zu meinen zufälligen Gesprächen gesellt und den geeigneten Moment abgewartet hatte, um eine unerwartete Begegnung vorzutäuschen. Und sein untrüglicher Raubtierinstinkt hatte ihm den besten Moment eingegeben, seine Beute anzufallen. *Er ist wie ein Bluthund,* hatte Benavides gesagt.

Und auch: *Sie sind eine Fährte.*

Und jetzt dachte ich: *Ich bin seine Fährte. Er ist ein Bluthund. Seine Beute bin ich.*

»So eine Überraschung«, sagte Carballo. »Damit hatte ich weiß Gott nicht gerechnet.«

Für mich stand es außer Frage, dass er log. Aber weshalb? Unmöglich zu wissen, und mir fiel keine Frage ein, die mir Gewissheit hätte verschaffen können. Ja, mir fiel selbst nichts Besseres ein, als ebenfalls zu lügen. (Eine bessere Option gibt es selten. Die Lüge dient tausenderlei Zwecken, ist biegsam und lenkbar wie ein Kind, sie tut, was wir von ihr verlangen, ist immer bereit, uns zu dienen, ist nicht eitel, nicht egoistisch und fordert nichts im Gegenzug. Ohne sie würden wir nicht eine Sekunde im Dschungel der Gesellschaft überleben.) »Sie waren auch in der Messe?«, fragte ich. »Ich habe Sie gar nicht gesehen, wo hatten Sie sich versteckt?«

»Bin früh da gewesen.« Er wedelte mit der Hand. »Ich saß vorn, am Rand.«

»Ich wusste nicht, dass Sie R. H. kannten.«

»Wir waren eng«, sagte Carballo.

»Ach, wirklich?«

»Ja, wirklich. Eine dieser kurzen, aber fruchtbaren Freundschaften, wissen Sie. Aber warum setzen wir uns nicht hinein? Der Regen wird heftiger.«

Das stimmte. Der Mittag hatte sich verfinstert, und der Regen prasselte stärker auf die Kirche nieder, die dicken Tropfen peitschten die Steinstufen, bildeten erste Pfützen, platzten dann auf die Pfützen und bespritzten unsere Schuhe, Strümpfe, Hosensäume. Wenn wir dort stehen blieben, dachte ich, würden wir völlig durchweicht werden. Also überquerten wir die Schwelle und setzten uns in die letzte Bank, nun allein im leeren Kirchenschiff, so weit entfernt vom Altar, dass man die Gesichtszüge der Christusfigur nicht mehr erkennen konnte. Der Augenblick besaß für mich das seltsam Vertraute einer Kinoszene: das heimliche Treffen italienischer Mafiosi, zum Beispiel. Carballo setzte sich in die Mitte der langen Holzbank, ich so nah am Gang wie möglich. Unsere Stimmen wurden vom Hall verzerrt, aber auch vom tosenden Regen draußen, und nach einer Weile merkten wir, dass wir einander unwillkürlich näher gerückt waren, damit wir nicht schreien mussten. Mir fiel das Pflaster über seiner Nase auf. Ich zählte die Tage, die seit dem Vorfall bei Benavides vergangen waren, und mir schien, dass kein Nasenbein mehr als zwei Monate braucht, um zu heilen. »Wie geht es Ihrer Nase?«, fragte ich.

Er fuhr mit dem Finger zum Gesicht, berührte es aber nicht. »Ich bin Ihnen nicht böse«, sagte er.

»Aber Sie müssen noch immer einen Verband tragen?«

»Deshalb habe ich Sie angesprochen«, fuhr er fort, als hätte er mich nicht gehört. »Damit ich es Ihnen beweisen kann, mit Taten, wie man sagt. Dass ich Ihnen nicht böse bin, meine ich. Die Schmerzmittel haben mich allerdings ein schönes Sümmchen gekostet. Dazu die Tage der Arbeitsunfähigkeit.«

»Ach. Dann schicken Sie mir doch die Rechnungen, ich ...«

»Nein, das ja nun nicht«, unterbrach er mich. »Beleidigen Sie mich nicht, ich bitte Sie.«

»Verzeihung. Ich dachte, dass ...«

»Nein und noch mal nein. Ich habe hier einen Freund verabschiedet und wollte mir nicht von Ihnen ein paar Dolex-Packungen bezahlen lassen.«

Ich hatte ihn beleidigt; seine Gekränktheit wirkte aufrichtig. Wer war der Mensch? Mit jedem seiner Worte wuchs mein Widerwillen, aber auch meine Neugier. Nicht ohne eine Spur unfreiwilligen Zynismus sah ich in dem Pflaster auf der Nase eine ausgeklügelte Verkleidung oder eine besonders raffinierte, weil sie so einfach war. Es half ihm wohl dabei, etwas zu erreichen. Aber was? Ich kam nicht darauf. Carballo hatte nun angefangen, von R. H. zu sprechen. Sein Tod habe ihn sehr geschmerzt, auch wenn er ihn nicht überrascht habe, denn das sei eine Scheißkrankheit, mit Verlaub, und gerade deshalb: weil sie vorwarne. So kurz, so blitzartig sie auch sein mochte, immer bleibe sie für mehrere Monate, schicke Warnungen. Deshalb sei sie so grausam. An R. H. habe sie ihre ganze Wut ausgelassen, das müsse man sagen: Immer lasse sie ihre Wut an den Besten aus. Nein, eindeutig seien wir ein Nichts, und wenn einer das Los ziehe, dann könne er nichts machen … Da war sie wieder, dachte ich: diese wahllose Mischung aus Gemeinplätzen und ungewöhnlichen Beobachtungen, die mir schon bei unserer ersten Begegnung aufgefallen war. »R. H.s Abgang ist ein Verlust für unsere Literatur«, sagte er. Und fügte hinzu: »Ein Moreno-Durán wird eben nicht alle Tage geboren.«

»Ja, das ist tatsächlich wahr«, sagte ich.

»Finden Sie nicht auch? So etwas muss doch gesagt werden. *Die Wildkatzen des Kanzlers,* was für ein Roman! *Mambrou,* was für ein Roman! Sie haben die Kritik geschrieben, nicht wahr?«

»Wie bitte?«

»Für die Zeitschrift der Banco de la República«, sagte Carballo. »Sehr gut, Ihre Kritik. Ich meine, sehr positiv. Obwohl Sie für meinen Geschmack ruhig noch weiter hätten gehen können.«

Die Kritik von *Mambrou* war 1997 erschienen. In jungen Jahren waren die Buchbesprechungen für das *Boletín Cultural y Bibliográfico del Banco de la República* – eine Vierteljahresschrift, in der ich pro Nummer bis zu vier Bücher besprechen konnte – meine Haupteinnahmequelle gewesen. Über das *Boletín* ließ sich viel Lobenswertes sagen, nur nicht, dass sich die Zeitschrift massiver Verbreitung erfreute. Sie wurde von Akademikern gelesen, von Bibliotheksnutzern oder fanatischen Leseratten. Hatte Carballo Nachforschungen über mich angestellt?

Wie viel wusste er über mich und warum? War er nur, wie Benavides gesagt hatte, an meiner Verwandtschaft mit José María Villarreal interessiert, einem wichtigen Zeugen des 9. April? Aber womöglich war es einfach nur, wonach es aussah: ein intelligenter Mensch mit allzu viel Freizeit und einer irrationalen Obsession ... und mit literarischen Vorlieben, die den meinen ähnelten, denn die beiden Romane aus R. H. Moreno-Duráns umfangreichem Werk, die er genannt hatte, waren ebendie, die auch ich ausgewählt hätte. Jetzt holte Carballo in großem Stil zu R. H.s Lob aus. »Und was sagen Sie zu seinen Anfangssätzen? Ah, diese Anfangssätze! ›Brautschweiß ist der Name, den die Araber dem Puder geben.‹ Das ist aus *Der Ritter der Unbezwungenen*. ›Während Sie und ich uns liebten, gewann der Tod gerade eine Schachpartie gegen den Ritter im *Siebten Siegel*.‹ Das ist aus *Wecksignal*. ›Wie ein Lachs, der aus der Nacht springt, so ist der Morgendämmer in Manhattan ...‹ Ach, diese Anfangssätze, Vásquez, immer diese Anfangssätze! Man greift sich eines seiner Bücher und kann es nicht mehr loslassen! Zumindest ich, der ich lese, weil ich eine Geschichte gut erzählt bekommen will. Ich bin sozusagen ein hedonistischer Leser.« Und so folgte auf einen vorgefertigten ein scharfsinniger Satz, der von jemand anderem zu stammen schien, doch auf einmal sagte er etwas, was inmitten des Geplappers wie ein Feuer auf einem nächtlichen Berg glänzte.

»Moment«, unterbrach ich ihn. »Sagen Sie das noch einmal.«

»Er konnte in seinen Werken verschlüsselte Botschaften über das Leben seines Landes einfließen lassen. Zwischen den Zeilen von den kompliziertesten Dingen reden. Er war ein Meister der Anspielung.«

»Nein, das meine ich nicht«, sagte ich. »Sie haben eben davon gesprochen, was er noch hatte schreiben wollen.«

»Ach ja«, sagte Carballo. »Darüber weiß ich ein wenig und Sie ebenfalls, wie mir scheint, auch wenn Sie weniger wissen als ich. Allerdings verdanke ich Ihnen, was ich weiß. Dem Caesar, was des Caesars ist. Wenn nicht dieses Gespräch gewesen wäre, hätte R. H. mein Leben nicht so bereichert, wie er es getan hat. Auch wenn jetzt alles hinüber ist.«

»Was für ein Gespräch?«

»Das wissen Sie nicht?«, fragte er und übertrieb sein Erstaunen. (Ich dachte: Er ist ein Schauspieler, ein Mime. Ich dachte: Man darf ihm kein einziges Wort glauben.) »Dann werde ich es Ihnen schön langsam vorkauen müssen. Ihr Gespräch über die neue Zeitschrift, Vásquez, *Der zeitgenössische Roman und andere Krankheiten,* hieß sie nicht so?«

Ja, genau so hieß sie. Carballo steckte voller Überraschungen. Letztes Jahr im August hatte Moisés Melo, der Direktor der neu gegründeten Zeitschrift *Piedepágina,* R. H. und mich zu sich nach Hause eingeladen, wir sollten darüber reden, wie es R. H. seit der Krebsdiagnose erging: über Krankheit und Schmerz aus der Perspektive der Literatur. Es war ein zweistündiges Gespräch, das sich von unseren üblichen Unterhaltungen nur durch die Abwesenheit von Whisky und die Anwesenheit eines Aufnahmegeräts unterschied und durch den folgenden Bearbeitungsprozess, der dem gesprochenen Wort den Zusammenhang und die Stringenz gab, die ihm manchmal fehlen. Die Zeitschrift war im Dezember erschienen, zwischen Weihnachten und Neujahr. Carballo hatte sie, als er gerade ein paar Dokumente in der Biblioteca Luis Ángel Arango durchsah, zufällig auf einem Tisch in der Cafeteria gefunden. »Ich bin fast aus den Pantinen gekippt«, sagte er. »In dem Interview habe ich alles gefunden, was ich gesucht hatte.«

»Und was hatten Sie gesucht?«, fragte ich.

»Einen Menschen mit offenem Geist«, sagte Carballo. »Einen Menschen, der bereit ist, zuzuhören. Bereit, sich nicht von Vorurteilen leiten zu lassen, bereit, die Zwangsjacke der offiziellen Version zu sprengen.«

»Ich erinnere mich nicht, dass wir über Zwangsjacken gesprochen hätten«, sagte ich.

»Nein? Wie schade. Aber vermutlich erinnern Sie sich, dass Sie über Orson Welles gesprochen haben.«

Daran erinnerte ich mich tatsächlich, wenn auch vage. Heute jedoch, ein Jahrzehnt später, habe ich beim Niederschreiben dieser Erinnerungen die erste Nummer von *Piedepágina* vor mir und kann darin das Gespräch mit Moreno-Durán suchen nate mediático representado y destruido en *Ciudadano Kane...*

RH: Sospecho que Welles vino, en el fondo, huyéndole a Rita Hayworth, que era bastante "intensa". En realidad, vino a hacer el documental y permaneció en el Brasil, ininterrumpidamente, por siete meses. Luego fue a Buenos Aires, habló con Borges, para el estreno de *El Ciudadano*, que así se llamó su película en Argentina. De ahí surgió la bellísima nota que Borges escribió en *Sur*. Luego fue a Chile, y ya de despedida llegó a Lima, y el 12 de agosto las agencias de prensa le hicieron la última entrevista y le preguntaron: *¿Y qué va a hacer a partir de ahora, viaja a Los Ángeles?* Dijo: *No, mañana viajo a Bogotá, Colombia.* Le preguntaron por qué, y contestó: *Tengo grandes amigos en Colombia, me encantan los toros, Colombia es un país de toros y soltó todo un rosario de tópicos sobre nuestro país.* Al día siguiente, agosto 13, en la primera página de *El Tiempo* se lee: ORSON WELLES LLEGA A BOGOTÁ, y los mismos titulares reproducen *El Espectador* y *El Siglo.* Pero Orson Welles no llegó nunca a Bogotá. Ese capítulo forma parte de una novela que se llama *El hombre que soñaba películas en blanco y negro,* que cuenta lo que le ocurrió a Welles en Bogotá los días 13, 14 y 15 de agosto, ocho días exactos después que Eduardo Santos entregara el poder y lo asumiera por segunda vez Alfonso López Pumarejo. Esto tiene una importancia política que nadie recuerda, y es que Laureano Gómez, en una entrevista que tuvo con el embajador norteamericano, le dijo que si Alfonso López se posesionaba, él daría un golpe de estado con la ayuda de sus amigos del Eje. La cuestión es que Orson Welles llega a Bogotá, una ciudad convertida en un nido de espías, corresponsales de guerra, y con el agravante de que en ese momento el país estaba completamente conmovido, dolido y rencoroso por el hundimiento de varias fragatas colombianas en el Caribe. En ese ambiente Orson Welles sufre una serie de peripecias impresionantes. Es una novela larga, de unas cuatrocientas y pico de páginas, donde reconstruyo un determinado momento histórico colombiano. De alguna forma constituye un díptico con *Los felinos del Canciller.*

(zwischen einem Artikel über Graham Greene und einem über die Frankfurter Buchmesse), kann den genauen Wortlaut überprüfen und ihn sorgfältig in dieser Schilderung wiedergeben, die immer mehr zu einer Sammlung von Beweisunterlagen wird. R. H., in schwarzem Anzug und violettem Hemd, sprach über den Roman, den er gerade beendet hatte. Die Geschichte war aus einer Erzählung entstanden, »Erste Person Singular«, die von Orson Welles' Reise nach Kolumbien im August 1942 handelte: eine ganz besondere Reise, denn in Wirklichkeit hatte sie nie stattgefunden.

»Nach dem Erfolg von *Citizen Kane* war Welles«, erklärt R. H. in unserem Gespräch, »weltberühmt geworden. Die Vereinigten Staaten, das State Department und die RKO Studios beschlossen, ihn nach Lateinamerika zu schicken, damit er einen Dokumentarfilm drehte, sein Prestige sollte helfen, Lateinamerika an die Vereinigten Staaten zu binden, als Gegenpol zu den Achsenmächten.« Das Interview fährt folgendermaßen fort:

JG: Wahrscheinlich wollten sie ihn auch eine Weile loswerden. Auf Druck von William Randolph Hearst, dem Medienmagnaten, der in *Citizen Kane* dargestellt wird.

RH: Ich vermute, Welles wollte eigentlich nur vor Rita Hayworth fliehen, die ziemlich anstrengend war. In Wirklichkeit hat er den Dokumentarfilm gedreht und blieb dann erst einmal sieben Monate am Stück in Brasilien. Dann ist er nach Buenos Aires gereist, zur Premiere von *El Ciudadano,* so hieß *Citizen Kane* in Argentinien. Er hat sich mit Borges unterhalten. Daraus ist der wunderschöne Artikel entstanden, den Borges für *Sur* geschrieben hat. Dann ging es weiter nach Chile, und abschließend hat er noch Station in Lima gemacht, wo ihn die Presseagenturen am 12. August zum letzten Mal interviewt haben. Sie fragten: Was haben Sie nun vor, kehren Sie nach Los Angeles zurück? Er sagte: Nein, morgen reise ich nach Bogotá, Kolumbien. Sie fragten nach dem Grund, und er hat geantwortet: Ich habe gute Freunde in Kolumbien, ich liebe den Stierkampf, und Kolumbien ist ein Stierkampfland. Dann hat er eine Flut von Klischees über unser Land losgelassen. Am nächsten Tag, dem 13. August, kann man auf der Titelseite von *El Tiempo* lesen: ORSON WELLES TRIFFT IN BOGOTÁ ein, und dieselbe Schlagzeile wiederholt sich in *El Espectador* und *El Siglo.* Aber Orson Welles ist niemals nach Bogotá gekommen.

In dem veröffentlichten Gespräch ist nicht die Frage abgedruckt, die ich ihm stellte: »Warum, R. H.? Warum ist Orson Welles nicht nach Bogotá gekommen?« Ebenso wenig erscheint dort sein schelmischer Gesichtsausdruck, eine kurze Sekunde lang war sein Gesicht nicht mehr das eines sterbenden Krebskranken, sondern das Gesicht eines Kindes: »Glaub bloß nicht, dass ich dir das erzähle«, sagte er. »Du wirst den ganzen Roman lesen müssen.« Dagegen hielt die Zeitschrift seine folgenden Worte fest:

RH: Der Roman trägt den Titel *Der Mann, der Schwarzweiß-filme träumte* und erzählt von dem, was Welles am 13., 14. und 15. August in Bogotá erlebt hat, genau acht Tage, nachdem Eduardo Santos die Macht abgegeben hatte und Alfonso López Pumarejo zum zweiten Mal ans Ruder gekommen war. Das war politisch brisant, aber heute erinnert sich niemand mehr daran, denn Laureano Gómez hatte in einem Gespräch mit dem nordamerikanischen Botschafter gesagt, wenn Alfonso López an die Macht komme, werde er mit Hilfe seiner Freunde von den Achsenmächten einen Staatsstreich durchführen. Jedenfalls trifft Orson Welles auf eine Stadt, die sich in ein Nest von Spionen und Kriegsberichterstattern verwandelt hat, wobei noch erschwerend hinzukommt, dass das Land gerade erschüttert und verärgert ist über die Versenkung von ein paar kolumbianischen Fregatten in der Karibik. In dieser Atmosphäre hat Orson Welles eine Reihe unglaublicher Erlebnisse.

JG: Da wird beim Verhältnis von Roman und Geschichte die Schraube noch einmal weitergedreht. Der Roman wird zu einem mächtigen Instrument der historischen Spekulation.

RH: Ich glaube nicht, dass da der Roman versucht, neues Terrain zu kolonisieren, vielmehr wird bestätigt, dass alle Räume Territorium des Romans sind. Es gibt da eine seltsame Geschichte: Orson Welles hat während des Karnevals in Rio 1942 Stefan Zweig kennengelernt, und der hat ihm erzählt, wie wundervoll das Land sei, in dem er sich auf Einladung eines Freundes niedergelassen hatte. In meinem Roman wird Orson Welles nach seinem Eintreffen in Kolumbien zu einer Gesellschaft eingeladen, auf der man ihm herausragende Persönlichkeiten vorstellt. Dort sieht er einen schweigsamen Mann, an die zwei Meter groß, den alle Viator nennen; er spricht mit dem brasilianischen Akzent von Minas und ist Welles sofort sympathisch. Viator ist niemand anderes als João Guimarães Rosa, der damals in Bogotá lebte. Er war Botschaftssekretär hier, nachdem er Konsul in Hamburg gewesen war, wo die Nazis ihn in ein Konzentrationslager gesteckt hatten. Nach seiner Freilassung hat er, zurück in Brasilien, den Ruf nach Bogotá bekommen. Die Angaben zu Guimarães sind belegt. Und ich mache mir all diese Wunder zunutze, auch wenn bestimmt manch Kritiker sagen wird: Jetzt hat er aber zu dick aufgetragen … Und dann stellt sich heraus, dass alles wahr ist. Welles und Guimarães Rosa werden schließlich Freunde, hier in Bogotá.

All das hatte R. H. in unserem Gespräch gesagt, und Carlos Carballo hatte es gelesen. Aber in der Kirche, auf der Holzbank, erinnerte ich mich nicht an all die Einzelheiten, erinnerte mich nicht, dass R. H. die liberalen Präsidenten Santos und López erwähnt hatte oder Laureano Gómez, den Anführer der Konservativen, der Franco bewunderte und für einen Sieg der Achsenmächte betete, auch nicht an die kolumbianischen Fregatten, die die U-Boote der Nazis in der Karibik versenkt hatten, für die Regierung der Anlass, die diplomatischen Beziehungen zum Dritten Reich abzubrechen. Ich erinnerte mich nicht, dass wir von Stefan Zweig gesprochen hatten, dessen Aufenthalt in Brasilien sein trauriges Ende mit dem makabren Foto von seinem Selbstmord mit Barbituraten fand (in Begleitung seiner Frau Lotte, die im Kimono starb, ohne Unterwäsche), und von Guimarães Rosa, der 1967 einem Infarkt erlegen war (elf Jahre, nachdem er den eigenen Tod, den eigenen Infarkt, in einem berühmten Roman beschrieben hatte). Die Einzelheiten des Gesprächs hatten sich in meinem Gedächtnis aufgelöst, jedoch nicht in Carballos, der es genüsslich mit eigenen Worten wiedergab. Draußen knatterte der Regenguss auf die Dächer der herrenlosen Autos, Böen schüttelten die Wipfel der Eukalyptusbäume nebenan. Etwas bewegte sich hinten in der Kirche, neben dem Pult. Ich sah einen Schatten oder einen Schemen, der sich versteckte. Mir kam der Gedanke, dass uns jemand von weitem beobachtete (überwachte). Da schaute ein schwarz gekleideter Junge hervor, musterte uns und verschwand wieder. Das Dröhnen einer Tür erreichte uns mit Verspätung, wie ein Donner.

»Ich habe dieses Gespräch gelesen, und wissen Sie, was mit mir geschehen ist?«, fragte jetzt Carballo. »Wissen Sie, was ich getan habe, nachdem ich es gelesen hatte? Als hätte man mir den Boden unter den Füßen weggezogen. *Buchstäblich.* Ich konnte nicht weiterarbeiten.«

Er hatte den Vormittag in der Biblioteca Luis Ángel Arango verbracht und vergeblich Informationen über einen mir unbekannten Autor gesucht, der ihn jedoch interessierte: ein gewisser Marco Tulio Anzola. Als er auf die Zeitschrift *Piedepágina* stieß, hatte er nur kurz Luft schnappen und gleich in den Mikrofilmen weiterstöbern wollen, aber seine Entdeckung hinderte ihn daran. Wie hätte er sich da noch alte Zeitungen ansehen können, alte Fotos einer nicht mehr existierenden Stadt? Nein, das wäre unmöglich gewesen, denn dort, auf den Seiten einer Literaturzeitschrift, war plötzlich etwas aufgetaucht, was Carballo seit langer Zeit gesucht hatte. »Es war wie ein Stromschlag«, sagte er, »wie sollte ich da ruhig an einem Bibliothekstisch sitzen, wenn der Körper mir befahl, zu schreien, ins Zentrum hinauszustürmen und immer weiter zu schreien?«

Sofort wusste er, was zu tun war. Noch am Nachmittag fing er mit seinen Ermittlungen an, und bevor der Tag zu Ende war, wusste er bereits, dass R. H. Moreno-Durán (Tunja, 1945), Autor der Trilogie *Fémina suite*, sein letztes Werk vorstellen würde, den Essay *Frauen von Babel*. Die Veranstaltung fand in der Universidad Central um 18:30 Uhr statt. Der Eintritt war frei. »Das war meine Gelegenheit«, sagte Carballo. »Ich habe nicht zweimal überlegt.« Vier Tage später griff er sich seine Aktentasche mit den Metallschnallen, steckte Papiere hinein und ein Exemplar der Zeitschrift, begab sich zum Hörsaal der Universität, kaufte am Eingang das Buch und ging dann einen Früchtetee im Café nebenan trinken, bis die Veranstaltung vorüber war. Dann sah er zu, wie sich die Leute vor einem Tisch mit Decke anstellten, alle ihr Buch in der Hand, doch anstatt sich einzureihen, wartete Carballo, bis alle fort waren, sah dann, wie Moreno-Durán sich von den Organisatoren verabschiedete und Richtung Carrera Séptima ging. Und da sprach er ihn an.

»Maestro«, sagte er, einfach so, »ich habe das Buch Ihres Lebens für Sie.«

R. H. hätte ihn als Verrückten ansehen können, tat es aber nicht. Da fiel ihm sein Buch auf, das Exemplar von *Frauen in Babel*, das Carballo nachlässig in der Hand hielt, und er sagte:

»Nun ja, das Buch meines Lebens ist es nicht gerade, aber kommen Sie, ich gebe Ihnen ein Autogramm.«

»Nein, nein«, sagte Carballo. »Ich meinte …«

Carballo brachte es nicht fertig, das Missverständnis aufzuklären. Er stotterte konfuse Worte, wirr fuhren seine Hände durch die Luft, aber da hatte Moreno-Durán das Buch bereits auf der Titelseite aufgeschlagen. »Für wen soll es sein?« Carballo musste es ihm mit einem Ruck entreißen: »Nein, Maestro, Sie verstehen mich nicht. Ich bin hier, um Ihnen ein Thema anzubieten, das Thema des besten Buchs, das Sie in Ihrem Leben schreiben werden. Es ist ein Buch, das noch niemand in Kolumbien geschrieben hat. Denn für dieses Buch braucht man zweierlei: die Informationen und die Kühnheit. Deshalb schlage ich es Ihnen vor, Maestro. Denn nur Sie können dieses Buch schreiben. Sie und ich, besser gesagt: Ich sorge für die Informationen und Sie für die Kühnheit.«

»Ah«, stieß R. H. aus. Und dann: »Aber nein. Vielen Dank, ich bin nicht interessiert.«

»Warum nicht?«

»Darum«, sagte R. H. knapp. »Trotzdem danke.«

Er ging auf der Séptima weiter. Carballo ebenfalls. Ihm fiel auf, dass sich ihre Aktentaschen glichen: beide aus schwarzem Leder, beide mit Metallschnallen. In diesem Detail sah er eine Bestätigung oder zumindest einen Ansporn: Nach Carballos Erfahrung gab es keine Zufälle. Während er sich einen Weg durch die Passanten bahnte, auf die Risse im Pflaster achtete und versuchte, Moreno-Durán nicht entkommen zu lassen, bat ihn Carballo, sich die Geschichte anzuhören, bitte, wenn auch nur, damit ihn später nicht die Ungewissheit quäle und er sich den Rest seines Lebens die Frage stelle, was man ihm für ein wunderbares Buch habe anbieten wollen, damit er nicht im Zweifel sterbe, ob er den Zug habe vorbeifahren lassen und nicht eingestiegen sei.

»Ich wusste nicht, was der Krebs vermag«, sagte er. »Ich hatte R. H. noch nie zuvor gesehen und konnte keine Vergleiche anstellen. Konnte nicht denken: o je, wie dürr ist er geworden. Konnte nicht denken: o je, er muss krank sein.«

Aber nach seinen letzten Worten merkte er, dass sich etwas in R. H.s Blick geändert hatte. Was war das in seinen Augen? Neugier, Verachtung, das ärgerliche Gefühl, dass das Intimste auf der Welt – eine tödliche Krankheit – gerade verletzt worden war? R. H. ging weiter, bog von der Carrera Séptima Richtung Norden ab. Carballo ebenfalls. Er schwieg nun, aus Müdigkeit oder Resignation, ging schweigend vor sich hin, wich den Leuten aus, versuchte, nicht auf die Decken der Verkäufer zu treten. Ob R. H. nur das Schweigen brechen wollte, sollte er nie erfahren, aber er fragte schließlich: »Und warum ich?« Es war eine einfache Frage, aber sie erzeugte bei Carballo einen Moment der Hellsicht. »Aus ebendem Grund, aus dem ich es nicht selbst schreibe«, sagte er. »Ich könnte dreihundert Seiten füllen, versteht sich. Aber ich würde scheitern, würde alles zunichtemachen, was ich erreicht habe. Nein, dieses Buch kann nicht irgendwer schreiben. Es muss dieselbe Person schreiben, die *Der Mann, der Schwarzweißfilme träumte* geschrieben hat.«

Eine Hand vor der Brust schien R. H. zu stoppen. Carballo dachte: *Meine Chance.*

»Orson Welles in Bogotá«, sagte er. »Wer hätte gewagt, das zu erzählen? Die offizielle Geschichte kümmert sich nicht um diesen Besuch, Maestro, die offizielle Version leugnet, dass es ihn gegeben hat. Aber Sie wagen es, Sie kümmern sich darum. Und jetzt wird Orson Welles, dank Ihnen, auf immer zu den Besuchern Bogotás zählen. Er war in Brasilien bei Stefan Zweig. Er war in Argentinien bei Borges. Und jetzt war er in Bogotá bei Guimarães Rosa. Ihr Roman rettet eine Geschichte, die sonst auf immer verloren gewesen wäre. Ohne Sie wäre diese verborgene Wahrheit niemals ans Licht gekommen. Und ich habe ebenfalls so eine verborgene Wahrheit für Sie, Maestro, und will sie Ihnen erzählen. Seit über zehn Jahren, nein, mehr als zwanzig, überlege ich, wie ich das der Welt offenbaren kann. Aber nun weiß ich: es muss über Sie geschehen. Mit einem Buch von Ihnen. Die Geschichte, die totgeschwiegene Wahrheit, die ich an Sie weitergeben will, damit Sie ein Buch daraus machen, wird die Welt auf den Kopf stellen.«

»Ach ja?« R. H.s Lippen kräuselten sich zu einer Grimasse

brutaler Skepsis, und Carballo verspürte die Macht seiner Autorität. »Und, was ist das für eine Wahrheit?«

»Schenken Sie mir zwei Stunden, Maestro, mehr verlange ich nicht«, sagte Carballo. »Nein, ich brauche nicht einmal zwei. Eine ist mir mehr als genug. In einer Stunde erkläre ich Ihnen alles, zeige Ihnen die Dokumente, und dann entscheiden Sie, ob es die Mühe lohnt oder nicht.«

Sie hatten die Calle 26 erreicht, wo die Séptima zu einer Überführung wird, die Passanten ins Leere hinabblicken und wie durch Zauber glauben können, dass die Autos in ihre Schuhsohlen schlüpfen. Ein Schwindelanfall schüttelte Carballo wie eine Böe, als R. H. sagte: »Sehen Sie, mein Freund, ich habe es eilig. Und Sie haben mich von noch gar nichts überzeugt. Entweder Sie erklären mir die Sache jetzt, oder wir belassen es dabei.« Ein Bus raste vorüber, so nah am Gehweg, dass der Asphalt bebte und der Luftschwall Carballo beinahe den Umschlag entrissen hätte, den er aus seiner Aktentasche gezogen hatte.

»Was ist das?«, fragte R. H.

»Das ist ein Brief, Maestro. An Sie gerichtet. Ich wollte ihn für Sie abgeben, falls wir uns heute nicht hätten sprechen können. Nein, es ist kein Brief, sondern ein Bericht. Nur fünf Seiten, aber da erkläre ich alles, alles, was ich weiß, alles, was ich bei meinen Forschungen in den letzten vierzig Jahren herausgefunden habe. Sie müssen ihn nur lesen, dann werden Sie sehen. Was wir in Händen halten, was wir mit diesen Informationen anstellen können, wie sie dieses Land erschüttern werden, wenn es davon erfährt. Alles wird sich ändern, sobald wir die Wahrheit ans Licht bringen. Sie wird die Vergangenheit dieses Landes ändern, kein Zweifel, aber vor allem seine Zukunft. Sie wird die Art und Weise ändern, wie wir in diesem Land miteinander umgehen. Merken Sie sich meine Worte, Maestro: Wenn Sie unser beider Buch geschrieben haben, wird in diesem Land nichts mehr sein wie vorher.«

»Und hat er angenommen?«, fragte ich.

»Auch ich habe anfangs nicht daran geglaubt«, sagte Carballo. »Aber R. H. war ein Glaubender, wissen Sie? Er *glaubte*. So sind die großen Schriftsteller: Sie haben Instinkt, haben den Glauben, der Hand in Hand mit dem Instinkt geht. Sie können die Wahrheit erkennen, wenn sie vor ihr stehen. Und sie kämpfen, auf Leben und Tod, damit man die Wahrheit erfährt. Nein, R. H. hat mich nicht enttäuscht.« Er machte eine Pause und sagte: »Etwas anderes ist es, dass der Tod ihn mitgenommen hat, bevor er das Werk vollenden konnte.«

Konnte das wahr sein? Alles, alles an ihm erregte mein Misstrauen, jedes seiner Worte erschien mir betrügerisch, und dennoch tat ich nicht, was ich hätte tun müssen: aufstehen und ihn laut der Lüge bezichtigen. Aber war es Lüge? Hatte mich Carballo belogen, abgesehen von der mystischen Rhetorik über die *Glaubenden,* über die *Wahrheit,* über den Tod, der die Menschen *mitnimmt,* bevor sie *das Werk vollendet* hatten? Zu welchem Zweck? Wieder ging mir dieser Gedanke durch den Kopf: Wenn all das Lüge war, dann war Carballo der beste Lügner auf Erden. Wenn all das Theater war, dann war dieser Mann der beste aller Schauspieler. *Er ist ein Mime,* dachte ich wieder, *er ist seine eigene Figur.* Dann überfiel mich zum ersten Mal der Verdacht, dass der Mann womöglich krank war. Mir kam eine Seite aus Sebalds *Die Ausgewanderten* in den Sinn, auf der von dem Korsakow-Syndrom erzählt wird, dieser Gedächtnisstörung, die darin besteht, den Erinnerungsverlust mit phantastischen Erfindungen auszugleichen, und ich fragte mich, ob Carballo an etwas Ähnlichem litt. War das nicht wahrscheinlicher als diese haarsträubende Erzählung von der Bedrängung und Verfolgung eines anerkannten Schriftstellers, dem Überreichen eines Briefs mitten auf der Straße und der heimlichen Übereinkunft über ein wahnsinniges Buch? War das nicht reeller, als sich R. H., einen ernsthaften Vollblutromancier, als Ghostwriter für jemanden vorzustellen, der Verschwörungstheorien anhing?

»Ah, er ist also gestorben, bevor er das Buch beenden konnte«, sagte ich. »Aber er hat damit angefangen.«

»Natürlich hat er angefangen«, sagte Carballo. »Und hat es mir jedes Mal gedankt, wenn wir uns getroffen haben. ›Das wird mein krönender Abschluss‹, hat er gesagt. ›Und wenn ich daran denke, dass ich Sie beinahe zum Teufel geschickt hätte, Carlitos.‹ Ja, so hat er mich genannt, *Carlitos*. Bis zum Ende hat er an dem Buch gearbeitet. Ich hätte nur gern besser über seine Krankheit Bescheid gewusst. Dann hätte ich seiner Mühe den Wert beimessen können, den sie verdient hat.«

»Wo haben Sie sich getroffen?«

»Manchmal im *La Romana*. Ein Restaurant in der Jiménez, ich weiß nicht, ob Sie es kennen.«

»Ich kenne es, ja. Und wo noch?«

»Manchmal sollte ich ihn begleiten, wenn er seine Post abholen ging. Er hatte ein Postfach.«

»Jaja, das weiß ich. Und wo noch?«

»Was ist los, Vásquez? Stellen Sie mich auf die Probe?«

»Wo haben Sie sich sonst noch getroffen?«

»Einmal hat er mich nach Hause eingeladen, zum Mittagessen mit seinen Freunden.«

»Ach ja? Und was waren das für Freunde?«

Er sah mich voll Traurigkeit an. »Sie glauben mir nicht«, sagte er. »Das sehe ich. Sie glauben, ich erfinde das alles.«

Da war es, als hätte der Wind eine Jalousie bewegt: Für einen kurzen Augenblick sah ich eine Verletzlichkeit, die mir vorher nicht aufgefallen und die keinesfalls die Verletzlichkeit eines Aufschneiders war. Eine Art Offenbarung überkam mich: Um ihn ein für alle Mal loszuwerden, musste ich bloß ja sagen. *Ja, Carlos, ich glaube, dass Sie alles erfunden haben. Ja, ich glaube, dass Sie lügen, ich glaube, dass Sie mich täuschen, ich glaube, dass Sie delirieren oder krank sind.* Aber ich tat es nicht. Das Restaurant *La Romana* und die Spaziergänge zum Postfach brachten mich davon ab, diese Details hätte Carballo nicht kennen können, wenn er nicht in direkter, enger Verbindung zu R. H. gestanden hätte; aber vorrangig hielt mich auch die Neugier davon ab, die schreckliche Neugier, die mich so oft schon in die Bredouille gebracht hat, ohne dass ich jemals klug geworden wäre, meine ewige Neugier für das Leben anderer im Allgemeinen und vor allem von Menschen, die sich verborgen in ihrer Einsamkeit quälen, hinter der Jalousie sozusagen. Alle leben wir ein verborgenes Leben, aber manchmal hebt sich die

Jalousie, und wir erspähen eine Tat, eine Geste und ahnen, dass etwas dahinter steckt, auch wenn wir nie wissen werden, ob uns das Verborgene interessiert, weil wir es nicht sehen oder weil jemand so gewaltige Mühe darauf verwendet hat, dass wir es nicht sehen. Einerlei, um welches Geheimnis es sich handelt (ob es banal ist oder ein ganzes Leben bestimmt), es zu verstecken ist immer eine schwierige Aufgabe, die Taktik und Strategie erfordert, ein gutes Gedächtnis, Erzählkunst, Überzeugung und sogar eine Portion Glück. Ebendarum macht die Lüge die Leute interessant, denn keine Lüge ist ein perfekter Monolith; man muss nur ausdauernd und aufmerksam beobachten, bis sich die Jalousie bewegt und das hervorblitzt, was uns der andere nicht sehen lassen will. Das war hier geschehen, auf der Kirchenbank, als Carlos Carballo gemerkt hatte, dass ich ihm nicht glaubte. Und ich wusste mit dem Instinkt der Raubtiere, dass in dem Moment ein Wort von mir genügen würde, um ihn zu zerstören (oder unsere Beziehung), ihn für immer zu verscheuchen. Ich entschied, es nicht zu tun. Nicht aus Mitleid, sondern aus Neugier. Oder besser gesagt, die Neugier verwandelt die besten Regungen – Mitleid, Solidarität, Altruismus – in Werkzeuge, mit denen man seine hinterhältigen Ziele erreicht.

»Nein, Carlos, ich glaube nicht, dass Sie das erfinden«, sagte ich. »Aber bitte verstehen Sie mich. Ich kenne R. H. seit fast zehn Jahren. Oder besser gesagt, ich habe ihn gekannt. Und der Schriftsteller, den ich kannte, passt schwerlich zu dem, von dem Sie erzählen.«

»Seien Sie nicht naiv, Vásquez. Denken Sie etwa, Sie hätten R. H. bis ins Letzte gekannt? Denken Sie etwa, man kann jemanden bis ins Letzte kennen?«

»Man kann jemanden *in vernünftigem Maße* kennen.«

»Als hätten die Menschen nicht mehrere Gesichter«, sagte Carballo. »Als wäre nicht alle Welt viel komplizierter, als man annimmt.«

»Mag sein«, sagte ich, »aber nicht in dem Maße. Nicht so sehr, dass man mitten auf der Carrera Séptima den Auftrag eines Unbekannten annimmt. Nicht so sehr, dass man die letzten Monate seines Lebens mit einem Wahn verbringt.«

»Und wenn es kein Wahn wäre? Wenn es kein Unbekannter wäre, der es sich vornimmt?«

»Ich verstehe nicht«, sagte ich. »Sie kannten R. H. nicht, als Sie ihm den Vorschlag gemacht haben. Hatten Sie das nicht eben gesagt?«

»Ich rede nicht mehr von R. H.«, sagte Carballo. Er wandte den Blick zu Boden, dann auf die Kirchenfenster. »R. H. ist nicht mehr unter uns. Aber das Material ist immer noch da, meine Entdeckungen sind immer noch da, die Wahrheit wartet noch. Die Wahrheit ist geduldig. Das Buch ist noch da, quicklebendig, und jemand muss es schreiben.«

Ich weiß nicht, wie ich das nicht hatte kommen sehen. Wenn ich jetzt an diese Szene denke, die sich vor so vielen Jahren abgespielt hat, überkommt mich die gleiche Überraschung, die ich damals verspürte, und ich stelle mir die gleiche Frage: Wie hatte ich das nicht geahnt? Wie hatte ich die Zeichen nicht zu deuten gewusst? Ich erinnere mich, dass ich zur Tür blickte, der Regen hatte nachgelassen, und ich verspürte weniger Kälte, als wüsste mein Körper bereits, was von ihm verlangt wurde. Natürlich, dachte ich: Natürlich war diese Begegnung nicht zufällig, natürlich wusste Carlos Carballo, dass er mich hier finden würde, bei der Totenmesse eines Freundes. Und selbst wenn er nicht die Gewissheit gehabt hätte, die Chancen hatten gut gestanden, und er hatte sein Glück versucht. Und das Glück war auf seiner Seite gewesen.

»Ah, ich verstehe«, sagte ich. »Sie wollen, dass ich es jetzt schreibe.«

»Sehen Sie, Vásquez, Sie sind nicht R. H., mit Verlaub«, sagte er. »Ich habe Ihre Erzählungen gelesen. Die in Belgien spielen. Sagen Sie, warum verlieren Sie Ihre Zeit mit solchem Quatsch? Wen interessieren diese europäischen Figuren, die im Wald auf die Jagd gehen und sich von ihrer Frau trennen? Wie frivol ist das, ich bitte Sie, wie dumm. Da haben Sie einen Bürgerkrieg bei sich zu Hause mit über zwanzigtausend Toten im Jahr, haben eine Art Terrorismus erlebt, wie es ihn in keinem Land Lateinamerikas gegeben hat, haben eine Geschichte, die durchweg von der Ermordung unserer großen Männer geprägt war, und Sie schreiben über Pärchen, die sich in den Ardennen auseinanderleben. Ich verstehe Sie nicht. Und Ihr Roman, der Roman über die Deutschen, nun gut, der ist natürlich besser. Ich kann sagen, dass da etwas Wertvolles drin steckt. Aber ich muss auch aufrichtig sein: Im Ganzen ist er gescheitert. Verdienstvoll gescheitert, für jemanden in Ihrem Alter, aber dennoch gescheitert. In dem Roman gibt es zu viele Worte und zu wenig Demut. Aber das ist nicht das Schlimme. Das Schlimmste, was dem Roman schadet, ist seine Feigheit.«

»Seine Feigheit.«

»Sie haben richtig gehört. Der Roman geht über die großen Themen hinweg wie auf Eiern. Er erwähnt den Drogenhandel, sogar die Ermordung dieses Fußballspielers, aber lässt er sich darauf ein? Er erwähnt Gaitán, aber lässt er sich auf die Sache mit Gaitán ein? Er erwähnt Ihren Onkel José María, aber lässt er sich auf dieses Thema ein? Nein, Vásquez, Ihnen fehlt das Engagement, mein Lieber, Engagement für die schwierigen Themen in diesem Land.«

»Vielleicht habe ich andere schwierige Themen gewählt«, sagte ich.

»Die der Ausländer«, sagte er. »Nicht die unseren.«

»Gut«, sagte ich lachend oder täuschte ein Lachen vor. »Das ist das Idiotischste, was ich mein Lebtag gehört habe.«

»R. H. hat Ihnen ein paar Zeilen hinterlassen«, unterbrach mich Carballo. »Ich erfülle nun meine Pflicht und übergebe sie Ihnen.«

Er reichte mir ein weißes Blatt Papier. Meine déformation professionnelle sagte mir, dass es Achtzig-Gramm-Papier war, im Letter-Format, ebendas, welches Moreno-Durán für seine chaotischen Entwürfe verwendet hatte. (Erst in den letzten Jahren war er zum Computer übergegangen, ich musste also nur das Papier sehen und wusste, dass es ein Dokument aus der jüngsten Zeit war.) Sechs Sätze füllten die Fläche aus.

Lieber Juan Gabriel,
unlängst hat sich mir eine außergewöhnliche Gelegenheit geboten. Besser gesagt, sie wurde mir von einem außergewöhnlichen

Menschen geschenkt, ebendem, der Dir diesen Brief überreicht. Mir hat das Leben keine Zeit gelassen, diese Gabe in ein Buch zu verwandeln, aber ich glaube, unter den gegebenen Umständen habe ich meinen Mann gestanden. Jetzt ist es an Dir, dieses wundervolle Material zu erben und es in einen sicheren Hafen zu steuern. Du hältst etwas Großes in Händen, und ich zweifele nicht, dass Du der würdige Verwahrer dieser Geheimnisse bist. Wie immer schicke ich Dir meine Umarmung und meine Freundschaft.

Ich las den Brief einmal, zweimal mit dem tiefen Eindruck, den die Worte der Toten hinterlassen. Wir stellen uns ihre Hände vor, ihre Haut, die über das Papier fährt, das wir nun berühren, und jeder Strich, jeder Schwung, jeder Punkt ist eine Spur von ihrem Leben auf dieser Welt. Da war mein Name, waren ein paar Worte, voll Zuneigung verfasst, und mir kam der Gedanke, dass ich auf den Brief nicht mehr würde antworten können, wie ich es früher getan hatte, und dass sich die Toten auf diese Weise entfernen: mit all dem, was wir nicht mehr mit ihnen machen können.

Ich fragte Carballo, wann er den Brief erhalten habe.

»Vor drei Tagen«, sagte er. »Als R. H. ins Krankenhaus ging. Er hat mich rufen lassen, mir alle Papiere zurückgegeben und den Brief darauf gelegt. ›Juan Gabriel ist der Geeignete‹, hat er gesagt.«

»Um das Buch zu schreiben.«

»Auch ich bin da anderer Ansicht. Aber R. H. wird seine Gründe gehabt haben. Ihnen zu vertrauen, meine ich, Ihnen dieses Erbe zu hinterlassen. Bestimmt hat er etwas in Ihnen gesehen, das mir entgeht.« Er blickte nach vorn, zum Christus, und sagte: »Was sagen Sie, Vásquez? Sind Sie in der Lage, das Buch Ihres Lebens zu schreiben?«

Ich las den Brief noch einmal, sah noch einmal seine Unterschrift. »Ich muss es mir überlegen«, sagte ich.

»So ein Bockmist«, rief er mit einem Schnauben auf. »Dieser Quatsch mit dem Denken und noch mal Denken. Sie alle denken zu viel.«

»Es ist eben nicht so einfach, Carlos. Ja, Sie haben drei, vier banale Parallelen zwischen zwei Morden gefunden. Was soll daran so außergewöhnlich sein, sie waren doch für alle Welt sichtbar. Zwei ähnliche Attentate auf Staatsmänner. Fein. Aber deshalb gleich denken, sie hätten wirklich etwas gemein, das ist zweierlei, finden Sie nicht? Oder auf wie viele Arten kann man einen Politiker umbringen?«

Carballo fuhr auf. »Wer hat Ihnen davon erzählt?«

»Doktor Benavides, wer sonst. Was ist los? Stimmt es nicht? Das ist doch Ihre Theorie, oder? Dass die Fälle Gaitán und Kennedy sich allzu sehr gleichen?«

»Selbstverständlich nicht«, sagte er mit dem Schmollmund des unverstandenen Künstlers. »Das ist die plumpe Vereinfachung von etwas weitaus Komplizierterem. Da sieht man, dass mein lieber Freund nichts begriffen, nichts von seinem Vater geerbt hat. Was für eine Enttäuschung. Und was hat Ihnen das Doktorchen noch erzählt?«

»Wir haben über die Sache mit dem zweiten Schützen gesprochen«, sagte ich. »Den im Fall Kennedy und den im Fall Gaitán. Wir haben über Ihren Lehrer gesprochen, Carlos: Doktor Luis Ángel Benavides. Den großen Luis Ángel Benavides, ja, den Experten in Ballistik, der entdeckt hat, dass es in Dallas mehr als einen Mörder gegeben hat. Ohne jede fremde Hilfe. Aber der auch 1960 Gaitán exhumiert und bestätigt hat, dass die fehlende Kugel ohne jeden Zweifel aus derselben Pistole kam. Dass Gaitán, im Gegensatz zu Kennedy, nur von einer Person ermordet worden ist.«

»Aber das wurde nicht bestätigt.«

»Natürlich wurde das bestätigt.«

»Es wurde nicht bestätigt.«

»Wie nicht? Wurde etwa keine Autopsie gemacht? Da haben Sie den Beweis, Carlos, so sehr Sie ihn auch leugnen wollen.«

»Der Beweis ist verschwunden«, sagte Carballo und senkte die Stimme. »Ja, Vásquez, Sie haben richtig gehört. Der Doktor hatte die Autopsie vorgenommen, den Wirbel entfernt, an dem ihn die verlorene Kugel getroffen hatte, und fand sie auch. Aber weder Wirbel noch Kugel gibt es noch. Sie sind verschwunden.

Wer weiß, wo sie sind oder ob man sie vernichtet hat. Die Frage stellt sich, warum diese Beweismittel verschwunden sind, meinen Sie nicht? Die Frage stellt sich, wer ein Interesse daran hatte, dass man sie später nicht mehr untersuchen konnte. Die Frage stellt sich, wer gemerkt hat, dass die Wissenschaft Fortschritte machte und die Beweismittel für ein zurückliegendes Verbrechen inzwischen mehr Aufschluss gaben, und wer daraufhin entschieden hat, diese Beweismittel verschwinden zu lassen. Jedenfalls ist es ihnen gelungen, Vásquez, wie es ihnen immer gelingt, nie mehr werden wir diese Beweismittel im Licht der neuen Wissenschaft sehen, und wer weiß, was sie nicht alles verraten hätten, welche Enthüllungen sie noch für uns bereithielten. Die Ballistik hat große Fortschritte gemacht. Die Rechtsmedizin hat große Fortschritte gemacht. Aber das nutzt uns nichts, denn die Mächtigen haben die Beweismittel verschwinden lassen. Und so gewinnen sie immer weiter, Vásquez, so verbergen sie die Wahrheit vor uns, so ...«

»Ach, Carlos, halten Sie den Mund«, stieß ich aus.

»Na hören Sie, das geht aber zu weit«, protestierte er. »Das lasse ich nicht ...«

»Gaitáns Wirbel ist bei Benavides zu Hause«, sagte ich.

»Was?«

»Niemand hat ihn verschwinden lassen, es gibt keine Verschwörung. Francisco hat ihn mit nach Hause genommen, als sie das Museum geschlossen haben, das ist alles. Er hat ihn mitgenommen, damit er nicht verloren geht, nicht, um ihn vor irgendjemandem zu verstecken. Tut mir leid, dass ich Ihnen Ihre Theorien vermasselt habe, aber jemand muss Ihnen einmal erklären, dass das Christkind die Eltern sind.«

Diesmal waren meine Worte absichtlich grausam gewesen, ich wusste, dass ich zu jemandem sprach, den sein Vater verlassen hatte. Gab es eine Verbindung zwischen diesem Verlassen und Carballos Gespensterglauben? Das ging mir kurz durch den Kopf, aber dann lenkte mich sein Gesichtsausdruck ab: Dergleichen hatte ich noch nie gesehen. Ich sah, wie ihm eine Sekunde lang die Miene entglitt und wie er sich gleich darauf, wer weiß mit welch innerer Anstrengung, wieder fasste.

Er ist verletzt, dachte ich, *ein verletztes Tier*.

Das zu sehen, war schmerzlich und zugleich faszinierend, aber vor allem aufschlussreich, denn etwas in diesem flüchtigen Kampf mit sich selbst, in diesem Versuch, seine Enttäuschung oder Ernüchterung zu verbergen, zeigte mir, dass es ein Irrtum gewesen war, ihm diese Offenbarung zu machen. Indem ich Carballo von dem Wirbel erzählt hatte – dem geheimen Wirbel, dachte ich –, hatte ich Benavides' Vertrauen missbraucht, da konnte ich mir noch so oft sagen, dass der Doktor es mir nicht ausdrücklich verboten hatte: Während unseres Gesprächs im Arbeitszimmer hatten sowohl sein Tonfall als auch seine Worte deutlich gemacht, dass er die Existenz oder das Überleben von Wirbel und Röntgenbild vor Carballo hatte geheim halten wollen. Jetzt hatte ich dieses Geheimnis verraten. Es war im Affekt geschehen, das Trägheitsmoment des Augenblicks hatte mich mitgerissen, aber diese Entschuldigung war nicht einmal für mich akzeptabel. Was ging nun durch Carballos Kopf, welche Enttäuschungen, welche Erinnerungen an Gespräche, in denen Benavides ihn über den Wirbel belogen hatte, ihn, der sich immer als sein Bruder gefühlt hatte, als Doktor Luis Ángel Benavides' geistiger Erbe? Empfand Carballo nun ebenfalls dieses Gefühl des Verrats, anders als bei mir, aber vielleicht noch berechtigter? Es klarte nun auf, und mächtig trat das Tageslicht in die Kirche; eine seltsame optische Täuschung vermittelte den Eindruck, dass Carballo erbleicht war. Sein Blick war starr auf den Christus vorne gerichtet. Es hatte nicht den Anschein, dass er noch etwas sagen würde. Ich faltete das Blatt, das er mir gegeben hatte, zweimal zusammen, wie man einen Brief faltet, und steckte es in meine Brusttasche. »Ich werde es mir überlegen«, sagte ich und stand auf.

»Ja«, entgegnete Carballo, ohne mich anzusehen. Auf einmal schwang in seiner klaren, überzeugten Stimme eine andere Note mit, der Verlust der Kontrolle, des Gleichgewichts, als hätte er auf der Straße einen Stoß erhalten. »Überlegen Sie es sich, Vásquez. Aber nehmen Sie es nicht auf die leichte Schulter. Ich sage Ihnen das Gleiche, was ich R. H. gesagt habe: Lassen Sie sich diese Chance nicht entgehen.«

»Was für eine Chance?«, fragte ich. »Geschichte zu machen?«
Die Frage klang sarkastisch, aber war nicht so gemeint. Ich
wollte es tatsächlich wissen: ob es das war, was ich in Reichweite hatte.

Carballo blickte starr auf den Christus und antwortete nicht.

Mitte Dezember, drei Wochen nach dem Begräbnis, rief ich
Mónica an und fragte, ob ich sie besuchen dürfe. Bis dahin hatte
mir Carballo zwei Mails geschrieben (nie werde ich erfahren,
wie er an meine Mailadresse gekommen ist), doch ich hatte
keine beantwortet. Dann schrieb er eine dritte: *Einen herzli-
chen Gruß, Juan Gabriel, je mehr ich darüber nachdenke, desto
überzeugter bin ich, dass dieses Buch für Sie ist, lassen Sie es sich
nicht entgehen, Gruß* CC. Auch diese blieb ohne Antwort.

Als ich in R. H.s ehemalige Wohnung trat, stellte ich fest,
dass noch jemand auf den Gedanken gekommen war, Mónica
zu besuchen. Hugo Chaparro war ein Mann mit braunem
Schnurrbart und weißer Haut, übersät mit Muttermalen. Er
kannte jeden Film auf der Welt, hatte über die meisten geschrieben und war R. H. während seiner letzten Monate tatsächlich
sehr nahe gewesen: Hugo hatte ihn zur Chemotherapie gebracht, ihm geholfen, seine Papiere zu ordnen, ihn zum Avianca-Gebäude begleitet und die Post mit ihm abgeholt, war
immer zu ihm gekommen, wenn R. H. Hilfe bei der Arbeit
brauchte. Es war eine großzügige Wohnung im Norden Bogotás, durch deren große, dünne Fenster der geballte Lärm der
lärmenden Stadt hereinstürzte. Dort aßen wir zu Mittag, sprachen über R. H.s Bücher und darüber, was am besten mit ihnen
zu tun sei, aber auch über seine Krankheit – über die er immer
offen geredet hatte, mit einer Mischung aus Mut und Verachtung, ohne Opferhaltung, aber mit dem Bedürfnis, angehört zu
werden –, und das Gespräch ging nahtlos im offenen Nebenzimmer weiter, wo R. H. immer gelesen hatte, vor einem Bücherregal aus dunklem Holz, in dem er alle Erstausgaben seiner
Bücher aufbewahrte, nach einem alten Aberglauben alle in echtes Leder gebunden. Hugo sah sich die Bücher an, jedes Regal-
brett, las die Titel auf den Buchrücken, nahm eines heraus und

stelle es wieder zurück, als besuchte er die Bibliothek zum ersten Mal. Mónica saß in einem Korbschaukelstuhl, schaukelte jedoch nicht, die Absätze ihrer Schuhe standen fest auf dem Teppich. Hinter ihrem Kopf war ein schmales Fenster, das auf einen Innenhof ging, eine kalte, müde Sonne fiel herein, die bald verschwinden würde: die zaudernde Sonne einer Andenstadt.

»So, jetzt aber«, sagte Mónica mit ihrer harten Stimme. »Was wolltest du mir sagen?«

»Ja«, sagte ich. »Es ist wohl Unsinn, aber ich wollte sichergehen. Kennst du einen Carlos Carballo?«

Ein kurzes Schweigen. »Nein. Wer ist das?«

»Ein komischer Typ«, sagte ich, »ein Bekannter von R. H. Gut, ich weiß nicht, ob er wirklich ein Bekannter ist. Zumindest ein Kerl, der behauptet, ihn zu kennen. Es interessiert mich, ob dir der Name etwas sagt.«

»Nein, gar nichts«, sagte Mónica.

»Sicher?«, fragte ich. »Denn er hat mir erzählt, sie hätten sich gut gekannt. Sich häufig getroffen. R. H. sollte ein Buch für ihn schreiben.«

Nach meinen letzten Worten richtete Hugo sich auf und wandte sich zu uns. »Ach ja, ich weiß, wer das ist«, sagte er. »Der mit dem Buch, ja, ich weiß davon. Ein lästiger Kerl, ein grober Klotz und unverschämt.«

»Carlos Carballo«, sagte ich, um ganz sicher zu sein.

»Ja, ja, ebender«, sagte Hugo. »Er hat uns tagaus, tagein verfolgt, war unerträglich. Wir sind zur Chemotherapie gegangen, und da war er und hat auf uns gewartet, als wäre er R. H.s verlorener Bruder. Kennst du ihn auch?«

Ich erzählte ihnen nicht alle Einzelheiten, aber ausreichend, damit sie verstanden. »Er ist nach der Messe auf mich zugekommen«, sagte ich. »Er habe unser Gespräch in *Piedepágina* gelesen und das habe ihn zu R. H. geführt. Vielmehr hat er gelesen, was R. H. über den Orson-Welles-Roman sagt, und dann gedacht, das sei der Mann, den er braucht.«

»Wozu?«, fragte Mónica.

Diesmal antwortete Hugo. »Er behauptet, Dinge zu wissen, die sonst niemand weiß. Er untersucht anscheinend den Fall

Gaitán, den 9. April. Stimmt's? Etwas in der Art. Und er hat uns bis zur Chemotherapie verfolgt, sich hingesetzt, neben R. H., den er Maestro genannt hat, Sie müssen das schreiben, niemand sonst kann das schreiben, Sie müssen das schreiben. Am Ende hatten wir richtig Angst vor ihm, das schwöre ich. R. H. hat gesagt, jetzt sei er wohl Hollywoodproduzent.«

»Wieso?«

»Weil er nun ein *Alien* und einen *Stalker* habe.«

Mónica lachte. Es war ein trauriges Lachen.

»Und R. H. hat nicht akzeptiert?«, fragte ich.

»Natürlich nicht«, sagte Hugo. »Er wollte schon die Polizei rufen, der Kerl war echt beunruhigend.«

»Nun, mir hat er gesagt, dass er angenommen hat«, sagte ich.

»Dir hat er was gesagt?«, fragte Mónica.

»Dass R. H. angenommen hat. Er soll mit dem Buch sogar schon angefangen haben.«

»Ich verstehe das nicht«, sagte Mónica. »Warum musste es R. H. sein? Warum ausgerechnet er?«

»Mal sehen, ob ich das erklären kann«, sagte ich. »Der Typ, dieser Carballo, hat mein Gespräch mit R. H. gelesen. Darin spricht er von dem Welles-Roman und erzählt, Welles sei in Wirklichkeit nie in Bogotá gewesen. Die Zeitungen damals hätten die Reise zwar angekündigt, aber sie habe nicht stattgefunden. Trotzdem erzählt R. H. davon, erzählt von der Reise, von Welles' drei Tagen in Bogotá, haarklein. Der Roman beschreibt, was Welles in diesen drei Tagen in Bogotá erlebt, wen er kennenlernt, die politischen Unruhen damals etc. Zumindest hat es mir R. H. in dem Gespräch so erklärt. Ich weiß nicht, ob es stimmt, denn ich habe das Manuskript nicht gelesen. Hast du es gelesen, Hugo?«

»Nein.«

»Ich schon«, sagte Mónica. »Aber erzähl weiter.«

»Carballo war also zu der Überzeugung gelangt: Der Mann, der einen Roman über etwas schreibt, was die offizielle Geschichtsschreibung leugnet, ist als Einziger ermächtigt, sein Buch zu schreiben. Warum? Weil sein Buch etwas erzählt, was die offizielle Geschichtsschreibung leugnet.«

»Aber worum geht es?«, fragte Mónica. »Was erzählt sein Buch?«

»Das weiß ich eben nicht. Er hat es mir nicht gesagt. Aber es hat mit Gaitán und dem 9. April zu tun. Ich habe Carballo im September kennengelernt, bei einem Freund, und habe mich eine ganze Weile mit ihm unterhalten, kann mir also vorstellen, woher der Wind weht. Es ist eine simple Verschwörungstheorie, eine unter Abertausend.«

»Eine Verschwörungstheorie«, sagte Mónica. »Wie interessant.«

»Und wie originell«, sagte Hugo. »Als hätte nicht jeder Verrückte im Land seine eigene.«

»Nein, nein«, sagte Mónica. »Ich meine das ernst. Du hast den Roman eben nicht gelesen.«

Sie stand auf und verschwand über den nun dunklen Gang, der zu den hinteren Zimmern und zu R.H.s Arbeitsplatz führte. Auf Hugos Gesicht war eine spöttische Grimasse erschienen, vielleicht war es auch die gleiche spöttische Grimasse, die er immer zeigte: die kurzen Brauen über der Nase angehoben, als zeichneten sie dort ein Dach, und um den Mund, unter dem spärlichen Schnurrbart, ein amüsiertes, freches Lächeln, schelmisch und zugleich melancholisch. In solchen Augenblicken schien für Hugo die ganze Welt zu einem Chaplin-Film zu werden: sagen wir *Goldrausch* oder *Lichter der Großstadt*.

Mónica kam mit einem roten Heft in der Hand zurück. Nein, es war kein Heft. Als sie sich hinsetzte und es in den Schoß legte, sah ich, dass es ein Manuskript war, im Schreibwarenladen gebunden, mit einer schwarzen Spirale und rotem Umschlag aus laminiertem Karton. »Das ist der Roman über Orson Welles«, sagte sie. Sie blätterte im Manuskript, suchte etwas Bestimmtes, wusste aber nicht genau die Stelle; von meinem Stuhl aus konnte ich die ausgedruckten Seiten sehen, per Hand mit schwarzer Tinte nummeriert, die Korrekturen in roter Tinte, die manchmal einen Satz ausstrichen oder etwas am Rand vermerkten, manchmal ganze Absätze umkreisten und mit zwei gekreuzten Strichen vernichteten, ein Kreuz, das keinerlei Barmherzigkeit kannte. Eine Seite fiel mir besonders auf,

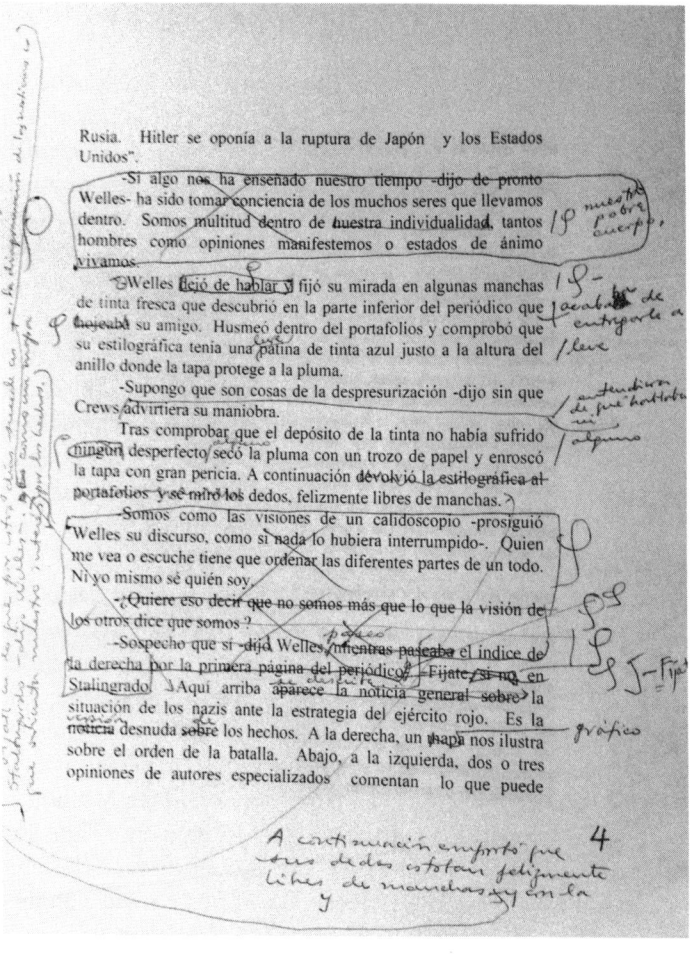

und ich bat Mónica, sie mich lesen zu lassen. Darauf hatte R. H. ein paar Zeilen getilgt, um die es mir leidtat: weil er sie zur Hölle der Wörter verdammt hatte, die niemals gelesen werden. Ich bat um Erlaubnis, sie mit dem Handy abzufotografieren.

»Ihr Schriftsteller seid alle verrückt«, sagte sie, hatte jedoch nichts dagegen.

Die Zeilen waren die folgenden:

»Wenn uns unsere Zeit etwas lehrt«, sagte Welles auf einmal, »dann die Erkenntnis der vielen Wesen, die wir in uns tragen. In all unserer Individualität sind wir eine Vielzahl, so viele Menschen wie Meinungen, die wir abgeben, oder Stimmungen, die wir durchleben.«

Inzwischen hatte Mónica gefunden, was sie gesucht hatte, und gab es mir zum Lesen. In der Szene war von dem Untergang des Schoners *Resolute* die Rede, ein berühmter Zwischenfall im Zweiten Weltkrieg. Darüber wusste ich gut Bescheid, denn während meiner Recherchen für den Roman *Die Informanten* war ich mehrmals darauf gestoßen und erinnerte mich, dass ebendieser Angriff, den man einem U-Boot der Nazis zuschrieb, die kolumbianische Regierung dazu bewegt hatte, die diplomatischen Beziehungen zu Deutschland abzubrechen, die deutschen Bürger in Konzentrationslager einzusperren, ihren Besitz zu beschlagnahmen und ihre Bankkonten zu sperren. All ihre Reichtümer – und die Deutschen in Kolumbien waren in der Regel wohlhabend gewesen – wanderten in die Staatskassen, also fast immer in die Hände der korrupten Mächtigen oder der mächtigen Korrupten. Im Roman fragt eine Figur die andere: »Wollen Sie damit sagen, das Versenken der Schiffe in der Karibik sei inszeniert gewesen, damit unser Land sich den Alliierten anschließt und sich bei der Gelegenheit so einige Landsleute auf Kosten der Deutschen bereichern konnten?«

»Siehst du?«, sagte Mónica.

»Was?«, fragte ich.

»Was?«, fragte Hugo.

»Wartet«, sagte Mónica.

Ihre Hände ohne Ringe blätterten wieder um, fanden diesmal jedoch schneller, was sie suchten. Erneut reichte sie mir das Manuskript; erneut bat sie mich, zu lesen. »Was denken Sie über Gardels Tod?«, fragte der Erzähler in dem Roman (aber ich wusste nicht, wer dieser Erzähler war). »Viele behaupten, es sei kein Unfall gewesen, sondern ein Attentat, Sie verstehen, jemand hat eine Bombe ins Flugzeug geschmuggelt, und adieu Tangokönig.« Eine Figur mit Namen Salcedito antwortete: »Das ist die perfekte Geschichte für einen Thriller. Und es würde niemanden überraschen, dass so etwas bei uns passiert, im Land des Todes.« Auch zu diesem Fall hatte ich eine enge Verbindung, wie eng, wird man gleich sehen. Im Juni 1935 war Carlos Gardel, der wichtigste Tangosänger der Geschichte, auf einer Tournee durch drei kolumbianische Städte bei einem Flugzeugunglück am Flughafen Olaya Herrera in Medellín zu Tode gekommen. Sein Flugzeug, eine F-31, deren Spitzname *Blechgans* so manchen hätte beunruhigen müssen, war zwei Minuten vor drei Uhr nachmittags bereit zum Abflug, als der Pilot die Meldung erhielt, es müssten noch Filmrollen geladen werden. Im Frachtraum war nicht mehr genügend Platz, sodass die Besatzung die Rollen schließlich unter den Sitzen deponierte. Nachher hieß es, ebendieses Übergewicht sei die Unglücksursache gewesen. Jedenfalls sah der Pilot (Ernesto Samper hieß er, ebenso wie der Präsident sechs Jahrzehnte später) die karierte Flagge und rollte los. Aber die F-31 erreichte nicht die nötige Geschwindigkeit. »Die Kiste gleicht einer unserer Lacroze-Straßenbahnen«, hatte Gardel anscheinend gescherzt. Da kam das Flugzeug vom Weg ab, verließ die Startbahn nach rechts und wäre in ein Bürogebäude voller Angestellter gekracht, wenn der Pilot nicht in letzter Sekunde ein Ausweichmanöver durchgeführt hätte. Die F-31 machte einen jähen Schlenker, umfuhr die Büros und stieß mit einem anderen Flugzeug zusammen, das gerade auf die Starterlaubnis nach Manizales wartete. Die beiden Flugzeuge gingen sofort in Flammen auf, fünfzehn Menschen starben, Gardel war einer von ihnen. Die offizielle Ermittlung kam zu dem Schluss, schuld sei das Übergewicht gewesen, der starke Südwind und vor allem die erbärmlichen örtlichen Bedingungen am Flugplatz. Unter den Sachverständigen, die den offiziellen Bericht unterschrieben, war der Ingenieur Epifanio Montoya, dessen Enkelin mir 1994 erzählen sollte, dass ihr Großvater mit dem Gardel-Unglück zu tun gehabt hatte. Fünf Jahre später sollte sie mich heiraten.

Mónica und Hugo erzählte ich nichts von diesem kuriosen Zufall, denn sie hatten keine Veranlassung, mein Faible für die seltsamen Cameoauftritte im Film der Geschichte zu teilen, es war nicht passend. Passend war hingegen, sich daran zu erinnern, dass auch bei Gardels Tod mehrere Verschwörungstheorien die Runde gemacht hatten. Einige sprachen von der Rivalität der beiden großen Fluggesellschaften Kolumbiens, andere von der Rivalität zwischen den Piloten, wieder andere von einer Signalpistole, in der mysteriöserweise eine Patrone gefehlt hatte.

»Jetzt seht ihr es?«, fragte Mónica.

»Ich glaube, schon«, sagte Hugo.

»Hört mal, ich weiß nicht, wer dieser Carballo ist«, sagte Mónica. »Aber wenn er jemanden gebraucht hat, der sich Geschichten über Verschwörungen anhört, dann hatte er ihn gefunden. R. H. war sehr empfänglich für derlei. Für ihn hatte alles eine dunkle Seite. Der Untergang des Schoners in der Karibik? Eine Verschwörung, um den Deutschen ihren Besitz wegzunehmen. Das Unglück, bei dem Gardel umkam? Die Verschwörung einer Fluglinie, um die Konkurrenz auszuschalten. Was soll ich sagen? Er mochte so etwas.«

»Das will nichts bedeuten«, sagte ich.

»Natürlich nicht. Aber der Roman ist voll von diesen Dingen. Man muss zugeben, der Mann hat gewusst, an wen er sich hängt.«

»Aber er konnte doch nichts von dem Roman wissen«, sagte Hugo.

»Einerlei«, sagte Mónica. »Ich will sagen, dass R. H. ein offenes Ohr für solche Verrücktheiten hatte. Verständnis oder Neugier, wie immer du es nennen willst. Und es würde mich nicht wundern, wenn er sich in ein Café im Zentrum gesetzt und sich die Geschichte des Verrückten angehört hätte, ja sogar ein Weilchen in seinem Fahrwasser gesegelt wäre, um zu sehen, ob er ihm etwas Nützliches entlocken kann, das sich für einen Roman gebrauchen lässt. Sagt bloß, ihr Schriftsteller seid nicht so: Immer klaut ihr den Leuten ihre Geschichten, nutzt die Marotten anderer aus. Aber ich sage dir noch einmal: Ich weiß nicht, wer der Mensch ist.«

»Er hat behauptet, er sei ein enger Freund von R. H.«

»Gut, das kann ich jedenfalls ausschließen. R. H. ist in den letzten Monaten so gut wie gar nicht ausgegangen. Jeden engen Freund hätte ich hier sehen müssen. Und ein neuer wäre mir aufgefallen, nehme ich an.«

»Ich auch«, sagte ich.

»Eben.«

»Aber seltsam ist die Sache schon«, sagte Hugo. »Der Kerl hat gesagt, R. H. habe eingewilligt, das Buch zu schreiben?«

»Nicht nur eingewilligt«, sagte ich. »Glücklich sei er gewesen. Das werde sein großer Roman, sein Schwanengesang. Und er hätte ihn beendet, wenn ihn die Krankheit nicht bezwungen hätte. Deshalb hat er ihn mir übergeben.«

»Moment, Moment. Was soll das jetzt heißen?«, fragte Mónica.

Ich freute mich, dass ich diese Szene vorhergesehen hatte. Ich griff in die Innentasche, wo ich Bleistift und Kugelschreiber aufbewahre, und holte den Brief hervor, den mir Carballo nach der Messe überreicht hatte. Ich entfaltete ihn und gab ihn Mónica, sah, wie sie ihn las, wie sich ihre kleinen Augen, die die Welt immer mit einem gewissen Argwohn zu betrachten schienen, wie Fliegen über das Papier bewegten und wie sie den Brief dann an Hugo weitergab, der ihn ebenfalls schweigend las, ohne Kommentar.

»Er hat dir diesen Brief gegeben«, sagte Mónica. Es klang nicht mehr nach Frage, sondern nach Feststellung. »Dieser Carballo.«

»Ja. Er hat gesagt, R. H. habe ihn für mich hinterlassen. Ich solle das Buch schreiben, da er es nicht mehr könne.«

»Also das ist beeindruckend«, sagte Mónica.

»Was denn?«

»Er ist gefälscht, dieser Brief. Aber gut gemacht. Das ist das Beeindruckende: dass er so gut gemacht ist.«

»Und woher weißt du, dass er falsch ist?«, fragte Hugo.

»R. H. hatte eine Unterschrift für das alltägliche Leben, eine andere für die Literatur«, sagte Mónica. »Sagen wir, eine für Schecks oder Verträge und eine für Autogramme. Seine Briefe

la vida no me ha dado tiempo para transformar este don en
ue dadas mis circunstancias he cumplido a cabalidad. Ahora
r tan maravilloso material y llevarlo a buen puerto. Tienes en
rande y no dudo al decir que eres digno depositario de estos

10 siempre mi abrazo y mi amistad,

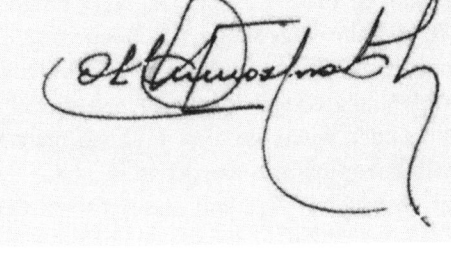

unterschrieb er auf die gleiche Weise wie seine Widmungen.«
Sie hielt sich das Papier vor Augen. »Und das hier ist die Unterschrift für das Alltägliche. Sie ist perfekt, muss man zugeben.«

»Aber wo kann er die herhaben?«, fragte ich. »Das will mir
nicht in den Kopf.«

»Mir schon«, sagte Hugo. »R. H. musste vor jeder Chemo-
Sitzung Papiere unterschreiben. Es ist nicht unmöglich …«

»Unmöglich nicht, aber doch seltsam.«

»Der Mensch, der sie kopiert hat, ist jedenfalls ein Künstler«,
sagte Mónica. »Aber R. H. hätte niemals diese Unterschrift
für einen Brief gebraucht, schon gar nicht für einen Brief über
Literatur, schon gar nicht für einen Brief über Literatur, der an
einen Freund gerichtet ist.«

»Du sagst also, der Brief ist eine Fälschung«, sagte ich.

»Ebendas sage ich.«

»Du bist dir sicher.«

»Mehr als sicher. Sag du mir, ob dir R. H. jemals etwas mit
dieser Unterschrift gewidmet hat.«

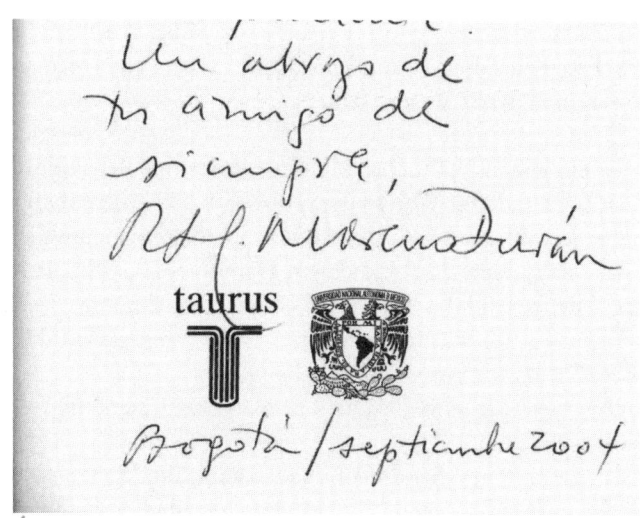

Es stimmte: Tatsächlich hatte ich sie nie gesehen. Ich verspürte Erleichterung, aber auch so etwas wie Frustration, und hinzu kam noch eine beschämende Bewunderung, die zu erwähnen ich mich hütete. Ich malte mir aus, wie Carballo stundenlang Vorlagen studierte, dann hingebungsvoll die Unterschrift kopierte, mühsam ihre Kurven und Ecken entlangfuhr, sie nach und nach erlernte, bewohnte, ganz so wie sich Pacho Herrera, kam mir in den Sinn, vom Geist Gaitáns bewohnen ließ. Ja, ich bewunderte die Tiefe der Lüge oder vielmehr die Tiefe des Verlangens, das die Lüge gerechtfertigt oder ins Leben gerufen hatte, und ich bewunderte auch die Details der Lüge, die Recherchen, die sie stützten oder begründeten (und ich fragte mich, woher er all die Einzelheiten hatte, wie das Restaurant *La Romana* und die Besuche beim Postfach; ich fand keine befriedigende Antwort, und auch dafür bewunderte ich ihn). Man müsste, dachte ich, einen neuen Ausdruck für eine so ausgeklügelte Lüge erfinden, die eine bloße Täuschung durch Worte bei weitem übersteigt, die eine komplexe, ausgetüftelte Inszenierung erfordert, für die gewisse Requisiten nötig sind und das Talent, sie anzufertigen. Was war Carballo? Kein simpler Lügner, auch wenn er das ebenfalls war. Was war er? Jemand, der fähig war, den Brief eines Toten zu fälschen, um seine Ziele zu erreichen, um seine Obsessionen in der Welt auszuleben.

»Er ist ein leidenschaftlicher Mensch«, hatte mir Benavides mit diesen oder anderen Worten gesagt, aber statt Leidenschaft sah ich eher krankhaften Wahn, einen Dämon, der ein menschliches Wesen quält, denn nur, wer einem Dämon folgt, geht so weit wie Carballo. Und das musste ich einfach respektieren.

»Talent hat er, das muss man ihm lassen«, sagte ich zu Hugo an der Tür, als wir uns verabschiedeten.

»Und was für eins«, sagte Hugo. »Das Talent hätte ich gern.«

Als ich an dem Abend nach Hause kam, merkte ich sofort, dass etwas nicht stimmte. Die Mädchen schliefen in unserem Zimmer, und der Kinderwagen stand unter der Treppe, als wäre M. gerade erst zurückgekommen. Sie musste mir nicht erklären, was los war. Ich brauchte nur ihre verärgerte oder enttäuschte Miene zu sehen, und mir fiel ein, dass wir in der Klinik verabredet gewesen waren, und schämte mich, weil ich dort nicht aufgetaucht war. Der Grund für den Termin war eine Oxymetrie gewesen, die feststellen sollte, ob meine Töchter endlich von alleine atmen konnten, ohne zusätzlichen Sauerstoff. In der letzten Zeit hatte es alle drei, vier Tage ähnliche Untersuchungen gegeben, stets mit ernüchternden Resultaten, und die Aussicht, die gemieteten Sauerstoffgeräte nicht mehr überall mitschleppen zu müssen, hatte für uns eine symbolische Bedeutung erlangt: Der Schlauch, der sich um das Gesicht meiner Töchter schlängelte, war die letzte Klippe vor einem normalen Leben. Auch diesmal war das Erhoffte nicht eingetreten. Die Enttäuschung ließ sich mit Händen fassen, haftete meiner Frau an Gesicht und Körper, aber ich wusste nicht, ob es nur die Enttäuschung über die Untersuchungen war oder auch über mein schuldhaftes Ausbleiben. M. reichte mir das Klinikblatt mit den Resultaten der einen Untersuchung:

Mit 1/8 Liter Sauerstoff: HF *142/min sa*O$_2$ *95%*
Wach ohne Sauerstoff: HF *146/min, sa*O$_2$ *86%*
Schlafend ohne Sauerstoff: HF *149/min, sa*O$_2$ *84%*

»Und die andere?«, fragte ich.

»Ebenso«, sagte sie. »Nicht umsonst sind sie Zwillinge.«

»Das heißt also nein?«

»Das heißt nein«, sagte M. »Und ich hätte gern gehabt, dass wir das zusammen erfahren, dass du da bist, wenn sie uns die Nachricht geben.« Und dann: »Wo warst du?«

»Bei R. H. zu Hause«, sagte ich. »Ich habe mit Mónica geredet. Wir haben besprochen … haben überlegt, ob das mit Carballo stimmen kann.«

»Carballo? Benavides' Freund?«

»Genau der«, sagte ich. »Verzeih mir. Ich habe nicht auf die Uhr geachtet.«

»Das hat mit der Uhr nichts zu tun, du hast die Untersuchung vergessen«, sagte M. »Sie ist aus deinem Kopf verschwunden.« Und dann: »Du bist nicht hier. Bist nicht bei der Sache.«

»Was meinst du?«, sagte ich. Obwohl ich sehr wohl wusste, was sie meinte.

»Dass du mit den Gedanken woanders bist, und ich weiß nicht, wo. Uns passiert da gerade etwas Wichtiges, das unsere ganze Aufmerksamkeit erfordert. Wir sind noch nicht über den Berg, es gibt noch so viel, was schieflaufen kann, die Mädchen hängen von uns ab. Du musst bei mir sein, dich auf das hier konzentrieren, aber für dich scheint interessanter zu sein, was ein verrückter Paranoiker sagt. So ein Typ interessiert dich nicht zum ersten Mal, aber diesmal ist es anders. Die Mädchen sind in einem Land auf die Welt gekommen, in dem sich die Leute seit jeher gegenseitig umbringen. Da ist nichts zu machen. Aber das Schlimme ist, dass diese Toten dich mehr interessieren als unsere Mädchen. Vielleicht übertreibe ich, vielleicht bin ich ungerecht, ich weiß nicht mehr. Ich will nicht ungerecht sein. Aber jetzt sind die Mädchen da, ich weiß nicht, ob du mich verstehst. Bring ihnen das nicht ins Haus, in ihr Bett. Du hast den ganzen Tag über diesen Verrückten geredet und an entsetzliche Dinge gedacht. Bring den Mädchen nicht all das mit nach Hause, was du in Händen und im Kopf hast. Hör nicht auf, an sie zu denken, weil du an das da denkst. Später bleibt immer noch Zeit dafür, aber tu das nicht jetzt, jetzt gibt es wichtigere Dinge.« Sie ging zur Schwingtür der Küche. »Aber wenn du das nicht kannst, wenn du dich nicht ganz darauf konzentrieren willst, flieg besser wieder nach Barcelona«, sagte sie, bevor sie verschwand. »Und ich mache das alleine.«

Ich blieb im Wohnzimmer zurück. Dann ging ich in unser Zimmer hinauf und fand meine Töchter wach, vier graue, weit geöffnete Augen, die versuchten, einen Punkt im Raum zu fixieren, halb beunruhigt, halb neugierig. Neunzig Tage waren seit der Geburt vergangen, und erst jetzt traten in ihren Zügen gewisse Ähnlichkeiten hervor, erst jetzt konnte ich ausmachen, wie die genetischen Kräfte sich bei Knochen und Muskeln ans Werk machten, und es war eine Art Wunder, meinen Mund in ihren Mündern zu entdecken, M.s Brauen in ihren schmalen Brauen, unsere Züge in zwei symmetrischen Gesichtern wiederholt, die mich noch nicht ansehen konnten, es aber bald tun würden. Ihr verlorener Blick würde sich schärfen, ihre Augen würden nicht mehr grau sein, sondern mich mit der Farbe der meinen ansehen. Mir kamen Verse von Paul Éluard in den Sinn, die ich einmal in einem Buch zitiert hatte und deren Sinn mit nie ganz klar geworden war, auch wenn zumindest feststand, dass es darin nicht um ein Neugeborenes ging:

Elle a la forme de mes mains
Ella a la couleur de mes yeux
Elle s'engloutit dans mon ombre
Comme une pierre sur le ciel

Ich stellte mir die dumme Frage, ob ihnen meine Abwesenheit aufgefallen war, ob sie mir böse deswegen waren, fragte mich, ob ich sie zum ersten Mal im Stich gelassen hatte. Ich dachte: *Wer Kinder besitzt, hat dem Schicksal Geiseln gegeben.* Mir schien, dass ich den Sinn dieser Worte erst jetzt begriff, als wären sie vor einigen Tagen, als ich sie während der Messe gehört hatte, noch abstrakt und fremd gewesen, allzu fern von meinem Bewusstsein, meiner Erfahrung. *Ich bin Geisel ihres Schicksals,* dachte ich. Dann ging ich wieder hinunter, setzte mich an den Schreibtisch, der nicht der meine war, schaltete meinen Computer ein und schrieb voll Überzeugung ein paar Worte an Carballo.

Sehen Sie, Carlos, ich habe eingehend darüber nachgedacht und bin zu einem Entschluss gekommen. Das ist nichts für mich. Nicht nur, weil mir bewusst geworden ist, dass Sie gar keinen Schriftsteller suchen (Sie suchen einen Paten für Ihren Wahn, jemanden, der Ihrer Paranoia das falsche Prestige des gedruckten Wortes verleiht), sondern weil ich glaube, dass Sie nicht die Wahrheit sagen. Ich glaube nicht, dass R. H. mir etwas hinterlassen hat. Ich glaube, Sie sind ein Schwindler und Betrüger, mit Verlaub. Mich interessiert nicht, was Sie mir vorschlagen, ich will keinen Kontakt mehr mit Ihnen und bitte Sie nur, dass Sie diese Entscheidung respektieren und nicht weiter insistieren.

Ich erhielt seine Antwort Minuten später.

Fahrn Sie zur Hölle.

Vier Wörter und ein Rechtschreibfehler: das war alles. Ich malte mir Carballos Gesicht aus, eine Mischung aus Enttäuschung und Verachtung, eine tiefe Verachtung, eine Verachtung, die fast eine Beleidigung war, sogar eine Drohung.
Ich antwortete nicht.
Und er schrieb mir nicht mehr.

Im Januar 2006 ging meine Zeit in Bogotá zu Ende. Ich landete in Barcelona – in der Stadt, in der ich seit sieben Jahren lebte –, mit dem Vorsatz, den allzu engen Kontakt mit der althergebrachten Gewalt meines Landes zu vergessen, mich auf das Leben zu konzentrieren, das vor mir lag, nicht auf das zurückgelassene. Das musste mir fast unbewusst gelungen sein, denn die Begegnung mit Benavides und Carballo wich allmählich aus meinem Gedächtnis, und von einem unbestimmten Moment an existierte sie nicht mehr, verseuchte nicht mehr meine Gegenwart mit Bildern von berühmten Morden (ein Kopf, der wie ein Knallkörper explodiert, ein fleischiger Wirbel, der früher einmal eine Kugel umfasst hatte) oder mit haarsträubenden Verschwörungsgeschichten, die nur unsere Paranoia nähren und dieses grundlegende Gefühl, dass die ganze Welt der Feind ist. Ich widmete mich dem Unterricht, mit dem ich den Lebensunterhalt verdiente, während ich mich bemühte, meine Töchter nicht im Stich zu lassen, denn ich wusste, für mich würden meine Fehler schnell Vergangenheit sein, würden jedoch die beiden vom ersten Augenblick an prägen, für immer. Alle Welt sagt, wie erschreckend die Macht ist, nach unserem Gutdünken das Leben unserer Kinder zu formen, aber noch erschreckender erschien mir, dass mich niemand bestrafen würde, wenn ich mich irrte, wenn ich sie verletzte oder verformte, ihnen Schaden zufügte oder ihnen ungewollt beibrachte, anderen Schaden zuzufügen. Es befriedigte mich, dass ich mich ihnen widmen konnte, ohne Ablenkung, ohne die verseuchten Reste der Vergangenheit. Es war eine freiwillige, bewusste Anstrengung, und ihr Ergebnis der Ertrag meiner hartnäckigen Amnesie. Es war ein Fehler gewesen, Carballos und, sagen wir es ruhig, auch Benavides' Obsessionen Zeit und Ohr zu leihen. Dieser Fehler ließ sich beheben.

Aber kann man wirklich willentlich vergessen? In *De Oratore* erzählt Cicero die Geschichte von Themistokles, einem Athener, dessen Weisheit seinesgleichen sucht. Es heißt, Themistokles habe einmal einen Mann von hoher Bildung und Gelehrsamkeit empfangen, der sich ihm mit Schmeicheleien vorstellte und ihm anbot, ihn in die Gedächtniskunst einzuweihen. Themistokles war neugierig und fragte, was diese neue Kunst, die sich damals gerade erst entwickelte, zu leisten vermöge, und der Besucher versicherte stolz, die Mnemotechnik bewirke, dass ihm alles im Gedächtnis bleibe. Themistokles antwortete dem Besucher enttäuscht, anstatt sich alles zu merken, würde er viel lieber von ihm lernen, alles zu vergessen, was er wolle. Mir fallen Ereignisse aus meinem Leben ein (Gesehenes, Gehörtes, irgendwann Entschiedenes), ohne die ich besser dran wäre, denn sie sind nicht von Nutzen, sondern unangenehm, beschämend oder schmerzhaft, aber ich weiß, sie willentlich zu vergessen, ist nicht möglich, sie werden immer in meinem Gedächtnis lauern; vielleicht lassen sie mich in Frieden, mal länger, mal kürzer, wie Tiere im Winterschlaf, aber eines schönen Tages sehe oder höre ich etwas oder treffe eine Entscheidung, die sie zurückruft, und sie strecken wieder den Kopf hervor. Die schuldbeladenen oder einfach nur verstörenden Erinnerungen kehren in unser Gedächtnis zurück, wenn man es am wenigsten erwartet, und dann kommt es zu einer Art Muskelreaktion – ein Reflex des Körpers –, die diese Rückkehr immer begleitet: Manche ziehen den Kopf ein, als hätte jemand nach ihnen geworfen, andere schlagen auf den Schreibtisch oder im Auto auf das Armaturenbrett, als könnte eine jähe Geste die unerwünschte Erinnerung verscheuchen, und manche ziehen eine verräterische Grimasse, schließen die Augen, pressen die Kiefer zusammen und zeigen die Zähne. Würden wir diese Momente heimlich beobachten, könnten wir sie erkennen. Jetzt ist es so weit, würden wir denken: Er hat eben an etwas Unangenehmes, Verstörendes oder Schuldbehaftetes gedacht. Nein, man beherrscht das Vergessen nicht, das haben wir nie erlernt, obwohl unser Geist besser funktionieren würde, wenn wir es könnten, wenn wir eine gewisse Macht darüber erlangen könnten, wie sich die Vergangenheit in die Gegenwart mischt.

Ich hatte jedenfalls Erfolg. Während der folgenden sechs Jahre dachte ich nicht mehr an diese Verbrechen. Als wäre ich nie bei Francisco Benavides gewesen. Das Vergessen war ein Triumph auf ganzer Linie. Ich schrieb und arbeitete, unternahm Reisen, die mir notwendig erschienen, übertrug Sätze von Hemingway oder Gespräche mit Al Pacino, unterrichtete Nordamerikaner um die zwanzig in Literatur und versuchte, manchmal mit Erfolg, sie für Rulfo und Onetti zu interessieren, las *Unter dem Vulkan* und *Der große Gatsby* und spürte, dass sie mir Wertvolles beibringen wollten und ich zu ungeschickt war, es zu verstehen. Und währenddessen ließ ich die Zeit über mich hinwegstreichen. Wie das Gesicht eines Kindes werfen uns die Städte das zurück, was wir ihnen zeigen: Das Barcelona jener Jahre nahm mich auf und umarmte mich, aber das war nur ein Reflex auf meine private Freude, auf das seltsame Gleichgewicht, das meine Tage durch das Familienleben bekommen hatten. Ich lebte, ohne mir dessen bewusst zu sein, zweifellos eine Metapher für das Glück. Meine Töchter lernten laufen, in dem langen Korridor der Wohnung an der Plaza de Tetuán mit Blick auf Palmen, in denen das ganze Jahr die kleinen Mönchssittiche lärmten, und später, als wir den ersten Stock in der Calle Córcega bezogen, sprachen sie bereits mit einem gemischten Akzent, der sie in jedem ihrer beiden Heimatländer zu kleinen Fremden machte, und je mehr sich ihre Sprache festigte, desto mehr wurde sie für mich zu einem seltsamen Spiegel, der mein eigenes Gefühl der Fremdheit und des Fremdseins wiedergab. Ich fragte mich, ernsthafter denn je, ob ich noch einmal in meiner Stadt leben würde, ob mich das Verstreichen der Jahre seit meinem Fortgang (und das waren einige) unweigerlich von ihr entfernen würde, bis die Rückkehr unmöglich wäre. Ein guter Freund fasste es mit einem Sprachspiel zusammen, das eine tiefe Wahrheit enthielt:

»Wir Kolumbianer gehen nicht aus Kolumbien weg«, sagte er. »Wir Kolumbianer sind immer *im Weggehen begriffen.*«

Aber wo war die Grenze? Wie lange konnte man irgendwo als Mieter, als Inquilin, wohnen, bevor man das geheiligte Recht verlor, nach Hause zurückzukehren? In den Wörterbüchern bezeichnet *Inquilin* ein Tier, das sich im Nest oder der Höhle eines anderen Lebewesens einnistet. Diese Definition diente mir zur Erklärung meiner Situation, ohne auf die lauernden großen Worte zurückgreifen zu müssen, denn ich war kein *Exilant,* ein *Ausgewanderter* zu sein, erschien mir simpel und langweilig, und nicht einmal unter Zwang hätte ich akzeptiert, zu einer *Diaspora* zu gehören. Aber eine Zeit lang bereitete mir die Frage schlaflose Nächte, ob sich der Status des Inquilinen vererbte, ob meine Töchter, so fest sie sich in ihrem Leben in Barcelona niedergelassen hatten, unvermeidlich dazu verdammt waren, von anderswoher zu stammen, einer anderen Spezies anzugehören. Nein, vielleicht war das hier nicht ihre Höhle, wie es nicht die meine war, so behaglich ich mich auch in ihr fühlte, so lieb mir ihre Bewohner und Winkel geworden waren. Niemals hatte ich mich so wohlgefühlt wie in diesen Jahren in Barcelona, während ich meine Töchter heranwachsen sah und die Kinder meiner Freunde, Bücher las, die ich noch nie gelesen hatte, und mich fragte, wie ich hatte leben können, ohne sie zu lesen. Ich machte lange nächtliche Spaziergänge, manchmal nach einem Glas mit Freunden oder mit M. auf dem Rückweg vom Kino Méliès, wo wir einen Film von Hitchcock, Welles oder Howard Hawks gesehen hatten, und dann kam ich nach Hause zurück, küsste meine Töchter auf die Stirn, betrachtete einen Moment lang ihren Schlaf im bläulichen Licht der Farblampe, überprüfte, ob Türen und Fenster fest verschlossen waren, und ging dann ebenfalls zu Bett. All das gab mir das Gefühl, die Schattenlinie hinter mir gelassen zu haben, von der Conrad spricht, dieses Alter, in dem wir für immer erwachsen sind, unseren Platz in der Welt einnehmen und anfangen, unsere Geheimnisse zu ergründen. Mit meinen dreiunddreißig Jahren hatte ich bereits seit mindestens fünf diese imaginäre Grenze überquert und fühlte mich in der Lage, dem Kommenden ins Auge zu blicken. Und all das war für mich auf mysteriöse Weise untrennbar mit dem Glück verbunden, dem immensen Glück, entkommen zu sein.

Ja, das war es. Als wäre ich entkommen, und es schien mir richtig, das so auszudrücken, denn wir Kolumbianer tun nichts anderes, darüber vergeht unser Leben: Wir versuchen zu entkommen oder fragen uns, warum es nicht gelingt, wir richten uns ein gutes Leben anderswo ein oder werfen uns vor, dieses Leben nicht zu suchen. Und so bevölkern wir Barcelona oder Madrid, haben aus New York die drittgrößte kolumbianische Stadt gemacht, landen in Miami oder Paris, in Lima oder in Mexiko-Stadt, füllen die Winkel aus, wie das Wasser jeden Raum ausfüllt, der ihm zur Verfügung steht. Damals übersetzte ich gerade einen erstaunlichen Roman von William Gass, *Der Tunnel*, dessen Motto mich seinerzeit nicht so beeindruckte, wie es das hätte tun sollen, und vor allem nicht so, wie es das heute tut: *Anaxagoras sagte zu einem Mann, der sich grämte, weil er in* einem fremden Lande im Sterben lag: »Der Abstieg zur Hölle ist von überall her gleich.«

Nein, der kolumbianischen Gewalt entkommt man nicht, das hätte ich wissen müssen. Niemand entkommt ihr, aber vor allem nicht meine Generation, die mit dem Drogenhandel aufgewachsen ist und das Erwachsenenleben erreicht hat, als das Land in dem blutigen Krieg versank, den Pablo Escobar ihm erklärt hatte. Man kann fortgehen, wie ich 1996, und glauben, das Land hinter sich zu lassen, aber man täuscht sich, wir alle täuschen uns. Und immer werde ich mich darüber wundern, wen das Leben auserwählt hatte, mir diese Lektion zu erteilen, die es mir auf so viele andere Arten hätte erteilen können: ein erjagtes Nilpferd.

Es war ein Tier von eineinhalb Tonnen Gewicht, das zwei Jahre in Freiheit verbracht hatte, nachdem es aus der Hacienda Nápoles entlaufen war, Pablo Escobars ehemaliges Hauptquartier und ebenso ein Zoo, der für Besucher geöffnet war. Das Foto sah ich im Sommer, im zähen, heißen Sommer 2009. Einer der vielen Gelegenheitsgäste, die ich damals empfing, hatte eine Ausgabe der Zeitschrift *Semana* bei mir vergessen, aber es mussten mehrere Tage vergehen – die Zeitschrift wanderte hin und her wie eine Seele im Fegefeuer –, bevor ich sie in einem Moment der Muße beiläufig aufschlug, nachdem ich mir ein kaltes Bier aus dem Kühlschrank geholt hatte. Doch die Wirkung kam blitzschnell. Das Bild der Soldaten, die das Nilpferd erjagt hatten, dunkle Männer in Uniform, die den toten Körper mit plumpem Siegerlächeln umringten und mit ihren Waffen in den Himmel zielten, machte einen Eindruck auf mich, den ich nicht hatte vorhersehen können, hinterließ eine Unruhe, die nichts mit dem gegenwärtigen Moment zu tun hatte, ein unerklärliches Unwohlsein. Was war los? Ich musste erst eine Weile auf das Foto starren, darunter ein ums andere Mal die Erzählung von der Flucht und der Jagd lesen, bis ich es begriff: Das Bild des Nilpferds, flankiert von den Jägern, hatte sich in meinem launischen Gedächtnis über das von Pablo Escobar geschoben, der im Kugelhagel über Medellíns Dächern gestorben war, sein Körper ebenfalls von den Jägern umringt, alles Männer in Uniform, die ihrerseits mit den Waffen in den Himmel zielten, ihrerseits mit Siegerlächeln, wobei einer von ihnen den Leichnam am T-Shirt anhob, als wollte er den Kameras oder den Schaulustigen das bärtige Gesicht des Mannes zeigen, der das Land ein Jahrzehnt lang mit Blut überflutet hatte.

Und da überkam mich auf einmal die Erinnerung. Ich erinnerte mich, wie ich mit einem Schulfreund und seinen Eltern den Zoo der Hacienda Nápoles besucht hatte, ein märchenhafter Ort, der nicht nur Nilpferde beherbergte, sondern auch rosa Amazonasdelfine, mehrere Giraffenpärchen, graue Nashörner und afrikanische Elefanten, Zebras, die sich zusammenscharten und die Illusion einer ganzen Herde hervorriefen, ein Heer von Flamingos, das stetig anwuchs und mehrere Seen kolonisierte (und unter den Riesenpalmen eine lange rosa Linie zeichnete), ein Känguru, das einen Fußball kicken, und einen Papagei, der die Aufstellung der kolumbianischen Nationalmannschaft aufsagen konnte. Das Jahr war 1985 gewesen, bestimmt im Juli, denn die Ferien hatten gerade angefangen. Folglich war ich zwölf gewesen, als ich das Eingangstor der Hacienda durchquerte, unter dem weißen Sportflugzeug hindurchfuhr, das Pablo Escobar hatte anbringen lassen wie ein Frontispiz und das an seine erste *Krönung* erinnern sollte, wie die Narcos die erfolgreiche Ablieferung einer Ladung Drogen in den Vereinigten Staaten nannten: ein Bauer, der die Verteidigungslinien durchbrach und sich bei seiner Ankunft in eine prächtige Königin verwandelte. Später sollte ich erfahren, dass das Flugzeug – HK-617 lautete seine Nummer: einer dieser völlig nutzlosen Faktensplitter, die in meinem launischen Gedächtnis stecken – eine Replik des echten darstellte, das mit einer Ladung Drogen ins Meer gestürzt war, aber als ich damals mit meinem Freund und seinen Eltern unter den Tragflächen hindurchgefahren war, hatte ich einen Stich kindlicher Schuld verspürt: Ich wusste sehr gut, dass meine Eltern ganz und gar nicht einverstanden gewesen wären mit diesem Besuch auf dem Besitz eines Mannes, der seit einigen Monaten der bekannteste Drogenhändler des Landes war und verantwortlich für den noch immer ungesühnten Mord am Justizminister letzten April.

All diese Erinnerungen überfielen mich mit hellster Klarheit. Der Impuls war unwiderstehlich: Ich holte mir mein Notizbuch, ein Moleskine mit schwarzem Umschlag, und fing an, Erinnerungen niederzuschreiben: über das Leben während jener Jahre, über den Zoo, über die möglichen Gedanken meiner Eltern, wenn sie gewusst hätten, dass ich dort gewesen war. Nein, sie wären ganz und gar nicht einverstanden gewesen; und mit meinen zwölf Jahren war ich schon so weit, den Grund zu verstehen: Die Ermordung von Minister Rodrigo Lara Bonilla hatte mit einem Schlag ihre Vorstellung von dem Land zerstört, in dem sie lebten. »So etwas ist seit Gaitán nicht mehr passiert«, sagte mein Vater damals oder sagt es zumindest in meiner Erinnerung. Sie – die Generation der damals Vierzigjährigen – waren in einem Land aufgewachsen, in dem das *nicht mehr passierte*. Als wir einige Monate vor dem Attentat am Wochenende bei einem Nachbarn eingeladen waren, hatte ein Erwachsener die Meinung geäußert, der Minister müsse vorsichtiger sein, denn wenn er die Mafiosi weiter ärgere, würden sie ihn umbringen. Die ganze Gesellschaft – vier Paare, Familienväter, die Karten spielten und Schnaps tranken, eingewickelt in Ponchos aus Nobsa – brach in Lachen aus, denn niemand konnte sich auch nur vorstellen, dass derlei geschehen würde, und wer sich noch an den Bogotazo erinnerte (einerlei, ob es eigene oder geerbte Erinnerungen waren), wahrte sich die Illusion, dass derlei nicht wieder geschehen würde. Aber am Abend des 30. April zersprang die Illusion in Stücke. Rodrigo Lara verließ sein Büro, es war schon dunkel, als die Killer ihn einholten. Der mit dem Maschinengewehr schoss über Kreuz, wie man es ihm auf der Killerschule eines israelischen Söldners in Sabanete, im Süden Medellíns, beigebracht hatte. Im Augenblick seiner Ermordung hatte Lara ein gebundenes Buch bei sich getragen: *Lexikon der Geschichte Kolumbiens.*

Am nächsten Tag herrschte eine besondere Stille in den Straßen, die Stille, die im Haus eines Sterbenden einkehrt. Als ich später die Älteren dazu befragte, wiederholten alle denselben Gedanken: Ja, es war eine andere Stadt gewesen, eine Stadt, die am nächsten Morgen fassungslos aufwachte. Auch das Land war natürlich zu einem anderen geworden: Etwas in ihm war zerbrochen, etwas hatte sich verändert, aber man wusste noch nicht, dass es sich *für immer* verändert hatte, wusste nicht, dass sich in dieser Nacht ein dunkles Jahrzehnt aufgetan hatte, neun Jahre, sieben Monate und ein paar Tage, deren Auswirkungen wir wohl bis ans Ende unseres Lebens nachsinnen werden: ein dunkles Jahrzehnt, ja, eine Schattenzone, die stinkende Grube unserer Geschichte. Alle Welt erinnert sich daran. Die kolumbianische Regierung musste irgendwie reagieren, und sie tat es, indem sie die Drogenkartelle dort traf, wo es sie am meisten schmerzte: Sie kündigte mit großem Medienspektakel an, dass sie ab sofort Drogenhändler ausliefern würde. Das Auslieferungsabkommen zwischen Kolumbien und den Vereinigten Staaten, das von Jimmy Carter und Julio César Turbay 1979 unterzeichnet worden war, kam wieder ans Licht wie ein Zombie, der die Narcos erschreckte. Denn eines wussten sie ganz genau: Einen kolumbianischen Richter konnte man kaufen oder ermorden – »plata o plomo«, Bares oder Blei, so lautete ihre berühmte Devise –, aber im Ausland, fern von ihren versteckten Dollars und ihren hungrigen Killern, war das schwerer. Ebenda explodierte die erste Bombe oder zumindest die erste, an die ich mich erinnere. Sie ging vor der Botschaft der Vereinigten Staaten hoch und tötete einen Menschen. Zwei Monate später trafen in den Vereinigten Staaten die Flüge mit den ersten Ausgelieferten ein. Escobar und seine Kumpane wollten ein ähnliches Schicksal verhindern und bildeten eine Gruppe mit eigenem Namen, *Die Auslieferbaren,* und schickten ihren Kriegsschrei in die Welt: *Lieber ein Grab in Kolumbien als ein Gefängnis in den Vereinigten Staaten.* Und mit bewundernswerter Beharrlichkeit widmeten sie sich der Aufgabe, Gräber für die anderen zu schaufeln.

Der Richter Tulio Manuel Castro Gil, Untersuchungsrichter des Attentats auf Lara, wurde mit drei Schüssen von einem Killer getötet, der aus einem grünen Mazda stieg, das Gesicht mit einem Schal vermummt. Hernando Baquero Borda, Richter des Obersten Gerichtshofs, der den Auslieferungsantrag gestellt hatte, wurde von mehreren Motorradkillern durchsiebt, nur ein paar Blocks weit von dem Ort entfernt, an dem Lara gestorben war. Roberto Camacho Prada, Sohn eines Liberalen, der während der Gewaltjahre Mitte des Jahrhunderts ermordet worden war, und Eigentümer eines Landguts am Amazonasufer, der am Guillain-Barré-Syndrom litt und Korrespondent von *El Espectador* in Leticia war, wurde von einem Killer ermordet, der ihm vor seinem Haus aufgelauert hatte. Der Leiter des Rauschgiftdezernats, Luis Alfredo Macana, wurde in Bogotá von einem achtzehnjährigen Killer ermordet, der extra aus Nocaima gekommen war, vor einigen Monaten mit der Machete einen Rivalen beim Billard enthauptet hatte und eben aus dem Gefängnis ausgebrochen war; er hatte hunderttausend Pesos für das Verbrechen eingestrichen, alles gestanden und dann alles geleugnet. Der Richter Gustavo Zuluaga Serna, mit der Untersuchung der Ermordung zweier Staatsbeamter 1976 betraut, die 36 Kilo Kokain in den Reifen eines Lastwagens entdeckt hatten, wurde vier Jahre lang per Telefon bedroht, erhielt Trauerkränze mit seinem Namen, und sogar Pablo Escobar selbst sandte ihm Botschaften, man würde seine schwangere Frau mit dem Kind im Bauch umbringen, wenn er die Anklage nicht zurückziehe, und dann passten sie ihn an einem Kreisverkehr in Medellín ab und erschossen ihn. Oberst Jaime Ramírez Gómez, einem Kollegen von Lara beim Kampf gegen das Kartell, lauerten sie an der Einfallstraße nach Bogotá auf, als der Oberst von einem Wochenende in Sasaima zurückkehrte, ohne Leibwächter oder andere Waffen außer der eigenen, und durchsiebten ihn mit vierzig Kugeln vor den Augen seiner Frau und seiner beiden Kinder. Guillermo Cano, Direktor von *El Espectador,* der sich Escobar in seinen Leitartikeln entgegenstellte, indem er die Fotos von seinen früheren Verhaftungen wegen Drogenbesitzes wieder ans Licht holte, die Anklagen Laras aufgriff und seine Kolumnen stets dazu benutzte, Escobar einen korrupten Verbrecher zu nennen, wurde nicht weit entfernt von seiner Zeitung erschossen, abends um halb acht, eine Woche vor Weihnachten. Die Richterin Mariela Espinosa, die gegen Pablo Escobar wegen zehn Kilo Kokain ermittelte, die man in Itagüí gefunden hatte, wurde bedroht, das Gericht wurde angezündet, um die Akte zu vernichten, man legte ihr eine Bombe in ihren Simca (die Richterin konnte ihn rechtzeitig verlassen), und ein paar Monate später wurde sie vor der Garagentür ihres Hauses ermordet, vor den Augen ihrer Mutter, die sie hatte kommen sehen. Der Präsidentschaftskandidat Luis Carlos Galán, der gemeinsam mit Lara die Bewegung Neuer Liberalismus gegründet hatte, der Jorge Eliécer Gaitán bewunderte, ja imitierte, der die Mafia unerbittlich verfolgt und ein Attentat mit Raketenwerfer überlebt hatte, wurde mit drei Maschinengewehrgarben in Soacha ermordet, im Süden Bogotás, als er gerade auf ein Holzpodium stieg, um vor Hunderten von Leuten eine Rede zu halten. Und während all das vor sich ging, gingen auch die Bomben weiter: die in dem Flugzeug, bei dem der Vater eines Freundes umkam, die vor dem DAS, bei dem Doktor Benavides' Assistentin gestorben war, die vor der Handelskammer, die ich aus nächster Nähe erlebt hatte, die in den Einkaufszentren.

Lange Zeit später hörte ich eine Tonaufnahme von Escobar, die fast ein Manifest ist und keinerlei Raum für Zweifel lässt:

»Wir müssen das totale Chaos säen, damit sie uns um Frieden bitten«, sagt er. »Wenn wir es den Politikern nur tüchtig geben, ihre Häuser anzünden und einen totalen Bürgerkrieg führen, dann müssen sie uns zu Friedensgesprächen rufen, und unsere Probleme sind gelöst.«

Aber es waren nicht nur die Politiker, sondern wir alle erlebten, wie unsere Häuser abbrannten, wir alle waren in diesen Bürgerkrieg verwickelt, der natürlich kein Bürgerkrieg war, sondern ein Massaker, feige, unbarmherzig, tückisch, an verletzlichen und zudem unschuldigen Menschen.

Vierundzwanzig Jahre nach meinem Besuch im Zoo saß ich nun da und erinnerte mich in Barcelona an all das, was ich während jener Jahre erlebt hatte, verbrachte lange Stunden im Internet, um so viel Information wie möglich zu sammeln (Videos mit Laras blutigen Autopolstern oder das Holzpodium, auf dem Galán zusammenbricht), telefonierte mit Freunden oder Angehörigen, um sie nach ihren Erinnerungen zu fragen, und erinnerte mich auch an die mir fremden Opfer, als müsste ich ihnen Gerechtigkeit widerfahren lassen, als schaute mir jemand über die Schulter, der mir vorwerfen konnte, seine Toten zu vergessen, und ich erinnerte mich an die von den Bomben aus den Angeln gerissene Stadt, diese Stadt, die nach jedem Attentat wieder aufwachte, wie ein Huhn, das immer noch im Kreis läuft, nachdem man ihm den Kopf abgehauen hat. Und ich fragte mich, was mit uns geschehen war: mit allen Bewohnern Bogotás, versteht sich, aber vor allem mit uns, die wir Kinder gewesen waren, als alles angefangen hatte, die wir das Handwerk des Lebens in diesem schwierigen Jahrzehnt erlernt hatten. Eine Art Antwort erhielt ich in Barcelona, als ich eines Abends vom Stadion zurückkehrte, wo ich meine Mannschaft hatte spielen sehen. Wie gewöhnlich ging ich bis zur Metro Collblanc, um noch ein wenig Luft zu schnappen, und stieg dort in den nächsten Zug, der in einer Fußballnacht so voll war wie zur schlimmsten Stoßzeit. Die Passagiere konnten sich kaum rühren, und nur wir Größeren konnten uns festhalten (eine Hand gegen die grüne Decke gepresst), damit wir nicht auf den Nachbarn fielen, wenn der Zug ruckelte. Aber je weiter wir fuhren, desto leerer wurde der Zug, die Stationen und Passagiere blieben hinter uns, doch als sich an der Station Diagonal die Türen schlossen, fiel mir etwas auf. Es war ein Stoffrucksack, der nach Kunsthandwerk aussah und allein unter einem Sitz zurückgeblieben war, neben dem Faltenbalg zwischen zwei Wagons. Sobald ich auf ihn aufmerksam geworden war, merkte ich, dass er auch einer Frau aufgefallen war. Sie trug das rotblaue Trikot unserer Mannschaft, hatte einen Jungen auf dem Arm, der an ihrer Schulter eingeschlafen war, ebenfalls in das Trikot gekleidet, und über den Kopf ihres schlafenden Kindes hinweg fiel ihr der verlassene Rucksack auf. Etwas in ihrer Miene kam mir vertraut vor. Kannten wir uns? Waren wir uns im Stadion begegnet? Wo hatte ich sie schon gesehen?

Ich weiß nicht mehr genau, wann das war, wohl zwei Jahre nachdem in allen Zeitungen Spaniens von dem Dschihadisten-Plan die Rede gewesen war, ein Attentat auf Barcelonas Metro zu verüben. Während mehrerer Tage der Paranoia hatten wir alle Details erfahren, die uns die Bilder von al-Qaidas Attentaten in Atocha lebendig ins Gedächtnis zurückholten: Die Bilder der zerbombten Züge – verstreute Karosserieteile auf den Gleisen, wie die abgestoßene Haut einer Schlange – schienen uns aus dem Jahr 2004 einzuholen, um uns in allen Einzelheiten zu zeigen, was uns hätte passieren können und nicht passiert war, monatelang lebten wir mit ihnen, sie sahen uns von einem Zeitungskiosk aus an, erhellten ein Café von einem Bildschirm aus, der einem im Vorbeigehen ins Auge fiel. Während uns diese Erinnerungsmomente über die Medien erreichten, erfuhren wir, dass die Terroristen von Barcelona eine Zelle von sechs Selbstmordattentätern und drei Anführern bildeten, dass sie die Bomben in Rucksäcken deponieren würden, die ein Dritter per Fernbedienung auslösen sollte, und dass sie als Ziel die Metro gewählt hatten, weil ein Zug, der sich zwischen zwei Stationen befindet, *für den Rettungsdienst nicht zugänglich ist.* Nachdem unser Zug die Station Diagonal verlassen hatte, war der Frau mit dem schlafenden Kind (beide in Rotblau gekleidet) ein einsamer Rucksack aufgefallen, und vielleicht hatte sie sich an diesen Plan erinnert, der viele hätte töten können, wenn man ihn nicht entdeckt und zerschlagen hätte. Und da erinnerte ich mich wieder an den Ausdruck im Gesicht dieser Frau, denn ich hatte ihn in Bogotá gesehen, an so vielen Orten in Bogotá, an denen ich vorbeigekommen war, in den Einkaufszentren, in den Parkgaragen, im Gesicht so vieler Menschen, die eigentlich nur einen normalen Tag zu erleben schienen. Wir taten so, als wäre es normal, die Fenster mit gekreuztem Kreppband zu verkleben, damit die Glassplitter bei einer Bombenexplosion nicht zu tödlichen Geschossen wurden. Wir taten so, als wäre es normal, nach jedem Bombenanschlag oder Politikermord bei anderen zu übernachten, da eine Ausgangssperre verhängt worden war, die uns am falschen Ort erwischt hatte.

Anderthalb Jahre. Anderthalb Jahre lang füllte ich Seite um Seite mit Erinnerungen wie dieser, mit Notizen und Daten, mit der verzweifelten Absicht, sie mittels der Vorstellungskraft zu verwandeln, die alles erleuchtet, und mittels der Erfindung, die über uns hinausgeht, damit ich endlich begriff, was während jenes Jahrzehnts geschehen war: damit ich die öffentlichen, sichtbaren Ereignisse begriff, versteht sich, die Legionen von Bildern und Berichten, die uns in Artikeln und Geschichtsbüchern, in den gedächtnisschweren Labyrinthen des Internets erwarten, aber auch die unsichtbaren, privaten Ereignisse begriff, die nirgendwo festgehalten sind, weil auch der beste Historiker, der beste Journalist nicht erzählen kann, was sich in der Seele eines anderen abspielt. Anderthalb Jahre, ja. Anderthalb Jahre, während deren ich mich ununterbrochen an jene Tage erinnerte, anderthalb Jahre, während deren ich an diese Toten dachte, mit ihnen lebte, mit ihnen sprach, mir ihre Klagen anhörte und selbst beklagte, weil ich nichts tun konnte, um ihre Leiden zu mildern. Aber vor allem dachte ich dabei an uns, die Lebenden, die wir zu begreifen versuchen, was da geschehen war, die wir so viele Jahre später noch Geschichten erzählen, um sie uns zu erklären. Genau das tat ich: Ich versuchte, es zu erklären, erzählte eine Geschichte, schrieb ein Buch. Und ich schwöre, als ich *Das Geräusch der Dinge beim Fallen* beendet hatte, war ich überzeugt gewesen, dass meine offene Rechnung mit der Gewalt, die ich hatte erleben müssen, nun beglichen war. Heute erscheint es mir unglaublich, wie ich nicht verstehen konnte, dass unsere Gewalt nicht nur die zu Lebzeiten erfahrene ist, sondern auch die andere, die von früher herkommt, denn beide sind miteinander verbunden, mögen die Fäden auch unsichtbar sein, die Vergangenheit ist in der Gegenwart enthalten, sie ist unsere Erbschaft ohne Nachlassbeschränkung, am Ende bekommen wir alles: Vernunft und Maßlosigkeit, Erfolge und Fehler, Unschuld und Verbrechen.

iv. Warum macht dich das stolz?

Im Juli 2012, nach sechzehn Jahren in drei europäischen Ländern, zog ich wieder zurück nach Bogotá. Zu meinen ersten Handlungen gehörte ein Anruf bei Doktor Benavides mit der Frage, ob wir uns sehen könnten. Unsere letzte Begegnung war mehr als unbefriedigend verlaufen, und ich wollte dieses Unbehagen aus der Welt schaffen, wollte das Raue abschmirgeln und um Entschuldigung bitten, denn ich war es gewesen, der sich in Urteil und Verhalten getäuscht hatte. Eine Stimme sagte mir in traurigem Ton, der Doktor sei unpässlich und könne nicht mit mir sprechen. Ein neues Leben in einem anderen Land zu beginnen, ist nicht weniger mühsam, wenn es sich um das eigene handelt. Ich war so beansprucht davon, die Rätsel meiner Ankunft zu lösen, die tausendundein Formen zu entschlüsseln, in denen sich Mentalität und Temperament meiner Stadt während der Jahre meiner Abwesenheit verändert hatten, dass ich mich nicht wieder mit Benavides in Verbindung setzte, mich nicht einmal nach seiner Gesundheit erkundigte. Anderthalb Jahre vergingen. Ich schrieb einen kurzen Roman, ging auf Reisen, die mir notwendig erschienen, kam langsam, Gewohnheit für Gewohnheit, in Kolumbien an. In diesen anderthalb Jahren, die in meiner Erinnerung viel länger sind, hörte ich nicht mehr von Benavides. Dachte kaum an ihn. Der Mann hatte mir sein Arbeitszimmer geöffnet, mich an Dingen teilhaben lassen, die er als geheim ansah: Er hatte mir vertraut. Was hatte ich getan, um mich für dieses Vertrauen erkenntlich zu zeigen? Eines Tages wurde mir bewusst, dass seit unserer letzten, ärgerlichen und unglücklichen Unterhaltung acht Jahre vergangen waren, und ich sagte mir, dass nicht zum ersten Mal jemand durch meine Schuld aus meinem Leben verschwand: weil ich zu Einsamkeit und Schweigen neige, weil ich mich manchmal willkürlich zurückziehe, weil ich Beziehungen nicht am Leben halten kann (sogar bei Menschen, die ich liebe oder die mich wahrhaftig interessieren). Das war von jeher einer meiner größten Fehler, der mir mehr als eine Enttäuschung eingebracht und mehr als einmal andere enttäuscht hat. Aber ich kann nichts dagegen tun, niemand ändert seine Natur durch reine Willenskraft.

Doch Anfang 2014 geschah etwas.

Am 1. Januar befand ich mich auf einer Hacienda aus dem 19. Jahrhundert in der Zona Cafetera, ein Haus mit Pfahlwänden und lasiertem Holzboden, dessen Name *Alsacia* mich an Veteranen aus dem Deutsch-Französischen Krieg denken ließ, die in den kolumbianischen Anden ein Stück ihrer Nostalgie zurückgelassen hatten. Ich war dort mit der erklärten Absicht eingetroffen, das neue Jahr in guter Gesellschaft zu empfangen, doch die letzte Nachricht des Jahres beschäftigte mich länger als vorgesehen: Am 24. Dezember, unterwegs von Sarajevo zu ihrem Haus in Belgrad, hatte die serbische Schriftstellerin Senka Marniković, Verfasserin eines Erzählungsbandes, der für mich fraglos ein Meisterwerk war, auf einer vereisten, glatten Straße die Kontrolle über ihren Wagen verloren, war durch die Leitplanke gebrochen, über einen hohen Erdwall geschossen und frontal gegen die Mauer einer Autowerkstatt geprallt. Der Tod der Autorin eines einzigen Buches am anderen Ende der Welt, deren Foto ich nie gesehen und deren Stimme ich nie gehört hatte, löste eine seltsame Melancholie bei mir aus, umso überraschender, weil ich wenige Jahre zuvor noch nicht einmal von ihrer Existenz gewusst hatte.

Ich war im Frühjahr 2010 auf ihren Namen gestoßen, während einer zweiundsiebzigstündigen Reise von Barcelona nach Belgrad, wo ich vor Romanisten über Literatur sprechen sollte. Meine Gastgeberin, eine Professorin für lateinamerikanische Literatur, die in ihrer freien Zeit die Gedichte von César Vallejo übersetzte, besichtigte mit mir nach meinem Vortrag die Wohnung des Romanciers Ivo Andrić. Nach diesem fetischistischen Besuch zeigte sie mir im Laufe des nächsten Tages einen Park am Donauufer und eine heruntergekommene Bar, in der neugierige Fremde entwertete Geldscheine aus der Zeit des Bosnienkrieges kaufen konnten. In der Bar fragte sie mich, ob ich *Gespenster von Sarajevo* gelesen hätte. Als ich antwortete, das Buch sei mir nicht nur unbekannt, ich hätte auch nie den Namen der Autorin gehört, schimpfte die Professorin mit perfektem Madrider Akzent, *coño*, das sei doch nicht die Möglichkeit, und am nächsten Morgen fand ich an der Hotelrezeption ein Exemplar von Marnikovićs Buch, in der einzigen westlichen Sprache, in die es bisher übersetzt worden war. Im Wartesaal des Belgrader Flughafens begann ich, *Fantômes de Sarajevo* zu lesen, und als ich nach einer Zwischenlandung in Zürich undeiner Verzögerung wegen schlechten Wetters zu Hause in Barcelona eintraf, hatte ich es beendet, las einige Erzählungen ein zweites Mal und fluchte, dass ich nicht schon früher auf dieses außerordentliche Buch gestoßen war; eine so wundervolle Entdeckung hatte ich nicht mehr seit jenem Tag im Jahr 1999 gemacht, an dem ich ein äußerst merkwürdiges Buch von einem gewissen W. G. Sebald aufgeschlagen hatte. Und nun war Marniković gestorben, gestorben mit zweiundsiebzig, neununddreißig Jahre, nachdem sie ihr wunderbares Buch veröffentlicht hatte, und die Melancholie, die ich bei der Nachricht verspürte, wurde zu dem fast physischen Bedürfnis, sie wieder zu lesen, in ihre Stimme abzutauchen, die weiser war als ich, durch ihre Augen auf die Welt zu blicken, die aufmerksamer als meine waren. Ich zog das Buch aus dem Bücherregal, tat es in den schwarzen Rucksack, und so begleitete es mich an diesem ersten Januar in der Hacienda aus dem 19. Jahrhundert, selbst der cremefarbene Umschlag trat gedämpft auf, als hätten wir beide einen gemeinsamen Freund verloren.

Es war ein Feiertag, versteht sich, aber ein Mittwoch, der Wochentag, an dem ich seit sieben Jahren meine wöchentliche Kolumne für *El Espectador* schrieb. Ich hatte es mir zur Gewohnheit gemacht, sie in den Morgenstunden zu verfassen, wenn mein Kopf weniger schwerfällig ist, aber diesmal hatte die Neujahrsträgheit (die unterschwellige Überzeugung, dass die Welt von neuem beginnt und nichts eilig ist) mit meiner Disziplin gebrochen. Nach einem späten Mittagessen verfiel das alte

Haus mit den Holzdielen in bleierne Schläfrigkeit, nichts störte das Schweigen als das Lärmen von Zikaden und Papageien, und so goss ich mir ein Bier ein, setzte mich an einen Spieltisch, dessen grünes Tuch letzte Nacht beim fröhlichen Feiern von Zigaretten angesengt worden war, und machte mich an die Arbeit wie ein Jäger, der sein Glück versucht, ohne die Gewissheit zu haben, Beute zu finden. Ich schlug Marnikovićs Buch auf einer beliebigen Seite auf, ging den Anfang einiger Erzählungen durch und las noch einmal ganz »Das umfassende Leben von Gavrilo Princip«, den besten Text im Buch und der angemessenste für dieses Jahr, das gerade erwachte. Mit den Figuren im Kopf schrieb ich die ersten Sätze, und nach wenigen Minuten hatte sich Marnikovićs Erzählung mit anderen Themen, anderen Personen verbunden, die mir näher standen, sodass die Kolumne sich um eine relativ einfache Idee rankte: die möglichen Parallelen zwischen zwei berühmten Attentaten, eines von weltweiter Bedeutung, das andere von begrenzterer Reichweite, die beide nur wenige Monate auseinanderlagen. »Erinnerungen an das beginnende Jahr«, betitelte ich den Text. Dann schrieb ich:

Dieses Jahr wird ein Jahr der Gedenktage sein, aber keiner guten. Natürlich wird man in Panama die Durchfahrt der *S. S. Ancón* durch den frisch eingeweihten Kanal feiern; natürlich werden Julio Cortázars Leser seiner Geburt in Brüssel gedenken. Aber ich fürchte, in den folgenden Monaten wird vor allem von ganz bestimmten Morden und ihren Folgen die Rede sein. 1914, besagt ein Gemeinplatz, ist die wahre Eingangstür zum gequälten 20. Jahrhundert, und nicht unbedingt, weil ein argentinischer Schriftsteller auf die Welt kam oder sich ein Weg zwischen zwei Ozeanen geöffnet hat. Die Morde jenes Jahres waren Geburtshelfer für einen Großteil der folgenden Geschichte, und es schaudert einen, wenn man aus der trügerisch beruhigenden Perspektive späterer Jahre sieht, wie wenig Vorstellung wir von dem Debakel hatten, das hinter der Ecke auf uns wartete. In »Das umfassende Leben von Gavrilo Princip«, eine der besten Erzählungen, die je über das Vermächtnis jenes

Jahres geschrieben wurden, erfindet die serbische Schriftstellerin Senka Marniković eine Welt, in der der erste Weltkrieg nicht stattgefunden hat. Gavrilo Princip, ein junger serbischer Nationalist, trifft in Sarajevo ein, um Erzherzog Franz Ferdinand zu töten, aber seine Pistole klemmt, und der Erzherzog bleibt am Leben. Princip stirbt im nächsten Jahr an Tuberkulose, und die Welt ist eine andere.

Aber so ist es nicht gekommen, versteht sich. Gavrilo Princip hat Erzherzog Franz Ferdinand von Österreich sehr wohl getötet. Es war kurz vor seinem zwanzigsten Geburtstag. Er hatte sich dem Geheimbund Schwarze Hand anschließen wollen, wurde aber wegen seiner geringen Größe abgelehnt. Nachdem er gelernt hatte, mit Bomben und Pistolen umzugehen, schloss er sich einer Gruppe von sechs Verschwörern an, deren Ziel es war, den österreichisch-ungarischen Thronfolger zu ermorden und dadurch die Abtrennung der slawischen Provinzen vom Kaiserreich zu erzwingen und ein Großserbien zu schaffen. Die Verschwörer mischten sich unter die Menge, die die Route des Erzherzogs säumte, an dessen Wagen man das Verdeck zurückgeschlagen hatte, damit die Schaulustigen die Blaublütigen sehen konnten. Dem Plan nach hätten alle Verschwörer, vom ersten bis zum letzten Mann, das Attentat versuchen sollen. Der Erste scheiterte aus Furcht. Princip aber, trotz Marnikovićs wundervollen Spekulationen, scheiterte nicht.

Im Oktober desselben Jahres, jedoch am anderen Ende der Welt, wurde ein Mann, der kein Erzherzog war, aber ein General und Senator der Republik, nicht mit Kugeln ermordet, sondern mit Äxten, von zwei Personen, jung und arm wie Princip. Rafael Uribe Uribe, Veteran mehrerer Bürgerkriege, unangefochtener Führer der liberalen Partei (in einer Zeit, in der es etwas heißen wollte, Liberaler zu sein) und Modell für die Figur Aureliano Buendía in *Hundert Jahre Einsamkeit*, wurde am 15. mittags von Leovigildo Galarza und Jesús Carvajal attackiert, zwei arbeitslosen Tischlern. Er starb früh am nächsten Morgen in seinem Haus in der Calle 9 in Bogotá. Am Gehweg, wo ihn die Hiebe der Mörder trafen, gibt es eine Gedenktafel, die niemand sieht, weil sie sich auf Kniehöhe befindet. Dennoch werden die Kolumbianer dieses Jahr seiner gedenken. Sie werden über ihn schreiben, sein Leben preisen, auch wenn sie es nicht kennen, und seinen Tod bedauern, auch wenn sie nicht wissen, warum er ermordet wurde. Und so wird die Zeit vergehen: in Gedenken an Princip und Franz Ferdinand, an Galarza, Carvajal und Uribe Uribe, in Gedenken an diese Verbrechen, an ihre Ursachen und Folgen. Das Jahr hat kaum begonnen.

Die Kolumne wurde am 3. Januar veröffentlicht. Am nächsten Montag, dem Dreikönigstag, wachte ich kurz vor Morgengrauen auf. Ich bemühte mich, keine Diele unter meinen Füßen, keine Türangel in dem alten Haus knarren zu lassen, holte meinen Computer und fing an, die Presse zu lesen. Seit vielen Jahren schon hatte ich die Gewohnheit aufgegeben, auf den Webseiten die Kommentare zu meiner Kolumne zu lesen, nicht nur aus Mangel an Interesse und Zeit, sondern aus der tiefen Überzeugung, dass sie eine Bühne für die schlimmsten Laster unserer neuen digitalen Gesellschaften darstellen: für die intellektuelle Verantwortungslosigkeit, für den Stolz auf das eigene Mittelmaß, für haarsträubende und ungestrafte Verleumdungen, aber vor allem für den verbalen Terrorismus, für das Rowdytum des Schulhofs, dem sich die Teilnehmer mit unbegreiflicher Leidenschaft ergeben, für die Feigheit all dieser Aggressoren, die sich unter Pseudonym ausrotten, aber ihre Beleidigungen niemals mündlich wiederholen würden. Das Forum der Meinungsseiten in meinem Land hatte sich in unsere moderne, digitale Version von »Zwei Minuten Hass« entwickelt: jenem Ritual aus Orwells *1984,* bei dem die Bürger das Bild des Feindes gezeigt bekommen, sich ekstatisch der physischen Aggression hingeben (sie werfen Objekte gegen die Leinwand) und der verbalen (sie beleidigen, kreischen, klagen an, diffamieren) und dann wieder in die reale Welt hinaustreten, sich frei fühlen, erleichtert und mit sich selbst zufrieden. Ja, seit vielen Jahren schon las ich diese Kommentare nicht mehr, doch an dem Morgen tat ich es. Ich ging die Beleidigungen samt Rechtschreibfehlern durch, die Verleumdungen samt erbärmlicher Zeichensetzung, Symptome, dass etwas faul war im Staate Kolumbien. Unten auf der

Seite erweckte ein Kommentar meine Aufmerksamkeit. Der Unterzeichner (wenn man ihn so nennen will) hieß Freigeist. So lautete sein Text:

Was für eine idiotische Kolummne, wen juckts was da drüben los war!! Was hier los war?? Wir Kolumbianer WISSEN warum sie Uribe Uribe umgebracht haben so sehr sie versucht haben uns zu TÄUSCHEN, was andres ist es dass es nicht ans Licht gekommen ist. Herrschaften vom Espectador mit solchen Kolummnisten wie dem da verspielen sie jeden Tag mehr Ansehen. Und sie angeblicher Kolummnist sie bleiben besser bei ihren gescheiterten Romanen. Eines Tages kommt die Wahrheit ans LICHT!!!

Während der folgenden Tage wurde ich die lächerliche Gewissheit nicht los, dass ich da wieder Carlos Carballo begegnet war. Dann dachte ich, nein, nicht begegnet: er hatte sich mir absichtlich in den Weg gestellt. Dann dachte ich, dass beides falsch und die Wahrheit simpler, aber auch ärgerlicher war: Carlos Carballo hatte niemals aufgegeben. In den langen acht Jahren, die seit unserer Begegnung in der Kirche vergangen waren, hatte mich Carballo keinen einzigen Augenblick aus den Augen gelassen. Womöglich hatte er meine Bücher gelesen, bestimmt meine Kolumnen verfolgt und oftmals seine anonymen Schmähungen darunter gesetzt. Dann dachte ich, dass Freigeist, so sehr alles dagegen sprach, vielleicht gar nicht Carlos Carballo war, sondern irgendeiner der Abermillionen, die in einem Land mit einer so turbulenten Geschichte wie der unseren die Republiken der Paranoia bevölkern. Am besten, ich rief Francisco Benavides an, erkundigte mich nach seiner Gesundheit und ob er in letzter Zeit mit Carballo in Kontakt gewesen sei, ob Carballo mit ihm über mich gesprochen, ihm erzählt habe, was er mir in der Kirche vorgeschlagen hatte und was meine Antwort gewesen war. Ich rief an, niemand antwortete; ich hinterließ eine Nachricht bei der Sekretärin in der Praxis. Er rief nicht zurück.

Mein kurzer Aufenthalt auf der Hacienda aus dem 19. Jahrhundert ging zu Ende. Ich kehrte mit meiner Familie nach Bogotá zurück, bereit, meinen Arbeitsalltag wieder aufzunehmen, versuchte jedoch nicht, Benavides zu kontaktieren. Zwei Dinge hielten mich davon ab: ein Roman über einen Veteranen des Koreakriegs, an dem ich seit fünf Jahren schrieb und der nach vielen Fehlversuchen endlich in Fluss gekommen war – ich hatte ihn nur widerstrebend für die Ferien unterbrochen –, und Recherchen über Senka Marniković, die durch ihren Tod auf einmal Interesse erweckte. Aber das Internet, das alles weiß, wusste wenig über Senka Marniković. Wie immer, wenn uns etwas beschäftigt oder verfolgt, schien sich das Leben verschworen zu haben, damit mich alles direkt oder indirekt an sie erinnerte oder auf sie verwies. Ein spanisches Pärchen etwa, das ich kaum kannte, Asier und Ruth, hatte auf dem Balkan gelebt und gearbeitet, voll Nostalgie erzählten sie mir von ihrer Zeit dort, boten mir Bücher über die Belagerung Sarajevos an, und eine Freundschaft entstand. Außerdem schrieb mir der Romancier Miguel Torres, er habe meine Kolumne gelesen, und fragte, wer diese serbische Schriftstellerin sei, ob ihre Bücher übersetzt seien und wo er sie finden könne, denn ihn interessierten diese Fiktionen, die den tatsächlichen Verlauf der Geschichte ändern oder auf den Kopf stellen. Ich antwortete nicht: eine Unhöflichkeit und ein egoistischer Akt, besonders bei einem Kollegen, den ich schätze (dessen Romane über den 9. April zu den besten gehören, die je in meinem Land erschienen sind). Doch den Leser von Fiktionen, eines der Mysterien des Lebens, überkommt manchmal dieses besitzergreifende Gefühl bei Büchern oder Autoren, die uns etwas Wichtiges oder Neues gesagt haben, etwas, was wir noch nie zuvor gehört hatten. Ich wollte nicht über Senka Marniković sprechen, weil Senka Marniković nur mir allein gehörte. Das war eine primitive Regung, aber ebendas empfand ich damals.

Anfang Februar schrieb ich endlich Doktor Benavides. Ich sagte, wie sehr ich das Schweigen bedauerte, das so viele Jahre lang zwischen uns geherrscht hatte; sagte, für dieses Schweigen und seine Folgen sei nur ich verantwortlich, doch würde ich gern wieder Kontakt aufnehmen. Diesmal antwortete er sofort.

Lieber Patient,

es hat mich sehr gefreut, Ihre Nachricht zu erhalten, weshalb soll ich das leugnen? Ab und an denke ich an jene Tage vor langer Zeit und bedauere es ebenfalls, dass wir den Kontakt verloren haben. Ich habe erfahren, dass Sie uns nun als Ansässiger mit Ihrer Gegenwart beehren, nicht wahr? Sagen Sie mir, wann wir uns treffen können, und wir bringen uns auf den neusten Stand der Dinge. Das Leben hat mich nicht sehr gut behandelt, und ich würde gern mit jemandem reden, der meine Kümmernisse versteht (hier sollte melodramatische Musik einsetzen). Nun gut, aus mehreren Gründen, die ich hier nicht erklären will, sind augenblicklich Sie dieser Jemand. Ich arbeite zur Zeit spät. Bis 8 treffen Sie mich in der Klinik an. Benachrichtigen Sie mich aber, bevor Sie kommen.

Herzlich

Francisco

Ich holte ihn am folgenden Freitag ab. Seit den Tagen um die Geburt meiner Töchter, den langen Nachtstunden der Ungewissheit und Beklemmung, fühle ich mich sofort unbehaglich, wenn ich abends eine Klinik betrete. Zudem hatten wir uns an einem Ort verabredet, der für mich ebendiese Tage heraufbeschwor, als würde ich sie erneut erleben: die Cafeteria im Untergeschoss, dieser Raum ohne Fenster, der sich zu den Mahlzeiten mit zweierlei Publikum füllt, zum einen mit Angehörigen der Patienten und ihrer ewigen Maske der Unruhe, zum anderen mit abgehärteten, manchmal gleichgültigen Ärzten und Krankenpflegern. Benavides traf mit zwei Minuten Verspätung ein, und sogleich sah ich in seinem Gesicht die Verwüstungen der letzten Jahre und erinnerte mich, eine plötzliche Eingebung, warum ich ihn mit dieser Hochachtung schätzte, die so sehr der Bewunderung gleicht. Denn in Benavides' müdem Gesicht sah man nicht nur die Zeit, sondern auch die Erschöpfung angesichts des fremden Leids, dieser anderen Arbeit, die er vor Jahren auf sich genommen hatte und die im Grunde darin bestand, die Sterbenden zu begleiten. Er kam in seinem weißen Kittel und hielt ein grünes Buch in der Hand. Bevor er zu dem Tisch gelangte, an dem ich wartete, musste er vier Leute begrüßen, die aufgestanden waren, als er durch die Glastür getreten war, und allen widmete er sich mit derselben Liebenswürdigkeit des müden Mannes, drückte bereitwillig Hände, aber mit einer unsichtbaren Last auf den Schultern. Inzwischen trug er eine randlose Brille, zwei Gläser, die über seinen Augen zu schweben schienen, wäre da nicht das tiefe Rot der Bügel und des Nasenstegs gewesen.

»Ich habe Ihnen das hier mitgebracht«, sagte er, als er sich gesetzt hatte.

Es war ein Band aus einem Universitätsverlag mit schauerlichem Titel: *Dem Tod ins Auge blicken. Acht Perspektiven.*

»Was ist das?«, fragte ich.

»Variationen zu ein und demselben Thema«, sagte er. »Darunter sind Philosophen, Theologen, Literaten, Leute, die Sie vielleicht interessieren. Der Arzt bin ich.« Er verfiel in ein beschämtes Schweigen und fügte hinzu: »Wenn Ihnen mal der Lesestoff ausgeht.«

»Vielen Dank«, sagte ich und meinte es aufrichtig (was nicht immer der Fall ist, wenn man ein Buch bekommt). »Wissen Sie, Francisco, als wir uns das letzte Mal gesehen haben ...«

»Vor acht Jahren? Wollen wir über das sprechen, was vor acht Jahren gewesen ist? Nein, Vásquez, das wäre Zeitverschwendung. Sprechen wir lieber über Wichtiges. Erzählen Sie mir zum Beispiel, wie es Ihren Mädchen geht.«

Das tat ich. Während wir bei der Selbstbedienung anstanden, an unseren Tisch zurückkehrten und zu essen begannen, erzählte ich ihm in allen Einzelheiten von meinen Erfahrungen der Vaterschaft, die mir mit jedem Tag schwieriger vorkam, und wie ich manchmal mit Nostalgie an die ersten Tage dachte, als die einzigen Hindernisse die Ärzte gewesen waren. Jetzt musste man es mit der Welt aufnehmen, mit dieser verdammten Welt, die allem und jedem schadet, wo sie nur kann, und bereits in ihrem Alter waren viele Freunde meiner Töchter für immer beschädigt. Ich erzählte ihm von den letzten Jahren in Barcelona und von der Entscheidung nach Kolumbien zurückzukehren. Erzählte ihm, wie es war, nach sechzehn Jahren wieder in meiner Stadt zu leben: dieses teils befremdliche Gefühl, nicht mehr ganz von hier zu sein, wie ich früher in Barcelona auch nicht ganz von dort gewesen war. Ich sagte ihm, dass mir ebendieses seltsame Fremdsein die Rückkehr ermöglicht hatte, denn ich hatte davon gezehrt. Aber die Stadt war für mich auch schroff, feindselig und intolerant geworden, auf eine für mich überraschende Weise: Die Gewalt ging nun nicht mehr, wie zur Zeit meines Weggangs, von eindeutig bestimmbaren Akteuren im Krieg gegen die Bürger aus, sondern steckte in den Bürgern selbst, die alle in ihren eigenen Kreuzzug verstrickt zu sein schienen, ständig den anklagenden Finger erhoben, um zu zeigen und zu verurteilen. In welchem Moment war das passiert?, fragte ich Benavides. In welchem Moment hatten wir uns so verändert? Mehrmals am Tag überfiel mich die ärgerliche Überzeugung, dass die Leute in Bogotá bei Gelegenheit nicht zögern würden, den Knopf zu drücken, der die verhassten anderen für immer auslöschte: die Atheisten, die Arbeiter, die Reichen, die Homosexuellen, die Schwarzen, die Kommunisten, die Unternehmer, die Anhänger des Präsidenten, die Anhänger des Expräsidenten, die Fans von Millonarios, die Fans von Santa Fe. Die Stadt hatte das Gift der kleinen Fundamentalismen verseucht, ein Gift, das unterirdisch floss wie das schmutzige Wasser der Kloaken. Ja, das Leben schien normal abzulaufen, die Bogotaer flüchteten sich weiterhin in die Umarmung der Freunde und in den Sex mit den Geliebten, waren weiterhin Eltern und Kinder, Geschwister und Eheleute, ohne dass sie das Gift im Geringsten beeinträchtigte, oder vielleicht im Glauben, dass es das Gift gar nicht gab. Aber es gab wundervolle Menschen wie Francisco Benavides, der tagtäglich Stunden darauf verwandte, einem Todkranken die Hand zu drücken und mit ihm über den bestmöglichen Tod zu sprechen, der es nie vermied, jemanden ins Herz zu schließen, der seine Empathie nicht rationierte, seine Gefühle nicht dosierte, der sich kopfüber und ohne die Augen zu schließen in eine Beziehung stürzte, die nur in Trauer enden konnte.

Ich erzählte ihm von Carballo. Die Leute in der Cafeteria kamen und gingen, im Hintergrund klirrte Besteck auf Tellern, klackten Absätze auf Fliesen, krachten Stimmen auf angespannte Stimmen, und ich erzählte Benavides von Carballo. Ich erzählte ihm von dem Treffen nach R. H. Moreno-Duráns Totenmesse, erzählte ihm, was mir Carballo erzählt hatte, von dem Roman über Orson Welles, und hörte mir an, wie er sich über diesen Roman im Besonderen und über die Romanciers im Allgemeinen lustig machte, die die Geschichte nicht in Ruhe lassen oder die Dinge respektieren können, die tatsächlich geschehen sind, als wären die nicht interessant genug. Er sagte mir, aus ebendiesem Grund hätten die Romanciers vor langem schon den wirklich wichtigen Kampf verloren, bei dem es nicht darum ging, dass die Leute die unangenehme, graue oder dürftige Wirklichkeit vergaßen, sondern darum, dass sie ihre Wirklichkeit am Revers packten, ihr in die Augen sahen, sie hemmungslos beleidigten und dann ohrfeigten. Ich sagte, nun seien schon über acht Jahre seit R. H.s Tod vergangen, und der Roman sei nicht veröffentlicht worden, also stimme es zweifellos: Den Leuten reiche es vollkommen, zu wissen, wie die Dinge wirklich abgelaufen sind, es interessiere sie nicht, wie sie *hätten ablaufen können*. Mich jedoch interessiere bei der Lektüre von Romanen genau das: die Erforschung dieser anderen Wirklichkeit, nicht der Wirklichkeit des tatsächlich Geschehenen, keine Reproduktion wahrer oder nachweisbarer Tatsachen in Romanform, sondern das Reich des Möglichen, der Spekulation, der Autor, der in Bereiche vordringt, die dem Journalisten oder Historiker verboten sind. All das sagte ich Benavides, und Benavides schützte Geduld oder Interesse vor und hörte mir zu.

Dann erzählte ich von dem gefälschten Brief und dem Angebot, ein Buch zu schreiben. »War er denn sicher gefälscht?«, fragte Benavides. »Ganz sicher«, sagte ich und blickte zu einem alten Pärchen, das sich hinten in den weichen Sesseln niedergelassen hatte. Aber nicht, weil es meine Aufmerksamkeit erregt hätte, sondern weil ich Benavides nicht in die Augen sehen wollte, als ich sagte, ich müsse ihm etwas beichten. Und ohne ihm Zeit zum Nachfragen zu geben, erklärte ich gleich darauf, wie es dazu gekommen war, dass ich Carballo das Fortbestehen – und den Ort – von Gaitáns Wirbel verraten hatte.

»Es war keine Absicht«, sagte ich dumm. »Es ist mir herausgerutscht.«

Da sah ich in seinem Gesicht etwas, was ich noch nie gesehen hatte, ein neuer Ausdruck stieg vom tiefen Grund auf. Ein Moment verstrich, der mir ewig vorkam: vier, fünf Sekunden, vielleicht sechs. Dann gab Benavides sein Schweigen auf und stieß einen der kürzesten Einsilber aus, den es gibt.

»Ah«, sagte er.

»Verzeihen Sie mir«, sagte ich.

»Ich verstehe.«

»Ich weiß, Sie wollten das nicht.«

»Ich verstehe«, wiederholte Benavides. Und dann: »Ich hatte schon den Verdacht.« Und dann: »Sie haben es bestätigt, aber ich hatte den Verdacht.« Dann blickte er auf meinen Teller, sah sich die Position des Bestecks an. »Sind Sie fertig?«, fragte er. »Wollen Sie einen Nachtisch, einen Kaffee?«

»Nein, gar nichts, danke.«

»Nein, nicht wahr? Ich auch nicht.«

Ich sah ihn aufstehen und das Tablett mit einer leichten Beugung der Knie, nicht des Oberkörpers, hochheben. Er ging zu der Stelle, an der man die benutzten Tabletts abstellte. Ich stand auf und folgte ihm.

»Verzeihung, Francisco, verzeihen Sie mir meine Unüberlegtheit«, sagte ich. »Ich weiß, sie wollten das geheim halten. Aber ich habe mit Carballo gestritten, die Sache wurde hitzig, und da habe ich es rausgelassen, ihm fast ins Gesicht gespuckt. Verstehen Sie, das war der einzige Weg, damit er mir nicht mehr auf die Nerven ging. Ja, es war dumm von mir. Eine Dummheit. Aber gut, es ist auch nicht das Ende der Welt.«

Er strich sich den weißen Kittel glatt, sah mich an.

»Ich weiß nicht, ob das Ende der Welt«, sagte er. »Aber gewiss ist es der Anfang der Nacht. Das heißt, mit der Geschichte werden wir jetzt nicht mehr so schnell fertig, Vásquez, ich hoffe, Sie haben nicht gesagt, dass sie früh nach Hause kommen. Begleiten Sie mich ein Stück, und ich erzähle Ihnen, was mir passiert ist. Mal sehen, wie Sie das finden.«

Und er fing zu erzählen an.

»Vor zwei Jahren gab es eine Feier bei mir zu Hause«, sagte Benavides. »Es war der Geburtstag meiner Frau, und besser habe ich noch niemanden die fünfzig erreichen sehen. Die Unberechenbare, wie sie sie nannte. Es kamen ein paar Freunde von ihr, ein paar Freunde von mir, ein paar von uns beiden. Einer der Gäste, versteht sich, war Carballo, der als Erster kam und als Letzter ging. Carballo gehört bei uns ins Haus wie ein Möbelstück, Vásquez. Wir haben uns an ihn gewöhnt; er ist wie ein alleinstehender Onkel, der immer kommt, einfach zur Familie gehört und ein und aus geht, als wäre er zu Hause. An dem Tag brachte er meiner Frau ein Fotoalbum mit, wunderschön. Er hatte Papier von Anfang der 60er beschafft, als Estela auf die Welt gekommen ist. Hat Faden besorgt und die Seiten zusammengeheftet. Das nennt sich nicht Binden, es hat einen Namen, aber ich kenne ihn nicht. Er hat sich die Fotos besorgt. Nie habe ich erfahren, wie, habe mir nicht die Mühe gemacht, herauszufinden, woher Carballo Fotos von meinen Kindern hatte, im Alter von drei, fünf, sieben Jahren, Fotos von Ausflügen, die ich mit meiner Frau gemacht hatte, als wir verlobt gewesen waren, Fotos von meinem Vater. Ein ganz besonderes Geschenk, das muss man sagen, handgemacht, mit viel Zeit und Hingabe. Was mich anging, lief alles gut: Estela hat nicht viel für Mariachis übrig, aber an dem Tag habe ich es gewagt, und die Mariachis haben ihr gefallen. Nach dem Ständchen sind die Leute allmählich gegangen, und schließlich blieben wir allein im Hof zurück, haben uns auf die Eisenbahnschwelle gesetzt und es langsam Nacht werden lassen. Meine Familie und ich: nur wir. Den Innenhof haben Sie ja kennengelernt, Vásquez, mit Ausnahme von einem Detail: dem Heizgerät. Ein elektrischer Apparat, der wie ein Lagerfeuer wärmt und uns gestattet, auch bei der Nachtkälte draußen zu sitzen. Das war ein Geschenk meiner Kinder, denn Estela ist sonst nie im Hof geblieben, wenn es Nacht wurde, dafür ist sie viel zu verfroren. Meine Kinder hatten ihr das Heizgerät geschenkt, an dem Abend haben wir es eingeweiht, und alles in Butter. Da saßen wir also, haben Schnaps getrunken, weil man nach Ansicht meiner Kinder damit am besten anstößt, haben munter drauflos geschwatzt, uns vor Lachen gebogen, und da wollte ich auf einmal den Moment und den Ort nutzen und meiner Familie etwas mitteilen. ›Es geht um die Sachen, die mir Vater hinterlassen hat‹, sagte ich, ›sie sind oben. Ich werde sie zurückgeben.‹

Ich sehe sie noch vor mir, die entsetzten Gesichter. ›Was heißt, du gibst sie zurück?‹, wollten sie wissen. Ja, habe ich gesagt, ich will anfangen, gewisse Dinge zu entscheiden. Ich gehe auf die sechzig zu, habe ich gesagt, und in dem Alter macht man sich Gedanken, und manchmal kommen einem komische Ideen. Die Dinge, die ich aus dem Museum mitgenommen habe, sind nun lange genug bei mir gewesen. Ich habe mir nie Illusionen gemacht, habe nie geglaubt, dass sie mir gehören. Ich weiß, es war richtig, sie herzuholen. Ich weiß, das war angebracht und notwendig, aber ich weiß auch, dass sie nicht mir gehören. Diese Dinge haben mich nun schon Jahrzehnte begleitet, bei allen Umzügen, sie sind ein Teil meines Lebens … Und dass ich gut daran getan habe, sie mitzunehmen, sieht man daran, dass sie niemand vermisst hat. Die anderen Dinge, die ich nicht mitgenommen habe, sind verloren gegangen. Aber die hier nicht. Die hier wurden gerettet, und niemand hat je nach ihnen gefragt. Und ich will es nicht abstreiten, Vásquez, wie ich es Ihnen auch an dem Abend oder in der Nacht nicht abgestritten hatte: Sie schenken mir ein immenses Glück. Abends nach Hause kommen, mir ein Glas eingießen und diese Dinge berühren, über sie nachlesen, über ihre Zeit, all das ist für mich, was die Briefmarken für einen Sammler sind. Oder die Schmetterlinge, Münzen. In den letzten Jahren haben mir diese Dinge Augenblicke tiefster Befriedigung geschenkt. All das habe ich ihnen gesagt. Ich habe Estela angesehen, meinen Sohn, meine Tochter und habe ihnen gesagt, keine Angst, ich komme euch jetzt nicht mit billigen Philosophien, keine Sorge: aber so ist es nun mal. Und dann habe ich ihnen den Kern der Sache erklärt: dass ich trotz des Glücks, trotz der Momente verrückter Besessenheit, die ich in Gesellschaft dieser alten Dinge verbracht hatte, nie, niemals vergessen habe, dass sie nicht mir gehören. Es sind nicht meine, sind es nie gewesen. Ebenso wenig gehören sie meiner Familie, auch wenn ich manchmal gern das Gegenteil denke: dass ich der rechtmäßige Erbe bin und meine Kinder sie erben können. Aber so ist es nicht. Ich habe kein Recht dazu. Sie gehören mir nicht, gehören nicht meiner Familie: Sie gehören dem Land. Oder dem Staat, ja, Kulturerbe des Staates. Das habe ich ihnen gesagt, diese endlose Tirade habe ich losgelassen und sie dann gefragt: ›Seid ihr bis hierhin einverstanden?‹

Geantwortet hat dann mein Sohn: ›Ja, Papa, einverstanden‹, hat er gesagt. ›Aber du hast diese Dinge gerettet. Sie sind für niemanden wichtig, nur für den, der sie gerettet hat. Sie gehören dem, der sie gerettet hat, finde ich.‹

Ich habe widersprochen. Sie gehörten mir nicht, und basta. Sie gehörten einer öffentlichen Institution und seien augenblicklich in privater Hand. ›Damit will ich sagen‹, habe ich gesagt, ›dass niemand weiß, dass ich sie habe. Jemand könnte behaupten, ich hätte sie gestohlen. Und wie soll ich das widerlegen? Das könnte ich nicht, nein, ich hätte keine Argumente dagegen. Ebendarüber möchte ich mit euch, mit meiner Familie sprechen. Ich will euch nicht dieses Problem hinterlassen, wenn ich sterbe. Ja, ich weiß, bis dahin fehlt noch ein ganzes Leben, aber man muss sich die Sache gut überlegen, damit man nichts Falsches tut. Und ich habe es mir überlegt.‹ Ich sagte, diese Dinge interessierten sie ohnehin nicht. Weder meine Frau, die sie eher geduldet hat, als daran teilzuhaben. Noch meine Kinder, die in Gedanken bei praktischeren Dingen sind. Und Ihnen sage ich nun, was ich meiner Familie gesagt habe, Vásquez: Stellen Sie sich vor, was ich ihnen da Schreckliches aufhalsen würde, wenn ich sterbe? ›Kurz und gut‹, habe ich gesagt, ›ich habe nachgedacht, denke seit langem darüber nach und bin zu dem Schluss gelangt, dass es nun an der Zeit ist. Es ist so weit. Es ist Zeit, sie zurückzugeben.‹

Estela hat die erwartbare Frage gestellt: ›Aber wem? Du weißt sehr gut, dass es keinen Ort mehr dafür gibt. Wem willst du nach so vielen Jahren die Sachen zurückgeben? Und was könnte dabei passieren? Ich kenne nicht die Rechtsprechung in einer solchen Situation, aber eins ist sicher, du wirst Scherereien bekommen. Kolumbien ist ein Ort, an dem keine gute Tat straflos bleibt. Wer weiß, was da auf uns zukommt. Ich weiß nicht, ob es sich lohnt, dieses Risiko einzugehen, nur um ein paar Dinge aus alten Zeiten umzusiedeln, die niemand vermisst hat, die niemand so pflegen wird wie du, und vor allem, die niemandem so viel Nutzen bringen werden wie dir. Nein, ich finde, das ist eine Dummheit. Die Sachen aus dem Museum deines Papas sind dein Schatz. Sie haben nur wegen dir überlebt. Hättest du sie nicht vor Jahren gut verwahrt, wären sie verloren gegangen. Hör auf mich: Sie gehen verloren, wenn du sie ablieferst. Abgesehen davon, weiß ich nicht einmal, wem man so etwas zurückgibt.‹

Ich habe gesagt, dem Nationalmuseum zum Beispiel. Da gibt es Uniformen aus Bürgerkriegszeiten, Schwerter, Schreibfedern bedeutender Persönlichkeiten. Ist das nicht der passende Ort, die Sachen meines Vaters auszustellen, damit die Leute sie sehen können? ›Und wenn niemand hingeht?‹, hat meine Tochter gesagt. ›Und wenn sie kein Interesse daran haben, sie auszustellen?‹ ›Es wird sie interessieren‹, habe ich geantwortet. ›Sie werden sie ausstellen. Und wenn nicht, was juckt es mich? Das ist das Richtige, Anständige, auch wenn die Welt nicht mehr weiß, was diese Wörter bedeuten.‹ ›Und wenn sie dir die Sachen wegnehmen und gegen dich klagen? Oder dir eines von diesen Bußgeldern aufbrummen, die einen in den Bankrott treiben? Hast du daran gedacht? Oder glaubst du, sie danken dir, dass du heimlich historische Schätze des Landes verwahrt hast? Glaubst du, so etwas passiert in Kolumbien, Papa? Sei ehrlich: Glaubst du, sie geben dir einen Orden, weil du zwanzig Jahre lang mit ein paar Knochen gespielt hast?‹

Ich hatte nicht erwartet, dass sie so reagieren würden. ›Ich will nur wissen, dass all das in guten Händen ist, wenn ich sterbe‹, habe ich ihnen erklärt. ›Und dass niemand dadurch Schwierigkeiten bekommt. Dass die Leute nicht schlecht über mich denken. Ich verstehe, dass ihr nicht einverstanden seid, und ich verstehe die Einwände. Deshalb muss man das Ganze richtig anpacken, wie es sich gehört. Die Entscheidung ist gefallen: Ich habe lange überlegt und entschieden. Aber ich stimme euch zu, dass man es richtig anstellen muss, damit man unangenehme Situationen vermeidet. Also, wie gehen wir es an? Helft mir beim Nachdenken. Mir scheint, man sollte zuerst mit jemandem reden, mit jemandem aus einem Museum, aus dem Kultusministerium. Das wäre ein erster Schritt.‹

Es folgte ein Schweigen, wie es nur in Familien auftritt. Das Familienschweigen ist anders, Vásquez, finden Sie nicht? Unter Freunden wird unbehagliches Schweigen irgendwie überbrückt, jeder hält es für nötig oder schicklich, das Schweigen zu füllen, bevor es zu spät ist. Aber die Familie ist der Ort, wo man schweigen kann und das Schweigen nicht bricht. Wenn es ein gutes Schweigen ist, ein vertrautes, angenehmes Schweigen, gibt es nichts Schöneres. Wenn nicht, dann liegt der Fall anders. In der Familie ist das Schweigen der Uneinigkeit, des Konflikts schmerzhaft, jedenfalls habe ich es immer so empfunden. Als Erste hat es meine Frau gebrochen: ›Warum gehst du nicht zuerst zu den Medien? Kümmerst dich um ein Radiointerview, zum Beispiel. Das wäre einfacher, und du würdest weniger Risiken eingehen, wenn es einen Vermittler, einen Boten gäbe, wenn die Leute zuerst über ein Interview davon erfahren. So kannst du die Lage erklären, kannst klarstellen, dass du in Wirklichkeit das nationale Kulturerbe gerettet hast, dass du es zwanzig Jahre lang geschützt und gepflegt hast, dass das Land in deiner Schuld steht. So kontrollierst du die Botschaft, wie die Politiker sagen. Und dadurch wird sogar das Museum oder wer auch immer unter Druck gesetzt, dir die Sachen respektvoll und unter guten Bedingungen abzunehmen. Und nicht du musst sie um einen Gefallen bitten, sondern bist derjenige, der ihnen einen tut. Du hast ein paar Dinge vor dem Verschwinden gerettet, die in einem anderen Land ein eigenes Museum hätten. Stell dir vor, was man in den Vereinigten Staaten anstellen würde, wenn jemand kommt und sagt, er habe einen Knochen von Lincoln. Stellt dir vor, was sie in Frankreich anstellen würden, wenn jemand kommt und sagt, er habe, was weiß ich, eine Rippe von Jean Jaurès. Dass er sie all die Zeit geschützt, gepflegt und bewahrt hat und sie jetzt der Republik schenken will, dem Volk. Sie würden ihm eine Statue errichten. Ich will keine Statue, wie langweilig, außerdem gibt es keine einzige schöne. Aber ich finde, zumindest hast du verdient, dass sie dir danken.‹

Wie immer hatte sie recht. Ich habe mich daran gewöhnt, dass Estela recht hat, und doch überrascht es mich immer wieder. Ockhams Rasiermesser ist in ihr als Frau auferstanden: eine Ladung gesunder Menschenverstand, die vollkommene Unfähigkeit zur Torheit. Alle waren sofort einverstanden, das war das Klügste, Vernünftigste, Vorteilhafteste. Meine Kinder würden mit Leuten bei den Medien sprechen. Besser gesagt, Kontakte mobilisieren. Estela ebenso. Sie kannte jemanden, der jemanden kannte, der bei Caracol oder bei RCN arbeitete, ich weiß nicht mehr genau. Und ich habe an Sie gedacht, Vásquez. Sie sind mir sofort in den Sinn gekommen, ich musste nicht einmal nachgrübeln. Der Einzige, der diese Dinge gesehen hatte, zwar nicht alle, aber einige der wichtigsten … Damals, als Sie den Gästen bei mir die Nase eingeschlagen haben, hatten Sie noch nicht Ihre Kolumne bei *El Espectador.* Aber jetzt schon, und meine Kinder lesen sie, Estela liest sie. Fast immer waren sie Ihrer Meinung. Oder sind es vielmehr, fast immer sind sie Ihrer Meinung. Nur nicht, wenn Sie aggressiv werden, das hasst Estela. Dann werfen Sie die Argumente über Bord, sagt sie. Sie mögen recht haben, aber wenn sie auf sarkastische Weise recht haben, sich zwischen den Zeilen lustig machen, in diesem arroganten Ton, der Ihnen manchmal herausrutscht, dann sind Sie nicht mehr im Recht. Und wenn sie hier wäre, würde sie es Ihnen sagen, wie sie es mir einmal gesagt hat. ›Dein Freund will niemanden überzeugen: der will nur an die Gurgel. Und so geht das nicht. So kann man keine Debatte führen. Wie schade.‹ Nun gut, ich komme vom Thema ab. Jedenfalls wollte ich Sie anrufen, Sie in dieser Sache um Hilfe bitten. Mit einer Kolumne, einem Interview in der Zeitung, wie auch immer. Ich habe gedacht: Vásquez hilft mir bestimmt. Habe gedacht, an diesem Abend melde ich mich besser nicht, denn es war ein Freitag vor einem langen Wochenende. Am nächsten Morgen wollten wir in aller Frühe nach Villa de Leyva aufbrechen und die Feiertage bei Freunden verbringen. Also habe ich gedacht: Dienstag schreibe ich ihm. Und das habe ich wohl auch gesagt: ›Gut, abgemacht. Jeder hört sich um, wo er kann. Gleich Dienstagfrüh schreibe ich Vásquez.‹

Wir vier sind aufgestanden und in die Küche gegangen, um ein bisschen Ordnung zu schaffen, das Geschirr zu spülen und den Müll hinauszubringen. Jeder war beschäftigt, der Wasserhahn am Spülbecken rauschte, Teller und Besteck klapperten, Müllbeutel wurden aus dem Eimer gezogen, zugebunden, neue geöffnet und in den Eimer gesteckt. Und in all dem Treiben hören wir die Glöckchen an der Tür. Die hängen bei mir an der Tür und klingeln, wenn sie sich bewegt, Sie kennen sie sicher. Nun gut, wir haben sie klingeln hören, und Estela hat zu meinem Sohn gesagt: ›Sieh nach, wer gekommen ist.‹ Er hat sich die Gummihandschuhe ausgezogen, die Küche verlassen, ist aber gleich zurückgekommen und hat gesagt, nein, die Tür sei nicht geöffnet, sondern geschlossen worden. Niemand hat die klingelnde Tür noch einmal erwähnt und sich vermutlich auch keine Gedanken mehr darüber gemacht. Ich hatte sie in der nächsten Sekunde vergessen. Wir haben uns erst wieder daran erinnert, eine bloße Gedankenassoziation, als Estela und ich Montagabend von dem langen Wochenende zurückkamen und sahen, dass bei uns eingebrochen worden war.

Eine der Scheiben neben der Tür war eingeschlagen, diese kleinen, rechteckigen Scheiben rechts vom Eingang. Erinnern Sie sich? Dort hatten sie hindurchgegriffen und die Tür von innen geöffnet. Ist Ihnen so etwas schon passiert, Vásquez? Wissen Sie, wie es ist, ein Haus zu betreten, in dem Diebe gewesen sind? Es ist ein Gefühl der Trostlosigkeit, der absoluten Frustration, der Ohnmacht und Ungerechtigkeit. Blödsinnige Gefühle, denn wer wird so lächerlich sein und von Gerechtigkeit reden, wenn bei ihm eingebrochen wurde, nicht wahr? Als würde man jemanden unhöflich nennen, der gerade drei Schüsse auf einen abgefeuert hat. Aber so empfindet man. Ich habe Estela gesagt, sie solle sich wieder in den Wagen setzen, ich würde alles überprüfen. Man sagt nicht, *überprüfen, ob sie noch da sind,* sondern man sagt bloß *überprüfen.* ›Ach, lass den Quatsch‹, hat sie geantwortet und ist als Erste hineingegangen. Wir haben Zimmer für Zimmer überprüft, aber in solchen Fällen weiß man im Grunde, dass keiner mehr da ist, dass sie seit langem fort sind. Und tatsächlich war niemand mehr da. Sie hatten auch keine Verwüstungen angerichtet. Haben nur Kleinigkeiten mitgenommen: Schmuck, einen Laptop, das Geld auf meinem Nachttisch. Aus dem Schrank unten hatten sie mein Kaleidoskop und die alten Pistolen mitgenommen. Meinen großen Computer hatten sie nicht gestohlen, gerade wegen seiner Größe, aber dafür hatten sie das Schloss meines Aktenschranks aufgebrochen und alles darin mitgenommen, auch die Erbstücke meines Vaters: all das, was wir so bald wie möglich hatten zurückgeben wollen.

Ja, so ist es: Was Sie in der Nacht damals bei mir gesehen haben, ist gestohlen worden. Und andere Sachen, die Sie nicht gesehen haben, ebenso. Alles, Vásquez. All das haben sie mitgenommen, all das ist in denselben Beutel gewandert wie die Wertgegenstände. Ich habe mir ausgemalt, wie sie die Schubladen leergefegt und sich später gefragt haben, was denn das für ein Mist sei, mit Verlaub, ein Stück Knochen in einer gelblichen Flüssigkeit, und ich habe mir ausgemalt, wie sie die Flüssigkeit ins Klo geschüttet haben, das ich mir grün vorstelle, ich weiß nicht, warum, und Knochen und Glas sind einzeln in den Müll gewandert. Ich habe nie wegen verlorener Dinge geweint, nicht einmal als Kind, aber in dieser Nacht habe ich geweint. Ich habe geweint, weil mein Vater nicht da war, um an meiner statt zu weinen. Das heißt, ich habe geweint, weil mein Vater nicht da war, und er hätte um seine Sachen geweint. Ich habe geweint, weil ich für die fehlenden Tränen meines Vaters aufkommen wollte. Deshalb habe ich mich nicht mit Ihnen in Verbindung gesetzt, Vásquez, das muss ich Ihnen wohl nicht erklären. Denn es bestand keine Notwendigkeit mehr für eine Kolumne, für ein Interview. Da war nichts mehr zum Zurückgeben. Also wozu?

Die letzten beiden Jahre sind über Klagen vergangen. Klagen darüber, dass es mir nicht früher in den Sinn gekommen war, die Erbstücke meines Vaters zurückzugeben. Darüber, dass ich sie nicht in einem Tresor verwahrt hatte, wie Estela vorgeschlagen hatte. Ich habe gesagt, wozu denn, diese Dinge sind nur für mich wichtig, und außerdem weiß niemand, dass sie hier sind. Da hat Estela gesagt, auf diese Sachen, die nur für einen selbst wichtig sind, auf die muss man besser aufpassen als auf die anderen, denn die lassen sich meist nicht ersetzen, *gerade deshalb sind sie nur für einen selbst wichtig.* Aber ich habe eben nicht auf sie gehört, und es ist geschehen, was geschehen ist. Während all der Zeit habe ich zu trauern versucht, als wäre jemand gestorben. Und ich muss sagen, es war mir gelungen oder gelang mir gerade, Vásquez. Als ich Ihnen die Nachricht geschrieben hatte, wollte ich Ihnen erzählen, was ich eben erzählt habe: Ihnen erklären, dass mir passiert ist, was Abertausend Menschen in Bogotá passiert ist. Wollte Ihnen sagen: ›Jetzt bin ich einer mehr, Vásquez, jetzt bin ich Teil der Statistik. Unglaublich ist eher, dass es in meinem Alter nicht schon früher geschehen ist.‹ Oder wollte Ihnen sagen: ›Stellen Sie sich vor, Vásquez, was für ein Pech. Sie haben ganz willkürlich in den Sack gepackt. Haben alles aus den Schubladen mitgenommen, und weg waren die Sachen meines Vaters. Was soll man da sagen? So ein Pech: mehr kann man dazu nicht sagen. So ein Pechvogel ist man. Sie haben nicht gewusst, was sie eingesteckt haben, Vásquez. Die Scheißkerle wissen nicht, was sie in Händen gehalten und welchen Schaden sie mir zugefügt haben.‹ All das wollte ich Ihnen sagen, all das hätte ich Ihnen wahrscheinlich gesagt, wenn Sie mir nicht zuvorgekommen wären. Denn jetzt, nach dem, was Sie mir vorhin erzählt haben, durch dieses kleine Detail, das unter anderen Umständen rein äußerlich oder belanglos gewesen wäre, ist alles anders geworden.«

»Ich verstehe nicht«, sagte ich da. »Was ist *alles?* Warum ist *alles* anders?«

»Wann haben wir die Cafeteria verlassen, Vásquez? Wie lange reden wir schon über diese Angelegenheit? Fünfzehn, zwanzig Minuten? Sagen wir, zwanzig. Wenn Sie lesen könnten, was mir durch den Kopf geht, was mir während dieser zwanzig Minuten durch den Kopf gegangen ist, Sie würden vergehen vor Angst. Mein ganzes Leben ist mir in diesen zwanzig Minuten umgeworfen worden. Wissen Sie, warum, Vásquez? Weil ich auf unserem Weg durch die Gänge, beim Hinauf- und Hinunterfahren im Fahrstuhl, die ganze Zeit daran denken musste, was Estela gesagt hat. Sie wissen es bereits: Wenn ich geglaubt hatte, die Sachen seien in Sicherheit und es könne ihnen nichts passieren, dann nur, *weil niemand gewusst hat, dass sie sich dort befanden und sie für niemanden wichtig waren.* Aber nun erzählen Sie mir, was Sie eben erzählt haben, und all diese Gewissheiten geraten ins Wanken. In diesen zwanzig Minuten ist all das, was in den letzten Jahren geschehen ist, ins Wanken geraten, und was ich jetzt sehe, macht mir Angst und würde Ihnen Angst machen, wenn Sie in meinen Kopf schlüpfen und den schrecklichen Abgrund zwischen dem sehen könnten, was ich zu erleben geglaubt hatte, und dem, was ich anscheinend tatsächlich erlebt habe. Denn Sie haben mir eben ein Geständnis gemacht, das für Sie belanglos sein mag, aber ich kann über diese Knochen, die mir mein Vater vor seinem Tod hinterlassen hat, nur noch eines denken: Vor zwei Jahren gab es auf der Welt sehr wohl jemanden, der von ihrer Existenz gewusst hat, es gab sehr wohl jemanden, für den diese Dinge wichtig waren. Oder besser gesagt: einen mehr. Wir waren zwei, Sie und ich, und jetzt gibt es einen mehr. Jetzt ist Carballo im Spiel. Jetzt hat sich Carballo zu uns gesellt. Als ich vor zwei Jahren nach dem Ausflug zurückgekommen bin und festgestellt habe, dass man die Erbstücke meines Vaters gestohlen hatte, wusste Carballo bereits, dass es sie gab. Wie hat er es erfahren? Sie haben es ihm gesagt, Vásquez. Sie haben es ihm gesagt.«

Ja, es waren zwanzig Minuten gewesen: zwanzig lange Minuten, in denen Benavides ohne Unterbrechung geredet hatte, während er mich durch die Labyrinthe der Clínica Santa Fe führte, von der Cafeteria bis zum Eingang im Erdgeschoss, von da zu dem Gang mit den hohen Fenstern, der in die verschiedenen Gebäude führt, und durch diesen allzu schmalen Gang (man will sich an die Wände pressen, damit man die Entgegenkommenden nicht streift) zu den Fahrstühlen, die zu den Sprechzimmern führen. Gemeinsam machten wir uns zu seinem auf, während er weitersprach. Er ging an den Schaltern der Sekretärinnen vorbei, verwaist und traurig zu dieser Nachtzeit, öffnete sein Sprechzimmer und suchte etwas im Aktenschrank, trat dann in den Nebenraum, wo die blaue Pritsche mit dem Papierlaken stand, und nahm vom Kleiderständer einen weißen Kittel wie den, den er anhatte, und währenddessen sprach er zu mir. Er reichte mir den Kittel – »halten Sie bitte«, sagte er – und redete weiter. Er hörte nicht auf zu reden. Ich begleitete ihn im Fahrstuhl nach unten, wieder in den ersten Stock des Turmgebäudes und über den Fensterkorridor zurück zum Haupteingang, und er hörte nicht auf zu reden; ich begleitete ihn die Treppen mit den gesprenkelten Fliesen und dem Metallgeländer hinauf, das einen herben Geruch an den Handflächen zurücklässt, und er hörte nicht auf zu reden; ich begleitete ihn in den dritten Stock, und wir gingen gemeinsam zu einer Glastür, wo ihn eine Frau mit erschöpftem Gesicht und einem großen Muttermal auf der Stirn hinter einem Sperrholztisch begrüßte: »Doktor Benavides, was für eine Überraschung, Sie zu sehen, gehen Sie zu 426?« Es summte, und Benavides drückte gegen die Glastür. Erst da hörte er auf, von Carballo und den Dingen zu sprechen, die man aus seinen Privatschubladen gestohlen hatte.

»Doktor Vásquez«, sagte er, »ziehen Sie den Kittel nun an oder nicht?« Dann sagte er mit einer spöttischen Grimasse zu der Frau: »Ach, Carmencita, diese Ärzte von heute.«

Er hatte mich überrumpelt. Und wird man vor einem Dritten überrumpelt, folgt man instinktiv dem Spiel oder der Fiktion, in die man uns verwickelt hat. Man kommt sich wie ein Schauspieler vor, der die Illusion wahren muss, solange er auf der Bühne steht, und der erst später Erklärungen verlangt. Carmencita sah mich interessiert an.

»Aber natürlich«, sagte ich. Damit ich mir den Kittel anziehen konnte, steckte ich das Buch, das mir Benavides geschenkt hatte, zwischen die Knie. Das war kein einfaches Manöver. »Verzeihung, ich war in Gedanken woanders«, sagte ich. Aber als sich die Glastür hinter uns geschlossen hatte, packte ich Benavides beim Arm: »Was soll das, Francisco? Was tun Sie da?«

»Ich möchte, dass Sie mich begleiten.«

»Wohin? Waren wir nicht mitten im Gespräch?«

»Nein«, sagte er. »Das ist eine Konversation *interrupta*. Wie bei einem Koitus. Wir setzen sie später fort.«

»Aber was Sie mir eben erzählt haben, ist enorm wichtig«,

beharrte ich. »Sie glauben wirklich, Carballo hat das getan? Denken Sie, er ist zu so etwas fähig?«

»Wie naiv Sie sind, Vásquez. Carlos ist zu so etwas fähig und zu viel mehr. Wie ist es möglich, dass Sie das noch immer nicht gemerkt haben? Doch das sind zwei verschiedene Paar Schuhe. Aber wie gesagt, wir führen das später fort. Das Gespräch über dieses Thema, meine ich. Ich schwöre Ihnen, wir führen es später fort.« Sanft löste er meine Hand vom Arm. »Jetzt muss ich an andere Dinge denken.«

Ich folgte ihm bis ans Ende des Gangs wie ein Sektenmitglied seinem Führer. Der übergezogene Kittel machte mich empfänglich für Doktor Benavides' Magnetismus. Wir traten in ein Zimmer zur Rechten. Die Jalousie war hochgezogen, das Fenster wie ein Stück Stoff in unruhigem Schwarz. Zuerst fiel mir ein kahler Mann auf, der am Rand eines grünen Sofas die Zeitung las, sich an die Armlehne presste, als wäre das restliche Sofa für jemand anderen reserviert. Als er uns hereinkommen sah, schlug er die Zeitung zu (ein geschicktes Schlackern mit dem Handgelenk), faltete sie zweimal und legte sie auf die Armlehne, stand auf und begrüßte Benavides. Es war ein gewöhnlicher Gruß – er drückte ihm die Hand, lächelte, sagte ein paar Worte –, aber etwas Undefinierbares ließ mich den Sog spüren, den Benavides' Anwesenheit in diesem Raum auslöste, oder vielmehr die Achtung, ja die Bewunderung, die der Mann auf dem Sofa für ihn empfand. Erst da bemerkte ich eine andere Person: die Frau im Bett, die wohl geschlafen oder ausgeruht hatte, als wir hereingekommen waren, und nun die Augen öffnete, große Augen, die nicht einmal die grauen Ringe darunter verunstalten konnten, unproportional große Augen, die sich jedoch auf mysteriöse Weise in die Proportionen dieses Gesichts und seiner müden, zersetzten, verschlissenen Schönheit fügten.

»Das ist Doktor Vásquez«, stellte Benavides mich vor. »Ich habe ihm von Andreas Fall erzählt. Der Doktor hat mein ganzes Vertrauen.«

Der kahle Mann reichte mir die Hand. »Vielen Dank«, sagte er, »ich bin Andreas Papa.« Die Frau im Bett lächelte ein aufrichtiges, aber mühevolles Lächeln, als schmerzte sie die Bewegung. Jetzt sah ich sie besser: Nach Teint und Haarfarbe zu schließen, musste sie etwas über dreißig sein, aber Haltung und Benehmen waren die einer Frau, an der das Leben bereits gearbeitet hatte. Benavides wandte sich an mich. Er ließ die Worte *immunologisches Problem* fallen, sagte, die Patientin sei schon seit mehreren Jahren ans Bett gefesselt, es gebe keine reelle Möglichkeit der Besserung oder Heilung, und ich dachte: wie schlau er ist. Er spricht in einfachen Begriffen, damit ich ihn verstehe, tut aber so, als sollten die Patienten ihn verstehen. Er erklärte, nachdem Ischämie diagnostiziert worden sei, gehe die letzte medizinische Indikation von der Notwendigkeit aus, das linke Bein zu amputieren. Andrea nahm diese Worte regungslos auf. Ihre Augen blieben riesig und offen, blickten oben an die Wand, wo ein Metallarm einen ausgeschalteten Fernseher hielt. Der Vater kniff die Augen zusammen und öffnete sie wieder, und es lag auf der Hand, dass Andrea ihre großartigen Augen nicht von ihm geerbt hatte. Benavides setzte sich neben ihn aufs Sofa. Für mich blieb kein Platz mehr, aber das war mir egal. Der Anblick von drei Männern, die da aufgereiht saßen, als wohnten sie einer Vorstellung bei, deren Hauptdarstellerin Andrea war, hätte etwas Lächerliches an sich gehabt. Also blieb ich neben dem Waschbecken stehen, wie ich es die Ärzte in solchen Situationen hatte tun sehen, all ihre Begleiter, die Assistenten, Krankenpfleger oder auch nur die Neugierigen. Ich fiel in keine dieser Kategorien: Ich war ein Schwindler, und Doktor Benavides hatte mich zu diesem Schwindel gezwungen. Warum? Weshalb hatte mich Benavides in diesen Hinterhalt gelockt? Er hatte es von Anfang an geplant, hatte zweifellos zu diesem Zweck den Ersatzkittel aus seinem Sprechzimmer geholt. Der Kittel roch sauber. In der Brusttasche steckte ein blauer Kugelschreiber; ich vergrub die Hände in den Seitentaschen, fand aber nichts. »Gut, ich höre«, sagte Benavides dann.

»Die Sache ist so, Doktor«, sagte der Vater. Dann hielt er inne. Er wandte sich an seine Tochter. »Willst du es ihm sagen?«

»Nein, sag du es«, sagte Andrea. Sie hatte eine tiefe, klangvolle Stimme. An ihr war etwas, was man trotz der Umstände nur Charisma nennen konnte.

»Also gut«, sagte der Vater. »Wir haben es uns überlegt, reiflich überlegt.«

Andrea unterbrach ihn. »Nein, ich will es doch selber sagen«, sagte sie. »Wenn es dir nichts ausmacht.«

»Aber nein«, sagte der Vater.

»Wir wollen nicht«, sagte Andrea. Sie sprach nun zu Benavides. Ihre Augen richteten sich auf ihn wie zwei nächtliche Leuchtfeuer. »Oder vielmehr bin ich es, die nicht will. Papa ist einverstanden.«

»Sie wollen nicht mit der Amputation weitermachen?«, fragte Benavides.

»Darum geht es nicht«, sagte Andrea. »Ich will nicht weitermachen.«

Benavides sagte: »Ich verstehe.« Auch seine Stimme hatte ich so noch nicht gehört: liebevoll, aber nicht bevormundend, fähig zu Solidarität und Sympathie, aber darauf bedacht, sich nichts anzumaßen. »Ich verstehe«, wiederholte er, »ich verstehe sehr gut.« Er senkte die Stimme. »In Ordnung, darüber haben wir schon oft gesprochen. Bestimmt haben Sie im Kopf, was wir besprochen hatten.«

»Ja«, sagte der Vater.

»Ich bin so müde, Doktor«, sagte Andrea.

»Ich weiß«, sagte Benavides.

»Ich bin sehr müde. Ich kann nicht mehr. Und was soll schon passieren, wenn wir es tun? Was soll schon passieren, wenn sie mir das Bein abnehmen? Besteht die Möglichkeit, dass es mir besser gehen wird?«

Benavides blickte ihr in die Augen. Er legte beide Hände auf die Akte, als würde er sich auf sie beziehen, ohne es wirklich zu tun. »Die besteht nicht.«

»Nein, nicht wahr?«, sagte Andrea.

»Nein«, sagte Benavides.

»Eben«, entgegnete Andrea. »Sagen Sie mir, ob ich mich irre, Doktor, aber damit würden wir einzig und allein Zeit gewinnen. Zeit, damit ich dieses Leben leben kann, ohne nennenswerte Änderungen, und nur darauf warte, dass das andere amputiert wird. Denn so ist es doch, nicht wahr? Sagen Sie mir, Doktor, sagen Sie mir, ob ich mich irre.«

»Du irrst dich nicht«, sagte Benavides. »Im Rahmen dessen, was wir vorhersehen können, ist es genau so.«

Der Doktor hatte nicht einen Augenblick die Augen von ihr gewandt. Ich bewunderte den Mut, den das erforderte, denn nicht einmal ich, der ich nur Zaungast war, konnte Andrea lange ansehen, und als Andreas Vater meinen Blick suchte, konnte ich ihm nicht standhalten. Ich suchte Zuflucht bei meinem Handy, gab vor, Notizen zu machen, suchte Zuflucht bei den durchsichtigen Serumsbeuteln, sogar bei Andreas Profil: bei ihrem zusammengebundenen Haar, ihrem weißen Hals, an dem eine dicke Ader hervortrat, bei ihren athletischen Armen.

»Mit anderen Worten«, sagte Andrea, »alle Maßnahmen sind palliativ. Mehr kann man nicht tun, als das: Zeit gewinnen. Ist es nicht so?«

»So ist es.«

»Also, Papa und ich«, sagte sie, »haben die Sache beredet. Und wir haben beschlossen, dass wir nicht mehr Zeit wollen.« Der Vater ließ den Kopf sinken und fing zu schluchzen an. »Ich bin eben so müde«, sagte Andrea. Und dann: »Verzeih, Papa.« Und auch sie fing zu weinen an.

Benavides trat ans Bett und nahm Andreas linke Hand in die seinen. Ihre war bleich, kräftig, aber klein, und die des Doktors schienen sie zu verschlingen. »Es ist gut so«, sagte Benavides. »Du hast alles Recht der Welt dazu. Du hast auch alles Recht der Welt, um Verzeihung zu bitten, aber das musst du nicht. Du bist es, die das durchmacht, niemand sonst. Und du bist tapfer gewesen, sehr tapfer, ich habe selten so tapfere Menschen gesehen wie euch beide. Ich werde nicht versuchen, dich umzustimmen. Erstens, weil ich dir bereits alle notwendigen Informationen gegeben habe. Zweitens, weil ich an deiner Stelle das Gleiche tun würde. Ein Arzt muss heilen, wenn er kann. Wenn er es nicht kann, muss er lindern. Und wenn er das nicht kann, dann bleibt ihm nur noch die Begleitung und Unterstützung, damit all das unter bestmöglichen Bedingungen vor sich geht.

Ich werde dich begleiten, wie ich es bisher getan habe, aber nur, wenn du willst, Andrea, nur, wenn du es mir gestattest, weil ich dir nützlich oder notwendig bin.«

Andreas Weinen war kurz: das disziplinierte Weinen von jemandem, der viel gelitten hat. Sie fuhr sich sanft mit der Hand über die Augen und griff dann nach einem Taschentuch auf dem Nachttisch und putzte sich die Nasenspitze, als wäre es Eitelkeit, als wollte sie eine glänzende Stelle wegtupfen.

»Und wie geht es jetzt weiter?«

»Es müssen Papiere ausgefüllt werden«, sagte Benavides. »Schon morgen kannst du die Klinik verlassen. Du gehst nach Hause.«

»Nach Hause«, sagte Andrea mit einem Lächeln.

»Wir gehen nach Hause«, sagte ihr Vater.

»Ja«, sagte Andrea. »Ja. Und dann? Was werden Sie tun, Doktor?

»Wir werden palliative Maßnahmen ergreifen«, sagte Benavides.

»Und dann?«

»Dann gar nichts mehr.«

»Sie werden gar nichts mehr tun«, sagte der Vater. Es schien eine Frage zu sein, war es aber nicht.

»Manchmal«, sagte Benavides, »tut man das Richtige, indem man nichts tut.«

»Danke«, sagte Andrea.

»Morgen kommst du raus«, sagte Benavides.

»Ja«, sagte Andrea. »Hui, ja, morgen komme ich raus. Ich gehe weg von hier, nach Hause, in mein Bett.«

»In dein Bett«, sagte ihr Vater.

»Nun brauche ich Sie, Señor Giraldo«, sagte Benavides. »Damit Sie Papiere unterzeichnen.« Und zu Andrea: »Es dauert nicht lange.«

Sie gingen hinaus. Andrea und ich blieben allein im Zimmer zurück, sie blickte zur Decke, und ich blickte zu ihr und war mir schmerzlich bewusst, dass alle Empathie der Welt nicht ausreichen würde, um zu erraten, was in ihrem Kopf vorging. Sie hatte gerade die Entscheidung getroffen, zu sterben. An wen denkt man, wenn so etwas geschieht? Wo war ihr Lebensgefährte, wenn sie einen hatte? Wo waren ihre Kinder? Vielleicht bereute sie Irrtümer, die sie nicht hatte aufklären können, oder vielleicht dachte sie an einen Moment früheren Glücks. Oder vielleicht hatte sie Angst: Angst vor dem, was auf sie zukam. Ich sah sie einmal, zweimal blinzeln, die Augen zusammenkneifen, wie man es tut, um eine Träne hervorzupressen, und dann sah sie mich an. »Was denken Sie, Doktor?«

»Verzeihung?«

»Sie kennen meinen Fall. Was denken Sie? Irre ich mich?«

»Das können nur Sie allein wissen«, sagte ich. Doch dann kam mir das feige vor, besonders bei dem Mut, den Andrea bewiesen hatte: nicht nur bei ihrer Entscheidung, sondern auch, weil sie einen anderen Arzt fragte. Jemand weniger Couragiertes hätte lieber keine zweite Meinung eingeholt, damit er nicht wieder an der Entscheidung zweifelt, die ihm so viel Mühe bereitet hat. »Nein«, sagte ich. »Ich glaube nicht, dass Sie sich irren.«

Sie sah mich an.

»Ich habe Angst«, sagte sie. »Das Problem ist, ich bin auch müde. Die Müdigkeit ist größer als die Angst.«

»Hören Sie, Andrea«, sagte ich. »Ich kann nicht wissen, was Sie gerade fühlen. Die meisten Ärzte tun so, als wüssten sie es, aber es stimmt nicht. Sie wissen es nicht, sie lesen Ihre Krankenakte und versuchen, es zu erraten. Aber ich kann Ihnen eines sagen: Doktor Benavides gehört zu denen, die es wirklich wissen. Und wenn er Ihnen seine Begleitung und Unterstützung anbietet, dann sollten Sie keine Angst haben: Sie sind in den besten Händen der Welt.«

Das glaubte ich tatsächlich, versteht sich, und ich war mir sicher, dass Andrea diese banale Diagnose teilte. Aber hätte ich ihre überraschende Frage vorhergesehen, hätte ich ihr gern etwas anderes gesagt: dass ich sie bewunderte, dass ich sie um ihren Mut beneidete, um ihre Beharrlichkeit, ihre unglaubliche Reife, dass ich unendlich dankbar war (auch wenn ich den Grund nicht wusste), diesen Moment miterlebt zu haben. Nein, Reife war nicht das Wort, das ich suchte, Reife war nicht das

Wort, das beschrieb, was ich im Körper und den Augen dieser Frau sah. Es war Souveränität, ja, das war es: Souveränität strahlten ihr Körper und ihre Augen aus. Diese Andrea mit den großen Augen würde in ein paar Monaten der Tod mitnehmen, aber selbst im Augenblick des Sterbens, dachte ich, würde sie die vollkommene Herrschaft über ihren Körper behalten. Und der Tod hätte keinerlei Recht, stolz zu sein. Ich dachte: *Death, be not proud.* Im Geist übersetzte ich den Vers und wollte ihn schon Andrea rezitieren, aber ich fürchtete, sie könnte mich für verrückt oder gefühllos halten, denn wer erinnert sich schon in so einem Augenblick an alte englische Gedichte (die Lyrik ist nicht für jeden ein Trost oder ein Rettungsring, auch wenn ich Jahre gebraucht habe, das einzusehen). Aber ich konnte nicht verhindern, dass mein Kopf sich daran machte, einen weiteren der Verse zu übersetzen: wenn der Tod »der Knecht von Schicksal, Zufall, Königen, allen Verzweifelten« genannt wird; wenn ihm vorgeworfen wird, dass er tut »was Gift und Krieg und Krankheit tun«. Dieses alte Gedicht besagte, dass der Tod von diesen Instanzen abhing, von der Krankheit, dem Krieg, dem Gift, von den Verzweifelten und den Königen, von Zufall und Schicksal. Warum bist du dann stolz?, fragte das Gedicht, und ich dachte: ja, warum? Andrea dagegen hatte jeden Grund, stolz auf sich zu sein, auf ihren Mut, ihre Gefasstheit, und auch auf Mut und Gefasstheit, die sich so deutlich im erschöpften Gesicht ihres Vaters abgezeichnet hatten. Aber ich konnte es ihr nicht sagen. Nein, ich konnte mit Andrea nicht darüber sprechen, konnte ihr nicht sagen, dass ich sie kaum kannte, aber bereits stolz auf sie war, der Tod dagegen hatte keinerlei Grund, stolz zu sein. Andrea griff zur Fernbedienung des Betts und stellte das Kopfteil hoch, bis sie fast aufrecht saß, stützte sich auf die Arme, strengte sich an, und ihr Körper, der die Stellung wechselte, war nicht mehr der einer Sterbenden.

Ich sah, wie sie ihr Gesicht mit den Händen bedeckte, nicht um zu weinen, sondern um tief durchzuatmen; ihre Schultern hoben sich, und ihre Brüste unter dem Klinikhemd bekamen einen Umfang, der mir vorher nicht aufgefallen war. Als sie die Hände wieder vom Gesicht nahm, hatte sich ihr Ausdruck verändert: als hätte die Entscheidung ihr eine Last von der Seele genommen, dachte ich, als hätte der gewährte Wunsch, den Kampf aufgeben und in Frieden sterben zu dürfen, ihr in diesem Zimmer im dritten Stock der Clínica Santa Fe, im Krankenhausbett mitten im Zimmer, eine neue Seelenruhe gebracht. Es war ein erschreckender und zugleich schöner Moment, aber ich hätte nicht sagen können, worin die Schönheit bestand. Natürlich interpretierte ich die Situation womöglich falsch. Das wäre weder seltsam noch ungewöhnlich gewesen, denn im Grunde tun wir das immer: Wir interpretieren die anderen falsch, lesen sie in der falschen Tonart, springen ihnen entgegen und stürzen ins Leere. Es gibt keinen Weg, wirklich zu wissen, was in ihnen vorgeht, auch wenn die Illusion verlockend sein mag. Ständig tun sich zwischen uns und den anderen unermessliche Abgründe auf, und das Trugbild des Verstehens oder der Empathie ist nur das: ein Trugbild. Wir alle sind in unsere eigene nicht mitteilbare Erfahrung eingesperrt, und der Tod ist die am wenigsten mitteilbare Erfahrung von allen, gefolgt von dem Wunsch zu sterben. So war es auch hier: Zwischen Andrea und mir tat sich ein unermesslicher Abgrund auf, denn es gab kein gemeinsames Terrain zwischen ihr, die zu sterben beschlossen hatte und gewissermaßen nicht mehr der Welt der Lebenden angehörte, und mir, der ich so fest in dieser Welt verankert war, der ich Pläne für mich und meine Familie machen konnte. Mir fiel ein weiterer Vers ein: »Die Besten gehen ehestens mit dir.« Das stimmte natürlich nicht (die Lyrik kann uns auch belügen, erlaubt sich gelegentlich etwas Demagogie), aber vielleicht war es in diesem Fall so.

»Was haben Sie da für ein Buch dabei?«, fragte mich Andrea.

Ihr war Benavides' Geschenk aufgefallen. Das hatte ich beinahe vergessen. Ich hatte es auf das Waschbecken gelegt, unter den Desinfektionsspender, und als ich es wieder ins Auge fasste, überraschte es mich wie ein Fundstück auf einem nächtlichen Gehweg.

»Ach, das da«, sagte ich. »Das hat mir Doktor Benavides vorhin gegeben. Er hat einen Aufsatz darin veröffentlicht.«

»Ein Aufsatz des Doktors?«

»Ja.«

»Also so was«, sie stieß Luft aus. »Dann ist mein Arzt auch noch Schriftsteller.« Sie lehnte sich etwas zurück und schob das Kopfkissen zurecht. »Und wovon handelt er?«

Es war sinnlos, die Sache zu beschönigen. »Vom Tod«, sagte ich.

»O nein«, sagte sie. Zum dritten Mal sah ich sie lächeln. »Für dumme Zufälle habe ich nichts übrig.« Und dann: »Das heißt, wenn es ein Zufall ist.«

»Was meinen Sie?«

»Nichts, Doktor, hören Sie nicht auf mich«, sagte Andrea. »Und wie heißt der Aufsatz?«

»Der des Doktors?«

»Welcher sonst. Was interessieren mich die anderen.«

Ich suchte das Inhaltsverzeichnis und darin Doktor Benavides' Aufsatz. Ich fand ihn nach »Erkundungen des Todes, von Tolstoi bis Juan Rulfo« und vor »Die Tugend des Leidens: der Tod als Chance für die christliche Barmherzigkeit«. Der Titel bestand aus einem einzigen Wort, »Orthothanasie«, dessen runde Kurven über dem Namen des Autors schwebten wie ein klobiger Dachsims. Ich sprach es aus und hatte einen seltsamen Geschmack im Mund. »Ach, lassen Sie mich sehen«, sagte Andrea. Ich reichte ihr das Buch, sah, wie sie die Augen verengte, um besser lesen zu können, und im Bruchteil einer Sekunde kam ich zu dem Schluss, dass sie weitsichtig war und eine Lesebrille benutzte, auf die sie entweder verzichtet oder die sie irgendwo vergessen und nie wieder abgeholt hatte, weil sie ohnehin keine große Leserin war oder die Depression der letzten Tage sie erdrückt hatte – niemand liest mitten in einer Depression die Zeitung –, oder es war einfach ein: wozu noch. Ich dachte: Ihr Leben ist zu einem *wozu noch* geworden. »Orthothanasie«, sagte und wiederholte Andrea, als probierte sie das Wort an, bevor sie sich zum Kauf entschloss. »Orthothanasie.«

»Der richtige Tod«, sagte ich.

»Und wie fanden Sie ihn?«

»Ich habe ihn nicht gelesen.«

»Nein? Aber da sind Unterstreichungen drinnen«, sagte sie. »Sind die nicht von Ihnen?«

»Ich habe das Buch noch nicht aufgeschlagen«, sagte ich. »Doktor Benavides hat es mir eben gegeben.«

»Wer hat es dann unterstrichen? Unterstreicht man etwas, was man selbst geschrieben hat?«

»Ich schreibe nicht«, sagte ich. »Ich kann es nicht sagen.«

Erst hatte ich hinzufügen wollen: *Das ist eine Angewohnheit in der Familie. Auch Benavides' Vater hat beim Lesen unterstrichen: einen Artikel über die Ermordung Kennedys zum Beispiel.* Aber ich schwieg.

»Hier steht, der Doktor sei Arzt und Chirurg, Spezialist für Bioethik, Lehrstuhlinhaber und was noch alles. Er hat mehr Titel als das Inhaltsverzeichnis, unser Doktor Benavides.«

»Ich habe ja gesagt: Sie sind in den besten Händen.«

»Ach, erzählen Sie keinen Quatsch, Doktor«, schimpfte sie. »Das weiß ich ja, doch bestimmt nicht wegen der Diplome.« Sofort erschien auf ihrem Gesicht so etwas wie Scham, als bereute sie ihre Unhöflichkeit, obwohl sie doch nur meinen frivolen oder idiotischen Kommentar bloßgestellt hatte. Sie verengte wieder die Augen, hielt sich das Buch näher vor das Gesicht, las: »*Das Schuldgefühl der Ärzte beim Tod ihrer Patienten rührt daher, dass die heutige Medizin den natürlichen Tod von Grund auf verneint.* Das ist unterstrichen. *Erinnern wir uns an Alexander den Großen, dem der Ausspruch zugeschrieben wird: ›Ich sterbe mit der Hilfe vieler Ärzte.‹* Auch das ist unterstrichen. Hier kommt ein langes Stück. Fast der ganze Absatz ist unterstrichen.« Andrea fing zu lesen an: »*Ich erhielt den Anruf eines alten Freundes«,* sagte sie, hielt aber inne. Sie las still für sich weiter, ich sah, wie sich in der Stille des Zimmers ihre Augen bewegten, ihr Mund aber die Worte nicht aussprach. »Ah«, sagte sie schließlich.

»Was ist?«, fragte ich.

Sie schloss das Buch und gab es mir zurück. »Nichts«, sagte sie. »Wie lange brauchen die wohl noch?«

»Wollen Sie mir nichts mehr vorlesen?«

»Die brauchen viel zu lange«, sagte Andrea, aber ich hatte

das Gefühl, dass sie nicht mehr mit mir redete. »Der Papierkrieg, immer der Papierkrieg. Selbst beim Sterben muss man in diesem Land mit Papieren kämpfen.«

Die wundersame Leichtigkeit von vorhin war aus ihrem Gesicht, ihren Gesten verflogen. »Selbst beim Sterben«, wiederholte sie und fing zu weinen an. Etwas in Benavides' Artikel hatte diese Verwandlung bewirkt. Ich merkte mit einem Anflug von Panik, dass ich nicht wusste, was tun. »Andrea«, sagte ich, denn in schwierigen Situationen nennen wir die anderen beim Vornamen, eine Art Zauberformel, als würden wir ihnen magische Kräfte beimessen. Aber sie hörte mich nicht, sie weinte mit offenen Augen, erst lautlos, dann erlaubte sie sich die Schluchzer eines kleinen Mädchens. Ich setzte mich neben sie auf das Bett, ohne zu wissen, ob Ärzte derlei taten oder ob ich eine vielleicht ungeschriebene Regel verletzte, eine Verhaltens- oder Ethikregel. Andrea umarmte mich, und ich ließ es zu, umarmte sie ebenfalls. Mein Handteller spürte die Härte ihrer Rippen, und dann hörte ich sie sprechen. »Ich habe keine Geschichten zu erzählen«, sagte sie. Ich begriff nicht. »Was meinen Sie, Andrea?«, fragte ich. Aber sie wollte nichts erklären. Sie rückte ab von mir. Da hörte ich Absätze im Gang und das Türschloss, ich sprang auf, als wollte ich nicht bei einem Fehler ertappt werden, als hätten Andrea und ich etwas Verbotenes getan: ein Flirt, ein unangemessener Kontakt, der eine unerlaubte Anziehung verrät oder ihr Luft macht. Auf dem Laken sah man noch den Abdruck meines Körpers, als Benavides und Andreas Vater eintraten. Ich dachte, dass dieser Mann gerade den Tod seiner Tochter unterzeichnet hatte. Benavides wollte etwas sagen, aber ich kam ihm zuvor:

»Ich warte draußen auf Sie, Doktor«, sagte ich. »Lassen Sie sich Zeit.«

Ich verließ den Raum und ging den Weg zurück, den wir gekommen waren. Carmencita öffnete mir die Glastür und verabschiedete mich: »Ich wünsche eine gute Nacht, Doktor.« Aber ich entfernte mich nicht. Das Wartezimmer war leer, und ich setzte mich vor den stumm geschalteten Fernseher, in dem drei Männer mit Krawatte und eine Frau im Schneiderkostüm wohl über etwas Wichtiges stritten, das ihr simultanes Gestikulieren rechtfertigte. Ich schlug das Buch auf, suchte den Aufsatz, fand die Stelle, bis zu der Andrea vorgelesen hatte, und las weiter, las die Sätze, die Benavides unterstrichen hatte, vielleicht mit weniger klaren Absichten, als man hätte meinen können. Es war eine kurze Geschichte, einen Absatz lang. Darin erinnerte sich Benavides an den Fall eines Freundes, der ein hämatologisches Leiden hatte, für das es keine Heilung mehr gab. »Ihm war bewusst, dass es keinen Sinn hatte, auf unbestimmte Zeit mit Transfusionen weiterzumachen«, schrieb Benavides, also hatte er beschlossen, die Behandlung abzubrechen und sich in einen natürlichen Tod zu schicken. »Die letzten Tage mit ihm zu Hause im Familienkreis zu verbringen, liebevoll gepflegt, ruhig und heiter, und mir seine Geschichten aus für mich fernen Zeiten anzuhören, war eine der vielen Lehren, die er mir mitgegeben hat. Ich sah, dass dies eine gute Art zu sterben war.« Ich hob den Kopf. Auf dem Bildschirm gestikulierte die Frau im Kostüm noch immer und redete mit einer verzerrten Grimasse. Ich dachte: eine Grimasse des Hasses. Ich wandte mich wieder dem Buch zu: »Sein Universum beschränkte sich auf das Zimmer, die engste Familie und seine Erinnerungen«, schrieb Benavides über den Freund. »Eines Abends schloss er die Augen, als schliefe er nach einem anstrengenden Arbeitstag ein, befriedigt nach erfüllter Pflicht.« Die Frau auf dem Bildschirm zeigte die Zähne, schob den Kiefer vor, fuhr sich mit der dunklen Zunge über die Lippen, hasste ihre Gegner oder Widerstreiter, aber ich dachte nicht an sie, sondern an Andrea und das, was sie mir unter Tränen gesagt hatte: »Ich habe keine Geschichten zu erzählen.«

Da glaubte ich zu verstehen. Ich verstand (oder glaubte zu verstehen), dass Benavides' Geschichte diese couragierte Frau am Boden zerstört hatte: die liebevollen Worte über den sterbenskranken Freund, den Mann, der ihm Geschichten aus fernen Zeiten erzählte, der Mann, der sich in sein eigenes Zimmer zurückziehen konnte, um im engen Familienkreis zu sterben, eingehüllt in seine Erinnerungen. Mit ihren gut dreißig Jahren war Andrea noch zu jung, um Geschichten zum Erzählen oder

Erinnerungen zum Einhüllen zu haben. »Ich habe keine Geschichten zu erzählen«, hatte sie gesagt, und je mehr ich darüber nachdachte, desto klarer schien es mir, dass dieser Moment tiefer Traurigkeit auf einen unterstrichenen Satz in Benavides' Artikel zurückging. Ein Satz über einen Mann, der wie sie nicht mehr zu dieser Welt gehörte, der wie sie die freie und souveräne Entscheidung getroffen hatte, sich auf natürliche Weise sterben zu lassen, der den Tod bezwungen hatte wie sie: Er hatte ihm gesagt, er solle nicht stolz sein, hatte diesen Stolz für sich selbst in Anspruch genommen. Ja, beide waren einander gleich, dieser unbekannte sterbende Freund und Andrea, die Patientin: die Patientin Andrea. Nur eines unterschied sie: die Geschichten, die sie dem erzählen konnten, der sie anhören wollte, die Erinnerungen, mit denen sie sich umgeben konnten, um in Frieden zu sterben. Dieser winzige Unterschied, begriff oder glaubte ich zu begreifen, hatte bei Andrea eine Art Erkenntnis ausgelöst, deren Ursprünge ich weder zurückverfolgen noch vermuten konnte, der mich jedoch so sehr in Bann schlug, dass ich nicht merkte, als sich die Glastür öffnete und Benavides zu mir kam.

»Wo müssen Sie hin?«, fragte er mich. »Wäre es zu viel verlangt, dass Sie mich mitnehmen? Damit wir das ausstehende Gespräch beenden.«

Ich musste ans andere Ende der Stadt, er in den Norden, ich in den Süden. Zudem war es schon fast elf Uhr nachts.

»Aber nein«, sagte ich. »Gespräche muss man beenden.«

Wir fuhren auf der hellen Avenida Richtung Norden, wiederholten gemeinsam denselben Weg, den ich vor neun Jahren allein gefahren war, und taten es auf Weisung oder Gebot von Benavides schweigend. Als wir den Klinikparkplatz verließen, hatte ich das dringende Bedürfnis gehabt, ihn nach der seltsamen Inszenierung zu fragen, an der wir beide eben teilgenommen hatten; ich fragte ihn, anders ausgedrückt, warum er mich in diese Sache hineingezogen hatte, warum er mir den weißen Kittel geliehen, mich gezwungen hatte, bei diesem Schwindel mitzuspielen, warum es ihm notwendig, vorteilhaft oder womöglich unterhaltsam erschienen war, dass ich sein Gespräch mit einer Patientin und den Moment bezeugte, in dem diese Patienten beschloss, in Richtung Tod zu gehen. Aber Benavides wandte den Blick nicht von der Windschutzscheibe und der Carrera Novena, die sich vor uns weitete, und antwortete: »Darüber möchte ich nicht reden.«

»Na hören Sie, Francisco«, sagte ich. »Zuerst ziehen Sie mich in so etwas hinein, ich muss mich als jemand anderer ausgeben und ansehen, was mir nicht zusteht. Und jetzt wollen Sie nicht darüber reden?«

»Genau. Ich will nicht darüber reden.«

»Nun, so einfach ist das nicht«, sagte ich. »Ich brauche wohl ...«

»Außerhalb der Klinik«, sagte Benavides mit einer Spur Ungeduld, »spreche ich nicht von meinen Sterbepatienten. Diese Entscheidung habe ich vor vielen Jahren getroffen, und ich halte sie noch immer für die beste aller Entscheidungen. Man muss die beiden Leben auseinanderhalten, Vásquez, sonst wird man verrückt. Das laugt einen aus, zehrt an den Kräften. Ich bin wie jeder andere auch: Meine Kräfte sind begrenzt.«

Das hielt ich natürlich für eine Ausrede. Aber es war eine so vernünftige Ausrede, und die Müdigkeit im Gesicht des Doktors war so glaubwürdig, dass ich sie akzeptieren musste. Auch ich hatte beim Verlassen von Andrea Giraldos Zimmer das Gefühl gehabt, dass ich meine Kräfte dort verloren hatte, irgendwo zwischen den Laken, auf die ich mich gesetzt hatte, oder vielleicht aufgesaugt von dem Körper der Frau, die beschlossen hatte, zu sterben: von diesen zerbrechlichen Knochen, die meine Umarmung kurz umfasst hatte, in dem Versuch jemandem ein wenig plumpen Trost zu schenken, der ihn nötig zu haben schien. Nach zwanzig Querstraßen vollkommenen Schweigens, merkte ich, dass Benavides die Augen geschlossen hatte. Er schien zu schlafen, hielt aber den Hals aufrecht. Er hatte keine Schlagseite, der Kopf war nicht herabgesunken. Ich wagte nicht, ihn aus seinem improvisierten Refugium zu holen, denn ebendas brauchte er wohl in dem Moment: ein Refugium. Mich beschäftigten indessen immer noch die gleichen Fragen: Was hatte Benavides damit bezweckt, mich listig in eine Szene zu katapultieren, auf die ich nicht vorbereitet war? Was sollte ich dort sehen oder hören, wenn es das war, worum es ihm ging? Hatte er gewusst, dass Andrea gerade jetzt diese Entscheidung treffen würde? Und was war das mit dem Buch gewesen? Hatte er geplant, dass Andrea und ich in seinem Aufsatz blättern und die Sätze lesen würden, die er unterstrichen hatte? Hatte er es mir deshalb geschenkt? Als er aus dem Zimmer ging und uns allein zurückließ, hatte er da vorhergesehen, was sich anschließend abspielte? Auch damals, in der fernen Nacht, in der ich Carballo kennengelernt hatte, war mir dieser Gedanke durch den Kopf gegangen: dass Benavides weitaus mehr wusste und kontrollierte, als er zu kontrollieren und zu wissen schien.

Benavides kehrte erst ins Leben zurück, als wir zur Pförtnerloge seines Hauses gelangten. Der Portier kam, um meine Identität festzustellen. Ich öffnete das Fenster, und ein Schwall kalter Luft drang wie eine Wolke Fliegen in den Wagen. »Ich komme mit Doktor Benavides«, sagte ich laut. »Interior 23«. Als ich auf Benavides deutete, öffnete dieser die Augen, als hätte er nicht geschlafen, sondern nur ein paar Sekunden lang überlegt.

»Gut, wir sind da«, sagte er. »Danke.«

Das Haus lag im Dunkeln. Nicht einmal das Licht am Eingang brannte, das man immer eingeschaltet lässt, um Anwesenheit vorzutäuschen und Diebe abzuschrecken. Vor der Tür legte Benavides seine Hand auf eine kleine Scheibe und sagte: »Die hier haben sie eingeschlagen.« Ich tat es ihm nach, legte meine Hand auf die neue Scheibe, die die zerbrochene ersetzt hatte, und Benavides sagte: »Nicht die darüber, nicht die darunter haben sie eingeschlagen. Nur diese: genau auf Höhe vom Türschloss.«

»Alle Türen haben ihre Schlösser auf gleicher Höhe«, sagte ich.

Aber er hörte nicht zu. »Hier sind sie hereingekommen«, sagte er, »ganz ungeniert.« Er wandte sich nach rechts Richtung Wohnzimmer. »Bisher hatte ich geglaubt, sie hätten sich zuerst meinen Schrank vorgenommen, mit dem Kaleidoskop usw.

Und wären dann hinaufgegangen, um zu holen, was sonst noch da war. Aber jetzt nicht mehr.«

»Jetzt glauben Sie das nicht mehr.«

»Nein.«

»Jetzt glauben Sie, dass es Carballo war.«

»Kommen Sie, Vásquez«, sagte Benavides. »Kommen Sie mit.«

Er ging die Treppe hinauf, ich hinter ihm, mit dem Gefühl, einen Tatort zu besichtigen: kein aufgebrochenes Haus, sondern den Ort, an dem jemand umgebracht worden ist. Es war kalt, als wäre das Haus unbewohnt, und alles lag im Dunkeln, sodass Benavides auf dem Weg Lichter einschalten musste – und so die Welt Stück für Stück vor uns entstehen ließ. »Ich glaube jetzt, dass sie als Erstes hinaufgegangen sind, in mein Arbeitszimmer«, sagte Benavides. »Denn sie wussten Bescheid. Sie wussten ganz genau, was sie suchten und wo sie es finden würden. Und nachdem sie es gefunden hatten, haben sie die Runde gemacht und hier und da etwas eingesteckt. Sie haben Schmuck gefunden, etwas Geld, ein paar Geräte, die sich verkaufen lassen, ein paar Dinge, die nach Antiquitäten aussehen. Aber das kam erst nach der Hauptsache. Das kam erst, als die Hauptsache sozusagen im Sack war, und wahrscheinlich bloß zur Vertuschung. Schwer vorstellbar sind nur die Einzelheiten. Immer ist es schwer, sich die anderen vorzustellen, aber noch schwerer ist es bei jemandem, den man zu kennen glaubt und den man, wie sich herausstellt, doch nicht kennt. Seit wir die Cafeteria verlassen haben, versuche ich, mir Carballo vorzustellen, aber ich bekomme das Bild nicht zusammen. Erst denke ich: Nein, er kann es nicht sein, er kann es nicht gewesen sein. Carballo, der Schüler meines Vaters. Carlos, mein Freund. Carlos Carballo, der Freund, mit dem ich stets das Interesse an den Dingen der Vergangenheit geteilt habe ... Und dann denke ich: der *einzige* Freund, der diese Interessen teilt. *Der Einzige*, der Interesse an den Erbstücken meines Vaters haben konnte, an den Knochen eines Politikers, der vor sechsundsechzig Jahren ermordet wurde. Dank Ihnen *der Einzige* außerhalb meiner Familie, der von den Knochen wusste, *der Einzige*, der sich denken konnte, wo sie aufbewahrt wurden. Sie sehen, Vásquez: der Einzige, der Einzige, der Einzige.«

»Aber wozu?«, fragte ich. »Wozu sollte er diese Sachen jetzt stehlen?«

»Nicht jetzt. Vor zwei Jahren.«

»Das kommt aufs Gleiche hinaus. Ich hatte ihm vor neun Jahren erzählt, dass diese Dinge in Ihrem Besitz sind. Wenn es stimmt, dass er sie gestohlen hat, warum sieben Jahre warten?«

Benavides setzte sich in seinen schwarzen Sessel. »Ich habe keine Ahnung«, sagte er. »Aber ich muss mich auch nicht in einen Dieb hineinversetzen. Ich muss mir nur die Fakten ansehen und einen logischen Schluss ziehen. Wer sonst, Vásquez? Wer sonst hätte das mitnehmen sollen?«

»Jemand, der nicht wusste, was es war«, sagte ich.

»Das glaube ich nicht.«

»Jemand, der eine abgeschlossene Schublade sieht und alles mitnimmt, was drin ist. Wahrscheinlich mit dem Gedanken, ebenfalls völlig logisch, dass niemand eine Schublade abschließt, die nichts Wertvolles enthält. *Das* ist das Logische, Francisco. Nicht der Gedanke, dass ein uralter Freund von einem Tag auf den anderen beschließt, Fenster einzuschlagen und in fremde Häuser einzubrechen. Sehen Sie, ich habe Carballo noch nie leiden können. Und es stimmt, er ist ein Mythomane und Schwindler, ein Fälscher sogar. Aber deshalb denken, er wäre ein Dieb, das ist doch sehr weit hergeholt.«

»Sie kennen ihn nicht so gut wie ich«, sagte Benavides. »Sie wissen nicht, wozu er fähig ist. Ich schon, denn ich erlebe ihn seit vielen Jahren. Ihn und seine Obsessionen. Alle haben wir Obsessionen, Vásquez, mal größere, mal kleinere. Aber ich kenne niemanden wie Carballo, jemanden, dessen ganzes Leben sich tatsächlich um eine einzige Idee dreht. Carlos ist geschieden, wussten Sie das?«

»Nein, das hat er mir nie erzählt. Es gab auch keinen Grund, dass er mir von seinem Privatleben hätte erzählen sollen.«

»Gut, aber so ist es. Er hat Ende der Siebziger eine Frau aus Cali geheiratet. Sehr sympathisch, mit so einem Lächeln, das jeden Tag erhellt. Und außerdem eine Frau, die mit beiden Beinen auf der Erde steht. Carlos hat sie verlassen. Und wissen Sie, warum? Weil sie das mit dem 9. April nicht verstanden hat.«

»Welchen Teil davon?«

»Sie hat nicht verstanden, dass Gaitán von mehr als einer Person ermordet worden sein könnte. Dass ihn womöglich jemand ermordet hat, der nicht Roa Sierra war. Sie hat sich darüber lustig gemacht. Sie hat zu Carballo gesagt: ›Sag mal, Lieber, wie viele Finger passen um den Abzugshahn einer Pistole?‹ Carballo hat das nicht ausgehalten. Eines Tages hat er seine Sachen gepackt und ist ausgezogen, er hat zwei Wochen bei meinem Vater auf dem Sofa geschlafen.«

»Aber das heißt doch nichts, Francisco.«

»Finden Sie nicht?«

»Ich finde nicht.«

Ich beugte mich zu der aufgebrochenen Schublade, ich sah das gesprengte Schloss, das gesplitterte Holz am Rand und stellte mir den Schraubenzieher und den Hammer vor, die dafür verantwortlich gewesen waren. Auf dem Schubladenboden hatte sich Staub angesammelt, als hätte sie allzu viele Tage offen gestanden, und am Rand krabbelte ein Ohrenkneifer. »Was ist ein Fanatiker, Vásquez?«, fragte Benavides. »Ein Fanatiker ist jemand, der nur zu einer Sache im Leben taugt, sie entdeckt und ihr dann seine ganze Zeit widmet, bis zur letzten Sekunde. Diese Sache interessiert ihn aus einem besonderen Grund. Denn er kann etwas damit anfangen, sie dient ihm als Instrument, weil sie ihm hilft, zu Geld zu kommen, zu Macht, zu einer Frau oder mehreren Frauen, weil er sich mit ihr besser fühlt, sein Ego stärkt, sich den Himmel verdient, die Welt verändert. Selbstverständlich stärkt es das Ego, wenn man die Welt verändert, es bringt Geld, Macht, Frauen. Auch deshalb tun die Leute, was sie tun, die Fanatiker eingeschlossen. Manchmal tut es der Fanatiker aus weitaus mysteriöseren Gründen, die zu keiner der Kategorien gehören, die wir uns erfunden haben. Mit der Zeit vermischen und verwirren sich diese Gründe und werden zu einer Obsession, die ans Irrationale grenzt, zum Gefühl, eine persönliche, zwingende Mission zu haben, zum Gefühl, dass man für etwas geboren wurde. Diese Person erkennt man an vielerlei, aber eindeutig an einem Merkmal: Sie tut, was sie tun muss. Sie entfernt aus ihrem Leben alles, was ihr nicht dienlich ist. Wenn ihr etwas dienen kann, dann tut sie es oder verschafft es sich. Was es auch sein mag.«

»Und Sie glauben, Carballo ist ein Fanatiker.«

»Nun, zumindest benimmt er sich wie ein Fanatiker«, sagte Benavides. »Fanatiker gibt es in vielen Ausführungen, Vásquez. Es gibt Fanatiker, die töten, und andere, die es nicht tun. Es gibt Abertausend Möglichkeiten, fanatisch zu sein, Abertausend verschiedene, die Palette reicht vom Hungerstreik für den Erhalt von Bäumen bis zur Bombe, weil der Koran dieses oder jenes sagt. Mag sein, ich täusche mich, aber ich glaube, auf dieser Stufenleiter gibt es auch jemanden, der bei einem Freund einbricht und Dinge stiehlt, die ihm von Nutzen sind. Oder von denen ihm ein verquerer Mechanismus eingibt, dass sie ihm eher zustehen als seinem Freund, dass sie in seinem Besitz sein müssten und es nur wegen der Ungerechtigkeit des Lebens nicht sind. Ist es unmöglich, dass es sich so abgespielt hat? Carballo erfährt zufällig, dass sich bei mir Gaitáns Wirbel befindet, der seit der Autopsie 1960 meinen Vater gehört hatte. Er kommt um vor Wut: Das alles hat seinem Maestro gehört, seinem Mentor, und wäre besser aufgehoben in den Händen eines geliebten Schülers als in denen des verlorenen Sohns. Was für einen Irrtum, was für einen gewaltigen Irrtum hat der Maestro begangen, als er diese Sachen in Händen seines Sohnes gelassen hat, der sie weder versteht noch so zu schätzen weiß wie er, der Jünger. Für den Sohn sind sie eine bloße historische Kuriosität, ein bloßes Sammlerstück, ein Zeitvertreib oder bestenfalls ein Fetisch. Für den Schüler dagegen sind sie eine Mission. Ja, das ist es: Sie sind Teil einer Mission, sind Dinge, die einem höheren Ziel dienen. Und die anderen merken es nicht. Die anderen sind Unwissende.«

»Gott gibt manchem Nüsse, der keine Zähne hat.«

»Genau.«

»Und die Mission ist das Buch?«

»Mir fällt keine andere ein«, sagte Benavides. »Ja, Vásquez, das Buch. Dieses Buch, das Sie schreiben sollten. Oder vielmehr: die Information oder Geschichte, die dieses Buch an die Öffentlichkeit bringen würde. Seine Verschwörungstheorie über den Mord an Gaitán. Diese Obsession, um die sein ganzes Leben kreist, ebenso wie vor ihm bei meinem Vater. Mit dem Unterschied, dass es für meinen Vater ein Spiel war. Ein ernstes Spiel, aber letztlich doch ein Spiel.« Genau so hatte er es vor neun Jahren gesagt. Ich habe kein gutes Gedächtnis, weder für Namen noch für Gesichter oder für Besorgungen, aber ein gutes für Wörter, für ihre Ordnung, ihren Rhythmus, ihre geheime Musik. Und genau diese hatte Benavides in der Nacht ausgesprochen, als er mir Gaitáns Wirbel gezeigt hatte. »Meine Phantasie reicht nicht aus, um mir vorzustellen, was in den letzten Jahren passiert ist. Carballo vertraut mir nicht, aber er vertraut niemandem. Da kann er noch so sehr Freund der Familie oder Dauergast bei uns sein. Ein guter Teil seines Lebens bleibt für mich im Dunkeln, ein Geheimnis. Etwas muss während dieser Jahre geschehen sein: eine Entdeckung, ein Einfall. Ich weiß nicht, ich bekomme keine Chronologie zusammen, keine logische Abfolge. Aber es scheint mir doch ein großer Zufall zu sein, dass es genau dann zum Einbruch gekommen ist, als ich beschlossen hatte, die Erbstücke meines Vaters zurückzugeben. Vielmehr: genau nachdem ich mit meiner Familie über die Angelegenheit gesprochen hatte. Als wir in der Nacht zu Bett gegangen sind, stand die Entscheidung fest: Wir würden unsere Kontakte nutzen, um meine Erbstücke ans Licht zu bringen und zu versuchen, sie in einem Museum unterzubringen, wo sie hingehören. Ist das nicht ein großer Zufall? Ich glaube an keinen Zufall, ich glaube, Carballo hat mitbekommen, was wir tun wollten, und es verhindert. Ich weiß nicht, wie, dafür reicht meine Phantasie nicht. Aber das ist die einfachste Erklärung. Und mich haben die Erfahrung und meine Frau gelehrt, dass man im Fall einer einfachen Erklärung besser keine komplizierte sucht.«

»Aber das ist doch mehr als kompliziert«, sagte ich. »Die einfache ist eine andere, Francisco. Die von den landläufigen Dieben.«

Benavides hörte nicht hin oder tat so, als würde er nicht hören.

»Die Frage ist jetzt: Was tun wir? Was tun wir, um diese Dinge zurückzubekommen? Gehen wir einmal, rein hypothetisch, davon aus, dass wir nicht wissen, ob Carballo sie tatsächlich hat. Wie vergewissern wir uns? Der Mensch kommt weiterhin fleißig zu uns, Vásquez. Sein Verhältnis zu mir und meiner Familie hat sich seit dem Diebstahl nicht verändert. Selbstverständlich habe ich ihm nichts vom Einbruch gesagt, denn ich wollte ihm nicht von meinen Erbstücken erzählen. Wollte nicht eingestehen, dass ich sie all die Jahre vor ihm verborgen gehalten hatte. Aber jetzt, da ich ihn im Verdacht habe, kommen mir all die Male in den Sinn, als ich ihn in diesen Jahren zum Mittag- oder Abendessen eingeladen habe. Dieses Pokerface, Vásquez, der perfekte Auftritt! Mit keinem Härchen hat er sich verraten, es ist beeindruckend. Ich weiß nicht, wie oft er sich ins Esszimmer gesetzt und mit mir über Gaitán gesprochen hat, über Kennedy, über die Parallelen zwischen den beiden Attentaten, und alles *haargenau* so wie vor dem Diebstahl. Und ich hatte ein schlechtes Gewissen, weil er jetzt, nach dem Einbruch, niemals den Wirbel in Händen halten würde. Natürlich wollte ich ihn keineswegs herzeigen, aber nach dem Diebstahl war es nicht mehr eine Frage des Wollens: Ich konnte ihn nicht mehr zeigen. Und deshalb hatte ich ein schlechtes Gewissen, als hätte ich ihm etwas weggenommen. Ich ihm! Ironie des Schicksals, nicht wahr? Da höre ich ihn über Gaitán reden, mit schlechtem Gewissen, weil ich ihm eine große Befriedigung vorenthalten habe, auch wenn er es nicht wusste, und er weiß die ganze Zeit über, dass er nur nach Hause kommen muss und den Wirbel in Händen halten, ihn mit eigenen Augen sehen, für seine Zwecke benutzen kann, die über unsere Vorstellungskraft gehen. Ihn dem Dossier seiner Paranoia einverleiben kann, der Beweismasse seiner Verschwörungstheorie.«

»Wenn er ihn denn hat.«

»Ja, wenn er ihn denn hat«, sagte Benavides. Dann schwieg er für einen Moment. Er stand auf, drehte den Stuhl herum und klammerte sich mit beiden Händen an die schwarze Lehne wie ein Schiffbrüchiger an eine Planke. »Sehen Sie, Vásquez, und passen Sie bitte gut auf«, sagte er. »Was ich Ihnen jetzt sagen werde, hört sich belanglos an, ist es aber nicht. Ich habe in der Klinik daran gedacht, als ich Ihnen alles erzählt habe. Ich habe im Auto daran gedacht, als wir hergefahren sind. Ich habe jetzt daran gedacht, während wir gesprochen haben. Die Sache ist die: Die Erbstücke meines Vaters gehören mir und niemandem sonst. Aber ich weiß auch, dass sie Kulturgut meines Landes sind, und genau das sollen sie nach all den Jahren wieder werden. Und ich will nicht, will definitiv nicht, dass sie einem Fanatiker dazu dienen, über eine schmerzhafte Vergangenheit zu spekulieren. Also: Sie sind der einzige Mensch, der überprüfen kann, ob Carballo diese Sachen hat oder nicht. Das Leben hat sie in diese seltsame Lage gebracht, Vásquez, da kann man nichts machen. Carballo wollte, dass Sie ihm ein Buch schreiben. Ich schlage vor, Sie gehen zu ihm und bieten es ihm an. Ja, Sie haben richtig gehört. Gehen Sie zu ihm, bieten Sie ihm an, das verflixte Buch zu schreiben, schleusen Sie sich bei ihm ein und forschen Sie nach. Niemand sonst ist in der Lage dazu. Wenn Ihr Freund Moreno-Durán noch lebte, würden wir ihn darum bitten. Aber er lebt nicht mehr. Sie leben. Und Carballo würde Ihnen seine Tür öffnen, Ihnen seine Unterlagen zeigen, seine Beweise, das ganze Material, mit dem er der Welt die Wahrheit über Gaitáns Ermordung offenbaren will. Schlagen Sie sich auf seine Seite, sagen Sie ihm alles, was er hören will, lügen und schauspielern Sie, was das Zeug hält. Und forschen Sie nach. Ich weiß, die Idee klingt haarsträubend, aber sie ist es nicht: Sie ist vollkommen vernünftig. Also tun Sie mir den Gefallen, Vásquez: Gehen Sie nach Hause, überschlafen Sie es und rufen mich morgen an. Und vergessen Sie keine Minute, dass ich Sie um Hilfe bitte. Ich brauche Ihre Hilfe und bitte Sie darum. Ich bin in Ihrer Hand, Vásquez. Ich bin in Ihrer Hand.«

v. Die große Wunde

An einem Sonntagabend schrieb ich Carlos Carballo – an eine Mailadresse, die mir Benavides gegeben hatte, denn die in meinem Computer war schon seit langem nicht mehr gültig –, ich müsse mit ihm reden. Er antwortete sofort, mit seiner üblichen Geringschätzung für das Terrain konventionellerer Geister: Grammatik und Orthografie. *Schöner Gruß Juan Gabriel*, las ich. *Wo her die Überraschung?* Ich antwortete, seit unserer letzten Begegnung sei viel geschehen, ich hätte mich verändert und meine Umstände ebenfalls, seit ein paar Jahren sei eine neue Art von Neugier bei mir in Erscheinung getreten (so schrieb ich: »in Erscheinung getreten«), und ich sei allmählich zu dem Schluss gelangt, dass dieses Buch, das er mir einmal angeboten habe, Teil meines Schicksals sei (so schrieb ich: »Teil meines Schicksals«). Diese Rhetorik, dachte ich, würde Carballos Erwartungen entsprechen. Ich kam mir wie ein Schwindler vor, doch mir schien, das Schwindeln gehörte zur Mission, die mir Francisco Benavides aufgetragen hatte und die somit die Mittel rechtfertigte. Carballo antwortete nicht, ich hatte wohl zu dick aufgetragen, womöglich ahnte oder erriet dieser erfahrene Falschspieler meine wahren Absichten. Mit dieser Überzeugung ging ich ins Bett und dachte bereits an einen Plan B für die Mission, der mich nicht verraten würde. Aber morgens um halb sieben klingelte das Telefon. Carballo.

»Woher haben Sie diese Nummer?«, fragte ich.

Er antwortete nicht. »Ich freue mich, Sie zu hören«, sagte er. »Haben Sie am Freitagabend etwas vor?«

»Nein«, sagte ich. Das stimmte, aber ich hätte ohnehin jede andere Verabredung abgesagt. »Wir können zu Abend essen, wenn Sie wollen.«

»Nein, kein Abendessen«, gab er zurück. »Ich lade Sie in meine Sendung ein.«

So erfuhr ich von der neuen Inkarnation dieses unvorhersehbaren Mannes. Carballo hatte eine eigene Radiosendung, vier Stunden lang, die jeden Abend ab Mitternacht ausgestrahlt wurde und in der Carballo einen, manchmal zwei Gäste interviewte (auch wenn dieses Wort für die Sendung zu *professionell* klang). In den letzten fünf Jahren hatte die Sendung *Nachtvögel* Politiker und Fußballer eingeladen, Konzeptkünstler, Militärs im wohlverdienten Ruhestand, Popsänger, Schauspieler von Telenovelas, Romanciers, Dichter, Dichter, die ebenso Romanciers waren, Politiker, die sich für Dichter hielten, und Sänger, die sich für Schauspieler hielten. Ich musste nur kurz durchs Internet surfen und sah, dass die Sendung, von der ich noch nie gehört hatte, für ihr treues Radiopublikum eine Art Institution war, geschätzt gerade wegen ihres zwangsläufig minoritären, ja fast geheimen Charakters. Die Gäste mussten zweierlei mitbringen: eigene Musik – an die zehn Lieder, mit denen sie die Sendung persönlich gestalteten – und eigene Getränke, etwa Kaffee in einer Thermoskanne, eine kleine Flasche Schnaps oder Rum, eine Feldflasche mit Wasser. Ansonsten brauchten sie nur einen offenen Geist und Lust zum Reden, denn sie bestritten die ersten beiden Stunden von *Nachtvögel*. Während dieser Zeit unterhielt sich Carballo mit seinem Gast und nahm Höreranrufe entgegen; in den folgenden zwei Stunden, nun allein im Studio, beantwortete er weiterhin Höreranrufe, in denen meist der Auftritt des Gastes nach dessen Weggang kommentiert wurde, legte Musik auf und sandte seine Monologe in den Äther. So war er in diesen Jahren zum Begleiter der Schlaflosen und Einsamen geworden, der Nachteulen, ob von Berufs wegen oder aus Berufung, oder der extremen Frühaufsteher. Nun war ich eingeladen. Es erschien mir kein allzu hoher Preis dafür zu sein, erneut in sein Leben aufgenommen zu werden.

Also parkte ich am Freitag um halb zwölf in einer kalten Nacht meinen Wagen vor den Todelar-Studios in der Paralela, Ecke Calle 84 und fragte einen Pförtner, der sich im gelben Lichtschein langweilte, wo Carlos Carballo zu finden sei. Er zögerte, sah in sein Spiralbuch; der Mann gehörte nicht zum Publikum, das *Nachtvögel* fesselte. Ich nahm seine Anweisungen entgegen, ging eine bereits schummrige Treppe hinauf in den ersten Stock und weiter über den Teppichboden eines verlassenen Korridors, der kaum von ein paar Neonröhren und dem Lichtschein der noch bevölkerten Studios erhellt wurde. In der Hand hatte ich eine kleine Whiskyflasche, in der Jackentasche auf einem USB-Stick meine zehn Lieblingssongs oder die, die am Nachmittag in aller Schnelle zu meinen zehn Lieblingssongs avanciert waren, und als ich Carballo den kleinen Plastikzylinder übergab, wurde mir bewusst, dass allesamt, von *Eleanor Rigby* bis *Las Ciudades*, von Paul Simon bis Serrat, von Einsamkeit sprachen.

»Da ist unser Gast«, rief Carballo ins Leere hinein. »Kommen Sie, kommen Sie, fühlen Sie sich wie zu Hause.«

Carballo trug helle Jeans und ein Hemd, das der Gürtel nicht bändigen konnte, um den Hals einen schwarz-weiß karierten Schal, obwohl es nicht kalt war. Er kam mir blasser vor als früher, und sogleich brachte ich die Blässe mit seiner aktuellen Arbeit in Verbindung: Er hatte sich in einen Mann verwandelt, der nachts lebte und tagsüber schlief, also kaum das Sonnenlicht sah. Daher rührten zweifellos die olivfarbenen Augenringe, die gut sichtbaren blauen Adern auf den nachlässig rasierten Wangen. Carballo stellte mir nicht die Fragen, die man sich in Bogotá sonst stellt – wie geht's, was machen Sie so –, sondern bat mich ins Studio und ließ mich vor einem Mikrofon Platz nehmen, das eine kleine kolumbianische Fahne schmückte, dann schloss er die Polstertür und beugte sich zum Tontechniker, um ihm eine Reihe unhörbarer Anweisungen zu geben. Als er seinen Stuhl einnahm, sich die Kopfhörer aufsetzte und mir mit einer Geste seiner langen Finger zu bedeuten gab, ich solle ein Gleiches tun, kam mir der Gedanke, dass er mir absichtlich auswich. Vielleicht sollte unser Gespräch erst beginnen, wenn wir auf Sendung waren, weil er nicht in Frivolität oder falsche Höflichkeit verfallen wollte. Mir kam der Gedanke, dass er für gesellschaftliche Umgangsformen womöglich nur noch Ungeduld übrighatte. Oder dass er schüchtern, spröde geworden war. Aber mir kam keineswegs der Gedanke, dass er mir eine Falle stellen könnte.

»Heute haben wir einen ganz besonderen Gast«, sagte er.

Da war es wieder, was ich in Erinnerung hatte: Aus Carballos Worten sprossen zwischen Exzentrizitäten wild wuchernd Gemeinplätze. Er stellte mich nachlässig vor und erzählte dann den Hörern, dass wir uns nicht zum ersten Mal unterhielten. »Wissen meine Hörer, meine Nachtvögel, wie wir uns kennengelernt haben?«, fragte Carballo, senkte die Stimme, schuf mühelos eine Vertrautheit, die offensichtlich seiner Trickkiste entstammte. »Er hat mir mit einem Glas die Nase eingeschlagen. So haben wir uns kennengelernt. Zum ersten Mal hole ich jemanden in die Sendung, der mich in die Klinik geschickt hat. Und ich hoffe, zum letzten Mal, nicht wahr?« Er ließ ein verschwörerisches Lachen los, aber es galt nicht mir. Vor meinen Augen erfand sich Carballo eine private Beziehung zu den Abertausend unbekannten Menschen, die uns in diesem Augenblick zuhörten. Es war faszinierend. »Das ist vor neun Jahren gewesen, neun Jahre minus ein paar Monate. Und da sitzen wir nun, liebe Hörer, Nachtvögel: Wir sitzen hier, als wäre nichts gewesen. Wissen Sie, warum? Weil die Dinge immer einen Grund haben. Wie geht es Ihnen, Juan Gabriel?«

»Sehr gut, Carlos«, sagte ich. »Ich wollte …«

»Sie sind Autor mehrerer Bücher, aber auch Kolumnist von *El Espectador*. Und als Kolumnist haben Sie uns zu Anfang des Jahres mit einem neuen Interesse überrascht: der Ermordung von Rafael Uribe Uribe.«

Das traf mich unvorbereitet. Ich hatte die improvisierte Kolumne fast völlig vergessen, aber ein Gedankenblitz brachte mir den Kommentar des unzufriedenen Lesers zurück, hinter dessen Pseudonym, wie ich spekuliert hatte, Carlos Carballo steckte. Nun schien mir, ich hatte recht gehabt.

»Gut, die Kolumne ging eigentlich nicht nur über Uribe Uribe«, sagte ich. »Sie ging vor allem über ein Buch, das mir gefallen hat. *Gespenster von Sarajevo* heißt es, und ich kann es nur empfehlen. Dann habe ich in der Kolumne von zwei Jahrestagen gesprochen, zwei Attentaten, die …«

»Woher kam Ihr Interesse an Uribe Uribe?«, unterbrach mich mein Gastgeber.

»Ich weiß nicht«, sagte ich. »Es ist ein frisches Interesse.«

»Ach ja? Aber Sie erwähnen ihn anfangs in einem Ihrer Romane, *Die geheime Geschichte Costaguanas.* Sie erwähnen Uribe Uribe und seine Mörder Galarza und Carvajal. Das ist inzwischen sieben Jahre her, so frisch kann Ihr Interesse also nicht sein.«

»Stimmt. Das hatte ich nicht mehr im Kopf, aber es stimmt. Ich weiß nicht, Carlos, mich interessiert dieses Verbrechen, wie es jeden Kolumbianer interessiert. Ich …«

»Finden Sie? Da bin ich mir nicht so sicher. Ich weiß nicht, wie viele meiner Hörer, meiner Nachtvögel, etwas über Uribe Uribe wissen. Wie viele wissen wohl, wie er gestorben ist? Wissen Sie, wie er gestorben ist? Wissen Sie, wie sich das abgespielt hat?«

Ein wenig wusste ich darüber. Das hätte ich ihm gern gesagt: dass ich ein wenig darüber wusste, aber nicht viel. Nur in groben Zügen, ein mehr oder weniger statisches Bild, das mein Gedächtnis bewahrt hatte, ohne dass ich hätte sagen können, wie es dazu gekommen war. So sind unsere Kenntnisse der Vergangenheit. Ich wusste natürlich, was ich in der Kolumne geschrieben hatte: dass am 15. Oktober 1914, hundert Jahre und acht Monate vor diesem Radiogespräch, General Uribe Uribe den westlichen Gehweg der Carrera Séptima entlanggegangen und von zwei Tischlern mit Äxten tödlich verwundet worden war. Ja, das wusste ich, und schon von klein auf. Ich musste neun oder zehn gewesen sein, als mein Vater mich zu dem Tatort mitgenommen hatte, er hatte mir die traurige Marmortafel gezeigt, die die Ereignisse festhielt, und mir von den Mördern erzählt. Galarza und Carvajal: der Klang dieser beiden Nachnamen hatte mich von da an begleitet wie der Refrain eines populären Lieds, auch wenn bestimmt mehrere Jahre vergingen, bis die Vornamen hinzukamen, bis mein kindliches Bewusstsein die beiden Namen trennte und ihre Träger als zwei Individuen erkannte, nicht als eine mysteriöse, unlösliche Einheit, ein Ungeheuer mit zwei Köpfen. Ich weiß nicht, wie ich sie mir als Kind vorgestellt hatte, als ich mit meiner Familie über die Plaza de Bolívar ging, kann mich auch nicht daran erinnern, wie ich mir die wilde, brutale Szene ausmalte, die die

Bogotaer 1914 erlebt haben mussten. Mir wurde bewusst, dass meine Unkenntnis, über diese groben Züge hinaus, der Szene einen falschen, ungenauen Anstrich gegeben hatte.

All das hätte ich Carballo erklären können, aber ich tat es nicht. Ich sprach bloß über Galarza und Carvajal und den westlichen Gehweg beim Kapitol. Mein Interviewer zog eine Grimasse des Missfallens (nicht sichtbar für seine Hörer, zum Glück) und ergriff das Wort.

»Ebendas behauptet auch die Geschichtsschreibung«, spottete er. »Aber meine Hörer wissen, dass die Geschichtsschreibung, sagen wir, gern ein wenig lügt. Etwa nicht, lieber Juan Gabriel?« Sein Ton war honigsüß oder herablassend oder beides zugleich. »Die Wahrheit kann eine andere sein, nicht wahr? Wie sich ebenso, um ein anderes Beispiel zu nennen, die Wahrheit über die Ermordung Gaitáns von der unterscheidet, die man uns in den Schulbüchern verkauft.«

»Ja, ich habe mich schon gefragt, wie lange es dauert, bis Sie mit Gaitán anfangen«, sagte ich und versuchte mit einer Prise Humor die Kontrolle über das Gespräch zurückzuerlangen. Ich dachte: *Gaitán, dessen Wirbel Sie gestohlen haben.* »Sie wissen, lieber Carlos, dass ich kein großer Anhänger der Verschwörungstheorien bin. Ich weiß, sie sind sehr beliebt, ich weiß, die Leute …«

»Moment«, fiel er mir wieder ins Wort. »Wir haben einen Anrufer.« Er wandte den Blick von mir ab (ich war um eine Last leichter) und sagte, die Augen ins Leere gerichtet: »Ja, eine schöne Nacht, mit wem habe ich das Vergnügen?«

»Gute Nacht, Carlitos«, sagte eine Männerstimme. »Ismael ist mein Name.«

»Don Ismael, was wollen Sie uns heute Nacht mitteilen?«

»Dass ich auch die Kolumne vom jungen Velásquez gelesen habe«, sagte Ismaels Stimme, verzerrt vom statischen Rauschen. Carballo korrigierte den falschen Namen nicht, und ich würde deswegen nicht unterbrechen. »Und ich will ihm eines sagen: Wenn er sich so für den Ersten Weltkrieg interessiert, dann soll er nicht einfach so abtun, was er verächtlich ›Verschwörungstheorien‹ nennt.«

»Aber das ist keine Verachtung«, versuchte ich, mich einzuschalten. »Das ist …«

»In der Kolumne haben Sie von Franz Ferdinand gesprochen«, sagte Ismael. »Sie haben von Gavrilo Princip gesprochen. Sie haben gesagt, dass so der Erste Weltkrieg begonnen hat. Darf ich Sie etwas fragen?«

Ich versuchte, freundlich zu sein. »Was immer Sie wollen, Ismael.«

»Wissen Sie, wie die Vereinigten Staaten in den Krieg eingetreten sind?«

Nicht zu fassen. Ich blickte auf die Uhr: Die Sendung lief noch keine halbe Stunde, und ich wurde bereits telefonisch über die Geschichte des Abendlandes geprüft. Carballo hatte die Augen weit aufgerissen, tiefernst, als gäbe es auf der Welt nichts Wichtigeres als den Grund, den ich für den Eintritt der Vereinigten Staaten in den ersten Weltkrieg anführen würde, der damals nicht der erste hieß, weil man von der Möglichkeit eines zweiten noch nichts wusste, sondern der große Krieg. So nannte man ihn: der Große Krieg. Oder aber mit populistischem Optimismus: der Krieg, der allen Kriegen ein Ende setzt. Der Konflikt hatte mit den Jahren seinen Namen gewechselt, womöglich auch sein Wesen oder die Erklärung, die wir uns für ihn erfanden. Unsere Fähigkeit, die Dinge zu benennen, ist begrenzt, und diese Grenzen sind umso empfindlicher oder grausamer, wenn die Dinge, die wir zu benennen versuchen, auf immer verschwunden sind. Ebendas ist die Vergangenheit: eine Erzählung, eine Erzählung, die auf einer anderen beruht, ein Trug aus Verben und Substantiven, in den wir höchstens den Schmerz der Menschen packen können, ihre Angst vor dem Tod und ihr Verlangen, zu leben, das Heimweh in den Schützengräben, die Sorge um den Soldaten, der auf die Schlachtfelder in Flandern zog und vielleicht schon tot ist, wenn wir an ihn denken.

»Also«, sagte ich. »Wenn ich mich recht erinnere, hat Präsident Wilson Deutschland nach der Versenkung der *Lusitania* den Krieg erklärt. Das war ein Passagierdampfer, ein deutsches U-Boot hatte ihn versenkt. Über tausend Menschen sind bei dem Angriff gestorben. Wilson hat den Krieg nicht sofort erklärt, aber doch kurz danach.«

»Gut, und sagen Sie mir eines«, verlangte Ismael. »Wann war das mit der Versenkung der *Lusitania*?«

»Das genaue Datum weiß ich nicht mehr«, verteidigte ich mich. »Es muss so …«

»7. Mai 1915«, sagte Ismael. »Und wann haben die Engländer den deutschen Code entschlüsselt?«

»Haben sie was?«

»Den deutschen Code. Den Marinecode der Deutschen. Wann haben ihn die Engländer geknackt?«

»Ich weiß nicht, Ismael.«

»Im Dezember 1914«, sagte die elektronische Stimme. »An die fünf Monate *vor* der Sache mit der *Lusitania*. Nun sagen Sie mir: Wenn Winston Churchill, damals Erster Lord der Admiralität, die Position jedes deutschen U-Boots herausfinden konnte, warum konnte sich dann eines dieser U-Boote einem Passagierdampfer nähern und ihn mit einem Torpedo versenken? Die *Lusitania* befand sich gerade im irischen Kanal, in der Nähe des Hafens, als sie vom deutschen Torpedo getroffen wurde. Wissen Sie, warum sie dort war? Auf was sie gewartet hat? Sie hat auf das Schiff gewartet, das sie bis zum englischen Hafen eskortieren sollte. Das Schiff war die *Juno*. Und es ist nie eingetroffen. Es ist nicht eingetroffen, weil Winston Churchill es in den Hafen zurückbeordert hat. Und jetzt kommt die Frage, die ich unserem Gast stellen will: Warum? Warum hat Churchill der *Juno* den Befehl gegeben, zum Hafen zurückzukehren, bevor sie die *Lusitania* erreicht hatte? Warum hat Churchill, der von der Gegenwart dreier deutscher U-Boote in den Gewässern wusste, die *Lusitania* absichtlich schutzlos zurückgelassen? Sagen Sie mir das. Warum?«

Mit einem Mal war ich müde, todmüde, und nicht wegen der fortgeschrittenen Stunde. Als öffnete sich der Spalt einer Tür, sah ich in der Tiefe der Nacht eine lange Reihe von Monologen, die mir von unbekannten Orten aus meine Skepsis oder Naivität vorwarfen. Ich sah Carballo an, in Erwartung, auf eine amüsierte Miene zu stoßen: die von jemandem, der eine Falle aufgestellt hat und nun die Beute begutachtet. Aber nichts davon zeigte sein Gesicht, sondern eher echtes Interesse an Ismaels Beitrag und meiner ausstehenden Antwort. Menschen wie Ismael waren vielleicht Carlos Carballos Publikum, sein Heer von Nachtvögeln. Mühelos konnte ich mir diese einsamen Männer vorstellen, die tagsüber einer unbefriedigenden Arbeit nachgehen und nur in der Nacht wirklich zum Leben erwachen, wenn sie in der Einsamkeit ihrer engen Wohnungen, umgeben von Büchern, die nicht in Regalen stehen, sondern sich auf dem Boden stapeln, ihren Computer anschalten oder ihr Radio und die Mitternachtsstunde erwarten: Dann beginnt für sie, wie für umgekehrte Aschenputtel, der Zauber. In Gesellschaft Carballos oder seiner Stimme erforschen diese Männer und Frauen ein paar Stunden lang die Kehrseite der Welt, die Wahrheit der Dinge, die von der offiziellen Geschichte verschwiegen wurde, und in der Kameradschaft der Paranoia, in der Lust an der geteilten Empörung, finden sie gewiss das, was zwei Menschen am ehesten zusammenbringt, auch wenn sie sich nicht kennen und sich nie gesehen haben: das Gefühl, einen gemeinsamen Verfolger zu haben. All das ging mir im Bruchteil einer Sekunde durch den Kopf, und erst jetzt, da ich es aufschreibe, ergibt das Folgende einen Sinn. Ich begriff etwas, ich begriff, warum Ismael so schnell angerufen hatte, als wüsste er bereits von meiner Einstellung zu den Verschwörungstheorien; ich begriff auch, warum Carballo mich in seine Sendung eingeladen hatte. Selbstverständlich nicht aus Interesse an meiner Meinung, schon gar nicht an meinen Büchern. Er hatte mich eingeladen, um mich auf die Probe zu stellen. Das heißt, er hatte mich nicht wegen meiner geschriebenen Bücher eingeladen, sondern um herauszufinden, ob ich auch wirklich ein gewisses noch ungeschriebenes Buch verdiente. Die Klarheit dieser Offenbarung überwältigte mich. Ich beeilte mich mit meiner Antwort.

»Weil er erwartete, dass man sie versenken würde«, sagte ich.

»Wie?«, fragte Carballo.

»Selbstverständlich«, sagte ich. »Die Vereinigten Staaten sollten doch in den Krieg eintreten, nicht wahr? Aber es war nicht ihre Gewohnheit, sich in fremde Konflikte einzumischen, das war bei ihnen eine Art Tradition seit den Gründervätern. Ich glaube, Washington hat das sogar zu einer Art National-philosophie erklärt.« Das waren vage Lektüreerinnerungen, zweifellos wenig präzise. Doch ich hatte das Gefühl, dass es niemand anfechten würde. Niemand tat es. »Aber viele Leute hatten Interesse daran, dass die Vereinigten Staaten in den Krieg eintraten, denn der Krieg bringt Gewinne. Alle Welt weiß, dass die Reichen dort den Kriegseintritt wollten, sie haben Chancen gewittert. Aber Präsident Wilson war strikt dagegen, sich ein-zumischen. Eine Gewalttat gegen Bürger der Vereinigten Staa-ten war nötig, eine Tat, die die öffentliche Meinung anheizen würde, damit sie Druck auf den Präsidenten ausübte und von ihm Vergeltung, Rache forderte.«

Carballo hatte sich im Stuhl zurückgelehnt. Er verschränkte die Arme hinter dem Kopf und musterte mich.

»Haben Sie von Colonel House und seinen Papieren ge-hört?«, fragte Ismael.

Die Wahrheit konnte ich nicht bekennen: Ich hatte nicht die geringste Vorstellung, wovon er sprach. Aber das würde gar nicht nötig sein, denn Ismael wollte reden, er kam um vor Ver-langen, zu reden. Also ließ ich ihn.

»Wer hat nicht von den Papieren des Colonel House ge-hört?«, sagte ich.

»Eben, wer nicht?«, sagte Ismael. »Nun, diese Aufzeichnun-gen enthalten, wie Sie wissen, ein sehr aufschlussreiches Ge-spräch.«

»Aber erklären wir es den Hörern«, sagte ich, »erklären wir es unseren Nachtvögeln, wer Colonel House war.«

»Ja, Sie haben recht«, sagte Ismael. »Colonel House war Prä-sident Wilsons Chefberater, sein Vertrauensmann. Und seine Papiere dokumentieren sein Gespräch mit Edward Grey, dem britischen Außenminister. Das war kurz vor der Sache mit der *Lusitania*. Grey fragt ihn, was die Vereinigten Staaten tun wür-den, wenn Deutschland einen Überseedampfer voller Gringos versenken würde.«

»Hier sagen wir Nordamerikaner«, schaltete sich Carballo ein.

»Verzeihung, Nordamerikaner. Was die Vereinigten Staaten tun würden, wenn die Deutschen ein Schiff mit nordamerikanischen Passagieren versenken würden. Und Colonel House hat geantwortet: Ich glaube, die Empörung in den Vereinigten Staaten wäre so groß, dass sie uns in den Krieg ziehen würde. Das hat er ungefähr geantwortet.«

»Und genau das ist geschehen«, sagte ich. »Ohne das ›ungefähr‹.«

»Viele haben sich durch den Kriegseintritt der Vereinigten Staaten bereichert. Die Rockefellers haben über zweihundert Millionen Dollar gemacht. J. P. Morgan hat von den Rothschilds Anleihen von über hundert Millionen erhalten. Und Sie wissen natürlich, was die *Lusitania* geladen hatte.«

»Aber natürlich«, sagte ich. »Doch erzählen Sie es, Ismael, erzählen Sie es unseren Nachtvögeln.«

»Munition«, sagte Ismael. »Sechs Millionen Patronen, Eigentum von J. P. Morgan höchstpersönlich. Wenn das jemand erfinden würde, niemand würde es glauben.«

»Aber man muss es nicht erfinden«, sagte ich.

»Nein. Denn so ist es gewesen.«

»Die Geschichte, die niemand erzählt.«

»Genau.«

»Aber man muss sie sehen können.«

»Sehen können«, wiederholte Ismael.

»Man muss«, sagte ich, »die Wahrheit der Dinge lesen.«

Carballo – mit dem Gesicht eines Vaters, Professors oder Sektenführers – sah mich zustimmend an.

Während meiner verbleibenden Zeit bei *Nachtvögel* hatte ich Gelegenheit, darüber zu diskutieren, ob die französische Revolution in Wirklichkeit ein Komplott der Bourgeoisie gewesen war, ob der Illuminatenorden der Religion in der Welt den Krieg erklärt hatte, ob die Naziphilosophie – jemand benutzte diesen Ausdruck *Naziphilosophie* – auf das Jahr 1919 zurückging, als Hitler sich einem Geheimbund mit Namen Thule angeschlossen hatte. Gegen Ende der Sendung hörte ich, dass die Evolutionstheorie eines der Instrumente war, mit dem der

Sozialismus in unsere Zivilisationen eindrang, und dass die Vereinten Nationen eine Fassade für Leute waren, die eine neue Weltordnung errichten wollten. Ich erfuhr auch, dass der Krieg gegen die Drogen, den Präsident Nixon Anfang der siebziger Jahre ausgerufen hatte, die erfolgreichste imperialistische Strategie in der Geschichte der Vereinigten Staaten gewesen war, denn damit hatten sie Lateinamerika ihre Gesetze aufgezwungen, während das Schwarzgeld aus dem Drogengeschäft zugleich ihre Wirtschaft ankurbelte. Gegen zwei Uhr morgens gab es eine Pause, während ein Lied von Van Morrison und dann eines von Jacques Brel spielte, ich bedankte mich bei Carballo und reichte ihm die Hand, um mich zu verabschieden. Sie schwebte einen Augenblick in der Luft, es war nur ein kurzer Moment, aber lang genug, um eine Veränderung in Carballos Blick auszumachen, als wäre die Zustimmung verschwunden, die ich eben noch gespürt hatte. Doch so war es nicht. Sie war nur nachdenklich geworden, schwach wie die Flamme einer Kerze.

»Gut, ich gehe dann«, sagte ich. »Aber ich bin bereit, das Buch zu schreiben, also rufen Sie mich an, wenn es Ihnen passt.«

Ich ging los, doch Carballo packte mich beim Arm.

»Nein, nein«, sagte er. »Warten Sie noch. Ich beende die Sendung, und Sie bringen mich nach Hause.«

»Carlos, ich bin kein Nachtvogel«, sagte ich, bemüht, ihn nicht zu kränken. »Es ist schon allzu spät für mich. Besser wir sehen uns an einem anderen Tag.«

»Kommt nicht infrage. Sie kennen doch den Ausdruck *das Warten hat sich gelohnt?* Nun gut, so ist es. Geduld, mein Freund, Geduld. Glauben Sie mir, Sie werden es nicht bereuen.«

Verhießen mir seine Worte einen gestohlenen Wirbel? Dieser Gedanke musste mir einfach durch den Kopf gehen. Und der Wirbel war letzten Endes meine einzige Mission. Carballo lud mich zu sich nach Hause ein, zwar nach vier Uhr morgens, aber wie sollte ich ablehnen?

»Na ja, ist gut«, sagte ich. »Wo soll ich warten?«

»Kommen Sie, ich setze Sie an einen guten Platz«, sagte er. »Damit Sie den Rest der Sendung mit anhören können.«

Er brachte mich in ein dunkles Studio auf der anderen Seite des Gangs, mit meiner bereits leeren Whiskyflasche und einem Plastikbecher, randvoll mit Kaffee gefüllt, der nach verbranntem Leder schmeckte. Tatsächlich erreichte mich mühelos der Ton aus seinem Studio, die Musik von *Nachtvögel*. Als Carballo an die Wand fasste, um die Neonlampen anzuschalten, hinderte ich ihn daran, so fühlte ich mich besser. Das Halbdunkel und die Stille von zwei Uhr morgens in dem halb verlassenen Gebäude, nur bevölkert von den Gespenstern der Nachtwelt, beruhigten mich und kamen mir gerade recht, denn nun überfiel mich die angestaute Spannung der letzten beiden Stunden. Darin war viel Dummes gesagt worden, aber auch manches Sinnvolle, manches Neuartige, einiges, was mich noch immer beschäftigte und mir zusetzte, ohne dass ich den Grund dafür wusste, wie uns nach einem Gespräch manchmal das Gefühl zusetzt, dass man uns etwas hat sagen wollen und es – aus Angst, Schüchternheit, übertriebener Vorsicht, um uns Kummer oder Traurigkeit zu ersparen – nicht getan hat. Neu war für mich zum Beispiel Carballos Interesse an Rafael Uribe Uribes Ermordung, die in meiner besagten Kolumne bloß ein Vorwand gewesen war, die Abrundung einer mehr oder weniger attraktiven Idee an einem Tag, an dem meine Kreativität als Kolumnist in Ferien gewesen war. In einer Pause – während die Stimme von Maxime Le Forestier erklang – hatte mir mein Gastgeber einen kurzen Vorwurf an den Kopf geworfen.

»Sie sind wegen dieser Kolumne hier«, sagte er. »Also machen Sie sie nicht madig.«

Jetzt sprach in der Sendung jemand von Uribe Uribe. Da ich meinen eigenen Gedanken nachgehangen hatte, wusste ich nicht, um wen es sich handelte. Als ich aufgemerkt hatte, war das Gespräch anscheinend schon weit fortgeschritten. Oder vielleicht sprachen sie auch gar nicht über Uribe Uribe, sondern hatten ihn nur nebenbei erwähnt. Die Stimmen erreichten mich klar und zugleich von fern, eine Illusion vielleicht, die dem Radio eigen ist: Obwohl aus zehn Metern Entfernung von meinem Stuhl gesendet wurde, erreichte mich der Klang von *Nachtvögel,* wie er mich erreicht hätte, wenn ich in Barranquilla gewesen wäre, in Barcelona oder in Wellington. Der Anrufer hatte eine heisere Raucherstimme, brüchig und schwach, die mit dem Hintergrundrauschen verschwamm (und die schlechte Telefonleitung machte es nicht besser), und nur seine makellose Aussprache machte seine Worte für mich verständlich. Er hatte zuerst meinen Namen erwähnt, zumindest schien es mir so. Wir sind darauf programmiert, aufzuhorchen, wenn wir diese Silben hören. Wir machen sie auch inmitten einer Menge, inmitten von Lärm aus, und so war es mir gegangen. Aber mein Name fiel kein zweites Mal. Sie sprachen nun über einen gewissen Anzola. »Er hat sehr wohl Bescheid gewusst«, sagte Carballo. »Sie, meine Nachtvögel, wissen so gut wie ich, dass Anzola einer von den Unseren war: tapfer, im Besitz der Wahrheit, ein Mann, der fähig gewesen ist, die andere Seite der Dinge zu sehen. Meinen Sie nicht auch, Don Armando?« Der Mann mit der kranken Stimme hieß also Armando. »Aber natürlich«, sagte Armando. »Und man muss sich fragen, Carlos, was geschehen wäre, wenn Anzolas Entdeckungen überlebt hätten. Aber sie sind dem Vergessen anheimgefallen, weil dieses Land kein Gedächtnis hat oder sich nur an das erinnert, was ihm gerade nützt.« »Für mich ist das keine Frage der Amnesie«, sagte nun Carballo. »Dass man Anzola und seine Entdeckungen vergessen hat, das ist ein eigennütziges Vergessen. Also kein Vergessen, sondern das Verschweigen einer unbequemen Wahrheit. Das perfekte Beispiel für eine erfolgreiche Verschwörung.« Darauf sagte Armando: »Genau das weiß Vásquez nicht.« Und Carballo stimmte ihm zu: »Ja. Genau das weiß er nicht.«

Kurz vor vier Uhr morgens spielte Carballo das letzte Lied auf meiner Liste (das längste: immer ließ er das längste für den Schluss) und verabschiedete sich vom Tontechniker mit einer Umarmung, die auch zwischen zwei Sterbenden nicht unpassend gewirkt hätte. Von weitem machte er mir ein Zeichen, ich stand auf und folgte ihm durch dunkle Korridore, er gewandt, ich an den Wänden entlangtastend, und ein paar Minuten später fuhren wir die Paralela Richtung Norden, dann die Calle 85 hinauf und die Séptima Richtung Süden. Als wir die Avenida

Chile erreicht hatten, raffte ich mich zu der Frage auf: »Wer ist Anzola?«

Carballo sah mich nicht an. Wir durchpflügten eine verlassene, bedrohliche Stadt, denn Bogotás Morgendämmerung ist bedrohlich. Die Lage mag sich, verglichen mit der Zeit meines Fortgangs, gebessert haben, doch es ist immer noch ein Ort, an dem niemand bedenkenlos an einer Ampel hält. Carballo blickte starr auf die Straße, in seinem Gesicht spielten die gelben Laternen und die roten Lichter der wenigen Autos. »Nachher«, sagte er.

»Nach was? Ich habe gehört, dass Sie von mir gesprochen haben. Und von einem gewissen Anzola, der irgendwas entdeckt hat. Wer ist das?«

»War«, sagte Carballo.

»Wer war das?«

»Nachher«, sagte Carballo. »Nachher.«

Carballo lotste mich. Er gehörte zu denen, die keine Adresse nennen, wenn sie ins Auto steigen, sondern dem Fahrer an jeder Ecke Anweisungen geben, als würde er ein Geheimnis offenbaren, wenn er das Ziel von Anfang an verriete: zu viel Information für den Feind. So fuhren wir hinten am Hotel Tequendama vorbei, dann die Quinta hinauf Richtung Süden und gelangten zur Calle 18. An einer Ecke vor einem geschlossenen Parkplatz, einige Meter entfernt von ein paar Kartons, auf denen zwei Körper unter schmutzigen Decken schliefen, wedelte Carballos Hand durch das dunkle Auto.

»Hier ist es«, teilte er mit. »Das Fenster da ist meines. Stellen Sie den Wagen hier ab.«

»Hier?«

»Dem passiert schon nichts, keine Sorge. In dieser Straße passen wir aufeinander auf.«

»Aber er blockiert die Durchfahrt.«

»Um die Uhrzeit ist hier niemand. Später parken wir ihn um. Der Parkplatz öffnet um sechs, halb sieben, wenn die Studenten kommen.«

Carballo wohnte im Erdgeschoss in einer kleinen Zwei-Zimmer-Wohnung, die Fenster waren vergittert, als sollte kein

Häftling entweichen. Der Boden war mit Büchertürmen gepflastert, und es war nicht einfach, sich zu bewegen, ohne gegen sie zu stoßen, aber das tat ich: Ich folgte Carballo durch die Schneisen, die das alltägliche Leben zwischen den Türmen geschlagen hatte. Im Wohnzimmer stand der Kühlschrank an der Wand, auf dem Kühlschrank weitere Bücher. »Wollen Sie ein Gläschen?«, fragte er, aber bevor ich antworten konnte, goss er mir schon ein Glas Domecq-Brandy ein. Mein Auge fiel indessen auf den einzigen Schrank, ein wackliges Gestell, in dem Tassen und Gläser mit Büchern um ihren Platz kämpften, auf dem oberen Brett Bücher mit leeren Néctar-Schnapsflaschen, die wie Sammlerstücke aufgereiht waren. Zwischen den Flaschen blickte uns zerstreut ein Bild von Borges an. Neugierig zeigte ich darauf. »Ach ja, den habe ich interviewt«, sagte er, als wäre es das Normalste auf der Welt. »Das war in den Sechzigern. Ein befreundeter Journalist hat mir gesagt, der Radiosender der Universität suche einen Interviewer für Borges, jemand sei kurzfristig abgesprungen. Ein Professor, glaube ich. Ich habe natürlich angenommen, auch wenn ich keine Ahnung hatte, wie man interviewt. Aber es war Borges, Sie verstehen. Man hat mir gesagt: »Er wird morgen um elf erwartet.« Erst später wurde mir klar, was ich da getan hatte, und als ich nach Hause kam, hat sich bereits mein Magen bemerkbar gemacht. Ich habe mich übergeben, Durchfall bekommen, mein gesamtes Immunsystem ist zusammengebrochen. Ich habe nachgedacht, ob ich eine Liste mit Fragen vorbereiten soll. Das habe ich getan, sie zerrissen, noch einmal geschrieben. Mit diesem Schreck in den Knochen, den einem ein berühmter Argentinier einjagen kann, stellen Sie sich bloß vor. Ich kam also an, und Borges war bereits da, allein, denn damals war er noch nicht mit Kodama zusammen. Das Interview dauerte zweieinhalb Stunden, es wurde gesendet, und als ich am nächsten Tag eine Kopie haben wollte, hatten sie die Sendung bereits gelöscht. Sie hatten sie mit einem Fußballmatch überschrieben.« Er reichte mir das Glas und fügte hinzu:

»Warten Sie kurz. Ich muss etwas holen.«

Carballo war unberechenbar, definitiv ein unergründlicher

Mensch: Sobald ich glaubte, ich hätte ihn verstanden und wüsste, womit ich es zu tun hatte, zeigte mir Carballo eine andere Facette und strafte meine Überzeugung Lügen. Ich malte mir aus, wie er Doktor Benavides' Vorlesung verließ und dann *Fiktionen* oder *Das Aleph* las oder vielleicht die Essays, ja, die Essays hätten einen Ad-hoc-Interviewer zu mehr Fragen angeregt als die Erzählungen oder zumindest zu Fragen, die nicht Gefahr liefen, dumm oder abgedroschen zu wirken. Carballo, Jäger der Verschwörungen, bei der Lektüre von Borges' Gedanken über Whitman oder Kafka: dieses Bild war aus unerfindlichen Gründen verführerisch. Ich musste an »Schamhafte Geschichte« denken, einen Essay von Borges, der mir schon immer gefallen hat und der in der Wohnung dieses Mannes seltsam passend wirkte, denn Borges behauptet darin, dass die wichtigsten Daten der Geschichte vielleicht nicht die sind, von denen in den Büchern die Rede ist, sondern andere, die verborgenen, privaten. Was hätte Carballo dazu gesagt? Welche geheimen Daten waren wichtiger als der 9. April 1948, der Tag seiner krankhaften Obsession? Oder hatte mein Gedächtnis den Essay verfälscht? Das war möglich. Doch dann kam mir »Das Thema vom Verräter und dem Helden« in den Sinn, eine Erzählung über Verschwörungen, worin von Julius Caesar die Rede ist, und gleich darauf ein Gedicht, dessen Titel »Die Verschwörer« an geheime Absprachen, Spionage und Morde denken lässt, obwohl es nur von den Schweizern handelt, die sich vereinen, um die Schweiz zu bilden. Jedenfalls kam mir Borges in Carballos Wohnung nun nicht mehr exotisch vor. Ich fragte mich, ob er ihm seine Entdeckungen angeboten hatte, bevor er damit zu R. H. Moreno-Durán gegangen war. So haarsträubend schien mir die Idee nicht zu sein.

Mit diesen Überlegungen war ich beschäftigt, als Carballo wiederkam. Er hielt eine Mappe in der Hand.

»Um die Uhrzeit folge ich einer eisernen Routine«, sagte er. »Ich komme nach Hause, mache mir eine Suppe warm und gehe schlafen, sonst bin ich den Rest des Tages komplett kaputt. Aber heute ist ein besonderer Tag, und bevor ich schlafen gehe, muss ich dafür sorgen, dass Sie es bequem haben. Denn ich hoffe, dass wir danach anstoßen: auf unser Projekt anstoßen. Sind wir bis hierhin einverstanden?«

»Einverstanden«, sagte ich.

»Deswegen sind Sie doch hier? Wegen unserem Projekt. Um das Buch zu schreiben, von dem ich mir so wünsche, dass es geschrieben wird. Ist das richtig, oder täusche ich mich?«

»Sie täuschen sich nicht.«

»Wenn ich mich täusche, sagen Sie es gleich. Dann verlieren wir keine Zeit.«

»Sie täuschen sich nicht.«

»Gut, dann sollten wir so früh wie möglich beginnen«, sagte er. Er reichte mir die Mappe und befahl: »Beginnen wir hiermit.«

Es war die gleiche Art Mappe, wie ich sie vor Jahren bei Francisco Benavides gesehen hatte. Sie war mit drei Ziffern beschriftet: 15.10.1914. Sonst stand nichts darauf, kein Wort, kein Name, kein Etikett irgendeiner Art, aber ich kannte das Datum.

»Der Mord an Uribe Uribe«, sagte ich. »Warum, Carlos? Was hat das damit zu tun?«

»Fangen Sie zu lesen an«, sagte er. »Sofort, denn alles andere muss warten, bis Sie bestimmte Dinge wissen. Ich gehe schlafen, wenn es Ihnen nichts ausmacht. Denn wie soll ich die Sendung der nächsten Nacht vorbereiten, wenn ich nicht wenigstens ein paar Stunden Schlaf abbekomme? Und wenn ich diese Stunden nicht schlafe, mit welchem Kopf soll ich dann zu meinen Nachtvögeln sprechen, mit welchem Kopf ihnen Aufmerksamkeit und Gehör schenken, was so wichtig für sie ist? Diese Leute hängen von mir ab, Vásquez, und ich kann sie nicht im Stich lassen. Ich bin ihnen meine Person schuldig, Sie verstehen.«

»Ich verstehe, Carlos.«

»Da bin ich mir nicht so sicher, aber egal. Ich wiederhole, was ich vorher gesagt habe: Fühlen Sie sich wie zu Hause. Im Kühlschrank ist ein Krug Wasser. Sie können Kaffee machen, wenn Sie wollen, der gekochte ist nicht mehr gut. Um einen Gefallen bitte ich Sie: Machen Sie keinen Lärm. Wecken Sie mich nicht. Ich kann sehr ärgerlich werden, wenn man mich weckt.«

»Keine Sorge«, sagte ich.

»Wenn Sie gehen müssen, legen Sie die Mappe hier auf den Tisch. Achten Sie darauf, dass Sie die Türen fest schließen, meine, aber vor allem die vom Haus. Damit keine Diebe einbrechen.«

Er schloss die Tür – rechts hinten – und mehr hörte ich nicht von ihm. Ich blieb allein in Carlos Carballos Wohnzimmer zurück, allein an dem Ort der Mission, die mir ein Freund aufgetragen hatte. Also nahm ich mir nicht die Mappe vor, deren Datum bereits in meinem Kopf dröhnte, sondern machte mich auf die Suche nach einem Wirbel in einem Glas mit Formol. Ich suchte ihn im Kühlschrank, suchte ihn zwischen den Büchern in den Regalen und hinter den Schnapsflaschen, suchte ihn in den Schubladen einer Kommode, die wie vergessen in der Ecke stand, forschte sogar zwischen den Büchertürmen nach, die wie Unkraut an den Wänden emporrankten. Aber ich fand ihn nirgendwo. Es gab keine geschlossenen Schubladen, keine Schränke, die etwas hätten verbergen können. Alles an dem Ort lag offen vor Augen. Dann dachte ich, dass mich Carballo niemals allein und unbewacht in dem Zimmer zurückgelassen hätte, in dem er einen gestohlenen Gegenstand aufbewahrte; und dann dachte ich, dass Carballo ihn vielleicht gar nicht gestohlen hatte, dass Francisco Benavides sich gewaltig irrte und das ganze Unterfangen billiges Schmierentheater war, grotesk und zudem ungerecht. Carballo war ein Exzentriker und Paranoiker, aber kein Dieb. Gab es nicht Aberhundert Menschen, die ihn vergötterten, die ihm Nacht für Nacht mit der Hingabe einer Pfarrgemeinde zuhörten? War seine Sendung nicht eine Art nächtliche Kirche, ein heimliches Werk der Barmherzigkeit und Empathie? Während meine Hände Bücher aus den Regalen zogen, um den Platz dahinter zu untersuchen, wo wir Leser immer Dinge verstecken, kamen mir diese Vergleiche in den Sinn, doch sofort schämte ich mich meiner Gedanken. *Barmherzigkeit und Empathie:* Es war arrogant, mich diesen Schlaflosen, diesen Einsamen überlegen zu fühlen, es war unerträglich bevormundend, zu glauben, dass sie das falsche Leben führten oder dass ihr Leben sich um Phantasien oder Spekulationen drehte, während das meine …

Nach ein paar Minuten gab ich mich geschlagen. Meine kurze Hausdurchsuchung hatte nichts Interessantes zutage gefördert: weder die gesuchten Gegenstände, noch Spuren oder Indizien, die mich zu ihnen hätten führen können. Ich ging zurück zu der Mappe und schlug sie lustlos auf. Ich wollte, glaube ich, ein bisschen darin blättern, damit ich nachher Carballo anlügen konnte und nicht das Recht verspielte, bei ihm in der Wohnung zu sein, die eher einer kleinen Festung glich. Die Mappe enthielt einen detaillierten chronologischen Bericht: was Stunde für Stunde an Rafael Uribe Uribes Todestag geschehen war. Ich zog die Schuhe aus und legte mich so aufs Sofa, dass das Licht direkt auf die Seiten schien. Mir fiel auf, dass die Vorhänge geschlossen waren, sodass der anbrechende Tag nicht oder nur zaghaft durch die Fenster dringen würde, seitlich am Rahmen. Es musste kurz nach fünf gewesen sein, als ich mit einer Kanne frischen Kaffees (und einer Tasse, auf der Mafalda der Weltkugel ein Schild umgehängt hatte, auf dem stand: »Vorsicht: Unverantwortliche bei der Arbeit«) zu lesen begann. Ungefähr gegen sechs oder kurz davor begriff ich, was ich da in Händen hielt, und der Inhalt öffnete sich mir wie ein Geheimnis und führte mir die Ausmaße meiner Unkenntnis über diesen unheilvollen Tag vor Augen, der erste von so vielen, die das letzte Jahrhundert in meinem Land geprägt haben. Ich fing an, Notizen zu machen, und diese Notizen liegen nun vor mir, dienen mir als Leitplanke und zur Erinnerung, damit ich den Dokumenten die Form einer Geschichte geben und die Illusion vermitteln kann – aber es ist nur eine Illusion –, dass sie Ordnung und Sinn haben.

Am 15. Oktober 1914, gegen halb zwei Uhr nachmittags verließ General Rafael Uribe Uribe, der unangefochtene Führer der liberalen Partei, Senator der Republik und Veteran aus vier Bürgerkriegen, sein Haus, die Nummer 111 der Calle Novena, und ging mitten auf der Straße in Richtung Nationalkapitol. Er trug einen schwarzen Anzug und Melone, seine gewöhnliche Garderobe an den Tagen, an denen er Sitzung im Senat hatte, unter dem Arm ein Bündel Papiere, nach Aussagen seiner Bekannten ein Gesetzesentwurf zu Arbeitsunfällen. Er wusste, dass die Büros um diese Zeit geschlossen waren, aber er traf gern zeitig ein. In den verbleibenden Minuten bereitete der General seine gefürchteten Beiträge vor. Er erreichte die Ecke der Carrera Séptima, überquerte die Straße und ging ein paar Meter weiter auf dem westlichen Gehweg Richtung Norden, ohne zu merken, dass ihm zwei Männer mit Poncho und Strohhut folgten. Später würde man sie mit Namen kennen: Leovigildo Galarza, der im schwarzen Poncho, war der Größere, seine Haut heller, der Schnurrbart kupferfarben; der im braunen Poncho – der Kleinere mit dunklem Schnurrbart, mandelförmigen Augen und brauner Haut mit kränklich grüner Schattierung – hieß Jesús Carvajal. Später würde man auch wissen, dass sie Handwerker waren, genauer gesagt, Tischler von Beruf, und dass sie den Vormittag damit verbracht hatten, die Axt vorzubereiten, die jeder von ihnen unter dem Poncho trug. Sie hatten die Schneide geschliffen, ein Loch in den Holzschaft gebohrt, eine Hanfschnur hindurchgezogen, für das Handgelenk, damit ihnen die Äxte im entscheidenden Moment nicht entglitten. Zweifellos rechneten sie mit schweißnassen Händen. Und da, ein paar Schritte vor ihnen, ging wie so oft General Uribe Uribe die Straße entlang, taub für die Prophezeiungen, die seit Monaten ein Attentat auf sein Leben ankündigten.

Diese Drohungen hatten ihn während der letzten Jahre begleitet. Der General hatte sich an sie gewöhnt. Seit dem Krieg von 1899, in dem er einen erniedrigenden Friedensvertrag hatte unterschreiben müssen, damit nicht das ganze Land in Blut versank, spürte er, wie sehr ihn seine Feinde hassten, natürlich, aber auch einige seiner Freunde. Die konservative Presse machte ihn für die Hunderttausend Toten jenes Krieges verantwortlich, vielleicht wusste sie nicht, dass er sie sich selbst vorwarf. Aber so war er. Und die Schuld oder etwas Ähnliches hatte ihn verändert: Im letzten Jahrzehnt hatte General Uribe, Personifizierung des eisernsten Liberalismus, eine Verwandlung durchgemacht, die seine Parteigenossen empörte. Er hatte nicht nur für immer die Waffen niedergelegt, nicht nur geschworen, sich nie wieder gegen oder zugunsten eines der kolumbianischen

Lager auszusprechen, sondern verteidigte sogar seine ehemaligen Feinde, übernahm diplomatische Aufgaben für konservative Präsidenten und hielt lange Reden, in denen er ein ums andere Mal betonte, dass er nun in ruhigeren Gewässern segelte und sein einziges Ziel der Frieden in Kolumbien sei.

Die Heerscharen seiner Feinde, die in Kriegszeiten gut sichtbar gewesen waren, wurden im Frieden vage wie Gespenster. Man konnte unmöglich wissen, wer genau sie waren und welche Absichten sie hatten, aber Uribe erreichten inzwischen feindselige Gerüchte, verschleierte Drohungen und freundschaftliche Warnungen, die ihm anders vorkamen als die üblichen. Die Freunde sagten, er solle sich vorsehen, sie hätten seltsame Dinge gehört; die Familie bat ihn, nicht allein auszugehen. Für seine treusten Anhänger war er weiterhin das Symbol des Fortschritts, der Anwalt der Arbeiter und die letzte Bastion des wahren Liberalismus; für die anderen war er die perfekte Verkörperung des moralischen Verfalls, Feind von Tradition und Glauben. Für die Konservativen war Uribe ein *Verbreiter verderblicher Lehren* und war *als Liberaler zum Fegefeuer verdammt;* für die Hälfte der Liberalen war er *ein Konservativer, ein Verräter seiner Partei und ihrer Ideale.* Dieser Vorwurf, der in seinen Ohren gewiss besonders seltsam klang, war während der Präsidentschaftswahlen im laufenden Jahr 1914 wieder aufgelebt. Senator Uribe – Diplomat, Vermittler, ein Mann des Friedens, der nur das Land versöhnen wollte – gab seine Unterstützung dem konservativen Kandidaten. José Vicente Concha, wie nach einem solchen Ritterschlag kaum erstaunlich, ging als Sieger hervor. General Uribe konnte es nicht wissen, aber das sollten die letzten Wahlen seines Lebens sein.

Die Liberalen warfen ihm Verrat vor. An den Mauern im Zentrum Bogotás erschienen Schmähplakate. Einen gewissen Bernardino Tovar, ein Handwerker, hörte man sagen, die Konservativen hätten ihren Sieg Uribe Uribe zu verdanken. »Die Tage des Generals sind gezählt«, sagte er. Einen gewissen Julio Machado hörte man sagen, General Uribe hänge sein Fähnchen nach dem Wind. »Die Handwerker werden ihn umbringen«, sagte er. Nachdem der neue Präsident sein Amt angetreten hatte, wurden General Uribe zwei anonyme Briefe ins Haus geschickt. In einem war von Conchas Wahl die Rede und von der »gerechten Empörung, die sie bei der arbeitenden Bevölkerung dieser Stadt ausgelöst hat«, und er gab ihm diese Warnung mit: »Wir halten es für angemessen, Ihnen zur Kenntnis zu bringen, dass unsere Hände dafür sorgen werden, uns das Herz zu erleichtern.« Der zweite anonyme Brief war weniger poetisch und dafür dringlicher:

Rafael Uribe Uribe: Wir warnen Sie, wenn Sie nicht zufriedenstellend erklären, welchen Anteil Sie an der Bildung von Conchas Kabinett hatten, das heißt, wenn Sie nicht jeden Zweifel daran ausräumen, dass Sie auf erbärmliche Weise die liberale Partei im Stich gelassen haben, werden Ihre Tage gezählt sein.

Unter der Drohung war in einer einzigen nach rechts geneigten Zeile in hochtrabenden Großbuchstaben die Unterschrift zu lesen: HANDWERKER. Später ging die Legende um, dass der General an dem Donnerstagmorgen, kurz vor seinem Aufbruch zur Kongresssitzung, mit seiner Familie über die Notwendigkeit diskutiert hatte, einen Leibwächter mitzunehmen. Aber er tat es nicht. Er ging allein, den Blick zur Erde gerichtet, ohne zu merken, dass ihm zwei Männer folgten – zwei Handwerker –, mit Äxten bewaffnet und entschlossen, ihm den Tod zu bringen.

Nach dem, was Jesús Carvajal später gestehen würde, hatten sie die Entscheidung am Vorabend getroffen. Die Mörder hatten sich zufällig an der Theke der *Puerto Colombia* beim Chicha-Trinken getroffen und waren gemeinsam zur *Puente Arrubla* weitergezogen, einer anderen Kneipe, die sie häufig besuchten. Sie spielten Karten, um Alkohol und Zigaretten, und als eine kleine Kapelle mit Tiples und Gitarren hereinkam, tanzten sie (nach Carvajals Worten) »Männer ohne Frauen«. Nach dem Tanz gingen sie zusammen fort, nahmen die Carrera 13 bis zum Chicha-Ausschank *La Alhambra*, redeten darüber, wie schwer man inzwischen Arbeit fand, denn das Bauministerium vergab Aufträge nur noch an Mitglieder des sogenannten Blocks, der liberalen Fraktion von General Uribe Uribes Anhängern. Der

General war also, entschieden sie, direkt verantwortlich für die Arbeitslosigkeit und den Hunger derer, die nicht seiner Fraktion angehörten oder nicht seiner Wahlempfehlung gefolgt waren. Sie warfen ihm vor, er kümmere sich um die Arbeiter nur in Kriegszeiten und vergesse sie im Frieden, benutze das Volk bloß als Kanonenfutter. »Anstatt hier zu verhungern«, sagte Carvajal oder vielleicht Galarza, »muss man den Urheber bestrafen.« Dafür – um Art und Ausführung der Strafe zu besprechen – verabredeten sie sich in Galarzas Tischlerei in der Calle Novena, um acht am nächsten Morgen.

Galarzas Tischlerei war klein, aber gut gelegen, mitten im Zentrum Bogotás, nur eine Querstraße von der Kirche Santa Clara entfernt. Es waren nicht mehr als zwei Zimmer, das eine war das Schlafzimmer, das andere diente als Werkstatt, in der unter Galarza ein Tischler, ein Drechsler und zwei Lehrlinge arbeiteten, einer von ihnen neun Jahre alt. Später sollte man dort einen Karabiner mit geborstenem Kolben finden, zwei Soldatenbarette, elf Zündhütchen für Revolver, ein Messer mit Futteral, und niemand konnte eine befriedigende Erklärung abgeben, wozu fünf Tischler dieses kleine Arsenal benötigten. Galarza hatte das Handwerk seines Vaters erlernt, ein gewalttätiger Mann mit Alkoholproblemen. Er hieß Pío Galarza und war 1881 zu zehn Monaten Gefängnis verurteilt worden, weil er vorsätzlich Marcelino Leiva, ebenfalls Tischler, erschossen hatte. Leovigildo war damals noch nicht einmal ein Jahr alt gewesen und bereits unehelicher Sohn eines Mörders. Mit neunzehn wurde er von den Regierungstruppen angeworben, um im Krieg der tausend Tage im Bataillon Villamizar zu kämpfen. Daraus ging er mit Gewinn und zudem siegreich hervor, denn nach dem Krieg bekam er beim Heer Arbeit als Tischler. Damals lernte er Carvajal kennen. Er stellte ihn bei sich an. Zehn Jahre später machte er sich selbstständig und schlug ihm vor, gemeinsam die Werkstatt in der Calle Novena zu führen. Der Zusammenschluss war nicht von Dauer (sie trennten sich wegen »Meinungsverschiedenheiten bei der Abrechnung«), und sie sahen sich erst bei der zufälligen Begegnung wieder, am Mittwochabend, den 14., an der Theke der *Puerto Colombia*.

Der Donnerstag brach bewölkt und kalt an. Carvajal stellte sich um Punkt acht bei der Tischlerei ein, aber Galarza war nicht da. Er suchte ihn im Zimmer seiner Gefährtin, María Arrubla, einer kleinen, müden Frau, die ihm seit über zwei Jahren die Wäsche wusch und zu essen gab. Er fand ihn dort beim Löffeln einer Milchsuppe gegen den Kater, grüßte mit einer herzlich gemeinten Beschimpfung – »Na, wie geht's, du Schaf« –, und als María kam, schlug er ihnen vor, rasch einen Schnaps im Nachbarlokal zu trinken. Auf dem Weg in die Tischlerei bekräftigten sie ihren Plan, den Schuldigen an ihrem Unglück zu bestrafen, und beschlossen, die Strafe mit Äxten zu vollstrecken, denn jeder von ihnen besaß seine eigene. In der Werkstatt nahm Galarza die seine vom Haken, stellte fest, dass der Schaft geborsten war, und reparierte sie mit Leim, während Carvajal nach Hause ging, um seine zu holen. Sie schliffen sie, bohrten die Löcher, fädelten die Hanfschnur ein, und einer von beiden, Galarza oder Carvajal, Carvajal oder Galarza, sagte:

»Perfekt zum Eukalyptusschlagen.«

Als sie merkten, dass sie nicht einmal mehr Geld für einen Schnaps hatten, gingen sie gemeinsam zum Pfandhaus *La Comercial*, mit einem Handbohrer mit vernickelter Kurbel, für den sie sich ein gutes Darlehen versprachen. Sie verlangten hundert Pesos und bekamen fünfzig. Carvajal unterschrieb den Pfandschein mit Galarzas Namen. Von dort gingen sie einen Schnaps trinken, noch einen in einem anderen Lokal, und als sie in die Tischlerei zurückkehrten, fanden sie ein Tablett mit Essen, das María Arrubla für Galarza hingestellt hatte. Sie machten sich gemeinsam darüber her, teilten die Portion Reis mit Salzkartoffeln, teilten die Brühe, die nach Koriander roch, teilten das Besteck, und um halb zwölf gingen sie den General suchen.

Was tat Uribe Uribe, während seine Mörder vor der Haustür warteten? Später erfuhr man, dass er eine Weile in seinem Arbeitszimmer gewesen und die Unterlagen durchgegangen war, die er für die Senatssitzung brauchte. Ob er aus dem Fenster gesehen, den Blick über die beiden Figuren im Poncho hatte schweifen lassen, die ihm wie Jäger am Waldrand auflauerten?

Und was hatten Galarza und Carvajal damals gesehen? Wer von beiden hatte General Uribe als Erster erkannt? Wer hatte den anderen auf ihn aufmerksam gemacht? Die Mörder waren ins Lokal an der Ecke gegangen, denn sie nahmen an, der General werde bei sich zu Mittag essen, und so hatten sie beschlossen, dass Zeit für ein paar Gläser Bier blieb. Kurz nach eins gingen sie einige Meter in Richtung Carrera Séptima und hielten beim Tor des Noviziats an, von wo aus sie die Tür besser beobachten konnten. Aber sie sahen ihn nicht herauskommen, sahen nicht, wann sich die Tür geöffnet hatte. Als sie Uribe Uribe auf der Straße erblickten, ging er bereits an ihnen vorbei. »Da haben wir meinen Mann«, sagte Galarza, oder vielleicht war es Carvajal.

Sie folgten ihm. Carvajal kurz hinter dem General auf dem Gehweg, vier, fünf Meter entfernt, und Galarza mitten auf der Straße, den Blick nach vorn gerichtet, um keinen Verdacht zu erregen. Diese Reihenfolge hielten sie aufrecht, als der General an der Séptima Richtung Norden abbog und zum westlichen Gehweg wechselte, dem des Kapitols. Auch da behielten die Mörder die gleiche Formation bei, und man muss sich fragen, was geschehen wäre, wenn sich Uribe Uribe – weil er etwa ein Geräusch gehört hatte – umgedreht und den Mann überrascht hätte, der ihm so dicht auf den Fersen folgte und der vielleicht nicht in der Lage gewesen wäre, weiterzugehen, ohne sich irgendwie zu verraten. Aber das geschah nicht: Uribe Uribe drehte sich nicht um. Er ging weiter auf dem Gehweg zum Vorhof des Kapitols. Carvajal sollte später aussagen, dass er in dem Moment Galarza ein Zeichen habe geben wollen, damit sie den Angriff aufgaben. »Ich habe mir gesagt: Wenn er sich umdreht und mich ansieht, dann mache ich ihm ein Zeichen, dass wir das Ganze abblasen«, erklärte er. Aber Galarza drehte sich nicht um, sah ihn nicht an, spürte nicht seinen Blick. Wenn er es getan hätte, wäre General Uribe mit dem Leben davongekommen? Bei Carvajal löste sich ein Sockenhalter, er bückte sich kurz, um ihn festzumachen (ein Augenzeuge beschrieb später seine dunkle, haarlose Haut). Und dann begann der Angriff.

Carvajal trat auf die Straße, beschleunigte den Schritt, und als er den General überholte, tat er etwas, um seine Aufmerksamkeit zu erregen. Manche behaupten, er habe gepfiffen, andere, er habe ihn bei seinem Titel gerufen. Zunächst setzte sich die Version durch, er habe ihm zugerufen: »Sie haben uns hineingeritten.« Als der General anhielt, um auf den Zuruf zu antworten, Näheres über die Beschuldigung zu erfahren oder sich vielleicht nur zu wundern, kam Galarza von hinten heran und ließ den ersten Schlag auf den Kopf niedersausen, kräftig genug, dass Uribe in die Knie ging. Erste Schreie waren zu hören (einige riefen nach der Polizei, andere schrien vor Entsetzen), ein Karren hielt auf den Straßenbahngleisen an, und da sahen die Zeugen, bereits im Bewusstsein, was geschah und dass sie *Zeugen* waren, wie Carvajal zu dem Mann am Boden ging – »als wollte er ihm ins Gesicht blicken«, sagte einer –, die kleine Hand hob und mehr als einmal zuschlug, mit solcher Kraft, dass man deutlich das Krachen der Axt gegen den Schädel hören konnte, das feine Knacken von brechenden Knochen. »Jetzt können sie mich ruhig umbringen«, hörte man Carvajal sagen. »Was den Hurensohn angeht, habe ich meine Pflicht erfüllt.«

»Mörder! Mörder! Sie haben General Uribe umgebracht!« Die Schreie wanderten von Ecke zu Ecke, als entfernten sie sich vom Tatort, wie die Kreise eines Steins, der in einen ruhigen See fällt. Verzweifelt versuchten die Augenzeugen Hilfe zu holen. »Polizei! Polizei!«, rief jemand, und jemand hörte den Schrei: »Herr Wachtmeister! Wachtmeister!« Es war María del Carmen Rey, eine Passantin, die später aussagen sollte, dass sie beinahe in Ohnmacht gefallen wäre: »Niemand kam zu Hilfe«, sollte sie sagen.

Uribe Uribes Haar und Gesicht waren voller Blut. Jemand hatte ihn gegen den Eingang des Kapitols gelehnt, und viele brüsteten sich später damit, ihm mit dem Taschentuch das Blut abgewischt zu haben oder Eigentümer des Taschentuchs zu sein, mit dem sich der Verletzte das Blut abwischte. Carvajal sah ihn an, sah Uribe an, und die Zeugen sahen, wie er ihn ansah, und in seinem Blick war Verachtung, aber eine gleichmütige Verachtung. Allerdings wirkte er verstört. Nachdem er dem General den Hieb versetzt hatte, ging er Richtung Norden zur Plaza de Bolívar, drehte dann aber um und ging erneut auf das Opfer zu, als wollte er noch einmal zuschlagen. Einer der Anwesenden stellte sich ihm in den Weg: »Was soll das?«, sagte er. Carvajal zögerte und entfernte sich wieder, aber der Ausdruck in seinem Gesicht sei, nach Zeugenaussagen, »herausfordernd« gewesen, von »befriedigtem Zorn«. Er leistete keinen Widerstand, als Habacuc Osorio Arias, Polizist, ihn festnahm, ihm den Arm umdrehte, um ihm die blutige Axt zu entwinden, und die Augenzeugen sagten, sein Los schien ihn nicht im Geringsten zu kümmern. Galarza war indessen Richtung Süden geflohen und nach Westen in die Calle Novena eingebogen, als wollte er das Kapitol von hinten umrunden, aber mit etwas Abstand folgten ihm bereits mehrere Zeugen und einige Offiziere. Seine Verfolger sahen, wie er anhielt, um kurz mit einem Arbeiter namens Andrés Santos zu reden (er fragte, ob er Arbeit habe, und Santos verneinte; Santos fragte Galarza, ob er Arbeit habe, und Galarza verneinte). Dann sahen sie, wie er zur Kirche Santa Clara ging und die Plakate an der Mauer las oder so tat. Der Polizist José Antonio Pinilla, von den Zeugen alarmiert, holte ihn dort ein, ergriff ihn an Ort und Stelle, vor der Mauer voller Plakate, und tastete ihn ab. Galarza trug nach Aussage des Polizisten Pinilla in der linken Hand eine Axt, voller Blut »am Schaft und am Nackenteil, der als Hammer dient«, und in den Taschen ein Messer sowie eine Brieftasche mit Papieren. Während der Polizist ihn durchsuchte, trat ein Mann zu Galarza und versetzte ihm eine so heftige Ohrfeige, dass ihm die Nase aufplatzte, und Galarza sollte später versuchen, mit diesem überraschenden Angriff das Blut zu rechtfertigen, das den Schaft seiner Axt beschmierte. Warum habe er sich nicht verteidigt, wenn er schon eine Axt in der Hand gehalten habe?, fragte ihn der Staatsanwalt. Galarza antwortete mit einem seltsamen Satz, dessen Seltsamkeit niemandem auffiel:

»Weil ich die nie gebrauche«, sagte er, »weil ich kein Mörder gewesen bin.«

Carvajal war unterdessen zur Polizeidienststelle geschickt worden, und der Polizist Osorio, der ihn festgenommen hatte, half General Uribe auf die Beine. Der General hielt sich den Kopf mit dem blutigen Taschentuch fest, als hätte er Angst, er könnte ihm zu Boden fallen, und mit verlorenem Blick zwischen den Blutfäden, die ihm über das Gesicht rannen, versuchte er zu gehen, aber die Beine versagten ihm den Dienst. Osorio und einige Zeugen setzten ihn in einen Wagen, um ihn nach Hause zu bringen, und liefen neben ihm her, als sollte der Verletzte nicht allein sein Ziel erreichen oder etwas Wichtiges ohne sie stattfinden.

Im gleichen Augenblick ging auf der anderen Seite der Plaza de Bolívar Doktor Luis Zea – einer der renommiertesten Chirurgen des Landes, Kenner französischer Weine und Lyrikleser, der Victor Hugo und Whitman rezitieren konnte – auf der Carrera Octava zu seiner Praxis, und auf Höhe des Kapitols sah er die Menge, die auf der Ostseite des Gebäudes zusammengelaufen war. Bis ans Ende seiner Tage sollte Doktor Zea davon erzählen, wie er einen Unbekannten sagen hörte, man habe General Uribe Uribe mit Axthieben getötet, wie er zu dessen Haus gestürzt war, wie er im Stillen gebetet hatte, dass die Gerüchte falsch waren, wie er sich einen Weg durch die Schaulustigen gebahnt, den Flur durchquert hatte, die Treppe hinaufgegangen war (auf der letzten Stufe war er gestolpert) und den Verletzten im ersten Zimmer fand, das vom Flur abging, auf eine Pritsche gebettet, umgeben von Angehörigen und Fremden, kaum im Bewusstsein, was mit ihm geschah.

Man hatte ihm die Kleider aufgerissen, den feinen Stoff, der nur noch eine lange Kruste war und den Rumpf bloßlegte. Der Kopf des Generals ruhte auf einem Haufen Kissen, und sein Gesichtsausdruck war von den Prellungen verzerrt; das Gesicht, dem das Blut entwichen war, sah bleich und verhärtet aus, ein Kontrast zu dem dunklen Rot der Flüssigkeit, die es verschmierte. Es war der grauenerregende Anblick einer Wachsfigur. Doktor Zea bemerkte die Gegenwart einiger Kollegen, die er respektierte, und war beruhigt, dann verlangte er Verbandsmull, abgekochtes Wasser und Watte und fing an, die Wunden zu waschen, wobei er das Ausmaß des Schadens entdeckte wie ein Forscher, der in einen Urwald vordringt, dessen Gefahren er nicht kennt. Er fuhr mit den Händen in das krause Haar, aus dessen Locken unentwegt Blut tropfte, um die erste Kompresse anzubringen. Seine Finger stießen auf eine kreisrunde Wunde, die bis zum Schädel durchgedrungen war, die Schneide, stellte er fest, hatte mit einem Hieb das weiche Gewebe zerstört, als schnitte sie durch eine Frucht. Er tastete den Kopf weiter ab, darum bemüht, dass sich die nervösen Finger nicht im geronnenen Blut der Locken verfingen, und als er sich über das rechte Scheitelbein dem Scheitel näherte, stieß er auf die Wunde, die am heftigsten blutete: die große Wunde.

Doktor Zea wusch sich die Hände mit heißem Wasser, legte einen sterilen Verband an und begann, das Haar zu schneiden. Uribe schüttelte sich, versuchte sich aufzurichten, murmelte wirre Sätze: »Na hören Sie!«, sagte er. »Was soll das? Lasst mich! Lasst mich!« In diesem Kampf gegen einen nicht existierenden Gegner verlor er das Bewusstsein und sank nach hinten auf die Kissen. Jemand in der Ecke glaubte, er sei gestorben, und ein stilles Weinen erfüllte den Raum. Doktor José María Lombana Barreneche fühlte ihm den Puls. »Er ist noch bei uns«, sagte eine leise Stimme, als wollte sie mit ihrer Aufregung nicht das Flüstern ersticken, das aus den trockenen, leicht geöffneten Lippen des Verwundeten drang. Da kam der General wieder ganz zu sich, schüttelte sich erneut und rief noch einmal: »Lasst mich!« und »Was soll das? Was soll das? Lasst mich!« Doktor Zea untersuchte nun die große Wunde. Er sah, dass die scharfe Schneide den Schädel horizontal gespalten hatte, und kam zu dem Schluss, dass der Angreifer nicht von vorn attackiert, sondern sich die Zeit genommen hatte, eine Seite auszuwählen, um tiefer zu treffen. Eine Trepanation war nötig. Aber dort, im Zimmer des Generals, gab es keine Instrumente für eine solche Operation, sie mussten erst aus der Casa de la Salud geholt werden.

Das Warten war eine Qual. Doktor José Tomás Henao fühlte dem General so oft den Puls, dass der verärgert wurde, aber sein zorniger Einspruch folgte dem Wortlaut offizieller Dokumente: »Herr Präsident, ich teile Ihre Meinung nicht«, sagte er. Carlos Adolfo Urueta, der Schwiegersohn des Generals, hatte sich in ein Nebenzimmer zurückgezogen, weil er die Ärzte arbeiten lassen und seine Frau trösten wollte, aber er spürte wohl die Last des Schweigens, das sich beim Warten auf das Haus gesenkt hatte. Auf der Straße erklangen Hochrufe auf Uribe, und im Hof des Hauses gingen Fremde nervös auf und ab, doch der erste Stock war ruhig. Also ging Urueta wieder in das Zimmer des Verwundeten und merkte auf dem Weg, dass der Polizeidirektor, General Salomón Correal, eingetroffen war, mit seinem buschigen Schnurrbart und dem Gebaren eines Hausherrn, er sprach mit den Anwesenden, versuchte vielleicht, die Reaktionen einer wütenden oder frustrierten Menge zu steuern. Urueta war gar nicht erfreut von Correals Anwesenheit, denn er wusste, dass sie General Uribe keineswegs erfreut hätte, aber in dem Moment äußerte er sich lieber nicht dazu: Correal repräsentierte schließlich die Autorität. Er löste sich die Krawatte und trat ins Zimmer des Verwundeten. Mit tränenerstickter Stimme schlug er vor, dem General etwas Brandy mit Eiswürfeln zu geben. Der General reagierte, als wäre er mit einem Mal wieder klar: »Brandy nicht«, sagte er. »Wasser, nur Wasser, gegen den Durst.« Sie gaben ihm Wasser aus einem Tonkrug. Spritzten ihm Kochsalzlösung. Bereiteten ihn auf den chirurgischen Eingriff vor.

Um zehn nach drei kamen die Boten von der Casa de la Salud. Sie bauten den Operationstisch auf, plump und quadratisch wie ein Lastesel, während Doktor Zea sich erneut wusch. Der Anästhesist Helí Bahamón nahm die örtliche Betäubung vor, Doktor Rafael Ucrós rasierte ihm mit einem Barbiermesser an der Stelle der Wunde den Kopf. »Es lebe Rafael Uribe Uribe!«, rief die Menge auf der Calle 11, Doktor Zea schob das weiche Gewebe beiseite, legte die Schädelwunde frei, und die Menge antwortete von der Plaza de Bolívar »er soll leben!«, und der Doktor zog einen Splitter heraus, schob mit dem Finger die schleimig-warme Hirnsubstanz auseinander und stellte fest, dass die Schneide mehr als einen Finger tief in die Gehirnhaut eingedrungen war. Die Wunde wurde ständig von Blut überschwemmt, was die Operation erschwerte. »Aber woher kommt all das Blut?«, fragte jemand. »Es lebe General Uribe Uribe«, rief es von der Carrera Sexta herüber. »Hier ist es, hier ist es«, sagte Doktor Zea, als er auf den Schnitt in den oberen sagittalen

Blutleiter stieß. »Gaze, mehr Gaze«, sagte Doktor Henao, und draußen schrien sie: »Er soll leben!« Während die Assistenten dem erschöpften Körper Strychnin und Kampfer spritzten, klagte der General mit Worten, die niemand verstand, stieß Silben aus, als sänge er oder riefe seine Frau, die einmal zu ihm trat, Gesicht und Hals nass von Tränen, und den Verwundeten fragte, was er wolle. Der General gab mit der Offenheit des Sterbenden zurück: »Woher soll ich das wissen?« Minuten später fragte ihn Doktor Putnam, ob er Schmerzen habe, und der General war zu einem Sarkasmus fähig:

»Was, wenn nicht?«

Inmitten des geschäftigen Anlegens von Verbänden und Gazen, des eifrigen Spritzens hatten weder Doktor Zea noch die anderen Ärzte bemerkt, dass es Nacht geworden war. Sie sahen erst auf die Wanduhr, als Julián Uribe, der Bruder des Generals, hereinsah, um mitzuteilen, die Priester seien da. Es waren zwei Jesuiten mit sanften Gesten, die dem General während einer langen Stunde Gesellschaft leisteten, obwohl der Journalist Joaquín Achury ihnen beizubringen versuchte, dass Uribe Uribe damit nicht einverstanden gewesen wäre. Schließlich hatte er bis zur Erschöpfung die Exzesse der Kirche verurteilt und jeden Ablass abgelehnt. »Ich bin nur Arzt«, sagte Zea, »für diese Angelegenheiten bin ich nicht zuständig. Außerdem ist der General nicht bei Bewusstsein.« Kaum hatte er das gesagt, stieß Uribe Uribe Protestschreie aus: »Nein, nein!«, sagte er. Dann: »Ihr! Ihr!« Die Worte endeten in einem blutigen Erbrechen. Kalter Schweiß bedeckte Stirn und Nacken des Verwundeten. »Jetzt kommt das Ende«, sagte jemand. Doktor Zea schob die Flasche mit heißem Wasser beiseite, um dem General die Temperatur abzunehmen und dann den Puls, der sich aus den Unterarmen verabschiedet hatte und nur noch an der Halsschlagader spürbar war. Die Menge auf der Straße hatte zu schreien aufgehört. Da sah Zea, wie der Verwundete die Augen aufschlug, den Kopf ins Kissen drückte und mit einer Schreckensstimme immer dieselben Worte wiederholte: »Das Letzte!«, sagte er. »Das Letzte! Das Letzte.«

General Rafael Uribe Uribe, fünfundfünfzig Jahre alt, Senator der Republik, Führer der liberalen Partei und Veteran aus vier Bürgerkriegen, starb um zwei Uhr morgens am Freitag, den 16. Die Fenster waren trotz Bogotás Nachtkälte geöffnet, ein paar barmherzige Schwestern hatten sich zum Beten in einen Winkel gekauert, neben vier Meeresschnecken, die der General von seinen Reisen mitgebracht hatte, und zwei fleißigere Indio-Frauen machten sich daran, den Körper des Toten zu waschen. Das Wasser, das sie ihm über den Kopf gossen, rann ihm als rosafarbene Lösung den Hals herunter, und in den Augen entstanden kleine Tümpel, die eine der Frauen mit einem Tuch auftupfte, während sie weinte und sich mit dem Ärmel die lebenden Augen wischte: ein makabres Echo der anderen Augen, tot, jedoch ebenfalls feucht. Gesäubert und mit verbundenem Kopf wurde der General in einen offenen Sarg gelegt und der Sarg in die Mitte des Wohnzimmers gestellt. In den folgenden Stunden kamen die Angehörigen, um ihn ein letztes Mal zu sehen und mit diesen besonderen Tränen zu beweinen, die man für einen Ermordeten vergießt: ein Weinen der Verblüffung, aber auch der puren Wut, der Ohnmacht, des schmerzlichen Erstaunens, ein Weinen, das auch gegen die gerichtet ist, die das Verbrechen hätten verhindern können und es nicht getan haben, gegen die, die wussten, dass der Ermordete in Gefahr gewesen war, und ihn nicht hatten warnen wollen, vielleicht im Glauben, das Benennen beschwöre das Schlimme erst herauf, öffne ihm die Tür zu unserem Leben, gestatte ihm womöglich erst den Eintritt.

Die Rechtsmediziner kamen am späten Vormittag des 16. Oktober, als gerade ein junger Künstler eine Gipsmaske von General Uribe anfertigte. Verantwortlich für die Autopsie waren die Doktoren Ricardo Fajardo Vega und Julio Manrique sowie drei Assistenten vom Amt für Rechtsmedizin. Gemeinsam machten sie Notizen, vermerkten Begriffe wie *posteriores parietales Areal* und *Kopfhautwunde,* zogen ein Maßband hervor und schrieben *Richtung transversal. Zwölf Zentimeter.* Dann schnitten sie die Kopfhaut von einem Ohr zum anderen auf, öffneten das Schädeldach und stießen auf die Stelle, wo die Axt den Knochen zerstört hatte. Doktor Fajardo ließ die Wunde ausmessen (das Ergebnis: achteinhalb Zentimeter lang, viereinhalb breit), und Julio Manrique verlangte eine Schere, um die Gehirnhaut zu durchtrennen, durchschnitt den Bulbus mit einem Skalpell und hob General Uribes Gehirn mit beiden Händen heraus, als nähme er eine sterbende Taube vom Boden auf. Er legte es auf eine Waage. »Tausendfünfhundert Gramm«, sagte er. Die Rechtsmediziner setzten den Schädel wieder zusammen und untersuchten nun den restlichen Körper. Unterleib und Gedärme waren vollkommen gesund, in den Lungen befand sich kein einziges Knötchen: Nach der Färbung des Gewebes hätte man meinen können, der General hätte in seinem Leben nicht eine Zigarette geraucht. Alle waren einer Meinung, dass ihm noch an die dreißig Jahre geblieben wären.

In der Morgendämmerung des 17. wurden die Mörder geholt, sie sollten mit General Uribes Leichnam konfrontiert werden. Die Totenwache fand im Salón de Grados statt, einem wuchtigen Kolonialbau aus Stein in der Carrera Sexta, der erst ein Kloster, dann eine Universität gewesen war und in dem man für einige Monate Francisco de Paula Santander eingesperrt hatte, während vor Gericht seine Rolle bei der Verschwörung und dem Attentat auf Bolívar von 1828 verhandelt wurde. Die Polizei hatte in der Trauerhalle einen Ein- und einen Ausgang eingerichtet, sodass die Menge gefahrlos und geordnet vorbeidefilieren konnte, und Armeemitglieder in Paradeuniform begleiteten den Sarg, schützten ihn vielleicht auch. An dem Katafalk zogen Menschen aller Rassen, Klassen, Berufe vorbei, die dem General ihren untröstlichen Kummer bezeigen oder bloß aus krankhafter Neugier einen Blick auf den berühmten Toten werfen wollten, oder sie suchten Zuhörer für ihre Version des Verbrechens, für ihre Theorie über die Motive des Mordes. Und dorthin kamen auch, von einem Polizisten und dem Untersuchungsrichter eskortiert, Leovigildo Galarza und Jesús Carvajal.

Um diese Zeit waren nur noch wenige Leute in dem Saal, aber ausreichend, um eine Katastrophe auszulösen: Die Anhänger des Generals, verletzte Menschen, die auf Rache aus waren, hätten sich jederzeit auf die Mörder stürzen und sie vor den Augen der Welt lynchen können. Aber im Salón de Grados geschah nichts dergleichen, die Mörder wurden nicht angegriffen, nicht geschlagen, nicht aufgehängt, ihre Kleider nicht zerrissen, man schleifte sie nicht durch die Straßen im Zentrum, demütigte sie nicht. Sie gelangten zum Leichnam ihres Opfers und ließen einen schlüpfrigen Blick über das tote Gesicht gleiten, als wären sie Besucher wie die anderen auch. In dem Moment war ihre Täterschaft bereits Tatsache, denn bei einer Gegenüberstellung waren sie von den Polizisten, die sie festgenommen hatten, eindeutig identifiziert worden – der Poncho, der Strohhut –, und sie hatten sogleich die konfiszierten Beweisstücke vorgelegt: die Äxte mit dem Loch im Schaft und der Hanfschnur, an der Schneide das kaum getrocknete Blut des Generals. Doch im Salón de Grados, vor dem leblosen Körper ihres Opfers, leugneten die beiden Mörder auf Befragung des Untersuchungsrichters jede Verantwortung für die Tat.

Ja, sie hätten den General gekannt.

Nein, sie wüssten nicht, was die Ursache seines Todes gewesen war.

Nein, sie hätten ihn nicht angegriffen.

Nein, sie wüssten nicht, wer ihn hätte angreifen können.

Nach der Gegenüberstellung führten der Untersuchungsrichter und der Polizist die Mörder zum Ausgang. Der Polizist zur Linken hielt einen der Mörder am Arm, der Untersuchungsrichter tat ein Gleiches zur Rechten. Sie seien so unachtsam gewesen, sagte ein Zeuge, dass die Mörder hätten loslaufen können. Als würde niemand auf sie aufpassen. Als vertraute man ihnen.

Es war das prächtigste Begräbnis, das das Land seit langem gesehen hatte. Jemand schrieb später mit dieser Schwülstigkeit, so typisch für Bogotá, die Stadt habe sich als Rom gekleidet, um ihren Julius Caesar zu verabschieden. (Der Vergleich war wenig glücklich: Wie eine Zeitung in den nächsten Tagen klarstellte, war Julius Caesar als Tyrann ermordet worden.) Die Artikel sprachen von einer Zeremonie mit Wimpeln und Fahnen, mit Worten des Erzbischofs und einem Trauerzug, der den Sarg zum Friedhof geleitete, gefolgt von bekränzten Kutschen in strikter Reihenfolge: erst der Präsident, dann der Apostolische Delegat, dann die gesetzgebende Kammer und der Oberste Gerichtshof, dann die liberale Partei. Es waren so viele Kränze, dass der Platz sich mit dem Duft der Blumen füllte, ein Duft, der mit dem Zug über die Calle Real, dann über die Calle de Florián zog. Aus den Nachbarstraßen strömten immer mehr Menschen zusammen und schlossen sich dem Leichenzug an. Jemand sagte, Uribe sei jetzt noch wichtiger als Bolívar. Auf allen Balkonen standen schwarz gekleidete Frauen und Kinder, traurige Kinder, die strikt den Geboten der Trauer folgten. Auf dem Friedhof hielten neun Redner lauthals Ansprachen, von Senatoren und Abgeordneten bis zu Journalisten und Militärs, und so erfuhren die Leute in Bogotá, dass das Land *den parteilichen Hass hinter sich gelassen hatte*, dass es *mit gemeinsamen Tränen des großen ermordeten Mannes gedachte* und dass *vor dem Sarg die Leidenschaften der Menschen verstummt waren*. Aber die Wahrheit war eine ganz andere: Unter der ruhigen Oberfläche, hinter den verstummten Leidenschaften und dem einhelligen Weinen spürten die Nahestehenden der Familie Uribe, dass um sie herum seltsame Dinge geschahen.

Zuerst war da das Ärgernis der Ermittlung. Sie war ordnungsgemäß am Tag nach dem Verbrechen angelaufen und der gesetzlichen Regelung entsprechend dem Stadtoberinspektor zugefallen, einem Anwalt, der bereits als Staatsanwalt tätig gewesen und dessen Eignung somit erwiesen war. Aber kaum hatte er mit der Arbeit begonnen, erhielt er die Nachricht, dass der Prozess nicht mehr in seinen Händen war. Der Präsident der Republik persönlich hatte Salomón Correal, den Polizeidirektor, gebeten, die Ermittlung zu übernehmen. Seit wann bestimmte der Präsident den Ermittler in einem Kriminalfall? Wie konnte die Ermittlung einem Mann zugewiesen werden, der weder Ausbildung noch Kenntnisse oder Erfahrung hatte, um eine Ermittlung angemessen durchzuführen? Aber besonders beunruhigend war, dass die präsidiale Entscheidung nirgendwo festgehalten war. Sie stand in keinem Dokument, tauchte in keinem amtlichen Schreiben auf, es gab keinen greifbaren Beweis dafür. Sie existierte nicht.

Der Polizeidirektor Salomón Correal war ein Mann mit allbekannter Sympathie für die Konservativen und einem autoritären Temperament. Diesen Ruf hatte er seit Anfang des Jahrhunderts, denn er war an den Intrigen einer Gruppe Konservativer beteiligt gewesen, die den rechtmäßigen Präsidenten, den achtzigjährigen Manuel Sanclemente, aus der Regierung hatten drängen und mit jemandem ersetzen wollen, der ihnen näherstand. Legende und Wirklichkeit vermischten sich im Gedächtnis der Menschen, aber eine Variante besagte, Correal, damals Polizeipräfekt im Ort Guaduas, habe Sanclemente verhaftet, an einen Stuhl gefesselt, ihn beschimpft und geschlagen, als wäre er ein Strauchdieb und nicht ein Präsident von über achtzig Jahren, schließlich habe er ihn in einen Glaskäfig gesperrt, der in der prallen Mittagssonne stand, nur damit er die Macht abgab. Als man ihn aus dem Glaskäfig holte, dessen Scheiben sich in der gewaltigen Hitze beschlagen hatten, war der greise Sanclemente vor Erschöpfung und Austrocknung bewusstlos geworden, hatte seinen Folterern aber nicht die Genugtuung seines Rücktritts verschafft. Die Grausamkeit des Präfekten von Guaduas hatte wie ein böses Gerücht im Land die Runde gemacht, und als Sanclemente zwei Jahre nach diesen makabren Vorfällen starb, waren die Leute überzeugt, er sei keines natürlichen Todes gestorben, sondern auf Grund der Quälereien und Schmerzen, die ihm seine Feinde zugefügt hatten. Darunter: Salomón Correal.

So erweckte seine Prozessbeteiligung bei General Uribes Anhängern wenig Vertrauen. Alles, was Correal tat, war zwielichtig. Sobald ihm vom Präsidenten die Leitung des Verfahrens übertragen worden war, ließ er den Ermittlungsleiter der Polizei die Aussagen der Augenzeugen aufnehmen. Drei Tage später jedoch hatte er ihn schon mit beunruhigender Schlagkraft abgesetzt, ohne dass er ihn auch nur mit dem Fuß aufstampfen ließ. Der Ermittlungsleiter hieß Lubín Bonilla und war ein Beamter, der für seine Integrität und Dickköpfigkeit bekannt war, und seine Absetzung war schwer zu rechtfertigen. Aber Salomón Correal beschuldigte ihn, er habe »unter der Hand heimtückisch Gerüchte gegen die Regierung in Umlauf gebracht und sie später in einem Telegramm wiederholt«. Er nahm ihm das Verfahren weg.

Das Telegramm, auf das Correal sich bezog, war bereits Stadtgespräch der Bogotaer Gesellschaft. Bonilla hatte es kurz nach seiner Absetzung an einen Bekannten geschickt; der ließ es, ohne Bescheid zu sagen oder um Erlaubnis zu bitten, in einer Zeitung veröffentlichen. Das Telegramm enthielt einen Vorwurf, der nicht auf die leichte Schulter zu nehmen war – ERSTE ERHELLUNGEN, UND SIE ZIEHEN MICH AB –, und man fragte sich in Bogotá, ob Bonilla im Begriff gewesen war, eine wichtige Entdeckung zu machen. In Gesprächen, die wiederholt und verzerrt wurden, beklagte sich Bonilla beiläufig, man habe ihm das Verfahren gerade dann aus der Hand genommen, als er die beiden Mörder miteinander habe konfrontieren wollen; ebenso hatte man ihn sagen hören, Señor Correal habe auf fatale Weise in die Ermittlung eingegriffen, seine Anwesenheit bei den Verhören erzwungen, obwohl das gesetzlich verboten war, habe sogar einen Finger an die Lippen gelegt, als dem Mörder eine Frage gestellt worden war, wie zum Zeichen, er solle schweigen. Aber das waren nicht die schwerwiegendsten Gerüchte über den Polizeidirektor, denn als Bonilla abgesetzt wurde, hatte die Familie Uribe bereits von einer überaus ernsten Angelegenheit erfahren, von einem geheimnisvollen Zeugen: dem Mann mit Namen Alfredo García.

Er war etwas über dreißig, nachlässig gekleidet, mit schlaffem Haar, zwischen Zahnlücken glänzte ein Goldzahn. Wie viele Anhänger des Generals hatte sich Alfredo García in der Todesnacht in dessen Haus eingestellt, sich gleich auf dem Treppenabsatz niedergelassen und mit den anderen das Ereignis leise diskutiert. Jeder hatte seine eigene Theorie über das Verbrechen und die Schuldigen, man sprach sie laut aus, das ganze Haus war voll davon. Señor Tomás Silva, ein Freund der Familie Uribe und Inhaber eines Schuhgeschäfts, in dem der General oft Stiefel gekauft hatte, kam gerade an der Treppe vorbei, als García einen Satz sagte, der an niemanden gerichtet war:

»Wenn herauskommt, welche Kumpane Galarza und Carvajal dabei hatten, die Sache sähe anders aus.«

Tomás Silva hakte sofort nach: »Was soll das bedeuten? Was wissen Sie?«

»Sie müssen alles, was Sie wissen, der Polizei erzählen«, sagte man ihm.

Sie gingen zum Ermittlungsbeamten. Der hörte mit Interesse zu, sagte aber, zu dieser späten Stunde könne er keine Aussage aufnehmen, sie sollten am nächsten Tag wiederkommen. Das taten sie. Am nächsten Morgen gingen García und Silva in aller Frühe wieder zur Polizei. Der Direktor Salomón Correal erwartete sie vor der Tür.

»Ich weiß schon, weswegen Sie kommen«, sagte er. Er gab Silva einen Klaps auf die Schulter: »Das müssen wir besprechen.« Und dann: »Warten Sie, dann reden wir.«

Er ging hinein und ließ sie stehen. Silva und García dachten, er hole Papiere oder einen Sekretär, der die Aussage aufnahm, und warteten auf ihn. Sie warteten zehn, zwanzig Minuten, eine Stunde, zwei Stunden. Aber General Correal kam nicht wieder heraus. Um elf Uhr nachts begriffen García und Silva, dass General Correal aus Gründen, die keiner verstand, ihre Aussage nicht hatte aufnehmen wollen.

Einige Tage lang überlegten sie, was zu tun sei. Schließlich empfahl ein Anwalt Tomás Silva, er solle sich zwei Zeugen suchen und die Aussage schriftlich niederlegen. Silva bestellte García und zwei Männer mit Namen Vásquez und Espinosa in sein Schuhgeschäft. Dort nahm er Notizblock und Füllfederhalter und legte beides auf den Ladentisch. Zu García sagte er (aber es war eher ein Befehl):

»Jetzt endlich: Schreiben Sie, was Sie gesehen haben.«

Es war Folgendes gewesen: Am Abend vor dem Attentat war García an Galarzas Tischlerei vorbeigekommen, er wollte gerade etwas an der Theke nebenan trinken, als er sah, wie die beiden Mörder Galarza und Carvajal mit einer Gruppe Männer in eleganten Anzügen sprachen, auf den Köpfen Melonen. Es war dunkel, und García konnte die Gesichter der Männer nicht erkennen, aber er wunderte sich, dass so gut gekleidete Leute zu dieser späten Stunde mit zwei Arbeitern sprachen. Als García an der Gruppe vorbeikam, hörte er Galarza sagen: »Wenn wir bekommen, was wir verlangen, dann machen wir es. Wenn nicht, dann nicht.« »Sprechen Sie leiser«, verlangte einer der Herren, »da hört jemand mit.« Sie gingen alle in Galarzas Werkstatt und schlossen die Tür. Garcías Neugier war stärker als die Müdigkeit, er wartete fast eine Stunde, an die Mauer von Francisco Bordas Haus gelehnt oder die Straße auf und ab gehend, und kam vor Kälte fast um. Als er sie endlich herauskommen sah, versteckte er sich hinter der Ecke der Carrera Décima und hörte von da aus die vornehme Stimme eines der Herren: »Dann ist also alles geregelt.« »Keine Sorge«, antwortete Galarza oder vielleicht Carvajal. »Das werden wir bestens erledigen.« Der Zeuge las laut vor, was er eben geschrieben hatte, setzte dann seine Unterschrift darunter, mit mehr Schnörkeln als nötig. Aber nichts davon interessierte Correal. Niemals erfuhr man, wer die Männer gewesen waren, die am Vorabend mit den Mördern gesprochen hatten, niemals ging man Garcías Aussage nach.

Diese Fahrlässigkeit kam bald Julián Uribe zu Ohren, dem älteren Bruder des Generals. Er war ein Mann mit langem Hals und steifem Schnurrbart, der eher ein zweiter Vater für ihn gewesen war als ein Weggefährte. In seiner Miene lag etwas Gelassenes, das dem General abgegangen war, als hätte er ihm nicht zwei Jahre, sondern zwei ganze Leben voraus gehabt. Von Beginn an hatte er sich in das Strafverfahren eingeschaltet, es aus nächster Nähe verfolgt, sich für alle Einzelheiten interessiert und hatte seine eigenen Vorbehalte, seine eigenen Bedenken darüber, wie die Sache angepackt worden war. Anfang November war er zu Salomón Correals Büro gegangen. Er hatte ein Dokument dabei, eigenhändig von ihm verfasst: eine Aufführung gewisser Informationen, die er nach mehrtägigen Nachforschungen selbst zusammengetragen hatte. Die Fakten hatte er nicht nur selbst gesammelt, sondern auch eigenhändig niedergeschrieben und wollte sie dem Polizeidirektor persönlich übergeben, so wichtig schienen sie ihm zu sein, und er war sich bewusst, dass er sie keinem Boten anvertrauen konnte.

Es ging um die Aussagen von zwölf Zeugen. Mit unterschiedlicher Präzision und unterschiedlichen Ausschmückungen beschrieben diese zwölf einen Ausflug, eine Tour zum Tequendama-Wasserfall, an der General Uribes Mörder teilgenommen hatten. Der Wasserfall, ein scharfer Einschnitt im Berg, wo der Fluss Bogotá hinabstürzt, war eines der beliebtesten Ausflugsziele der Hauptstädter, und es war nichts dagegen einzuwenden, dass eine stattliche Gruppe Arbeiter dort ihren freien Tag verbrachte. Bogotás Handwerkerverbände selbst veranstalteten derlei Exkursionen, und der Wasserfall, diese spektakuläre Kaskade, die einem auch bei wiederholten Besuchen den Atem nahm mit ihrer stets nebligen Luft, die den Berg und seine hohen Bäume in eine Märchenatmosphäre hüllte, war für viele die erste Wahl. Aber dieser Ausflug, der nach Aussage der Zeugen im Juni stattgefunden hatte, zur Sommersonnenwende, war kein Ausflug wie alle anderen gewesen, denn die Mörder – immer nach Aussage der Zeugen – waren in Begleitung gekommen. Bei ihnen war ein Mann aus höheren Kreisen mit dunklem Poncho und Strohhut, der aus eigener Tasche zwei Mietautomobile und sogar tausend Pesos für ein ordentliches Picknick für zehn Personen bezahlt hatte. Er hieß Pedro León Acosta.

Und damit änderte sich alles.

Pedro León Acosta war ein besonders unheilvoller Mann in einer Zeit, in der das Land keinen Mangel an unheilvollen Figuren hatte. Er hatte links ein hängendes Augenlid, was seinem Blick etwas Misstrauisches und zugleich Beunruhigendes gab, und die spitzen Ohren eines perversen Kobolds: ein Kobold, der zugleich ein fähiger Reiter und ein annehmbarer Schütze war. Seine Familie mit langer konservativ-katholischer Tradition besaß umfangreichen Großgrundbesitz bei Sopó und im Bergland um Ubaté. Doch Pedro León Acosta flößte keine Achtung, sondern Furcht ein, wie in jeder guten Familie die verirrten Schafe, diese Söhne, die in der Welt nicht nur Schaden angerichtet, sondern ihren Eltern auch das Herz gebrochen haben. Wenn eine Familie wie die Acostas einen Sohn wie Pedro León hervorbringt, dann wirkt dieser Zufall noch furchterregender, wie ein Schachzug des Schicksals von willkürlicher Bosheit: fast als Zeugnis Gottes, dass er sie vergessen hat. Die Leute in Bogotá hatten jedenfalls nicht vergessen, dass dieser

Mann in Poncho und elegantem Hut, der seine Ländereien abritt, dieser Mann, der immer bewaffnet ging, auch wenn ihm unterwegs nur streunende Hunde begegnen würden, nicht einmal den anderen verirrten Schafen guter Familien glich, die Gott verlassen hatte. Nein, er war nicht wie die anderen: Vor acht Jahren hatte er versucht, den Präsidenten der Republik umzubringen.

Anfang 1905 hatten sich Pedro León Acosta und sein Bruder Miguel mit den drei Ortega-Brüdern zusammengetan, ebenfalls Söhne konservativer Familien, und sich gegen den Präsidenten Rafael Reyes verschworen, der ihrer Ansicht nach den Liberalen zu schwach entgegentrat. Man misstraute Reyes, weil er einmal gesagt hatte, seine Pflicht sei es, für das ganze Land zu regieren, nicht für eine Partei; außerdem hieß es, er wolle den liberalen General Benjamín Herrera zum Kriegsminister ernennen, und die Verschwörer wollten nicht zulassen, dass man dem Feind ein solches Zugeständnis machte. Aber besonders unerträglich war für sie die Annäherung an General Rafael Uribe Uribe, einen Atheisten, der sich gegen das Vaterland erhoben und die Aufhebung des Konkordats mit der katholischen Kirche gefordert hatte. Im Krieg von 1895 hatte ihn Präsident Reyes bezwungen; jetzt würde er ihn, wie es hieß, an der Regierung teilhaben lassen. Wozu hatte man im Namen Gottes und Kolumbiens Kriege gewonnen, wenn man nachher das Land den Besiegten übergab?

An einem Abend, der später zur Legende wurde, versammelten sich zwanzig konservative Reiter vor dem Sopó-Tal, im Angesicht des gewaltigen Berges, schlafend wie ein Tier, schlugen mit Zeigefinger und Daumen der rechten Hand das Kreuzzeichen, in der Linken ein Glas Sekt, schworen, Reyes zu stürzen, und stießen auf das Gelingen ihres Vorhabens an. Sie hatten nicht damit gerechnet, dass ihre Pläne auffliegen würden, aber ebendas passierte: sie flogen auf. Und doch kam es nicht zu den befürchteten Konsequenzen, denn Don Anatolio Acosta und Don Senén Ortega, die beiden Familienoberhäupter, waren mit Präsident Reyes befreundet. Das verschaffte den Verschwörern

gewisse Privilegien. Der Präsident, den die Verschwörungs-
gerüchte erreicht hatten, bestellte sie alle – Eltern, Söhne und
den Gemeindepfarrer – in seinen Regierungssitz, redete mit ihnen wie mit ungezogenen Kindern und verlangte, dass sie ihre
Pläne aufgaben. Er versicherte, er habe keinerlei Absicht, einen
Liberalen ins Kriegsministerium zu berufen, und um die Verschwörer zu beschwichtigen, bot er Acosta die Leitung der
Nationalpolizei an und seinem Bruder eine Stellung als Regie-
rungsvertreter in einer Militärschule in Chile. Trotz der Freund-
lichkeit, mit der Acosta die Angebote entgegennahm, trotz
des Lächelns und der Umarmungen, mit denen sie sich verabschiedeten, erfuhr Präsident Reyes im Dezember, dass die Verschwörungen ihren Lauf nahmen. General Luis Suárez Castillo,
Heereskommandant, führte eine Reihe von Verhaftungen durch.
Aber weder die Acostas noch die Ortegas – die Söhne seiner
Freunde – kamen ins Gefängnis.

1906, Anfang Februar, bestätigten die Geheimdienste Präsident Reyes die Gerüchte: Das Attentat sollte zwischen dem 10.
und 12. stattfinden. Reyes weigerte sich, seine Ausfahrten zu
begrenzen und die Leibwache zu verstärken. Am 10. gegen elf
Uhr vormittags holte er seine Tochter Sofía und machte sich
mit ihr zu seiner üblichen Fahrt vom Palacio de San Carlos in
den Norden Bogotás auf. Der Landauer war fast geschlossen;
obwohl Sofía leicht übel wurde, hatte sie diesmal darauf bestanden, nur das vordere Verdeck ein wenig anzuheben, denn ihr
Vater sollte sich nicht im Luftzug erkälten. Sie fuhren hinab zur
Plaza de Bolívar, dann Richtung Norden durch die Calle de
Florián und die Calle Real. Als sie an der Kirche Las Nieves
vorbeikamen, sah der Präsident zum Himmel auf, nahm den
Hut ab und sprach ein Gebet. An der Ecke des San-Diego-
Parks fielen ihm drei Reiter ins Auge, die auf jemanden zu warten schienen, und ebenso fiel ihm ins Auge, dass sie ihre Augen
auf ihn gerichtet hatten. Er dachte, dass es Mörder waren,
dachte ebenfalls, dass es ihnen die Aufgabe nur erleichtern
würde, wenn er ausstieg und sich ihnen entgegenstellte. Also
fuhr er weiter. Als er die Quinta de la Magdalena erreicht hatte,
in dem Viertel, das man »Roter Lehm« nannte, merkte er, dass

es bereits halb zwölf war und er zum Palacio zurückkehren musste. Er gab dem Kutscher den Befehl. Als sie wendeten, um denselben Weg zurückzufahren, sah er, dass die Reiter sie eingeholt hatten. Einer stellte sich vor die Kutsche. Die anderen beiden befanden sich hinter ihr, schoben die Ponchos beiseite, zogen Pistolen hervor und begannen zu schießen.

»Schießen Sie auch!«, schrie Reyes seiner einzigen Eskorte, dem Hauptmann Faustino Pomar zu. Und dem Kutscher sagte er: »Fahren Sie los, Vargas! Überrollen Sie sie!« Bernardino Vargas, der Kutscher, zog den Pferden die Peitsche über, und die Kutsche machte einen Satz. Als der Mann, der ihnen den Weg verstellte, das Gefährt auf sich zukommen sah, wich er zur Seite, umrundete die Kutsche und fing ebenfalls zu schießen an. Der Präsident zählte fünf Schüsse, und es wunderte ihn, dass keiner davon sie verletzt hatte. »Feiglinge!«, schrie Sofía. »Mörder!« Hauptmann Pomar schoss weiter, bis ihm die Kugeln ausgingen. Da flohen die Angreifer Richtung Norden. Präsident Reyes sah, dass Sofía nicht verletzt war, aber auch, dass sie nur um ein Haar entkommen waren. Der Landauer hatte mehrere Einschusslöcher, und eines befand sich in der Hutkrempe seiner Tochter. »Gott hat uns gerettet«, sagte der Präsident. Einige Minuten zuvor hatte er vor der Kirche Las Nieves ein kurzes, aber tief empfundenes Gebet zum Heiligen Vater gesprochen, und nun hatte der Himmel es ihm mit einem Wunder vergolten. Jetzt musste man zum Telegrafenamt und Befehle aussenden. Der Präsident schickte ein Telegramm nach La Calera, nach Puente del Común, nach Cajicá: alles Orte, die die Angreifer auf ihrer Flucht womöglich passierten. Die Jagd hatte begonnen.

Am 28. Februar wurde folgende Bekanntmachung veröffentlicht:

Der Generaldirektor der Nationalpolizei zitiert mit einer Vorladung Roberto González, Marco A. Salgar, Fernando Aguilar und Pedro León Acosta ins Direktionsbüro oder ins Privathaus des Direktors, so schnell sie es von ihrem Aufenthaltsort erreichen können, damit sie sich zu den ihnen zur Last gelegten Vergehen äußern, dem Attentat vom Zehnten dieses Monats auf seine Exzellenz, den Sr. Präsidenten, und seine Tochter, Sra. Sofía R. de Valencia.

Kommen sie der Aufforderung nach, wird es zu ihren Gunsten ausgelegt werden, ansonsten wird sie die ganze Strenge des Gesetzes treffen.

Jede Person, die die Genannten versteckt, Kontakt zu ihnen hat, sie mit Gepäck, Nachrichten oder Lebensmitteln versorgt, wird dem Militärgericht überantwortet und als Mittäter, Helfer oder Handlanger verurteilt werden. Wer dagegen Hinweise zu Aufenthalts- oder Zufluchtsort gibt oder die Vorgeladenen ausliefert, erhält eine Belohnung von $100 000 für jeden der ersten drei Genannten und $200 000 für Pedro León Acosta. Der Name des Anzeigenden bleibt geheim.

Die Angreifer waren identifiziert, eine Belohnung ausgesetzt, und so war es nur noch eine Frage der Zeit, dass sie ins Netz gingen. Ein gewisser Emeterio Pedraza, anscheinend ein enger Freund der drei Angreifer, denunzierte sie Anfang März und strich die Belohnung ein. González, Salgar und Aguilar wurden festgenommen und vor das Militärgericht gebracht, das zu dem Attentat den erschwerenden Umstand hinzufügte, dass sie es als »Verbrecherbande« ausgeführt hatten, und verurteilte die Angeklagten »zur standrechtlichen Erschießung am selben Ort, an dem das Verbrechen verübt wurde«. Niemals war eine Hinrichtung so umfassend dokumentiert worden. Ein berühmtes Foto hält für immer die Leichname der drei Angreifer fest, ebenso des Anstifters Juan Ortiz, der am Samstag vor dem Anschlag mit den Attentätern zusammen gewesen war und mit Schnaps in der *Bodega de San Diego* mit ihnen angestoßen hatte. Ja, alle waren sie da, saßen auf der Holzbank, leblos bereits, die Hände auf den Rücken gebunden, die Körper schlaff, und zumindest einer von ihnen hatte die Augen mit einer weißen Binde verbunden. Auf einem anderen Foto sieht man die übrigen Verschwörer, die als Teil ihrer Strafe der Erschießung hatten beiwohnen müssen. Wie viele hatten wohl den Blick abgewandt? Wie viele hatten sich in dem Moment gewünscht, eine weiße Binde vor Augen zu haben? Hatte einer von ihnen den Tod der anderen gesehen? War ihm kurz der Gedanke gekommen *Ich hätte dieser Mann sein können, der nun schon tot ist* oder vielleicht *Da stirbt ein Mann, und ich bin es nicht*? Wir können es nicht wissen, aber sie sind abgebildet: Sie sitzen ebenfalls auf Bänken, umgeben von Polizisten, eine Szene, die Teil eines Volksfestes sein könnte, eine Theateraufführung auf offener Straße. Alle sitzen sie da, die sich gegen Präsident Reyes verschworen hatten. Alle außer einem. Pedro León Acosta ist nicht dort. Er war den Fängen der Polizei entkommen.

Wie war das möglich? Es war möglich, weil es Pedro León Acosta nicht an Freunden unter den Mächtigen Bogotás mangelte, die seine Abneigung gegen die verweichlichten oder feigen Konservativen teilten, gegen all die, die das Land den liberalen Atheisten auslieferten. Noch am Tag des Attentats hatte ihn Oberst Abelardo Mesa zu sich gerufen und ihm gesagt, dass man ihn suche, und wenige Stunden später war Acosta bereits die Carrera 13 hinuntergeritten und hatte die Stadt über die Felder im Westen verlassen. Er konnte sich nicht in der Hacienda El Salitre verstecken, weil die Tür mit einem soliden Schloss versperrt war, aber er gelangte zu den Hängen bei der Hacienda San Bernardo und tauchte dort zwischen den Bäumen unter, wo ihn gewiss niemand suchen würde. Es war eine der kältesten, feuchtesten Gegenden in den Bergen, und dort musste Pedro León Acosta bleiben, bis sich die Gemüter in Bogotá beruhigt hatten. Er fand eine Höhle, musste sich zwar wie ein Tier hineinzwängen und stieß drinnen auf den dunkelsten Ort, den er je kennengelernt hatte, aber sie war fernab von jedem Weg und jedem bewohnten Ort. Dort würde er in Sicherheit sein.

Dass er während dieser Tage nicht krank wurde, war wie ein Wunder. Als er sich später in einer Hütte versteckte, die ihm andere gebaut hatten, verfolgte er aufmerksam die Berichte, die ihm zugetragen wurden, wusste, wie viele Männer nach ihm ausgeschwärmt waren, und ebenso, welcher Preis auf seinen Kopf ausgesetzt war. Inzwischen misstraute er jedem. Er ritt allein und nachts und erreichte so sein Haus; zum letzten Mal wollte er seine Frau sehen, eine warme Mahlzeit essen und ein wenig unter einer Wolldecke ausruhen, bevor er seine lange Flucht wieder aufnahm. Aber der Besuch brachte ihn auf einen anderen Gedanken. Er wühlte im Schrank seiner Frau, fand ein weites Kleid, das ihm das Zwerchfell nicht zu sehr quetschte. Verkleidet gelangte er auf nächtlichen Reisen zum Fluss Magdalena, schiffte sich auf einem Frachtschiff der United Fruit Company ein, das nach Panama fuhr, und ein paar Tage später war er schon an seinem Fluchtort – in seinem Exil, wie er sagte –, bis zum Ende der Regierung Reyes: San José in Costa Rica.

Und man hörte nichts mehr von ihm.

Jahre später, als Präsident Rafael Reyes die Macht übergab, wurden seine ehemaligen Feinde nach und nach von Gnade und Vergessen (oder einer Mischung aus beidem) eingeholt oder gesegnet. Als Pedro León Acosta um 1909 heimlich ins Land zurückkehrte, merkte er, dass seine frühere Schuld sich in eine Legende verwandelt hatte. Man konnte sich ihrer öffentlich brüsten. Und das tat er. Lauthals, manchmal auch per gedrucktem Wort, verkündete er immer wieder, er habe es nie bereut, sich gegen General Reyes verschworen zu haben, und nur die Feigheit der anderen, die ihm nicht gefolgt seien, und vor allem die Untreue derer, die ihn bestimmt für Geld verraten hätten, wenn er in Kolumbien geblieben wäre, hätten ihn zum Weggang gezwungen. Gegen 1914 war er nicht nur kein Flüchtiger mehr, sondern Kolumbianer aller Gesellschaftsschichten, die nicht unbedingt Anhänger seiner Partei sein mussten, brachten ihm Achtung entgegen: die Achtung, die man von jeher für die Verschwörer empfindet, die sich aus der Affäre gezogen haben.

Ende November traf sich Julián Uribe mit Carlos Adolfo Urueta, General Uribes Schwiegersohn, um in dieser beunruhigenden Lage eine Entscheidung zu treffen. Correal manipulierte das Verfahren, und niemanden schien das zu kümmern. Man hatte Pedro León Acosta in Gesellschaft von Galarza und Carvajal gesehen und die Spur nicht verfolgt, es gab keinerlei Ermittlung, und von den zwölf Augenzeugen dieser Zusammenkunft hatte man nur zwei aussagen lassen. Einer von ihnen, der vorher versichert hatte, Galarza auf den Fotos in der Zeitung wiedererkannt zu haben, widerrief seine Aussage, ohne dass man den Grund erfuhr; er erinnerte sich nur noch daran, von Handwerkern im Allgemeinen gesprochen zu haben, ohne sie genau zu identifizieren. Der andere, ein Anwohner, der an der Station Tequendama Wagen vermietete, bestätigte, Acosta habe zu seinen Kunden gehört und sei mit dem Mietwagen zum Tequendama-Wasserfall gefahren, sagte aber nichts über dessen Begleiter. Für Julián Uribe bewies all dies eindeutig: Auch wenn die Zeugen Galarza und Carvajal nicht identifizieren konnten oder wollten, war erwiesen, dass Pedro León Acosta in Begleitung einer Gruppe Handwerker dort gewesen war, und es gab mehr als ein Indiz dafür, dass sich unter ihnen Galarza und Carvajal befunden hatten. War es da nicht mehr als logisch, in dieser Richtung weiterzuforschen, die Identität aller Mitglieder der Gruppe festzustellen und herauszufinden, ob die Mörder, wie die übrigen zehn Zeugen aussagten, tatsächlich dabei gewesen waren? Aber nichts davon hatte man getan. Als wollte der Staatsanwalt, der berüchtigte Alejandro Rodríguez Forero, geradezu vermeiden, dass ihr Zeugnis bei dem Verfahren zur Kenntnis genommen wurde: als gäbe es sie gar nicht. An diesem Novemberabend beschlossen Julián Uribe und Carlos Adolfo Urueta, dass ihnen unter diesen Umständen nur eine Möglichkeit blieb: eine eigene Ermittlung.

Aber wen sollte man damit betrauen? Wer war kühn genug, sich Salomón Correal und dem Staatsanwalt Rodríguez Forero entgegenzustellen und in alle Winde auszuposaunen, dass die Behörden im Land den berühmtesten Kriminalprozess der kolumbianischen Geschichte unverantwortlich und fahrlässig führten? Wer war so tollkühn, diesen Auftrag anzunehmen? Wer war nicht nur so tollkühn, sondern hielt auch General Uribes Andenken so hoch, dass er sich in Teufels Küche begab? Es musste ein überzeugter Liberaler sein, ein Anwalt, der Bescheid wusste über Strafverfahren und Ermittlungstechniken, ein Sympathisant, ja ein bedingungsloser Anhänger General Uribes, besser noch ein Freund. Carlos Adolfo Urueta sprach den Namen als Erster aus, aber als er im Zimmer schwebte, schien es den beiden, dass er schon immer da gewesen war: Marco Tulio Anzola.

Anzola war damals dreiundzwanzig Jahre alt, ein junger Anwalt, der jedoch seit seiner Zeit im Bauministerium bereits einen gefestigten Ruf auf seinem Gebiet besaß. Er war vor allem ein kämpferischer, kühner Mann und seit einigen Jahren mit General Uribe befreundet, oder General Uribe war vielmehr sein Mentor gewesen, sein Pate, er hatte ihn unter seine Fittiche genommen und ihm seine ersten Anstellungen verschafft. Er hatte dunkles Haar, das sich an der Stirn schon frühzeitig lichtete, einen unauffälligen Schnurrbart und Augen, die auf den ersten Blick wenig lebendig wirkten, aber Julián Uribe hatte nicht den geringsten Zweifel, dass er der richtige Mann für diese Mission war.

Also stellten sich in einer Nacht Anfang Dezember, kalt wie alle wolkenlosen Nächte in Bogotá, Julián Uribe und Carlos Adolfo Urueta bei Marco Tulio Anzola ein, in der Hand ein Köfferchen voller Papiere. Eine Stunde lang erzählten sie ihm von Alfredo García, von den vornehm gekleideten Männern, die die Mörder am Vorabend des Verbrechens aufgesucht hatten, von den Zeugen, die von dem Ausflug zum Tequendama-Wasserfall berichtet hatten, von Pedro León Acosta und der Faktenliste, die Julián Uribe verfasst hatte, um dem Polizeidirektor General Salomón Correal seine Vermutungen zu erklären. Sie sagten, mehrere Tatsachen sprächen dafür, dass die Ermittlungen zum Attentat auf General Uribe manipuliert wurden, damit man keinerlei Aussage ins Verfahren aufnahm, die nicht die Version von Staatsanwalt Rodríguez Forero bestätigte: dass Galarza und Carvajal allein gehandelt hatten. Aber sie glaubten, dies sei nicht der Fall gewesen, glaubten, genügend Indizien gesammelt zu haben, um der offiziellen Ermittlung zu misstrauen.

»Wir wollen Sie bitten, junger Mann, eine parallele Ermittlung durchzuführen«, sagte Julián Uribe am Ende. »Die Spur von Alfredo García zu verfolgen. Die Spur vom Tequendama-Wasserfall. Die Spur von Ana Rosa Díez.«

»Wer ist Ana Rosa Díez?«, fragte Anzola.

»Haben wir nicht vom Fall Ana Rosa Díez erzählt?«, fragte Carlos Adolfo Urueta.

»Ich glaube nicht«, sagte Anzola.

Und so erzählten sie ihm vom Fall Ana Rosa Díez. Sie war eine junge, doch arme Frau, die während der letzten Monate Alfredo Garcías Wäsche gewaschen hatte. Aber das war nicht das Wichtige, wichtig war, dass sie bei Eloísa Barragán wohnte, der Mutter des Mörders Galarza. Kurz nachdem García seine Aussage auf Tomás Silvas Abreißblock niedergeschrieben hatte, brachte er die junge Frau Díez mit in das Schuhgeschäft und bat sie, zu wiederholen, was sie ihm eben erzählt hatte. Ana Rosa gehorchte. Vor einigen Tagen, erzählte sie Silva, sei sie zu Hause gewesen und habe einem Jesuitenpriester geöffnet, der nach Leovigildo Galarzas Mutter fragte. Ana Rosa Díez sagte, die Señora sei nicht zu Hause, und der Priester zog eine Karte hervor, kritzelte ein paar Worte darauf und bat Ana Rosa, sie ihr zu übergeben. Und was stand auf der Karte?, fragte Tomás Silva. Das müsse er mit eigenen Augen sehen, sagte Ana Rosa Díez. Und wo sei die Karte?, fragte Silva. Sie könne sie in das Schuhgeschäft bringen, sagte Ana Rosa Díez. Sie werde versuchen, sie mitzunehmen, ohne dass die Señora es merke. Aber als Ana Rosa Díez schließlich vier Tage später kam und Tomás Silva die Karte zeigen wollte, war der nicht im Geschäft. Die Angestellten sahen die Karte, aber Ana Rosa Díez wollte sie ihnen nicht dalassen. Sie nahm sie wieder mit und sagte, sie werde später wiederkommen. Sie kam nie wieder.

»Dann muss man sie suchen«, sagte Anzola.

»Genau das ist das Problem«, sagte Julián Uribe. »Señorita Díez ist verschwunden.«

»Was heißt verschwunden?«

»Sie ist nicht mehr da. Ist nicht mehr bei Galarzas Mutter. Sie ist nirgendwo. Die Erde hat sie verschluckt.«

»Und was sagt die Polizei?«, fragte Anzola.

»Die Polizei findet sie auch nicht«, sagte Urueta.

»Aber Sie glauben doch nicht, dass …«

»Wir«, unterbrach ihn Julián Uribe, »wissen nicht mehr, was wir glauben sollen.«

Anzola merkte, dass der Bruder des Generals, seines Mentors und Maestros, gerade sein Anliegen wiederholen wollte. Aber er konnte nicht zulassen, dass später von ihm gesagt werden würde, er habe sich bitten lassen, die Wahrheit über das Attentat auf den General herauszufinden. Er sah Julián Uribe an und sagte:

»Es ist mir eine Ehre.«

»Das heißt, Sie werden uns helfen?«, fragte Julián Uribe.

»Ja«, sagte Anzola. »Und es ist mir außerdem eine Ehre.«

Am nächsten Morgen in aller Frühe, wenn Bogotás Luft noch in der Nase brennt, verließ er seine Wohnung und legte zu Fuß die zehn Blocks zurück, die ihn vom Tatort trennten. Die Plaza de Bolívar lag ruhig da. Anzola näherte sich dem Kapitol von Norden her, ging an der Kathedrale vorbei und dann am Jesuitenkolleg, wo ihm mehrere Polizisten auffielen. Er erreichte die Stelle, an der sich vor zwei Monaten Rafael Uribe Uribe gegen die niedrige Steinmauer gelehnt hatte, während das Blut aus seinem Kopf floss und die Mörder gefasst wurden, jeder für sich, nicht weit entfernt. Er hatte die Stelle gefunden, weil er zur Ostwand des Kapitols, über dem sich gerade eine zaghafte Sonne entzündete, aufgeblickt und eine Marmortafel gesehen hatte, klein wie ein Badfenster. Sie erschien ihm allzu unauffällig, als wollte die Tafel geradezu übersehen werden, als schämte sie sich dessen, was auf ihr stand, oder (dachte Anzola dann) dessen, was nicht auf ihr stand:

Für Rafael Uribe Uribe.
Der Kongress von Kolumbien
15. Oktober 1914

Anzola dachte, dass dieser Kongress einen General Uribe nicht verdient hatte. Nicht einmal dieses Land, in dem eine Todesdrohung fast zum Alltag gehört und die alltäglichen Drohungen nicht selten eingelöst werden, hatte die Kämpfe verdient, die General Uribe um sein Los und seine Zukunft willen geschlagen hatte. Dann kauerte er sich an die Steinmauer, eben so, wie der General den Aussagen gemäß nach dem Anschlag gelegen hatte, und sah sich die Welt aus dieser Perspektive an: die Calle Novena, das Jesuitenkolleg, die Kathedrale, alles vor dem bläulichen Hintergrund des Morgenhimmels. Er suchte an der Steinmauer die Spur der Mörderäxte, von der man ihm erzählt hatte, und fand sie nicht. Er suchte Anzeichen von Blut, einen Fleck oder den Umriss eines Flecks, und fand nicht nur nichts, sondern kam sich dumm vor, erwartet zu haben, etwas zu finden. Aber im Grunde war es ihm einerlei. Er war zufrieden mit sich, stolz auf die Mission, die man ihm anvertraut hatte, überzeugt davon, dass die bevorstehende Ermittlung das Wichtigste sein würde, wofür er sein Leben verwenden konnte. Er wusste noch nicht, dass er mit dieser ehrenhaften Entscheidung gerade alles über Bord geworfen hatte, was ihm beim Gedanken an seine Zukunft bisher in den Sinn gekommen war.

»Und hier fängt alles an, Vásquez«, sagte Carballo. Gegen zwölf Uhr mittags hatte er seine Monsterhöhle verlassen, nachdem ein Wasserplätschern zwischen den Wänden zu hören gewesen war, er kam mit sauberem Hemd heraus, das spärliche Haar an die Schläfen geklebt, und so ging er in weißen Socken durch die Wohnung und fing zu reden an, als nähme er ein jahrhundertelanges Gespräch wieder auf. »Ja, so beginnt alles. Dieses kolossale Schlamassel, von dem niemand in unserem Land weiß, in diesem Land der Vergesslichen und Leichtgläubigen; das ganze Chaos, dem ich mehr Zeit gewidmet habe als mir selbst, fängt da an, Ende 1914, mit diesem jungen Mann namens Anzola: ein Mysterium der Geschichte, ein Gespenst, das bei dem Attentat aus dem Schatten getreten ist und fünf Jahre später wieder darin verschwindet, ein Mann, der ein ganz gewöhnliches Leben geführt hat, ein glückliches vielleicht, und dem eine Pflicht aufgeladen wird: eine Verschwörung ans Licht zu bringen. Das ist die nobelste Aufgabe, der man sich widmen kann, Vásquez: eine Lüge von der Größe der ganzen Welt zu enttarnen. Sich Leuten entgegenzustellen, die nicht zweimal überlegen werden, einem zu schaden. Und Risiken einzugehen, Risiken über Risiken. Die Wahrheitssuche ist kein Zeitvertreib, Vásquez, nichts, was man in seiner Muße tut. Sie war für Anzola kein Zeitvertreib und ist es für mich nicht gewesen. Sie ist keine Spielerei. Also machen Sie sich auf das gefasst, was Sie hier gemeinsam mit mir sehen werden, in den kommenden Tagen, in diesen vier Wänden. Denn diese Geschichte wird bei Ihnen mehr als eine Vorstellung über den Haufen werfen. Was Anzola in den folgenden Jahren passiert ist, hat sein ganzes Leben auf den Kopf gestellt, also erwarten Sie nicht, dass Sie da unberührt wieder herauskommen. Hier kommt niemand unversehrt davon. Niemand, weder Sie noch sonst jemand.«

VI. Die Ermittlung

Während der letzten Tage des Jahres 1914 und der ersten des folgenden, als die Stadt versuchte, die Geburt des Christkinds zu feiern und zugleich über General Uribes Tod hinwegzukommen, verwandte Marco Tulio Anzola seine Zeit und seine Kräfte darauf, so viel wie möglich über die Zeugen herauszufinden: die das Attentat mit angesehen hatten, die es nicht gesehen hatten, aber in der Nähe gewesen waren, oder die Wichtiges ausgesagt hatten, was vom Staatsanwalt außer Acht gelassen worden war. Als Erstes fiel ihm etwas wenig Erstaunliches auf: Weder Staatsanwalt Rodríguez Forero noch Polizeidirektor Salomón Correal schienen erfreut darüber, dass dieser grüne Junge sich in ein so heikles Verfahren einmischte. Aber Anzola fing an, Fragen zu stellen, und sah, dass die Leute antworteten, er tat sich in der Stadt und außerhalb um, schrieb Briefe und erhielt Antworten, und so erfuhr er nach und nach beunruhigende Dinge. Zunächst den Spitznamen, den die Leute auf der Straße Salomón Correal angehängt hatten: General Hackebeil. So nannte man ihn allerorten, sah sich jedoch vor, dass keine Polizisten oder Freunde des Polizeidirektors lauschten. Mochte ein vulgärer Spitzname auch keine Relevanz für Anzolas Ermittlung haben, die Leute wissen gewöhnlich, warum sie sagen, was sie sagen, und von Julián Uribe hatte er einmal gehört: Volkes Stimme ist Gottes Stimme.

»General Hackebeil«, wiederholte sich Anzola. »Ich weiß nicht, ob des Volkes Stimme Gottes Stimme ist, aber zumindest nimmt sie kein Blatt vor den Mund.«

Bei dem Verfahren geschahen weiterhin merkwürdige Dinge. Obwohl dem Staatsanwalt bereits bekannt war, was der Zeuge Alfredo García in Galarzas Tischlerei am Vorabend des Verbrechens gesehen hatte, obwohl er von dem Dokument wusste, das auf dem Ladentisch von Tomás Silvas Schuhgeschäft verfasst und unterschrieben worden war, hatte er García noch immer nicht zu einer förmlichen Aussage vorgeladen, die in dem Prozess verwendet werden konnte. Warum? Ja, es stimmte, was Julián Uribe gesagt hatte: Der Staatsanwalt schien entschlossen, jede Version des Attentats abzuschmettern oder zu blockieren, die nicht von zwei Einzeltätern sprach, jede Aufnahme eines Elements, das die simple Fassung verkomplizierte. Tomás Silva ging alle drei Tage zu ihm, bedrängte ihn auf der Straße, wenn er ihn traf, bat ihn vergeblich, seine Aussage aufzunehmen. Der Staatsanwalt antwortete mit Ausflüchten, sagte, er habe Garcías Dokument nicht erhalten, habe es bereits angefordert. Und die Tage vergingen, ohne dass untersucht wurde, wer die sechs vornehm gekleideten Männer waren, die in der Nacht des 14. Oktober mit den Mördern gesprochen hatten.

Unterdessen beschäftigte Anzola die Frage: Wo war diese Ana Rosa Díez? Was war mit der vermeintlichen Karte geschehen, die ein vermeintlicher Jesuitenpriester vermeintlich der Mutter des Mörders Galarza überreicht hatte? Welche Bedeutung konnte dieses Stück Papier haben, wenn Ana Rosa Díez es Tomás Silva hatte weitergeben wollen? Und was hatte diese Bedeutung mit dem Verschwinden der Frau zu tun? Anzola suchte sie überall. Er ging zum Haus von Señora Eloísa Barragán, Galarzas Mutter, und traf sie nicht an. Als er schließlich doch mit Señora Barragán sprechen konnte, die ihm gerissener zu sein schien, als es den Anschein hatte, erfuhr er nur, dass sich Ana Rosa Díez ohne Vorankündigung davongeschlichen habe wie die Diebe und noch einen halben Monat Miete schuldig sei. Ihr Zimmer war selbstverständlich gleich wieder belegt worden, aber die neue Mieterin war nicht da, und Anzola konnte keinen Blick hineinwerfen. Dann kam ihm der Gedanke, sie im Zimmer des Mörders Galarza zu suchen, Nummer 205A der Calle 16, aber als er drei Tage vor Weihnachten dort auftauchte, musste er feststellen, dass ein Stadtinspektor gerade eine Zwangsräumung durchführte. Die Sachen von Galarza und seiner Lebensgefährtin María Arrubla waren auf der Straße gelandet. Dort waren noch ihre Möbel, ihre Kisten, der traurige Anblick der Kleider auf dem Gehweg, in Erwartung, dass sie

jemand mitnahm. Später erfuhr Anzola, dass die Zwangsräumung einen bedeutenden Fund zutage gefördert hatte. Gut
versteckt hinter ein paar Holzkisten hatte der dritte Stadtinspektor ein geschliffenes Messerblatt gefunden, ein paar Meter weiter einen Holzgriff mit einer Hanfschnur. Genau so ein
Werkzeug hatten die Mörder für ihren Angriff auf General
Uribe benutzt. Seltsam war, dass die Polizisten es damals bei
ihrer sorgfältigen Durchsuchung von Galarzas Zimmer nicht
gefunden hatten, nachmittags nach dem Verbrechen.

»Sie ist neu«, sagte der Stadtinspektor zu Anzola. »Unbenutzt.«

»Sie ist geschliffen«, sagte Anzola.

»Und wie«, sagte der Stadtinspektor. »Merkwürdig, so etwas
hier zu finden. Das ist kein Tischlerwerkzeug.«

»Reißbeil«, sagte Anzola.

»Wie bitte?«

»So nennt man das«, sagte Anzola. »Und merkwürdig ist
nicht, dass es hier ist, sondern dass es unbenutzt ist.«

Von dem Tag an befielen Anzola zwei fixe Ideen: Erstens,
dass das Verbrechen sehr viel länger geplant gewesen war, als
die Mörder anführten, die weiterhin darauf beharrten, sich am
Vorabend entschieden zu haben, nach ihrem Treffen im Chicha-
Ausschank; zweitens, dass das dritte Beil einem dritten Angreifer gehören musste: jemandem, der es aus unergründlichen
Motiven nie benutzt hatte. Gab es einen weiteren Angreifer, der
bereit gewesen war, General Uribe an dem Tag anzufallen? Anzola erwähnte den dritten Mann nun bei jedem weiteren Verhör, versuchte den Augenblick des Verbrechens mit Hilfe neuer
Zeugen zu rekonstruieren oder durch eine neue Lesart der bis-
herigen Aussagen. Er merkte, dass sich der Tathergang wandelte, wie sich auch unser Gedächtnis wandelt. Mit jedem neuen
Tag, mit jedem neuen Gespräch, mit jeder winzigen Entdeckung wurden die Bilder, die er sich im Geist machte, wolkiger,
auf der Carrera Séptima waren plötzlich Menschen, wo vorher
nichts gewesen war, während von der Calle Novena eine Gestalt verschwand, die er für gesichert gehalten hatte. Ihm fiel
auf, dass man ihn aus den Augenwinkeln beobachtete. Die Bo-

gotaer erfuhren allmählich, mit was für einem Auftrag ihn die Familie des ermordeten Generals betraut hatte. »Das ist er«, hörte er eines Nachmittags hinter seinem Rücken, im Café *Windsor*. »So jung noch«, sagte eine andere Stimme. »Warum lässt man bloß Kinder die Arbeit der Großen machen?« Und eine dritte Stimme kam zu dem Schluss: »Nun, das Kind wird es wohl nicht bis Neujahr machen.« Als Anzola sich umdrehte, sah er nur Leute beim Zeitunglesen. Als hätte niemand von ihnen etwas gesagt.

Ja, er machte es bis Neujahr. Die Tage (die Brücke zwischen dem einen und dem anderen Jahr) verbrachte er damit, Zeugenaussagen durchzugehen, auf der Suche nach einem Hinweis, so indirekt er auch sein mochte, auf einen weiteren Angreifer außer Galarza und Carvajal. Die Zeugen sprachen von dem Angriff, von den Mördern, von dem Opfer, sprachen von denen, die Hilfe gerufen, und von denen, die geholfen hatten. Aber Anzola bekam kein klares Bild. Anfang Januar jedoch führten ihn seine Nachforschungen zu zwei Männern, deren Aussage man noch nicht aufgenommen hatte, trotz der Wichtigkeit dessen, was sie mitzuteilen hatten.

Sie kamen auf ihn zu, nicht umgekehrt. Anzola ging gerade die Carrera Octava Richtung Norden hinauf, als ein Mann mit Fliege herankam und neben ihm herging. Er heiße José Antonio Lema und habe sich bei den Staatsanwälten im Fall Uribe Gehör verschaffen wollen, ohne Erfolg. »Ich will Ihnen nicht erzählen, was ich gesehen habe«, sagte Lema, »sondern was jemand anderes gesehen hat. Ich hoffe, Sie werden mir glauben.« Die andere Person war ein gewisser Tomás Cárdenas, beim Senat angestellt, der kurz vor dem Verbrechen das Kapitol verlassen und alles hatte sehen können. »Alles?«, fragte Anzola. »Ja, alles«, sagte Lema. Cárdenas hatte es ihm und weiteren Freunden in einem Café erzählt und zwar mit solcher Klarheit, dass man seinen Worten einfach trauen musste. »Und was hat er gesehen?«, fragte Anzola. Lema antwortete: »Dass da noch jemand bei den beiden Mördern war.«

»Ach ja?«, sagte Anzola. »Und wer war das?«

»Cárdenas hat ihn erkennen können«, sagte Lema. »Er hat

als Erster auf den General eingeschlagen. Cárdenas hat, wenn auch aus der Ferne, eine Waffe gesehen, einen Schlagring, wie ihm schien. Er hat das alles der Polizei erzählt, aber sie haben seine Aussage nicht aufgenommen.«

»Was haben sie gesagt?«

»Diese Informationen seien nicht von Nutzen«, sagte Lema. »Sie würden die Sache verfälschen.«

Mitte Februar bestätigte Señor Tomás Cárdenas alles, was Lema gesagt hatte. Er erzählte, am Tag des Verbrechens habe er sich um ein Uhr mittags die Plakate an der Mauer neben *El Oso Blanco* angesehen, als ihm General Uribe aufgefallen sei (auch wenn er da noch nicht wusste, dass es sich um General Uribe handelte), der auf dem östlichen Gehweg zum Kapitol ging. Dann sah er, dass er nicht alleine war. Ein Mann mit Schnurrbart, schwarzem Anzug und Melone folgte ihm auf dem Fuß. Der Mann mit dem Hut beschleunigte den Schritt, trat von hinten an General Uribe heran, hob die Hand und versetzte ihm einen kräftigen Schlag ins Gesicht. Cárdenas konnte etwas Glänzendes in den erhobenen Fingern erkennen. Es schien ihm ein Schlagring gewesen zu sein.

»Und Sie haben versucht, diese Information an die Polizei weiterzugeben?«, fragte Anzola.

»Ja«, sagte Cárdenas, »aber sie wurde nicht aufgenommen. Sie haben gesagt, das würde die Sache nur verdrehen.«

Das Bild von dem Mann mit dem Schlagring ließ Anzola nicht mehr los. Von dieser Figur war in den ersten Berichten über das Verbrechen keine Rede gewesen, er war wie ein Gespenst. War das der Mann, für den die dritte Axt bestimmt gewesen war, die man unter Galarzas Habseligkeiten entdeckt hatte? Und wenn dem so war, warum hatte er sich vor dem Angriff für eine andere Waffe entschieden? Was den Mann mit dem Schlagring anging, war jedenfalls eines sicher: Auch wenn man nicht wusste, wer er war, Galarza oder Carvajal konnten es nicht gewesen sein. Es gab also einen dritten Mann.

Als Anzola nach Hause kam, schloss er sich ins Esszimmer ein und ging noch einmal die Autopsie durch. Die Wunde von einem Schlagring war anders als die von einer Axt, und dieser

Unterschied musste aus der Untersuchung der Rechtsmediziner hervorgehen, es sei denn, Cárdenas hätte gelogen oder geglaubt, etwas zu sehen, was er nicht gesehen hatte, oder er hätte die Szene ins Licht seiner Ängste getaucht. Doch nein, die Autopsie hielt schwarz auf weiß den Zusammenstoß des Schlagrings mit General Uribes Haut und Knochen fest. *Im Gesicht*, las Anzola, *auf Höhe der linken unteren Orbitalfurche, befindet sich eine schräg verlaufende Wunde von 4 Zentimetern Länge, die die Haut und einen Teil des Weichgewebes schädigt und den Spuren einer Verletzung durch ein scharfes Instrument entspricht. Am linken Stirnbereich findet sich eine kreisförmige Hauterosion mit Ekchymose und einem Durchmesser von 3 Zentimetern; diese Verletzung wurde durch einen stumpfen Gegenstand hervorgerufen. Am rechten Wangenbereich befindet sich eine Hautverletzung von eineinhalb Zentimetern Durchmesser, herrührend von einem stumpfen Gegenstand, und eine ähnliche Wunde an der rechten Wange; auf dem Nasenrücken eine Hauterosion von einem Zentimeter Länge, herrührend von einem stumpfen Gegenstand.* Immer wenn das Wort *stumpf* auftauchte, dachte Anzola an den Schlagring, an die herabsausende Hand über General Uribes Gesicht, die das Terrain vorbereitete, damit die anderen Bestien mit ihren Äxten das Werk vollenden, das Opfer erlegen konnten. Da war er. Da war der Beweis, dass eine weitere Person den General angegriffen hatte, denn die Wunden von einem stumpfen Werkzeug konnten keinesfalls von einer der Äxte stammen, die die Mörder Galarza und Carvajal bei sich getragen hatten. Anzola hätte Triumph verspüren können, aber er fühlte sich traurig. Fühlte sich einsam.

Um nicht Gefahr zu laufen, falsche Schlüsse zu ziehen, suchte er Doktor Luis Zea auf, einen der Ärzte, die sich bemüht hatten, General Uribes Leben zu retten. Als Anzola in der Praxis auf ihn wartete, musterte er das Skelett, die Diagramme an den Wänden, den Glasschrank mit den geschliffenen Scheiben, in denen das weiße Licht spielte. Er kannte Luis Zea kaum, aber Julián Uribe hatte so lobend über ihn gesprochen, dass Anzola ihn als Freund empfand. Nicht als Komplizen. Die Welt teilte sich allmählich in solche, die auf seiner Seite standen, und solche, die gegen ihn waren. Auf der einen Seite die, die die Wahrheit suchten; auf der anderen die, die sie verbergen, begraben wollten. Er spürte auch, dass die Welt um ihn herum sich unbegreiflich benahm. Kürzlich hatte eine Zeitung eine Anzeige der Gebrüder Di Domenico veröffentlicht, Italiener, die ausländische Filme im Olympia-Saal vorführten. Das Unternehmen der Di Domenicos verkündigte, für hundert Francs ein Drehbuch über General Uribes Leben kaufen zu wollen. Anzola konnte sich das Ergebnis dieser Ausschreibung kaum vorstellen, aber etwas daran war ihm nicht geheuer. Da versuchte er gerade die Wahrheit über einen nationalen Trauerfall herauszufinden, und zugleich bot man in den Zeitungen Geld dafür an, wenn jemand eine Geschichte dazu erfand.

»Alles in diesem Land steht zum Verkauf«, sagte ihm Doktor Zea, als er in der Praxis eintraf. »Sogar der Tod berühmter Männer.«

Zu seiner Überraschung wusste der Doktor über die Annonce Bescheid und machte ihm zudem eine erstaunliche Offenbarung: Die Gebrüder Di Domenico waren am Tag des Attentats zugegen gewesen. Nicht auf der Straße, stellte der Doktor gleich klar, sondern in Uribes Haus, als der General zwischen Leben und Tod schwebte (so drückte es Zea aus), unter den chirurgischen Instrumenten der Ärzte, die ihn zu retten versuchten. Sie waren dort?, rief Anzola. Und der Doktor sagte, ja, sie seien dort gewesen, hätten sich unter die Leute gemischt, mit ihrem schwarzen Kasten, der Bilder mit ungewisser Bestimmung aufnahm. Ob Anzola gern ins Kino gehe?, fragte Doktor Zea, und Anzola musste gestehen, dass er nur ein einziges Mal eine Vorführung gesehen hatte. Dann kam er wieder auf diese Nachricht zurück, die ihm gegen den Strich ging. Die beiden Gebrüder Di Domenico seien im Haus des Generals gewesen, als dieser mit dem Tod kämpfte?, fragte er wieder, und Doktor Zea antwortete erneut: Ja, dort seien sie gewesen. Und hätten was getan?, fragte Anzola, und Zea hob die Schultern.

»Das soll einer wissen.«

Dann erklärte ihm Anzola den Grund für seinen Besuch. Er

ließ die Begriffe *Ekchymose, stumpf* und *Schlagring* fallen. Doktor Zea hörte höflich zu, schien ihm aber keine besondere Aufmerksamkeit zu widmen. *Er denkt, ich bin es nicht wert,* sagte sich Anzola. *Er sieht in mir ein Kind, ein Kind mit einer Arbeit für Große.* Und dann sagte er leise, ohne ihn anzublicken, Anzola habe recht.

»Erklären Sie mir das, Doktor.«

»Es ist eigentlich ganz einfach. Diese Wunden im Gesicht können unmöglich von den Äxten stammen.«

»Nicht einmal von ihrer stumpfen Seite?«, fragte Anzola. »Ich weiß nicht, wie man die andere Seite nennt, die nicht die Schneide ist. Nicht einmal mit diesem Teil der Axt?«

»Das halte ich für unwahrscheinlich«, sagte Zea. »Die Äxte der Mörder wogen an die achthundert Gramm. So etwas kann nicht derartige Verletzungen hervorrufen.« Sein Finger fuhr die Zeilen der Autopsie ab. »Sehen Sie, hier. Es gibt vier Verletzungen im Gesicht, auf einer kleinen Fläche im Gesicht. Jede einzelne Verletzung hat einen sehr kleinen Durchmesser. Nein, lieber Freund, dafür gibt es eine eigene Bezeichnung. Es wäre ein Faustschlag, wenn der Angreifer ein Mann mit außergewöhnlichen Eigenschaften wäre. Ein Monster oder ein Riese. Aber an dem Tag gab es weder Monster noch Riesen auf der Plaza de Bolívar, stimmt's?«

»Genau.«

»Also bleibt nur eines. Das sind die Spuren eines Schlagrings.« Anzola musste ihn skeptisch angeblickt haben, denn Doktor Zea fügte hinzu: »Wenn Sie nicht überzeugt sind, sprechen Sie mit den Rechtsmedizinern. Vielleicht können die Ihnen die Knochen des Generals zeigen. Wenn Sie zu denen gehören, die alles erst berühren müssen, bevor sie es glauben.«

»Die Knochen des Generals?«

»Ja, die Rechtsmediziner haben die Kalotte behalten. Das ist das Schädeldach, das man abnimmt, um das Gehirn zu untersuchen. Im Fall des Generals, um die Wunde in der Hirnhaut zu inspizieren. Sie war gespalten, versteht sich: die Spur der Mörderaxt. Eine gesplitterte Kalotte. Dadurch entweicht einem das Leben.« Er machte eine Pause. »Ich war dabei, als man sie abgenommen hat, ich habe bei allem geholfen. Und einer von ihnen muss sie behalten haben.«

»Ist das denn möglich?«

»Das ist im Grunde Vorschrift, lieber Freund. Lesen Sie die Autopsie. Sie werden sehen, dass dies die tödliche Wunde war. Eine einzige, wenn ich mich recht erinnere: die den Knochen aufgebrochen hat und in die Hirnhaut eingedrungen ist. Keine der anderen Wunden hätte ihn getötet, nicht wahr? Nur diese hat die Hirnmasse geschädigt, nur diese war am Ende verantwortlich für den Tod von General Uribe. Und deswegen hebt man diesen Teil des Körpers für künftige Untersuchungen auf. Er ist wie ein Zeuge, verstehen Sie? Dieser Teil, die Kalotte mit dem aufgebrochenen Abschnitt, ist Zeuge. Deshalb muss man sie aufbewahren. Und ich glaube, das hat Doktor Manrique übernommen.«

»Aber was befindet sich dann auf dem Kopf des Toten?«, fragte Anzola. »Mit was wird er aufgefüllt?«

»Mein lieber Anzola, seien Sie so nett und fragen Sie mich nichts so Dummes«, sagte Zea. »Ich will Ihnen lieber ein paar Empfehlungsschreiben mitgeben. Sie dorthin zu schicken, ist das, womit ich helfen kann. Ich will ebenso sehr wie Sie wissen, was an dem Tag geschehen ist.«

Und so geschah es. Mit Zeas Briefen in der Hand ging Anzola an einem regnerischen Morgen zur Praxis von Julio Manrique, Professor für Pathologie an der medizinischen Fakultät und Rechtsmediziner des Bezirks Cundinamarca. Der Doktor hatte einen kurzen Spitzbart und die hellen Augen eines schüchternen Kindes, die sofort die Illusion von Vertrauen schufen. Erst etwas über vierzig, war Manrique in Bogotá bereits eine Koryphäe auf dem Gebiet der Medizin. Er hatte in Paris Chirurgie studiert und in New York die Sinnesorgane, hatte in Großbritannien und Norwegen über Lepra geforscht und in einem Lazarett in San Juan de Dios Patienten mit Augenkrankheiten behandelt. Seine Erfolge erstaunten jedoch niemanden, denn er war der Vierte in einer Dynastie berühmter Ärzte. Sein Großvater war Arzt gewesen, sein Vater war Arzt gewesen, sein Bruder war Arzt, eine Legende in der Chirurgie des Landes, ein Mann mit Zauberhänden, der Kliniken gegründet, Lehrstühle innegehabt und sogar noch die Zeit gefunden hatte, Parlamentarier in Bogotá zu werden und anschließend bevollmächtigter Minister in Frankreich und Spanien. »Wissen Sie, was mir an dem Tag passiert ist?«, fragte er Anzola. »Alle Welt in Bogotá weiß, was mir an dem Tag passiert ist. Wissen Sie es auch?« Anzola verneinte: er wisse es nicht.

»Sie wissen es nicht?«, fragte Manrique.

»Ich weiß es nicht«, sagte Anzola.

Am Tag der Autopsie, erzählte Doktor Julio Manrique, war er in Begleitung von Doktor Ricardo Fajardo Vega und drei Assistenzärzten bei General Uribe eingetroffen. Einer von ihnen, ein junger Mann, der derlei zum ersten Mal mitmachte, hielt den Druck nicht aus und fing zu weinen an. Im Grunde verstand Manrique ihn, denn einem Mann wie General Uribe öffnet man nicht jeden Tag den Kopf, doch konnte er so ein Verhalten in seinen Reihen nicht dulden und warf den Jungen aus dem Zimmer. »Kommen Sie zurück, wenn Sie sich beruhigt haben«, sagte er. Unterdessen schnitt er in die Haut, griff zur Säge, trennte die Kalotte ab, untersuchte die Schädigung der Hirnmasse und entnahm zusammen mit Doktor Fajardo das Gehirn, wog es, notierte das Gewicht und hielt sich einen Moment bei dem Gedanken auf, wie es jeder getan hätte, was sich wohl während der letzten Jahre in diesem Gehirn abgespielt hatte. Die Assistenzärzte halfen ihm, den Bauch des Generals zu öffnen und seine Eingeweide herauszunehmen, um sie zu untersuchen; sie halfen ihm, das Brustbein zu brechen, damit man sich Herz und Lungen ansehen konnte. Als sie am Ende den Körper wieder schlossen und er gerade den Kopf zusammensetzen wollte, kam der herausgeworfene junge Mann herein und sagte, Verzeihung, Doktor Manrique, aber draußen fragt jemand nach Ihnen. Ohne ihn anzusehen, entgegnete der Doktor mit unwillkürlicher Verachtung: »Sagen Sie ihm, ich bin beschäftigt.« Und er fügte noch eine Frage an, die eher eine Mahnung oder eine offene Zurechtweisung war: »Oder ist Ihnen etwa nicht bewusst, was wir hier tun?«

»Es ist aber dringend, Doktor«, sagte der junge Mann.

»Das hier ebenso«, sagte der Doktor. »Und außerdem ist es wichtig.«

»Man hat aber eine Nachricht für Sie.«

So erfuhr der Doktor, dass sein Bruder gestorben war. Nach seiner Tätigkeit als Diplomat hatte Juan Evangelista Manrique weiterhin in Paris praktiziert. Zwei Jahre lang war er eine Art Großonkel für die Kolumbianer gewesen, die in Frankreich lebten. Er behandelte und tröstete sie, sah sie erkranken und in seltenen Fällen sterben. Aber dann war der Krieg ausgebrochen. Als Deutschland ins neutrale Belgien einfiel und das Heer sich nach Paris aufmachte, packte Juan Evangelista Manrique zusammen mit Frau und Schwester lieber seine Koffer und floh wie so viele, die es sich erlauben konnten, auf spanisches Gebiet. Er überquerte die Grenze im Norden und ließ sich in San Sebastián nieder. Das waren die letzten Nachrichten gewesen, die sein Bruder Julio von ihm bekommen hatte: einen Brief, in dem er die Schlacht bei Longwy erwähnte, das man das Tor zu Paris nannte, und dann die Einnahme des Festungsrings von Lüttich. »Es sind Barbaren«, schrieb sein Bruder über das deutsche Heer. Nun erhielt Julio diese Nachricht: Juan Evangelista war an Bronchopneumonie erkrankt, aller Wahrscheinlichkeit nach während der Reise über die Grenze, und sein krankes Herz hatte seinen heiklen Zustand noch verschlimmert. In der Nacht zum 13. hatten seine Lungen zu arbeiten aufgehört. Juan Evangelista wusste nicht, dass im Augenblick seines Todes in seiner fernen Heimatstadt jemand plante, den von ihm bewunderten General Uribe zu ermorden. Er hätte sich auch nicht träumen lassen, dass sein Bruder Julio von seinem Tod erfahren würde, während er mit dem Geschick eines Kunsthandwerkers den Kopf des Generals zunähte.

»Die Zeitungen in Bogotá haben die Nachricht gebracht«, sagte Julio Manrique. »Aber wen interessiert schon der Tod eines Arztes auf einem anderen Kontinent, wenn man hier gerade einen der wichtigsten Männer der letzten Jahrzehnte mit Axtschlägen ermordet hat?«

»Und Sie gerade bei seiner Autopsie«, sagte Anzola.

»Und ich gerade bei seiner Autopsie«, sagte Manrique. Er schwieg einen Moment, in geheime Traurigkeit versunken. Dann ergriff er wieder das Wort. »Sie wollen also die Überreste von General Uribe sehen.«

»Es ist wegen der Autopsie«, sagte Anzola.

»Was ist mit der Autopsie?«

»In der Autopsie ist von einem stumpfen Gegenstand die Rede, nicht von einem scharfen«, sagte Anzola. »Die Äxte können nicht verantwortlich dafür sein.«

»Ah, ich verstehe. Ja, ich verstehe, worauf Sie hinauswollen«, sagte Manrique. »Was ich Ihnen zeigen werde, verehrter Anzola, taugt zu nichts. Ich zeige es Ihnen aber trotzdem. Damit Sie später nicht sagen können, Sie wären umsonst gekommen.«

Doktor Manrique stand auf und öffnete einen Schrank. Er holte die Kalotte hervor und legte sie auf den Holzschreibtisch. Der Knochen war kleiner, als Anzola erwartet hätte, so blank, als hätten ihn niemals Haut und Fleisch eines Menschen bedeckt. Anzola dachte, dass er eher den Schalen glich, aus denen man auf dem Land Chicha trank, als den Überresten eines Staatsmanns, der die Geschichte des Landes verändert hatte. Dann schämte er sich dieses Gedankens.

Auf der Stirnseite der Kalotte waren drei Initialen eingebrannt: *R. U. U.*

»Macht man das immer so?«, fragte Anzola.

»Ja«, sagte Doktor Manrique. »Damit sie nicht verloren geht oder verwechselt wird. Sie dürfen sie ruhig anfassen, keine Scheu.«

Anzola gehorchte. Er fuhr mit dem Finger über den Rand der Wunde, wo der vom Axthieb gespaltene Knochen nicht mehr glatt, sondern rau war, dann berührte er das Innere, als erforschte er Ruinen, und merkte, dass man sich am scharfen Rand des geborstenen Schädels schneiden konnte. »Diese Wunde haben die Äxte geschlagen«, sagte Manrique. »Die Wunden von dem stumpfen Gegenstand haben die rechte Wange geschädigt, wenn ich mich recht erinnere, und einen Teil der Augenhöhle. Also alles, was sich unter dieser Linie befindet.« Dabei hob er die Kalotte hoch und zeichnete eine imaginäre Grenzlinie in die

Luft, als befände sich dort im Leeren General Uribes restlicher Schädel. »Das sind Wunden, die keine Spur auf den Knochen hinterlassen. Und wenn sie es getan hätten, dann wäre dieser Knochen unter der Erde. Bei den Überresten des Generals, meine ich.«

»Sie sind nicht hier«, sagte Anzola.

»Ich fürchte, nein«, sagte Manrique. »Aber ich habe sie gesehen, wenn Ihnen das ein Trost ist.«

»Kein großer.«

»Nein, natürlich nicht«, sagte Manrique. Und nach einer Pause: »Darf ich Sie etwas fragen?«

»Nur zu, Doktor.«

»Warum tun Sie das?«

Anzola betrachtete den Schädel. »Weil ich Bescheid wissen will«, sagte er. »Weil mich jemand darum gebeten hat, den ich respektiere. Ich weiß nicht, Doktor. Wegen all dem, was womöglich geschieht, wenn niemand derlei Dinge tut. Ich weiß, es ist schwer zu verstehen.«

»Für mich ist es leicht«, sagte Manrique. »Und bewundernswert, wenn es Sie nicht stört, dass ich das sage.«

Beim Abschied stellte Anzola fest, dass er nicht enttäuscht war. Er ging mit leeren Händen, das wohl, aber ebenfalls mit dem Gefühl, ein Puzzleteil des Geheimnisses berührt zu haben. Es war ein künstliches Gefühl, versteht sich: künstlich hervorgerufen durch den Kontakt mit den Knochen eines toten Mannes, durch die merkwürdige Feierlichkeit, den plötzlichen, flüchtigen Kontakt dieses Moments der Gewalt mit einem weitaus größeren Moment der Gewalt, einer fernen Gewalt, einem Krieg, der gerade Abertausend Kilometer weit weg stattfand und uns nun berührt hatte. Das löste eine törichte Erregung in ihm aus. Er betrachtete seine Hände, rieb sich die Finger, die über das Schädelstück gewandert waren, über dessen friedliche Terrakottalandschaft. Aber nein, nicht friedlich: etwas Gewaltsames war ihm geschehen. Durch die aufgebohrte Kalotte, das losgelöste Stück Knochen, war, wie der Doktor gesagt hatte, ein Leben entwichen. Anzola dachte, dass nur wenige gesehen hatten, was er gesehen hatte. Es war eine Art religiöse Erfahrung, ja, wie vor einer Reliquie. Und wie jede religiöse Erfahrung war sie nicht mitteilbar. Eine Leere tat sich zwischen ihm und den anderen auf, dachte er, nur weil er gesehen hatte, was er gesehen hatte, weil er berührt hatte, was er berührt hatte.

Er kam am Café *Windsor* vorbei, bestellte einen Kaffee mit Schuss, bemerkte, dass man ihn musterte. Er hatte das Gefühl, dass man über ihn sprach, und fand die Annahme bestätigt. Aber es machte ihm nichts aus, und er war überrascht, dass es ihm nichts ausmachte.

Die nächste Zeugin, die zu ihm kam – ja: nun kamen die Leute auf ihn zu, erzählten ihm Geschichten –, hieß Mercedes Grau. Am Tag des Verbrechens hatte Señorita Grau an der Ecke des Ladens Torre de Londres in der Calle Novena gerade auf die Straßenbahn gewartet. Dabei war ihr ein eleganter Mann aufgefallen, der ein paar Meter neben ihr stand, als wartete er ebenfalls. Er kam ihr bekannt vor, aber sie konnte sich nicht erinnern, wo sie ihn schon einmal gesehen hatte. Der Mann trug vornehme Lackschuhe, eine schwarze Hose mit feinen weißen Streifen und einen hellgrauen Poncho. Ja, denselben Mann hatte Mercedes Grau schon früher gesehen. Sie erkannte den Schnurrbart und die kleinen Augen, und am hellen Teint fiel ihr auf, dass der Mann frisch rasiert war. Da erinnerte sie sich: Sie hatte ihn mehrmals in der Kathedrale gesehen, wo er bei der Messe half, ja sogar einmal bei einer Kinovorführung im Olympia (vielleicht bei *Der Graf von Monte Christo,* vielleicht bei *Die drei Musketiere,* vielleicht ein Kurzfilm, wie ihn die Gebrüder Di Domenico in fremden Städten aufnahmen, sie wusste es nicht mehr genau). Sie fragte sich, ob sie ihm zunicken solle, um nicht unhöflich oder schroff zu wirken, als der elegante Mann sich an jemand anderen wandte, allem Anschein nach ein Handwerker oder Arbeiter, und ihm sagte:

»Da kommt General Uribe.«

Mercedes Grau blickte in die Richtung, in die der elegante Mann gedeutet hatte, und tatsächlich, da kam General Uribe Uribe die Calle Novena herunter. Der Handwerker, der bis dahin an der Ecke des San-Bartolomé-Gebäudes gestanden hatte, beobachtete ihn, bis er Richtung Carrera Séptima weiterging und dabei so nah an ihm vorbeikam, dass er ihm auf dem Gehweg beinahe Platz machen musste. Dann folgte er ihm. Seine Hände bewegten sich unter dem alten Poncho, sagte Mercedes Grau, und er machte kurze Schritte. Der elegante Mann dagegen rührte sich nicht: als wäre er auf dem Pflaster des Gehwegs festgewachsen. Der Handwerker folgte General Uribe, der inzwischen die Carrera Séptima überquert hatte und auf dem Gehweg des Kapitols weiterging, an der Steinmauer entlang. Ebenda sah Mercedes Grau, dass weiter hinten, an der Ecke dieser Mauer, ein weiterer Mann auftauchte, ebenfalls in einem verschlissenen Poncho, der ebenfalls wie ein Handwerker aussah, und der zog eine Hand unter dem Poncho hervor und warf sich auf General Uribe, versetzte ihm zwei Schläge auf den Kopf, sodass der Mann mit dem Rücken gegen die Steinmauer prallte. »O je, der bricht sich das Genick«, hörte sie jemanden sagen. Der Mann, der dem General von Anfang an gefolgt war, kam nun heran und schlug auch zu. Ein anderer schrie: »Polizei!« Und in dem Moment kam der erste Angreifer, der ohne Hast in südlicher Richtung geflohen war, an ihr vorbei, an Mercedes Grau, und sie konnte nur entsetzt ausrufen: »Wie man in Bogotá die Leute umbringt!«

»So macht man das«, entgegnete der Angreifer.

Mercedes Grau brachte es nicht fertig, ihm in die Augen zu blicken, sah aber die Waffe – ein Messer vielleicht, nein, eine kleine Machete – unter dem Poncho hervorblitzen. Dann schien der Angreifer auf den eleganten Mann zuzugehen, auf den in den Lackstiefeln, und als er näher gekommen war, sprach der Mann mit einer entsetzlichen Stimme, einer Stimme, die Mercedes Grau niemals vergessen sollte, auch wenn sie nicht wusste, warum sie solchen Schauder empfand: eine ruhige Stimme, die dem Mund zu entströmen schien, ohne dass dieser sich bewegte, eine Stimme, bei der es Mercedes Grau immer kalt den Rücken hinunterlief, wenn sie an sie dachte:

»Wie war's?«, sagte der Mann. »Hast du ihn umgebracht?«

Ohne ihn anzusehen oder nur aus dem Augenwinkel, sagte der Angreifer:

»Ja, ich habe ihn umgebracht.«

Und sofort bog er um die Ecke Richtung Westen, als wollte er das Kapitol hinten umrunden. Der Mann in den Lackschuhen ging dagegen die Calle Novena hinauf Richtung Berge. Mercedes Grau machte ein paar Schritte zur Straße, damit sie ihn nicht aus den Augen verlor, und sah, wie er sich auf halbem Weg zur nächsten Kreuzung mit einem anderen Mann traf, dicker als er, aber gut gekleidet, auf dem Kopf ein Filzhut. Der mit den Lackstiefeln grüßte ihn nicht wie bei einer Zufallsbegegnung, sondern die beiden trafen zusammen, als hätte der eine auf den anderen gewartet. Und sie gingen weiter hinauf, am Haus der Familie Uribe vorbei, unter dem Balkon des Noviziats, während der General auf dem Gehweg lag und vor aller Augen verblutete, inmitten der Schreie, der Hilferufe, der durcheinanderlaufenden Menschen.

Anzola fragte sich: Wer war der Mann in den Lackstiefeln? Wer konnte das sein, der Galarza gefragt hatte, *ob er ihn schon umgebracht habe,* und sich nach der Bestätigung vom Tatort entfernte? Weder die Polizei noch der Staatsanwalt schien daran interessiert zu sein, die Identität dieses Mannes herauszufinden. Am Tag nach dem Attentat hatte ihn Mercedes Grau, wie ihr schien, noch ein paarmal gesehen, aber nie herausgefunden, wer er war. So hatte sie ihn auf der Prozession gesehen, die General Uribe zum Friedhof geleitete, oder zu sehen geglaubt, in dem Gefolge, das die Gedenktafel an der östlichen Mauer des Kapitols anbrachte. Aber in beiden Fällen war sie allein gewesen und hatte niemanden fragen können, und der Mann verschwand so schnell aus ihrem Blickfeld, wie er gekommen war. Hatte sie es sich eingebildet? Die Phantasie ist zu derlei fähig, das wusste Anzola, und die der Bogotaer hatte in diesen Tagen etwas Fieberhaftes, war ein rasendes, wildes Tier außer Rand und Band. Wie auch immer, Mercedes Grau hatte sich den Mann mit den Lackstiefeln nicht eingebildet. Das zumindest war eine minimale Tatsache. Der Mann war real, hatte eine reale Stimme und vor allem reale Stiefel, und er war der Beweis, dass Galarza und Carvajal nicht allein gehandelt hatten, dass all das etwas Größeres war, weitaus größer, als Salomón Correal und Staatsanwalt

Rodríguez Forero wahrhaben wollten. Nein, dachte Anzola, Leovigildo Galarza und Jesús Carvajal waren keine einsamen Mörder. Das Attentat auf General Rafael Uribe Uribe, dessen geborstenen Schädel er in Händen gehalten und mit den Fingern gestreichelt hatte, war kein spontaner Akt zweier Handwerker gewesen, aus Wut über ihre Arbeitslosigkeit. Es war etwas anderes. Ein dritter Angreifer war dabei gewesen, der keine Axt getragen hatte, sondern einen Schlagring, und ein Beobachter aus der Distanz, besser gekleidet als die Mörder und frisch rasiert, der Carvajal darauf aufmerksam gemacht hatte, dass das Opfer herankam, und der Galarza nach dem Ergebnis seiner Mission gefragt hatte. Anzola dachte, *Konspiration,* dachte *Verschwörung,* und die Wörter hallten unangenehm in seinem Kopf wider, wie die Beschimpfung von jemandem, der uns liebt, und er musste die Augen schließen.

Gegen März merkte Anzola, dass im ganzen Land ein seltsames Phänomen die Runde machte: Propheten und Visionäre, Wahrsager oder Hexenmeister, die mehrere Tage zuvor das Attentat auf den General vorhergesehen hatten. In Simijaca, hundertfünfundreißig Kilometer von Bogotá entfernt, erklärten fünf Zeugen, Julio Machado habe vierzig Tage im voraus General Uribes Ermordung angekündigt. Nachdem seine Prophezeiung in Erfüllung gegangen war, traf der Hellseher Machado mit einem gewissen Delfín Delgado zusammen: »Erinnerst du dich, was ich dir gesagt habe?«, fragte er ihn. »Erinnerst du dich?« In Tena, sechsundsechzig Kilometer von Bogotá entfernt, behauptete ein gewisser Eugenio Galarza, er sei ein Cousin von Rafael Uribe Uribes Mörder und habe von den verbrecherischen Plänen Monate im Voraus gewusst. »Ich wollte nicht mitmachen, weil ich aus guter Familie stamme«, sagte er. Als er später seine Aussage bekräftigen musste, gab er zu, dass er über seine Verwandtschaft mit dem Mörder gelogen hatte, den er gerade einmal dem Namen nach kannte, und leugnete alles Übrige. Nein, er habe niemandem gestanden, im Voraus von dem Verbrechen gewusst zu haben. Die Zeugen hätten ihn bestimmt nicht richtig verstanden, denn an dem Tag sei er betrunken gewesen.

Der bekannteste dieser Wahrsager hieß Aurelio Cancino. Er war Mechaniker von Beruf. Anfang August 1914 hatte er beim Französisch-Belgischen-Industrieverein zu arbeiten angefangen, in den Wochen vor General Uribes Ermordung gehörte er zu der Gruppe Techniker, die in La Cómoda in der Nähe von Suaita, im Bezirk Santander, ein Elektrizitätswerk aufbauen sollten, an die zweihundertsiebzig Kilometer von Bogotá entfernt. Siebzehn Tage vor dem Attentat hörten seine Kollegen ihn sagen, General Rafael Uribe Uribe habe allerhöchstens noch zwanzig Tage zu leben. »Das weiß ich, und dafür bürge ich«, sagte er. Nach dem Attentat hörten sie ihn voll Groll vom General reden: »Wenn ich ihn hätte töten sollen«, sagte Cancino angeblich, »hätte ich ihn getötet und sein Blut getrunken.« Er kenne Galarza und Carvajal, wisse sehr gut, welchem Verein sie angehörten, und er könne ihnen versichern, Irrtum ausgeschlossen, dass die beiden Mörder nichts über das Verbrechen aussagen würden. »Sie haben die Weisung, nichts zu sagen«, lauteten Cancinos Worte nach Aussage der Zeugen. Ebendie Kollegen, die die Prophezeiung gehört hatten, gingen zu Cancino, nachdem die nationale Presse über das Attentat berichtet hatte, und Cancino empfing sie mit einem Lächeln und dem befriedigten Ausruf:

»Was ich Ihnen gesagt habe, Herrschaften.«

Wenige Tage später bestellte der Bürgermeister von Suaita Cancinos Kollegen zu sich, um ihre Aussagen aufzunehmen. Sie waren eindeutig. Die Einzelheiten variierten je nach Gedächtnis in Ausführlichkeit und Präzision, aber nicht im Inhalt. Alle waren sich über Cancinos prophetische Gabe einig, über seine unglaubliche Hellsicht, sein Detailwissen über Galarza und Carvajal, über das nur jemand hätte verfügen können, der sie näher kannte. Damals lauteten ihre Aussagen wie folgt:

Miguel Nieto

Ja, er erinnere sich gut. Sie hätten gerade in La Cómoda getrunken: acht, neun Kollegen seien dabei gewesen, alle Arbeiter des französisch-belgischen Unternehmens, und sie hätten über das Attentat auf General Uribe gesprochen, denn während dieser

Tage habe jeder unentwegt über das Attentat gesprochen, als wäre in dem Land noch nie etwas anderes geschehen. Dann kam Señor Aurelio Cancino, an dessen Vorhersage des Attentats sich viele der Anwesenden erinnerten. Noch ein paar Bier, und seine Zunge hatte sich gelöst. »Auch ich hätte ihn umgebracht«, sagte er. »Wenn sie mich auserwählt hätten, hätte ich es liebend gern getan und noch sein Blut getrunken.« Jemand fragte, wen er meine, wer ihn hätte auswählen können. Cancino erwähnte den Verein, dem die Mörder Galarza und Carvajal angehörten, und sagte, das sei ein großer Verein, an die vierhundert Leute. »Den leiten große Köpfe, sehr reich«, sagte Cancino. »Diese Leute unterstützen die Mitglieder. Die werden nicht zulassen, dass denen was geschieht.« Und über die Mörder sagte Cancino: »Die kenne ich, als wären sie mein Fleisch und Blut. Die werden kein Wörtchen sagen, denn so lautet die Weisung.«

Rafael Cortés
An einem Oktobertag, kurz nach dem Attentat hätten sie sich mit dem Señor Aurelio Cancino und anderen Kollegen getroffen. Das täten sie manchmal: sich treffen, Bier trinken und über Gott und die Welt reden. Cancino rief ihnen seine Prophezeiung vor dem Attentat in Erinnerung: »Da seht ihr, alles ist gekommen, wie ich gesagt habe.« Die anderen fragten ihn, wie er das habe wissen können, und Cancino sprach freiweg von dem Verein, dem die Mörder angehörten. »Ich bin auch Mitglied, und es ist mir eine Ehre. Ich hätte ebenso ausgelost werden können. Deshalb bin ich hergekommen. Damit das Los nicht auf mich fällt.« Das Los?, fragte jemand. Von was für einem Los rede er da? Der Verein, sagte Cancino, zähle an die vierhundert Mitglieder und werde von ganz schön vornehmen Leuten gefördert, und diese Leute hätten Galarza und Carvajal ausgelost. Ob die nicht reden würden?, fragte jemand. Die würden nichts sagen, entgegnete Cancino, er kenne sie wie sein eigen Fleisch und Blut. Davon hätten sie nichts, denn dort, wo sie jetzt seien, werde ihnen nichts passieren, und außerdem würde gut für ihre Familien gesorgt. »Denen helfen mächtige Leute«, sagte er.

Ciro Cabanza

Als im Unternehmen das Telegramm mit der Nachricht des Attentats auf General Uribe eintraf, plusterte sich Aurelio Cancino bei einem Treffen mit den Kollegen tüchtig auf. »Sie waren ein paar Tage früher dran, als ich prophezeit hatte«, sagte er, »aber es ist geschehen, was geschehen musste.« Die Kollegen erinnerten sich, dass Cancino tatsächlich den Tod des Generals vorhergesagt hatte: »Der macht nicht mehr länger als zwanzig Tage«, hatte er gesagt. Ciro Cabanza fragte ihn, wer sonst noch an dem Verbrechen beteiligt gewesen sei. »Das Volk«, sagte Cancino und verfiel in ein geheimnisvolles oder künstliches Schweigen: ein gespieltes Schweigen. Als man ihn fragte, ob die Mörder Unterstützung von mächtigeren Leuten gehabt hätten, antwortete Cancino: »Wir unterstützen sie.« »Sie unterstützen sie auch?«, fragte Ciro Cabanza. »Uribe war ein Verräter«, sagte Cancino. »Wenn er wieder auferstehen würde, dann würde ich ihn noch einmal töten und sein Blut trinken.« Ein paar Tage später trat Ciro Cabanza mitten bei der Arbeit an dem Elektrizitätswerk auf Cancino zu und fragte ihn, was geschehen würde, wenn er genau das aussagen müsste, was er seinen Kollegen gestanden hatte. Cancino winkte ab. »Dann würde ich sagen, dass ich betrunken war«, sagte er unbekümmert. »Und dass ich mich an nichts erinnere.«

Nepomuceno Velásquez

Ja, natürlich hatte Aurelio Cancino ihnen von dem Attentat erzählt. Er hatte es siebzehn Tage vorher angekündigt. Als die Nachricht davon eintraf, sagte er, sie seien ihm ein paar Tage zuvorgekommen, aber alles sei gekommen wie vorhergesehen. Über den Verein, dem die Mörder Galarza und Carvajal angehören, sagte er stolz: »Ich habe die Ehre, ebenfalls Mitglied zu sein.« Zu dem Attentat sagte er, da habe man dem Land einen großen Dienst erwiesen. »Der Tod dieses Mannes musste so sein, entwürdigend«, fügte er hinzu, »denn er war ein gemeiner Verräter.«

Enrique Sarmiento
Es war in der Firma gewesen, kurz nachdem per Telegramm die Nachricht von Uribes Ermordung eingetroffen war. Da hatte sich Aurelio Cancino, der Mann aus Bogotá, der Rohre vernietete, im Gespräch mit Kollegen gebrüstet: »Habe ich es euch nicht gesagt?« Und als dann Tage später die Zeitungen mit den Einzelheiten des Attentats eintrafen, sahen Aurelio Cancinos Kollegen, dass er alles genau vorhergesagt hatte. Während einer Arbeitspause erzählte Sarmiento einem Kollegen von dem Verbrechen und kam nicht auf den Namen eines der Mörder. Aurelio Cancino, der zugegen war, sagte, er heiße Leovigildo Galarza, wohne in der Calle Novena und sei Mitglied des Freizeitvereins. Sarmiento fragte, was das für ein Verein sei. Da treffe man sich und rede über Dinge von allgemeinem Interesse, sagte Cancino, und man mache auch Ausflüge in die Umgebung Bogotás. Es sei eine Ehre, diesem Verein anzugehören, er bestehe aus über vierhundert Mitgliedern und seine Förderer seien finanzkräftige Leute, große Köpfe, die sich um die Familien der Mörder kümmern würden.

Im März traf Cancino in Bogotá ein, um vor dem zweiten Richter des Bezirksgerichts zu diesen Aussagen Stellung zu nehmen. Einfacher und sparsamer ging es nicht: Er leugnete alles. Er erinnere sich nicht an diese Worte, erinnere sich an das Treffen mit seinen Kollegen, aber nicht an das, was da besprochen worden war. Er rechtfertige sein schlechtes Gedächtnis mit dem Argument der Trunkenheit. Mehrere Zeugen sagten, sie hätten seine Vorhersagen gehört und seine befriedigte Reaktion auf ihre Erfüllung, doch er leugnete alles, und seine einzelne Stimme wog mehr als die vielen, die ihn im Chor anklagten. Er sagte, man habe ihn falsch verstanden, er habe sich ungeschickt ausgedrückt, niemals habe er das Attentat auf General Uribe vorhergesagt und schon gar nicht mit der eingetroffenen Prophezeiung geprahlt. Als man ihn fragte, wer gesagt habe, wenn General Uribe wieder auferstehen würde, dann würde er ihn noch einmal töten, entgegnete Cancino: »Ich weiß nicht.« Als man ihn fragte, wer sich für fähig erklärt habe, General Uribe zu töten und sein Blut zu trinken, sagte Cancino: »Ich weiß nicht.« Er leugnete, Galarza zu kennen, solange er nicht mit ihm konfrontiert worden war, und als er später neben ihm saß, fiel ihm ein, doch, zwei Monate vor dem Mord sei er sein Nachbar gewesen, er habe sich mit ihm und seinem Freund Carvajal in dem Chicha-Ausschank *Puerto Colombia* getroffen, habe sie oft von den Aktivitäten des Vereins reden hören, dessen Mitglieder sie waren. Und was sei das für ein Verein gewesen?, fragte man ihn. Der Freizeitverein, sagte Cancino, eine große Vereinigung, die seit vielen Jahren schon Picknicks und Ausflüge für Handwerker organisiere. Man fragte ihn, ob der Freizeitverein auch politisch tätig sei, und er verneinte das energisch und gab eine Erklärung ab, die er für angebracht hielt: »Von Politik verstehe ich nichts.« Ohne dass ihn jemand danach gefragt hätte, fügte er hinzu, nach bestem Wissen und Gewissen gebe es auch keine religiösen Aktivitäten. Aber vor allem fiel auf, dass er seine Zugehörigkeit zu dem Verein vollkommen abstritt. »Ich habe nur gesagt«, erklärte Cancino, »dass Galarza und Carvajal eine Tischlerei in Bogotá hatten und dass sich dort eine Gruppe getroffen hat, die sich Freizeitverein nennt, aber ich habe nie erfahren, zu welchem Zweck.« »Sie haben sich in der Tischlerei der Mörder getroffen?«, fragte der Richter. Cancino bestätigte das und fügte hinzu: »Nach bestem Wissen und Gewissen.« Dann rief der Richter die Zeugen auf. Aurelio Cancino blieb auch ihnen gegenüber bei seiner Version: Er sei betrunken gewesen, man habe ihn falsch verstanden, nie habe er derlei gesagt. Die Zeugen – Nieto und Cabanza, Cortés, Sarmiento und Velásquez – blieben dagegen bei der ihren.

Damit schien die Angelegenheit erledigt, aber dann ließ der Oberrichter Cancino erneut rufen, damit er diesmal vor dem Staatsanwalt Alejandro Rodríguez Forero aussagte. Während endloser Stunden stellte er ihm die gleichen Fragen, die man ihm bereits gestellt hatte. Er verteidigte sich mit den gleichen Antworten. Aber dann verlor er allmählich die Beherrschung. Er sagte, man habe sich gegen ihn verschworen, die Zeugen hätten sich zusammengetan, um ihn ins Gefängnis zu bringen. Der Richter übte Druck auf ihn aus, fragte ihn wieder nach den

Zeugenaussagen, wies ihn auf die Widersprüche hin, in die er sich verstrickt hatte, fragte ihn, wie es möglich sei, dass fünf verschiedene Personen seine Worte genau gleich wiedergeben könnten. Da geschah das Unerwartete: Cancino räumte ein, nach dem Attentat mit seinen Kollegen gesprochen zu haben.

»Was haben Sie ihnen gesagt?«, fragte der Richter.

»Ich habe mit ihnen gewettet, dass ich sagen kann, wer Uribe Uribe umgebracht hat.«

»Und wer hat Ihrer Meinung nach Uribe Uribe umgebracht?«, fragte der Richter.

»General Pedro León Acosta«, sagte Cancino. »Er hat die Mörder geschickt.«

»Und worauf stützt sich Ihre Behauptung?«, fragte der Richter.

Und Cancino antwortete: »Nun, das stand im *Gil Blas*.«

Gil Blas. Ein Skandalblatt, dessen Terrain unverantwortliche Gerüchte und grobe Satire waren, das weder die geheiligten Werte der Religion noch die Würde der oberen Kreise respektierte, das Bilder von Kinder veröffentlicht hatte, die von einer Straßenbahn überrollt worden waren, und zerstückelte Leichname nach einem politischen Scharmützel. Ein Schmähblättchen ohne Anstand noch Scham. Und Cancino stützte sich bei seinen kühnen Beschuldigungen auf diese Lektüre.

Richter wie Staatsanwalt verwarfen das umgehend.

Die Telegramme aus Europa füllten die Zeitungen mit Nachrichten über den Krieg. In der Bogotaer Gesellschaft waren die in der Mehrzahl, die in der Messe für einen Sieg Frankreichs beteten, und Menschen, die noch nie von Reims gehört hatten, zerrissen sich die Kleider wegen der Zerstörung seiner Kathedrale, und Menschen, die nicht wussten, wo sich die Ardennen befanden, waren der Ansicht, die Boches hätten sich wie die Wilden aufgeführt. Es gab auch solche, die das Vorrücken des deutschen Heeres mit Bewunderung verfolgten, und manche lobten die deutsche Zivilisation und sagten, wir könnten etwas von ihrem Wesen gebrauchen, würden dann vielleicht die schädlichen Einflüsse von so viel Schwarzen und Indios abschütteln.

Mitte Mai wurde ein vages Gerücht zur Nachricht und dann zu einer Art Legende: Ein Kolumbianer starb, der in der Fremdenlegion gekämpft hatte. Niemand hätte davon erfahren, sah man von ein paar neugierigen Zeitungslesern ab, wenn der Tote nicht ein Lieblingskind der Hauptstadtbourgeoisie gewesen wäre. Aber das war er, und einige Tage lang, während Anzola seine Nachforschungen fortführte, war sein Tod in der Lorettoschlacht, wo das zweite Marschbataillon des ersten Fremdenregiments die Aufgabe gehabt hatte, Ouvrages Blancs einzunehmen, die Côte 140 zu erstürmen und zu halten, das Lieblingsthema in allen Cafés, allen Salons und an allen Esstischen in den Häusern der Oberschicht.

Hatten die Bogotaer genau das gebraucht, um ein paar Tage das Ambiente unterdrückter Klaustrophobie und Paranoia hinter sich zu lassen, das das Attentat auf Rafael Uribe Uribe geschaffen hatte? Jedenfalls belegte Hernando de Bengoecheas Tod (und das kurze Leben, das ihm vorangegangen war) die Aufmerksamkeit der Leute mit Beschlag, wurde ausführlich in Nachrufen erzählt, in Zeitschriften mit Langversen gewürdigt, in vereinzelten Erinnerungen seiner Freunde heraufbeschworen. In *La Patria* sprach Joaquín Achury von dem Schmerz, den Hernandos Tod seiner Schwester Elvira bereitet habe, die auch in einem Artikel zu Wort kam mit einem Lob derer, die ihr Leben »nicht für das Vaterland, sondern für die gesamte Zivilisation« hingeben. In London griff die Zeitschrift *Hispania* des Diplomaten und Schriftstellers Santiago Pérez Triana seinen Tod auf. In Paris widmete ihm Léon-Paul Fargue, ein enger Freund des jungen Gefallenen, tief empfundene Seiten und veröffentliche als postume Hommage seine Gedichte. So erfuhr man in Bogotá, dass Hernando de Bengoechea ein großer Dichter gewesen war; jawohl, mit seinen sechsundzwanzig Jahren hatte er es zum großen Dichter gebracht und hätte das Zepter von José Asunción Silva übernommen, wenn sein heroischer Tod ihn nicht so früh mit sich gerissen hätte.

Marco Tulio Anzola interessierte sich für die Geschichte des Soldatendichters. Während jener Tage Mitte 1915 dachte er häufig an ihn. Er verfolgte, was über ihn veröffentlicht wurde, wie man einen Fortsetzungsroman verfolgt. Er wusste nicht recht, was der Grund für dieses exotische Interesse war, das dem eines Sammlers glich: vielleicht das Merkwürdige, dass der Tod eines Kolumbianers in weiter Ferne zur Nachricht geworden war, da doch im Land Tag für Tag so viele starben, ohne dass jemand von ihnen erfuhr; vielleicht war es auch eine Generationsfrage, denn Hernando de Bengoechea war gerade einmal zwei Jahre älter als er, und Anzola konnte sich des absurden Gedankens nicht erwehren, den wir alle irgendwann im Leben haben: *Der hätte ich sein können*. In einem anderen Leben oder in einem Parallelleben. Anzola hätte Bengoechea sein können. Eine minimale Abweichung des Schicksals, eine millimetrische Verschiebung von Gründen und Zufällen, und der auf Frankreichs Feldern gefallene junge Mann hätte er sein können, Anzola und nicht Hernando de Bengoechea. Wenn sein Vater ein erfolgreicher Geschäftsmann aus wohlhabender Familie gewesen wäre, wenn er in Yale studiert und die Chance bekommen hätte, Geschäfte in Paris zu machen, wenn er sich dort wie so viele Lateinamerikaner Ende des Jahrhunderts niedergelassen hätte, dann wäre Anzola womöglich in Paris geboren worden wie Bengoechea, spräche vielleicht ebenso fließend Französisch wie Spanisch, hätte vielleicht Flaubert und Baudelaire gelesen wie Bengoechea und schriebe vielleicht Essays für spanischsprachige Pariser Zeitschriften, für die *Revue de l'Amérique Latine* zum Beispiel, die jeden Artikel druckte, den ihr Bengoechea über die Impressionisten schickte, über das russische Ballett, über nicaraguanische Lyrik, die auf Pariser Boulevards entstanden war, über deutsche Opern in der Fantasie-Version von Orchestern, in denen Firmin Touche Saxofon spielte. Anzola sprach weiterhin mit Zeugen, die ihn auf neue Zeugen verwiesen, nahm weiterhin konfuse Aussagen auf, die er zu erhellen versuchte, traf sich weiterhin mit Leuten von zweifelhaftem Ruf, die erzählten, den oder jenen Feind General Uribes in dieser oder jener verfänglichen Situation gesehen zu haben, und währenddessen dachte er an Bengoechea, las über Bengoechea, fühlte mit Bengoecheas Eltern, die vielleicht den Moment beklagten, als sie beschlossen hatten, in Paris zu bleiben, und dann fragte er sich, wo in Bogotá die restliche Familie Bengoechea leben mochte, und fühlte auch mit ihnen.

Während der Tage, an denen er mit zwei Nonnen sprach, die schworen, Galarza und Carvajal dabei gesehen zu haben, wie sie General Uribes Haus Tage vor dem Attentat vom Erdgeschoss des Noviziats aus beobachteten (wodurch er einen weiteren Beweis bekam, dass das Verbrechen kein spontaner Entschluss des Vorabends gewesen war), erfuhr Anzola, dass für Bengoechea die kolumbianische Staatsbürgerschaft eine bewusste Entscheidung gewesen war. Mit zwanzig hatte er zwischen seinen beiden Heimatländern wählen müssen und hatte das seiner Eltern, das seiner Muttersprache gewählt. Die Zeitungen führten dies als unübertreffliches Beispiel für Patriotismus an, und als sie erfuhren, dass er außerdem ein gläubiger Katholik gewesen war, fand ihre Bewunderung keine Grenzen mehr. In *La Unidad* deckte ein Kolumnist, der als Miguel de Maistre firmierte, den toten Soldaten mit begeistertem Lob ein, denn es könne nicht einfach gewesen sein, in diesem Land der Gottlosen, in dieser atheistischen Republik, die den Katholiken den Krieg erklärt habe, seinen Glauben zu bewahren. Ausführlich ging er in dem Artikel auf das französische Gesetz von 1905 ein, das die Trennung von Staat und Kirche verordnet hatte, und sagte, dieser Weg führe die Länder in die Hölle. Er erwähnte auch die Enzyklika *Vehementer nos,* in der Papst Pius X. dieses subversive Gesetz verurteilte und ihm vorwarf, die übernatürliche Ordnung der Dinge zu leugnen. Am Ende schrieb er, *es gab auch unter uns solche, die die ewige Rolle der Heiligen Mutter Kirche leugnen, die traditionellen Werte unseres Volkes umstürzen und einseitig den Staatskirchenvertrag aufheben wollen, die Quelle unserer Standhaftigkeit und Wächter über unser Gewissen,* und deshalb habe *Gott, der weder mit Stock noch Peitsche straft, ein jämmerliches Exempel an ihnen statuiert.*

Anzola las das mit entsetzter Faszination. In wenigen Zeilen hatte der besagte Miguel de Maistre es geschafft, vom Lob auf den in Frankreich gefallenen Soldaten zu einer unterschwelligen Anklage gegen den in Bogotá ermordeten General überzugehen. Ja, die Kolumne von *La Unidad* sprach von Rafael

Uribe Uribe, und Anzola musste sie noch einmal lesen, um sich zu vergewissern, dass es keine weiteren Anspielungen gab, als wäre der Tod des jungen Bengoechea für den Kolumnisten zu einem bloßen Vorwand für anderes geworden. Wer war dieser Miguel de Maistre? Er war nicht der Erste und würde auch nicht der Letzte sein, der den Mord an dem General gewissermaßen rechtfertigte. Ähnliche Meinungen hatte man in anderen Zeitungen gelesen – *El Republicano,* zum Beispiel –, und die Karikaturisten von *Sansón Carrasco,* wo man sich während der Monate vor seinem Tod auf den General eingeschossen hatte, erlaubten sich nun ab und an zweideutige Kommentare darüber, wie es Gott gelinge, auf schiefen Zeilen gerade zu schreiben. Anzola war diese ganze Rhetorik traurig vertraut. Wochen vor dem Tod des Soldaten Bengoechea hatte er sich die Aussage eines Schuhputzers auf der Plaza de Bolívar angehört, ein Junge mit Namen Cortés, der das am 15. Oktober Gesehene und Gehörte erzählen wollte. Als die Mörder General Uribe angriffen, war der Schuhputzer gerade mit einem Kunden an der Ecke zum Vorhof des Kapitols beschäftigt gewesen, vor Enrique Leytóns Café. Der Kunde, ein kleiner dicker Mann mit großer roter Nase und krausem schwarzem Haar sprang begeistert auf.

»So muss man dieses Pack umbringen«, sagte er und fuhr sich mit einer behandschuhten Hand über den Gehrock. »Nicht mit Stock, nicht mit Peitsche, nicht mit Kugeln, sondern mit einer Axt muss man es töten.«

Der junge Cortés sah, wie er zum Kapitol lief und in dem plötzlichen Anfall von Eile vergessen hatte, dass nur einer seiner Schuhe gewichst war.

Nie erfuhr man, wer der Mann gewesen war, der sich so befriedigt über General Uribes Ermordung geäußert hatte. Aber es war kaum von Bedeutung: Viele hatten sich darüber gefreut und waren der Ansicht, das Attentat auf Uribe sei kein Verbrechen, sondern eine Bestrafung gewesen, viele wie dieser Miguel de Maistre, der den Mord durchgehen ließ oder ihn mehr oder weniger offen tolerierte. Wie einsam war General Uribe während seiner letzten Tage gewesen! Wie hatte ihm diese Schurkenstadt die kalte Schulter gezeigt! Es war nicht verwunderlich, dass Bengoecheas Tod das Attentat auf den General in der Aufmerksamkeit der Bogotaer verdrängt hatte, wenn auch nur vorübergehend, für ein paar Tage. So wie das Attentat den Tod des Arztes Manrique an Bronchopneumonie in San Sebastián verdrängt hatte, so hatte auch die Kugel, die den Hals des Kolumbianersprösslings in Artois durchschlagen hatte, dieses Attentat verdrängt, das alle viel direkter betraf und in das alle, wie es den Anschein hatte, auf irgendeine Weise verwickelt waren. Anzola dachte an die Prozession, die General Uribes Sarg am Tag seiner Beerdigung begleitet hatte, und dachte: allesamt Lügner, allesamt Heuchler. Dann kam er sich ungerecht vor, denn in dieser Menge gab es zweifellos auch die anderen, die Uribe verteidigt hatten oder an seiner Seite gewesen waren, ohne große Worte und, was besonders traurig war, ohne dass er davon gewusst hatte. Die sich am 15. Oktober um ihn gekümmert, ihm den verwundeten Kopf gehalten, sein Blut mit ihren Taschentüchern aufgefangen und diese Taschentücher später wie eine Reliquie aufbewahrt hatten; die im Hausflur für ihn gebetet und die in den letzten Monaten Anzola aufgesucht hatten, um ihm einen Sachverhalt, einen Verdacht mitzuteilen, der es ihm erlaubte, inmitten des Morastes aus Lügen und Verzerrungen dem Licht entgegenzugehen. Ja, auch die gab es, und Anzola verdankte ihnen das Wenige, was er bis jetzt hatte herausbekommen können. Er verdankte es den Zeugen: Mercedes Grau, Lema und Cárdenas, dem Schuhputzerjungen, den Doktoren Zea und Manrique. Vor ihnen hatte es andere Zeugen gegeben, deren Namen er bereits vergaß, und es würde noch weitere geben, deren Namen er am Ende vergessen würde, in der noch fernen Zeit, in der man all das würde vergessen können. Es waren Stimmen, Stimmen, die ihm von dem Attentat auf General Uribe erzählt hatten oder erzählen würden, liebenswürdige, eigennützige, grobe und plumpe Stimmen, genaue oder vergessliche Stimmen, Stimmen, die wie ein Heer durch Bogotá marschierten, um sich einem anderen Heer entgegenzustellen: dem der Lüge, der Verzerrung, der Verheimlichung.

Eine dieser Stimmen, eine der wichtigsten, war die von Alfredo García, der Mann, der am Vortag des Attentats sechs gut gekleidete fremde Männer mit Galarza und Carvajal hatte reden sehen, der Mann, der gehört hatte, wie die Mörder versprachen, *das werde man bestens erledigen* und *das würden sie bestens erledigt sehen.* Tomás Silva, der Schuhmacher, der Garcías Zeugnis, das niemand entgegennehmen wollte, hatte niederschreiben lassen, erschien eines Tages in Anzolas Büro. Das geschah im Oktober, als die dritte Schlacht bei Artois geschlagen wurde und das deutsche, das österreich-ungarische und das bulgarische Heer ihre Kräfte vereinigten, um in Serbien einzumarschieren. Schuhverkäufer Silva war besorgt, aber nicht wegen der Ereignisse in Europa. »Er will sich verkaufen«, sagte er.

»Wer?«, fragte Anzola. »Wer will was verkaufen.«

»García, der Zeuge. Er ist ein anständiger Kerl, aber arm. Und jetzt sagt er mir, er könne nicht länger warten. Wenn sich die Staatsanwaltschaft nicht für das interessiere, was er zu erzählen habe, dann vielleicht Pedro León Acosta.«

»Ich verstehe nicht«, sagte Anzola.

»Der Mann ist pleite«, sagte Tomás Silva. »Er hat nichts mehr zu beißen. Ich habe ihm ein paar Scheine, Fünfer und Zehner, gegeben, damit er über die Runden kommt, Doktor Anzola, und meine Angestellten haben ihm unentgeltlich die Schuhe geflickt. Doch nun glaubt er, Pedro León Acosta bezahlt ihn womöglich für seine Aussage. ›Mit dem Doktor Acosta fahre ich besser als mit der Ermittlung‹, hat er gesagt. Mit diesen Worten: ›Fahre ich besser.‹ Der Mann ist verzweifelt, und verzweifelte Männer tun so etwas.«

»Und warum Acosta?«, fragte Anzola. »Warum sollte ihn Pedro León Acosta dafür bezahlen, dass er ihm erzählt, was er weiß?«

»Ebendas frage ich mich auch«, sagte Tomás Silva. »Aber wir bitten nun den Staatsanwalt seit einem Jahr, dass er Garcías Zeugnis aufnimmt. Ein Jahr bitten wir darum, dass man die Aussage ins Verfahren aufnimmt, die García in meiner Gegenwart niedergeschrieben hat. Nichts davon ist geschehen, und ich weiß nicht einmal, wo das Blatt jetzt ist.«

»Ja«, sagte Anzola. »Aber warum Acosta?«

Der Name von General Pedro León Acosta war schon allzu oft bei den Nachforschungen aufgetaucht. Für Anzola lag es mit jedem Tag deutlicher auf der Hand, dass er irgendwie darin verwickelt war. Und für die Annahme gab es gute Gründe: War Acosta nicht einer der überlebenden Verschwörer gewesen, die das Attentat auf Präsident Rafael Reyes begangen hatten? Seine Vergangenheit war die eines gewalttätigen Mannes, und man schüttelt seine Vergangenheit nicht ab, dachte Anzola, die Vergangenheit begleitet einen immer, und wer einmal zu töten versucht hat, wird es wieder versuchen. Es stimmte, dass es keine Beweise gab, aber doch klare Indizien. Acosta war mit den Mördern beim Tequendama-Wasserfall gesehen worden, auch wenn der Staatsanwalt nicht die notwendigen Nachforschungen hatte anstellen wollen, um das zu bestätigen. Und nun hatte Alfredo García Grund zu der Annahme, dass dieser Mann bereit wäre, ihn für seine Aussage zu bezahlen. Anzola dachte darüber nach: Nein, er würde ihn nicht für seine Aussage bezahlen; dachte: er würde ihn für sein Schweigen bezahlen. Dann sah er wie im Traum Pedro León Acosta in der Nacht des 14. April vor der Tischlerei stehen, in einer Gruppe von Männern wie er, Komplizen oder Mitverschwörer, sah vor sich, wie er zu den Mördern sagte: *Dann ist alles abgemacht,* und er sah, wie die Mörder ihm antworteten: *Das wird bestens erledigt,* und dann: *Sie werden sehen, bestens wird das erledigt.*

»Acosta war da«, sagte Anzola zu Tomás Silva. »Acosta war einer von ihnen.«

»Das glaube ich auch«, sagte Tomás Silva.

»Und Alfredo García glaubt das wohl ebenfalls.«

»Er will, dass Acosta ihn bezahlt, damit er schweigt.«

»Nein«, sagte Anzola. »Er *weiß,* dass Acosta ihn bezahlen wird, damit er nichts sagt. Mir scheint, das ist nicht das erste Mal.«

»Sie glauben, man hat ihm bereits Geld angeboten?«

»Ich glaube, wir müssen so schnell wie möglich handeln«, sagte Anzola. »Wir gehen zu ihm, bringen ihn zu Staatsanwalt

Rodríguez und fesseln uns an die Tür, bis man seine Aussage aufnimmt.«

»Und wenn sie es nicht tun?«, fragte Tomás Silva.

»Sie müssen sie aufnehmen«, sagte Anzola.

»Und wenn sie es nicht tun?«

»Zuerst müssen wir ihn hinbringen«, sagte Anzola. »Dann sehen wir weiter.«

Am nächsten Tag gingen sie zu dem Haus in der Calle 16, in dem García ein großes Zimmer gemietet hatte. Sie trafen ihn nicht an. Zwei Tage später versuchten sie es erneut, und auch da hatten sie kein Glück. Fast eine Woche später, an dem Morgen, an dem die Telegramme berichteten, das Vereinigte Königreich habe Bulgarien den Krieg erklärt, gingen sie zum dritten Mal hin. Sie klopften hartnäckig, riefen den Namen Alfredo García, und ein Polizist, der gerade um den Block ging, trat zu ihnen und fragte, was es für ein Problem gebe. Während sie dem Polizisten erklärten, es gebe kein Problem, sie suchten Alfredo García, kam eine Nachbarin heraus (sie streckte erst den Kopf hervor, dann den Körper, ein massiger Körper) und sagte ihnen, sie kenne Señor García und könne bestätigen, dass er abwesend sei.

»Was heißt, abwesend?«, fragte Anzola.

»Er ist nicht da, Doktor«, sagte die Frau. »Wir haben ihn hier seit mehreren Tagen nicht gesehen.«

Anzola trat gewaltsam gegen die Tür, und die Frau fuhr mit den Händen zum Mund.

Ein Jahr war seit dem Attentat vergangen. In den Sälen wurden Reden zum Gedenken an General Rafael Uribe Uribe gehalten, auf der Straße gab es Prozessionen von Menschen, die mal weiße Tücher schwenkten, mal leise beteten, mal Parolen brüllten und Gerechtigkeit oder Rache schworen. Überall in der Stadt hörte man Reden, die General Uribes Hingang beklagten, die seine staatsbürgerliche Führungskraft und seine moralische Stärke vermissten, die tiefere Wahrheit seiner umstrittenen Haltungen sahen und bedauerten, dass die anderen, seine Feinde, sie nicht erkannten. Auf den grünen Balkonen sah man frische Geranien, an den Riegeln oder Klopfern der Türen schwarze Bänder.

Anzola nahm an einer der Manifestationen des kollektiven Schmerzes teil. Er tat es aus Pflichtbewusstsein, aber ungern. Er ging inmitten Hunderter dunkel gekleideter Menschen von der Basilika zum Zentralfriedhof, eine Wiederholung des Weges, den man ein Jahr zuvor gegangen war, am Tag der Beerdigung. Ein Jahr, dachte Anzola, und es gab noch keinerlei Antwort auf die Abertausend Fragen, die sich alle stellten, die er sich stellte, die er den anderen gestellt hatte. Anzola hatte man es übergeben, sie zu beantworten, und er scheiterte dabei, ein noch geheimes Scheitern, was das Ganze noch erniedrigender oder schmerzlicher machte. Ein weiterer Zeuge hatte sich aus dem Staub gemacht. Nach Ana Rosa Díez' Verschwinden war nun Alfredo García wie vom Erdboden verschluckt. Die Zeugen verschwanden vor seiner Nase, oder jemand zwang sie, zu verschwinden, und er konnte nichts dagegen tun. Anzola kam sich unfähig, als Schwindler vor, er hatte das Gefühl, dass die Aufgabe eine Nummer zu groß für ihn war, dass er sich auf ein Erwachsenenspiel eingelassen hatte, ohne darauf vorbereitet zu sein. Er fühlte sich mit Kräften konfrontiert, die er nicht beherrschte, von denen er nicht einmal etwas ahnte, und spürte auch, dass er nicht unter gleichen Bedingungen gegen sie kämpfte. Er blickte beim Gehen auf seine schwarzen Handschuhe. Eben so, mit leeren Händen, würde er später Familie Uribe besuchen, mit leeren Händen würde er die Witwe umarmen und den Bruder begrüßen. Noch immer nichts?, würde Julián Uribe fragen, und Anzola würde antworten: Noch immer nichts.

Er schämte sich: Da ging er auf der breiten Straße Richtung Westen, ging mühsam und schweigend voran inmitten der Scharen, die wie in einem Trauerzug dahinzogen, bei dem es keine Leiche mehr gibt, streifte lebendige Körper von Trauernden oder Anhängern des Opfers. Anzola hatte das Gefühl, dass er General Uribes Bruder im Stich ließ oder sich seines Vertrauens nicht als würdig erwies. Das schmerzte ihn. Er merkte, dass es wichtig für ihn war, was Julián Uribe von ihm dachte. Es war ihm wichtig, wie uns die Meinung der Älteren wichtig ist, wenn sie uns etwas beibringen können oder die Würde der Erfahrung erlangt haben. Am liebsten wäre er aus dieser Menge ausgebrochen und hätte sich zu Hause versteckt, ohne Aufsehen, damit er in der Einsamkeit Frustration und Müdigkeit tiefer empfinden konnte. Die Absätze der Trauernden hallten auf dem Boden wider, gingen von Kopfsteinpflaster auf Asphalt über, traten manchmal in schmutzige Pfützen, versuchten, den Hundehaufen auszuweichen. Anzola konzentrierte sich darauf, den anderen nicht auf die Füße zu treten. Die Leute um ihn herum (Ärmel streiften Ärmel) ließen ihn kaum erkennen, wohin er trat. Er blickte auf, sah den grauen Himmel vor dem Zug und hinten, im Osten, eine große Wolke wie eine tote Ratte über den Berghängen. Er wusste, dass es später regnen würde.

Die Prozession endete vor dem Mausoleum. Dort lagen die Überreste des Generals begraben (abgesehen von einem Teil seines Schädels, versteht sich, eines Teils mit Namen Kalotte, den Anzola in Händen gehalten, berührt, gestreichelt hatte). Die Menge hatte sich schmal gemacht, um durch das Friedhofstor zu gehen, und füllte nun den verfügbaren Platz vor dem Monument und ebenso die kalte Luft mit ihren Bewegungen, ihrem Gemurmel. Es gab Reden, die Anzola kaum hörte und gleich wieder vergaß. Die Redner wechselten vor dem Mausoleum, stellten sich zum Nachdruck auf die Zehenspitzen, wedelten mit einer Hand, während sie mit der anderen zerknitterte Blätter hielten, und die Menge lauschte ihren Worten voller Achtung, reagierte manchmal gedämpft und zog sich dann schweigend zurück. Anzola sah ihnen beim Fortgehen zu, sah auf den weißen Stein des Mausoleums, dieses schattenlose Weiß, das noch immer den Glanz des Neuen hatte, und dachte, dass es über kurz oder lang schmutzig werden würde, wie alle Monumente für die Toten dieses Landes mit der Zeit schmutzig werden. Dann ging ein anhaltendes Raunen durch die Menge, und Anzola blickte auf und sah eine Frau in einer Tunika, die auf den Sockel des Mausoleums kletterte und eine kolumbianische Fahne schwenkte. Bevor ihm dies lächerlich oder banal vorkommen konnte, merkte Anzola, dass weiter vorne, in den ersten Reihen, die Gebrüder Di Domenico standen und mit ihrem schwarzen Kasten auf die Frau in der Tunika zielten. Einer von ihnen (womöglich Francisco, aber vielleicht auch Vincenzo: Anzola kannte sie nicht und konnte sie nicht auseinanderhalten) beugte sein Gesicht zu dem schwarzen Kasten und bewegte zugleich mit der Rechten eine Kurbel, der andere wandte sich an die Anwesenden und verschaffte sich Platz, schob sie mit den Händen beiseite wie störenden Pöbel, damit sie ihm bei seiner Tätigkeit nicht in die Quere kamen, als wären die Eindringlinge sie, die da gekommen waren, um den General zu beweinen, und nicht er, der dort war, um ihre Klagen mit seinem lästigen, unbegreiflichen Apparat aufzunehmen.

Ja, dachte Anzola, ebendas taten die Di Domenicos hier. Sie sammelten Bilder ein. Zweifellos hatten sie die Prozession aufgenommen, und wer weiß, was sie noch alles mit ihrem Apparat eingefangen hatten. Hatte das etwas mit der Zeitungsanzeige zu tun? Hatten die Gebrüder Di Domenico den Autor gefunden, der bereit war, das Leben von General Uribe zu erzählen? Anzola wusste es nicht und brachte es nicht über sich, heranzutreten und zu fragen. Die Anwesenheit der Italiener dort, inmitten der Trauer der Menschen, kam ihm unpassend und unverschämt vor: Söldner und Opportunisten. Die Frau in der Tunika ging vor dem Mausoleum auf und ab, schwenkte die Fahne, aber ihr Gesicht zeigte keine Regung, keine Worte drangen aus ihrem Mund. Was war wohl ihre Rolle? Was für einen Zweck hatte ihr Auftritt vor dem Mausoleum, gekleidet wie die Schauspielerinnen am Theater? Anzola wusste es nicht, erfuhr es aber aber ein paar Tage später, Ende November, als die Gebrüder Di Domenico mit viel Trara die Vorführung ihres jüngsten Filmwerks im Olympia-Saal ankündigten: *Das Drama des 15. Oktober.*

An den Mauern der Stadt bewarben riesige Plakate die Uraufführung. Die Bogotaer waren es gewohnt, dass von diesen Papierrechtecken Toreros, Gaukler oder Zirkusclowns auf sie herabblickten, aber das Bild von General Rafael Uribe Uribe dort zu finden, den viele nur von den feierlichen Fotos in den Zeitungen her kannten, das glich allzu sehr einem Sakrileg. Die Witwe des Generals weigerte sich, der Vorführung beizuwohnen. Julián Uribe dagegen hatte keine Angst, seinen Namen einzusetzen, um die besten Plätze zu ergattern, und neben ihm saßen Urueta und Anzola. So etwas hatte die Welt noch nicht gesehen. Die Plakate verkündeten *Großes Ereignis, Uraufführung nie gesehener Momente auf der Leinwand,* und die Ausrufer versprachen eine *Hommage auf den großen Staatsmann, gemordet von Verbrecherhänden* und *eine Rekonstruktion der letzten Momente eines großen Führers.* Manche der Anwesenden erinnerten sich daran, dass die Gebrüder Di Domenico bereits einen Kinofilm über den Tod des Unabhängigkeitskämpfers Antonio Ricaurte in San Mateo gezeigt hatten, aber Ricaurte war über ein Jahrhundert tot, während General Uribes Ermordung immer noch die Nachrichten beherrschte und zu Spannungen führte, zu Zusammenstößen und ernsten Auseinandersetzungen zwischen Freunden. Der Olympia-Saal war schon mit der Hälfte derer gefüllt, die draußen anstanden. Drei Polizisten mussten geholt werden, um die Menschen unter Kontrolle zu halten, die keinen Platz bekommen hatten. Draußen war man frustriert, drinnen konnte man sein Glück kaum fassen, aber weder die einen noch die anderen wussten im Grunde, was sie erwartete. Auch die Gebrüder Di Domencio, die befriedigt das wundervolle Schauspiel eines sich füllenden Theaters begutachteten, hätten niemals ahnen können, was dann geschah.

Der Film begann mit einem Bild von Rafael Uribe Uribe (seine breite Stirn, sein spitzer Schnurrbart, seine makellose Krawatte), von zwei Zweigen umkränzt, die wie Lorbeer aussahen. Die Leute klatschten; aus einer Ecke des Saals kam leises Pfeifen, denn nicht einmal Uribes Feinde hatten sich das Ereignis entgehen lassen wollen. Doch dann, ohne dass die Zuschauer sich langsam darauf hätten einstellen können, erschien auf der Leinwand der Körper des Generals, umgeben von Ärzten bei der letzten Operation. Anzola traute seinen Augen nicht. Etwas an den Bildern wirkte fehl am Platz, wie ein unerlaubt verschobenes Möbelstück, aber er kam nicht auf die Unstimmigkeit: Da waren die Ärzte, bewegten sich um den General herum, schwenkten Instrumente, die auf der Leinwand weiß aussahen, nicht glänzend, und da war der sterbende Körper von General Uribe Uribe, der nicht wusste, dass all diese Anstrengungen, sein Leben zu retten, nutzlos und vergebens sein würden. Da begriff Anzola, dass die Bilder nicht der Wirklichkeit entsprachen, sondern gefälscht waren, inszeniert, wie ein Theatermann ein Stück auf die Bühne bringt.

All das war eine Ohrfeige. Wie hatten sich die Ärzte für so eine Farce hergeben können? Aber waren es die echten Ärzte, die dort auf der Leinwand operierten? Stimmen wurden laut angesichts des grotesken Schauspiels, prallten an den Holzwänden des Olympia ab. Die Leute wirkten empört über die indiskreten Bilder, aber niemand ging. In einer Art kollektiver Hypnose sog das Publikum im Saal jedes indiskrete Bild auf, ging von der gescheiterten Operation über zu dem Sarg, der die Basilika verlässt, zu der Menge, die den Toten am Tag der Beerdigung umgibt, zu den Kutschen mit den Kränzen aus grauen Blumen und den dürren Pferden. Auf der Leinwand hielten Uribes Anhänger stumme Reden, und sein Bruder Julián fuhr im Kinosessel zusammen, als er sich selbst sah, wie er auf der Leinwand am Tag der Beerdigung sprach. Die Bilder zeigten die Trauergäste, die Männer mit schwarzen Hüten und traurigen Schnurrbärten, zeigten die offenen Münder, die keinen Ton von sich gaben, zeigten die Salven, die die Armee abfeuerte und die im Olympia-Saal nicht krachten: flüchtige helle Flecken auf der grauen Leinwand. Die Leute, die sich über die Zurschaustellung des sterbenden Körpers des Generals empört hatten, schienen sich zu beruhigen. Anzola dagegen wurde immer nervöser. Auf dem verrauschten Leinwandbild hatte er eine unheimliche Präsenz bemerkt: Unter den Honoratioren in den ersten Reihen stand in achtungsvoller Haltung, als trauerte er mit den anderen um den ermordeten General, Pedro León Acosta.

Ja, da stand Acosta: barhäuptig, im schwarzen Dreiteiler, die Augen gen Himmel gerichtet. Er stand neben einem Priester, dessen Abneigung gegenüber General Uribe niemals ein Geheimnis gewesen war. Anzola wusste noch, dass er Spanier war, aber sein Gedächtnis kam nicht auf den Namen. Die Kamera hielt Acostas unerschütterliches Gesicht zwei, drei kurze Se-

kunden lang fest, aber es reichte, damit Anzola es sah und erkannte. Auch der Bruder des Generals hatte ihn erkannt, denn
er warf Anzola einen verschwörerischen und zugleich melancholischen Blick zu, einen enttäuschten Blick, in dem weniger
Kameradschaft als ein dunkler Groll lag. Dort, im Theater, umgeben von wachsamen Ohren und aufmerksamen Augen, die
spionierten, konnte sie sich nicht sagen, was sie gerne gesagt
hätten: dass viel geschehen war seit jenem 15. Oktober und dass
General Acosta, der bei der Beerdigung den Sarg wie ein Trau-
ernder begleitet hatte, ein Jahr später zu einem der Hauptver-
dächtigen des Verbrechens geworden war. Anzola sah, wie sich
Julián Uribe zu Urueta beugte und ihm etwas ins Ohr flüsterte.
Ohne Beweise zu brauchen, wusste er, dass sie genau darüber
sprachen: über die Anwesenheit Acostas unter denen, die General Uribe das letzte Geleit gaben, und darüber, wie sich dieses
einfache Bild im Laufe des Jahres gewandelt hatte. Das Bild
vom Begräbnis ging über in das des Tatorts: Da war die Ost-
mauer des Kapitols, der Gehweg, auf dem der General zusammengebrochen war, die Steinmauer, an der er gelehnt hatte. Die
Kamera zeigte die Plaza de Bolívar mit Park, Zaun, Passanten,
die neugierig blickten (die uns anblickten, dachte Anzola). Dann
tauchten die Mörder auf.

»Das kann nicht sein«, rief Julián Uribe aus. Aber so war es:
Auf der Leinwand hatte das Panóptico Gestalt angenommen,
das Gefängnis, in dem Leovigildo Galarza und Jesús Carvajal
das Ergebnis des Verfahrens abwarteten, das gegen sie geführt
wurde, und die Kamera zeigte, wie sie miteinander sprachen,
klanglos, doch befriedigt in Gelächter ausbrachen, mit anderen
Häftlingen stritten, als wären es Kumpel im Chicha-Ausschank.
Die Pfiffe schmerzten in Anzolas Ohren, der nur aus Verblüffung oder Ungläubigkeit nicht selbst pfiff. Nun posierten die
Mörder vor der Kamera, erst in ihren angrenzenden Zellen,
dann davor, im Gefängnishof. Besonders ihr Aussehen fiel auf:
Beide waren makellos gekleidet, als hätten sie auf die Kamera-
männer gewartet. Anzola wusste, dass sie sich bisher geweigert
hatten, Journalisten oder Fotografen im Gefängnis zu empfangen. Wie hatten die Di Domenicos es geschafft, dass sie sich für

diese Posen hergaben? Manche Bilder schienen gedreht worden zu sein, ohne dass die Mörder es bemerkten, aber auf anderen blickten Galarza und Carvajal in die Kamera (ihre schläfrigen Augen waren wie eine Beleidigung) oder hoben die Hand und schlugen mit einer imaginären Axt auf ein imaginäres Opfer ein, als hätten die Männer hinter der Kamera sie gefragt, wie sich das Attentat zugetragen habe. »Das ist eine Frechheit«, presste Julián Uribe zwischen den Zähnen hervor. »Unverschämte Kerle!«, schrie Urueta und verlor für einen Moment die Fassung, und Anzola wusste nicht, ob er die Mörder oder die Kinoproduzenten meinte. Doch etwas war gewiss: Für die Italiener war das Ganze nach hinten losgegangen. Sie hatten sich beim Bogotaer Publikum einschmeicheln wollen, indem sie einen traumatischen Vorfall nachstellten, aber aus einer Hommage war eine Ohrfeige geworden, aus dem Gedenken an einen großen Mann eine Beleidigung seines Andenkens.

»Zyniker!«, schrie Urueta. »Unverschämte Kerle!« Von hinten kamen in noch zornigerem Ton schlimmere Beleidigungen. Anzola drehte sich um und suchte mit den Augen die Italiener, konnte sie aber hinter all den wütenden Köpfen, den gereckten Fäusten nicht sehen. Auf der Leinwand knieten die Mörder mit Blick in die Kamera nieder, falteten die Hände und baten stumm um Vergebung für das Verbrechen, sahen jedoch nicht reuevoll aus, sondern pausbäckig und zufrieden. Wieder ging ein Pfeifen durch das Theater. Jemand warf einen Schuh gegen die Leinwand, der daran abprallte und auf die Bühnenbretter fiel wie ein toter Vogel. Anzola hatte Angst, dass die Sache aus dem Ruder lief, und suchte nach einem günstigen Ausgang, vielleicht linker Hand bei den unteren Logen, vielleicht durch eine Tür zum Garten. Die Leinwand wurde plötzlich schwarz, und es folgten die Bilder, die Anzola sogleich erkannte: die des Umzugs von neulich. Ein knapper Monat war seit der Gedenkveranstaltung zum Todestag des Generals vergangen, und schon bewegte sich dieses Gedenken auf magische, plumpe Weise auf der Leinwand. Anzola fragte sich, ob er sich selbst sehen würde. Er sah sich nicht, erkannte aber das Mausoleum wieder, und es wunderte ihn, dass die Dinge so anders waren, wenn sie zu einem Filmstreifen wurden. Vor dem Mausoleum schwenkte die Frau in der weißen Tunika, die er mit eigenen Augen gesehen hatte, während langer, zäher Sekunden eine farblose kolumbianische Fahne. Er begriff, dass es eine Allegorie sein sollte: die Freiheit (oder vielleicht das Vaterland), die vor dem Grab ihres dahingegangenen Verteidigers demonstrierte. Er hielt die Idee für kindisch, die Ausführung für mittelmäßig, aber das sagte er keinem. Da wurde die Leinwand erneut dunkel. In einem Wirrwarr wild gewordener Leuchtblasen und zufälliger Blitze endete die Vorführung, und der Olympia-Saal füllte sich abermals mit dem Lärm der Leute, die sich von ihren Sitzen erhoben.

Als Anzola auf die Straße trat, waren noch immer die Buhrufe zu hören. Die Leute umringten Julián Uribe und Carlos Adolfo Urueta, um ihrer Empörung Ausdruck zu verleihen, und Anzola nutzte die Gelegenheit, um weiterzugehen, ohne seine aussprechen zu müssen. Er umrundete den Garten, überquerte die Straße und schlug den Weg nach Hause ein, damit er mehr Zeit mit sich allein hatte. Einige Augenblicke noch brodelte der Lärm der Menge hinter seinem Rücken. Da bemerkte er, dass seit dem Verlassen des Saals dieselben Leute vor ihm gingen. Es waren vier Männer mit Zylinder und im vornehmen Poncho, sie sprachen angeregt über die Vorführung, die alle eben gesehen hatten. Anzola war nicht dazu aufgelegt, fremden Unterhaltungen zu lauschen; als er sie überholen wollte, sah er sie sich jedoch an, um nicht so unhöflich zu sein und an einem Bekannten vorbeizugehen, ohne ihn zu grüßen, und da spürte er den Stich der Panik, als er Pedro León Acosta erkannte, der ihn ebenfalls zu erkennen schien, er hob zwei Finger zur Hutkrempe und nickte ihm zum Gruß zu, brachte es jedoch fertig, dass der korrekte Gruß mit Hass beladen war, mit mehr Hass, als Anzola je im Gesicht von jemandem gesehen hatte, ein furchterregender, entsetzlicher Hass, denn er äußerte sich in aller Ruhe, weil er kontrolliert und nach Belieben eingesetzt wurde. Er weiß, wer ich bin, dachte Anzola, er weiß, was ich weiß und was ich tue. Er dachte auch, mit der Gewissheit der gefallenen Würfel, dass dieser Mann ohne Weiteres fähig war, ihm zu schaden, dass ihm die Hand nicht dabei zittern, ihn keinerlei Skrupel heimsuchen würden und dass er außerdem die geeigneten Mittel zur Verfügung hatte, und eine flüchtige Sekunde lang stellte er sich die toten Körper von Ana Rosa Díez und Alfredo García vor, auf dem schlammigen Grund des Flusses Bogotá oder gnadenlos den Tequendama-Wasserfall hinabgestürzt. Er fragte sich, ob ihn ein ähnliches Schicksal erwartete.

Anzola blieb stehen. Pedro León Acosta sah ihn nun nicht mehr an, sondern wandte sich wieder seinen Begleitern zu, und als sie ein paar Meter weitergegangen waren, gaben sie wie ein Höllenchor ein dröhnendes Lachen von sich. In dem Augenblick merkte Anzola, dass Pedro León Acosta Lackstiefel trug.

Anzola stand mitten auf der Straße wie ein verirrter Hund und wartete, bis er sich entfernt hatte.

Als er an dem Nachmittag nach Hause kam, zog er seine Schubladen auf und suchte die Zeitungen vom Tag des Verbrechens. Er hatte sie sorgfältig aufbewahrt, als eine Art Andenken oder abergläubisches Ritual, aber auch als Unterlagen oder Notiz für die Aufgabe, der er sich widmete, und mit der Zeit fand er Freude daran, sie immer wieder durchzugehen. Als Erstes stieß er auf die vierseitige Ausgabe von *La Republicana,* die noch am Abend des 15. Oktobers verteilt worden war. Die Schlagzeile nahm drei gellende Zeilen ein, die Hälfte der ersten Seite. Erste Zeile: *General Uribe Uribe.* Zweite Zeile: *Feige angegriffen auf dem Weg zum Senat.* Dritte Zeile: *Die Angreifer wurden verhaftet – Die Gesellschaft empört und voll Trauer.* Dann begann der Text des Leitartikels mit dem Titel »Unser Protest«, und inmitten des Textes sah man ein Schriftfeld, das Anzola tief berührte: *Mordversuch an Gen. Uribe Uribe.* Was für eine einfache Welt blickte einen aus dieser Seite an: eine Welt, in der Uribe noch nicht gestorben war, in der das Attentat kaum mehr als ein Versuch und kein vollbrachter Mord ist, in der die Angreifer bereits gefasst sind und die ganze Gesellschaft empört ist … Wie anders sah die Welt von heute aus, der General tot und kalt in seinem Grab, die Verantwortlichen des Verbrechens verborgen im Finstern, hinter Gerüchten, die Mörder in Dollar dafür bezahlt, dass sie im Film der Di Domenicos auftraten.

Anzola holte den Abreißblock hervor, auf dem er sich Notizen über den Prozess gemacht hatte. Er blätterte bis zu einer weißen Seite und setzte einen Meinungsartikel auf – einen Artikel im Ton der Meinungsartikel – über die Nachlässigkeit des Herrn Staatsanwalts, Alejandro Rodríguez Forero, und des Polizeidirektors, Salomón Correal. Aber jeder seiner Sätze wurde zur Anklage, und noch bevor er zum nächsten Satz überging, merkte Anzola, dass er keine Beweise hatte. Mittendrin verlor er den Schwung und fing auf dem Papier mit Spielereien an, phantasierte mit den Verhörformeln des Gerichts. »Es ist wahr, und ich bin mir gewiss, dass der Staatsanwalt Informationen unterschlägt, dass er wichtige Angaben stillschweigend übergeht und aus reinem Desinteresse zugelassen hat, dass ein Schlüsselzeuge verschwindet. Es ist wahr, und ich bin mir gewiss, dass wir, General Uribes Freunde, bis zum Überdruss die Behörden gedrängt haben, sie mögen Spuren nachgehen, die zu den wahren Schuldigen führen, und dass wir auf eine unüberwindbare Mauer von Verschleierung und Korruption gestoßen sind.« Nein, das war nicht wahr: Nichts wusste er mit Gewissheit. Es stimmte, stimmte unbedingt, aber er wusste es nicht mit Gewissheit, und so schrieb er nieder: »All das ist die Wahrheit, aber ich habe keine Beweise. Alles ist die Wahrheit, aber ich weiß es nicht mit Gewissheit.«

Er lehnte sich im Stuhl zurück, schüttelte den Füllfederhalter – einen Waterman, den er in der Buchhandlung Camacho Roldán gekauft hatte – und fuhr fort:

»Es ist die Wahrheit, aber ich weiß es nicht mit Gewissheit, dass Pedro León Acosta, derselbe, der Präsident Reyes zu ermorden versuchte und begnadigt wurde, einen Handwerkerverein leitet und finanziert, zusammen mit anderen reichen Persönlichkeiten der konservativen Gesellschaft, allesamt eingeschworene Feinde des Liberalismus. Es ist die Wahrheit, aber ich weiß es nicht mit Gewissheit, dass es in diesem Verein zu einer Art Auslosung kam, um die auszuwählen, die einen alten Wunsch der Konservativen erfüllen sollten: die Beseitigung von

Rafael Uribe Uribe. Es ist die Wahrheit, aber ich weiß es nicht mit Gewissheit, dass in der Nacht des 14. Oktober Alfredo García eine Gruppe einflussreicher Konservativer gesehen hat, die mit den Mördern in deren Tischlerei sprachen, und es ist die Wahrheit, aber ich weiß es nicht mit Gewissheit, dass einer davon Pedro León Acosta war, der in jener Nacht mit den Mördern das unheilvolle Schicksal von General Uribe besiegelte. Es ist die Wahrheit, aber ich weiß es nicht mit Gewissheit – und wie gern wüsste ich das gewiss! –, dass Pedro León Acosta am Schauplatz des Attentats am 15. zugegen war, bekleidet mit einem neuen Poncho, frisch rasiert und mit Lackstiefeln, die Señorita Grau gesehen und im Gedächtnis hat, und es ist die Wahrheit, aber ich weiß es nicht mit Gewissheit, dass er sich nach dem Angriff einem der Mörder näherte und fragte: ›Wie war's? Hast du ihn umgebracht?‹ Es ist die Wahrheit, aber ich weiß es nicht mit Gewissheit, dass der Mörder ihm geantwortet hat: ›Ja, ich habe ihn umgebracht.‹ Es ist die Wahrheit, aber ich weiß es nicht mit Gewissheit, dass in diesem Morast äußerst mächtige Leute stecken, bis hinauf zum Präsidenten der Republik, der in dieser Angelegenheit stumm geblieben ist wie eine Sphinx. Es ist die Wahrheit, eine unumstößliche Wahrheit, dass Pedro León Acosta nicht allein handelt, dass General Hackebeil nicht allein handelt, dass der korrupte Staatsanwalt nicht allein handelt. Aber wer zieht die Fäden? Ich weiß und weiß und weiß es nicht mit Gewissheit! Gewiss weiß ich dagegen, und das ist die Wahrheit, über die ich sehr wohl Gewissheit habe, dass die Verschwörer alle Chancen haben, davonzukommen. Die Wahrheit dagegen ist – und diese Gewissheit habe ich Tag für Tag, selbst im Schlaf, im Traum –, dass Gott uns vergessen hat.«

Dann zerknüllte er das Papier, warf es auf die Scheite im Kamin und suchte etwas zum Anzünden, bevor es Zeit wurde, die Novene zu beten.

Die Franzosen verzeichneten mehr als achttausend tote Feinde in Yves und Armentières. Die Kriegskatastrophen stürzten das englische Kabinett in eine Krise. Die Deutschen waren bis ins

Herz Russlands vorgedrungen und hatten sich Polens bemächtigt, und auf dem Balkan hatte man Serbien von der Landkarte gefegt und sich mit der Türkei verständigt.

Anzola las diese Nachrichten und spürte, dass auch er seinen Krieg verlor, doch dann kam ihm der Gedanke unwürdig und frivol vor (auch wenn jeder nach Maßgabe seiner Erfahrung leidet). Aber im Grunde stimmte es. Die Nachforschungen führten nirgendwohin. Anzola war zu der unumstößlichen Überzeugung gelangt, dass Rafael Uribe Uribes Ermordung eine Verschwörung von riesigem Ausmaß war, aber seine Überzeugung war an der überdeutlichen Beihilfe des Staatsanwalts Rodríguez Forero zerschellt, und so konnte man nichts erreichen. Die ganze Situation hatte ihn angegriffen. Allmählich sah er überall Feinde. Der Olympia-Saal hatte auf Anweisung der Zensurbehörde die Vorführungen von *Das Drama des 15. Oktober* gestrichen. Der Film war nun offiziell verboten, manche behaupteten, er sei sogar verbrannt worden, und Anzola dachte, dass dies die Handschrift der Verschwörer verriet, die einen wesentlichen Beweis gegen die wahren Verantwortlichen des Verbrechens hatten verschwinden lassen. Aber wenn er es aussprach, wenn er seiner Paranoia öffentlich Luft machte – auch wenn es im kleinen, privaten Kreis seiner Bekannten und Angehörigen war –, erhielt er immer die gleiche Antwort: »Du bist verrückt.«

Oder aber: »Was für eine Phantasie.«

Oder aber: »Du siehst Feinde, wo es keine gibt.«

Sie sagten ihm, er habe sich verändert, er sei finsterer, schweigsamer, verschlossener geworden. Tagaus, tagein vertiefte er sich in das Dossier des Falls Uribe, studierte es, bis ihm die Augen schmerzten oder eine Last auf seinen Nacken drückte, als trüge er dort ein schlafendes Kind, und am Ende kannte er die Aussagen der Zeugen auswendig und hatte das unbehagliche Gefühl, sie zu kennen und mit ihnen gelebt zu haben. Oft besuchte er Julián Uribe, so etwa während der Feiertage im Dezember, um mit ihm über seine Frustration und sein Gefühl der Ohnmacht zu reden. Der Bruder des Generals war für Anzola zu einem Protektor und Ratgeber geworden, der einem die Illusion vermittelt, zu beschützen, zu ermutigen, Vertrauen zu geben. Aber diesmal empfing er ihn mit einer unergründlichen Frage:

»Erinnern Sie sich an Lubín Bonilla?«, fragte er.

Lubín Bonilla, genau, der ehemalige Ermittlungsleiter der Polizei. Der Mann, der noch am Tag der Ermordung des Generals mit der Untersuchung betraut und dann, nach dem Beschluss von Salomón Correal, plötzlich abgesetzt worden war, unter der Beschuldigung, Gerüchte gegen die Regierung in Umlauf zu bringen. Bonilla hatte immer behauptet, seine Absetzung sei gerade seinem Erfolg geschuldet gewesen: Binnen weniger Tage habe er sich allzu sehr gewissen unbequemen Wahrheiten genähert. »Ich habe mich verbrannt wie die Motten«, hatte er Julián Uribe gesagt. »Weil ich dem Licht zu nahe gekommen bin.«

»Ich erinnere mich sehr gut«, sagte Anzola.

»Nun, General Bonilla ist an diesem Morgen nach der Messe auf mich zugekommen«, sagte Julián Uribe. »Und mir scheint, ein Gespräch mit ihm wäre interessant für Sie.«

»General Bonilla ist in Bogotá? Ich dachte, man hat ihn nach Arauca versetzt. Um ihn loszuwerden.«

»Jetzt ist er aber hier. Ich weiß nicht, ob er erst kürzlich zurückgekommen ist oder schon vor einer Weile. Aber er ist mit dem Bedürfnis zurückgekehrt, Dinge zu erzählen, und ich habe ihm gesagt, er soll sie Ihnen erzählen.«

»Und wie kann ich mit ihm reden?«

»Er isst am Nachmittag im *La Gata Golosa*«, sagte Julián Uribe. »Wenn Sie dort vorbeigehen, werden Sie ihn sicher treffen.«

Es war bereits nach fünf, als er die Avenida de la República erreichte, doch General Bonilla war noch immer dort, saß allein an einem der hintersten Tische, fern von den Fenstern und auch von dem großen Spiegel. Bonilla wirkte jünger, als er tatsächlich war. Er hatte kleine Ohren und so starres schwarzes Haar, dass es wie aufgemalt wirkte, und seine niedrigen Brauen gaben dem Gesicht, den Wangenknochen eine kantige Disziplin, die Anzola gefiel. Das Besteck auf dem Tisch beschrieb eine perfekte Symmetrie. Man begann ein Gespräch mit Bonilla und hatte sofort das Gefühl der Ordnung: Person, Tisch, das ganze Lokal, alles geordnet. »Wie geht es Ihnen, General?«, fragte Anzola.

»Man schlägt sich durch«, sagte Bonilla. Er hob das müde Gesicht und sah Anzola an. »Caramba. Man hat mir gesagt, dass Sie jung sind, aber nicht so jung. Nicht umsonst heißt es, dass die Jugend die Gefahr nicht kennt.«

»Ich wusste nicht, dass Sie hier sind«, sagte Anzola. »Hatte man Sie nicht fortgeschickt?«

»Ich war eine Zeit lang fort, ja«, sagte er. »Aber nicht, weil man mich anderswohin geschickt hätte. Sondern weil ich dachte, dass man mir etwas antun würde.«

Die letzten Monate waren für Lubín Bonilla eine Qual gewesen. Tage, nachdem er aus Bogotá geflohen war, immer hinter sich geblickt, jede Ecke beäugt hatte, war er nach San Luis gelangt, im Bezirk Cauca, und selbst in dieser fernen Gegend hatte ihn der Staatsanwalt gesucht. Eines Tages war im Rathaus ein Telegramm eingetroffen: Man befahl ihm, sich in Bogotá einzustellen, so rasch es die Entfernung zuließ. »Dieser Befehl ist illegal«, sagte Bonilla zum Bürgermeister. »Ich bin kein Verbrecher. Wenn der Staatsanwalt meine Zeugenaussage möchte, muss er Sie darum bitten, sie aufzunehmen.« Drei Tage später erfuhr er, dass eine neue Nachricht seine Verhaftung anordnete.

»Man wollte Sie ins Gefängnis bringen?«, fragte Anzola.

»Auf Befehl des Gouverneurs« sagte Bonilla. »Mit sofortiger Gültigkeit.«

»Und was haben Sie getan?«

Er versteckte sich, was sonst. Er verließ das Dorf mitten in der Nacht und ohne die Medikamente, die er benötigte. Ein Kollege half ihm, sie wiederzubekommen, einen kleinen Teil zumindest, durch List und Täuschung. Bonilla hatte noch nie das Leben eines Flüchtigen gelebt, aber dort in den Bergen musste er es. Während seine Freunde herauszufinden versuchten, welches Verbrechen man ihm vorwarf und welche Folgen es hätte, wenn er sich stellte, schlief er einige Nächte im Freien, suchte unter Bäumen und Felsen Schutz vor dem Regen, aß und trank dank derer, die das Risiko eingingen, ihm zu helfen, und nur ab und an konnte er ein Bett bezahlen und ein paar Stunden ohne die Angst verbringen, von wilden Tieren geweckt zu werden. In einer dieser Nächte wäre er beinahe von einem der zahlreichen Kommandos gefasst worden, die der Polizeichef Puno Buenaventura ausgeschickt hatte, der für seine erbarmungslosen Methoden berüchtigt war. Hundegebell rettete ihn, aber er hatte keine Zeit mehr, seine einzige Decke mitzunehmen. Barfuß, fast nackt, auf die Almosen der Bauern angewiesen, wenn er etwas in den Magen bekommen wollte, gelangte er über die Berge nach Ibagué. Dort erfuhr er, dass General Hackebeil eine Belohnung von dreihunderttausend Pesos für den versprach, der ihn jagte und auslieferte. Nun war er sich sicher: Man wollte ihn nicht ins Gefängnis stecken, weil man ihn eines Verbrechens beschuldigte, sondern weil er eines Morgens tot aufwachen sollte, umgebracht von den Händen eines hungrigen Killers.

Deshalb sei er nach Bogotá zurückgekehrt. Er habe erfahren, dass Anzola persönliche Nachforschungen für General Uribes Familie anstelle. Sei das richtig?

»Im Auftrag von Don Julián«, sagte Anzola.

»Gut«, sagte Bonilla. »Und haben Sie schon mit Eduardo de Toro gesprochen?«

»Eduardo de Toro?«

»Der an dem Tag damals die Polizeiakademie geleitet hat. Der bei Salomón Correal war, als die Nachricht von dem Attentat hereinkam.«

»Waren nicht Sie bei ihm?«, fragte Anzola.

»Ich bin erst danach gekommen«, sagte Bonilla. »Aber später habe ich einiges erfahren. Oder besser gesagt, er hat es mich wissen lassen.«

»Wie zum Beispiel?«

»Wie das mit den Gefängniszellen. Galarza und Carvajal wurden voneinander getrennt und in Einzelhaft gesteckt, wie es sich von selbst versteht. Salomón Correal hat sie aber verlegt, sobald er nur konnte. Er hat sie in Nachbarzellen untergebracht, nur von einer Wand getrennt. Als hätte man ihnen die schriftliche Erlaubnis gegeben, sich bei ihren Lügen abzusprechen. Und die Mörder haben die Gelegenheit genutzt, Señor Anzola, dumm waren sie nicht. Immer wenn einer der

Mörder verhört wurde, schien er eine Lektion aufzusagen. Ich habe sie nacheinander wieder und wieder geholt, ihnen Fragen gestellt, oft die gleichen. Der erste Abend war aufreibend. Alle waren wir erschöpft. Nervosität lag in der Luft, es war wirklich unerträglich. Galarza und Carvajal waren nervös, obwohl sie nur das taten, was ihnen gerade in den Sinn kam. Ständig baten sie um Erlaubnis, auf die Toilette zu gehen, und die Wächter ließen sie gemeinsam austreten. Zusammen pinkeln, ich bitte Sie! Die Zellentüren waren geöffnet und auch die zum Hof. Sie hätten fliehen können, wenn sie gewollt hätten. Und dennoch waren sie nervös, als hielten sie die ganze Fragerei nicht mehr aus. Und am Ende des ersten Tages, nach einem besonders harten Verhör, wurde Carvajal wütend. Als man ihn zurück in die Zelle brachte, sagte er: ›Wenn die mich weiter nerven, dann zeige ich sie an.‹ Das sagte er laut, damit man es deutlich hörte.«

Am Tag nach den Verhören erreichte Lubín Bonilla das Gerücht, elegante Leute in guten Kleidern und Schuhen seien in der Woche vor dem Attentat in Galarzas Tischlerei gesehen worden. Es hieß, dort hätten Treffen stattgefunden; man sprach von einem Handwerkerverein und von einem Polizisten, der am Eingang wachte, manche hineinließ, anderen den Zugang verweigerte. Bonilla machte sich eifrig daran, herauszubekommen, was von all dem stimmte, denn dieser Polizist, wenn es ihn denn gab, würde eine nützliche Zeugenaussage machen können. Er wandte sich an Salomón Correal, denn nur der Polizeidirektor konnte genehmigen, dass man die verlangten Informationen an Bonilla weitergab: die Namen und die Nummern aller Polizisten, die während der Nächte vor dem 15. Oktober in der Straße Dienst hatten. »Sie haben mich hingehalten«, sagte Bonilla. »Wofür ich das denn brauche, der Weg führe nirgendwohin.« Aber Bonilla blieb hartnäckig. »Das war am Freitagnachmittag, glaube ich. Am Samstag, frühmorgens, hat man mich von meiner Absetzung unterrichtet.«

»Sie sind wohl jemandem auf die Zehen getreten, was diese Treffen angeht«, sagte Anzola.

»Das glaube ich auch«, sagte Bonilla. »Hochstehende Leute,

die nachts Handwerker besuchen ... Das gibt es in Bogotá nicht, es sei denn, aus gutem Grund.«

»Und Sie haben niemals herausgefunden, wer zu diesen Treffen ging?«

»Nein. Aber dafür habe ich herausgefunden, dass Pedro León Acosta die Mörder außerhalb Bogotás gesehen hat.«

»Am Tequendama-Wasserfall«, sagte Anzola. »Das war am 14. Juni. Ja, das habe ich auch erfahren.«

»Ich meine einen anderen Ausflug. Vier, fünf Tage vor dem Verbrechen.«

»Da hat man ihn auch mit den Mördern gesehen?«

»Im Hotel Bogotacito. Ich bin sogar hingefahren, um es bestätigt zu bekommen, und es wurde mir bestätigt. Dann haben die Zeugen aber einen Rückzieher gemacht.«

General Lubín Bonilla hatte also auf eigene Faust weiterermittelt, obwohl man ihn von der Untersuchung entbunden hatte. Mit gutem Grund fühlte sich Correal bedroht, dachte Anzola, denn Bonilla war aus Leidenschaft Detektiv, nicht von Berufs wegen: *Schweißhund* nannte man sie heute. Draußen wurde es dunkel. Anzola sah auf, und sein Blick traf auf einen schwarzen Falter, der sich oben an der Decke, genau in der Ecke über ihnen niedergelassen hatte. Oder vielleicht war er von Anfang an dort gewesen.

»Und was hat Eduardo de Toro damit zu tun?«, fragte Anzola.

»Ach ja«, sagte Bonilla. »Señor Toro.«

Einige Tage nach dem Attentat, vielleicht zwei Wochen, war Bonilla auf ihn getroffen, als er gerade aus dem Polizeirevier trat. »Gehen Sie da bloß nicht rein«, sagte ihm Toro. »Da drinnen sind Sie Persona non grata.« Es fing zu nieseln an, sodass Bonilla fragte, ob er Toro zu einem Kaffee mit Schuss einladen könne, um ihm ein paar Fragen zu stellen. Er wolle nur ein paar Angaben zum Tag des Attentats überprüfen. Kurz darauf saßen sie im *El Oso Blanco*.

»Genau so, wie wir beide jetzt hier sitzen«, sagte Bonilla. »Ich zog Notizheft und Bleistift hervor und wollte schon die Fragen herunterbeten, die ich aufgeschrieben hatte. Aber ich kam nicht einmal zur ersten.«

Eduardo de Toro riet ihm, er solle nicht mehr Correals Aufmerksamkeit erregen, solle ihm nicht mehr in die Quere kommen, solle seine illegalen Ermittlungen aufgeben. »Sie sind nicht illegal«, sagte Bonilla. »Einerlei, für was Sie sie halten«, sagte Toro. »Dem Mann sind Sie ein Dorn im Auge.« Und dann erzählte er ihm fast übergangslos von Pater Berestains Besuchen bei der Polizei während der letzten Monate. Rufino Berestain, einer der einflussreichsten Jesuitenpfarrer der Stadt, war Polizeikaplan. Deshalb sei doch nichts Seltsames an diesen gelegentlichen Besuchen, sagte Bonilla. »Wohl kaum gelegentlich«, sagte Toro. »Man hat den Eindruck, Pater Berestain verbringt mehr Zeit bei der Polizei als in seiner Pfarrei. Er kommt, spricht mit Correal, manchmal schließen sie sich eine ganze Stunde lang ein. Ich bin ein guter Katholik«, sagte Toro, »aber für diesen Señor Pater habe ich nie etwas übriggehabt. Und noch weniger nach den letzten Tagen.« Am 15. Oktober hatte Eduardo de Toro Pater Berestain seit den frühen Morgenstunden im Polizeirevier gesehen. Er ging hin und her, trat auf die Gänge in den oberen Stockwerken und stellte Fragen, die niemand richtig verstand, jedoch eindeutig in der Absicht, Informationen darüber zu bekommen, was sich auf der Straße tat.

»Oder über etwas, was noch nicht geschehen war«, sagte Bonilla zu Anzola.

Nach dem Attentat hatte Pater Berestains Verhalten viele gestört. Das Land war in Trauer, die Stadt beweinte Rafael Uribe Uribe, dort gab es viele Leute wie Eduardo de Toro, die ihn bewunderten oder die barbarische Tat einfach verurteilten. Und doch konnte Pater Berestain sich durchsetzen: Er warf all seine Autorität in die Waagschale und erreichte, dass man die geistlichen Übungen durchführte, die er vor einigen Tagen angesetzt hatte.

»Ich war dort«, sagte Eduardo de Toro. »Wie das gesamte Polizeikorps war auch ich gezwungen, an Pater Rufinos geistlichen Übungen teilzunehmen.«

Während mehrerer Tage trafen sich Polizisten, Inspektoren und Jesuitenpriester in der Casa de Cajigas. Das war eine frühere Gerberei in der Calle 19, die nun unter der Verwaltung und Leitung der Gesellschaft Jesu als ein Ort für Rückzug und Andacht diente. An dem Wochenende war das Haus, das oft üppige Gästescharen aufnahm, zum Bersten voll. In seiner Abschlusspredigt vor der Crème de la Crème der Polizei und zwei Schritte entfernt von deren Direktor Salomón Correal, rief Rufino Berestain die Polizisten dazu auf, des dahingegangenen Bruders Ezequiel Moreno Díaz zu gedenken, Bischof in Pasto, den Gott vor über acht Jahren zu sich gerufen hatte. Wie beiläufig erwähnte er General Uribe Uribe, vor ein paar Tagen erst ermordet, und sagte, heute halte er es für wertvoller, sich auf das geheiligte Andenken eines Gottesdieners acht Jahre nach seinem Tod zu konzentrieren als auf das profane Andenken eines Kirchenfeindes, auch wenn sein Leib erst frisch unter der Erde sei. Ezequiel Moreno, sagte Pater Berestain, was sei von diesem weisen, tapferen, gottesfürchtigen Mann geblieben, der vom spanischen Mutterland in diese Breiten gekommen sei, um eine Botschaft des Widerstands auszusenden angesichts des aufbrandenden atheistischen Liberalismus? Seine Botschaft sei geblieben, liebe Söhne, und dieses Vermächtnis falle ihnen zu. Ihnen falle sein Schutz zu, seine Verteidigung. Nun, da der Glaube im Land vor den Angriffen der Freunde Satans erlahme, müsse man heiliger Männer wie Bruder Ezequiel gedenken, die die Welt der Lebenden so verlassen hätten, wie sie durch sie gewandelt seien: mit der mutigen Unnachgiebigkeit der wahren Seelenhirten. Acht Jahre, acht Jahre seien seit seinem Tod vergangen, und immer noch blieben seine Worte aus den *Letzten Verfügungen* lebendig und würden es immer bleiben. Kannten die ehrwürdigen Mitglieder unseres Polizeikorps Bruder Ezequiels letzte Verfügungen? Sie ließen sich auf eine sehr einfache, traurigerweise vergessene reduzieren: Der Liberalismus ist eine Sünde, der Feind Jesu Christi und Niedergang der Völker. Wüssten sie, was der heilige Mann gefordert habe? Man solle diesen Satz in dem Saal anbringen, in dem sein lebloser Leib liege, und ebenso in der Kirche während der Begräbnisfeierlichkeiten. Das habe er als Testament hinterlassen oder anstelle eines Testaments: die Bitte nach einem Schild mit dieser ewigen Wahrheit. *Der Liberalismus ist Sünde.*

Als die Übungen beendet waren, die Teilnehmer aber noch nicht das Haus verlassen hatten, wagte Habacuc Arias, einer der Polizisten, die zu dem Gehweg des Kapitols am Tag des Attentats geeilt waren, den Vorschlag, man solle auch für die Seele General Uribes beten. Vielleicht war er bei der Predigt nicht zugegen gewesen, vielleicht war er zu unwissend, um zu begreifen, was er da verlangte, aber er verlangte es. Rufino Berestain stand auf, und neue Schatten zeichneten sich in der Härte seines Gesichts ab. Er sah den Polizisten mit kalten hellen Augen an, wie sie noch niemand je gesehen hatte und die Eduardo Toro nie im Leben vergessen würde. Dann stieß er hervor:

»Dieses Vieh schmort jetzt in der Hölle.«

VII. Wer sind sie?

Als Anzola am Tag nach seiner Begegnung mit Lubín Bonilla durch die Stadt ging, hielt er ein in Leder gebundenes Heft gegen die Brust gedrückt, das ihm Bonilla auf die Tischdecke gelegt hatte, nachdem er mit seinem Bericht fertig war. »Hier sind Namen und Adressen und ein paar mehr oder weniger lesbare Notizen«, hatte er gesagt. »Es wäre mir eine Ehre, wenn sie Ihnen von Nutzen sein könnten.« Er deutete auf zwei, drei Namen, um deren Aussagen er sich sofort kümmern solle. Einer von ihnen war Señor Francisco Soto, den Bonilla mit zwei festen Linien unterstrichen hatte.

Señor Soto lebte in einem großen zweistöckigen Haus mit Eckbalkon und Geranien, die sich über das Geländer ergossen. Es war das Haus wohlhabender Leute. Ein Dienstmädchen öffnete die Tür und bat ihn ins Wohnzimmer links von einem Innenhof, den Blumentöpfe aus Ton einfassten, und Anzola konnte weiter hinten einen barfüßigen Jungen sehen, der vor der Wand zum Gang Münzen warf. Francisco Soto begrüßte ihn befremdet. Er war ein junger Mann, jedoch daran gewöhnt, dass sich Besuch anmeldete. Eben sei er von einer langen Geschäftsreise zurückgekehrt, erklärte er, eine anstrengende Reise, die ihn von Caracas nach Havanna und von Havanna nach New York geführt habe, und bei seiner Rückkehr nach Bogotá sei es ihm lieber gewesen, dass die Zeitungen seine Rückkehr nicht vermeldeten. Viele seiner Freunde wüssten nicht einmal, dass er bereits wieder in der Stadt sei. Woher habe Señor Anzola davon erfahren?

»Von General Lubín Bonilla«, sagte Anzola. »Er hat mir von Ihnen erzählt.«

»Ah, General Bonilla«, sagte Soto. »Der ist klug wie der Tag.«

»Er hat gesagt, sie hätten sich vor über einem Jahr getroffen, nach General Uribes Ermordung.«

»Ungefähr zwei Wochen danach«, sagte Soto. »Ich war im Büro von Alberto Sicard, dem Anwalt. Wir sprachen über die Detektivschule, die er damals gründen wollte. Ich stellte mich vor, und er kannte meinen Namen. Er zog ein Heft hervor und sagte, er wolle schon seit langem mit mir reden.«

»Über das Attentat auf den General?«

»Er hatte gehört, dass ich über Informationen verfügte«, sagte Soto. »Ich weiß nicht, wie er davon erfahren hat, weiß es noch immer nicht. Ein Schweißhund, dieser General Bonilla. Hat er am Ende seine Detektivschule aufgebaut?«

»Das hat er, ja«, sagte Anzola. »Was waren das für Informationen? Hatte es mit den Jesuiten zu tun?«

Soto senkte die Lider. »Woher wissen Sie das?« Aber er wartete Anzolas Antwort nicht ab. »Ja, genau das. Ich habe ihm erzählt, jemand anderes habe gesehen, was ich gesehen habe. Oder ich wüsste von jemandem, der das gesehen hatte, sagte ihm aber nicht, dass ich es selbst gewesen war. Ich wollte keine Schwierigkeiten. Er sagte, wir sollten uns an einem anderen Tag treffen, wo uns die Polizei nicht sehen könne.« Er machte eine Pause. »Aber dazu kam es nie, denn wenige Tage später ging ich auf Reisen, und er war immer noch nicht bei mir gewesen.«

»Bis zum heutigen Tag.«

»Ja«, sagte Francisco Soto. »Und ich habe mit niemandem oder so gut wie mit niemandem darüber geredet. Ich weiß nicht, wie Sie davon erfahren haben.«

»Und was haben Sie gesehen?«

In der Nacht des 13. Oktober, zwei Abende vor dem Attentat auf General Uribe, war Francisco Soto mit seinem Freund Carlos Enrique Duarte die Calle Novena hinuntergegangen. Es war spät und die Straße verlassen. Sie kamen am Balkon des Noviziats vorbei, und Francisco Soto deutete auf das Haus an der Ecke gegenüber. »Da wohnt General Uribe«, sagte er seinem Freund. Der entgegnete nichts. Sie gingen weiter Richtung Kapitol, aber noch bevor sie die Ecke der Carrera Séptima erreicht hatten, sahen sie zwei Männer, einen mit Filzhut, den anderen mit Strohhut, aus einer kleinen Tür treten.

»Das San-Bartolomé-Gebäude hat eine kleine Tür, die auf

die Calle Novena hinausgeht, eine Art Hintertür«, erklärte Soto Anzola. »Da sind sie herausgekommen. Den mit dem Filzhut habe ich sofort erkannt. Es war Leovigildo Galarza. Den anderen konnte ich nicht gut sehen, aber er war größer und besser gekleidet.«

Galarza hatte er im Ladenausschank *El Meeting* kennengelernt, um 1909. Auch sein Freund Carlos Enrique Duarte kannte ihn. Galarza hatte vor einigen Monaten Tischlerarbeiten für seine Mutter erledigt. Beide waren erstaunt, Galarza zu so später Stunde gemeinsam mit einem Mann, der nicht aus derselben Schicht stammte, durch die Hintertür das Jesuitenkolleg verlassen zu sehen. Aber sie sprachen nicht mehr über die Angelegenheit, bis Galarzas Foto in der Zeitung erschien. »Galarza hat General Uribe umgebracht!«, sagte Duarte zu Francisco Soto an jenem Freitag. »Er ist es gewesen!«, sagte er und wiederholte: »Er ist es gewesen!«

Sie gingen nicht sofort zur Polizei. Am Tag der Beerdigung mischten sich Soto und Duarte unter die Trauermenge, die General Uribe von der Basilika zum Zentralfriedhof geleitete, und als ihnen das Ausmaß des Geschehenen bewusst wurde und sie von fern die Priester sahen, die neben der Familie des Opfers einhergingen, besprachen sie die Möglichkeit, dass die Jesuiten von dem Attentat gewusst hatten. Ihre öffentlich ausgesprochene Abneigung gegenüber dem ermordeten General war für niemanden ein Geheimnis. Francisco Soto hatte wie alle in Bogotá die gewaltsame Diffamierungskampagne miterlebt, die sie in den letzten Jahren auf den Seiten von *La Unidad* und *Sansón Carrasco,* ihren bevorzugten Sprachrohren (Francisco Soto sagte: ihren beiden Söldnern), gegen ihn geführt hatten, und dass er einen der Mörder aus San Bartolomé hatte kommen sehen, schien ihm ein allzu großer Zufall zu sein. Er und sein Freund Duarte mussten daran denken, dass Pater Rufino Berestain, der wichtigste und auch unerbittlichste Jesuit in Bogotá, ebenso Polizeikaplan war. (Der Rasputin der Polizei, sagte Francisco Soto. Duarte lachte nicht über den Witz.) Während sie mit der schwarz gekleideten Bevölkerung mitzogen, die den Toten verabschiedete, sagten sie sich, dass sie besser darüber schwiegen, denn in ein Verbrechen, das Polizei und Jesuiten angeht, sah man sich lieber nicht verwickelt. Später waren sie froh darüber, denn am Wochenende ging das Gerücht um, dass die Polizisten jeden festnahmen, der eine Aussage machen wollte. Das konnten sie mit eigenen Augen feststellen: Bekannte, Leute, deren guter Ruf für sie außer Frage stand, mussten ein paar Stunden oder eine Nacht im Gefängnis verbringen wie Verbrecher, weil ihnen der Fehler unterlaufen war, zu sagen, was sie gesehen hatten.

»Die Armen wussten nicht, dass man vieles sieht, aber nicht alles erzählt«, sagte Francisco Soto. »Vor allem in diesen Zeiten.«

»Aber jetzt kann man es erzählen«, sagte Anzola. »Jetzt muss es erzählt werden. Wenn Leute wie Sie es nicht sagen, dann werden die Täter straffrei ausgehen.«

»Haben Sie sie besucht?«

»Wen?«

»Die Mörder. Waren Sie im Panóptico?«

Er schon. Vergangenen Dezember, kurz nach seiner Rückkehr von einer langen Geschäftsreise, kam ihm in den Sinn, dass er den Ort nicht mehr betreten hatte, seit sein Vater dort inhaftiert gewesen war. »Ihr Vater war im Panóptico?«, fragte Anzola. Ja, sagte Soto, nach Ende des letzten Krieges. Sein Vater, Don Teófilo Soto, war ein streitbarer Liberaler gewesen wie die Abertausend Verlierer, die die kolumbianischen Gefängnisse füllten. Don Teófilo hatte seinen Sohn mit Kriegsgeschichten gefüttert: Geschichten über Heldentaten, als Francisco ein kleiner Junge gewesen war, Geschichten über Leid und Scheitern, über verlorene Illusionen, als er heranwuchs.

»Mir wurde klar, dass ich das Gefängnis nicht mehr besucht hatte, seit ich erwachsen geworden war«, sagte Francisco Soto. »Und ich hatte das Gefühl, dass ich ihm das schuldete.«

Er traf an einem sonnigen Morgen im Panóptico ein. Im Hof suchten die Gefangenen das Licht. Soto sah sich beim Gehen nach allen Seiten um, stellte den Wächtern Fragen, ertrug den Gestank nach Urin und ranzigem Essen. Er sah, dass sich seit dem Krieg alles verändert hatte, er aber nicht benennen konnte, was genau anders war. Vielleicht war er es, der sich verändert hatte, er hatte seinen inhaftierten Vater als Kind besucht und war nun ein Mann, und so waren die Räume im Gefängnis, die Gänge, die Mauern, die Zellen von außen betrachtet geschrumpft. Der ganze Ort wirkte nun weniger imposant als damals, aber damals war es natürlich auch ein Ort der Angst und Beklemmung gewesen, denn niemand hatte dem Kind erklärt, dass sein Vater nicht in der Zelle sterben würde, dass er ihn nicht seine letzten Tage dort verleben sah. So streifte Francisco Soto durch diesen traurigen Ort wie ein Tourist durch ein Museum, als er auf einmal General Uribes Mörder in ihrer Zelle erkannte.

»Da waren Galarza und Carvajal«, sagte er.

Galarza erkannte ihn ebenfalls. Er streckte ihm die Hand entgegen, stand aber nicht auf und blickte ihm nicht in die Augen, sondern auf die Krawatte oder die Westenknöpfe: »Wie geht es Ihnen, Señor Soto?« Er trat zu den Mördern, und ohne sich herabzubeugen, fragte er sie, wie es ihnen gehe, ob man sie gut behandele, ob sie sich langweilten.

»Sie sehen ja, Doktor«, sagte Galarza. »Erst bringt man uns in so ein Schlamassel, und dann dreht sich niemand mehr nach uns um.«

Bevor das Jahr zu Ende ging, hatte der mysteriöse Alfredo García, der verschwundene Zeuge, einen Brief von der Karibikküste, aus Barranquilla, geschrieben und seine endgültige Abreise nach Costa Rica angekündigt. Anzola und die anderen bemerkten befremdet, dass die Initiale seines zweiten Nachnamens ein A war, denn bisher hatte er nie so unterschrieben; aber sie machten sich weiter keine Gedanken darüber, denn dieser Abtrünnige nützte ihnen nichts mehr. Doch im Februar veröffentlichte die Medelliner Zeitung *Etcétera* einen weiteren seltsamen Brief. Er war ebenfalls von Alfredo García unterzeichnet, aber die Initiale seines zweiten Nachnamens hatte sich geändert. »García B.«, las Anzola, und zwischen den Augen bildete sich eine Falte, als enthielte der Text eine Grobheit oder eine Beleidigung. Der Brief war außerdem in Bogotá datiert, Alfredo García war am Ende also doch nicht nach Costa Rica gereist. Hatte er seine Pläne geändert? War er heimlich in Bogotá? Oder war die Ankündigung seiner Abreise eine Farce gewesen, um die Ermittler zu verwirren, ein Beweis, dass man García nicht nur dafür bezahlt hatte, dass er verschwand, sondern auch dafür, dass er die Justiz durcheinanderbrachte? Der Inhalt des Briefs war Sprengstoff: Der Verfasser klagte verdächtige Verhaltensweisen bestimmter Leute an, die mit dem Attentat auf Uribe zu tun hatten, und er tat es in einer Deutlichkeit, die keinerlei Zweifel zuließ. Der Brief war wie das Urteil, das Anzola gesprochen hätte, wenn er der Richter gewesen wäre. Es war, wie Julián Uribe sagte, ein Traum, der Wirklichkeit geworden war.

Der Verfasser des Briefes griff zunächst General Pedro León Acosta an: »Ich habe diesen Mann im Hotel Bogotacito gesehen, dessen Inhaber Señor Benjamín Velandia war, am 11. Oktober 1914 gegen halb zwölf Uhr mittags, in Begleitung von Galarza und Carvajal. Die drei haben sich nach ein paar wenigen Worten, die ich nicht hören konnte, zum Tequendama-Wasserfall aufgemacht.« Gleich darauf ging er zu den Jesuiten über: »Am 13. desselben Monats habe ich gegen zehn Uhr nachts mit eigenen Augen gesehen, wie Pedro León Acosta und seine Gefährten Galarza und Carvajal durch eine Hintertür an der Calle Novena ins San-Bartolomé-Kolleg getreten sind.« Er erwähnte sogar das berühmte Kärtchen, das Ana Rosa Díez Tomás Silva hatte übergeben wollen, bevor sie der Erdboden verschluckt hatte: »Später erfuhr ich von einer gewissen Señora Rosa, einer engen Freundin von Galarzas Mutter, dass sie eine Karte von einem Mönch erhalten hatte, dessen Namen ich noch nicht nennen kann.« Alfredo García leistete es sich dann, den Inhalt der Karte wiederzugeben, als hätte er sie gesehen. »Auf der besagten Karte stand ungefähr Folgendes: ›Der ehrwürdige Pater empfiehlt Ihnen ganz besonders die Señora Soundso an, damit sie eine Zeit lang bei Ihnen im Haus bleibt, bis wir gewisse Angelegenheiten geordnet haben.‹« Und am Ende sprach er noch über General Hackebeil: »Ebenso weiß ich mit Gewissheit, dass Galarzas Mutter zu General Salomón Correal gegangen ist und ihm gesagt hat, er solle einen Weg finden, über ihr

Wohl und ihr Leben zu wachen; ihr Sohn sei im Gefängnis, und er sei der Einzige gewesen, der sich um sie gekümmert habe; es sei nicht gerecht, dass sie darunter leiden müsse. Señor Correal antwortete, sie solle sich keine Sorgen machen, er werde mit gewissen Herrschaften sprechen, damit sie monatlich über Dritte einen Geldbetrag erhalte und für ihre Bedürfnisse gesorgt sei.«

Etcéteras Enthüllungen in Medellín erschütterten den Prozess in Bogotá. Der Staatsanwalt brach in eine Betriebsamkeit aus, die er während der eineinhalb Jahre seit dem Attentat nicht an den Tag gelegt hatte. Pedro León Acosta schrieb dem Gericht, man solle herausfinden, wer der Verfasser des Briefes sei; der Staatsanwalt forderte Acosta, Galarza und Carvajal auf, vor Gericht auszusagen; und schließlich beschloss man voll Verzweiflung, Alfredo García zu finden, und schickte zu diesem Zweck Mitteilungen an mehrere Städte. An einem Nachmittag Ende Februar ging bei Julián Uribe die Zeitung von Hand zu Hand, während die Maisküchlein mit Käse auf dem Tisch kalt wurden und sich eine Haut auf der Schokolade bildete. Anwesend waren Tomás Silva und Carlos Adolfo Urueta, die eingeladen worden waren, um das Ereignis zu feiern wie eine Verurteilung der wahren Mörder. »Darin steht einfach alles«, sagte Tomás Silva. Und Julián Uribe Uribe umrundete erregt den Esstisch und sagte, ja, endlich, da stehe alles drin. Die Seite aus *Etcétera* war, wie Anzola dachte, im Haus der Uribes so etwas wie in einem französischen Haus die Nachricht vom Ende des Krieges.

Und ja, anfangs hatte er die Begeisterung der Anwesenden geteilt, aber im Laufe der Stunden wich sie einer Ernüchterung, die niemand richtig verstand und die er selbst, so sehr er es versuchte, nicht erklären konnte. Etwas in dem Brief ging nicht mit rechten Dingen zu. Er war zu perfekt, zu förderlich, zu nützlich, zu opportun. »Eben, darin steht alles«, sagte er. »Alles, was wir nötig hatten, alles, was wir beweisen wollten. Da sind Acosta und die Mörder am Wasserfall, da sind Acosta und die Mörder, die San Bartolomé verlassen, da ist die Karte des Jesuiten, die seit eineinhalb Jahren niemand hat aufspüren können, da ist der Beweis, dass Correal die Mörder heimlich unterstützt hat. Ja, da steht alles.«

»Und was ist das Problem«, fragte Silva.

»Ich weiß nicht«, sagte Anzola. »Aber derlei geschieht nicht einfach so.«

»Alles geschieht auf irgendeine Weise«, sagte Silva.

»Ja«, sagte Anzola. »Aber nichts geschieht so.«

»Allmählich mache ich mir Sorgen um Sie, lieber Anzola«, sagte Silva. »Sie sind so daran gewöhnt, überall Feinde zu sehen, dass Sie gar nicht merken, wenn Ihnen ein Schatz in den Schoß fällt.«

»Das ist kein Schatz.«

»Passen Sie bloß auf, mehr sage ich nicht. Sonst werden Sie nicht einmal unserem Herrn Jesus Christus glauben, wenn er Sie am Tag des jüngsten Gerichts retten kommt.«

Anzola versuchte, seine Skepsis in Worte zu fassen. Nach dem Attentat war Alfredo García über ein Jahr lang in Bogotá gewesen und hatte vergebens darauf gewartet, dass der Staatsanwalt seine Aussage aufnahm. Während dieser Zeit hatte er niemals erwähnt, was er in der Nacht des 13. Oktober gesehen hatte, obwohl es von entscheidender Bedeutung war. Niemals hatte er Salomón Correal erwähnt, obwohl er von dem Verdacht wusste, der über dem Polizeidirektor schwebte, seit er sich geweigert hatte, seine Aussage aufzunehmen. Niemals hatte er die Karte des Jesuiten erwähnt und ebenso wenig offenbart, dass er deren Inhalt wiedergeben konnte, obwohl er Anzolas und Silvas Sorge um das Verschwinden von Ana Rosa Díez geteilt hatte. »Warum nicht?«, fragte Anzola. »Warum hat er uns allen nichts davon erzählt? Warum hat er eineinhalb Jahre lang mit uns über das Attentat geredet, über all diese Dinge, ohne gerade das zu erwähnen? Warum ausgerechnet jetzt, da wir Zeugenaussagen haben, die von Galarza sprechen, der mit einem mysteriösen Mann das Jesuitenkloster verlässt? Warum jetzt, da die Mittäterschaft von General Hackebeil und den Jesuiten immer deutlicher wird? Warum entschließt er sich jetzt zu der Feststellung, ja, er habe das gewusst, er habe es auch gesehen, habe davon erfahren? Was ist das für ein Geschenk des

Glücks, das uns in einem einzigen Schreiben all das liefert, was wir brauchen würden, damit der Staatsanwalt endlich die Wahrheit über die Mörder herausfindet? Warum deckt sich das, was García in seinem Brief erwähnt, fast genau mit dem, was wir auf anderen Wegen in den letzten Tagen herausgefunden haben? Und warum ändert er seine Initiale? Jetzt fängt sein zweiter Nachname mit B an, aber in seiner Zeugnisniederschrift fängt er mit C an und in dem Brief aus Barranquilla mit A. Warum?«

»Ob es jemand anderes ist?«, fragte Urueta vorsichtig.

»Es ist niemand anderes.« Anzola war auf einmal verärgert, beinahe wäre er unhöflich, ja grob zu den Älteren geworden. »Es ist eindeutig dieselbe Person. Es sei denn, aus purem Zufall wären drei Namensvettern in dieselbe Sache verwickelt. Es sei denn, alle drei wüssten das Gleiche über das Attentat auf General Uribe. Nein, ich glaube, es handelt sich um dieselbe Person, und ich glaube auch, dass diese Person für jemanden ein Spiel spielt. Ich glaube, jemand hat Alfredo García aus Bogotá weggebracht und ihm eine schöne Summe bezahlt. Sie haben ihn gekauft, wie wir befürchtet haben, und jetzt wollen sie etwas für ihr Geld. Sie lassen ihn Briefe schreiben, die uns auf eine falsche Fährte locken. Sie lassen ihn mit unterschiedlichen Initialen unterschreiben. Und sie lassen ihn in einem Brief alles offenbaren, was Konservative und Jesuiten mit dem Verbrechen in Verbindung bringen könnte.«

»Aber das ist absurd, Anzola, wissen Sie, was Sie da sagen?«, fragte Silva. »Wozu sollten sie das tun? Warum sollten die Verschwörer auf sich selbst zeigen?«

»Wer zeigt denn da?«, fragte Anzola.

»Ein Zeuge«, sagte Silva.

»Ein verschwundener oder geflohener Zeuge«, sagte Anzola. »Ein Mann, der einen Brief an eine Zeitung schreibt und mit falschem Buchstaben firmiert. Dieses Dokument besitzt für einen Richter nicht die geringste Glaubwürdigkeit, weil niemand dafür einsteht. Wo ist der Ankläger? Niemand weiß es. Ist er in Barranquilla? Ist er in Bogotá? Ist er in Medellín? Er hat kein Gesicht, und ein Zeuge, der sich nicht von Angesicht zeigt, existiert nicht. Nein, dieser Brief reitet uns noch tiefer hinein.«

Julián Uribe zog eine Augenbraue hoch. »Mit einem Federstrich haben die Verschwörer alle unsere Anklagen entwertet. Die Beteiligung der Jesuiten, von Salomón Correal, von Pedro León Acosta, alles ist nun zu einem billigen Gerücht geworden. Ein wirrer Brief, abgeschickt von einem entflohenen Zeugen mit unbekanntem Aufenthaltsort, der jedes Mal seinen zweiten Nachnamen ändert, wenn er ein Papier unterschreibt: Nein, das kann niemanden überzeugen, und kein Richter bei Verstand wird ihm auch nur den geringsten Glauben schenken. Genau das wollen sie: jeglicher Anklage, die wir aussprechen, die Glaubwürdigkeit entziehen, sie in das absurde Gerücht eines unauffindbaren Verrückten verwandeln. Und es gelingt ihnen, das scheint eindeutig zu sein. Sie gewinnen sogar, noch bevor der Kampf begonnen hat. Soll ich eine Voraussage machen? Der Staatsanwalt wird Himmel und Erde in Bewegung setzen, um den Ankläger zu finden, wird das große Schauspiel der Suche nach der verborgenen Wahrheit daraus machen. In ein paar Wochen oder Monaten wird er erklären, dass er ihn nicht gefunden hat. Dass er trotz aller Anstrengungen den Ankläger nicht hat finden können, und dann werden sich seine Beschuldigungen in die Stimme eines Verrückten verwandeln. Die Gesellschaft Jesu in das Verbrechen verwickelt? Absurd. General Acosta und der Polizeidirektor in das Verbrechen verwickelt? Absurd. Natürlich, werden sie sagen, was kann man von einem anonymen Ankläger anderes erwarten, der mit falschem Namen unterschreibt und es nicht wagt, aus seiner Feiglingshöhle zu kommen. Nein, werden sie sagen, diese Anklagen sind nur das gemeine Produkt eines Geisteskranken. Wohl kaum, werden sie sagen, können wir sie ernst nehmen.« Er machte eine Pause und sagte dann: »Das ist ein meisterhafter Spielzug. Wenn es nicht das Werk unserer Feinde wäre, hätte ich keine Mühe, ihn zu bewundern.«

Als er sich später von der Runde verabschiedete, merkte er, dass sie ihn mit anderen Augen ansahen. War das Mitleid in ihren Augen, Misstrauen oder Sorge? Sie sahen ihn an wie einen Verwandten, der wirres Zeug redet: mit diesen zusammengepressten Lippen, diesen betrübten Augen. Beim Hinaustreten dachte Anzola, dass er an dem Nachmittag etwas verloren hatte. Er ging durch die Stadt, zwei, drei Ecken weit, sah auf den Pflastersteinen die Schatten des gelben Lichts. In Gedanken an Alfredo García A., an Alfredo García B. und an Alfredo García C., an den Mann, den er in Bogotá kennengelernt hatte und dessen Gewissen von den Verschwörern verschlungen worden war, sagte er sich, dass er einer mächtigen Maschinerie gegenüberstand, und ein Schauder lief ihm den Rücken herunter. War er in der Lage, diesen Ungeheuern gegenüberzutreten? Dann fragte er sich: War das Angst, was er da fühlte? Ein Grüppchen Männer musterte ihn, als er auf die Plaza de Bolívar trat, und Anzola war überzeugt, dass sie über ihn redeten. Sie machten sich in Richtung Ecke auf, und ein Lachen stieg aus dem Grüppchen auf, das dumpf und zugleich tief auf dem leeren Platz widerhallte, ein Stein, der in einen See fällt. Anzola hatte eine Idee. Minuten später war er wieder bei Julián Uribe, wo die Gäste immer noch dieselben Plätze einnahmen und die mitleidigen Augen ihn noch ebenso fixierten wie vorhin.

»Doktor Uribe, Doktor Urueta«, sagte Anzola, »ich muss Sie um einen Gefallen bitten.« Und bevor sie antworten konnten, fügte er hinzu: »Ich möchte, dass Sie mich im Gefängnis unterbringen.«

So fing er an, im Panóptico zu arbeiten. Seine frühere Stellung als Beamter der Baubehörde war dabei von Nutzen gewesen. Uribe und Urueta nahmen sie zum Vorwand und machten ihren Einfluss geltend, damit Anzola eine Verwaltungsstelle in Bogotás Hauptgefängnis erhielt. Nie kam heraus, was genau seine Aufgaben waren, außer unbeschäftigt durch die Baustellen im Gefängnis zu schlendern, aber niemand fragte danach, und während mehrerer Monate konnte Anzola das kalte Steingebäude betreten, in dem Galarza und Carvajal mit Verbrechern und Straftätern aus dem ganzen Land zusammenlebten, und er sah müden Hass in den Gesichtern der Häftlinge, sah ihr Besiegtsein, das am Fleisch der Wangen zehrt und Schatten unter die Augen zeichnet. Ja, das Gehalt im Panóptico war beträchtlich geringer als das eines Bauinspektors, aber für Anzola war es unwichtig, ob er eine Zeit lang den Gürtel enger schnallen musste, wichtig war seine Ermittlung, die damals schon weit mehr als ein Auftrag, als eine Arbeit war: sie war eine Berufung, gab seinen Tagen ein Gerüst, einen Sinn. Er suchte Galarza und Carvajal. Beobachtete sie von weitem, wobei sie ihn nicht sehen sollten, und wenn er abends nach Hause kam, notierte er seine Erkenntnisse. Ihm fiel auf, dass ihr Verhalten ebendas nachahmte oder wiederholte, das die Mörder vor dem Verbrechen an den Tag gelegt hatten: das eines lauernden Raubtiers, zutiefst befriedigt, bei der Lauer von der Beute nicht bemerkt zu werden. Er begriff oder schien die Macht zu begreifen, die den berauscht, der jemand anderen beobachtet und bereits daran denkt, ihm Schaden zuzufügen. Von einem gewissen Augenblick an kam ein neues Gefühl in ihm auf, das reine Neugier sein konnte, aber auch etwas Verstörenderes. Was dachten wohl die Mörder den Tag über?, fragte er sich, wenn er sie sah. Dachten sie an ihr Opfer? Träumten sie von ihm? Wie war das, einen Menschen zu töten? Eines Nachmittags bat er einen Wächter, ihm einen wegen Mordes Verurteilten zu zeigen, trat nachher vorsichtig zu ihm, als näherte er sich einem Zirkuslöwen.

»Träumen Sie von Ihren Opfern?«, fragte er.

»Ja«, sagte der Mörder. »Aber nur, wenn ich wach bin.«

Anzola hatte noch nie eine so treffende Definition der Schuld gehört und fragte nicht weiter. Aber im Laufe der Tage führte ihn der Häftling zu einem anderen, dieser wieder zu einem anderen, bis es zu einem offenherzigen Gespräch mit einem Mann namens Zalamea kam, der gesehen hatte, wie er um die Zelle von Galarza und Carvajal geschlichen war. »Sie sind Polizeiinspektor?«, fragte ihn der Mann. Anzola verneinte, er führe hier Arbeiten für die Baubehörde durch, aber er könne ein verirrtes – und etwas krankhaftes, müsse er zugeben – Interesse an den Mördern von General Uribe nicht verleugnen.

»Interessant ist eher, was mit ihnen geschieht«, sagte der Mann.

»Was meinen Sie?«

»Sie tun, wozu sie Lust haben«, sagte Zalamea. »Als wären sie freie Männer.«

Zalamea war ein Mann von einer gewissen Bildung, das war offensichtlich, und deshalb hatte er es gewagt, sich bei den Wächtern über die ungleiche Behandlung im Gefängnis zu beschweren. Er sei, wie er sagte, wegen Schulden im Gefängnis, gab dazu aber keine genaueren Erklärungen ab, erklärte jedoch, wie überrascht er gewesen sei, dass Galarza und Carvajal eine Vorzugsbehandlung genossen, die ans Illegale grenzte. Zalamea erzählte Anzola auch von den Briefen, die der Wächter Pedraza für die Mörder herausschmuggelte, erzählte von einer Gelegenheit, bei der ein Jesuitenpriester gekommen sei, um geschlossene Umschläge, die die Mörder in die Welt hinausschickten, persönlich in Empfang zu nehmen. »War es ganz sicher ein Jesuit?«, fragte Anzola.

»Pater Tenorio«, sagte Zalamea.

»Rafael Tenorio?«

»Ebender«, sagte Zalamea. »Kennen Sie ihn?«

Anzola kannte ihn, ja, wenn auch nur vom Sehen. Julián Uribe hatte ihn gebeten, wegen verdächtigen Verhaltens Nachforschungen über ihn anzustellen. Anscheinend war Pater Tenorio während des letzten Krieges Kaplan im konservativen Heer gewesen und hatte in dieser Funktion einen Soldaten mit Namen Carvajal kennengelernt, der sich anbot, General Uribe zu ermorden und so auf schnellstem Weg den Krieg zu beenden. Nach dem Attentat, als Carvajals Foto in den Zeitungen erschienen war, hatte Pater Tenorio die Anekdote einem gewissen Eduardo Esguerra erzählt, einem Konservativen, der regelmäßig seine Kapelle besuchte. »Das ist derselbe«, sagte ihm Tenorio. Doch als er Monate später schließlich vom Staatsanwalt darüber befragt wurde, machte er einen Rückzieher. »Wenn ich das Bild und die Erinnerung vergleiche«, sagte er, »kann ich versichern, dass es nicht dieselbe Person ist.« Und der Mann hatte die Mörder besucht? Das war der Priester, der ihnen als Privatpostbote diente?

»Galarza und Carvajal empfangen ihn in der Kapelle, sie reden miteinander wie Freunde«, sagte Zalamea. »Ich habe sie mit eigenen Augen gesehen.« Er machte eine Pause und fügte hinzu: »So ist es die ganze Zeit über. Pater Tenerio ist viel bei ihnen, er bringt ihnen Geschenke. Verwöhnt sie, besser gesagt.«

»Was für Geschenke?«, fragte Anzola.

»Ich habe Pakete gesehen«, sagte Zalamea. »Bücher, Zeitungen. Aber mehr weiß ich nicht.«

Zalamea gab eine Unterhaltung wieder, die er einmal mit den Mördern geführt hatte, während des Hofgangs. Als er sie fragte, wieso sie sich in dieses Schlamassel begeben hätten, entgegnete einer von ihnen, Carvajal oder Galarza, freiweg: »Wenn wir ihn nicht getötet hätten, hätte es ein anderer getan.« Sie waren felsenfest davon überzeugt, dass sie nicht mehr als vier Jahre im Gefängnis verbringen würden, obwohl sie ein Verbrechen begangen hatten, das mit fünfundzwanzig bestraft wurde, und Zalamea hielt ihren Hochmut für eine Folge der Straffreiheit. Einmal habe man, erzählte er, in ihrer Zelle versteckte Hämmer, Meißel und Feilen gefunden, die ein anderer Häftling für einen Fluchtversuch benutzt habe, und dieser Verstoß, der sonst zu schweren Strafen führte, habe für sie keinerlei Folgen gehabt.

»Man hat sie nicht behelligt?«

»Nicht einmal ermahnt«, sagte Zalamea. »Deshalb sage ich ja, sie sind heilige Kühe. Die verdienen sich sogar etwas als Filmschauspieler.«

Er meinte den Film der Gebrüder Di Domenico, für den die Mörder posiert hatten, in diesen Gängen, vor diesen Zellen. Von Anfang an war das Gerücht in Umlauf gewesen, dass die Mörder für ihr Erscheinen in *Das Drama des 15. Oktober* entlohnt worden waren. Nun bestätigte Zalamea das persönlich.

»Sie sind also bezahlt worden?«, fragte Anzola.

»Ja, sie sind bezahlt worden«, sagte Zalamea. »Für jeden fünfzig Pesos. Sie sehen ja, wie gut sie gekleidet sind und was für Sachen sie sich verschaffen. Gar nicht zu reden von all dem, was sie in ihren Zellen haben.«

Während mehrerer Tage, monotoner Tage mit zähen Stunden, die seine Scheinarbeit einander gleich machte, wartete Anzola den geeigneten Moment ab, um in die Zellen der Mörder zu gelangen und zu sehen, was er dort vorfand. Es war jedoch nicht einfach, denn Galarza und Carvajal hatten andere Tagesabläufe als die restlichen Inhaftierten. Sie mussten zum Beispiel nicht zu den Unterrichtsstunden gehen und auch nicht so grausam früh wie die anderen aufstehen. Manchmal aßen sie mittags mit der »Gemeinde«, wie es die Häftlinge nannten, teilten das Essen aller zur Zeit, zu der alle aßen, aber manchmal durften sie von außerhalb raffinierte Gerichte bestellen, die ihnen ihre Frauen brachten, und einmal hatten sie öffentlich damit geprahlt, wie in einem Restaurant zu essen, denn man hatte ihnen die Speisen sogar in die Zelle gebracht. Diese Privilegien, bemerkte Anzola, hatten ihnen bei der Gemeinde Abneigung oder offenen Groll eingebracht. Die anderen Verurteilten beäugten sie von fern, wie man einen Eindringling beäugt, und wechselten das Thema und sogar ihre Haltung, wenn einer der beiden näher kam. Er hörte sogar, dass Galarza und Carvajal im Gefängnis Geld verliehen, und zwar zu hohen Zinsen; dass die bedürftigsten Häftlinge ihnen Ketten, Ringe oder Schnaps verkauften und sie einen guten Preis dafür zahlten; dass sie manchmal ungekochte Lebensmittel von draußen bestellten und sie im Gefängnis an die Häftlinge verkauften, die keine Erlaubnis dazu hatten. Ebenso bemerkte er, dass die Mörder des Generals nicht zur selben Zeit zur Messe gingen wie die übrigen. Sie hatten einen Vorzugsplatz in der Kapelle des Panóptico, besuchten zu anderen Zeiten den Gottesdienst und schlossen sich allein mit dem Zelebranten ein. Anzola hatte eine Idee. Am folgenden Sonntag ging er zu früher Stunde ins Gefängnis. Mittags kam ein kahlköpfiger Priester, ging in die Zellen der Mörder und führte sie in die Kapellen. Anzola sah seine Chance gekommen.

Galarzas und Carvajals Zellen waren nicht nur geräumiger als die anderen, es war eine ganz andere Art Zimmer. Zwischen ihnen befand sich nur eine Trennwand, so dünn, dass sie nicht einmal nächtliche Gespräche verhindern konnte. Anzola nahm sich erst die linke vor, ohne zu wissen, wem der beiden sie gehörte, und war übewältigt. Auf dem Boden wärmten ein Teppich aus Wolle und einer aus Kalbsleder das Ambiente. Eine Glühbirne baumelte nackt im Raum, ihr Licht warf heimelige Schatten auf ein Herz-Jesu-Bild; hinten entließ ein Wasserhahn einen rhythmischen Tropfen. Eine Zelle mit fließendem Wasser und elektrischem Licht, dachte Anzola: Was für Leute wachten über die Mörder? Die beiden symmetrisch angeordneten Betten waren ordentlich gemacht, jedes mit zwei Wolldecken, vier Kopfkissen mit Bezügen und einem bestickten Kissen. In den Ecken war keinerlei Dreck zu sehen. Auf einem Holztisch lagen in ungeordneten Stapeln mehr Bücher und Papiere als nötig, so als wohnten dort nicht die Tischler, die General Uribe ermordet hatten, sondern arme Studenten. Nein, dachte Anzola, kein Student, sondern ein Seminarist: An der Wand, unter einem Bild Unserer Lieben Frau vom Berge Karmel, lehnte eine Polsterbank, auf die man sich zum Beten knien konnte.

Anzola sah Mess- und Novenenbücher für die Weihnachtszeit, sah eine in Leder gebundene Bibel, sah Broschüren, von denen ihm vor allem ein Titel auffiel: *Das Ja und das Nein.* Er sah sie zum ersten Mal, hatte aber schon mehrfach von dem Buch gehört und immer im gleichen empörten Ton. 1911, Jahre nachdem Pater Ezequiel Moreno behauptet hatte, Liberalismus sei Sünde, hatte General Uribe mit einer brillanten Streitschrift geantwortet, voll von seinen besten rhetorischen Waffen, seinen präzisen Gedanken: *Weshalb der politische Liberalismus in Kolumbien keine Sünde ist.* Das kleine Werk rief großen Aufruhr hervor: Uribe führte darin an, dass die liberale Partei ebenso katholisch war wie die andere, ebenso respektvoll gegenüber den gesellschaftlichen und familiären Institutionen, die das kolumbianische Leben begründeten, und zugleich ermunterte er die kolumbianischen Liberalen, sich gegen den Missbrauch durch den Klerus zu stellen, ihn anzuklagen und zu verurteilen. Das war jedoch noch nicht das Schlimmste. Nachdem die kolumbianische Kirche verboten hatte, das Buch zu lesen, hatte Uribe ihnen den größtmöglichen Affront angetan: Er erhob Einspruch vor dem Heiligen Stuhl. Für die Priester war das eine endgültige Ohrfeige, und *Das Ja und das Nein,* das einen so besonderen Platz unter den Habseligkeiten des Mörders einnahm, war ihre Antwort gewesen. Der Autor versteckte sich hinter einem unergründlichen Pseudonym: Ariston Men Hydor. Anzola zog Lubín Bonillas Heft hervor und notierte auf der letzten Seite Titel, Autor und Namen der Druckerei: Katholischer Kreuzzug. Dieselbe Druckerei veröffentlichte die Zeitung *La*

Sociedad, auf deren Seiten General Uribe zu einer unmoralischen Kraft erklärt worden war und zudem jenseits jeden Zweifels behauptet wurde, dass der Krieg von 1899 eine Strafe Gottes für die Getreuen Satans gewesen war. Anzola schlug die Broschüre irgendwo auf und las, dass Uribe Uribe ein Feind der Religion, der konservativen Prinzipien und des Vaterlandes sei. Doch da erschreckte ihn ein Häftling, der grölend an der offenen Tür vorbeiging, und Anzola verließ die Zelle, ohne jemanden anzusehen, damit er auf dem langen Gang nicht auf die Augen der Mörder stieß.

Am nächsten Morgen ging Anzola, bevor er seine simulierte, vorgetäuschte Arbeit antrat, im Büro der Druckerei Katholischer Kreuzzug vorbei. Er wollte ein Exemplar von *Das Ja und das Nein* kaufen und sich außerdem nach dem Autor erkundigen. Aber dabei hatte er keinen Erfolg. Niemand in der ganzen Druckerei wusste, wer der Mann war, der sich hinter diesem seltsamen, fremdländischen Namen versteckte. Ein gewisser Marco A. Restrepo, Jesuitenpriester, habe das Manuskript in die Druckerei gebracht, aber den wahren Autor könne man nur in den Rechnungsbüchern finden. Anzola fragte, ob er sie sehen dürfe, aber sie erklärten ihm, die befänden sich in Händen der Kurie, und sagten mit etwas eleganteren Worten, die Kanoniker würden sich einen Arm abhacken, bevor sie sie einem Mann mit seinem Ruf zeigten. Aber mit einem Exemplar der Broschüre unter dem Arm herauszutreten, gab ihm doch das absurde Gefühl eines kleinen Sieges.

Er las sie im Laufe des Tages, bei seinen einsamen Mahlzeiten und in den Ruhepausen, diszipliniert bis zu Ende, obwohl jeder Absatz in dem Buch eine groteske Lüge war, eine Verzerrung des Offensichtlichen und Verleumdung. Ariston Men Hydors Feder bespuckte, beschmutzte das Andenken an General Uribe, wie sie vorher sein lebendes Bild beschmutzt hatte. Ein Absatz fiel ihm besonders auf. Darin wurden empört Rafael Uribe Uribes unverzeihliche Sünden als Senator der Republik aufgezählt. Und was waren das für Sünden? Nicht bei der Sitzung gewesen zu sein, in der diskutiert wurde, ob sich Kolumbien dem Heiligsten Herzen Jesu weihen sollte; das Senatsgebäude verlassen zu haben, als darüber diskutiert wurde, ob das Land sich den Feierlichkeiten der katholischen Welt anschließen sollte, die das fünfzigste Jubiläum des Dogmas der Unbefleckten Empfängis begingen. Ja, dachte Anzola, ebendarum hatte ihn dieses Land der Fanatiker bis aufs Blut gehasst: weil er die kolumbianischen Gesetze nicht aus dem Ton des Aberglaubens knetete, weil er die ungewisse Zukunft des Vaterlandes nicht der abseitigen Magie einer zerfallenen Theologie überlassen wollte. Das Gerücht besagte, dass ein konservativer Abgeordneter, als er sah, dass Uribe vor der Abstimmung über die Teilnahme an den Feierlichkeiten den Saal verließ, eine Sentenz von sich gab, die einige beklatschten:

»Der General ist wie der Teufel«, sagte er. »Wenn er den Namen der Heiligen Jungfrau hört, rennt er hinaus.«

Feind des Katholizismus. Verantwortlich für die Bürgerkriege. Mörder der Kolumbianer. Die Anklagen waren ihm vertraut. Anzola hatte sie abertausendmal gehört, hatte sie abertausendmal in den Zeitungen gelesen, aber als er jetzt die Broschüre las, fiel ihm etwas Neues auf. Es war ein Echo, ein vager Nachgeschmack, doch er brauchte einige Minuten, bis er in seinem Innern zu dieser Erkenntnis fand: Die Stimme von Ariston Men Hydor glich eindeutig der des Autors, der unter dem Pseudonym »Landmann« General Uribe voller Hass in den Seiten von *El Republicano* angegriffen hatte. Es waren Meinungsartikel, die Anzola gelesen und über die er sich jahrelang geärgert hatte. Er hatte die Kontroversen verfolgt, die sie auslösten, ihre Auswirkungen mit anderen Liberalen diskutiert. Der Landmann beschuldigte Uribe, Tausende von jungen Männern im Krieg von 1899 in den Tod geschickt zu haben, warf ihm außerdem vor, er wolle die Kirche verschwinden lassen, die Familie zerstören, das Eigentum abschaffen und das Land dem atheistischen Sozialismus überantworten. Der Landmann klagte Uribe an, mit seinen Schriften jede Moral zu untergraben und den Glauben herabzuwürdigen, der doch die Säule des rechten Lebens sei. Wer war dieser Mann? Wenn Anzola sich auf seine Intuition verlassen konnte, waren der Landmann und Ariston Men Hydor dieselbe Person: zwei unterschiedliche

Pseudonyme und nur ein echter Verleumder. Aber wie konnte er das beweisen?

Er versuchte es, indem er die Druckerei von *El Republicano* besuchte. Er sprach mit Redakteuren und mit einem der Drucker. Ein junger Reporter mit Augenklappe trat ihm in den Weg. »Hier nicht«, sagte er, nahm ihn beim Arm und führte ihn hinaus. Während sie um den Block gingen, stellte sich der junge Mann als Luis Zamudio vor, er sei Reporter bei der Zeitung gewesen, als die Artikel des Landmanns veröffentlicht worden waren, sprach ihm seine Bewunderung und seinen Respekt aus und wünschte ihm, dass die Wahrheit über das Attentat an General Uribe bald ans Licht kommen werde. Dann sagte er, er wisse nicht, wer der Autor dieser Artikel gegen den General sei.

»Wir haben das abgetippte Manuskript bekommen«, sagte er. »Sie wurden nicht in der Redaktion geschrieben.«

»Der Direktor hat sie nicht geschrieben?«

»Nein, ganz bestimmt nicht«, sagte Zamudio. »Wir waren alle der Meinung, dass die Jesuiten sie geschrieben haben. Obwohl man für diese Erkenntnis kein Genie sein muss.«

»Aber wer hat sie abgeliefert?«

»Manchmal Pater Velasco, der Superior der Franziskaner. Er hat sich dann zum Gespräch mit dem Direktor eingeschlossen. Manchmal auch Padre Tenorio. Der Jesuit, ich weiß nicht, ob Sie ihn kennen.«

»Ja, ich kenne ihn«, sagte Anzola. »Und sie könnten es nicht gewesen sein?«

»Der Landmann?«

»Ja.«

»Ah, das kann ich nicht sagen. Die Artikel waren, wie gesagt, mit Maschine geschrieben. Unmöglich, zu wissen, von welcher Hand sie stammten. Ich weiß bloß, dass sie nicht von der Zeitung kamen.« Und dann: »Ich schäme mich, Señor Anzola.«

»Wofür?«

»Darüber, dass diese Zeitung so geworden ist. Über das, was sie mit dem General gemacht haben, über diese gemeine Kampagne gegen ihn«, sagte Zamudio. Sie standen wieder vor der Tür der Druckerei. »Darf ich Sie etwas fragen?«

»Nur zu.«

»Warum interessieren Sie sich so für den Landmann? Die Kampagne gegen Uribe kam aus vielen Richtungen. Warum gerade der Landmann?«

Anzola fühlte einen Stich der Kameradschaft. Er erinnerte sich daran, wie es war, jemandem zu vertrauen und zu spüren, dass einem vertraut wurde. Das Gefühl war verführerisch (vielleicht eine Mischung aus Verletzlichkeit und Sehnsucht), und er war drauf und dran, diesem unbekannten Journalisten mit dem geschädigten Auge die ganze Lage zu erklären. Beinahe hätte er ihm von Ariston Men Hydor und von *Das Ja und das Nein* erzählt, hätte ihm beinahe gesagt, dass die Verfasser der Kolumnen und der Broschüre seiner Meinung nach ein und dieselbe Person waren und dass er diese Broschüre unter den Habseligkeiten der Mörder in ihrer Privatzelle gefunden hatte, hätte ihm beinahe erklärt, dass seiner Ansicht nach die Mörder diese Broschüre von denen bekommen hatten, die das Attentat in Auftrag gegeben hatten und sie nun seelisch unterstützen und ihren Hass gegen Uribe schüren, ihr Schuldgefühl unterdrücken und ihrer Reue entgegenwirken wollten. Anzola hatte es sich also in den Kopf gesetzt, dass die Entdeckung dieser verheimlichten Identität neues Licht auf die Verantwortlichen warf, und dort, auf dem engen Gehweg, hätte er das beinahe dem Reporter erklärt. Aber er besann sich rechtzeitig eines Besseren. Dieser Zamudio arbeitete letztlich immer noch für *El Republicano,* war es nicht so? Wer wusste schon, welche geheimen Absichten ihn so redselig machten? Welche unsichtbaren Fäden hatten ihn um den Block geführt? Wie konnte man wissen, ob er nicht in einer Geheimmission für Salomón Correal oder Staatsanwalt Rodríguez Forero tätig war?

Anzola blickte zu den Ecken und vergewisserte sich, dass man sie nicht beschattete. Er verabschiedete sich von dem Reporter und setzte seinen Weg fort.

Ende Mai geschah, was Anzola über den mysteriösen Brief in der Zeitung *Etcétera* vorhergesagt hatte. Staatsanwalt Alejandro Rodríguez Forero setzte Himmel und Erde in Bewegung,

um den Zeugen Alfredo García zu suchen, der all diese ver-
wegenen Anklagen zu Papier gebracht hatte. Er schrieb nach
Barranquilla, von wo aus der erste Brief abgeschickt worden
war, wandte sich in dringlichem Ton an den Bürgermeister der
Stadt, war dabei jedoch nicht einmal so klug, García äußerlich
zu beschreiben, sodass seiner Bitte nicht Folge geleistet werden
konnte. Der Bürgermeister von Barranquilla bat um die Be-
schreibung der gesuchten Person, aber obwohl diese Information in der Akte vorhanden war, erhielt er keine Antwort. Die
Staatsanwaltschaft schickte daraufhin per Telegramm ein Rund-
schreiben an alle Bürgermeister der Republik: *Sie werden dringend ersucht, umgehend telegrafisch mitzuteilen, ob in ihrem
Gerichtsbezirk Alfredo García A. ansässig ist.* Es gab keine posi-
tive Antwort. Als Anzola vom Inhalt des Telegramms erfuhr,
suchte er unverzüglich Julián Uribe auf. »Warum García A.?«,
fragte er den Bruder des Generals. »Warum nicht García B.,
warum nicht García C., da doch die Staatsanwaltschaft von den
wechselnden Initialen weiß? Nun wird klar, warum die Verbrecher vom Zeugen verlangt haben, auf drei verschiedene Weisen
zu unterschreiben: damit sie ihn später suchen können, ohne
ihn zu finden, damit sie den Anschein erwecken können, sich
anzustrengen, ohne das Risiko einzugehen, dass ihre Anstrengungen erfolgreich sind. Ich hatte recht. Ich hatte recht, und Sie
haben mir nicht geglaubt.« Julián Uribe musste das zugeben.

Am Morgen des 28. war Anzola gerade bei seiner Arbeit im
Panóptico, als einer der Wächter – mit Namen Pedraza, der an-
scheinend eine Marionette von Salomón Correal war und den
Mördern dabei half, mit der Außenwelt Handel zu treiben – auf
ihn zukam, um ihm zu sagen, dass draußen jemand auf ihn
warte. Als er auf die Straße trat, noch nass vom Regen, stieß
Anzola auf Tomás Silva, in der Hand eine Ausgabe von *El
Tiempo,* in der ein Erlass des Staatsanwalts veröffentlicht war.
Er schlug sie auf, straffte sie mit einer Bewegung der Hand-
gelenke und las: »Alejandro Rodríguez Forero, Staatsanwalt im
Verfahren gegen die Verantwortlichen am Tod des Generals
Uribe Uribe, lädt den Verfasser des Briefes …« Er musste nichts
dazu sagen. Anzola begriff sofort: Der Staatsanwalt lud den

Zeugen öffentlich vor, damit er aussagte, was er über das Verbrechen wusste, gab ihm alle Garantien für seine Sicherheit. Wenn er aber nicht erschiene, würde er sich der Vertuschung schuldig machen.

Anzola ging ein paar Schritte und setzte sich auf eine der Bänke, die auf die Straße blickten, unter Bäumen mit staubigen Blättern. Er sah lärmende Autos vorüberfahren, sah Frauen mit Hüten auf den Rücksitzen, sah ein Pferd, das bei seinem Gang Richtung Barro Colorado im Norden auf die Straße äppelte. »Das war's, sie haben es geschafft«, sagte er. »Sie sind Zauberer, lieber Silva, gegen die kommt man nicht an. García wird nicht auftauchen: Seine Abwesenheit ist bereits bezahlt und gewiss. Sagen Sie mir, Tomás, wie viel kostet es, einen Mann verschwinden zu lassen, ohne ihn umzubringen? Wie viel kostet es, ihn erst zu einem Verfasser absurder Briefe zu machen, dann zu einem Gespenst, zur Fiktion, zu einem Instrument, mit dem eine ganze Ermittlung in Misskredit gebracht wird? Dazu ist Alfredo García geworden: zu einer Erfindung von uns, mit der wir den guten Namen der vornehmen Leute im Land beschmutzen wollten. Alle seine Anklagen, alles, was er in dem Brief geschrieben hat, ist von jetzt und auf immer zu den Wahnvorstellungen eines Vertuschers geworden. Mit diesem Manöver ist Pedro León Acostas Fahrt zum Tequendama-Wasserfall wertlos für uns geworden. Wertlos ist nun, dass die Mörder durch die Hintertür des Jesuitenkonvents geschlüpft sind. Dagegen komme ich nicht an. Weder ich noch sonst jemand. Es wird einem schlecht dabei, aber was kann man machen? Was kann man gegen eine so große Macht ausrichten, die erreicht, dass Ana Rosa Díez vom Erdboden verschluckt wird, dass Alfredo García schreibt, was er nicht weiß, und dann die Wahrheit in Lüge verwandelt, dass das Geschehene nicht mehr geschehen ist? Ich habe gedacht, dass nur Gott zu dergleichen Wunder fähig ist, aber nein, diese Macht haben andere auch. Ja, schlecht wird einem dabei, schlecht wird mir. Und was kann man da machen? Sich übergeben, Silva. Alles herauskotzen, was man in sich trägt, und aufpassen, dass das Erbrochene niemanden bespritzt.«

Vom Zeugen Alfredo García hörte man nie wieder. So verschwand er aus dem Verfahren und aus der Welt. Ab und an musste Anzola an ihn denken, fragte sich, wo er wohl war, ob in Barranquilla, in Costa Rica oder Mexiko-Stadt oder vielleicht zwei Meter unter der Erde, die Kehle mit der Machete durchtrennt oder mit zwei Schusslöchern im Leib, aus nächster Nähe von hinten erschossen. Ende September machte das Gerücht die Runde, dass Staatsanwalt Alejandro Rodríguez Forero Faktenaufnahme und Ermittlung nun abschloss, und einige, die keinen Grund zum Lügen hatten, sagten, er schreibe schon an seiner Anklageschrift. Anzola hörte die Gerüchte und dachte nur: *Alfredo Garcías Zeugnis wird nicht darin vorkommen. Sie haben erreicht, dass es nicht vorkommt. Sie haben es erreicht.* Der zweite Jahrestag des Attentats nahte, und Anzola merkte, dass er schon lange nicht mehr den Ort besucht hatte. (Er hatte es sich angewöhnt, ihn so zu nennen, *den Ort,* wenn er Selbstgespräche führte, träumte oder delirierte.) Eine Morgens ging er hin. Er hatte eigentlich ein anderes Ziel gehabt, aber als er an der Kirche Santa Clara vorbeikam, gestattete er sich den Umweg. Er betrat die Plaza de Bolívar vom Kapitol aus und kam zwangsläufig an der Stelle vorbei, an der ein Polizist und ein Passant Leovigildo Galarza festgenommen und eine blutige Axt beschlagnahmt hatten. »So etwas gebrauche ich nicht«, hatte Galarza später bei seinen ersten Aussagen behauptet, »weil ich kein Mörder bin.« Anzola schauderte, als hätte ihn eine der kalten Böen erwischt, wie sie den Fremden zusetzen, denn für einen Augenblick war ihm die ganze Stadt zum *Ort* geworden und jede Straße, jede Mauer zu einem Zeugen, einem Tatort des Attentats an Uribe.

Anzola bog um die Ecke. Ihn trennten noch an die zwanzig Schritte von dem Gehweg, als er in dem vertrauten Stadtbild ein neues Objekt erblickte. Er trat näher, die Augen fest darauf gerichtet, und sah, dass es sich um eine Gedenktafel handelte: eine neue Marmortafel, die jemand in den letzten Monaten angebracht hatte, damit die Bogotaer die Tragödie nicht vergaßen. Er las:

Hier, an diesem trauernden Ort, wurde am 15. Oktober 1914
von zwei finsteren Verbrechern heimtückisch mit Beilhieben der
illustre Doktor und General Rafael Uribe Uribe gemeuchelt,
der geliebte Sohn Kolumbiens und Stolz Lateinamerikas.

Wer hatte sie wohl angebracht? Und für wen? Zweifellos nicht
für die gleichgültigen Passanten, die vorbeigingen, ohne sie zu
sehen. *Zwei finstere Verbrecher,* las Anzola und fühlte sich sofort
betrogen. Nein, es waren nicht zwei, sondern viel mehr gewesen.
In dieser Hinsicht steckte die Tafel mit den Verschwörern unter
einer Decke. Im Übrigen war das Wort *trauernd* eine Lüge, das
Wort *gemeuchelt* reiner Kitsch, das Wort *Beil* ungenau und das
Wort *geliebt* heuchlerisch. Ja, dachte Anzola, die gesamte Tafel
war ein riesiger Schwindel aus Marmor, wahrscheinlich auf Anweisung der Feinde des Generals dort angebracht, die so geschickt waren in der Kunst der Verzerrung, der falschen Spuren,
der Verheimlichung am helllichten Tag. *In Stein gehauen:* sagte
man nicht so, wenn man sich auf eine ewige Wahrheit bezog, gewiss bis zum Ende aller Zeiten? Diese Tafel mit ihrem Anschein
harmlosen Gedenkens war tatsächlich eine Auszeichnung für
die Verschwörer, ein Schritt mehr in der Zementierung einer
Wirklichkeit, in der zwei angetrunkene Tischler den General
umbringen, weil die Regierung ihnen keine Arbeit gegeben hat.
Diese Gedenktafel war Teil der unwiderruflichen Absolution der
Wölfe im Rudel. Anzola stellte sich die absurde Szene vor, in der
jemand die Tafel anhob und dahinter, auf der Mauer die Namen
Salomón Correal, Pedro León Acosta und Rufino Berestain
fand. Da überkam ihn eine Gewissheit: Diese Marmortafel verkündete mit nur dreiunddreißig Wörtern, was die Anklageschrift
mit sehr viel mehr sagen würde, als pflügte sie die Erde, um den
Samen der Lüge zu pflanzen. Er las sie noch einmal, zog Lubín
Bonillas Heft hervor, schrieb die dreiunddreißig Wörter ab und
dachte mit jedem Strich, dass er die Anklageschrift nicht einmal
zu lesen brauchte, denn er wusste schon, was sie sagen würde. Sie
würde sagen *Stolz Lateinamerikas,* würde sagen *illustrer Doktor*
und vor allem *von zwei finsteren Verbrechern gemeuchelt.*
Zwei einsame Wölfe. Zwei Mörder ohne Komplizen.

Die Anklageschrift, das Dokument, das vor dem Gesetz erklärte, wer im Fall Uribe die Angeklagten waren, wurde im November von der Landesdruckerei veröffentlicht. Es war ein in Leder gebundenes Buch von dreihundertdreißig Seiten, eng gedruckt und voll juristischer Fachausdrücke, aber die Leute verschlangen es, als wäre es ein heiß begehrter Roman. »Sie ist draußen, sie ist draußen«, hörte man an allen Ecken, und die Ausrufer kündigten sie an, auch wenn sie sie nicht verkauften. Am Nachmittag desselben Tages rief Julián Uribe zu einem dringlichen Treffen, jedoch nicht bei sich zu Hause, sondern in der Calle Novena, Nummer 111: im Haus des Generals, in dem noch immer seine Frau wohnte, wo sein Schreibtisch und seine Bibliothek noch ebenso waren, wie er sie verlassen hatte, und wo sein Gespenst auf tausenderlei Weise gegenwärtig war: auf der Treppe, über die man den Sarg hinausgetragen hatte, in dem großzügigen Wohnzimmer, wo die Totenwache stattgefunden hatte, in diesen Fenstern, durch die in der Nacht seines Todes das untröstliche Weinen seiner Anhänger gedrungen war. Am Schreibtisch des Generals standen Julián Uribe und Carlos Adolfo Urueta, beide gebeugt von Trauer und Empörung.

»Wissen Sie es schon?«, fragte Urueta Anzola, sobald er ihn hereinkommen sah.

Anzola hatte sich ein Exemplar in den Büroräumen von *El Liberal* besorgt und war direkt zum Inhaltsverzeichnis gesprungen. Er fand *Schlussfolgerungen,* fand *Beschluss zum Vorgehen,* und mit zusammengepresstem Herzen las er die Bestätigung seiner schlimmsten Ängste. Nachdem er den Kriminalprozess gegen Jesús Carvajal und Leovigildo Galarza für eröffnet erklärte, kam der Staatsanwalt zu dem Schluss, dass es keinerlei Beweise für die Verantwortlichkeit der anderen Verdächtigen gab. Anzola las die Liste der Unschuldigen, all dieser Leute, gegen die das Gesetz nichts unternehmen würde. Sie begann mit dem Namen Aurelio Cancino, dem Arbeiter beim Französisch-Belgischen Industrieverein, der Wochen vorher das Attentat auf General Uribe angekündigt, dessen prophetisches Talent die Ermittler jedoch nie interessiert hatte. Er ging die fast fünfzig Namen der Reihe nach durch und stieß am Ende auf den, der ihn wirklich interessierte: Pedro León Acosta nahm den letzten Platz dieser Bestandsaufnahme der Niedertracht ein. Als hätten sie einen Scherz mit ihm machen wollen, dachte Anzola, denn der Name Acosta ganz unten auf der Liste war wie eine obszöne Brücke zum nächsten Absatz, in dem erklärt wurde, dass Salomón Correals Unschuld über jeden Zweifel erhaben war. Und jetzt war er im Haus des Generals, und dessen Bruder sah ihn mit vor Trauer versunkenen Augen an, während Carlos Adolfo Urueta ihn fragte: »Haben Sie es schon gesehen?«

»Ich habe es gesehen«, sagte Anzola.

»Acosta unschuldig«, sagte Urueta und schüttelte das Buch wie ein Prediger. »Correal unschuldig.«

»Und über die Jesuiten nicht einmal ein Wort«, sagte Julián Uribe.

»Kein einziges«, sagte Urueta. »Als gäbe es sie nicht. Als hätten Sie nicht all das herausgefunden, was Sie herausgefunden haben. Wenn Sie nicht bloß phantasiert haben, versteht sich.«

»Ich habe nicht phantasiert«, sagte Anzola. »Ich weiß, dass die Jesuiten die Mörder besuchen. Ich weiß, dass die Mörder im San-Bartolomé-Kolleg waren. Ich weiß, dass sich die Jesuiten mit Correal getroffen haben. Ich weiß, dass es ein Pamphlet gibt, das sich hinter dem Pseudonym Ariston Men Hydor versteckt, und dass der Schreiber derselbe ist, der als Landmann entsetzliche Artikel gegen General Uribe unterschrieben hat.«

»Und wer ist dieser Mann?«

»Ich weiß es nicht«, sagte Anzola.

»Nein, nicht wahr?«, sagte Julián Uribe. »Sie haben Indizien, Anzola, bloß Indizien. Hier Acosta, da Correal, dann Pfarrer Berestain … Ich möchte Ihnen glauben, aber Sie haben mir noch nicht erklärt, wie die Dinge zusammenhängen, die Sie herausgefunden haben. Unabhängig von Ihrer Phantasie oder, besser gesagt, Ihrer Theorie. Und wenn Sie es mir nicht erklärt haben, wie wollen wir es dem Richter erklären, wenn die Verhandlung beginnt? Ich will Ihnen glauben, Anzola, aber der Richter wird das nicht wollen, denn was Sie behaupten, wird niemandem gefallen. Mit dieser Anklageschrift läuft unsere Zeit ab. Das Gesetz ist das Gesetz. Nur über die in der Anklageschrift Verdächtigen wird geurteilt. Wer nicht erwähnt wurde, existiert nicht. Das wissen Sie so gut wie ich, nicht wahr?«

»Ja.«

»Der Prozess wird in ungefähr einem Jahr beginnen. Wir haben ein Jahr Zeit, um dem Richter zu sagen, warum die Anklageschrift eine Lüge ist. Wir haben ein Jahr, um ihn zu überzeugen, dass dieses Buch im Irrtum ist. Besser gesagt: dieses Jahr haben Sie, lieber Anzola. Sie haben ein Jahr, um uns nicht zu enttäuschen, nicht das Andenken an meinen Bruder zu enttäuschen. Sie haben ein Jahr, um uns zu beweisen, dass es kein Fehler von uns war, eine so heikle Angelegenheit in Ihre Hände zu legen. Viel steht auf dem Spiel, Anzola, vielerlei, das über die Gerechtigkeit im Einzelfall meines Bruders hinausgeht. Wenn das, was Sie sagen, stimmt und es eine Verschwörung gibt, dann hängt die Zukunft dieses Landes davon ab, dass die Verschwörer nicht davonkommen. Wer unbehelligt tötet, wird wieder töten. Wer das arrangiert hat, wird es wieder tun. Was werden Sie tun, um das zu vermeiden?«

Anzola schwieg.

»Sagen Sie mir, Anzola«, fuhr Julián Uribe fort. »Was werden Sie tun, um den Richter davon zu überzeugen, dass dieses Buch eine Verzerrung der Wahrheit oder die Wahrheit vielmehr anderswo ist und dass wir sie gefunden haben?«

»Auch ich werde etwas schreiben«, sagte Anzola. Er sprach diese Worte mit solcher Überzeugung aus, dass er in dem Moment die Illusion hatte, dies vor langer Zeit entschieden zu haben. »Ich werde alles erzählen. Und dann kann von mir aus der Himmel in Stücke brechen.«

Der erste seiner Artikel erschien fünf Tage später.

Der gemeine Mord an Rafael Uribe Uribe, herausragender Führer der Liberalen und moralischer Leuchtturm der Republik, ist immer noch nicht gesühnt, ja der Prozess gegen die Angeklagten hat noch nicht einmal begonnen. Eine andere Schlussfolgerung lässt die unglückselige Anklageschrift von Doktor Alejandro Rodríguez Forero nicht zu, den wir für einen auf-

rechteren, gewissenhafteren Mann gehalten hatten oder zumindest für sorgfältiger und genauer. Aber sein Dokument ist der traurige Beweis für die Macht, die die geistigen Urheber des Verbrechens, die noch immer im Schatten weilen, über die gesamte Bürgerschaft haben. Wenn sie den Tod einer solchen Persönlichkeit wie General Uribe wünschen und durchsetzen können, wenn sie am helllichten Tag einen feigen, heimtückischen Angriff wie den auf unseren Prominenten am 15. Oktober 1914 organisieren und verüben können, dann muss man davon ausgehen, dass keiner von uns sicher ist, dass die Mächtigen im Schatten entscheiden, wer lebt und wer stirbt in diesem von Gott verlassenen Land.

Die Anklageschrift ist ein außerordentliches Dokument, aber nicht wegen ihrer Integrität oder Gerechtigkeit, sondern wegen des Talents, mit dem sie die Wahrheit verschleiert und die Verantwortlichen des besagten Verbrechens verbirgt. So offensichtlich war der gebeugte Wille des Staatsanwalts seit Beginn der Ermittlungen, dass sich der Bruder des Opfers, Julián Uribe, wegen seines Argwohns, der bisweilen ein guter Ratgeber ist, gezwungen sah, meiner Wenigkeit eine parallele Ermittlung aufzutragen. Es war mir damals eine Ehre, eine Ehre, da ich das Werk von General Uribe kenne und bewundere und sein Tod mich geschmerzt hat. Kaum hätte ich mir vorstellen können, dass ich auf dieses Geflecht aus Verschwörung, Fälschung, Unmoral und Lüge stoßen würde. Monatelang habe ich nicht an Zeit und Mitteln gespart, um die Wahrheit über das Geschehene ans Licht zu bringen, entgegen der finsteren Interessen, die die Tatsachen verdreht und die Ermittlungen behindert haben. Und heute wage ich es in den Seiten dieser mutigen Zeitung, den anklagenden Finger zu heben, wie es der berühmte Émile Zola jüngst in ebenso harten Zeiten tat, und zu sagen: Ich klage an.

Ich klage General Salomón Correal an, Polizeidirektor, dass er den Fall Uribe an sich gerissen hat, ohne die nötige Autorität dafür zu haben, und sich dafür sogar einen angeblich persönlichen Auftrag des Präsidenten der Republik erlogen hat. Ich klage General Correal an, die Ermittler verfolgt und bedrängt zu haben, die wie General Lubín Bonilla die Illusion hatten, ihre Pflicht sei es, die Mörder von Rafael Uribe Uribe zu finden, und nicht, sie hinter einem Rauchvorhang zu verbergen. Ich klage General Correal an, sich geweigert zu haben, die Beweise aufzunehmen, die andere Personen belasten als die ausführenden Mörder, wie er es auch unter Beihilfe des Staatsanwalts möglich gemacht hat, dass ein wertvoller Zeuge nicht aussagte. Ich klage General Correal an, Beweismittel zu unterschlagen, als er sich etwa ein Bündel Papiere nahm, das man im Haus der Mörder gefunden hatte, und vor den Augen seiner Untergebenen einige herauszog, in die Tasche steckte und die anderen zurückgab und die Nachwelt mit dem Zweifel zurückließ, welche Informationen die seitdem verschwundenen Dokumente enthielten. Ich klage ihn an, den Mördern nach ihrer Verhaftung die freie Absprache gestattet zu haben; ich klage ihn an, ihnen mit dem Finger geboten zu haben, wann sie schweigen und wann sie die Fragen der Ermittler beantworten sollten; ich klage ihn an, angeordnet zu haben, dass die Zellen der Mörder im Panóptico nur eine dünne Wand trennt, sodass sie sich bei ihren Lügen und Strategien verabreden konnten; ich klage ihn an, dass er jedem der Mörder eine persönliche Ordonnanz zugeteilt hat, die ihnen kocht, was sie verlangen, morgens die Betten macht und ihre Nachttöpfe leert, und dass er es zulässt, dass jeder von ihnen vom Markt unerhörte Mengen Lebensmittel erhält, die nach Aussagen anderer Häftlinge bis zu sechs Pfund Fleisch und Speck umfassen können. Ich klage ihn schließlich an, seine nicht geringe Macht dazu zu benutzen, den Mördern Vorteile zukommen zu lassen, auf die kein anderer Häftling in Kolumbien ein Anrecht hat. Warum? Weil nur diese Mörder gegen die wahren Schuldigen am Attentat auf Rafael Uribe Uribe aussagen könnten; weil nur diese Mörder über ein Schweigen gebieten, das Gold wert ist.

General Correals Betragen erweckt für jeden unparteiischen Blick Verdacht, für jeden freien Kopf, der nichts als die Wahrheit finden will. Ein solcher ist Staatsanwalt Rodríguez Forero nicht, der seit dem Auftakt des Verfahrens sein Komplize ist und dessen Betragen weniger das eines rechtschaffenen Beamten war, sondern das eines Sklaven, der seinen Gebietern gehorcht. So hat er sich geweigert, der Wahrheit in den Aussagen so vieler Zeugen nachzugehen, die General Pedro León Acosta in Begleitung der Mörder am Tequendama-Wasserfall gesehen haben; er hat sich geweigert, auch nur die Möglichkeit in Betracht zu ziehen, dass General Pedro León Acosta der Mann war, der am Vorabend des Attentats an der Tür der Tischlerei im Gespräch mit den Mördern gesehen wurde. Er hat sich schließlich geweigert, General Pedro León Acosta anzutasten, obwohl tausenderlei Indizien ihm eine zentrale Rolle in dem Kriminalfall zuweisen. Der Herr Staatsanwalt hat sich trotz übereinstimmender Aussage von Aberdutzend Zeugen lieber an das Wort des Verdächtigen gehalten, der sogar seine Anwesenheit in Bogotá während der Tage vor dem tragischen Ereignis abgestritten hat. Die Leser von La Patria werden sich erinnern, da es damals durch die Presse ging, dass General Pedro León Acosta derselbe ist, der an einem verhängnisvollen Tag versucht hat, den Präsidenten der Republik, General Rafael Reyes, zu ermorden. Und seinem Wort glaubt der Staatsanwalt eher als dem der anderen? Was sagt uns das über einen Beamten wie Staatsanwalt Rodríguez Forero, angeblicher Vertreter der allgemeinen Interessen, wenn er dem Wort eines Putschisten seinen Glauben schenkt und ihn Bürgern mit makelloser Vergangenheit entzieht?

Heute können nur absichtliche Blindheit oder böser Wille das Offensichtliche abstreiten, dass General Pedro León Acosta größere Verantwortung an der Ermordung Rafael Uribe Uribes trägt, als ihm die Anklageschrift zuweist. Nur Korruption oder Gleichgültigkeit können behaupten, ohne zu erröten, dass der Polizeidirektor frei von jeder Schuld ist und ihm keinerlei Nachlässigkeit zur Last gelegt werden kann. Und nur Ignoranz oder Gedächtnisverlust können die Tatsache übergehen, dass diese beiden unheilvollen Männer etwas gemeinsam haben: Jeder von ihnen hat einmal versucht, einen Präsidenten der Republik umzubringen. Salomón Correal, indem er den greisen Doktor Manuel María Sanclemente folterte, Pedro León Acosta, indem er ein feiges Attentat gegen Rafael Reyes beging. Braucht man

mehr Beweise für ihr geheimes Einverständnis und ihre über-
einstimmenden Ziele?

Aber es gibt einen dritten Schenkel in diesem Dreieck des Bö-
sen, das eine Führungsfigur des liberalen Volkes vom Erdboden
gewischt hat und davongekommen ist. Den dritten Schenkel,
verehrte Leser von La Patria, rechtschaffene Kolumbianer, muss
man in der Gesellschaft Jesu suchen. Unerhört, rufen die Leser,
Blasphemie? Nein: nur die Kühnheit, schwarz auf weiß gewisse
Wahrheiten auszusprechen, die uns alle schmerzen, jedoch we-
nige akzeptieren.

Halten wir uns an die Beweise. Wer waren die Männer, die
sich hinter geschlossenen Türen mit dem Polizeidirektor besprach-
chen? Die Jesuiten, in Person von Pater Rufino Berestain. Wer
hat die Kanzel bei den geistlichen Übungen dazu missbraucht,
das Andenken an den ermordeten General zu beleidigen und
ihn zu attackieren, kaum eine Woche nach dem unseligen Tag,
wer hat gewünscht, seine Seele möge in der Hölle schmoren?
Abermals: die Jesuiten, abermals in Person des Basken Beres-
tain, eines bekannten Karlisten, des machiavellistischen Raspu-
tin der Polizei. Woher kamen die Mörder in der Nacht des
13. Oktober 1914, nach Aussagen, die wir einholen konnten?
Aus dem Jesuitenkolleg, das eine Hintertür zur Calle Novena
hat. Wer besucht und begleitet die Mörder im Panóptico, wer
bringt ihnen als Geschenk Bücher mit, die General Uribe
schmähen und herabsetzen, zweifellos, um ihren Mut zu stär-
ken und sie zu überzeugen, dass die katholische Kirche ihnen
vergibt, ja sie zu ihrem entsetzlichen Verbrechen sogar beglück-
wünscht? Die Jesuiten. Die Jesuiten. Die Jesuiten.

Da ich diese unbequemen Offenbarungen von der Tribüne
der freien Presse aus mache, haben sie keine strafrechtliche Re-
levanz, dafür muss die Justiz in unserem Land sorgen. Ich be-
gnüge mich damit, die Fehler und Irrtümer einer Anklageschrift
aufzuzeigen, die eher dazu angetan ist, zu verschleiern, als zu
erhellen. Doktor Rodríguez Foreros Anklageschrift vertritt die
Ansicht, dass es keine weiteren Verantwortlichen für das Atten-
tat auf General Uribe Uribe gibt als die beiden geständigen
Mörder, die im Gefängnis darauf warten, dass die Verhandlung

beginnt. Aber der gesunde Menschenverstand und sorgfältige Ermittlungen legen eine breit gefächerte Mittäterschaft und weitere Schuldige nahe, die hohe Mitglieder unserer Gesellschaft umfasst. In den folgenden Tagen, so Gott will und die Seiten dieser heroischen Zeitung mir den Platz gewähren, will ich berichten, was ich im Laufe der eigenen Ermittlung herausgefunden habe, die unberührt von jedem unlauteren Interesse und jeder Rachelust ist. Denn ich suche nur die Antwort auf berechtigte Fragen. Hat das kolumbianische Volk nicht das Recht, dem Schwindel, der Verschwörung und der Lüge zu entkommen? Hat es nicht das Recht, die Wahrheit über die zu erfahren, die sein Schicksal bestimmen? Wer sind die wahren Schuldigen am Tod von General Uribe Uribe?

Wer sind sie?

Als Marco Tulio Anzola seinen eigenen Artikel in *La Patria* las, dachte er, dass es nun gewiss war: Es gab keinen Weg mehr zurück. In den folgenden Monaten schickte er der Zeitung häufig die Ergebnisse seiner Ermittlungen oder gab vielmehr dem eine schriftliche Form, was im Chaos eines unergründlichen Universums von Notizen und Unterlagen schlummerte, und er tat es in dem Bewusstsein, nicht bloß empörte Kolumnen zu veröffentlichen, sondern Vorabdrucke eines künftigen Buches: ein Buch, das seine mutige Antwort auf die Anklageschrift sein sollte, sein Beweis, dass Julián Uribe nicht im Irrtum gewesen war, ihm den Auftrag zu geben, ein Buch, das tatsächlich sein *J'accuse* werden sollte. Er schrieb diese Artikel nicht unter Pseudonym, wie es der Landmann oder Ariston Men Hydor mit ihren Schmähschriften gegen Uribe Uribe getan hatten, sondern benutzte stolz und in Großbuchstaben seinen Namen, und es schmeichelte ihm, dass zufällige Leser ihn auf der Straße ansprachen (im Parque de los Mártires zum Beispiel oder im *La Gata Golosa*) und seinen Mut lobten. Das Gerücht hatte sich verbreitet, dass diese skandalträchtigen Artikel Teil eines Buches in Arbeit waren, und in den Augen und der Stimme der wenigen Leser lag Respekt und manchmal Bewunderung. Anzola hatte noch nie so direkt den eitlen, den entsetzlichen Stolz erfahren, tapfer zu sein.

Damals begann er auch, verdächtige Individuen an den Ecken zu sehen. Es fing an einem Morgen an, als er sich aus dem Fenster beugte, um zu prüfen, ob es regnete, und keinen Regen, aber zwei Männer sah, die in Richtung seines Hauses zu blicken schienen. Er sah sie wieder – oder glaubte zumindest, dass es dieselben waren, hätte es aber später nicht beschwören können, und hätte sein Leben davon abgehangen –, als er eines Freitagabends aus dem Büro kam. Er sprach mit niemandem darüber, schon gar nicht mit Julián Uribe. Er wollte nicht zu denen gehören, die sich ständig umblicken. General Uribe, dachte er, hatte sich an jenem Tag nicht umgeblickt, hatte nicht zu diesen Menschen gehört. Was für ein Recht hatte Anzola, Ängste zu hegen, die der große General von sich gewiesen hatte?

Aber er schrieb einen Brief an den Regierungsminister. Er sei dafür verantwortlich, die Bürgerrechte zu schützen und die persönliche Sicherheit; er schrieb von seinem Interesse an der Aufklärung des Attentats auf General Uribe, sagte, als Teil dieser »vollkommen zulässigen« Aufgabe habe er begonnen in der Zeitung *La Patria* eine Reihe von Kolumnen zu veröffentlichen, die Fehler aufzeigten, die die Verantwortlichen für das Ermittlungsverfahren begangen hätten. Seitdem sei er, wie er in dem Brief erklärte, einer »heimlichen, deshalb jedoch nicht weniger gefährlichen Verfolgung seitens unbekannter Individuen« ausgesetzt und bitte den Herrn Minister, ihm mit Polizisten oder Polizeiinspektoren behilflich zu sein, diese Individuen dingfest zu machen. »Das bedeutet nicht, dass der Unterzeichnete um Personenschutz bittet«, schrieb Anzola, »denn es geht nur darum, sich wirksamer, angebrachter Hilfe durch die Behörden zu vergewissern, falls diese vonnöten wäre.«

Einen Monat später erhielt er die Antwort. Es war weniger eine Ablehnung als purer Hohn: »Sobald eintritt, was der Verfasser sagt, wird die Nationalpolizei ihm die nötige Hilfe leisten.« Anzola sah in diesem verächtlichen Sarkasmus Salomón Correals Handschrift. Er freute sich, dass er mit niemandem über die Angelegenheit gesprochen hatte, sonst hätte er sich noch lächerlicher gemacht. Unterdessen veröffentlichte *Sansón Carrasco* eine verschnörkelte Karikatur, auf der sich die Parteien dieses Krieges gegenüberstanden: auf der einen Seite in voller Größe und mit wilder Miene, Adlernase und hervorstehenden Zähnen Anzola, über ihm die verschwommenen Figuren von Uribe Uribe und dem Tod mit seiner Sense; auf der anderen Salomón Correal, der seelenruhig ein Kreuz hielt. Die Zeile darunter lautete: *Feiglinge greifen zu mehreren an.* Die Karikatur erschien an einem Montag. Am folgenden Tag besuchte Anzola einen Vortrag von Schülern Marco Fidel Suárez', eines Grammatikers mit weißem Bart, seit langem korrespondierendes Mitglieder der Real Academia Española, dessen Namen man jetzt öfter hörte, wenn es um den konservativen Kandidaten für die Präsidentschaftswahlen im nächsten Jahr ging. Die Veranstaltung fand im Parque de la Independencia statt, zwischen müden Bäumen und niedrigen Häusern, die niemanden vor dem Wind schützten, der von den östlichen Berghängen herüberwehte. Anzola stand dort in der anonymen Menge und wartete, dass der erste Redner das Podium bestieg, als ihn jemand erkannte.

»Sie sind der Atheist«, sagte ein Mann in dunklem Poncho aus nächster Nähe.

Und ehe Anzola wusste, wie ihm geschah, ging das Geschimpfe los. »Atheist!«, schrien ihm Münder entgegen, die er nicht sah. »Atheist!« Anzola versuchte, sich zu verteidigen. »Ich bin Katholik!«, rief er unsinnigerweise. »Ich gehe in die Kirche!« Hinter den drohenden Gesichtern, hinter den Goldzähnen, die in den schmähenden Mündern glänzten, schüttelten sich nun die Baumwipfel. Ihm fiel ein, was General Uribe kurz vor seinem Tod geschehen war: In einem Park wie diesem oder vielleicht sogar im selben hatte während eines Vortrags von Ricardo Tirado oder Fabio Lonzano eine wütende Menge auf ihn eingeschrien, hatte ihn umringt und beinahe auf ihn eingeschlagen, hätten seine Begleiter nicht einen schwarzen Regenschirm als Schild aufgespannt und ihn rasch fortgeschafft. Anzola dachte an Uribe, dachte an den Hass und wie leicht er war, und er dachte, dass jeder Mensch jederzeit Gründe hat, einen anderen umzubringen. Da fing es zu regnen an. Der Regen lenkte die drohenden Männer ab wie Kinder oder Raubtiere, und in drei langen Schritten verließ Anzola den Park und erreichte den angrenzenden Gehweg. Er interessierte sie nun nicht mehr. Der Funke des kollektiven Zorns erlosch so schnell, wie er sich entzündet hatte. In ein paar Minuten war er auf dem Weg nach Hause, müde, angespannt, mit aufgerissenen Augen und einem leichten Zittern in den Händen.

Während dieser Tage schrieb er an Ignacio Piñeres, den Generaldirektor der Gefängnisse, um ihn zu bitten, die Zellen der Mörder inspizieren zu lassen. Ob es dort Beweise gab, wertvolle Spuren, belastende Unterlagen, die es ihm erlaubten, seine Anklagen zu untermauern? Anzola hielt das für möglich, zumindest nach dem, was er bei seiner Geheimmission im Panóptico hatte sehen können. Aber dafür musste man die Durchsuchung nach allen Regeln des Gesetzes durchführen und ohne dass die Mörder davon erfuhren. Es war nicht schwer, den Beamten zu überzeugen. Am 14. März gegen halb zehn Uhr morgens trafen Anzola und Piñeres am Tor des Panóptico ein. Der Direktor der Haftanstalten begleitete sie, ein junger Mann mit Namen Rueda, der sprach und sich bewegte, als hielte er etwas zwischen den Pobacken fest, und an dessen schrille Stimme man sich erst gewöhnen musste. Piñeres hatte Anzola jedoch von Anfang an gefallen. Er wirkte auf ihn gewissenhaft und entgegenkommend. Als sie zu Galarzas und Carvajals Zellen gelangten, trat er vor, um seine Autorität in die Waagschale zu werfen, damit Anzola nicht allein zurechtkommen musste. Er informierte die Mörder, die ihn von ihren Betten aus missmutig ansahen, über das, was geschehen würde, und er verlangte in festem, aber nicht unhöflichem Tonfall, dass sie aufstehen und im Gang warten sollten. Galarza ging als Erster hinaus, barfuß, und Anzola sah seine haarlosen Füße, seine dreckigen Zehennägel, nur der des linken großen Zehs war violett, als hätte er sich gestoßen. Carvajal ließ sich etwas mehr Zeit, und als auch er endlich hinausging, warf er noch einen raschen Blick um sich, überblickte die Zelle, als wollte er sich vergewissern, dass nichts Kompromittierendes oder Belastendes dort herumlag. Die Mörder lehnten sich im Gang an die Wand, ohne sich anzublicken. Ihre Münder, die bleichen, schmalen Lippen, die die schütteren Schnurrbärte nicht verbargen, hatten einen feindlichen, doch zugleich unbekümmerten Ausdruck, als geschähe all das jemand anderem. Galarza bohrte seine Schlitzaugen in Anzolas Krawatte und sagte:

»Sind Sie nicht der, der hier gearbeitet hat?«

»Ja«, sagte Anzola.

»Hat man Sie nicht hinausgeworfen?«

»Nein, man hat mich nicht hinausgeworfen«, sagte Anzola. »Man hat mich versetzt, befördert. Man hat mich nicht hinausgeworfen.«

»Uns hat man gesagt, dass man Sie hinausgeworfen hat.«

»Wer?«

»Die Leute.«

»Nun, das stimmt nicht. Man hat mich nicht hinausgeworfen. Man hat mich befördert. Man hat mich versetzt.«

Galarza sagte: »Aha.«

Dann begann die Durchsuchung. Dreieinhalb Stunden lang gingen die beiden Beamten durch die angrenzenden Zimmer, besahen, befühlten, räumten beiseite, beschrieben und notierten alles, was sie fanden, auf einem Abreißblock ähnlich dem, den Alfredo García vor Jahrhunderten benutzt hatte, um eine unnütze Aussage aufzuschreiben. In Carvajals Zimmer, das sie zuerst inspizierten, fanden sie einen Anzug aus gutem Tuch, ein Sakko und neue, gebügelte Hosen, drei Hemden ausländischer Herstellung und eine Schachtel mit Unterhosen und -hemden guter Qualität. Sie fanden eine Schlinge von zehn Armlängen, ein eingerolltes Metallband, eine Säge und drei Nadeln. Sie fanden eine Schachtel mit Schokolade und Yuccabrot, ein Portemonnaie mit Geld und einen Schlüsselring ohne Schlüssel, außerdem eine Menge Briefe, Bücher und Hefte, die Anzola durchsah, während Piñeres und Rueda durch die geräumigen Zimmer gingen, von einem ins andere, unter dem gleichgültigen Blick der Mörder. In Galarzas Zimmer fanden sie Wolldecken, drei Paar fast neue Stiefel, einen grünen Dreiteiler in hervorragendem Zustand, vier Anzughosen, zwei Tiroler Hüte, ein halbes Dutzend neuer Kragen, eine Schachtel mit Krawatten und eine mit Unterhosen guter Qualität. Nachdem sie ein Inventar aufgestellt hatten, fasste Piñeres die Situation in sieben Wörtern zusammen:

»Diese Schweine kleiden sich besser als ich.«

Unterdessen blätterte Anzola in den Büchern und Heften der Mörder, als offenbarten sie eine Wahrheit, und schrieb seine Funde in Lubín Bonillas Heft. Als er damit fertig war, kurz vor ein Uhr, trat er in den Gang, wandte sich aber nicht an die Mörder, sondern durchquerte den Hof und warf dem Wächter einen Satz an den Kopf, der eine Frage hätte sein können, aber als Anklage herauskam:

»Sie haben ihnen gesagt, dass wir kommen.«

»Nein, mein Herr«, sagte eine gebrochene Stimme. »Gestern Nacht ist der Herr General vorbeigekommen, ich habe nichts getan.«

Der befragte Wächter hieß Carlos Riaño. Durch ihn erfuhren sie, dass in der Nacht zuvor Salomón Correal kurz vor zwölf mit einem seiner Vertrauensmänner, dem Offizier Guillermo Gamba, ins Gefängnis gekommen war. Der Direktor des Panóptico hatte sie persönlich zu den Zellen der Mörder begleitet und dann mit ihnen allein gelassen. Der Besuch dauerte eine halbe Stunde, aber weder der Wächter Riaño noch die anderen Häftlinge oder der Direktor erfuhren, worüber sie gesprochen hatten.

»Und wer hat Correal Bescheid gesagt?«, fragte Anzola. »Davon haben nur wir und Sie hier gewusst. Und wir sind es nicht gewesen.«

»Der Herr General hat überall Ohren, Señor«, sagte Riaño. »Vor allem, wenn es um Carvajal und Galarza geht. Nichts passiert hinter Gittern, ohne dass er davon erfährt. Immer wenn die beiden sich streiten, kommt entweder der Herr General oder Pater Tenorio. Ich schwöre Ihnen: als könnte man im Panóptico alles sehen.«

Nun, Galarza und Carvajal benahmen sich seit mehreren Monaten wie in einer unglücklichen Ehe. Nur durch Vermittlung von Correal oder dem Priester konnte man sie versöhnen. Der letzte Vorfall hatte erst vor ein paar Tagen stattgefunden. Riaño war in seinem Zimmer gewesen, das an die der Mörder grenzte, und hatte Schach mit Gefährten gespielt oder ihnen vielmehr beim Spiel auf dem Holzbrett zugesehen. Da hörten sie die ersten Schreie. Carvajal sagte zu dem anderen, wegen ihm würden sie hier drinnen sitzen, das habe er davon, dass er sich mit diesen Leuten eingelassen habe, und er wisse nicht mehr, warum er auf ihn gehört habe, so gut, wie sie es vorher gehabt hätten. Und Galarza stieß Beleidigungen aus. »Halt's Maul, du Hurensohn«, sagte er. »Und wehe, deine Zunge löst sich, dann schneide ich dir die Kehle durch.« Carvajal antwortete mit den Schreien einer gekränkten Frau, die keine Angst vor ihm hatte, aber es lag auf der Hand, dass das Gegenteil der Fall war. In dem Moment holte Galarza sein Messer hervor und steckte es vor aller Augen in seine Hosentasche. Carvajal verbarrikadierte sich eilig auf der Toilette.

»Und all das hat Correal mitbekommen?«

»Ich weiß nicht, ob er es mitbekommen hat, aber am nächsten Tag ist Pater Tenorio gekommen, hat sie in die Kapelle geführt und die Tür geschlossen. So geht es immer. Und aus der Kapelle kommen sie, als wäre nichts gewesen«, sagte Riaño. Und dann: »Nicht umsonst heißt es, dass die Beichte die Seele von der Last befreit.«

»Nicht umsonst heißt es so«, sagte Anzola. Dann fragte er: »Und haben sie etwas mitgenommen? Correal und seine Untergebenen, meine ich. Haben sie etwas aus den Zellen mitgenommen?«

»Gesehen habe ich das nicht«, sagte Riaño.

Anzola gab dem Generaldirektor ein paar Empfehlungen: Man solle den Mördern das Seil und die Werkzeuge wegnehmen, damit sie sich selbst oder anderen keinen Schaden zufügten oder zu fliehen versuchten, und auch die Tiroler Hüte konfiszieren, denn damit könnten sich die Mörder verkleiden, wenn sie jemand hinauslassen sollte. All das wurde getan. Als Anzola nach Hause kam, war er zugleich befriedigt und besorgt, denn er hatte nun aus erster Hand erfahren, was er durch Zeugenaussagen wusste: dass General Hackebeil und die Jesuiten praktisch zu den Paten oder Schirmherren der Mörder geworden waren. So sehr fürchteten sie, was sie würden sagen können? *Die Beichte befreit die Seele von der Last,* hatte der Wächter Riaño gesagt, und Anzola dachte, nein: nicht die Beichte der Mörder, sondern die Versprechen ihrer Auftraggeber. Das Motiv für den nächtlichen Besuch war das gleiche gewesen, aus dem man ihnen Bücher mit Schmähungen gegen Uribe Uribe und Broschüren, die ihn zum Feind Gottes und der Kirche erklärten, in die Zelle geschickt hatte. Anzola schrieb: *Die Mörder seelisch stärken.* Er schrieb: *Ihr Gewissen beruhigen.* Er schrieb auch: *Ihnen versichern, dass sie nicht in die Hölle kommen.*

Ein paar Tage nach der Durchsuchung erhielten die Mörder ein Paket vom Kaplan des Panóptico. Beim Öffnen fanden sie darinnen zwei Paar neue Stiefel und ein Bündel mit Unterwäsche. Carvajal suchte sich die Stiefel aus gelbem Leder aus, Galarza nahm die aus weißem Segeltuch, und beide teilten sich die neuen Unterhemden und Unterhosen mit angeschrägtem Bein. All das erzählte der Wächter Riaño. Ebenso erzählte er, dass er eines Tages während der Nachmittagsstunden gesehen hatte, wie die Mörder in ihre Zellen zurückkehrten, im Arm zwei Pakete mit Kleidern aus Wolltuch. Er wusste nicht, woher und über wen sie gekommen waren, aber er erzählte, dass Galarza sein Bündel in die Truhe steckte, ohne es sich anzusehen, als bräuchte er es nicht, aber dass Carvajal seine neuen Kleider dagegen kurz ausbreitete und hochhielt, um sie besser betrachten zu können, doch dann merkte er, dass Riaño ihn beobachtete, tat alles in die Truhe und ließ schwungvoll und unverschämt den Deckel heruntersausen. Anzola hörte seiner Aussage zu, und so groß war der Neid, der Groll, den er in seinen Worten spürte, so offensichtlich seine Verachtung für diese Häftlinge, die besser lebten als die Wächter, dass er eine unbehagliche Erleuchtung hatte. Er dachte, dass er ihm nur ein paar Münzen würde anbieten müssen, damit Galarza und Carvajal in irgendeiner Nacht im Schlaf starben, mit einem Schnitt durch die Kehle, auf den gestickten Bezügen ihrer feinen Kissen verblutend.

Vor einigen Tagen war ich in Begleitung des Generaldirektors der Haftanstalten im Panóptico, um eine unangemeldete Durchsuchung in Jesús Carvajals und Leovigildo Galarzas Zellen durchzuführen. Wie groß war unsere Überraschung, als wir feststellten, dass General Salomón Correal, der Polizeidirektor, durch mysteriöse Künste von unserem Besuch erfahren und die Mörder seinerseits am Vorabend unseres Eintreffens gegen Mitternacht besucht hatte. Die Leser von La Patria werden sich fragen, was der Polizeidirektor zu so später Stunde in der Zelle von General Rafael Uribe Uribes geständigen Mördern zu suchen hatte. Man muss nicht Sherlock Holmes sein, um zu vermuten, dass der keine ehrenwerten Absichten hat, der von seinen Spionen informiert wird und nachts im Geheimen agiert.

Aber lassen wir diese Beschuldigungen beiseite, von denen es viele unheilvolle gibt, gegen einen Mann, den das Volk in all seiner Weisheit General Hackebeil getauft hat. Wir möchten der Leserschaft hier Funde präsentieren, die uns während des erwähnten Besuchs das Glück gewährt hat, und die Leserschaft möge ihnen den Wert zuweisen, den das Gewissen ihr diktiert. Der erste ist ein Notizheft, das Jesús Carvajal gehört, aus dem jemand vor unserem Besuch sieben Seiten herausgerissen hat, ohne dass wir herausbekommen hätten, was für Informationen sie enthielten. Aber die Komplizenhände haben nicht alle Seiten erwischt, und auf den anderen fand sich allerlei Information. Zum Beispiel dieser Eintrag vom 1. Juli 1916: »Ich habe José García Lozano eine Wolldecke für vierhundertfünfzig Pesos ($450) Papiergeld gekauft.« Der Begriffstutzigste wird sich fragen: Wie stellt es ein Häftling an, eine so gewaltige Summe aufzutreiben? Wie in der Anklageschrift zu lesen, die so traurige Berühmtheit erlangt hat, waren Galarza und Carvajal im Moment des Attentats so arm, dass sie sich gezwungen sahen, einen Drillbohrer für fünfzig Pesos zu versetzen. Doch nun geben sie nach unseren Ermittlungen Hunderte von Pesos für Kleidung und Komfort aus, und sie haben noch Geld übrig, um für andere Häftlinge die Geldleiher zu spielen. Was für ein mysteriöser Wandel ihres Vermögens! Aber all das hat der Staatsanwalt nicht seiner Aufmerksamkeit für würdig befunden.

Sehen wir uns nun an, wie es in diesen Jahren den Menschen in der Umgebung der Mörder ergangen ist. Galarzas Mutter hatte mehrere Unterredungen mit dem Polizeidirektor. Nach Zeugenaussagen, die der Staatsanwalt nicht hat berücksichtigen wollen, hat sie bei diesen Unterredungen ihre Sorge darüber zum Ausdruck gebracht, dass ihr Sohn, der sie unterhalten und sich um sie gekümmert hat, nun im Gefängnis sitzt. General Correal hat sie gebeten, sich keine Sorgen zu machen, und ihr versichert, er werde einen Weg suchen, ihr Geld über Dritte zukommen zu lassen. María Arrubla, die Gefährtin Galarzas, ging von einem Leben voller Entbehrungen dazu über, Dienstmädchen einzustellen und Picknicke für die Nachbarn zu organisieren. Während ihre rechtliche Verantwortung untersucht wurde, war die Arrubla eine Zeit lang im Frauengefängnis El Buen Pastor. Nun, Zeugen sagen, dass sie dort außergewöhnliche Privilegien genoss, sie durfte etwa die anderen Inhaftierten überwachen und erhielt täglich einen Liter Milch und einen eigenen Henkelmann, worauf niemand sonst ein Anrecht hatte. Eine Zeugin hat ausgesagt: »Ich weiß, dass sich María Arrubla vor der Ermordung General Uribe Uribes ärmlich gekleidet hat, in bedruckten Baumwollkleidern und Hanfschuhen gegangen ist, und dass sie danach Stiefelchen getragen hat, Umhängetücher aus Seide und Röcke aus Wolle, und außerdem hat sie jetzt zwei Nachnamen.« War dies nicht eine winzige Nachforschung durch den Staatsanwalt wert? Niemand wird überrascht sein, wenn wir hier feststellen, dass es nicht dazu kam.

Carvajals Angehörige haben ein vergleichbares Glück. In dem oben erwähnten Heft haben wir folgende Notiz gefunden: »Am 19. Mai ist Alejandro von Bogotá nach Tolima aufgebrochen.« Besagte Person ist Alejandro Carvajal, Bruder des Mörders Jesús, der am Tatort präsent war – ein seltsamer Zufall, dem der Staatsanwalt nicht nachgehen wollte – und ihn vor der möglichen Wut der Menge schützte. Unseren Nachforschungen zufolge, die der Staatsanwalt nicht anstrengen konnte oder wollte, haben wir herausgefunden, dass der Bruder des Mörders, früher bettelarm, nun ein wohlhabender Händler in Ibagué ist, der dort unter dem Namen Alejandro Barbosa arbeitet. Die Leser mögen selbst urteilen, ob an einem so plötzlichen Wandel des Glücks nicht etwas zutiefst Verdächtiges ist und ob der, der seinen Namen ändert, nicht zwangsläufig etwas zu verheimlichen und zu verbergen hat.

Und trotz all dem verwirft die Anklageschrift beim Attentat auf Rafael Uribe Uribe das mögliche Motiv des Profits. Indizien und Aussagen umwirbeln den Staatsanwalt seit Beginn des Ermittlungsverfahrens, doch er hat übermenschliche Anstrengungen unternommen, sich unwissend zu stellen. Warum? Wenn er zugeben würde, dass die Mörder aus Gründen des Profits gehandelt haben, müsste er ipso facto nach der Quelle des Geldes suchen und sich fragen, wer es bezahlt hat. Um seine Lügengeschichte über das Attentat zu schmieden, musste seine Anklageschrift jede Spur ignorieren, die ihn auf andere Wege führte; heute wissen wir, dass es nicht bloß Nachlässigkeit war, sondern die eindeutige Absicht, die wahren Schuldigen zu schützen: die schwarzen Hände, die mit blutbeflecktem Geld die Ermordung eines Mannes in Auftrag gegeben und bezahlt und die Geschichte eines Volkes in Stücke gehauen haben. Wir fragen weiter: Wer sind diese schwarzen Hände?

Wer sind sie?

Mitte Juli ließ Julián Uribe Anzola zu sich rufen. »Ich habe eine weitere Aussage«, sagte er, »aber keine beliebige. Wenn die den Richter nicht überzeugt, dann ist nichts mehr zu machen.«

Und jetzt saß Anzola in Julián Uribes Wohnzimmer, wie so oft in den letzten Jahren, mal mit dem Gefühl, an einem friedlichen Ort zu sein, während draußen das Land im Krieg in die Brüche ging, mal mit dem Gefühl, ein Verschwörer zu sein, der sich von seinem Geheimversteck aus einer anderen Verschwörung entgegenstellt, der mörderischen Verschwörung der Mächtigen. Über dem Pflaster ging ein feiner Regen nieder, den der Wind gegen die geschliffenen Scheiben drückte. Auf dem Stuhl, der dem Fenster zur Straße hin am nächsten stand, saß Julián Uribe und rauchte eine dicke Zigarre, deren glühende Spitze Muster ins Halbdunkel zeichnete. Anzola gegenüber saßen auf dem Rand der Korbstühle mit Samtkissen Adela Garavito und ihr Vater. General Elías Garavito war ein Mann mit dichtem, bereits ergrautem Bart, das Kinn rasiert, wie es früher üblich gewesen war. Er war ehemaliges Mitglied der Guardia Colombiana und hatte General Uribe gekannt und bewundert. Er ergriff zuerst das Wort.

»Erzähl es ihm, Liebes«, flüsterte er. »Erzähl ihm, was wir wissen.«

Seine Tochter war eine schüchterne, fromme Frau um die vierzig mit langem schwarzem Rock und schamhaftem Benehmen, die öfter zur Messe ging, als es ihrem liberalen Vater lieb gewesen wäre. Sie brauchte eine Weile, bis sie es wagte, Anzola in die Augen zu blicken, aber während sie seinem Blick auswich und eher zum Teppich sprach als zu ihrem Gegenüber, erzählte sie ihm persönlich das, was jemand Weltlicheres, Tatkräftigeres oder Mutigeres aus Angst verschwiegen hätte.

Ihre Geschichte spielte am 15. Oktober 1914.

»Am Tag des Attentats«, sagte Anzola.

»Für mich«, sagte Señorita Adela, »der Tag der Heiligen Teresa von Jesus.«

Nachdem sie die Neun-Uhr-Messe in der Kathedrale, in der Capilla del Sagrario, besucht hatte, kehrte Señorita Adela auf der Calle Novena zum Haus ihrer Familie zurück, als sie glaubte, General Salomón Correal zu erkennen, der einen Polizeioffizier in den Vorhof eines Hauses treten ließ, das verlassen zu sein schien. Die Señorita ging etwas näher heran und überzeugte sich, dass es Correal war, denn sie kannte ihn gut. Der andere trug einen Degen und eine Jacke, aber ihn konnte sie nicht identifizieren. Sie hatte ihn noch nie gesehen.

»Sie waren im Nachbarhaus?«, fragte Anzola. »Im Nachbarhaus von General Uribe, meinen Sie?«

»Ja«, sagte Señorita Adela. »Von dort aus haben sie den anderen Zeichen gegeben.«

»Wem?«, fragte Anzola.

Correal hatte sich, nachdem er den Polizisten hereingeholt hatte, aus dem Vorhof des Nachbarhauses gebeugt, zur Ecke der Carrera Quinta geblickt und mit dem Arm gewinkt. An der Ecke, ein paar Schritte hinter General Uribes Tür, standen zwei

Männer von einfachem Aussehen, beide in Poncho und mit Strohhut. Auch aus der Ferne merkte Señorita Adela, dass die ganze Situation alles andere als normal war: Die Männer an der Ecke wirkten besorgt, schienen sich anzublicken, als fragten sie sich, was sie tun sollten. Señorita Adela versuchte eine so verdächtige Situation besser zu verstehen, ohne dabei unverschämt oder aufdringlich zu wirken, und ging weiter die Straße hinauf, bis sie an den beiden Handwerkern vorbeikam. Da bemerkte sie, dass sie etwas unter dem Poncho versteckt hielten.

»Beide?«, fragte Anzola. »Sind Sie sicher?«

»Meine Tochter lügt weder, noch übertreibt sie«, sagte General Garavito.

»Das will ich damit nicht sagen«, sagte Anzola. »Ich frage nur, ob sie sich sicher ist.«

»So wahr es Gott gibt«, sagte Adela Garavito. »Beide hatten die Hände unter dem Poncho versteckt und dort etwas bewegt. Beide hielten dort etwas versteckt.«

»Die Äxte«, sagte Anzola.

»Das weiß ich nun nicht«, sagte die Señorita. »Aber sie waren nervös, das sah man von weitem.«

Da kam Señora Etelvina Posse an ihr vorbei, in solcher Eile, dass sie nicht innehielt, um sie zu grüßen, obwohl sie sich gut kannten. »Sie hat nicht einmal gemerkt, dass ich es bin«, sagte Adela Garavito. Sie hatte Doña Etelvina noch nie gemocht. Es hieß, sie sei zu gut mit Correal befreundet, während ihr Mann den Polizeidirektor hasste; es hieß auch, dass Correal sie für die Geheimpolizei rekrutiert hatte, ein Heer von Bürgern, die andere Bürger bespitzelten. Adela Garavito machte unauffällig kehrt und sah, dass Doña Etelvina stehen blieb, um mit General Correal zu reden. Sie konnte nicht hören, was sie sagten, denn da war sie schon Richtung Süden um die Ecke gebogen, aber als sie noch vor der nächsten Kreuzung nach Hause kam, erzählte sie das Gesehene ihrem Vater.

Am Nachmittag erreichten sie die Nachrichten: General Uribe war von zwei Handwerkern mit Axthieben angegriffen worden. General Garavito stürzte wie ein Besessener auf die Straße, um zu sehen, was er herausbekommen konnte, und ging zu General Uribes Haus, fand aber im Chaos des Vorhofs keinen der Angehörigen. Er sprach mit zwei, drei Liberalen, die er erkannt hatte, aber alle waren gleichermaßen ratlos, und so gab sein Instinkt ihm ein, nach Hause zu seiner Familie zurückzukehren, in diesem Augenblick, in dem die Welt unterzugehen schien. Ohne anzuklopfen trat er ins Zimmer seiner Tochter, und es war ihm einerlei, dass sie Tränen in seinen Augen sah. Er musste ihr nicht erklären, was er meinte, als er sich auf ihr Bett setzte, die Kissen beiseite schob und leise mit ihr sprach, als könnte sie jemand hören:

»Wiederhole nicht, was du mir heute Morgen erzählt hast«, sagte er. »Die vergiften uns sonst noch.«

Sie gehorchte. Tage später traf sie wieder Doña Etelvina Posse, aber diesmal blieb die Frau stehen, um mit ihr zu schwatzen, und zeigte ihr schließlich die Zeitung, die sie in der Hand hielt, aufgeschlagen auf der Seite mit den Fotos der Mörder Galarza und Carvajal.

»Ich erkenne sie wieder«, sagte Adela Garavito. »Es sind dieselben, die da an der Ecke standen, am Tag, an dem er ermordet wurde.«

Ihre Worte überrumpelten Doña Etelvina. »Als hätte sie auf einmal begriffen, dass sie sich in mir geirrt hatte«, sagte Adela Garavito. »Als hätte sie geglaubt, ich wäre auf ihrer Seite oder mit denen, die sich über General Uribes Tod freuten. Sie hätte nie gedacht, dass ich nicht zu ihnen gehörte. Ihre Miene veränderte sich.«

»Wo standen die?«, fragte Doña Etelvina.

»Dort, an der Ecke beim Haus des Generals«, sagte Adela. »Und General Correal hat ihnen vom Vorhof des Nachbarhauses aus zugewinkt. Mir kam das sehr merkwürdig vor.«

»Salomón war an dem Tag nicht da«, sagte sie.

»Natürlich war er das«, sagte Adela Garavito. »Ich habe ihn mit eigenen Augen gesehen.«

»Nun, ich habe nichts gesehen«, sagte Doña Etelvina.

»Und er war nicht allein«, sagte Adela. »Es war noch jemand bei ihm, und sie haben den Mördern zugewinkt.«

Ohne sie anzusehen, reichte Doña Etelvina ihr die Zeitung.

»Da, nimm, Liebes, ich habe sie schon gelesen«, sagte sie und wandte sich zum Gehen. »Und entschuldige mich.«

»Wem sonst haben Sie davon erzählt?«, fragte Julián Uribe.

»Niemandem sonst«, sagte General Garavito. »Damals hieß es, die Polizei würde die misshandeln, die aussagen wollten. Würde sie bedrängen, einschüchtern. Ich kannte einige Fälle: Leute, die hingingen, um zu sagen, was sie gesehen hatten, und zwei, drei Nächte im Gefängnis verbrachten. Also habe ich Adelita befohlen, nichts zu sagen, und sie hat mir gehorcht.«

Julián Uribe stand auf und ging zur Wohnzimmermitte. Im Halbdunkel von sechs Uhr abends zog sich seine Gestalt in die Länge.

»Und würden Sie aussagen?«, fragte er.

Adela Garavito blickte ihren Vater an und sah in seinem Gesicht etwas, was Anzola nicht sehen konnte.

»Wenn es von Nutzen ist«, sagte sie.

»Von großem Nutzen«, sagte Anzola. Dann wandte er sich an den Vater, nicht an die Tochter, obwohl er sich auf das bezog, was sie gesagt hatte. »Ich arrangiere alles, General. Übermorgen kommt der Herr Richter und wird die Aussage der Señorita aufnehmen. Und Ihre auch, wenn es Ihnen nichts ausmacht.«

»Es macht mir nichts aus«, sagte der General. »Doch ich habe bereits gesagt, was ich zu sagen hatte.«

»Aber nicht vor einem Richter«, sagte Anzola.

»Das sollte aufs Gleiche hinauskommen«, sagte der General. »Das Wort eines Ehrenmannes ist das Wort eines Ehrenmannes, ob mit oder ohne Zeugen.«

»Ich wünschte, es wäre so einfach«, sagte Anzola.

Anzola verließ Julián Uribes Haus in einem exaltierten Zustand der Erregung, wie er ihn seit vielen Tagen nicht mehr erlebt hatte. Er wusste, dass der Optimismus nur Stunden anhalten würde, und doch gestattete er sich diese kurzen Augenblicke, die ein Gegengift für die Entmutigung waren. Es wurde dunkel, aber auf der Straße waren noch nicht alle Laternen angegangen. Die Lichter in den Häusern spiegelten sich dagegen in den Pfützen und auf den immer noch regennassen Pflastersteinen. Der Wind wurde heftiger. Anzola spürte, wie sein Haar

durcheinandergewirbelt wurde, und musste die Arme ver-
schränken, damit die Böen ihm nicht den Mantel aufrissen,
denn in so heiklen Momenten war eine Lungenentzündung
nicht zu gebrauchen. Die Menschen hatten wohl die gleiche
Kälte, das gleiche Unbehagen verspürt, denn sie hatten sich
früher als gewöhnlich in ihre Häuser zurückgezogen, sodass
Anzolas Schritte auf dem Pflaster widerhallten wie die eines
Eindringlings im Flur eines verlassenen Hauses. Während er
das dachte, bemerkte er noch jemanden auf der Straße.

Als er sich verstohlen umblickte, sah Anzola zwei Männer
im Poncho. Bildete er sich das ein oder bauschten sich die Ponchos, als hätten die Männer dort etwas versteckt? Er beschleunigte seinen Schritt, und die Kalkmauern warfen das Absatzklappern zurück. Er bog um die Ecke und merkte, dass er lange
Schritte, fast Hüpfer machte, um sich von den Männern im
Poncho zu entfernen, ohne dass es ihnen auffiel. Die Männer
bogen ebenfalls um die Ecke, und wieder blickte sich Anzola
verstohlen nach ihnen um, und wieder sah er, dass sich etwas
unter dem Poncho bewegte. Später sollte er sich fragen, ob es
wirklich war, was er zu sehen glaubte: dass einer der Ponchos
sich mit dem Flattern eines Teufelsrochens hob und für einen
flüchtigen Moment ein Metallblatt hervorsah, ein silberner
Blitz im Straßenlicht. Bereits mit dem Gedanken der Gefahr
beschleunigte er seinen Schritt noch mehr, und die Absätze
ahmten sein beschleunigtes Herz nach. Hinten im Nachtdunkel
sah er ein Licht, das sich über das Pflaster ergoss, er ging darauf
zu und stieß auf einen geöffneten Chicha-Ausschank voller
Menschen. Beim Hineingehen blickte er sich rasch zur Straße
um, doch da war niemand mehr: keine Männer im Poncho oder
sonst jemand. Anzola schlug Wärme entgegen, die Wärme
fremden Atems. Seine Ohren pochten. Vielleicht antwortete er
deshalb mit Verspätung auf die Frage:

»Was hätten Sie gern, Señor?«

Eines Morgens fand er beim Hinaustreten einen Briefumschlag.
Es war ein Ausschnitt aus der Zeitung *Gil Blas* vom Vortag, die
Anzola nicht gelesen hatte: und zwar nicht, weil er sich in der

brisanten Gesellschaft seiner dreitausend Seiten Unterlagen abgekapselt hätte, sondern weil *Gil Blas* ihm ebenso unverantwortlich und kopflos vorkam wie seine ideologischen Feinde. Der Ausschnitt war mit der Hand herausgerissen, nicht ausgeschnitten worden, sodass an einer Ecke ein paar Buchstaben fehlten, aber lesen konnte man ihn dennoch. Es war ein Brief, ein Brief, den ein Häftling im Panóptico an den Zeitungsdirektor geschrieben hatte und in dem er öffentlich erklärte, dass er von Salomón Correals Polizei gefoltert worden war. Der Häftling war ein gewisser Valentín González, von dem Anzola nur das wusste, was in *Gil Blas* mitgeteilt wurde: dass er im Panóptico unter dem Verdacht einsaß, die Monstranz der Iglesia de las Nieves gestohlen zu haben. Anzola erinnerte sich an den Fall. Die Monstranz war im Juli des Vorjahrs aus der Kirche verschwunden; eine Woche später hatte die Polizei, nachdem sie einen spanischen Staatsbürger, einen Priester und eine Opernsängerin festgenommen und wieder freigelassen hatte, in einem dunklen Winkel der Kirche unter der Statue des Heiligen Aloisius Reste der Beute gefunden. Da waren der Sockel der Monstranz, Überreste der Hostie, ein Tuch, Zigarettenstummel und Fußabdrücke: die eindeutige Spur des Diebes. Die Polizei führte sechs Verhaftungen durch, teilte mit, sie kläre den Diebstahl gerade auf und die Gesellschaft könne beruhigt sein. Wie viele andere hatte auch Anzola sich damals gefragt, wie es möglich war, dass sich alle nötigen Spuren acht Tage nach dem Diebstahl mitten in der Kirche fanden, als hätte seitdem niemand auch nur den Boden gefegt. Nun kehrte diese Angelegenheit flüchtig zu ihm zurück.

»Neun Tage lang«, schrieb der Verdächtige Valentín González, »hat man mich in ein Verlies gesperrt, ohne mir das Geringste zu essen zu geben, nicht einmal ein Stück Brot, und ohne etwas zum Zudecken. Aus dem Drecksloch hat man mich immer mitten in der Nacht geholt, zwischen eins und drei, und dann in ein Büro im vordersten Hof geführt, während ich vor Kälte zitterte und vor Hunger umkam, und dort, in dem Büro, unterwarf man mich einer Folter, einem mobilen Fußstock, indem man mir die Daumen zusammenschnürte und meine Kniekehlen und den Nacken an Gewehren festband.« Nach dieser Folter ließ ihn der verantwortliche Kommissar Manuel Basto zurück ins Verlies bringen, und dort musste der Häftling feststellen, dass man seine Zelle mit fremdem Urin und Fäkalienwasser überschwemmt hatte. Als Schmerz, Hunger, Kälte und Qualen zu viel wurden, bat Valentín seine Kerkermeister, ihn endgültig umzubringen.

»Dann wäre doch der Witz weg«, sagten sie ihm. »Das wird man tun, aber schön langsam.«

Und das taten sie offensichtlich tagaus, tagein. Valentín González erzählte von den Attacken der Geheimpolizisten, die ihn oft aus der Zelle holten, ihm die Hände fesselten, ihm Sägemehl in die Augen warfen und ihm Ohrfeigen verpassten, die ihn ins Taumeln brachten, während das laute Lachen der anderen Polizisten durch den Hof hallte. Nach mehreren solchen Tagen holten sie ihn aus dem Verlies und steckten ihn in eine Zelle, in der er zwei Tage isoliert war. Inzwischen waren seine Finger, wie er sagte, von den Foltern wund geworden, und die Feuchtigkeit des Kerkers verursachte ihm grausame Rheumaschmerzen. »Ich flehte beharrlich, aber vergebens, dass man einen Arzt holte«, schrieb er in seinem Brief. »Señor Basto war der Ansicht, es sei nicht angebracht, wenn jemand etwas von meiner Lage erfahre.« Und am Ende beteuerte er, jeder könne ins Panóptico kommen, um sich von seinen Anschuldigungen zu überzeugen: Da seien für alle Augen sichtbar die Narben an seinen Fingern. Seine Unschuld am Diebstahl der Monstranz hatte er nicht erklärt, fiel Anzola auf. Das interessierte ihn nicht: ihn interessierte, dass die Welt von seinen Leiden erfuhr.

Anzola las den Ausschnitt und las ihn ein zweites Mal. Zuerst dachte er, dass noch nicht alles verloren war, wenn derlei Dinge passierten: wenn anonyme Bürger, rechtschaffene Menschen, sich die Zeit und Mühe nahmen, die nötigen Beweise zu sammeln, ihm zu schicken, damit die Öffentlichkeit das wahre Gesicht der Polizei erkannte, damit Salomón Correal die Maske vom Gesicht gerissen wurde. Würden doch alle ähnlich handeln, die auf seiner Seite standen, alle, die wie er die Wahrheit über das Verbrechen suchten! Würden doch die Verschwörer den Druck der öffentlichen Empörung spüren! Ach, wie dankbar war er dem anonymen Schatten, der ihm diesen Umschlag vor die Tür gelegt hatte und damit vielleicht ein großes Risiko eingegangen war, sich vielleicht vor der Geheimpolizei hatte verstecken müssen … Daran dachte Anzola, als er sich den Umschlag wieder vornahm, entschlossen, eine Spur zu finden, die ihn auf die Identität seines Wohltäters bringen könnte, und dabei auf ein Stück vergilbtes Papier stieß, das er vorher nicht gesehen hatte. Er las die kurzen handgeschriebenen Worte und fühlte sich als Opfer eines Kinderstreichs, aber nicht eines beliebigen, sondern eines, bei dem das Kind eine Machete in der Hand hält und eine flüssige Dunkelheit in den Augen hat.

Doktor Anzola: damit Sie sehen, was einem passieren kann, wenn man nicht aufhört, zu suchen, was man nicht verloren hat.

Später sollte ihm bewusst werden, dass in dem Moment sehr viel mehr geschehen war als das Offensichtliche. Als Erstes kam die Furcht, als Zweites, und das hatte er nicht vorhergesehen, die Furcht vor der eigenen Furcht. Und wenn er aufgab? Und wenn er sich von der Drohung besiegen ließ, von der Aussicht auf physischen Schmerz oder einen gewaltsamen Tod? Was würde dann aus all den Jahren der Mühen werden, in denen er andere und sich selbst in Gefahr gebracht, eine vage Idee der Wahrheit und Gerechtigkeit im Morast der Verschwörungen gesucht hatte? Alles hatte sich radikal geändert seit jenem Abend 1914, als Julián Uribe und Carlos Adolfo Urueta ihn besucht hatten, um ihn um einen Gefallen zu bitten. Damals war die Welt einfacher gewesen, doch nur für ihn, für General Uribe hatten sich die schriftlichen Drohungen in einen realen Angriff verwandelt, der ihm das Leben genommen hatte. Man konnte zu zweierlei Schlussfolgerungen kommen: Zum einen wäre man ein Narr, wenn man aus erster Hand die möglichen Konsequenzen einer Tat kennt und sie trotzdem durchführt; doch zum anderen wäre es, würde man den Drohungen nachgeben, eine Entehrung des Andenkens an den ermordeten General. Anzola legte den Drohbrief nicht zu seinen Unterlagen, sondern warf ihn in den Kamin. Den Ausschnitt aus *Gil Blas* dagegen legte er auf den Schreibtisch, um ihn später abzuschreiben. Auch wenn er sich dessen nicht bewusst war, lauerte hinter dieser einfachen Handlung bereits die Entscheidung, fortzufahren. Endgültig gebot ihm dies ein paar Wochen später eine zufällige Begegnung.

Anzola nahm an einer Konferenz über den Krieg in Europa teil, den eine Gruppe namens »Freunde der Entente« organisierte und die über dreihundert Menschen im Olympia-Saal versammelte. Zwei Stunden lang hörte er, was in Europa geschah, nachdem der Krieg nun schon drei Jahre dauerte: diese Hölle, die starke Länder verschlungen hatte und mit deren fünf Millionen Toten eine ganze Generation amputiert worden war. Er hörte, was französische Botschafter in den Vereinigten Staaten über die nächste Flandernschlacht sagten, über die vielen Meilen von Schützengräben, die die Deutschen an der belgischen Grenzen gestürmt hatten, und er hörte einen spanischen Staatsbürger sagen, dass die Liberalen große Anstrengungen unternähmen, damit Spanien in den Krieg eintrete und sich später nicht schämen müsse, dem Kampf gegen die Barbarei ferngeblieben zu sein. Er erfuhr von jemandem, dass in den ersten Reihen die Angehörigen des Soldaten Hernando de Bengoechea saßen; oder vielleicht hatte ihm das niemand sagen müssen, weil der aktuelle Redner sie vom Podium aus anblickte und den Mut des jungen Soldaten und die vorzügliche Qualität seiner Gedichte in den Himmel hob und sogar an einen seiner Verse erinnerte, den Anzola nicht richtig hören konnte, in dem aber von Paris die Rede war und das Wort *Feuer* vorkam und das Wort *bestirnt*. Das Publikum brach in Beifall aus. In der ersten Reihe erhoben sich zwei Zuhörer, dann erhob sich das gesamte Theater, und Anzola stellte fest, dass er bewegt war.

Nach der Konferenz ging er nach vorn, gegen den Strom des Publikums, das aus dem Theater strebte. Er wollte Bengoecheas Familie kennenlernen, ihnen die Hand drücken und hören, wie ihre Stimmen klangen, und er war nicht enttäuscht, als er erfuhr, dass nicht die ganze Familie da war, sondern nur Elvira, die Schwester des Soldaten, die mit Diego Suárez Costa und einer Anstandsdame an der Konferenz teilgenommen hatte.

Suárez war offensichtlich der kolumbianische Busenfreund des Soldaten gewesen. Anzola war nicht klar, ob er zu Besuch in Bogotá war oder hier lebte, aber das kümmerte ihn nicht, denn seine Aufmerksamkeit ruhte ganz auf Elvira. Sie war eine junge Frau mit großen Augen und einem prallen Haarknoten auf dem Kopf, am Kragen eine Brosche mit der französischen Fahne. »Ich hätte Ihren Bruder gern kennengelernt«, sagte Anzola, als er ihr vorgestellt wurde. Er griff ihre Hand, hob sie hoch wie ein heruntergefallenes Taschentuch, und führte den Mund zu den Fingern, ohne sie zu streifen. »Marco Tulio Anzola«, fügte er hinzu.

»Ach ja«, sagte sie. »Sie sind der, der diese Dinge schreibt, die uns solche Sorgen bereiten.«

»Verzeihen Sie«, begann er. »Ich wollte nicht ...«

»Mein Bruder hätte Sie auch gern kennengelernt«, unterbrach ihn Elvira. »So sagt man zumindest in meiner Familie.«

Sie reden über mich, dachte Anzola. Und dann: *Er hätte mich gern kennengelernt.* Immer wieder kam ihm seltsamerweise dieser kurze Dialog in den Sinn, als in den nächsten Monaten alle Zeit und Energien von der Niederschrift seines Buches verschluckt wurden. Mal dachte er, dass die Worte der jungen Elvira eine Art Rechtfertigung enthielten, mal, dass sie eine Forderung waren. Beim Schreiben eines Absatzes, in dem er Salomón Correal oder Pedro León Acosta anklagte, dachte er manchmal, dass Hernando de Bengoechea in seinem Alter bereits tot gewesen war, dass seine sechsundzwanzig Jahre ihm jedoch gereicht hatten, Seiten zu hinterlassen, die heute von der Öffentlichkeit beklatscht wurden, und eines heroischen Todes zu sterben, bei der Verteidigung ewiger Werte. Und ihm, dachte Anzola, wozu hatten ihm seine sechsundzwanzig Jahre gereicht, die er in diesen Tagen vollendete? Würde ihm dieses Buch, das er schrieb, dieses Buch, das keine Lyrik, sondern vulgäre Prosa war, dieses Buch, das bloß eine mörderische Verschwörung aufdecken wollte, ohne weitere Zierde als die Präzision des Gesetzes und die grobe Rhetorik des gesunden Menschenverstands, würde ihm dieses Buch tatsächlich den Tod bringen? Grub sich Anzola sein eigenes Grab, Absatz für Absatz, Artikel für Artikel, Zeugnis für gewichtiges Zeugnis? Auf jeder handgeschriebenen Seite, jedem Schmierblatt, das Anzola mit seiner schrägen Schönschrift füllte, explodierte eine subversive Offenbarung oder wurde eine Anklage ausgesprochen, die wie eine Bombe oder ein Torpedo war. Ja, dachte Anzola, so war es: Das Manuskript war ein U-Boot im Krieg, und manche Absätze waren Torpedos, die den Ozeandampfer der kolumbianischen Macht ins Visier nahmen, um ein Loch unterhalb der Wasserlinie zu schlagen, damit alles im Meer versank und niemals mehr zum Vorschein kam.

Um die Kraft dessen zu prüfen, was er schrieb, veröffentlichte er weiterhin Kolumnen in *La Patria*, die jedoch nicht mehr aus dem Material bestanden, das er später in ein Buch verwandeln würde, sondern die Manuskriptfragmente blieben. Er zeigte einzelne Seiten den Leuten um ihn herum, mal sollte ein Zeuge seine Version der Dinge bestätigen, mal sollte ein Experte – ein gelehrterer Strafrechtler als er, ein Experte in Prozessrecht – eine falsche oder gesetzlich angreifbare Interpretation korrigieren. Einmal nahm er, nur zur Probe, ein ganzes Kapitel in die Vollversammlung von Cundinamarca mit, das sich der Korruption von Staatsanwalt Alejandro Rodríguez Forero widmete. Die Versammlung sollte eine Liste von Kandidaten präsentieren, aus der der nächste Staatsanwalt gewählt werden würde. Sie mussten lediglich Anzolas Seiten lesen und entzogen Señor Rodríguez Forero jegliche Unterstützung. Anzola bedauerte nur, dass draußen, in der Welt der normalen Leute, nicht das Gleiche geschah. In einem Presseartikel hatte Rodríguez Forero erklärt, die Familie Uribe sei empört über Señor Anzolas Arbeit, den sie für einen hoffnungslosen Mythomanen halte, und missbillige die Richtung, die seine Ermittlung genommen habe. Als Anzola Julián Uribe aufsuchte, um darüber zu reden, stieß er auf ein beschämtes Gesicht, das ihm nicht in die Augen blicken konnte, als er ihm die Neuigkeit mitteilte.

»Die Familie hat gerade einen Rechtsanwalt für den Prozess ernannt«, sagte er. »Ich möchte Ihnen sagen, dass ich nichts damit zu tun hatte.«

»Wer ist es?«, fragte Anzola.

»Pedro Alejo Rodríguez«, sagte Julián Uribe. »Und nein, auch ich begreife es nicht.«

Etwas Unfassliches war geschehen. Pedro Alejo Rodríguez, ein junger Anwalt, war der Sohn von Staatsanwalt Alejandro Rodríguez Forero. Ihn zum gesetzlichen Vertreter der Familie Uribe im Prozess gegen die Mörder des Generals zu machen, war keine Ungeschicklichkeit: es war ein regelrechter Selbstmord. Und ebendiese Nachricht brachte ihm der Bruder des Generals, der offensichtlich nicht der Bote hatte sein wollen: Pedro Alejo Rodríguez war der offizielle Anwalt der Opferfamilie, obwohl es sich um den Sohn eines der Verschwörer handelte, den Sohn desjenigen, der alle ihm erreichbaren Mittel aufgeboten hatte, um die Verschwörer zu schützen. Nein, es war unmöglich, dass Julián Uribe in eine so plumpe Falle gegangen war. Anzola fasste sich an den Kopf, aber die Würde verbot es ihm, zu sagen, was ihm auf der Zunge lag.

»Also stimmt es«, sagte er. »Sie haben kein Vertrauen mehr zu mir.«

»Ich weiß nicht, wie das gekommen ist, mein lieber Anzola«, sagte Uribe. »Das geht auf Doña Tulia zurück, so viel ist sicher. Wer weiß, was sie der Armen alles gesagt haben.«

»Witwen sollten niemals etwas entscheiden«, sagte Anzola.

»Vorsicht, mein Freund«, sagte Uribe. »Diese Witwe ist meine Schwägerin. Und sie verdient immer noch Respekt.«

»Nun, bei allem Respekt, diese Witwe hat gerade alles zunichtegemacht«, sagte Anzola. »Und was meinen die Kinder?«

»Ich weiß es nicht.«

»Und Doktor Urueta? Er hat mich ebenso beauftragt wie Sie. Er hat ein Recht …«

»Doktor Urueta ist in Washington.«

»Wie bitte? Was tut er dort?«

»Sie haben ihn in die Gesandtschaft berufen«, sagte Uribe. »Und er ist gefahren, was hätte er sonst tun sollen.«

»Gut, das ist einerlei. Auch ein Minister kann nicht damit einverstanden sein.«

Julián Uribe wurde ungeduldig. »Wie gesagt, ich bin so überrascht wie Sie. Andererseits kennen wir den jungen Rodríguez nicht. Es gibt keinen Grund, das Schlimmste zu erwarten.«

»Doch den gibt es, Doktor Uribe, den gibt es«, sagte Anzola. »Das Schlimmste und noch mehr.«

Die Nachricht setzte ihm so zu, dass er sich drei Wochen einschloss, um sein Buch zu beenden, damit ihn die Enttäuschung oder die Ernüchterung nicht zur Aufgabe zwang. Beinahe wäre es so weit gekommen. Warum seinen Ruf, ja sein Leben aufs Spiel setzen bei einem Unternehmen, bei dem er nicht mehr auf die Bewunderung oder auch nur die Solidarität von General Uribes Familie zählen konnte? Und doch schrieb er weiter, warf seinen Tagesablauf um, schlief lange und arbeitete nachts bei schlechtem Licht und mit brennenden Augen. Das Dossier mit seinen dreitausend Seiten unumstößlicher Fakten begleitete ihn und ebenso die Anklageschrift mit ihren dreihundertdreißig voller Lügen und Verzerrungen. Er verspürte bereits keine Empörung mehr, hatte sogar schon den Grund vergessen, aus dem er an einem fernen Abend den Auftrag übernommen hatte, als er im Morgendämmer eines Septembertages das Wort *Schlussfolgerungen* hinschrieb, das auf dem Papier noch länger wirkte als sonst. Und darunter:

1. Leovigildo Galarza und Jesús Carvajal sind bei der Ermordung des liberalen Führers General Uribe Uribe bloß die physischen Werkzeuge gewesen.

2. Die Ermordung des großen Patrioten wurde von der Gruppe karlistischer Konservativer geplant, zu deren Opfern der Präsident der Republik Doktor Manuel María Sanclemente zählt, die ein Attentat auf den Präsidenten der Republik General Rafael Reyes verübt hat und die gewiss ihre Verbrechen gegen jeden fortsetzen wird, der durch seinen hohen Stand in der Lage ist, das Land in Richtung Demokratie zu bewegen; und

3. die Seele dieser schrecklichen, finsteren Gruppierung ist die sogenannte Gesellschaft jesuitischer Priester.

Dann schrieb er das Wort ENDE hin, vier Großbuchstaben mit Zwischenraum, so dick, dass die feine Feder seines Waterman das Papier ritzte. Er dachte, dass es nicht einmal den Versuch lohnte, das Buch der Nationaldruckerei anzubieten, da hätte es ihr der Papst persönlich befehlen können, sie hätte es nicht gedruckt. Also beschloss er, so bald wie nur möglich das Buch in die Druckerei Gómez zu bringen und den Druck aus eigener Tasche zu bezahlen. Er ging ins Bett, doch die Aufregung ließ ihn nicht schlafen. Am nächsten Tag griff er sich, sobald es hell geworden war, ein leeres Blatt Papier und schrieb den Titel darauf:

Wer sind sie?

Er steckte alles in ein Lederköfferchen und trat hinaus in die eben erst erwachte Stadt. Es war kalt, und der Wind schnitt ins Gesicht. Anzola atmete tief ein, die Luft brannte ihm in der Nase und trieb ihm eine falsche Träne ins Auge. Alles wirkte normal, war es aber nicht. Er erfüllte gerade die Aufgabe, die ihm drei Jahre zuvor Uribes Familie aufgetragen hatte, und nun unterstützte diese Familie ihn nicht mehr. Er hob einen anklagenden Finger gegen all die Mächtigen im Land, und niemand konnte ihm garantieren, dass sie ihm nicht Schaden zufügen würden. Er konnte seine Meinung noch ändern, an der nächsten Ecke eine andere Richtung einschlagen, um den Block gehen, eine heiße Schokolade trinken und all das vergessen und wieder zu seinem früheren Leben zurückkehren, dem Leben in Frieden. Aber er ging weiter, dachte, was wohl die Leute sahen, die ihn im Vorbeigehen musterten: einen einsamen Mann, jedoch nicht völlig bezwungen, jung, jedoch schon ohne Illusionen, der die Füße beim Gehen nicht hob. Sah man ihm an, was für eine verhängnisvolle Entscheidung er mit sich trug? Und wenn es jemand erkannte, würde er versuchen, ihn davon abzubringen? Aber das würde man nicht erreichen, nein. Man musste Widerstand leisten, musste weitermachen, und so würde er eines Tages sagen können, dass er zumindest sein Versprechen an Julián Uribe eingelöst hatte: Er hatte sein Buch geschrieben, hatte alles erzählt, und jetzt blieb ihm nur noch übrig, sich hinzusetzen und zu warten, dass ihm der Himmel auf den Kopf fiel.

Anzola blieb an einer Ecke stehen und ließ einen Ford vorbeifahren. Ein junges Mädchen mit Hut blickte schüchtern auf, und ihr Blick fuhr durch Anzola hindurch, als wäre er unsichtbar.

VIII. Der Prozess

Marco Tulio Anzola veröffentlichte sein subversives Buch, ohne zu wissen, dass siebenundneunzig Jahre später, in einer kleinen, dunklen Wohnung dieser Stadt, die ihn vergessen hatte, zwei Leser zusammensitzen und von dem Autor sprechen würden, als lebte er, und von dem Erzählten, als hätte es eben erst stattgefunden, sein Buch in der Hand. Ich wusste nicht, ob mir Carballo das Buch von Anfang an hatte zeigen wollen, denn seine Beziehung zu ihm – die des Lesers zu seinem Gegenstand – war von einer Intimität, wie ich sie noch nie gesehen und womöglich niemals verspürt hatte. Ich wusste auch nicht, ob er innerlich Angst oder Ungewissheit empfand, als er mir das Buch in die Hände legte, oder ob er mich dieses Vertrauens für würdig hielt. Wir hatten über Anzola gesprochen, über den Auftrag, den ihm Julián Uribe und Carlos Adolfo Urueta erteilt hatten; ich hatte Carballo gefragt, wie er all das erfahren habe, woher diese Informationen stammten. Statt einer Antwort war er aufgestanden und in sein Zimmer gegangen, nicht zum Bücherregal. Er musste sich also das Buch erst kürzlich wieder vorgenommen haben. Mit beiden Händen reichte er es mir.

»Die Sache ist nur, man es muss zwanzig Mal lesen«, sagte er. »Sonst kann man ihm seine Geheimnisse nicht entreißen.«

»Zwanzig Mal?«

»Oder dreißig, vierzig«, sagte Carballo. »Das ist nicht irgendein Buch. Man muss es sich verdienen.«

Der Band roch abgenutzt, hatte einen Lederrücken und Reliefbuchstaben. *Die Ermordung von General Rafael Uribe Uribe* stand auf der ersten Seite, darunter handschriftlich Carlos Carballos Namenszug, dann der Titel, der weniger Titel war als Zeugnis der Paranoia: *Wer sind sie?* Der Zeile fehlte das umgekehrte Fragezeichen am Anfang, dieses Zeichen, das es

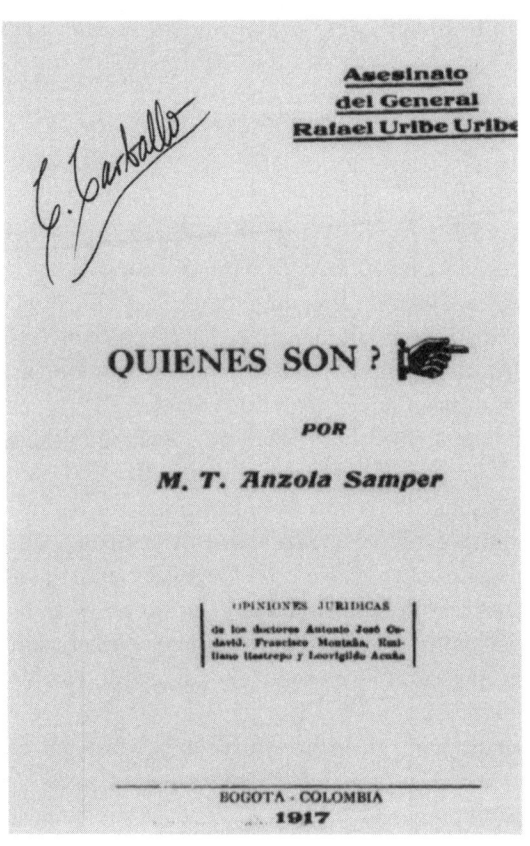

ASESINATO
DEL GENERAL
RAFAEL URIBE URIBE

QUIENES SON ? ☞

POR

M. T. Anzola Samper

OPINIONES JURIDICAS
de los doctores Antonio José Os-
david, Francisco Montaña, Emi-
liano Restrepo y Leovigildo Acuña

BOGOTA · COLOMBIA
1917

nur im Spanischen gibt, seit es die Real Academia an einem
fernen Tag im 18. Jahrhundert für obligatorisch erklärt hatte.
Neben dem Fragezeichen am Ende befand sich der mit Tinte
ausgefüllte Umriss einer Hand: eine *schwarze Hand*, dachte
ich, deren Zeigefinger *deutete*.

»Das soll wohl auf eine Verschwörung hinweisen?«, fragte ich.
»Besonders subtil war er nicht, der Señor Anzola.«
   Aber Carballo fand meine Bemerkung nicht lustig. »Das
Buch stand in jedem Bücherregal in Bogotá«, sagte er trocken.
»Alle haben es gekauft: die einen, um ihm einen Altar zu errich-

ten, die anderen, um es auf dem Scheiterhaufen zu verbrennen. Aber 1917 hatte jeder dieses Buch einmal in der Hand gehabt. Mal sehen, ob Sie zu so etwas fähig sind.«

»Zu einem Skandalbuch?«, fragte ich.

»Zu einem wertvollen Buch«, sagte er. »Einem Buch mit noblem Ziel.« Und dann: »Auch wenn dieses Adjektiv Ihrer Generation nichts mehr sagt.«

Ich beschloss, die Attacke zu ignorieren. »Und was für ein Ziel ist das, wenn ich fragen darf?«

»Nein, dürfen Sie nicht fragen«, sagte Carballo, »bis Sie bestimmte Informationen im Kopf haben. Zuerst müssen Sie das Buch lesen und es verstehen. Sich darin bewegen wie ein Fisch im Wasser, meine ich. Ich sage nicht, dass Sie es zwanzig Mal lesen sollen, so wie ich. Aber doch vier, fünf Mal, mindestens. Bis Sie es verstehen, meine ich.«

Ich schlug *Wer sind sie?* auf und blätterte darin, ohne meinen Verdruss zu verbergen. Es waren dreihundert eng bedruckte Seiten. Ich las: *Für uns, die wir der Ehre würdig waren, mit General Uribe Uribe befreundet zu sein, und aufrichtige Zuneigung zu diesem herausragenden Bürger bekundet haben, bedeutet es die höchste Befriedigung, aus tiefstem Herzen seiner zu gedenken.* Da war alles, was mich abstieß: das Pompöse, Großsprecherische, der affektierte Plural, den die Kolumbianer so lieben und den ich mehr verabscheue als die schlimmsten Laster der Menschheit. Ich sah mir, eine alte Gewohnheit, die letzte Seite an, auf der manche Leser Notizen und Eindrücke hinterlassen, fand jedoch nur ein Datum aus dem Jahr 1945, die Spur eines der vielen Leser, die ein Buch mit fast einem Jahrhundert Lebenszeit haben mag.

»Sie wollen, dass ich dieses Buch vier oder fünf Mal lese«, sagte ich.

»Damit Sie es verstehen«, sagte Carballo. »Sonst hat es keinen Sinn, weiterzumachen.«

»Nun, vielleicht will ich dann gar nicht weitermachen«, sagte ich. »Für so etwas habe ich keine Zeit, Carlos. Das ist Ihre Obsession, nicht meine.«

Carballo, der mit gespreizten Beinen dasaß, die Ellbogen auf den Knien, die Hände verschränkt, senkte den Kopf, und ich hätte schwören können, einen Seufzer dabei gehört zu haben. »Es ist auch die Ihre«, sagte er dann.

»Nein. Meine nicht.«

»Auch die Ihre, Vásquez«, beharrte er. »Glauben Sie mir, es ist auch die Ihre.«

Ich weiß noch, wie er seinen Blick einen Moment lang an der hinteren Wand hängen ließ, über dem Borges-Porträt oder noch weiter entfernt, über dem dunklen Fenster hinter dem weißen Spitzenvorhang, und dann sagte: »Warten Sie eine Sekunde, ich bin gleich zurück.« Ich weiß noch, wie er durch die andere Tür verschwand, die nicht in sein Schlafzimmer führte, weiß ebenfalls noch: es verging viel Zeit, mehr als nötig für jemanden, der einen Gegenstand suchen und holen will, der wertvoll für ihn ist und dessen Platz er vermutlich nie vergessen wird. Dann kam mir der Gedanke, dass Carballo es womöglich bereute – mich zu sich eingeladen, wieder in sein Leben eingelassen zu haben, damit ich dieses Buch schrieb, das ich, auch wenn er das nicht wusste, niemals schreiben würde –, und ich stellte mir vor, wie er sich glaubwürdige Entschuldigungen ausdachte, damit er mir nicht zeigen musste, was er mir hatte zeigen wollen. Aber als er wieder herauskam, hielt er in Händen ein orangefarbenes Tuch, das ich unwillkürlich mit seinen grellen Schals in Verbindung brachte. Das Tuch verhüllte einen Gegenstand mit mehrdeutigen, unregelmäßigen Konturen (oder die unberechenbaren Falten ließen mich die genaue Form des Gegenstands nicht erkennen). Carballo setzte sich auf das grüne Sofa, entfaltete das Tuch Ecke für Ecke, offenbarte seinen Inhalt, und ich brauchte einen Moment, bis ich begriff, dass ich da im hellen Licht einen Knochen sah, einen menschlichen Knochen, ein Schädeldach. »Nun, hier ist er«, sagte er. Der Schädel, sauber und glänzend in der Flut des weißen Deckenlichts, war zerbrochen: ein Stück Knochen war lose. Sofort fielen mir drei dunkle Buchstaben ins Auge, die dem Stirnbein eingebrannt waren: *R. U. U.*

Ich weiß nicht mehr, ob ich Widerwillen empfand, ob mein Verstand nur mit Mühe begriff, was ich da vor mir hatte, weiß

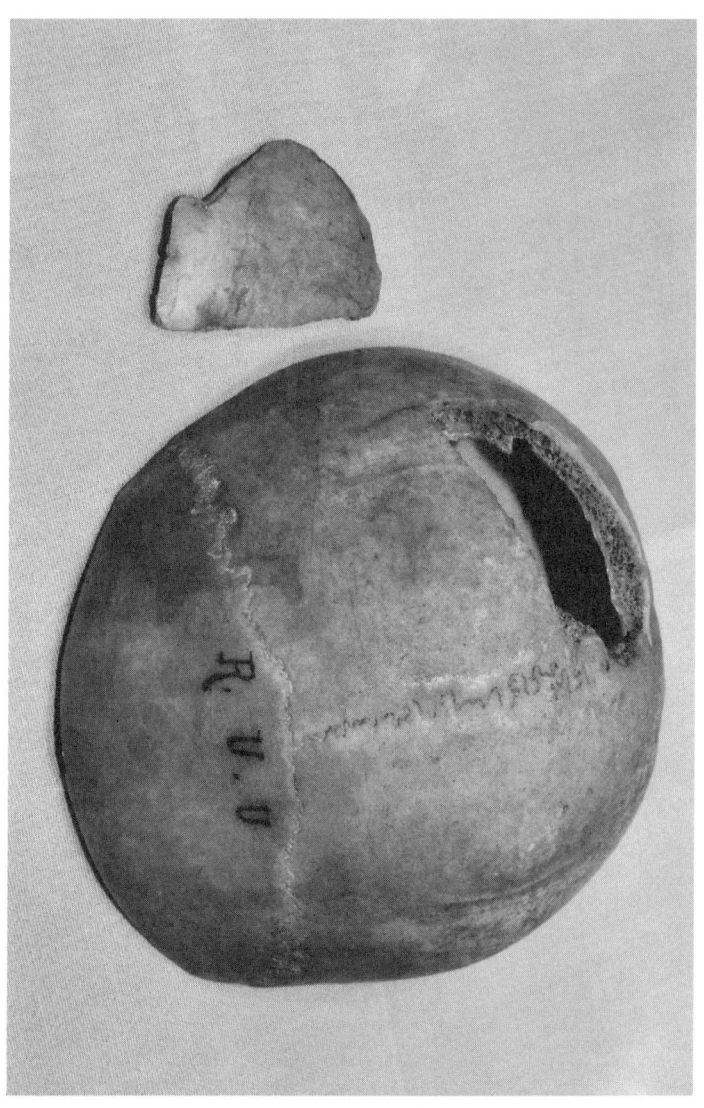

nicht mehr, was ich sagte, wenn ich denn etwas sagte, während Carballo mir den Gegenstand zeigte, stolz, aber auch lässig, doch nicht ohne sichtliche Sorge, während er mit ihm hantierte und mich damit hantieren ließ, als wäre er nicht einzig und einmalig, als wäre eine Beschädigung (wenn er zu Boden fiel, gegen etwas schlug) nicht ein unwiederbringlicher Verlust für die Welt gewesen. Während ich das Wunder langsam akzeptierte, musste ich daran denken, dass dieser ehemals lebendige Teil eines ehemals lebendigen Körpers ebender Teil gewesen war, durch den das Leben diesen Körper verlassen hatte, und als Carballo das lose Stück Knochen vorsichtig herausnahm und mir gab, damit ich es mit ängstlichen Fingern greifen, gegen das Licht halten und von beiden Seiten untersuchen konnte, als wäre es ein Edelstein, zeichnete sich nur ein einziger Satz in meinem Kopf ab: *Hierdurch ist Rafael Uribe Uribe gestorben.*

Als hätte Carballo meine Gedanken erraten (und in der verwandelten Atmosphäre der Wohnung, im gespenstischen Neonlicht, konnte ich diese Möglichkeit nicht ausschließen), sagte er:

»Dadurch ist ihm das Leben entwichen, durch dieses Loch. Unglaublich, nicht? Seien Sie stolz, Vásquez«, scherzte er gleich darauf, »denn das haben nur wenige auf der Welt gesehen. Und die meisten von ihnen sind tot. Tot ist zum Beispiel derjenige, der ihn mir hinterlassen hat.«

»Doktor Luis Ángel Benavides.«

»Möge er in Frieden ruhen.«

»Ihnen hat er das hinterlassen?«

»Der Maestro hat ihn für seinen Unterricht gebraucht. Ich bin nicht nur sein Schüler gewesen, in den letzten Jahren war ich sein Vertrauter, seine Stütze. Außerdem bin ich es, der etwas von diesen Dingen versteht. Ich weiß, wie man sie gebraucht. Ich kann daraus Nutzen ziehen. Also ja, er hat ihn mir hinterlassen. Seien Sie nicht so überrascht.«

»Was meinen Sie mit *diesen Dingen?*«, fragte ich. »Was meinen Sie mit *gebrauchen*, Carlos? Gibt es noch mehr? Hat Ihnen Doktor Benavides noch mehr hinterlassen?« Und dann: »Wie ist der Doktor überhaupt dazu gekommen? Wie ist das in seine Hände gelangt, er war doch nicht einmal geboren, als Uribe umgebracht wurde?«

Ich sah ihn nachdenken, konnte fast die Rädchen in seinem Gehirn hören, das Risiken erwog, meine Loyalität abschätzte, in meinem Gesicht zu lesen versuchte, was ich mit bestimmten Informationen anstellen würde oder nicht.

»Ich glaube, hier gilt: eins nach dem anderen«, sagte er schließlich, »blinder Eifer schadet nur, wer viel beginnt, zu nichts es bringt.«

»Aber ich begreife nicht. Das ist wundervoll, Carlos, verstehen Sie mich nicht falsch. Das in Händen zu halten, anfassen zu können … Auf ewig werde ich Ihnen dankbar sein, dass Sie mir das erlaubt haben. Aber ich begreife nicht, wie es sich in unser Projekt fügt.«

»Sie sind mir wirklich dankbar dafür?«

»Unendlich«, sagte ich.

Das war vielleicht das wahrste Wort, das ich bis dahin ausgesprochen hatte. So empfand ich es: Diese Überreste in Händen zu halten, meine lebendigen Finger über die Knochen wandern zu lassen, erweckte Gefühle in mir, die ich seit jener Nacht 2005 nicht mehr empfunden hatte, als ich bei Benavides Gaitáns Wirbel gesehen hatte. Aber diesmal war die direkte Berührung mit der Reliquie noch angereichert von meinen eigenen Erfahrungen, von den neun Jahren, die seitdem vergangen waren. So überkam mich dort im Wohnzimmer, durch dessen Fenster sich bereits der Tag ankündigte, wie ich da mit zaghaften Händen die Überreste von Uribe Uribes Kopf hielt, das Gefühl, dass mich das Leben auf unergründlichen Wegen zu diesem Augenblick geführt hatte. Doch zugleich spürte ich auch, dass mir etwas entging, wie bei jemandem, der zu nah vor einem Bild steht, um deutlich sehen zu können, was sich auf ihm abspielt.

»Gut, das ändert die Sache«, sagte ich. »Ich nehme das Buch mit, lese es so bald wie möglich und komme wieder, damit wir darüber sprechen.«

»Unmöglich«, sagte Carballo. »Das Buch verlässt meine Wohnung nicht.«

»Was? Ich soll es hier lesen, wie in einer öffentlichen Bibliothek?«

»Warum finden Sie das so absurd?«, sagte Carballo. »Ich komme jeden Tag gegen fünf Uhr morgens nach Hause. Wir treffen uns hier, Sie lesen, während ich schlafe, und *dann* sprechen wir. Es tut mir leid, aber das ist der einzige Weg. Denn dieses Buch, ich wiederhole, verlässt meine Wohnung nicht.«

Ich wollte schon Einspruch erheben, aber ich besann mich rechtzeitig: Im Glauben, dass er mich zwang und ich nur widerwillig akzeptierte, bot mir der Mann doch an, allein und unbeobachtet ganze Stunden in seiner Wohnung zu verbringen, während er schlief. Er bot mir die Möglichkeit, nach Herzenslust jeden sichtbaren Winkel zu durchstöbern und den verlorenen Wirbel zu suchen. Es wäre idiotisch gewesen, abzulehnen.

»Fangen wir morgen an?«, fragte ich.

»Wenn Sie die Herausforderung annehmen«, sagte Carballo.

»Ich nehme sie an«, sagte ich. »Aber ich habe noch eine Frage.«

»Fragen Sie.«

»Was befindet sich stattdessen in Uribes Schädel? Denn in der Autopsie heißt es, man habe ihn rekonstruiert.«

»Nun, rekonstruiert heißt nicht, dass man die Kalotte wieder einsetzt«, sagte Carballo. »Das habe ich bei all den Besuchen von Maestro Benavides gelernt. Nehmen wir eine Knochenbank. Wenn jemand einem Toten einen Knochen für die Knochenbank entnimmt, wird der Leichnam mit Werg und Besenstielen rekonstruiert. Wissen Sie, als ich vor vielen Jahren dem Maestro so oft Gesellschaft geleistet habe, durfte ich so einiges erfahren, wovon ich keine Ahnung hatte. Zum Beispiel, dass es in den Operationssälen einen Kühlschrank mit Kalotten gibt. Eben solchen wie die hier. Einem Patienten mit Schädel-Hirn-Trauma zum Beispiel nimmt man ein Stück aus dem Schädel heraus, damit das Gehirn sich ausdehnen kann und der Patient nicht stirbt, und dieses Stück wird aufbewahrt. Manchmal kann man es aus irgendeinem Grund nicht im Kühlschrank aufbewahren. Dann legt man es im Unterleib ab, der das menschliche

Gewebe schützt und Infektionen verhindert. Dem Patienten kann man das Schädelstück entnehmen, ohne dass der Kopf seine Form verliert, denn darunter liegt noch eine weitere Schicht. Dem Herrn darf dann bloß keiner auf den Kopf klopfen, um zu sehen, wie hart er ist. Man kann das Knochenstück entfernen und nur die Hautschicht übrig lassen. Ich denke, in dem Zustand wird Uribe sein, in seinem Sarg tief unter der Erde auf dem Zentralfriedhof.«

Als ich nach Hause kam, zog ich die Vorhänge in meinem Zimmer zu (meine Frau und meine Töchter waren nicht da: umso besser, denn weder hatte ich die Kraft noch war mein Kopf klar genug, um zu erklären, was ich gerade erlebt hatte), und plötzlich überfiel mich geballt die Müdigkeit der schlaflosen Nacht. Ich stopfte mir blaue Stöpsel in die Ohren, die ich sonst beim Schreiben einsetze, legte mich ins Bett und konnte gerade noch befürchten, dass mein erregter Zustand mich trotz der Erschöpfung nicht würde schlafen lassen. Aber Sekunden später war ich schon nicht mehr bei Bewusstsein, schlief tief, schlief, wie ich seit meiner Jugend tagsüber nicht mehr geschlafen hatte, versunken in einen Schlaf, der sich nicht von der Narkose unterschied: ein Ort, wo es weder Zeit noch Raum gibt, ein *Nichtort,* an dem wir nicht einmal wissen, dass wir schlafen, und erst beim Aufwachen allmählich begreifen, wie sehr der Körper nach Ruhe verlangt hat. Ein traumloser Schlaf, aus dem man anfangs nur mit Mühe herausfindet: Man spürt Verwirrung, spürt Einsamkeit, eine gewisse Melancholie, will beim Aufschlagen der Augen jemanden vorfinden, der einen umarmt und mit einem Kuss daran erinnert, wo man ist, welches Leben man führt, was für ein Glück man hat, dass einem dieses Leben zugefallen ist und kein anderes.

Am Abend rief ich Doktor Benavides an. Als ich ihm erzählte, was ich bei Carballo gesehen hatte, herrschte erst einmal Totenstille am anderen Ende.

»Die Kalotte«, sagte Benavides schließlich. »Er hat sie.«

»Sie wussten, dass sie existiert?«

Wieder Schweigen. Durch das Hintergrundrauschen war das Geräusch von Besteck auf Tellern zu hören. Benavides aß vermutlich mit der Familie zu Abend, und ich hatte ihn unterbrochen. Es schien ihm nichts auszumachen.

»Mein Vater hat sie mehrmals mit nach Hause gebracht. Ich war damals noch ein Kind, sieben, acht Jahre alt. Mein Vater hat mir die Kalotte gezeigt, sie mir erklärt. Ich durfte sie in die Hand nehmen, wenden, überall ansehen, umdrehen. Und nun hat sie Carballo?«

»Ja. Es tut mir leid«, sagte ich, ohne zu wissen, warum.

»Mit den Buchstaben, nicht wahr? Den Initialen auf dem Stirnbein.«

»Ja«, sagte ich. »Da sind die Initialen: *R. U. U.* Ganz genau.«

»Ich erinnere mich gut«, sagte Benavides. Die Geräusche hatten aufgehört. Er musste sich in ein anderes Zimmer zurückgezogen haben, fern vom Lärm des Esstischs. »Diese Buchstaben hatten mich fasziniert, ich fand es unglaublich, dass sie da auf dem Stirnbein standen. Mein Vater hat sich sehr darüber amüsiert. Er hat mir gesagt: ›Die tragen wir dort alle.‹ Und ich habe Stunden vor dem Badezimmerspiegel verbracht, auf einem Holzbänkchen, damit ich dem Licht näher war, habe mit der einen Hand das Haar beiseitegeschoben und mit der anderen die Stirn betastet und nach den Initialen gefühlt. *F. B.* Ich habe sie mit der Fingerkuppe gesucht, bin damit über die Stirn gefahren, wollte ein *F* finden und ein *B,* das *F* und das *B.* Dann ging ich mich beklagen. Ich habe gesagt: ›Papa, ich finde sie nicht.‹ Und er hat meine Stirn abgetastet oder vielmehr gestreichelt und gesagt: ›Aber da sind sie doch, ich spüre sie.‹ Dann fuhr er sich selbst über die Stirn, setzte ein konzentriertes Gesicht auf, zutiefst konzentriert, und sagte: ›Ja, ja, hier sind sie: *L. A. B.* Sieh mal, ob du sie auch spürst.‹ Ich habe es bei ihm probiert und wieder nichts gespürt, es war frustrierend. Ich sehe es noch vor mir: wie er ebenfalls ein konzentriertes Gesicht machte, als ich ihn betastete, als er sich von seinem kleinen Sohn abtasten ließ, Vásquez. Sie wissen bestimmt, was ich meine.«

Nie zuvor hatte ich ihn in einem so nostalgischen Ton sprechen hören. Mir schien, dass er traurig geworden war, denn in seiner klaren Stimme schwang etwas Feuchtes mit, aber ich hielt es für unangemessen und sinnlos, ihn darauf anzusprechen: Wäre es wahr gewesen, hätte Benavides es niemals zugegeben. Aber meine Offenbarung über Uribe Uribes Kalotte hatte eine schlafende Erinnerung in ihm geweckt und die Gefühle, die mit ihr einhergingen. Vielleicht sind die Kindheitserinnerungen so mächtig, weil in dieser Zeit alles ein Einschnitt, eine Erschütterung ist. Mit jeder Entdeckung werden wir gezwungen, uns in der bekannten Welt neu zu verorten, und jedes Zeichen von Zärtlichkeit füllt uns den ganzen Körper. Beim Kind liegt alles bloß, es lebt ohne Filter, ohne Schutzschild, ohne Verteidigungsmechanismen, kämpft so gut es kann mit dem, wovon es überfallen wird. Ja, wollte ich Benavides sagen, ich weiß, wovon Sie reden, auch ich habe mir von meinen Töchtern die Stirn betasten lassen, von den Händen meiner Töchter, von diesen langen Fingern, die sie von mir geerbt haben. Auch wenn sie mit ihnen nie die Überreste eines der Männer gehalten haben, die in diesem Land ermordet wurden und die sie ebenfalls erben werden. Es sind viele, ja, und im Laufe ihres Lebens werden es gewiss noch mehr; und wer weiß, vielleicht hält der Zufall eines Tages für sie bereit, was er für mich bereitgehalten hat: das seltsame Privileg, in Händen die Ruinen eines Mannes zu halten.

»Ja«, sagte ich. »Ich weiß, wovon Sie reden.«

»Ja, wirklich?«, fragte Benavides.

Und ich sagte: »Ja.«

Wieder folgte ein Schweigen in der Leitung. Benavides brach es mit den Worten: »Bringen Sie sie mir, bitte.«

»In Ordnung«, sagte ich.

»Diese Kalotte gehört mir auch, so wie der Wirbel, so wie das Röntgenbild.«

»Aber Sie hatten doch das Gegenteil gesagt, Francisco. Dass diese Dinge nicht Ihnen gehören, dass sie allen gehören, dass man sie einem Museum übergeben muss. Sie werden doch nicht Ihre Meinung geändert haben.«

»Bringen Sie sie mir, bitte. Versprechen Sie mir das?«

»Das ist nicht so einfach«, sagte ich. »Aber ich verspreche, dass ich es versuchen werde.«

»Versprechen Sie das, Vásquez?«

»Ja, Francisco. Das verspreche ich.«

»Nun, ich hoffe, Sie halten es auch«, sagte Benavides. Auf einmal wurde er ernst, sehr ernst. »Sehen Sie«, fügte er hinzu, »die Überreste eines toten Körpers sind nicht dazu da, in der Gegend herumzupurzeln. Die Überreste eines Körpers sind mächtige Waffen, und jeder kann sie für Dinge gebrauchen, die weder Sie noch ich uns vorstellen können. Man darf nicht zulassen, dass sie in die falschen Hände geraten.«

Ich sagte, das verstünde ich natürlich. Dann sagte ich nichts mehr.

Drei Tage, drei wirre Tage lang folgte ich der gleichen absurden Routine. Ich stand um vier Uhr morgens auf, verließ meine Wohnung um halb fünf und traf um fünf in der Calle 18 ein oder ein paar Minuten früher – eine Zeit, zu der diese unwirtliche Stadt freundlicher wirkt, denn der spärliche Verkehr erweckt die Illusion, dass menschliche Wesen das Sagen haben –, und da war Carballo, trank seinen wässrigen Kaffee, obwohl er ein paar Minuten später ins Bett gehen würde. Er ließ mich allein mit Marco Tulio Anzolas Buch, und ich las darin, wie ich immer lese, wenn ich an einem meiner eigenen Bücher arbeite: daneben aufgeschlagen mein schwarzes Notizbuch, darauf ein Bleistift mit feiner Mine. Ich machte Notizen, ordnete Zeitabläufe, kämpfte mit dem Chaos im Buch, bändigte seine plumpe Empörung, und nach und nach erstand aus den Daten und Notizen das Profil des empörten Autors, dieses kühnen jungen Mannes, der die Mächtigsten im Land herausgefordert hatte. Anzola erweckte in mir zugleich Faszination und Misstrauen; sein Mut war unbestreitbar, und doch schien es mir offensichtlich, dass die Anklagen in seinem Buch nicht alle begründet waren, denn kein vernünftiger Leser konnte in *Wer sind sie?* die Verstrickung der Jesuiten nachvollziehen, die es ihnen zur Last legte. (Besagter Berestain, zum Beispiel, war ein intoleranter, unsympathischer Kerl, aber nichts in Anzolas Buch belegte, dass er ein Mörder war). Um Mittag setzte das Murmeln der Wasserleitungen ein, und kurz darauf kam Carballo aus seinem Zimmer, bereit, den Tag zu beginnen, stets in weißen Socken, manchmal mit einem Tuch um den Hals. Er erzählte mir Dinge, die nicht in Anzolas Buch standen, zeigte mir weitere Dokumente. Und so erfuhr ich Schritt für Schritt, was nach oder vielmehr *wegen* der Veröffentlichung von *Wer sind sie?* geschehen war.

Das Buch war im November 1917 erschienen. Die Antwort von Anzolas Feinden ließ nicht auf sich warten, und in vielen Fällen war sie härter, als er selbst in all seiner Betroffenheit hätte vorhersehen können. Zugleich merkte Anzola, dass viele seiner Angreifer das Buch gar nicht gelesen hatten. Es waren Killer des gedruckten Wortes, ausgesandt von den Mächtigen, die das Buch und seine Person verunglimpfen wollten, obwohl sie manchmal auch unter eigenem Namen handelten, traurige Gestalten, die von Neid und Groll getrieben wurden. In *El Nuevo Tiempo* wurde ohne jede Scham folgendes Bekenntnis abgelegt: »Wir müssen unseren Blick nicht mit dem Inhalt dieses Werks beflecken, um zu wissen, dass es die Frucht einer fiebrigen Phantasie, einer fehlgeleiteten Erziehung ist«, schrieb ein Kolumnist, der als Aramis firmierte. Die konservative Presse tat ihn durch die Bank als Anarchisten ab, als Moralmörder und Auftragsverleumder; in langen, gut platzierten Artikeln nannten ihn unglaubwürdige Pseudonyme einen Feind der katholischen Kirche, Gefolgsmann der Unmoral und sogar einen Boten des Teufels. Anzola tröstete sich mit dem Gedanken, dass gegen General Uribe die gleichen Vorwürfe erhoben worden waren, und verbrachte schlaflose Nächte mit der Frage, wie dieser auf den einen oder anderen besonders ungerechten oder schmerzlichen Affront geantwortet hätte. »Manche, die sich für Christen ausgeben«, schrieb in *La Sociedad* jemand, der als Miguel de Maistre firmierte, »haben es zu ihrer Mission auf Erden gemacht, den guten Namen der Heiligen Mutter Kirche zu beschmutzen; in unmoralischen Pamphleten greifen sie die Stellvertreter Gottes unter uns an und damit auch jeden rechtschaffenen Mann, jede unserer sittsamen Frauen, jedes unserer unschuldigen Kinder. Über Schriften, die Auslöser unserer Bürgerkriege waren und Zwietracht gesät haben, wollen diese Boten des Bösen die Konversion des Vaterlandes zum atheistischen Sozialismus erreichen. Aber sie werden merken, dass wir Krieger Gottes größer an Zahl sind, als sie meinen, und dass wir entschlossen sind, im gegebenen Moment unseren Glauben zu verteidigen und zwar mit der gesegneten Kraft der Waffen.«

Während der folgenden Wochen musste Anzola ertragen, dass ein Schriftsteller aus Bogotá sein Buch einen »bloßen Krimi« nannte und ihn selbst einen »verrückt gewordenen Detektiv«, musste das Getuschel ertragen, wenn er in ein Café trat, und so beschloss er eines Tages, nicht zu Luis López de Mesas Vortrag in der Reihe »Kulturen« zu gehen, so brennend er ihn interessierte, nur weil er sich nicht unter ein unberechenbares Publikum mischen wollte. Anfang Dezember fand eine Arbeiterdemonstration auf der Plaza de Bolívar statt. Anzola musste einen Umweg machen, um nach Hause zu gelangen, denn die Erinnerung an das, was beinahe auf einem anderen Platz bei einer anderen Demonstration passiert wäre, war noch frisch. Niemals hatte er sich so einsam gefühlt. Er wusste, dass jeder sich das Maul über ihn zerriss, und merkte, dass dennoch alle seinem Blick auswichen. An Weihnachten erhielt er ein Paket von Julián Uribe, beim Öffnen stieß er auf eine Schachtel mit Equitativa-Schokolade und eine Karte mit dem Aufdruck *Frohe Feiertage,* das erste Zeichen, dass die Familie ihn nicht aus ihrem Leben verbannt hatte. So ließ er die Tage verstreichen, ging von seiner Wohnung ins Büro, vom Büro zu seiner Wohnung, inspizierte die stets wechselnden Bauarbeiten auf dem Gebiet der ausgedehnten Stadt. Zwischen Weihnachten und Neujahr musste er die Reparatur einer Brücke über den Río San Francisco überprüfen. Man erklärte ihm, eine Frau sei vor einigen Tagen von der Brücke gefallen und habe sich das Gesicht auf den glatten Steinen aufgeschlagen. Anzola hörte den Erklärungen zwar zu, schenkte ihnen aber weder Aufmerksamkeit noch Mitgefühl, denn er dachte an die letzte Lüge, die man über ihn in der Presse erzählt hatte, an den letzten Artikel, der ihn mit Tinte bespuckt hatte. So verbrachte er die ersten Wochen des Jahrs 1918: mit der Betrachtung dessen, was da entfesselt wurde, eine wahre Diffamierungskampagne, deren einziges Ziel es war, dass Anzola nicht unbeschädigt den Tag erreichte, an dem der Prozess begann.

Zumindest stellte ich mir das so vor. Und Carballo war einer Meinung mit mir: Ja, so musste es gewesen sein. »Es stimmt, dass ein Teil der Stadt ihm den Krieg erklärt hatte und zwar der mächtigere Teil«, sagte er. »Weder Sie noch ich können uns vorstellen, was der Junge durchmachen musste.« Carballo nannte ihn »Junge«, als wäre er sein Sohn oder der Sohn eines Bekannten, und dabei kam mir immer Anzolas Alter in den Sinn: Als das Buch veröffentlicht wurde, war er knapp sechsundzwanzig. Im November meines sechsundzwanzigsten Jahres war ich gerade in Barcelona eingetroffen, nachdem ich zwei Romane veröffentlicht hatte, die erst ein Gefühl der Desorientierung, dann des Scheiterns zurückgelassen hatten, und ich bereitete mich darauf vor, neu zu beginnen, mit einem neuen Leben in einem neuen Land, mit dem zweiten Versuch, ein Schriftsteller zu werden. Anzola hatte da nicht nur bereits ein Buch veröffentlicht, das ihn zum unbequemsten Mann eines Landes gemacht hatte, in dem unbequeme Männer gewöhnlich mit allen Arten der Vergeltung zu rechnen haben, sondern er bereitete sich darauf vor, als Zeuge in dem Prozess um das sensationellste Verbrechen der jüngeren Geschichte auszusagen. *Das Jahrhundertverbrechen* nannten es viele, obwohl das Jahrhundert gerade erst begonnen hatte und uns noch mehrere Kandidaten für diesen zweifelhaften Titel bescheren sollte. Über den Mord an Gaitán würde man das Gleiche sagen, aber auch Jahre später über den an Rodrigo Lara Bonilla und Luis Carlos Galán. In der Hinsicht konnte mein Land aus dem Vollen schöpfen.

»Das Jahrhundertverbrechen«, lachte Carlos einmal. »Die hatten keine Ahnung, was noch auf sie zukommen würde.«

Der Prozess gegen Leovigildo Galarza und Jesús Carvajal, des Mordes an General Rafael Uribe Uribe angeklagt, begann im Mai 1918. Anzola hatte ihm Beschuldigungen vorausgeschickt, sich nicht damit begnügt, *Wer sind sie?* zu publizieren, sondern auch seine Absicht erklärt, sechsunddreißig neue Zeugen einzubringen und, wie er der Presse sagte, unveröffentlichte Details zum Anschlag auf General Uribe. Der Anwalt der Kläger, Pedro Alejo Rodríguez, verlangte, diese Zeugnisse für unzulässig zu erklären und Anzola zu verbieten, in irgendeiner Form an dem Prozess teilzunehmen.

»Pedro Alejo Rodríguez«, sagte ich. »Das ist doch der Sohn des Staatsanwalts, der das Ermittlungsverfahren geleitet hatte. Der Sohn des Feindes, besser gesagt.«

»Genau«, sagte Carballo. »Er verlangte, dass Anzola vom Prozess ausgeschlossen wurde, sogar als Zeuge. Und der Richter gab ihm recht.«

Aber Anzola ließ sich nicht einschüchtern. Am anberaumten Tag verließ er mittags seine Wohnung und machte sich zum Salón de Grados auf, der so ehrwürdig und alt war, dass es niemandem merkwürdig vorkam, über die Mörder des Generals am selben Ort zu urteilen, an dem man ihm vor vier Jahren die Totenwache gehalten hatte. Er trug ein Bündel Papiere unter dem Arm und bereute den ganzen Weg über, keine Aktentasche mitgenommen zu haben, ging von einem langen Block zum nächsten, unter einem Nieselregen, der nicht nässte, schleifte bei jedem Schritt die zaudernden Schuhe über das Pflaster, spürte aber auch, dass ein Nichterscheinen Aufgabe oder Verzicht bedeutet hätte. Bevor er in die Carrera Sexta bog, drang der Lärm der Leute bereits zu ihm, ein Stimmengewirr wie in den heißen Landstrichen. Anzola kam über die Calle 10, er ging an dem Fenster vorbei, durch das Simón Bolívar den Verschwörern entkommen war – Männer, die einen seiner Wächter ermordet hatten, bevor sie auf das leere Zimmer und das noch warme Bett stießen –, dann ging er weiter, die Augen zu Boden geschlagen, damit er nicht stolperte, bis zum Ende der Hauswand. Er hielt an. Unter den Dokumenten, die er unter dem Arm trug, war ein Exemplar von *Wer sind sie?* Anzola wusste nicht, ob es ein Fehler gewesen war, es mitzubringen. Er atmete tief durch, bekreuzigte sich rasch und küsste den rechten Daumennagel. Als er dann um die Ecke bog, trat er wie in eine Arena, stellte sich den Raubtieren und spürte, dass sich das Tor hinter ihm schloss.

»Da ist er!«, schrie jemand. »Da ist der von dem Buch!«

Anzola spürte die Blicke der Menge wie einen einzigen, ein Ungeheuer mit nur einem Auge, das ihn entdeckt hatte. »Weg mit ihm!«, schrie ein wütender Chor. »Weg mit ihm! Weg mit ihm!« Anderswo erklangen andere Stimmen, Richtung Calle Novena, als kämen sie vom Balkon der Nonnen: »Lasst ihn rein! Lasst ihn rein!« Anzola bahnte sich einen Weg durch die Menge, trotzte den Blicken, damit man seine Angst nicht roch, und erreichte die dicke Holztür mit ihrer majestätischen Aura, den Türklopfern aus massivem Eisen. Unter dem in Stein gehauenen Wappen trat ihm einer der beiden Polizisten, die den Eingang bewachten, in den Weg: »Verboten«, sagte er.

»Und warum?«, fragte Anzola.

»Anweisung des Richters.«

Da räusperte sich Anzola und sagte dem Polizisten, damit alle Welt es hörte:

»Da drinnen sind nicht die, die drinnen sein sollten.«

Die Menge fing zu schreien an. »Verleumder! Atheist!« Unter dem Balkon der Nonnen bestanden andere darauf, dass man ihn einließ, mit so aggressiver Stimme, dass Anzola einen Augenblick lang fürchtete, eine Feldschlacht auszulösen. Die Mühen dieser gesichtslosen Stimmen waren allerdings vergebens, denn die Anweisung des Polizisten war eindeutig. Anzola durfte nicht hinein.

»Aber am nächsten Tag«, sagte Carballo, »hatte er mehr Glück.«

»Was hatte sich geändert?«

»Nichts und alles«, sagte Carballo. Er wurde nachdenklich. »Sind Sie einmal drinnen gewesen, Vásquez? Waren Sie einmal dort, wo der Salón de Grados war?«

»Nie«, sagte ich.

»Ah, dann schlage ich Ihnen einen Spaziergang vor. Niemand sagt, dass wir die ganze Zeit in der Wohnung bleiben müssen.«

Wir gingen hinaus und nahmen die Carrera Quinta Richtung Süden. Ich fragte Carballo erneut, was sich geändert habe, was geschehen sei, damit Anzola Zutritt zum Prozess bekam, nachdem man ihn am Vortag abgewiesen hatte.

»Die Presse«, sagte Carballo. »Alle Zeitungen hatten gegen Anzolas Ausschluss protestiert. *El Tiempo* protestierte, *El Li-*

beral, auch *El Espectador* und ebenso *El Republicano*. Alle Leitartikel des Tages hatten den Autor von *Wer sind sie?* und sein Recht verteidigt, seinen sechsunddreißig Zeugen Gehör zu verschaffen. Und die Leute haben sich dem Protest angeschlossen. Der Skandal war so groß, dass Richter Garzón allen Vorhersagen zum Trotz einen Rückzieher machte. Ich weiß nicht, vielleicht dachte er, die Sache könnte böse aus dem Ruder laufen, wenn er bei seiner Weigerung blieb.« Wir überquerten die Avenida Jiménez und kamen am Billardsalon *Aventino* vorbei, wo ich so viele Mußestunden verbracht hatte, und als wir auf die Ecke der Calle 14 stießen, an der an einem Nachmittag im Jahr 1996 Ricardo Laverde ermordet worden war, bogen wir rechts ab und gingen Richtung Süden auf der Carrera Sexta weiter. »Am nächsten Tag ist Anzola wieder zum Salón de Grados gegangen. Die Zeitschriften haben über jeden einzelnen Prozesstag berichtet, haben die Vernehmungen abgeschrieben und sie dann besprochen: Deshalb weiß man recht genau, wie es abgelaufen ist. Eine Zeitung hat Anzola erwähnt. Sie beschreibt, wie er mit einem Bündel Papiere unter dem Arm ankommt. Bücher, Hefte, lose Blätter. Jetzt habe ich nichts davon dabei, aber früher habe ich oft alles unter dem Arm gehabt, damit ich den Schauplatz studieren und herausfinden konnte, was mein Junge in dem Moment empfunden haben mag.«

Mein Junge, hatte Carballo gesagt. Wir erreichten gerade die Ecke zur Calle 10, wo der Steinklotz steht, der vor einem Jahrhundert den Salón de Grados beherbergt hatte, und erst da offenbarte sich mir etwas, was ich schon früher hätte sehen müssen: die enge Beziehung zwischen Carballo und Anzola oder eher Carballos tiefe Verbundenheit mit diesem anderen Verschwörerjäger. *Mein Junge*. Ich musterte ihn heimlich, während wir hintereinander den engen Gehweg entlanggingen. Wahrscheinlich glaubte er an Reinkarnation, dachte ich spöttisch und bereute den Gedanken gleich. Wir gelangten zum imposanten Steinrahmen mit den Verzierungen und dem Holztor, durchquerten die dunkle Vorhalle und traten in den hellen Hof, den Hof mit den leuchtenden Rosenbüschen und dem Steinbrunnen in der Mitte, und ich dachte, dass Carballo hier in diesen feierlichen Säulengängen das empfunden hatte oder hatte empfinden wollen, was Anzola damals empfunden hatte: zum Beispiel, als er in die weite Halle mit der hohen Decke getreten war, wo die Verhandlungen stattfanden; oder als er den Lärm gehört hatte, der ihn hinter den Schranken empfing, ein Erdbeben und der schreiende Chor der Dinge, die es erschüttert.

»Hier ist es gewesen?«, fragte ich.

»Hier ist es gewesen«, sagte Carballo.

Der Raum war groß genug, um Hunderte von Zuschauern auf Holzbänken zu beherbergen. Deshalb hieß er Salón de Grados: der Graduiertensaal einer Universität, die früher dort untergebracht gewesen war. Carballo erzählte mir von den Fotos, die damals in den Zeitungen erschienen waren. In der Tür zu dem kalten Raum erklärte er mir, wo Anzola vermutlich gesessen hatte. Der imposante Thron da hinten, den ein Baldachin verdunkelte, sei gewiss der Platz von Doktor Julio C. Garzón gewesen, stellvertretender Oberrichter Bogotás. Die Schöffen saßen daneben, über ihren Köpfen ein Holzkruzifix, dessen Christus so groß war wie ein fünfjähriges Kind. Vor ihnen an einem Extratisch, verschanzt hinter einem vier Handbreit hohen Papierturm, saß der Gerichtsschreiber. An dem Tag, als Anzola zum ersten Mal dort Zeugnis ablegte, erfuhr er, dass Pedro León Acosta mit Knüppel und blanker Faust auf einen Bürger losgegangen war, der ihm mitten auf der Straße seine Beteiligung an dem Attentat vorgeworfen hatte. Der Kampf war so heftig gewesen, dass ein Polizeibeamter sie gewaltsam hatte trennen müssen, und er hätte beide für die Nacht auf die Wache gebracht, wenn er nicht rechtzeitig gemerkt hätte, dass er einen Prominenten vor sich hatte.

»Anzola hat bestimmt gedacht: *Das hat mein Buch bewirkt.* Hat bestimmt aufgeblickt, gesehen, wie man ihn von den Tribünen herab beschimpft oder beklatscht, und gedacht: Das hat sein Buch bewirkt. Auf jeden Fall hat er Staatsanwalt Rodríguez Forero dort sitzen sehen, als wäre er bloß Zuschauer. Aller Wahrscheinlichkeit nach saß Rodríguez Forero dort auf der Tribüne, denn er war nicht mehr Teil des Prozesses. Er hatte die Anklageschrift verfasst und veröffentlicht, war aber als Staatsanwalt von jemand anderem ersetzt worden. Und sein Sohn verteidigte die Familie Uribe, weshalb er gar nicht hätte teilnehmen können, nicht wahr? Man hätte ihn ablehnen müssen.«

»Und wo haben die Mörder gesessen?«

»Dort drüben, sehen Sie.«

Ich blickte in die Richtung, in die Carballo deutete. Galarza und Carvajal saßen an der Seitenwand, auf einer Bank ohne Lehne, von Polizisten umgeben. Sie wohnten dem Ganzen gleichgültig bei, als könnte ihnen nichts geschehen, aus ihren Gesichtern sprach eher beschränktes Begriffsvermögen. Beide hatten ein Tuch um den Hals gebunden, so dick, dass ihr Gesicht dahinter verschwand, wenn sie den Kopf senkten. Galarza war kahl, als hätte man ihn gerade geschoren, und Carvajals Augen hatten den wässrigen Blick eines müden Mannes. Ab und an drehte er sich um und sah auf die Uhr an der nackten Wand. Zu seiner Haltung schrieb ein Journalist, er habe nicht müde gewirkt, sondern gelangweilt.

Sobald der Richter die Verhandlung eröffnet hatte, bat der Anwalt der Familie Uribe um das Wort. Pedro Alejo Rodríguez besaß eine allzu weite Stirn mit tiefen Geheimratsecken, obwohl er gerade einmal dreißig war, die Augen mit den schweren Lidern wirkten immer schläfrig, und seine schrille Stimme klang wie ein unerzogenes Nörgeln. Er deutete mit dem Finger auf Carvajal und Galarza und sagte:

»Das sind die Mörder. Hier wird über niemanden sonst gesprochen und niemand sonst angeklagt.«

Die Leute fingen zu pfeifen an. Hände klopften auf Holz.

»Ruhe im Saal«, sagte der Richter.

»Die Schöffen sind hier, um über Galarzas und Carvajals Verantwortung zu urteilen«, fuhr Rodríguez fort. »Mit anderen Individuen hat die Justiz nichts zu tun. Auf diesen Prozess haben wir uns vorbereitet, aber dann ist der Mann da vor Gericht erschienen.«

Er zeigte auf Anzola. Auf der oberen Tribüne war Gemurmel zu hören. »Weg mit ihm!«, rief es von irgendwoher.

»Ruhe!«, sagte der Richter.

»Der Herr da«, sagte Rodríguez, »ist vor Gericht erschienen

und hat verlangt, aussagen zu dürfen. Und nicht nur er, sondern sechsunddreißig weitere Zeugen. Aber Señor Anzola ist nicht irgendein Zeuge, er ist der Verfasser eines Pamphlets, in dem andere als Galarza und Carvajal beschuldigt werden. Und höchstwahrscheinlich ist er hier, Herr Richter, um die gleichen Beschuldigungen vorzubringen. Nun gut, hören wir die Zeugen an, wie das Gesetz es vorschreibt. Und ihre Aussagen werden uns zu einer von zwei Schlussfolgerungen führen: Entweder sind die neuen Beweise vor dem Auge des Gesetzes gültig, oder es sind bloße Verdächtigungen, die für keinerlei Schlussfolgerung berücksichtigt werden dürfen. Was uns angeht, so werden wir den Wünschen der Familie des Generals entsprechen.« Er griff zu einer Mappe und zog ein Blatt hervor. »Das hier«, sagte er, »ist ein Brief, den uns aus Washington Doktor Carlos Adolfo Urueta geschickt hat, der Schwiegersohn des Generals. Darin steht: *Sie wissen, was unser sehnlichster Wunsch bei dieser Ermittlung ist: dass so viel wie nur möglich erhellt wird, aber ohne sinnlose Skandale, und vor allem, ohne dass der Name des Generals für Verleumdungen benutzt wird.* Und eben das, Herr Richter, wird das Ziel der Anklage sein.«

»Sehr gut«, sagte der Richter. Er schwenkte eine Glocke, die Anzola bis dahin nicht bemerkt hatte. »Der Zeuge soll kommen.«

»Anzola ist aufgestanden und bis dorthin gegangen«, sagte Carballo und streckte den Finger aus. »Er hat diesen Weg genommen. Die Zeitungen erwähnen die Unmengen von Papieren, die er bei sich hatte. Sie sind ihm heruntergefallen, und er hat sie aufgehoben. Er war nervös, versteht sich. Seine Feinde waren im Saal: Alejandro Rodríguez Forero, Pedro León Acosta.«

»Acosta war da?«

»In der ersten Reihe«, sagte Carballo. »Abwesend war dagegen Salomón Correal.«

»Warum?«

»Er musste gar nicht dabei sein«, sagte Carballo. »Er hatte seine Spione geschickt. Alle Polizisten Correals waren Spione.«

»Señor Anzola«, sagte der Richter. »Schwören Sie bei Gott, dass Sie bei allem, was man Sie fragt, die Wahrheit sagen werden, soweit sie Ihnen bekannt ist. Sind Sie sich bewusst, dass Sie für Unwahrheiten mit mehreren Jahren Gefängnis bestraft werden können?«

»Ja«, sagte Anzola. »Ich schwöre. Aber ich sage gleich, dass ich kein Redner bin. Ich bitte das Publikum um Geduld, wenn ich ungeschickt wirke oder etwas Unerhörtes sage. Was ich hier vorbringen werde, habe ich in einigen Fällen selbst bezeugt. In anderen bin ich indirekter Zeuge.«

»Es soll festgehalten werden, was Sie eben gesagt haben«, sagte Rodríguez.

»Alles soll festgehalten werden«, gab Anzola zurück. »Denn von dem, was ich hier sage, werde ich später nichts zurücknehmen.«

»Die Tatsachen«, sagte der Staatsanwalt. »Wollen wir die Tatsachen sehen.«

»Sofort«, sagte Anzola. »Sofort werde ich beweisen, dass der frühere Staatsanwalt Señor Alejandro Rodríguez Forero die Akte beschnitten hat, um die Theorie zu stützen, dass Galarza und Carvajal allein gehandelt haben. Ich bitte den Sonderankläger Don Pedro Alejo Rodríguez sich die Anklageschrift vorzunehmen. Und ich rate dem ehemaligen Staatsanwalt, da er schon unter uns weilt, die seine in die Hand zu nehmen und der Verlesung zu folgen. Damit er sich nicht langweilt.«

Ein Lachen ging durch die Reihen.

»Die Tatsachen, Herr Anzola«, sagte der Staatsanwalt.

»Ich werde hier eine Tatsache beweisen: dass Staatsanwalt Rodríguez Forero die Akte verfälscht hat.«

»Die Anklage verlangt einen Beweis, Herr Anzola«, sagte Rodríguez' Sohn. »Legen Sie ihn sofort vor.«

»Mit großem Vergnügen«, sagte Anzola. »Herr Gerichtsschreiber, öffnen Sie die Akte auf Seite 1214. Herr Ankläger, öffnen Sie die Anklageschrift Ihres Vaters auf Seite 270. Es geht um ein Treffen, das in der Tischlerei des Mörders Galarza stattgefunden hat, fünfzehn Tage vor dem Verbrechen. Dabei hat ein Polizist von Salomón Correal Wache gestanden. Das Treffen ist von höchster Bedeutung. Es ging darum, festzustellen, wer daran teilgenommen hatte. Nun, in der Akte ist Folgendes zu lesen: ›Fünfzehn Tage vor dem Verbrechen ...‹ Sehen wir, was Herr Rodríguez Forero in der Anklageschrift schreibt. ›Ein paar Tage vor dem Verbrechen ...‹ Also sind es nicht mehr genau fünfzehn Tage, sondern eine unbestimmte Zahl von Tagen. Und ich frage: Wann zieht ein Staatsanwalt das Unbestimmte der Genauigkeit vor? Und ich antworte, Herr Richter: Wenn die Genauigkeit bestimmte Personen in Bedrängnis bringen könnte und man das um jeden Preis verhindern will. Das ist Verfälschung der Tatsachen!«

Anzola wartete auf Applaus, und der Applaus kam.

»Aber nein!«, sagte Rodríguez. »Verfälschung wäre es, wenn man etwas weglässt, wovon im Prozess die Rede sein wird, oder wenn man es in böser Absicht verändert. Hier handelt es sich einzig und allein um Straffung. Wenn der Staatsanwalt die Tatsachen aus der Akte zusammenfasst, kann er die Wörter austauschen.«

»Kann er das?«, fragte Anzola sarkastisch.

»Natürlich kann er das. Der Staatsanwalt hat gar nichts verfälscht, denn der Satz steht nicht in Anführungszeichen.«

»Aber es geht nicht nur darum«, sagte Anzola. »Es gibt andere Verstümmelungen.«

»Führen Sie alle an«, sagte Rodríguez.

»Ein Mann mit Namen Alejandrino Robayo war ebenfalls in jener Nacht in der Tischlerei des Mörders. In der Akte nennt Robayo die Personen, die ihn begleitet haben, darunter auch einen gewissen Celestino Castillo. Aber lesen Sie die Anklageschrift, Herr Gerichtschreiber, lesen Sie: Hier ist der Name des Begleiters verschwunden, und stattdessen steht dort: ›Einer seiner Begleiter ...‹ Der Name Castillo wurde hier eindeutig gestrichen. Warum? Weil er einer von Salomón Correals Männern war!«

Rodríguez wedelte mit den Händen. »Herr Gerichtsschreiber«, sagte er, »sagen Sie uns bitte, ob dieser Absatz in Anführungszeichen steht.«

Der Schreiber sagte: »Ich sehe keine Anführungszeichen.«

»Somit ist es keine Verfälschung«, sagte Rodríguez.

Anzola drehte sich zum Saal. »Ich spreche dem Ankläger von der Wahrheit, und er spricht von Anführungszeichen!«

Der Saal sprang auf. Das Geschrei war ohrenbetäubend, aber hinter dem Rachen seiner Feinde hörte Anzola durch die anklagenden Stimmen hindurch, wie ihn jemand beim Namen rief und sagte: »Keine Sorge! Das Volk ist bereit, Sie zu verteidigen.« Die Worte waren ein Schlag auf die Schulter. Anzola hob die Stimme.

»Ich erkläre«, rief er, »dass Staatsanwalt Rodríguez Forero parteiisch ist!«

Die Leute auf der Tribüne waren aufgesprungen, reckten die Fäuste, die offenen Münder grölten. Anzola konnte die Gewissheit mit Händen greifen, dass er eine Revolte anzetteln konnte, an Ort und Stelle und in diesem Augenblick, und zum ersten Mal wusste er, was General Uribe bei seinen Reden empfunden hatte: die Macht über eine Menge und die entsetzliche Möglichkeit, sie zu gebrauchen. Die Kommandierenden der Polizei postierten sich vor den Schranken, um die Ordnung aufrechtzuerhalten, und Anzolas Unterstützer sahen das als Drohung. »Na kommt!«, schrien sie. »Schießt, und ihr werdet sehen, wie das Volk sich wehrt!« Der Richter versuchte, seine Stimme über den Lärm zu erheben, über das Dröhnen der Hände, die auf die Holzbänke schlugen. »Ordnung!«, schrie er. Aus einer Ecke kam der Ruf: »Tod den Mördern!« »Tod dem schwarzen Acosta!«, kam von einer anderen Seite. Und der Richter schüttelte weiter die Metallglocke und schrie: »Die Verhandlung wird ausgesetzt! Die Verhandlung wird ausgesetzt!«

»Und die Verhandlung wurde ausgesetzt«, sagte Carballo. »So ging es da zu. Und wie der erste Tag von Anzolas Zeugenaussage so waren die anderen. Geschrei. Proteste. Applaus. Der Saal in Feinde und Unterstützer geteilt, die gespannte Atmosphäre eines Aufstands, der gleich losbrechen wird … Und mittendrin Anzola mit seiner Aussage. Als er schließlich seine Zeugen aufrief, wurde die Atmosphäre nicht besser.«

»Er hat seine Zeugen aufgerufen? Aber das geht doch nicht in einem Prozess, Carlos.«

»Ja, ich weiß«, sagte Carballo. »Sie sind auch Anwalt, das hatte ich fast vergessen. Nun ja, es war möglich, wenn der Richter es zuließ. Irgendwo habe ich die Paragrafennummer, die es einem Richter erlaubt hat, die Verhandlung zu führen, wie er will. Ich weiß nicht, ob das heute noch möglich ist, damals aber schon. Und Anzola war nicht irgendein beliebiger Zeuge, er hatte das Buch geschrieben, hatte seine eigenen sechsunddreißig Zeugen angekündigt, hatte die Presse auf seiner Seite, zumindest schien es so. Also hat man ihm gestattet, sie vorzuladen und mit ihnen zu reden, sie zu befragen, auch wenn er keine der Parteien vertreten hat. Es war eine Ausnahme, aber alles war eine Ausnahme bei diesem Prozess, und wichtig war, dass es nicht zu Volksaufständen kam. Also hat Anzola zwei Wächter des Panóptico geholt und von den privilegierten Haftbedingungen für Galarza und Carvajal sprechen lassen und von der Beziehung zwischen den Mördern und Salomón Correal. Einer von ihnen hat erzählt, bei einer Zelldurchsuchung habe er einmal gesehen, wie Galarzas Frau zu Besuch kam. Als sie sich unbeobachtet fühlten, hatte die Frau Galarza ein Stück Papier zugeschoben. Er versteckte es im Stiefel. Nachdem sie gegangen war, hat der Wächter Galarza befohlen, es ihm zu zeigen.

›Und was stand auf dem Papier?‹, hat der Richter den Zeugen gefragt.

›Die Worte waren folgende‹, hat der Zeuge gesagt. ›*Ich habe mit dem Doktor gesprochen, der sagt, auf der Straße ist alles in Ordnung. Aber denkt dran, dass ihr nicht allein verantwortlich seid. Seid nicht so blöd, alles allein auszubaden, wenn auch andere verantwortlich sind.*‹«

»Bei solchen Enthüllungen hat der Saal gegrölt, und von denen gab es mehrere pro Tag«, sagte Carballo. »Und Anzola hat weiter seine Zeugen befragt und sie vor Gericht aussprechen lassen, was sie ihm für sein Buch erzählt hatten. Aber er hat schnell gemerkt, dass viel mehr nötig war als die Seiten von *Wer sind sie?*, um die Schöffen zu überzeugen.«

Adela Garavito sagte, sie habe am Anschlagmorgen Salomón Correal vor General Uribe Uribes Haus gesehen; gleich darauf erklärte der Polizist Adolfo Cuéllar, Correals Sekretär, der General sei den ganzen Vormittag im Büro gewesen, und das Publikum klatschte aufgeregt. Ana Beltrán, die ihren Worten nach eine Tochter von Carvajal hatte, sprach von einem Treffen in

Galarzas Tischlerei und versicherte, dabei sei die Rede davon gewesen, Uribe Uribe umzubringen. Sofort zwang der Richter sie zu dem Bekenntnis, dass sie noch eine Tochter von einem anderen Mann hatte, das Publikum lachte sie aus, und ihre Worte verloren wie durch Zauberhand jedes Gewicht. Ein Zeuge namens Villar, der Häftling im Panóptico gewesen war, erklärte, Anzola habe ihm eine Belohnung versprochen, wenn er zu seinen Gunsten aussage, und behauptete sogar, so seien wohl alle Zeugen von Anzola in dem Prozess: gekauft. »Da bin ich mir fast sicher«, sagte er, »auch wenn ich es nicht beweisen kann.« Er musste es nicht beweisen: Der Saal schrie, das sei eine Farce. Villar verleumdete ihn, aber der Saal schrie, Anzola sei ein Verleumder.

»Und am schlimmsten war«, sagte Carballo, »dass es rein gar nichts nutzte. Die drei Schöffen in dem Prozess hatten nur eine einzige Aufgabe: Galarza und Carvajal zu verurteilen. Das Gesetz war eindeutig: Es wurde über die geurteilt, die in der Anklageschrift beschuldigt wurden. Über niemanden sonst. Also konnten die Schöffen keine Entscheidung über die vom Buch Benannten fällen. Dafür hätte man einen neuen Prozess beginnen müssen. Im Salón de Grados wurde also ein Prozess für die öffentliche Meinung geführt, das wusste Anzola und hatte es akzeptiert. Seine Aufgabe bestand einzig darin, zu beweisen, dass Correal, Acosta und die Jesuiten Verantwortung für das Verbrechen trugen, und der öffentlichen Meinung den Rest zu überlassen. Mehr konnte er nicht tun. Er machte weiter. Und allmählich bezahlte er den Preis dafür.«

»Was heißt das?«

»Kommen Sie mit, Vásquez.« Carballo führte mich durch den alten Kreuzgang. Von der Mitte des Hofs erreichte uns das beständige Murmeln des Brunnens, dazwischen wuchsen Rosen: ein märchenhafter Ort, an dem, wie an so vielen märchenhaften Orten, Entsetzliches passiert war. Wir gelangten zu einer Tür. »Das war der Raum, in dem sich die Zeugen während der Verhandlung aufhielten«, sagte Carballo. »Hier hat man sie versammelt, bevor sie aufgerufen wurden, damit niemand mit ihnen sprechen konnte. Und wissen Sie, was hier geschehen ist?« Aber es war eine rhetorische Frage: Selbstverständlich wusste ich es nicht, selbstverständlich würde er es mir erklären.

»Hier ist etwas geschehen, was zu Anfang nur ein Skandal war, für Anzola später jedoch schreckliche Folgen hatte. Es war nach sechs Verhandlungstagen oder sieben, ich weiß nicht genau. Einmal ist Anzola etwas früher als gewöhnlich in den Salón de Grados gekommen, er wollte mit einigen der Prozessbeobachter reden: mit Journalisten, Anhängern seiner Sache, mit einem Hauptmann, der kein Zeuge war, aber einer sein konnte.« Doch der Polizeichef hatte es nicht zugelassen.

»Anweisungen des Richters«, sagte er.

»Das ist unerhört«, sagte Anzola. »Ich darf nicht mit den Leuten sprechen?«

»Der Richter hat verfügt, dass Sie in das Zimmer der Zeugen gehen«, sagte der Polizist. »Gehen Sie, Señor Anzola, ich bringe Sie hin.«

»Nein«, sagte Anzola. »Ich gehe nur unter Zwang.«

Zur Verblüffung der Anwesenden packte der Polizeichef ihn beim Arm und versuchte, ihn mitzuschleifen. Anzola stemmte die Absätze gegen die Fliesen der Vorhalle, und der Chef musste zwei weitere Polizisten rufen. Beim Ringen ging Anzola zu Boden, die Polizisten hievten ihn hoch, stießen ihn voran, während er lauthals fragte, ob es hier keinen Liberalen gebe, der ihn verteidige. »Man nimmt mich fest, weil ich Correals Schuld beweisen will!«, rief er. Die Polizisten drückten ihn gegen die Wand, durchsuchten ihn und fanden seinen Revolver. Anzola wurde in das Zimmer der Zeugen neben der Vorhalle gesperrt, während die Polizisten den Revolver mitnahmen, um ihn dem Richter zu zeigen. Später erfuhr er, dass sie ihn beschuldigt hatten, den Revolver gezogen zu haben, um auf sie zu schießen. Als Anzola endlich gerufen wurde, beschuldigte er seinerseits die Polizisten, ihn beschimpft und geschlagen zu haben, und fügte noch eine Anklage hinzu: Die Polizisten, die es gewagt hatten, gegen Correal auszusagen, hätten von ihrem eigenen Korps Repressalien zu erleiden.

»Und nicht nur Repressalien!«, rief Anzola. »Sie werden regelrecht unterdrückt!«

»Anzola hatte einen Brief von einem der Opfer bei sich«, sagte Carballo. »Er versuchte ihn vorzulesen, aber der Richter hat es ihm mit den Worten verboten, er sei kein Staatsanwalt, sondern ein Zeuge. Da ist Anzola, bevor jemand eingreifen konnte, zu den Journalisten gelaufen, hat ihnen den Brief übergeben und sie gebeten, ihn zu veröffentlichen. Der frühere Staatsanwalt Rodríguez Forero ist aufgesprungen und hat protestiert, und die Leute haben gemeinsam mit ihm gegrölt. ›Man versucht, uns zu zensieren!‹, hat Anzola gerufen und kaum sein eigenes Wort verstanden. Der Richter befahl, den Saal zu räumen. Die Polizisten führten den Befehl aus. Sie schienen sich auf einmal vervielfältigt zu haben, doch die Leute im Saal leisteten so hartnäckig Widerstand, dass sie schließlich zu den Waffen griffen. Sie verteilten Kolbenschläge, und die Zeitungen erzählen, dass in dem Moment, inmitten der Schreie, jemand gesagt hat: ›Sie werfen uns raus, weil allmählich Licht in die Sache kommt.‹ Das musste auch Anzola gedacht haben, denn an dem Nachmittag hatte er einen besonders wichtigen Zeugen aufrufen wollen. Aber nein, die Verhandlung wurde nur für fünfzehn Minuten ausgesetzt, kaum mehr als fünfzehn Minuten waren nötig, damit die Gemüter sich beruhigten und eine Katastrophe abgewendet wurde. Das hätte sehr wohl passieren können: gebrochene Knochen und blutige Gewehrkolben. Aber es ist nicht passiert. Fünfzehn Minuten, und man fuhr mit den Aussagen fort. Anzola, der Zeuge Anzola, rief einen anderen Zeugen auf. Es war ein junger Arbeiter mit braunem Sakko und schwarzem Halstuch. Er hieß Francisco Sánchez, auch wenn sein Name keine Rolle spielt. Eine Rolle spielt, was man ihn fragte: Ob es stimme, dass Emilio Beltrán ihm vorgeschlagen habe, General Uribe zu töten.«

»Emilio Beltrán«, sagte ich. »Kommt mir bekannt vor, aber ich erinnere mich nicht mehr, wer das war.«

»Ja, er wird zweimal in *Wer sind sie?* erwähnt. Aber als Anzola sein Buch veröffentlicht hatte, wusste er noch nicht, was er nun wusste.«

Emilio Beltrán war ein Saufkumpan von Carvajal. Man sah sie oft gemeinsam im Chicha-Ausschank, meist betrunken, oder beim Pokerspiel im *El Molino Rojo*. Ein paar Monate lang hatte Beltrán bei Carvajal gewohnt, so schlecht gingen seine Geschäfte, doch bei seiner Aussage hatte er alles geleugnet: dass er Carvajal kannte, dass er bei ihm gewohnt hatte, dass er sich mit ihm zum Kartenspiel traf, dass er am Morgen des Anschlags in Galarzas Tischlerei gewesen war.

»Das stimmt«, sagte Francisco Sánchez. »Ich war mit Emilio Beltrán befreundet, bis er mir vorgeschlagen hat, gemeinsam mit ihm General Uribe umzubringen.«

»Wann war das?«, fragte der Richter.

»An das Datum erinnere ich mich nicht. Aber an seine Worte ganz genau: Wenn wir uns auf das Geschäft einließen, würde sich unser Los ändern.«

»Warum haben Sie die Behörden nicht verständigt?«

»Weil ich einen Freund nicht verraten wollte. Aber ich habe ihm empfohlen, sich nicht hineinziehen zu lassen, habe gesagt, ich sei kein Uribe-Anhänger, aber ich würde mich nicht auf die Sache einlassen, und er solle das auch nicht tun. Habe gesagt, wie er das seiner Mama antun könne.«

»Und warum, glauben Sie, hat er Ihnen diesen Vorschlag gemacht?«

»Weil er wohl gewusst hat, dass ich kein Anhänger Uribes war. Eines Tages hat er mich in seine Werkstatt eingeladen und gesagt: ›Die Lage ist ganz schön übel. Wir sind geliefert, und daran ist nur General Uribe schuld. Helfen Sie mir, ihn loszuwerden, das ist unsere Chance.‹ Das hat er gesagt.«

»Hat er von anderen gesprochen, die an dem Komplott beteiligt waren?«

»Ich habe herausgehört, dass da noch jemand war, weil er so selbstsicher gesprochen hat. Aber er hat niemanden erwähnt.«

»Hat er Ihnen Geld angeboten?«

»Angeboten nicht, aber er hat durchblicken lassen, dass man mir etwas geben würde. Und ich habe gemerkt, dass sich seine Situation nach dem Mord geändert hat. Sehr zum besseren. Vorher war er Tischler, jetzt ist er ein vermögender Mann.«

Da schaltete sich Anzola ein. »Das stimmt«, sagte er. »Beltrán besitzt jetzt eine Wohnung und ist Eigentümer seiner Tischlerei. Wie kam es zu dieser Veränderung? Eben das hat der Herr Staatsanwalt, der Vater des hier anwesenden Herrn Doktor, nicht untersuchen wollen.«

Pedro Alejo Rodríguez zuckte mit den Schultern: »Das ist nicht der Augenblick …«

»Herr Richter«, sagte Anzola, »lassen Sie bitte Señor Emilio Beltrán rufen.«

»Beltrán war elegant herausgeputzt«, sagte Carballo. »Selbst der Reporter von *El Tiempo* fragt sich, wie ein Tischler dazu kommt, sich in neuem Dreiteiler und elegantem Hut zu präsentieren.«

Er wirkte nervös. Der Richter wandte sich an Sánchez und fragte, ob er bekräftige, was er gegen seinen Freund Beltrán ausgesagt habe.

»Ja«, sagte Sánchez. »Ich bekräftige es.«

»Es stimmt nicht«, sagte Beltrán.

»Erinnern Sie sich, Mann«, sagte Sánchez zu ihm. »Sie haben mir das an dem Tag gesagt, als ich bei Ihnen Holz geholt habe.«

»Ich erinnere mich nicht.«

»Na hör mal, erinnere dich«, sagte Sánchez und ging seltsamerweise zum Du über. »Ich war doch bei dir, kurz vor der San-Juanito-Brücke.«

»War der Zeuge bei Ihnen zu Hause?«, fragte der Richter.

»Zwei, drei Mal«, sagte Beltrán.

»Dann erinnere dich, es gibt keinen Grund, das zu leugnen. Erinnere dich, dass du mir vorgeschlagen hast, General Uribe umzubringen.«

»Daran erinnere ich mich nicht«, sagte Beltrán. »Das ist eine Verleumdung, die der Herr schon seit Tagen gegen mich vorbringt.«

»Beltrán, stimmt es, dass Sie in Galarzas Tischlerei gearbeitet haben?«, fragte Anzola.

»Das stimmt.«

»Und damals ging es Ihnen gar nicht gut?«

»Nein, gar nicht gut.«

»Und wie geht es Ihnen jetzt?«

»Jetzt geht es mir noch schlechter.«

»Aber es ist doch seltsam, dass Sie damals kein Geld hatten und jetzt Eigentümer sind.«

Beltrán sagte nichts. Da fragte ihn Anzola nach den Ereignissen des 15. Oktober. Das Verhör war eine einstündige Folter, denn Beltrán versteifte sich auf einsilbige Antworten, und die sprachen in den meisten Fällen nur vom Vergessen. Nichts ließ sich klären: ein zähes Verhandeln darüber, wann die Mörder gekommen und gegangen waren, wie die Äxte geschliffen, die kaputten Schäfte repariert worden waren, welche Bemerkungen sie beim Schleifen der Äxte gemacht, wo die Mörder zu Mittag gegessen hatten und was es mit dem verpfändeten Handbohrer auf sich gehabt hatte.

»Und dennoch war es klar«, sagte Carballo.

»Ich verstehe nicht«, sagte ich.

»Sehen Sie das nicht?«, sagte Carballo. »Das ist doch kristallklar: Auf der Zeugenbank saß der dritte Angreifer.«

»Der mit dem Schlagring?«, fragte ich.

»Genau«, sagte Carballo. »Der die dritte Axt gebrauchen sollte, die man rein zufällig gefunden hatte. Er hat sie nicht benutzt, sondern den Schlagring. Und da saß er.«

»Aber konnte Anzola das beweisen?«

»Nein«, sagte Carballo. »Aber er erreichte etwas, was fast genauso gut war.«

Am Ende seiner Aussage hatte Anzola das Gefühl, dass er nun über genügend Indizien verfügte, um Emilio Beltráns Mittäterschaft öffentlich als bewiesen zu bezeichnen. »Er war eng mit Galarza und Carvajal befreundet«, sagte er. »Er hat bei ihnen gewohnt, hat Drohungen gegen General Uribe ausgesprochen und schließlich jemandem vorgeschlagen, gemeinsam mit ihm den General zu ermorden.« Und er schloss: »Dieser Mann sollte in Haft genommen werden. Um eine Person in Haft zu nehmen, reicht es aus, wenn das Corpus Delicti und schwerwiegende Indizien vorliegen. In unserem Fall liegt das Corpus Delicti vor, und es gibt ernste Indizien gegen Beltrán.« Anzola wandte sich an den Verteidiger der Mörder. »Sind Sie nicht der Ansicht, dass Beltrán in Haft genommen werden muss?« Mit anderen Worten: Warum waren seine Mandanten in Haft und dieser Mann frei? Ob der Anwalt nicht glaube, dass Beltrán an den gleichen Ort gehöre wie Galarza und Carvajal? Der Saal applaudierte, als Murillo bejahte. Da blickte Anzola auf, als spräche er zur hohen Decke und den Holzbalken, und sagte mit triumphierender Stimme:

»Nach all dem zuvor Gesagten sind wir zu der Schlussfolgerung gelangt, dass es einen dritten Verdächtigen gibt. Somit ist die Anklageschrift hinfällig.«

»Das Publikum brach in Jubel aus, als wäre es auf einem Jahrmarkt«, sagte Carballo. »Stellen Sie sich vor, Vásquez, stellen Sie sich das vor: Anzola hatte eben bewiesen, dass die Anklageschrift unzureichend war. Das war ein halber Sieg. Bis jetzt hatten sich die wahren Schuldigen in Sicherheit wiegen können, weil die Anklageschrift sie für unschuldig erklärt und aus dem Prozess herausgehalten hatte. Aber wenn man der Anklageschrift nicht vertrauen konnte, was blieb dann von dieser Immunität? In anderen Worten: Acosta und Correal hatten sich hinter dem Schild der Anklageschrift verschanzt. Diesen Schild hatte Anzola eben weggerissen. Jetzt konnte alles Mögliche passieren. Und Anzola bemühte sich nach Kräften, dass es passierte. Er war aufgeregt, mein Junge, und wie aufgeregt. Wissen Sie was? Ich glaube, ebendarum hat er es vermasselt. Er hatte das Gefühl, alles in der Hand zu haben. Und dann ist etwas schiefgelaufen, er hat die Kontrolle verloren. Ich muss gestehen, mir wäre es nicht anders ergangen.«

Anzolas Sturz trug sich wie folgt zu.

Nach seinem Sieg gegen die Anklageschrift musste Anzola das Gefühl gehabt haben, dass der Weg nun frei war, es mit den Beschuldigten seines Buches aufzunehmen: Pedro León Acosta, Salomón Correal und den Jesuiten. Er beschloss, mit Acosta anzufangen, denn die Veröffentlichung von *Wer sind sie?* hatte ihm eine interessante Begegnung beschert. Im Februar war, wie Carballo herausgefunden hatte, ein Italiener mit Namen Veronesi auf Anzola zugekommen und hatte ihm dreierlei gesagt: Erstens, dass er sein Buch gelesen habe; zweitens, dass er hier nur Gast der großen kolumbianischen Nation sei und mit niemandem Probleme bekommen wolle; drittens, dass es jedoch manche gebe, die Dinge über den Anschlag auf Uribe Uribe erzählten. Eine davon arbeite für ihn. Sie heiße Dolores Vásquez und habe etwas Wichtiges gesehen. Vielleicht halte es Señor Anzola ebenfalls für wichtig.

Dolores Vásquez war eine kleine alte Frau mit dunklem Schultertuch, dünner Stimme und ruhigen Gesten, eine dieser Frauen, die auf Distanz zur Welt gegangen sind und von einem Stuhl aus resigniert die Bosheit der Menschen beobachten. Seit einigen Jahren arbeitete sie ab und an für den Italiener Veronesi und lebte in der Nähe des Chicha-Ausschanks *Puerto Colombia*, in dem sich die Mörder am Vorabend des Anschlags getroffen hatten. Man kann sich vorstellen, wie erfreut Anzola gewesen war, dass er sie gefunden hatte. Schon lange vor der Veröffentlichung seines Buches hatte er vermutet, dass sich die Mörder sehr viel öfter in dieser Chichería gesehen hatten und andere Personen dazugestoßen waren, um über den Tod von General Uribe zu sprechen, aber er hatte keine Zeugenaussagen gehabt, die das bestätigten. Dolores Vásquez erzählte ihm von eleganten Männern, die sich mit den Mördern im *Puerto Colombia* getroffen hatten, besonders einer mit Zylinder und Überzieher sei oft gekommen und habe dort kurz vor dem Anschlag nach Galarza gesucht. Anzola fragte sie anscheinend, ob es General Pedro León Acosta gewesen sei, und sie sagte, sie kenne den General nicht. Anzola besorgte sich ein altes Foto von ihm, aus den Zeiten der Verschwörung gegen Präsident Rafael Reyes, und ging damit eines Nachmittags zum Laden von Señor Veronesi, sie sah sich den vergilbten Ausschnitt an und sagte, sie sei sich nicht sicher, würde ihn aber womöglich wiedererkennen, wenn sie ihn mit eigenen Augen sähe. Anzola beschloss, dieses Treffen zu arrangieren und zwar im Salón de Grados.

Aber an dem Tag, an dem Dolores Vásquez endlich Pedro León Acosta identifizieren sollte, passierte etwas. Nach der Version der Bogotaer Presse hatte Anzola darauf gewartet, dass man ihn in den Salón de Grados einließ, als ein Mann mit Handschuhen und Stock auf ihn zutrat. »Ich beglückwünsche Sie«,

sagte er verächtlich. »Nun ernten Sie die Früchte Ihrer Arbeit.«
Es stellte sich heraus, dass Pedro León Acostas Mutter gerade
gestorben war. Die Leute machten ihn dafür verantwortlich,
aber das war nicht das Schlimme; das Schlimme war, dass der
Gerichtsschreiber zu Beginn der Verhandlung das Telegramm
vorlas, das Acosta einem engen Freund geschickt hatte:

*Nur meine geliebte sterbende Mutter, die sich heute um 10. a. m.
endgültig von uns verabschiedet und uns in tiefstem Schmerz
zurückgelassen hat, kann mich von meiner Pflicht vor der Öffentlichkeit entbinden. Erkläre das dem Richter, wenn ich mich
der Pflicht auch nicht entbunden sehe.*

So war also Acosta nicht im Publikum, als Dolores Vásquez in
den Zeugenstand gerufen wurde. Anzolas Frustration muss unerträglich gewesen sein. Nirgendwo sind seine Emotionen festgehalten, aber ich kann mir vorstellen, mit welcher Vorfreude er
zum Salón de Grados gegangen war, vermutlich im Glauben,
dass nun das Ende der Schuldigen eingeläutet wurde – ihre endgültige, unabwendbare Demaskierung – und dass die Justiz im
Land nicht mehr umhin konnte, sich gegen die Mächtigen zu
stellen, wie er es getan hatte, dass nun der Höhepunkt der letzten vier Jahre voll Mühen, Schwierigkeiten und Opfer gekommen war und ihm das Schicksal, das seine Schulden gewöhnlich
nicht anerkennt, bezahlen würde, was es ihm schuldig war, weil
es ihm so viel Zeit geraubt und ihn dafür nur zum Ausgestoße-
nen in der eigenen Stadt gemacht hatte. Aber nein: das Schicksal
wollte nicht. Oder vielleicht, dachte Anzola bestimmt, wollten
seine Feinde nicht.

(Das glaubte jedenfalls Carballo: Die Information war durch-
gesickert. Man hatte erfahren, dass Dolores Vásquez aussagen
würde, hatte erfahren, wer Dolores Vásquez war und was sie
offenbaren könnte, und die Puppenspieler der Welt hatten ihre
Fäden gezogen, damit Pedro León Acosta nicht erschien. Etwas
beschämt, da er all die Nachforschungen angestellt hatte und im
Besitz der Dokumente war, sagte ich ihm, dass niemand den
Tod einer Mutter fingiert, damit er nicht zu der Sitzung eines

so spektakulären Prozesses erscheinen muss. »Diese Leute waren dazu fähig, und zu viel mehr«, entgegnete Carballo.)

Anzolas Frustration war umso größer, weil Dolores Vásquez sich als hervorragende Zeugin erwies, eine von denen, die das Publikum verführen und die Gegenseite entwaffnen. Sie erzählte, dass sie in den Monaten vor dem Mord jede Nacht in Señor Veronesis Laden gearbeitet hatte, in der Calle Novena, auf Höhe der Puente Núñez. Damals lebte sie in einem Gässchen neben dem Chicha-Ausschank *Puerto Colombia* und drei Häuser von dem Zimmer entfernt, das damals Jesús Carvajal bewohnte. In der Nacht zum 1. Oktober hatte sie Señor Veronesis Laden geputzt, abgeschlossen und war nach Hause gegangen. Als sie ihr Gässchen erreichte, traf sie einen Nachbarn aus demselben Haus, und da standen sie beide und warteten gemeinsam, dass ihnen jemand öffnete, als Dolores Vásquez auf einmal einen Mann mit elegantem Überzieher und Zylinder sah, der mit raschen Schritten daherkam und an Carvajals Tür klopfte. Er war in Begleitung eines Jungen, der unter dem Arm ein unförmiges Paket trug. Carvajals Tür ging auf, und die beiden Gestalten, der Mann mit Zylinder und sein Begleiter oder Gehilfe, traten hastig ein.

»Haben Sie den Herrn im Zylinder erkannt?«

»Nein, Señor.«

»Könnten Sie ihn identifizieren, wenn Sie ihn sehen?«

»Ich glaube schon, Señor.«

»Gut. Dann zu etwas anderem. Kannten Sie Carvajal?«

»Ja, Señor«, sagte die Frau. »Ich hatte ihn im *Puerto Colombia* gesehen.«

»Und was haben sie in jener Nacht getan?«

»Ich habe meinem Nachbarn gesagt, was ich gesehen habe, und der ist zu Carvajals Haus gegangen. Er hat erzählt, dass er dort mehrere Stimmen gehört hat.«

»Das heißt, es waren noch mehr Leute dort.«

»Ja, Señor. Ein großes Treffen, wie mein Nachbar gesagt hat.«

»Und worum ging es bei dem Treffen?«

»Das hat mir der Nachbar nicht gesagt. Worüber sie geredet

haben, hat er gesagt, das habe er nicht hören können, aber wichtige Leute seien das gewesen. Und ich fand es schon seltsam, dass wichtige Leute ins Haus eines Handwerkers kommen, fast um Mitternacht, und als wollten sie nicht gesehen werden.«

»Ich bitte Sie, Herr Richter«, sagte der Staatsanwalt, »die Zeugin soll ihre Meinung für sich behalten.«

»Die Zeugin beschreibt eine Haltung, die ihr verdächtig vorkam«, sagte Anzola. »Sie hat jedes Recht dazu.«

»Die Zeugin soll fortfahren«, sagte der Richter.

»Wo waren Sie am Vorabend von General Uribes Ermordung?«, fragte Anzola.

»Sie meinen am 14. Oktober?«, fragte die Frau.

»Ja, am 14. Oktober in den späten Abendstunden.«

»Ah, ja. Da habe ich im Laden von Señor Veronesi gearbeitet.«

»Und was haben Sie dort gesehen?«

»Ich habe eine Gruppe von ungefähr fünfzehn Handwerkern gesehen, die etwas trinken wollten. Uns war das nicht geheuer. Und als einer gesehen hat, dass wir sie nicht bedienen, hat er aus der Tasche ein Bündel Scheine gezogen und gesagt: ›Da sehen Sie, ich habe Geld, ich werde dafür aufkommen. Sie bedienen uns jetzt gefälligst.‹ Ich habe ihn mir genau angesehen, denn es kam mir seltsam vor, dass ein Handwerker so viel Geld hat. Und als die anderen Jungs in seiner Begleitung gegangen waren, habe ich dem Polizisten in der Straße gesagt, er soll zusehen, dass man ihn nicht ausraubt, weil sie all das Geld bei ihm gesehen haben. Der Polizist ist ihm hinterher und kam nach einer Weile zurück: ›Ich habe ihn in der Tischlerei zurückgelassen. Keine Sorge, Señora. Den überfallen sie nicht mehr.‹«

»Wiederholen Sie das bitte. Wo hat ihn der Polizist zurückgelassen?«

»In der Tischlerei.«

»Und was ist am nächsten Tag passiert?«

»Am nächsten Tag haben sie General Uribe umgebracht. Und drei, vier Tage später habe ich in den Zeitungen die Fotos von den Mördern gesehen, und ich war sehr überrascht, dass einer von ihnen Carvajal ist. Und sein Kumpan war eben der, den ich gesehen hatte: der im Ausschank so viel Geld dabeigehabt hat.«

Die Zeitungen – vor allem *El Tiempo,* die die ausführlichsten Berichte und Abschriften brachte – waren sich am nächsten Tag einig: Anzola gewann kleine Scharmützel. Aus der Distanz eines Jahrhunderts kann ich das Folgende als Beweis interpretieren, dass seine Feinde den gleichen Eindruck bekommen hatten. Denn am Tag darauf (einem Freitag) trat Anzola in den Verhandlungssaal und fand ein anderes Publikum vor. Die Bänke im Salón de Grados, die während der letzten Sitzungen sowohl Anzolas Freunde als auch seine Feinde besetzt hatten, die Bänke, deren Beifall und Buhrufe sich die Luft gemeinschaftlich geteilt hatten, waren von einem Tag auf den anderen nur noch von denen besetzt, die die Presse inzwischen *Antianzolisten* nannte. Alle waren sie Männer, alle fähig zu ohrenbetäubenden Pfiffen, alle schnell mit der Faust in der Luft, alle mit einer Grimasse wilder Verachtung, alle fähig, mit ausgestrecktem Finger auf Anzola zu zeigen, begleitet von unverständlichen Schimpfworten, und den Raum mit einem völlig neuen Hass zu erfüllen. Es waren verkleidete Agenten. Sie einte ihre verdeckte Identität: Drei Viertel des Publikums waren Mitglieder von General Correals Geheimpolizei. Sie hatten den Saal erobert, schüchterten ein, machten Angst, lenkten ab.

Dann wurde der Zeuge Luis Rendón aufgerufen. Eine der vielen Aussagen dieser Tage: die eines Häftlings des Panóptico über die Privilegien, die die Polizei Galarza und Carvajal zugestand. Rendón, ein Mann mit schmalen Augen, hatte seine Geliebte mit einem anderen Mann überrascht, ihn ermordet und sie während des Prozesses bei einer Gegenüberstellung angegriffen, deren Ergebnis nicht schlimmer hätte ausfallen können. Wegen dieser Delikte war er zu achtzehn Jahren verurteilt worden, benahm sich aber, als hätte er lebenslänglich bekommen. Er war gewalttätig, ungepflegt und mehr als einmal in der Einzelzelle gelandet, weil er sich unsittlich verhalten oder die Aufsicht beschimpft hatte. Und diesen Mann hatte Anzola ausgewählt, damit er vor den Schöffen General Correals Korruption bewies.

Nach einem zähen Hin und Her fragte Carvajals Anwalt Rendón nach dem Speiseplan der Angeklagten. Rendón erzählte von Fleisch und Butter, die sie von draußen bekamen, von den Kerzen, die man ihnen schenkte, damit sie zu jeder Zeit Licht in der Zelle hatten, von dem Geld, das Galarza und Carvajal aus nicht immer durchsichtigen Gründen anderen Häftlingen gaben. Dann sagte er, dass sich Galarza und Carvajal im Gefängnis vorbildlich betrugen, sie verließen ihre Zellen so gut wie nie, und ohnehin gebe es eine Anweisung der Gefängnisleitung: Jeder, der sie beleidige, werde schwer bestraft. »Jemand hält die Hand über sie«, sagte Rendón.

Daraufhin verlas der Gerichtsschreiber, um die Aussage zu entwerten, die Verurteilung wegen Mordes. Eine Stimme hinten im Saal schrie:

»Soll ihn Anzola verteidigen!«

Es war natürlich Spott: eine Anspielung auf die Zeugen, die Anzola in diesen Tagen aus dem Gefängnis hatte kommen lassen. Er verteidigte sich, so gut er konnte, und versuchte, die Provokation zu ignorieren.

»Darum geht es nicht, Herrschaften«, sagte er. »Es geht nicht darum, die Zeugen zu verteidigen, die wegen mehr oder weniger schwerer Verbrechen verurteilt wurden. Was spielt das für eine Rolle? Was spielt es für eine Rolle, dass ein Zeuge hundert Delikte begangen hat, wenn er die Wahrheit sagt? Soll ich bei einem Verbrechen, das im Chicha-Ausschank *Puerto Colombia* ausgeheckt wurde, etwa das diplomatische Korps in den Zeugenstand rufen? Soll ich Minister aus ihrem Büro holen, damit sie zu dem aussagen, was im Panóptico geschieht? Nein, wenn wir über den Moment des Anschlags reden, dann werde ich die Minister aufrufen lassen, die zugegen waren. Aber jetzt muss ich mich ans Gesindel wenden. Ja, selbst die Mischerinnen der Chichería würde ich aufrufen, wenn ich den Eindruck hätte, dass sie uns der Wahrheit näherbringen könnten.«

Seine Anhänger klatschten zaghaft.

»Anzola, tun Sie mir den Gefallen und schwingen Sie hier keine Reden«, sagte der Richter.

Und da geschah es. Jetzt, da ich das niederschreibe, frage ich mich, was Marco Tulio Anzola durch den Kopf gegangen sein mag, damit er sagte, was er dann sagte; was für einen bösen Streich ihm seine Gefühle spielten, damit er die Kontrolle über seine Rhetorik verlor.

»Ich muss auf all die Vorfälle, die wir hier verhandelt haben, zurückkommen«, sagte er, »damit das Publikum ihre Folgen begreifen kann. Ich muss beweisen, dass Pedro León Acosta vier Mal am Tequendama-Wasserfall gewesen ist und nicht zwei Mal, wie er hier ausgesagt hat. Ich muss auf den Herrn mit dem Zylinder zurückkommen, der Galarza im *Puerto Colombia* gesucht hat. Denn ich muss Ihnen sagen, Herrschaften, ich habe bereits sehr genaue Informationen darüber, wer dieser Mann ist.«

Sobald er diese Worte ausgesprochen hatte, wusste er, dass er es nicht hätte tun sollen. Das glaube ich zumindest, denn unmöglich kann er nicht gewusst, nicht gemerkt haben, dass er gerade gelogen hatte. Denn er hatte keine genauen Informationen über den Herrn im Zylinder. Meiner Meinung nach hatten sich in seinem Kopf Kabel verbunden: All die Jahre über den Zeugenaussagen, über den Einzelheiten des Verbrechens – sogar ein Buch hatte er darüber geschrieben – hatten ihm erlaubt, seinem Instinkt zu vertrauen; und sein Instinkt hatte ihm, seitdem Señora Dolores Vásquez von dem Mann mit Zylinder gesprochen hatte, Pedro León Acosta in den Kopf gesetzt. Wer sonst hätte es sein können?, hatte Anzola bestimmt gedacht. Er war sich auf magische, abergläubische Art sicher, dass der Mann mit dem Zylinder, der Galarza nach elf Uhr nachts im *Puerto Colombia* gesucht hatte, derselbe war, der am Vorabend vom verschwundenen Zeugen Alfredo García vor der Tür von Galarzas Tischlerei gesehen worden war, ebenso derselbe, den Mercedes Grau gesehen hatte, wie er am Tag des Verbrechens in eleganter Streifenhose und Lackstiefeln einen der Mörder fragte: »Wie war's, hast du ihn umgebracht?« Aber diese Gewissheit ohne Beweise spielte ihm am Ende einen üblen Streich. Jedenfalls war er eben in eine Falle gegangen, und dass er sich die Falle selbst gestellt hatte, machte es nicht weniger ernst.

»Los, den Namen!«, schrien wütende Stimme von den Bänken. »Den Namen, Anzola!«

Andere stimmten in den empörten Chor ein: »Den Namen, wenn er sich traut!«

»Señor Anzola, nennen Sie sofort den Namen dieser Person«, sagte der Staatsanwalt. »Oder Sie werden wegen Begünstigung bestraft.«

»Señor Anzola wird aufgefordert«, sagte der Richter, »innerhalb von drei Tagen die Beschuldigungen auszuführen, die er hier vorgebracht hat.«

»Ich bitte Sie, Herr Richter«, gab Anzola zurück, »lassen Sie den Saal räumen.«

»Ich fordere den Saal auf, Anstand zu bewahren«, sagte Anwalt Murillo. »Damit der Richter nicht die Geduld verliert.«

Anzola wusste wohl in dem Moment, dass er nicht weiter schweigen konnte. Sein Schweigen wäre das Schweigen der Niederlage gewesen. Er brauchte eine Nebelwand, eine Ablenkung, also tat er das, was er am besten konnte: Einspruch erheben. Er beklagte sich, dass der ganze Prozess darauf abgerichtet sei, ihm Steine in den Weg zu legen. Er beklagte sich, dass die Zeugenaussagen, die ihn begünstigten, unvollständig blieben; er dürfe die Zeugen nur befragen, wenn der Richter es zulasse, und jetzt wolle er ihn zwingen, seine Karten aufzudecken – dem Publikum eine Identität zu offenbaren, die besser geheim gehalten wurde – und so den spärlichen Vorsprung zu verlieren, den er habe gewinnen können. Dagegen habe sich der Richter geweigert, Salomón Correal vorzuladen, damit er in einer Gegenüberstellung die Zeugenaussagen gegen ihn widerlege. »Warum?«, fragte sich Anzola und antwortete selbst darauf: »Weil das dem Polizeidirektor schadet.«

Aber seine Strategie war erfolglos. Rodríguez Foreros Sohn, der bisher ruhig und still auf seinem Stuhl gesessen hatte, erhob sich.

»Herr Richter«, sagte er, »die Privatklage verlangt von Señor Anzola sofort den Namen des berühmten Mannes mit Zylinder und fordert, dass er zur Nennung gezwungen wird.«

»Zwingt ihn!«, schrie es von den Bänken.

»Dazu kann man mich nicht zwingen«, sagte Anzola. »Bis ich meine laufenden Ermittlungen abgeschlossen habe, werde ich ihn nicht nennen, und man kann mich nicht dazu zwingen. Sie werden mir meine Beweise nicht entlocken, damit sie dann Polizisten engagieren können, die sie entkräften. Das wäre zu schön.«

»Raus damit!«, röhrte eine Stimme auf der Tribüne.

»Herr Anzola«, sagte der Staatsanwalt, »es ist Ihre Pflicht, uns zu respektieren. Sie können uns nicht mit derlei Beschuldigungen beleidigen.«

»Sie sind ein Zeuge«, sagte Carvajals Anwalt. »Als Zeuge müssen Sie den Namen nennen, wenn Sie ihn kennen. Sonst erwartet Sie ein Verfahren wegen Begünstigung.«

»Den Namen werden Sie an dem Tag erfahren«, sagte Anzola, »an dem ich dem Gericht meine Beweise vorlege.«

»Wenn Sie sie nicht vor Publikum offenlegen wollen, dann privat vor dem Richter.«

»Ich werde sie niemandem geben. Und niemand kann mich dazu zwingen.«

Der Aufruhr auf den Bänken war so gewaltig, so groß die Feindseligkeit der Männer dort, dass der Richter eine Pause von zehn Minuten anordnete. Anzola ging nicht hinaus. Der Brunnenhof und die Backsteingänge waren voller Menschen, die nicht eine Sekunde, nicht den Bruchteil einer Sekunde zögern würden, ihm zu schaden. Womöglich waren unter den Anwesenden im Gerichtssaal auch die Männer im Poncho, die ihm, wie in *Wer sind sie?* beschrieben, drohend auf der Straße gefolgt waren. Woran hatte er in dem Moment gedacht? Womöglich sah er wie auf einer Kinoleinwand den weiten Weg, der bei diesem mühsamen Fall noch vor ihm lag. Pedro León Acosta musste noch kommen und identifiziert werden; es fehlten die Zeugen, die die Sache mit den Jesuiten ans Licht gebracht hatten. Es fehlten noch viele Seiten seines Buchs, viele der sechsunddreißig Zeugen, die er rekrutiert hatte.

Da kam der Richter in den Saal. Zur Überraschung aller setzte er sich nicht einmal. Er schüttelte die Glocke, wartete, bis Schweigen eintrat, bekreuzigte sich langsam, mit Blick auf das Kruzifix.

»Was heute geschehen ist, kommt einer Verspottung gleich«, sagte er. »Und da ich nicht länger zulassen kann, dass Señor Anzola sich über alle lustig macht, setze ich ihm eine Frist. Señor Anzola hat vier Tage, bis zum nächsten Dienstag, um alle fehlenden Zeugen zu präsentieren und alle fehlenden Aussagen zu machen. Nach dieser Frist wird ihm das Wort nicht mehr erteilt.«

»Das können Sie nicht tun«, sagte Anzola.

»Natürlich kann ich das«, sagte der Richter.

»Ich spreche hier dank Ihrer richterlichen Verfügung. Ich mag nicht viel von Jura verstehen, aber ich weiß, dass solche Verfügungen in einem Prozess zum Gesetz werden. Also können Sie jetzt nicht kommen und beschließen, wie lange ich sprechen darf.«

»Sie sprechen hier, weil es in meinem Ermessen liegt, wie ich die Verhandlung leite«, gab der Richter zurück. »Und wenn es mir beliebt, kann ich meinem Ermessen nach befehlen, dass Sie schweigen.«

»Er soll schweigen!«, schrie es im Saal.

»Diese Rufe berühren mich nicht«, sagte Anzola. »Morgen lasse ich in meiner Zeitung die Liste derer veröffentlichen, die hier diesen Tumult veranstalten. Es sind Beamte, Polizisten, die abgezogen wurden, damit sie mich hier beschimpfen, und sie tun das auf Befehl von Correal.«

»Beschränken Sie sich bitte auf die Anschuldigungen, die Sie im Prozess vorbringen«, sagte der Richter Garzón. »Und merken Sie sich, wenn Sie mich missachten, werde ich Sie mit einer Geldstrafe belegen.«

»Wollen wir erst das mit der Frist klären, die Sie mir gesetzt haben.«

»Nein. Bringen Sie die Anschuldigungen vor. Ich rufe dann die Zeugen auf, die sie bestätigen.«

»Ich habe schwerwiegende Beweise gegen Personen, von denen es niemand erwartet hätte«, sagte Anzola. »Aber ich nenne ihre Namen noch nicht, damit man mir keine falschen Zeugen vorsetzt, die ihnen widersprechen. Ich werde meine Beweise vor einem unparteiischen Richter geltend machen. Die gegen

Emilio Beltrán, gegen den Herrn mit dem Zylinder und gegen alle anderen.«

»Schwindler!«, rief es.

Der Staatsanwalt verlangte erneut und im Namen des Volkes von Anzola den vollen Namen des so oft erwähnten Herrn im Zylinder.

»Wenn Sie ihn nicht nennen«, sagte er, »werde ich vom Richter verlangen, Sie mit einer Geldstrafe zu belegen.«

Der Richter wartete nicht, bis er dazu aufgefordert wurde.

»Eine Strafe von zehn Goldpesos«, sagte er, »wenn Sie jetzt nicht den Namen dieses Mannes mit Zylinder nennen, der Ihrer Ansicht nach in den Mord an General Uribe verwickelt ist.«

»Sie alle sind schuld«, entgegnete Anzola, »wenn ich ihn nicht nenne.« Er merkte, dass er aus voller Kehle rufen musste, damit er sich gegen das Geschrei, die Beschimpfungen, die dröhnenden Hände auf dem Geländer durchsetzen konnte; er merkte auch, dass er die Kontrolle über die Verhandlung verlor. »Ich kann den Namen nicht nennen, weil ich nicht darauf vertrauen kann, dass meine Fährten auch verfolgt werden. Was die Strafe angeht, bezahle ich sie gern. Aber zuvor muss ich dem Land beweisen, wer die wahren Mörder General Uribes begünstigt hat. Herr Richter, verfügen Sie, dass ich vor einem unparteilichen Richter aussagen kann, dann bringe ich gewiss meine Beweise vor!«

Das war eine verzweifelte Geste. Ich weiß es, bin mir aber nicht sicher, ob er es auch wusste. Wem sollte er vorlegen, was er nicht an Ort und Stelle hatte beweisen können? Da stand der Staatsanwalt auf. Er sagte, die von Anzola vorgebrachten Beschuldigungen seien schwerwiegend. Anzola habe sich oft über Einschüchterungsversuche beschwert, obwohl ihm nie jemand verboten habe, zu sagen, was er wolle. Und das war richtig. Er sagte, man müsse ihn zwingend dazu auffordern, alle seine Beweise vorzulegen; wenn er das nicht tue, bringe Anzola alles andere als Licht in den Prozess, verdunkele ihn vielmehr mit allen Mitteln. Auch das erschien richtig. Er sagte, Señor Anzola habe bis dato keinen einzigen konkreten Beweis erbracht. Und das war unbestreitbar. Er sagte, Anzola habe sich als Vorkämpfer der Gerechtigkeit aufgeführt und ihnen stattdessen eine Farce präsentiert. Und das Publikum schrie, beschimpfte ihn und bedrohte ihn nun auch. Wie sehr gefiel ihnen das Wort *Farce*, wie oft hatten sie es ihm während der Sitzungen an den Kopf geworfen. Und alles, was der Staatsanwalt sagte, war richtig. Ob sich Anzola fragte, ob sie recht hatten? Ob er an seinen Gewissheiten zweifelte?

»Wenn Anzola seine Beweise nicht auf den Tisch legt«, sagte der Staatsanwalt, »ist der Richter verpflichtet, ihn von der Verhandlung auszuschließen. Wenn er sie nicht vorlegt, kann er nicht geltend machen, dass man ihm das Wort verboten hat, und noch weniger, dass jemand in diesem Prozess begünstigt wurde.«

Die Zeitungen schreiben, dass sich Richter Garzón dann zu den drei Schöffen beugte und beim Sprechen die Hand vor den Mund hielt, die Beisitzer bedeckten bei ihrer Antwort ebenso den Mund. Als er sich wieder auf dem Stuhl zurechtgesetzt hatte, verkündete er:

»Im Einvernehmen mit den Schöffen wurde beschlossen, Sie, Señor Anzola, einem Verhör zu unterziehen. Bitte nennen Sie konkret alle Beschuldigungen gegen die Personen, die Ihrer Ansicht nach in die Ermordung Generals Uribes verwickelt sind. Nennen Sie bitte auch ihre Namen.«

»Ich kann nicht«, sagte Anzola.

»Bitte nennen Sie die Namen derer, die Sie für verantwortlich halten.«

»Ich kann nicht«, sagte Anzola.

»Zum letzten Mal, nennen Sie die Namen oder nicht?«

»Ich kann sie nicht nennen«, sagte Anzola.

»Gut. Dann ist Ihre Anwesenheit hier nicht weiter von Nutzen. Ihre Beteiligung ist hiermit beendet. Sie können nicht mehr sprechen.«

Die Sitzung endete wie eine Demonstration auf der Straße, mit dieser unterdrückten Gewalt, dieser Stimmung der angezündeten Lunte. Eine weitere Demonstration erwartete Anzola draußen auf der Carrera Sexta, so wild, dass ihm der Journalist Joaquín Achury in den Weg trat und riet, nicht hinauszugehen.

»Warten Sie einen Augenblick«, sagte er anscheinend, »warten Sie, bis sie fort sind. Tun Sie mir den Gefallen.« Aber Anzola hörte nicht auf ihn. Als er durch das Holztor trat, empfing ihn eine Lawine von Drohungen: Man werde ihn umbringen, er sei ein Hund, und man werde ihn umbringen. Teufel, schrie es ihm von allen Ecken zu. Hurensohn, sagten sie, andere nannten ihn Verräter und wieder andere beschuldigten ihn, er habe gestohlen, getötet, bestochen. Er senkte den Kopf, um sich gegen die Spucke zu schützen; eine Polizeieinheit schirmte ihn ab, und nur deshalb stürzte sich die wütende Menge nicht auf ihn, um ihn mit den Händen zu zerfleischen. Eine dieser Hände griff über die Polizisten hinweg und versetzte ihm einen Schlag zwischen die Schultern, eine andere wischte ihm den Hut vom Kopf und hätte ihn verletzt, wenn sie ihn im Gesicht getroffen hätte. Unter den Angreifern waren viele, die ihn eine Woche zuvor hatten hochleben lassen. Ob Anzola sie wiedererkannte? Inmitten der Polizisten, inmitten von Wahn und Gewalt gelangte er, ohne selbst über seine Bewegungen zu entscheiden, zur Plaza de Bolívar. Achury sah von weitem, wie aus dem Nichts ein Wagen auftauchte und eine Tür sich öffnete, sah, wie Anzola hineingeschubst wurde, und hörte eine Stimme, die befahl:

»Bringen Sie ihn nach Hause. Und halten Sie nicht an, halten Sie um nichts auf der Welt an.«

Für die folgenden Ereignisse gibt es keine Zeugen. Wir können sie uns nur aus der nächsten Nachricht über Anzola erschließen: seine Festnahme und Inhaftierung. Das musste sofort geschehen sein, denn den Morgen verbrachte er bereits in einer Polizeizelle. Man kann folglich mit gutem Grund annehmen, dass der Wagen ihn nicht nach Hause gebracht hatte, sondern direkt in die Polizeizentrale. Ich stelle mir Anzola ein paar Sekunden vor seiner Verhaftung vor: Womöglich denkt er daran, nach Hause zu kommen, ins Bett zu flüchten, zwischen die Wolldecken, und merkt plötzlich, dass er nicht vor seinem Haus ist, sondern vor den Büros der Polizeizentrale. Zwei Polizisten nehmen ihn auf dem Gehweg zwischen sich, packen ihn und schleifen ihn ins Innere. Ein Dritter, dessen Gesicht Anzola niemals zu sehen bekommt, sagt ihm, dass er verhaftet ist.

»Aus welchem Grund?«, schreit Anzola und widersetzt sich. »Wie lautet die Anklage?«

»Missachtung der Staatsgewalt«, sagt eine vulgäre Stimme. »Und versuchter Gebrauch einer Feuerwaffe gegen einen Polizisten.«

So mag es sich abgespielt haben. Doch die Gründe für die Festnahme lagen über eine Woche zurück: Sie hatten mit dem Vorfall in den Gängen des Salón de Grados zu tun, als ein Polizist Anzola gewaltsam in das Zimmer der Zeugen gebracht hatte. Zu Schaden gekommen war dabei nur Anzola selbst, der zu Boden gefallen und mitgezerrt worden war. Doch nun klagte man ihn deswegen an, und was umso absurder war: Man beschuldigte ihn, versucht zu haben, den Revolver zu benutzen, obwohl er ihm vom Polizisten bei der Durchsuchung abgenommen worden war. Das war die Rache, die Rache der gesamten Polizei, eines jeden Polizisten, den die Zeugenaussagen in Misskredit gebracht hatten. Das war Correal, ja, Salomón Correal, der ihm zeigte, dass man sich in diesem Land auf keinen Streit mit der Polizei einlassen sollte.

Ich weiß nicht, wie viele Tage Anzola im Gefängnis verbrachte, denn das ist nirgendwo vermerkt, aber ich weiß, dass der Prozess ohne ihn weiterging, im Salón de Grados, diesem Ort, an dem Anzola jetzt ein Aussätziger war, sein Name mit Schande bedeckt. Ich weiß nicht, ob einer der Wächter ihm den Gefallen tat, ihn über den Fortgang der Verhandlung zu unterrichten, oder ob er Besuch erhielt – etwa von Julián Uribe –, der ihm die Zeitungen der letzten Tage mitbrachte, ein wenig Information als Almosen. Wenn er sie hätte lesen können, hätte er gewusst, was man in der Welt von ihm dachte, in der Welt draußen, der Welt, in der er ein wenig Gerechtigkeit hatte wiederherstellen wollen (vielleicht ungeschickt, ja, vielleicht im Glauben, er könne in der Praxis die Überzeugungen beweisen, zu denen er im Innersten seiner Seele gelangt war). Unter dem Titel *Prozesseindrücke* hatte der Reporter von *El Tiempo* ein paar Absätze veröffentlicht, die wie Scherben eines Spiegels waren. In ihnen hätte sich Anzola während seiner Haft betrachten, gespiegelt sehen können, allerdings verzerrt und unvollständig, während dunkle, namenlose Kräfte – langsam, träge – entschieden, was mit seinem Leben geschehen sollte.

Señor Anzola Samper nimmt nicht mehr an dem Prozess gegen die Mörder von General Uribe Uribe teil. Dreizehn Tage lang war er in diesem sensationellen Fall die überragende Figur gewesen; während dreizehn Sitzungen hatte man seine Zeugen angehört und die von ihm geforderten Gegenüberstellungen durchgeführt. Dann fand der Auftritt dieses unruhigen jungen Mannes ein Ende, das er sich selbst gesetzt hatte, indem er sich weigerte, Beschuldigungen zu präzisieren und offen Anklage zu erheben. Er präsentierte sich dem Gericht als ein Vertreter von Wahrheit und Licht und zieht sich nun aus ihm zurück, in dunkle Schatten gehüllt, indem er sich weigerte, die Namen der ihm angeblich bekannten Verantwortlichen zu nennen, indem er sich rundweg weigerte, die schrecklichen Anklagen auszusprechen, die wir alle von seinen Lippen erwartet hatten. Nach dieser Weigerung war seine Anwesenheit vor Gericht sinnlos geworden, er hatte dort nichts mehr zu schaffen.

Werfen wir einen Blick auf ihn, versuchen wir es. In aller Frühe weckt ihn morgens ein Wächter, gereizt und müde, vielleicht weil er Nachtdienst hatte. Er holt ihn zum Toilettengang – lässt ihn allein hinein – und wartet hinter der angelehnten Tür, deren Riegel nicht funktioniert, und Anzola muss sich verrenken, sich über das stinkende Loch kauern, ohne das Gleichgewicht zu verlieren. Zum Glück haben Ekel und spärliche Verpflegung seine Verdauung gestört, sodass er drei Tage hintereinander seine Bedürfnisse nicht erledigen muss. Manchmal erlaubt man ihm, sich die Hände zu waschen, aber nicht immer. Seine Kleidung riecht allmählich nach Urin und saurem Schweiß, und er gewöhnt sich bereits an den eigenen Gestank, als derselbe Polizist erscheint, der ihn verhaftet hat, und ihm ein Paket in Packpapier mit Hanfschnur übergibt und sagt: »Sie können froh sein, dass Sie Freunde haben.« Es ist eine frische Garnitur Kleidung. Niemand erklärt ihm, wer sie gebracht hat. Anzola taucht

sein Gesicht hinein und atmet tief: Noch nie hat er frisch gebügelte Wäsche mit solcher Lust an der Haut gerieben. Als er
sich umgezogen hat, scheuert der gesteifte Kragen den ganzen
Tag am Hals. Es ist ihm egal. Abends hat er dort eine wunde
Stelle, aber er merkt, dass die Konzentration auf diese banale
Unannehmlichkeit ihn daran hindert, allzu sehr über sein Unglück nachzudenken.

*Während der dreizehn Tage seiner raumgreifenden Auftritte
hat Señor Anzola nichts beweisen können. Seine Zeugen haben
Verdächtigungen angedeutet, Details übertrieben oder unhalt-
bare Legenden zerstört wie die über General Pedro León
Acosta, der in diesem Prozess wohl nur für seine Beteiligung am
Attentat vom 10. Februar büßen muss, denn nur deshalb hat
man versuchen können, ihn in ein Verbrechen zu verwickeln,
bei dem ihm nicht die geringste, nicht die leiseste Schuld nach-
gewiesen werden konnte. Die gewichtigen Zeugen, die gesehen
haben wollen, wie General Correal in Begleitung eines Polizisten drei Stunden vor dem Verbrechen nahe der Tür des prominenten Opfers mit den Mördern redet und ihnen Anweisungen
gibt, am helllichten Tag, haben leider den Nachteil, völlig unwahrscheinlich zu sein, denn diese Aussagen würden General
Correal nicht nur Mittäterschaft bescheinigen, sondern eine so
enorme Dummheit, einen so monumentalen Leichtsinn, eine
solche Unachtsamkeit, dass sie nicht einmal bei dem gedanken-
losesten Analphabeten glaubhaft wären, geschweige denn beim
Generaldirektor der Polizei. Man kann es als gegeben nehmen,
dass sich General Correal, wenn er mit dem entsetzlichen Verbrechen zu tun gehabt hätte, keinesfalls am Tag des Verbrechens beim öffentlichen Gespräch mit den Mördern vor dem
Haus des Opfers gezeigt hätte. Das ist selbstverständlich und
offensichtlich.*

Nach einigen Tagen – drei, vier? – wird er ins Panóptico verlegt.
Man kann seinen Gefängniswärtern nicht den Sinn für Humor
absprechen: Seine Zelle ist nur wenige Türen von der entfernt,
die zuvor die Mörder Galarza und Carvajal besetzt hatten, die

in Erwartung des Urteils an einen anderen Ort verlegt wurden. Zweimal darf er allein zum Beten in die Kapelle gehen. Kaum hat Anzola die Holztür hinter sich geschlossen, fällt er auf die Knie. Im Halbdunkel auf dem kalten Stein versucht sich das Vaterunser auf seinen Lippen zu formen, aber dann hält er inne. Anzola denkt, dass es die Mörder bei den Jesuitenpfarrern ebenso gemacht haben. Ja, die sie besuchen kamen, um ihnen Mäßigung zu predigen und Lesestoff zu empfehlen; die keinerlei Spuren hinterließen, abgesehen von ein paar Zeitungsartikeln unter Pseudonym und ein paar Gerüchten: was jemand von jemandem gehört hatte, der es gehört hatte. Sie sind im Schatten geblieben, diese Pfarrer, sind siegreich aus der Verschwörung gegen Uribe hervorgegangen ... Aber wer sind sie? Anzola hat sie nicht einmal von Angesicht gesehen. Er könnte sie nicht wiedererkennen, wenn er sie auf der Straße träfe. Nachts ist es kalt. Anzola wickelt die Decke um sich und zieht die Knie an die Brust, es kostet ihn unbeschreibliche Mühe, Schlaf zu finden, vielleicht, weil er den ganzen Tag über nichts tut: Er liest die Presse, macht sich müßige Notizen, eine alte Gewohnheit, Kommentare zu dem, was nach Aussage der Zeitungen im Salón de Grados gesagt wird. Man nennt ihn Verräter, Lügner, Verleumder, und das Publikum klatscht, glücklich, ihn aus dem Weg geräumt, glücklich, ihn aus dem Fenster gestürzt zu haben. Anzola geht indessen gemeinsam mit den anderen Häftlingen in den Hof und benutzt das Klo zur selben Stunde. Gelegentlich sieht er sich die Bauarbeiten an, die er während seiner fingierten Anstellung überwacht hatte; gelegentlich unterhält er sich mit den anderen Häftlingen. Einer von ihnen, der Mann mit Namen Zalamea, der ihm ausführliche Informationen über die Mörder und ihre Privilegien gegeben hatte, kommt eines Vormittags auf ihn zu und spricht mit ihm wie zu einem Kind: »Ach, lieber Freund, nur Ihnen kann so etwas einfallen«, sagt er. »Nur Ihnen kann so etwas einfallen.«

Und die neuen Verantwortlichen? Nirgendwo kamen sie ans Licht. Es ist einfach und kinderleicht, ständig irgendwo vage, geheimnisvolle Komplizenschaft anzudeuten. Die Volksseele ist ein überaus fruchtbarer Boden für diese Art von Samen; auf ihm sprießt selbst der absurdeste Verdacht mit wundersamer Schnelligkeit. Aber nicht das hatte man von Señor Anzola erwartet, sondern Beweise und konkrete Beschuldigungen, und das Land wartet noch immer darauf. Anzolas Worte haben uns den Eindruck vermittelt, dass er, wenn er wirklich in sich gegangen, ganz ehrlich mit sich gewesen wäre, bestimmt nicht mehr wusste als der Richter, der Staatsanwalt und das gesamte Publikum. Deshalb konnte er sich nur ein paar Stunden im Bewusstsein der Bürger halten. Sein Auftreten als tapferer, entschlossener, kühner Ankläger hat viele verführt und die Aufmerksamkeit aller erregt, aber sein Sturz war unabwendbar, denn er stand bloß auf einem Sockel vager Andeutungen, der im Licht der Verhandlung zunichte wurde. Die beklemmende Spannung der ersten Sitzungen wurde in den letzten zu einer unterhaltsamen Farce, und die Leute, die über ihren Köpfen erst den schaurigen Atem der Nemesis gespürt haben, mussten am Ende lächeln oder gähnen.

Als Anzola nach einer Reihe juristischer Manöver – Julián Uribe löst Gefälligkeiten ein – freigelassen wird, geht er als Erstes nach Hause und nimmt ein heißes Bad, ein so gründliches, dass sein Hausmädchen ihm zwei zusätzliche Wasserkrüge vor die Badezimmertür stellen muss. Anschließend merkt Anzola überrascht, dass ihm seine Aktentasche zurückgegeben wurde. Sie liegt am Boden neben dem Schreibtischstuhl, wie ein Schoßhündchen. Dort bleibt sie an den folgenden Tagen, ohne dass Anzola Anstalten macht, sie wegzuräumen oder den Inhalt zu ordnen. Die Aktentasche ist das Mahnmal seines Scheiterns, ein Archiv verlorener Jahre. Er verlässt mehrere Tage lang nicht das Haus, nun gefangen im Hass der Bogotaer, blickt nicht einmal aus dem Fenster auf das Kopfsteinpflaster, denn er fürchtet, eine Hand zu sehen, die auf ihn zeigt, oder einen verächtlichen Blick. Als er das erste Mal ausgeht, sich dazu zwingt, sein Leben wieder aufzunehmen, begegnet er, schon fast bei der Apotheke, wo er Dr. Williams' rosa Pillen kaufen will, Señorita Adela Garavito. Er grüßt sie, indem er den Finger an den Hut legt und macht einen Schritt auf sie zu, aber Adela Garavito wehrt ab. »Sie haben uns als Lügner dastehen lassen«, sagt sie in einem Ton, der bereits den Widerwillen überwunden und es sich in Groll und Verbitterung bequem gemacht hat. »Señorita, ich …«, setzt Anzola an, aber sie wehrt seine Rechtfertigung ab. »Tauchen Sie ja nicht bei mir zu Hause auf«, sagt sie, »mein Vater schießt Sie nieder.« Sie beschleunigt den Schritt, als hätte Anzola Lepra, und verschwindet hinter der nächsten Ecke. Marco Tulio Anzola bringt nicht mehr den Mut auf, zur Apotheke weiterzugehen.

Währenddessen setzen sich die Reden im Salón de Grados fort, die endlosen Monologe, die in den Zeitungen sechzehn klein gedruckte Spalten einnehmen und deren Redner eine geheime Absicht zu haben scheinen: Marco Tulio Anzola im Morast der Schande zu versenken. In den Reden des Staatsanwalts und der Mörderanwälte ist Anzola ein liberaler Fanatiker mit übermächtigem Verlangen nach Rache oder ein Winkeladvokat voller Gier nach flüchtigem Ruhm, jedenfalls ein verantwortungsloser Beschmutzer des Renommees anderer, ein losgelassener Brandstifter an den Altären des Vaterlandes und ein Schänder der geheiligten Werte von Wahrheit, Gerechtigkeit und Ehre. Bogotá ist eine Woche lang ein Scheiterhaufen, auf dem Anzola brennen soll, ihrer aller Feind. Die Schlussplädoyers der Anwälte beider Seiten nennen ihn einen Feigling, einen gemeinen Vasallen, der von hinten angreift, einen Opportunisten, so nichtig, dass ihn die Blicke der ehrlichen Menschen nicht streifen. Ein, zwei Mal im Laufe der schlaflosen Nacht (oder wenn ein Hund ihn aus dem leichten, unruhigen Schlaf reißt) fragt sich Anzola, wie in letzter Zeit öfter, ob sie nicht recht haben.

Nun wollen alle, die in seinem Buch vorkommen, von ihm abrücken, ihre Teilnahme korrigieren oder sogar tilgen. Das jüngste Beispiel für diesen Drang zum Berichtigen fällt in die letzte Prozesswoche. Den Zeitungen nach hatte Detektiv Eduardo de Toro, der Anzola von Rufino Berestains Besuchen in Salomón Correals Büro und von den Geschehnissen während der Exerzitien in Cajigas erzählt hat, Galarzas Anwalt ein

Notizheft geschickt, in dem seine Eindrücke jener Tage im Jahr 1914 festgehalten sind. Galarzas Anwalt las das Heft laut vor, und so erfuhr das Publikum Detektiv Toros Meinung dazu: »Ich bin zu dem Schluss gekommen, dass die Mörder sich gegenseitig zu dem Verbrechen angestachelt haben, weil die Arbeiter solchen Hass auf General Uribe hatten, und dass es keine weiteren Urheber dieses entsetzlichen Verbrechens gibt.«

Als die Verhandlung im Salón de Grados zu Ende ging, wandte sich der Gerichtsschreiber an die drei Schöffen, die sich von ihren Stühlen erhoben, und las ihnen zwei Fragen vor: »Ist der Angeklagte Leovigildo Galarza verantwortlich, willentlich und vorsätzlich Señor General Rafael Uribe Uribe zu Tode gebracht zu haben, mittels der Verletzung durch ein schneidendes, schweres Instrument, eine Tat, die auf der Carrera 7 dieser Stadt ausgeführt wurde, Ecke Calle 10 am 15. Oktober 1914? Ist der Angeklagte Leovigildo Galarza verantwortlich, die Tat der vorigen Frage unter einem oder mehreren der folgenden Umstände begangen zu haben: 1. nach vorhergehendem Auflauern, 2. mit Heimtücke, hinterrücks und in der Gewissheit, das Opfer unvorbereitet, wehrlos und ahnungslos zu überraschen?« Dann las er das Gleiche noch einmal vor, tauschte jedoch den Namen Leovigildo Galarza gegen Jesús Carvajal aus. Die Schöffen antworteten einstimmig mit Ja. Ja zu allen Punkten. Ja in beiden Fällen.

Am 25. Juni 1918 las Richter Garzón in den Abendstunden das Urteil gegen Jesús Carvajal und Leovigildo Galarza vor. Wegen des Mordes an General Rafael Uribe Uribe wurden sie zu zwanzig Jahren Gefängnis verurteilt, man entzog ihnen die politischen Rechte und verhängte ein Bußgeld von achtzigtausend Goldpesos, zuzüglich der Prozesskosten. Der Saal brach in Beifall aus, in Hochrufe auf den Staatsanwalt und schmähte Anzola und sein Buch. Eine Zeitung kommentierte das Urteil mit denselben Worten des Richters:

»Dieses Urteil wird die nicht befriedigen, die das Verbrechen benutzen wollten, um ihre politischen Gegner mit schweren Beschuldigungen zu belasten. Es wird die nicht befriedigen, die parteilichen Leidenschaften Luft machen wollten, indem sie den Schmerz eines ganzen Volkes missbrauchten. Dieses Urteil befriedigt dagegen jeden echten Patrioten, denn der Versuch einiger, die Fahne der Parteien mit Blut zu beflecken, hätte beinahe auch das Vaterland mit Schmach befleckt. Dieses Urteil, Kolumbianer, gibt euch die Ehre zurück, gewährt euch die Gabe der Gerechtigkeit, befreit euch von einer ungewissen Vergangenheit und schenkt euch eine Zukunft in Frieden.«

ix. Die Gestalt der Ruinen

Ich weiß nicht, seit wann die Vergangenheit meines Landes für mich unverständlich und dunkel, ein Terrain der Finsternis zu werden begann, kann mich nicht an den genauen Moment erinnern, an dem all das, was ich für verlässlich und vorhersehbar gehalten hatte – der Ort, an dem ich aufgewachsen bin, dessen Sprache ich spreche und dessen Bräuche ich kenne, der Ort, in dessen Vergangenheit man mich in der Schule und an der Universität unterrichtet hat, dessen Gegenwart ich mir zu interpretieren angewöhnt habe und zu verstehen vorgebe –, sich in einen Ort der Schatten verwandelt hat, aus dem entsetzliche Kreaturen hervorspringen, sobald wir nicht aufpassen. Mit der Zeit ist mir der Gedanke gekommen, dass Schriftsteller eben aus diesem Grund über die Orte ihrer Kindheit und ihres Heranwachsens schreiben, ja über ihre ganze Jugendzeit: Man schreibt nicht über das, was man kennt und versteht, schon gar nicht, *weil* man es kennt und versteht, sondern weil man merkt, dass jede Kenntnis, jedes Verstehen falsch waren, ein Trugbild, eine Illusion, weshalb ihre Bücher nichts anderes sind oder sein können als ausgefeilte Zeugnisse ihrer Verwirrung: umfassende und vielfältige Erklärungen ihrer Verblüffung. *All das, was mir so klar gewesen war,* denkt man dann, *ist nun voller Falschheit und verborgener Absichten, wie ein Freund, der einen verrät.* Auf diese Offenbarung, die immer unbehaglich, oft sogar schmerzlich ist, antwortet der Schriftsteller auf die einzige Art, die ihm zur Verfügung steht: mit einem Buch. So versucht er seine Verstörung zu lindern, die Distanz zwischen dem zu verringern, was man nicht weiß, und dem, was man wissen kann, der tiefen Kluft zwischen ihm und der unvorhersehbaren Wirklichkeit. »Die Auseinandersetzung mit anderen bringt Rhetorik hervor«, sagt Yeats. »Die Auseinandersetzung mit sich selbst Poesie.« Und was geschieht, wenn beide Auseinandersetzungen gleichzeitig stattfinden, wenn der Streit mit der Welt ein Reflex, eine Abwandlung der unterschwelligen, doch beständigen Konfrontation mit sich selbst ist? Dann schreibt man ein Buch, wie ich es jetzt schreibe, und vertraut blind darauf, dass das Buch auch für jemand anderen von Bedeutung ist.

Womöglich waren diese Gedanken bereits an jenem Tag in meinem Kopf, am Tag der Offenbarungen. Es war der letzte Februartag, ein Freitag. Ich traf bei Carballo um die Mittagszeit ein, als der Nachtvogel nach meinen Berechnungen geduscht hatte und bereit für seinen verwickelten Tagesplan war. Und ich hatte recht, ich fand ihn angekleidet vor, aber nicht mit der Sorgfalt, die er sonst auf Kleidung und Accessoires verwandte, sondern in einem grauen Sweatshirt, bequem und weit, das schon bessere Tage gesehen hatte. Als wollte er joggen gehen wie einer dieser betagten Männer, die einen Präinfarkt erlitten haben und sich nun allzu spät wie besessen in den Sport stürzen, sich in ihrer Sportkleidung jedoch nie wohlzufühlen scheinen. Sie sehen darin aus wie Eindringlinge, Schwindler, Schauspieler im Kostüm einer Rolle, die sie hassen. So wirkte an dem Morgen Carlos Carballo auf mich. War es sein Aussehen, das mich eine gewisse Melancholie in der Luft spüren ließ, oder hatte die Melancholie sein Aussehen gewissermaßen bedingt oder hervorgerufen? Zum ersten Mal sah er wirklich müde aus. Mir kam der Gedanke, dass die Anstrengung des Erinnerns ermüdet, selbst wenn es um Vergangenheiten geht, die wir nicht erlebt haben (wenn es sich um die eigene Vergangenheit handelt, ermüdet sie nicht nur, sondern höhlt uns aus, wie das Wasser den Stein höhlt). Das dachte ich bei meinem Eintreffen: dass Carballo es müde war, zu meiner Information, meinem Nutzen, in die verborgene Vergangenheit dieses Landes zu blicken. Als ich meinen leeren schwarzen Rucksack neben einem Turm mit Kriminalromanen auf den Boden stellte und mich wie ein fleißiger Schüler hinsetzte, ahnte ich nicht, dass der denkwürdigste unserer gemeinsamen Tage anbrach. Ich ahnte nicht, dass ich diesen 28. Februar weit entfernt vom Jahr 2014 verbringen würde, kopfüber versunken in einen anderen Tag, in ein anderes fernes Jahr, vor mir das entsetzliche Schauspiel eines

Mannes, der sich an das erinnert, was ihn schmerzt und kränkt, und es nicht aus freien Stücken tut, sondern weil er nicht anders kann.

Inzwischen hatte ich aufgehört, die Stunden zu zählen, die ich mit *Wer sind sie?* verbracht hatte, indem ich seine Seiten durchforstete, seine Schlussfolgerungen infrage stellte, mir manchmal sagte, dass alles falsch war, dass in meiner Stadt derlei nicht hatte geschehen können, denn der Beweis dafür war, dass niemand mehr davon wusste oder davon sprach, dass diese törichte Anklage nicht überlebt hatte. Und dann dachte ich: Sie stimmt, gerade weil sie nicht überlebt hat, weil die kolumbianische Geschichte schon tausendundein Mal ihre außerordentliche Fähigkeit bewiesen hat, unbequeme Versionen unter den Tisch zu kehren oder die Sprache zu ändern, mit der die Dinge erzählt werden, sodass sich das Schreckliche oder Unmenschliche am Ende in das Gewöhnliche, Wünschenswerte oder sogar Lobenswerte verwandelt. Und dann dachte ich wieder: Sie hat nicht überlebt, niemand spricht davon, sie ist im Vergessen versunken und somit falsch, denn die Geschichte, die ihren eigenen Regeln folgt, wählt und liest aus, wie die Natur die Arten ausliest, und so bleiben die Versionen auf der Strecke, die der Wahrheit Gewalt antun und lügen oder täuschen wollen, und es überlebt nur, was dem Nachfragen, der Skepsis von uns Bürgern widersteht. Und dann wusste ich nicht mehr, was denken, denn es quälte mich, dass Anzola so tief im stinkenden Brunnen der kolumbianischen Geschichte versunken war. Der Mann, der über einen Monat lang alle Nachrichten beherrscht hatte, Tag für Tag auf den Titelseiten der Zeitungen erschienen war, Tag für Tag seine Worte veröffentlicht sah, der Mann, der zuvor vier Jahre lang die Bürger mit dem Versprechen (manche nannten es *Drohung)* seiner Ermittlung und seines Buchs entzweit hatte, tritt im Juni 1918 von der öffentlichen Bühne ab. Nachdem er im Gefängnis verschwunden ist, erfährt man in den Medien nichts mehr von ihm. Es gibt keine Nachrichten, sein Name wird nur noch erwähnt, um verunglimpft zu werden, und nach dem Urteilsspruch nicht einmal das. Das Einzige, was Carballo nach all seinen Jahren auf der Fährte dieses jungen Mannes hatte finden können, der einzige erbärmliche Überrest an Information, auf die er gestoßen war, stellte ein mysteriöser bibliografischer Eintrag in der Library of Congress in Washington dar. Er stammte aus dem Jahr 1947, und die Angaben lauteten folgendermaßen:

SAMPER, MARCO TULIO ANZOLA, 1892- © New York. *Geheimnisse des Roulettes und seine technischen Fallen: Offenbarungen eines Croupiers,* 32 S., illus.

Alles an diesen Zeilen kam Carballo seltsam vor und ebenso mir: die alphabetische Einordnung des Autors (nach seinem zweiten Nachnamen, nicht nach dem ersten), der Umfang des Werkes (eine schmale illustrierte Broschüre) und schließlich sein überraschendes Thema (ich konnte mir den Autor von *Wer sind sie?* nicht als Verfasser eines Handbuchs für Spielsüchtige vorstellen). In unserem letzten Gespräch spekulierten wir eine ganze Weile über diesen alten Fund. Ich fragte ihn, ob es ihn nicht *wirklich,* mit der Kraft der Besessenheit, gedrängt habe, die *Geheimnisse des Roulettes* aufzutreiben; fragte ihn, ob er sich nicht auf die Jagd gemacht habe, auch wenn die Offenbarungen eines Croupiers nichts mit Rafael Uribe Uribe oder Jorge Eliécer Gaitán, nichts mit der Gewalt, der Politik oder der gewaltsamen Politik unseres traurigen Landes zu tun hatten. Kurz gesagt: auch wenn es ihm zu nichts dienen würde.

»Aber selbstverständlich«, antwortete er. »Eine Zeit lang habe ich dieses verflixte Büchlein zu Land und zu See gesucht. Habe alle Bibliophilen angerufen, die ich kenne, Hilfe bei allen Buchhandlungen mit seltenen alten Büchern gesucht. Und natürlich habe ich, blöd war ich nicht, bei der Library of Congress angerufen. Aber nichts. Die Broschüre existiert nicht. Sie ist nicht in der Bibliothek in Washington, und dort ist eigentlich alles, was in dieser dreckigen Welt Seiten hat. Doch das heißt nicht, dass es mir nicht gedient hätte.«

»Was meinen Sie?«

»Ich habe angefangen, mir über den Ort der Veröffentlichung Gedanken zu machen«, sagte Carballo. »New York. Warum

New York? Immer ist mir Anzolas Verschwinden zu absolut, zu perfekt vorgekommen. Niemand verschwindet einfach so. Oder vielmehr: Es gibt nur einen Weg, auf die Art aus den kolumbianischen Medien zu verschwinden, nachdem man so präsent in ihnen gewesen ist.«

»Kolumbien zu verlassen.«

»Ja. Das hat eine gewisse Logik, nicht wahr? Was hätten Sie getan? Wenn Sie ein Buch wie *Wer sind sie?* geschrieben, am sensationellsten Prozess der Geschichte teilgenommen hätten und wenn Ihr Buch, Ihre Teilnahme an dem Prozess Sie mit etwas über zwanzig in den am meisten gehassten Mann Kolumbiens verwandelt hätte ... Sie wären auch gegangen, Vásquez, und ich ebenfalls, auch ich wäre gegangen. Das habe ich gedacht und dann: Wohin geht ein junger Mann wie Anzola? An einen Ort, wo er jemanden kennt, wo er zumindest Kontakte hat. Und dann ist mir eingefallen, dass Carlos Adolfo Urueta Diplomat in Washington war. Ich dachte: die Vereinigten Staaten. Anzola ist in die Vereinigten Staaten gegangen. Ich glaube immer noch, dass es so gewesen ist.«

»Ah, Sie sind sich nicht sicher?«

»Nicht hundertprozentig«, sagte Carballo. »Aber es hat eine gewisse Logik nicht wahr? Und außerdem ist es mir einerlei.«

»Was heißt, es ist Ihnen einerlei?«, fragte ich. Ich hatte eine Offenbarung von ihm erwartet: *Jetzt wird er mir sagen, dass er seine Spur verfolgt hat, dachte ich, wird mir sagen, dass er sie in New York gefunden hat, wird mich überraschen.* Ich verbarg meinen Ärger nicht. »Was heißt, es ist Ihnen einerlei, Carlos? Da liegt eine Geschichte vergraben, meinen Sie nicht? Es gibt eine Lücke in der Geschichte. Möchten Sie die nicht füllen? Möchten Sie nicht wissen, was mit Anzola geschehen ist?«

»Würde ich gerne, aber es interessiert mich nicht. Das sind zwei Paar Schuhe.«

»Es interessiert Sie nicht?«

»Nein«, sagte Carlos. »Ich kann mir die Situation gut vorstellen: Anzola hat das Land verlassen, wie so viele Leute Kolumbien verlassen, wenn sie eine unangenehme Wahrheit ausgesprochen haben. Er ist unbequem geworden und musste gehen, wie viele andere. Wenn wir eine Liste aufstellen sollten, würden wir nie zum Ende kommen. Denn Anzola ist ein altes Beispiel, nicht das älteste, aber eines der ältesten. Das ist alles, da gibt es nichts mehr zu tüfteln. Ich glaube, so ist es gewesen, und das reicht mir, denn Anzolas Leben interessiert mich in Wirklichkeit nicht. Besser gesagt, mich interessiert sein Buch, verstehen Sie? Mir ist wichtig, dass er sein Buch geschrieben hat. Damit es einen Leser findet, nicht wahr? Damit kommt alles in Gang.«

Ich kann nicht behaupten, dass mich der letzte Satz damals beschäftigt hätte. Als ich ihn hörte, hätte ich unmöglich seine tiefe Bedeutung ahnen oder vorhersehen können. Ich nahm ihn womöglich für einen Gemeinplatz, glaubte womöglich, dass Carballo das Wunder des Zusammentreffens eines beliebigen Lesers mit einem beliebigen Buch entdeckt hatte. Ich dachte nicht, er könnte einen konkreten Leser im Sinn gehabt haben, als er diese Worte aussprach, ein besonderes Buch, und ich dachte auch nicht, dass dieses imaginäre und noch abstrakte Zusammentreffen einen genau festgelegten Ort, ein festes Datum hatte. Aber so war es. Sofort stellte ich ihm eine harmlose Frage, eher aus Höflichkeit denn aus wirklicher Neugier:

»Carlos, glauben Sie nicht, Anzolas Weggang hat einfachere Gründe?«

Carballo fuhr sich mit der Hand über den sprießenden Bart. »Wie zum Beispiel?«, fragte er trocken.

»Vielleicht ist Anzola nicht gegangen, weil man ihn verfolgt hat. Vielleicht hat er Kolumbien nur verlassen, weil er gescheitert ist.«

Er senkte die Lider, und auf seinem Gesicht zeichnete sich eine verächtliche Grimasse ab. Es war mir egal. Ich sagte ihm, was ich für eine unumstößliche Wahrheit hielt: Abgesehen davon, was sich wirklich zugetragen hatte, abgesehen von den Anklagen, die in dem Buch erhoben wurden, war Marco Tulio Anzola nicht in der Lage gewesen, in dem Prozess etwas zu beweisen. Darin zumindest hatte der Redakteur von *El Tiempo* recht gehabt. Und Carballo empörte sich wie noch nie.

»Was heißt, er hat recht gehabt?«, sagte er und sprang auf.

»Was heißt, Anzola hat nichts bewiesen. Sind da nicht die Zeugen?«

»Nun regen Sie sich nicht auf, Carlos«, sagte ich. »Die Zeugen sind da, aber sie beweisen nichts. Das Buch ist äußerst überzeugend, keine Frage, und mit Vergnügen gebe ich mich einer Verschwörungstheorie von dreihundert Seiten hin. Aber wichtig ist nicht die Theorie in dem Buch, sondern das, was im Prozess geschehen ist, und im Prozess ist er gescheitert. Gescheitert auf ganzer Linie. Es war ein rauschendes, ja erniedrigendes Scheitern. Eine Enttäuschung, besser gesagt, ein Verrat an all den Leuten, die Anzola unterstützt hatten. Der arme Kerl kann nur Vermutungen über die anstellen, die er beschuldigt: man habe Correal hier gesehen, Pedro León Acosta dort. Die beiden Figuren sind mir ziemlich unsympathisch, aber das heißt nicht, dass sie getan haben, was Anzola in dem Buch sagt. Einverstanden: Acosta hat ein paar Jahre zuvor versucht, den Präsidenten umzubringen. Einverstanden: Correal hat einen anderen Präsidenten misshandelt und sogar gefoltert. Aber das beweist nur etwas Vergangenes. Und was sagen Sie zu den Jesuiten? Über die Jesuiten, die das Buch ebenfalls anklagt, kommt nichts in dem Prozess heraus, nicht das Geringste. Das Thema wird nicht einmal angesprochen.«

»Weil Anzola nicht mehr dazu gekommen ist!«, schrie Carballo. »Weil sie ihn aus dem Spiel genommen haben, bevor er zu den Jesuiten gelangen konnte!«

»Gut, aber ist das nicht schön einfach: ›Ja, sie sind schuldig, aber das hätte ich später bewiesen.‹ Das ist doch nicht ernst zu nehmen.«

»Ich kann es nicht glauben«, sagte Carballo und senkte die Stimme.

»Nun«, sagte ich sarkastisch, »die Schöffen anscheinend auch nicht.«

»Und was ist dann mit den Treffen zwischen Pfarrer Berestain und Correal? Was ist mit den Zeugenaussagen der Leute, die die Mörder aus der Tür von San Bartolomé haben kommen sehen?«

»Sie sind bloß das, Carlos: Treffen und Aussagen. Aber Anzola hat nicht bewiesen, dass sie zu etwas geführt haben.«

»Und was ist mit Berestains Worten? Wenn er sich wünscht, Uribe möge in der Hölle schmoren. Was ist damit?«

»Ach, Carlos, ich bitte Sie«, sagte ich. »In diesem Land wünscht man erschreckend schnell jemanden in die Hölle. Alle machen das, andauernd. Das will nichts Konkretes heißen, sagen Sie nicht, das wüssten Sie nicht.«

Carballo setzte sich wieder. Sein Gesicht, seine Gestik (die verschränkten Arme, die Art, in der er die Knie beugte) drückten tiefe Enttäuschung aus. Ich sagte, es tue mir leid, aber die Fakten seien eindeutig: das eine sei das Buch, etwas anderes der Prozess. Ich kam auf die Jesuiten zurück: sie seien nicht ein einziges Mal im Prozess erwähnt worden, zumindest seinem Bericht nach. »Oder doch?«, fragte ich. »Wird bei dem Prozess ein Beweis gegen die Jesuiten vorgelegt?«

Eine dünne Stimme sagte: »Nein.«

»Also?«

»Also gewinnen sie.«

»Wie bitte?«

»Sie tun gerade das Gleiche, was das ganze Land ein Jahrhundert lang getan hat, Vásquez. Weil der Prozess nicht gewonnen wurde, weil es keinen klaren Urteilsspruch gegen die von Anzola Beschuldigten gab, ist das, was Anzola sagt, eine große Lüge. Nun, Ihre Wahrheit ist dagegen erbärmlich, mein Freund, denn die Wahrheit der Gerichte unterscheidet sich manchmal beträchtlich von der Wahrheit des Lebens. Sie sagen, Anzola habe nichts bei dem Prozess beweisen können, und deshalb sei das Buch eine Lüge. Aber haben Sie sich gefragt, warum er in dem Prozess nichts hat beweisen können? Ist es nicht offensichtlich, dass der ganze Prozess so manipuliert wurde, dass Anzola nicht beweisen konnte, was er in der Hand hatte? Ist es nicht offensichtlich, dass sie ihn auf sehr subtile Weise zum Schweigen gebracht haben, mit dem Anschein vollkommener Legalität?«

»Aber Carlos, er durfte doch alles sagen, was er wollte. Durfte all die Zeugen anbringen, die er wollte. Wie haben sie ihn da zum Schweigen gebracht?«

»Sie wiederholen, was *El Tiempo* sagt, ich weiß nicht, ob Sie das merken.«

»Das merke ich sehr wohl«, sagte ich. »Und ich will Ihnen eines sagen: Der Kommentator von *El Tiempo* hat völlig recht. Ich weiß nicht, wer er war, es ist ein Jammer, dass er seinen Kommentar nicht unterschrieben hat, denn er hat recht. Er hat recht, wenn er sagt, dass Anzola weder Acosta noch Correal etwas hat beweisen können. Er hat recht, wenn er sagt, dass es einfach ist, bei den Leuten Verdacht aufkommen zu lassen, aber dass man ihn beweisen muss. Warum hat Anzola nicht gesagt, wer der Mann mit dem Zylinder war? Glauben Sie wirklich, er hat gewusst, wer er war, Carlos? Wenn er es gewusst hat, warum hat er den Namen nicht vor aller Welt offenbart? Glauben Sie nicht, er hat das unterlassen, weil er ihn gar nicht kannte? Sagen Sie mir das, Carlos, sagen Sie mir aufrichtig: Glauben Sie nicht, dass Anzola geblufft hat?«

»Geblufft nicht«, sagte Carballo. »Das ist kein Pokerspiel.«

»Er hat in keiner Weise das mit den Veröffentlichungen der Jesuiten aufgeklärt. Er hat in keiner Weise die Sache mit den Geheimgesellschaften aufgeklärt, in denen man angeblich die Ermordung eines Mannes auslost. Wer kann ihm da glauben? Sagen Sie mir, Carlos, wer ist dieser Ariston Men Hydor, wer dieser Landmann, der gegen General Uribe polemisiert hat? Bogotá war keine Millionenstadt, es war kaum mehr als ein Dorf. Niemand konnte sich da so gut verstecken, nehme ich an. Weshalb kann er also zwei fanatischen Kolumnisten nichts nachweisen, deren einziges Versteck ein Pseudonym ist, zwei verrückten Verleumdern, wie es sie heute in den sozialen Netzwerken zuhauf gibt? Die Antwort: weil es eben nur Verrückte, Fanatiker, Verleumder sind. Und was die Gesellschaften angeht: Passiert so etwas wirklich? Gibt es wirklich Gruppierungen, die von reichen Leuten finanziert werden und per Los Mörder auswählen und ihnen den Tod von jedem Beliebigen auftragen, der ihnen unbequem ist? Wo führt Anzola den Beweis dafür an?«

»Sie gewinnen«, murmelte er, oder zumindest glaubte ich das zu hören.

»Ich weiß nicht, wer ›sie‹ sind«, sagte ich. »Aber sie gewinnen nicht etwa, sondern das ist nun mal die Wahrheit, über die wir heute verfügen. Es gibt nicht genügend Beweise, um sie zu ändern.«

Carballo schwieg. Er zog die Füße auf das Sofa und rollte sich ein wie ein verschrecktes Hündchen. Dann begann er mit einer Stimme zu sprechen, in der sich Scheitern und Starrsinn mischten. Er sah mich dabei nicht an, als dächte er nur laut. Und doch dachte er nicht laut, er sprach zu mir: zu mir mehr als zu sonst jemandem.

»Aber es gibt andere Wahrheiten, Vásquez«, sagte er. »Es gibt Wahrheiten, die nicht in den Zeitungen stehen. Es gibt Wahrheiten, die nicht weniger wahr sind, weil niemand sie kennt. Vielleicht geschahen sie an einem seltsamen Ort, den weder Journalisten noch Historiker aufsuchen können. Und was machen wir mit denen? Wo geben wir ihnen Raum zum Existieren? Lassen wir sie im Nichtvorhandensein vermodern, nur weil sie nicht richtig auf die Welt kommen konnten oder weil sie sich von mächtigeren Kräften haben besiegen lassen? Es gibt schwache Wahrheiten, Vásquez, schwach wie ein Frühgeborenes, Wahrheiten, die sich in der Welt der bewiesenen Tatsachen, der Zeitungen und der Geschichtsbücher nicht durchsetzen können. Wahrheiten, die existieren, auch wenn sie in einem Prozess untergegangen sind, auch wenn die Leute sie aus ihrem Gedächtnis verbannt haben. Oder wollen Sie behaupten, die uns bekannte Geschichte wäre die einzige Version der Ereignisse? Nein, ich bitte Sie, seien Sie nicht so naiv. Das, was Sie Geschichte nennen, ist nicht mehr als eine siegreiche Erzählung, Vásquez. Jemand hat dafür gesorgt, dass diese Erzählung gewonnen hat und keine andere, und deshalb glauben wir heute an sie. Oder vielmehr, wir glauben an sie, weil sie niedergeschrieben wurde, weil sie nicht im endlosen Loch der Worte verloren ging, die bloß ausgesprochen wurden oder schlimmer noch, nicht einmal ausgesprochen, sondern nur gedacht. Da kommt der Journalist von *El Tiempo*, da kommt der Historiker des 20. Jahrhunderts daher, und sie erzählen uns schriftlich: etwa vom Attentat auf Uribe, von der Landung des Menschen auf dem Mond, was immer Sie wollen, der Atombombe, dem spanischen Bürgerkrieg, der Abspaltung Panamas. Und das ist die Wahrheit, aber sie ist es nur, *weil sie an einem Ort geschah, von dem sich erzählen ließ, und weil sie jemand in greifbare Worte gefasst hat.* Ich wiederhole: Es gibt Wahrheiten, die finden nicht an solchen Orten statt, Wahrheiten, die niemand je aufgeschrieben hat, weil sie unsichtbar waren. Millionen von Dingen geschehen an besonderen Orten, und noch einmal: Diese Orte sind nicht zugänglich für den Historiker oder Journalisten. Es sind keine erfundenen Orte, Vásquez, sind keine Fiktionen, sie sind sehr real: so real wie alles andere, was in den Zeitungen steht. Aber sie überleben nicht. Sie bleiben dort zurück, ohne dass jemand von ihnen erzählte. Und das ist ungerecht. Es ist ungerecht und traurig.«

Da fing er an, von seinem Vater zu sprechen. Er sprach ohne Theater, ohne Sentimentalität, vielleicht mit einer Spur Melancholie, erzählte jedoch eine komplexe Geschichte, ohne sich zu verheddern, und das ließ mich eines von beiden vermuten: Entweder hatte er diese Geschichte schon oft erzählt, oder er hatte sein ganzes Leben lang darauf gewartet, sie zu erzählen. Ich entschied mich für das Zweite, und ich sollte recht behalten.

Ich habe Carballo in den seltenen Fällen korrigiert, in denen sein wundersames Gedächtnis aussetzt oder etwas verwechselt, und habe seine Erzählung mit den nötigen Informationen aufgefüllt, damit man sie besser verstehen oder schätzen kann. Ansonsten habe ich versucht, bei meiner Aufgabe als Notar zu bleiben, denn höchstwahrscheinlich werde ich im Laufe meines Lebens nie wieder auf eine solche Geschichte treffen. Meine schwierige und zugleich einfache Arbeit besteht darin, ihr Gerechtigkeit widerfahren zu lassen oder zumindest nichts zu verfälschen.

Die Geschichte ist die folgende.

César Carballo kam in einem Haus im Viertel La Perseverancia auf die Welt, im Osten Bogotás, elf oder zwölf Blocks nördlich von der Straße, in der sein Sohn wohnen (und mir all das erzählen) würde, lange Zeit später. Seine Mutter Rosa María Peña wusch damals, 1924, Wäsche für Leute aus den wohlhabenden Vierteln, zu denen man über einen Abhang gelangte, über die

Carrera Séptima, dann über die Bahngleise und ein paar Straßen weiter Richtung Norden: diese Viertel, die sie an klaren Morgen oben von ihrer Straße aus sah, wenn sie mit den Nachbarinnen schwatzte und ihnen die nasse Wäsche an Hanfseilen aufhängen half, die die feineren Stoffe aufrauten. Césars Vater war der einzige Schuhmacher in der Gegend, die vor allem von Handwerkern bewohnt wurde: Mechaniker, Maurer, Tischler. Benjamín Carballo hatte das Handwerk fast noch als Kind in der Schusterei von Don Alcides Malagón erlernt, einem alten Mann, der gemeinsam mit der Stadt auf die Welt gekommen zu sein schien und wohl auch erst mit ihr zusammen sterben wollte. Als der alte Malagón schließlich starb, war Benjamín Carballo zweiundzwanzig, hatte eine schwangere Frau und viel gesunden Menschenverstand, sodass er die Schusterei erbte, ohne sich allzu viele Gedanken zu machen. Später war er froh darüber, denn mit den Jahren wuchs seine Überzeugung, dass die Schusterkunst tatsächlich eine Kunst und es nicht weniger würdevoll war, eine Statue zu meißeln, als ein Paar Schuhe nach Maß anzufertigen: Man erforschte die Unregelmäßigkeiten des Fußes, nahm einen präzisen, sauberen Gipsabdruck, stellte den Leisten her, reproduzierte an ihm alle Kennzeichen des lebendigen Modells – kein Fuß gleicht dem anderen – und ließ das Leder am Leisten trocknen, damit die wertvolle Einheit nicht verloren ging. Dem Erlernen dieses Handwerks widmete er sein ganzes Leben; und hegte die Hoffnung, dass sein Sohn César es von ihm erlernen würde.

Es war eine begründete Hoffnung, denn César ging mit Geodreieck und Winkelmesser wie ein Profi zu Werk und konnte im Alter von zehn schon perfekte Modelle anfertigen. Das Problem war – für seinen Vater, der ihn gern acht Stunden am Tag als Gehilfen gehabt hätte –, dass er sich zudem als herausragender Schüler erwies. Seine Schule war ein Gebäude mit schlecht geflicktem Dach, wo es bei Regen keinen Unterricht gab, nicht jeder ein Heft abbekam und die Bücher Luxusartikel waren, doch sie wurde von einer Frau mit eiserner Berufung geleitet, die schnell die Fähigkeiten des Jungen bemerkte. Die Lehrerin wusste, wie die Dinge im Viertel abliefen, und überzeugte Rosa

María, den Jungen die Schule beenden zu lassen, lange bevor die Mutter überhaupt daran gedacht hatte, ihn herauszunehmen, damit er der Familie half. Mit zwölf kannte der Schustersohn nicht nur einen, sondern alle Kinderverse Rafael Pombos auswendig und hatte aus Langeweile sogar schon ein paar der Wörter gegen Obszönitäten ausgetauscht, sodass schließlich die schlaue Katz Mirritz, Mirratz befahl: *alle Katzen, alle Kater, hebt das Hinterloch und den Kittel hoch.* Rosa María hörte auf die Lehrerin. César erzählte später immer wieder, wie hart seine Eltern arbeiten mussten, damit weder er noch sein jüngerer Bruder die Schule verlassen mussten. Dort, in einem Klassenzimmer mit Lehmboden, sah César Carballo zum ersten Mal Jorge Eliécer Gaitán.

Damals war Gaitán erst seit ein paar Monaten Bürgermeister von Bogotá, hatte aber schon die Runde durch die ganze Stadt gemacht, er sah sich um und ließ sich ansehen, pflegte sein Image als Mann des Volkes. Er war dreiunddreißig, hatte einen gewaltigen Machthunger und einen märchenhaften Lebenslauf. Er kam aus bescheidenen Verhältnissen, war Sohn einer Lehrerin und eines Antiquars, erschütterte aber schon seit fünfzehn Jahren die politische Landschaft mit der feurigsten Redekunst, die man seit Rafael Uribe Uribe erlebt hatte. Mit achtzehn hatte er eine so flammende Rede für einen liberalen Kandidaten gehalten, dass seine Feinde aus der Menge auf ihn schossen; die Kugel pfiff unter dem gestikulierenden Arm hindurch, und Gaitán sollte das durchlöcherte Sakko aufbewahren und dem Kandidaten schenken. Während des Promotionsstudiums in Rom hatte er bei seinem Lehrmeister Enrico Ferri entdeckt, bewundert und erlernt, wie Mussolini Massen von Abertausend Menschen hypnotisierte. Er besaß ein natürliches Talent zur Improvisation, brachte sich selbst den virtuosen Einsatz von Pausen und Schweigen bei und mischte in geheimnisvoller Alchemie die Sprache der Straße mit überschwänglichen Tönen. Das Ergebnis war ein Redner, der auf einem öffentlichen Platz jeden Gegenspieler hinwegfegen konnte, denn die kolumbianischen Politiker, in der Überzeugung, sie müssten ihr Publikum nicht verführen, sondern es einschüchtern, fingen ihre Reden mit

Pallas Athene, Cicero oder Demosthenes an, und dann kam Gaitán, schoss mit der Präzision eines Bogenschützen seine wilden Sätze auf sie ab, und alles wurde anders. Gaitán verfiel in Trance, und das gesamte Publikum schien bereit, ihm an diesen Ort zu folgen, von dem aus er zu ihm sprach. Manchmal schien es unwichtig, was Gaitán sagte: Wichtig war, dass gerade er es sagte und kein anderer. Ebendas spürte sein Publikum mit den abgewetzten Hüten und dem Geruch nach altem Schweiß. Er war einer der Ihren, aber niemand (schon gar keiner der Ihren) hatte jemals so zu ihnen gesprochen. Mit dieser fulminanten Redekunst hatte er im Kongress eine der härtesten Debatten angezettelt, die ein kolumbianischer Präsident hatte erdulden müssen. 1928 hatte das Heer nach einem gescheiterten Streik eine nicht belegte oder geheim gehaltene Zahl von Arbeitern auf den Bananenplantagen der Karibik umgebracht. Gaitán verurteilte öffentlich dieses Vorgehen, von dem alle Welt im Grunde sehr wohl wusste, aber bei ihm klang es so, als wäre das Massaker eben erst geschehen oder als sähe das Land es tatsächlich zum ersten Mal. Später sollte jemand von dem Augenblick berichten, in dem der Redner, dieser Indio mit Pomade im Haar, über den sich die Abgeordneten der Oberschicht lustig machten, den ganzen Saal mit einer erschütternden Rede in die Tasche steckte und seine Worte mit einem echten Knalleffekt beendete: Er zog einen Schädel hervor und zeigte ihn her, einen nackten Schädel von einem der Opfer auf den Bananenplantagen. Es war der Schädel eines Kindes.

Sieben Jahre später war der Agitator Bürgermeister und zu Besuch in einer öffentlichen Schule. Das Viertel La Perseverancia war wie gelähmt. Man sah ihn zu Fuß ankommen, mit Zweireiher und Filzhut, sah ihn die steilen, staubigen Straßen von der Carrera Quinta heraufkommen, mit tüchtigem Schritt, ohne zu schwitzen oder außer Atem zu kommen, umgeben von einem Gefolge, das bald schon mit den Schaulustigen und Bedürftigen verschmolz. Man hörte, wie er die Lehrerin zu ihrer Arbeit beglückwünschte, hörte, wie er dem dicht gedrängten Publikum in Erinnerung rief, dass auch seine Mutter Lehrerin war, hörte ihn sagen, es gebe auf der Welt keinen schöneren und nobleren Beruf als den eines Erziehers. Man hörte, wie er versprach, für Schulspeisungen zu sorgen, denn ein Kind lerne besser mit vollem Magen. Man hörte, wie er ein Kind fragte, warum es barfuß in den Unterricht komme, und hörte, wie er versprach, die Schuhe für Schulkinder an öffentlichen Schulen würden obligatorisch und umsonst sein. Unter den Zuhörern dieser improvisierten Rede befand sich der Schuhmacher Benjamín Carballo, der noch nie einen Politiker über Schuhe hatte reden hören und sich den restlichen Tag, die restliche Woche, den restlichen Monat daran erinnern sollte, wie sein Sohn César dem Bürgermeister ins Wort fiel und ihm mit seiner jugendlichen Stimme im Bruch zurief: »Mein Papa kann sie machen!« Gaitán lächelte, sagte aber nichts. Am Ende seines Besuchs kam er an der Schultür an César vorbei und sagte: »Der Kleine vom Schuhmacher.« Und er setzte seinen Weg nach unten fort.

César Carballo sollte später sagen, dass er seit diesem Augenblick Gaitán-Anhänger war. Er betrachtete sich in Gaitán wie in einem Spiegel. Im Laufe der Jahre wurde Gaitán zu seinem Modell, zum Leisten, über den er den Entwurf seines eigenen Lebens zog. Wenn es ein Mann aus Las Cruces, ein Viertel, das sich nicht sonderlich von La Perseverancia unterschied, bis zum Abgeordneten und Bürgermeister gebracht hatte, warum konnte er nicht einen ähnlichen Weg machen, allein durch Disziplin und fleißiges Lernen? César Carballo wollte Jura studieren, wie Gaitán, an der Universidad Nacional, wie Gaitán, aber als er die Schule beendete, fiel ihm die Wirklichkeit mit voller Wucht auf die Schultern: Es war kein Geld da, um ihn auf die Universität zu schicken. Er war sechzehn. Im Januar 1941, Gaitán war seit einem knappen Jahr Bildungsminister, stand César Carballo eines Morgens in aller Frühe auf, zog ein sauberes Hemd an und ging bis zu den Büros des Ministeriums in der Carrera Sexta, Ecke Calle 10. Er fragte nach Gaitán, und man sagte ihm, er sei nicht da. Eine Stunde später fragte er wieder nach ihm, und man sagte erneut, er sei nicht da. Er blickte sich um – drei Kinder mit ihren Müttern, ein junger Mann mit Büchern unter dem Arm, ein älterer Mann mit Brille und Stock – und merkte, dass er nicht als Einziger nach dem Minister fragte und ihn um einen Gefallen bitten wollte. Da kam ihm eine Eingebung. Er umrundete den Block und stellte sich neben der Hintertür auf, in der Annahme, dass Gaitán hinten herauskommen würde, damit er sich nicht mit den Bitten so vieler Leute herumschlagen musste. Mittags gegen ein Uhr kam er tatsächlich, er trat auf ihn zu und sagte: »Ich bin der Kleine vom Schuhmacher.« Hastig erzählte er, er wolle an der Universität studieren, brauche ein Stipendium und habe gehört, dass Minister Gaitán ihm ein solches verschaffen könne. Gaitán war in Begleitung zweier gut gekleideter Herren. César Carballo sah ein sarkastisches Lächeln in ihren Gesichtern, und er dachte, dass er seine Zeit verschwendete. »Ich bin ein Liberaler«, sagte er, wusste allerdings nicht, wozu das gut sein sollte. Gaitán sah seine Begleiter an, sah ihn an und sagte: »Das spielt keine Rolle. Der Hunger ist weder liberal noch konservativ. Auch nicht der Wunsch, voranzukommen.« Er sah auf seine Uhr und fügte hinzu: »Kommen Sie morgen wieder, dann sehen wir, was sich machen lässt.«

Das tat César. Gaitán empfing ihn in seinem Büro, bot ihm Kaffee an und behandelte ihn wie einen Sohn, zumindest sollte César es den Rest seines Lebens so erzählen. Er sollte ebenfalls erzählen, dass er die Anwaltsdiplome der Universidad Nacional gesehen hatte, beeindruckt gewesen war und gedacht hatte, dass auch er eines Tages ein solches Diplom in Händen halten würde. Aber den größten Eindruck machte auf ihn ein anderer Rahmen, der die Bürowand schmückte: ein Foto, auf dem Gaitán mit fünfundzwanzig neben seinem Lehrmeister stand, dem großen Strafrechtler Enrico Ferri. Das Foto trug eine eigenhändige Widmung von Maestro Ferri für seinen Schüler Jorge Gaitán, der in Rom mit Auszeichnung eine gefeierte Doktorarbeit abgeliefert hatte. César fragte, wovon die Arbeit gehandelt habe, und Gaitán erklärte es ihm in drei Sätzen unerklärlichen Inhalts. Natürlich hätte César, ein bescheidener Handwerker, der noch nicht volljährig war, in dem Augenblick nicht verstehen müssen, was Vorsatz war, schon gar nicht, wie die mildernden Umstände damit zusammenhingen, aber Gaitáns Worte klangen ihm wie Zaubersprüche, und nur die Tatsache, dass der große Mann versucht hatte, es ihm zu erklären, ließ ihn die folgende Enttäuschung ertragen: Es gab keine Stipendien. Aber César Carballo sah, dass Gaitán sich aufrichtig bemühte, sah, wie er seinen Sekretär rief, ihn fragte, ob die Antragsfristen schon abgelaufen seien, und wie er zur Antwort bekam, ja, Doktor, das seien sie; dann sah er, wie er den Sekretär fragte, ob einige der letzten Bewerber sich vielleicht nicht eingestellt hätten und ob man in dem Fall das Stipendium dem Jungen hier geben könne, und er hörte, wie der Sekretär sagte, nein, Doktor, es gebe keine übrigen Stipendien, dieses Jahr seien alle erschienen. Und da sagte Gaitán: »Sie sehen ja, junger Mann. Es tut mir sehr leid. Wenn Sie in einem Jahr kommen, bevor die Frist abläuft, dann sorge ich selbst dafür, dass Sie Ihr Stipendium erhalten.«

Aber eine Verschwörung von Zufällen stellte sich César Carballo in den Weg. Als Gaitán fünf Wochen, nachdem er ihn empfangen hatte, vorzeitig das Bildungsministerium verließ, sah César darin bloß eine der vielen Hürden. Er sagte sich, dass es ihm das Leben noch nie einfach gemacht hatte, dass er fähig war, das Stipendium zu bekommen, ob mit oder ohne Hilfe eines Politikers, und dass er sich im November bewerben und im Jahr darauf ein neues Leben beginnen würde. Aber er kam nicht dazu, sich zu bewerben. An einem Maiabend, kurz vor seinem siebzehnten Geburtstag, ging César in die Werkstatt und fand seinen Vater auf dem Boden zwischen bekritzelten Blättern, das Maßband noch um den Hals. Offensichtlich hatte er eben einem Kunden die Maße abgenommen und war im Begriff gewesen, Berechnungen für den Leisten anzustellen, doch der Kunde war schon fort, als ihn der Infarkt traf, und alle waren sich einig, dass man ohnehin wenig hätte tun können. César Carballo war nun verantwortlich für die Werkstatt und natürlich für den Unterhalt seines jüngeren Bruders. Die Last nahm seine ganze Zeit und fast alle Aufmerksamkeit in Anspruch. An ein Studium war nicht mehr zu denken. César Carballo schlug sich die Illusionen aus dem Kopf oder archivierte sie im letzten Winkel seines Bewusstseins und widmete sich den Leisten, den Abdrücken und dem Leder, das er beim Sattler in der Calle 8 kaufte, unterhalb des Observatoriums. So vergingen die folgenden Jahre.

Es hätte ein trauriges Los sein können, aber César Carballo hatte keine Zeit, sich Gedanken darüber zu machen. Er schaffte es, nicht in die Opferrolle zu fallen. Wenn er die Werkstatt um fünf und nicht um sechs schließen konnte, ging er in eins der Cafés in der Avenida Jiménez, las die Zeitungen und hörte die Jura- und Medizinstudenten über Politik reden, als gäbe es sonst nichts auf der Welt. In diesen Augenblicken fühlte er sich lebendig. Den ganzen Tag verbrachte er in der Werkstatt, aber einer der wenigen Vorteile, noch nicht die zwanzig erreicht zu haben, bestand im verantwortungsfreien Junggesellentum. Niemand erwartete César, keine Frau warf ihm seine Abwesenheit vor, seinen Geruch nach Rauch oder die Bier zu viel, die er sich ein, zwei Mal im Monat gönnte, wenn es gut lief. In den Cafés griff er den Kellnerinnen an den Hintern und bekam Ohrfeigen dafür, konnte sich stundenlang hinter die Dominospieler stellen und ihnen zusehen, allerdings nur, wenn er vorsichtig war und ihnen nicht die Steine umwarf, und im *El Molino* sah er von fern berühmte Schriftsteller und erfuhr, dass die Figuren an den Wänden dem *Don Quijote* entstammten, hörte berühmte Schriftsteller vor Studenten mit aufgerissenen Augen über *Don Quijote* reden und merkte, dass ihn nichts davon interessierte. Das hatte weniger mit *Don Quijote* zu tun: Er interessierte sich nicht für erfundene Geschichten. Er interessierte sich auch nicht für die Gedichte, die man häufig an den Tischen der Bohème im Café *Automático* hörte, unter der Karikatur des Dichters León de Greiff, auch wenn beim Zuhören Verse hängen blieben, und als er einmal ein Mädchen ins Bett bekommen wollte, ließ er ein paar Zeilen los, die er immer wieder in seinem Leben zitieren würde.

Diese Rose, sie bezeugte:
wenn dies keine Liebe war,
ist die Liebe immer falsch.
Diese Rose, sie bezeugte,
dass du endlich meine warst!

Nein, das Einzige, was ihn interessierte, war die Politik. Im Laufe der Monate nahm er die Freunde aus dem Viertel auf seine Tour mit, und manchmal schlossen sie sich älteren Männern an, Handwerkern von dreißig oder vierzig Jahren (Mechanikern, Maurern, Tischlern), die in die einfacheren Cafés gingen, um, wie sie sagten, dem Land die Temperatur abzunehmen.

So erfuhr César Carballo, dass das Land Fieber hatte. Der Krieg in Europa drang nach Kolumbien. Es ging weniger darum, dass der Kaffeepreis niedriger denn je war, auch nicht um den Materialmangel, der das Baugewerbe hinwegfegte und somit auch sie, die Bauarbeiter, sondern dass die Konservativen vom Triumph des Faschismus sprachen und sich beklagten, die liberale Regierung zwinge sie durch ihre Unterstützung der Vereinigten Staaten, auf das Verliererpferd zu setzen. Alle glaubten, dass Deutschland den Krieg gewinnen und das Land davon profitieren würde, denn alle waren sie Franco-Anhänger, aus Überzeugung oder Ansteckung, und der Sieg der Achsenmächte würde auch ein Sieg Francos sein, und ein Sieg Francos ein Sieg des harten Flügels der konservativen Partei. Ebender war für César Carballo und seine Gefährten aus La Perseverancia der Feind. Ihn musste man bekämpfen, denn ein Triumph der konservativen Partei in Kolumbien bedeutete nicht nur die Rückkehr der dunkelsten Momente der Vergangenheit, sondern die Invasion des europäischen Faschismus.

Aber dann durchliefen wie ein böses Gerücht eine Reihe neuer Ideen die einfachen Viertel Bogotás. Jorge Eliécer Gaitán reiste durch das ganze Land und hielt Reden, die in der Presse nicht erwähnt wurden und die von Mund zu Mund wanderten wie ein geheimes Evangelium. Darin sagte er seltsame Dinge: Dass der Hunger weder liberal noch konservativ sei, ebenso wenig das Sumpffieber; dass es ein nationales Land gebe, das des Volkes, und ein politisches, das der führenden Klasse; und dass der gemeinsame Feind aller, der Urheber von Unheil und Ungerechtigkeit, die die kolumbianischen Arbeiter niederdrückten, eine Schlange mit zwei Köpfen sei: einer nenne sich Oligarchie, der andere Imperialismus. Im Februar 1944, als Gaitán seine glühendsten Anhänger in der Bar *Cecilia* versam-

melte und offiziell die Kampagne für die Wahlen von 1946 ein-
läutete, waren César Carballo und seine Gefährten aus La Perseverancia in der ersten Reihe dabei, tranken dem Anführer die
Worte von den Lippen und schworen sich, alles zu geben, ihr
Leben, wenn nötig, damit Gaitán Präsident von Kolumbien
wurde.

Die Woche drehte sich nun rund um die »kulturellen Frei-
tage«. Das waren Gaitáns Reden im Stadttheater. Ohne Pult als
Stütze für die leeren Hände, stellte er sich auf die Bühne vor ein
viereckiges Mikrofon, das seine Worte übers Radio sendete, er
hob die Faust und erfüllte den Saal mit einer Elektrizität, die
niemand je zuvor gespürt hatte. César Carballo lebte auf diese
Reden hin. Jeden Augenblick, den er nicht in der Schuhwerk-
statt verbrachte oder den Nachbarssohn anlernte, der bei ihm
angefangen hatte, dachte Carballo an das, was Gaitán am vergangenen Freitag im Stadttheater gesagt hatte, und stellte sich
vor, was er am nächsten sagen würde. Und wenn der Tag kam,
ging er schon gegen drei Uhr nachmittags hinunter, damit er
nicht draußen bleiben musste, stand vier Stunden an, bis die
Türen geöffnet wurden. Es war Zeit, die er sich mühsam von
seinen Pflichten in der Werkstatt absparte, und seine Mutter
fing an, es ihm vorzuwerfen. »Ich weiß schon, du willst den
Chef hören, Kleiner«, sagte sie. »Ich weiß, das ist wichtig. Aber
ich weiß nicht, warum du so früh losgehen musst und alles einfach hinwirfst, als hätte unsere Familie kein Geschäft. Als gäbe
es kein Radio bei uns im Haus, Kleiner. Was würde dein Papa
dazu sagen, wenn er uns nicht verlassen hätte.« Wie sollte er
seiner Mutter erklären, was er in Gaitáns Gegenwart fühlte?
Er konnte es nicht, also sagte er bloß: »Wenn ich jetzt nicht hi-
nuntergehe, bleibe ich draußen, Mama.« Und das stimmte. Das
Stadttheater füllte sich mit den Getreuen des Anführers, jeder
Sitz unten wie oben, aber auch jeder freie Raum in den Gängen.
Die geheimnisvolle Solidarität, die sie einte, hätte César gegen
nichts auf der Welt eingetauscht; nicht hineinzukommen, bedeutete womöglich, ein unwiederholbares Ereignis zu verpas-
sen, wie den Moment, als die Lautsprecher im Theater versagten und Gaitán mit einer ungeduldigen, ärgerlichen Geste das

Mikrofon wegfegte, tief durchatmete und eine vierzigminütige Rede nur kraft seiner Lunge hielt, mit der nackten Wucht seiner übernatürlichen Kehle und einer so klaren Aussprache, dass selbst der letzte Pechvogel in der letzten Reihe jedes einzelne seiner Worte verstand.

Was nach diesen Reden im Stadttheater geschah, war ebenso wichtig. Wenn der Moment des Zaubers vorüber war, wenn die Gefährten aus La Perseverancia wieder auf den verstopften Gehwegen der Carrera Séptima standen, gingen sie in die Cafés im Zentrum, um über das zu reden, was sie eben gehört hatten. Nicht alle konnten sich das erlauben, denn für viele begann die Arbeit schon bei Sonnenaufgang, und bei vielen ging das politische Interesse nicht ganz so weit. Aber Carballo war immer dabei, wanderte durch die nächtlichen Straßen, wo die Kälte bereits schneidend war, umgeben von jungen Männern wie er, in deren Gesellschaft er sich unverwundbar fühlte. Die Polizei tat ihnen nichts, denn damals waren fast alle Polizisten liberal und viele insgeheim Gaitán-Anhänger, aber manchmal kam es zu Wortwechseln mit hochmütigen Konservativen, und Carballo hielt sich in solchen Momenten zu einem seltenen Mut fähig. Dann traten sie in die Cafés oder Chicha-Ausschänke, als eroberten sie das Lokal, und alle wussten, ohne es auszusprechen, dass eine solche Haltung vor der Ära Gaitán nicht möglich gewesen wäre. Er hatte ihnen diesen neuen Stolz geschenkt, und dank ihm spürten sie, dass die Stadt, diese Stadt, für die sie seit Generationen gearbeitet hatten, ebenfalls ihnen gehörte. Dort, während dieser langen Nächte bei Bier und Schnaps im *El Inca,* im *El Gato Negro* oder in der Bar *Cecilia,* im *Colombia,* schien all das wahr zu sein, oder sie lebten in einer parallelen Phantasiestadt, deren Besitzer sie alle waren. In diesen Augenblicken machte César Caraballo eine echte Erziehung der Gefühle durch. Jetzt, da ich diese Tage zu rekonstruieren versuche, kann ich nicht die Nase über einen solchen Hexensabbat rümpfen, den ich nur Stammtisch nenne, weil die Beteiligten ihn damals so nannten.

Es waren chaotische Diskussionen, die bis zwei, drei Uhr morgens dauern konnten, wenn die taumelnden Betrunkenen schreiend Tische umstürzten, und sie wurden stets von anderen als denen beendet, die sie begonnen hatten. Damals organisierten sich die Gaitanisten zunehmend und immer besser. Die Stadt wurde in Viertel eingeteilt, die Viertel in Zonen, die Zonen in Komitees. Den Stammtischen in den Cafés und Chicha-Ausschänken, die mit dem Komitee aus La Perseverancia begannen, schlossen sich im Laufe der Nacht andere Komitees an, fast immer aus Nachbarvierteln, manchmal aber auch von entfernten Orten: Männer jeden Alters, für die der kulturelle Freitag ebenso wie für Carballo nicht zu Ende war, wenn der Chef vom Mikrofon wegtrat und in seinem teuren Wagen das Stadttheater hinter sich ließ. Aber manchmal kamen auch verlorene Bohemiens, Dichter, Romanciers oder Karikaturisten, Kolumnisten von *La Jornada,* Kriminalreporter, die gerade über ein Gewaltverbrechen berichtet hatten, Fotografen, die die Reporter begleitet und deren müde Augen bereits alles gesehen hatten, was man an menschlicher Bosheit sehen konnte. Und da waren vor allem die Studenten: die von der Universidad Nacional oder der Libre, die bürgerlichen Rebellen der Del Rosario, die gegen Mitternacht erschienen, nachdem sie in anderen Cafés Jura oder Medizin gebüffelt oder an anderen Stammtischen über Franco und Mussolini, über Stalin und Roosevelt, über Churchill und Hitler diskutiert oder Bordelle besucht hatten, gruppenweise, damit sie skandalöse Rabatte herausschlagen konnten, an Orten, wo man ohnehin schon Hunger litt.

Carballo empfand unwillkürlich Sympathie für sie alle, obwohl sie genau das repräsentierten, was ihm verwehrt worden war. Er sah sie ankommen, lärmend und zufrieden, voll von politischem Enthusiasmus und einer konfusen Lust, die Welt vom Cafétisch aus zu verändern (der in dem Augenblick so groß war wie das bekannte Universum), sie gestikulierten wie besessen und tauschten Bücher zwischen leeren Flaschen. Mehrheitlich waren sie liberal, denn die Gaitán-Komitees hüteten sich, den Cafés zu nahe zu kommen, in denen die anderen in der Überzahl waren, aber es gab auch frischgebackene Kommunisten, die mit marxistischen Broschüren ankamen, die sie in Bogotás Buchläden im Ausverkauf ergattert hatten, und sogar eine kleine Gruppe von drei, vier melancholischen Anarchisten – alle in Schwarz gekleidet, alle mit dem Aussehen von Straßenkatzen –, die gewöhnlich an einem Ecktisch im *La Gran Vía* saßen, stundenlang, ohne mit jemandem zu reden. Nach diesen Stammtischen war Carballos Kopf angeschwollen von Ideen, seine Hände brannten von neuem Material, und dann notierte er in den Bilanzbüchern der Schusterei die Titel, die er sich hatte merken können. Damals las er wie entfesselt: geliehene Bücher, geklaute Bücher, Bücher aus zweiter Hand. Ihnen gegenüber empfand er eine Art abergläubische Ehrfurcht: Die Bücher hatten Gaitán gerettet und würden vielleicht auch ihn retten. Ihn hatte, wie Gaitán, das Los beengter Verhältnisse, spärlicher Möglichkeiten und eines mittelmäßigen Schicksals getroffen. Die Bücher – diese Bücher, die er kannte und dank glücklicherer Studenten in den Cafés und an den Stammtischen las – waren ein Fluchttunnel.

In den nächsten Jahren formierte sich der Gaitanismus mit der Rasanz einer Verschwörung. La Perseverancia schuldete, wenn auch unbewusst, sehr viel dem Enthusiasmus des Schustersohns. In seinem Komitee war César Carballo das aktivste Mitglied. Nachts, wenn seine Mutter zu Hause schon schlief und ein paar liegen gebliebene Aufträge abgearbeitet worden waren, zog er los und klebte bei sich und in den Nachbarvierteln Plakate. Manchmal kam es zu mehr oder weniger heftigen Auseinandersetzungen mit den Eigentümern der Häuser, die keine Gaitán-Plakate wollten, weder an ihren Hauswänden noch an den Laternenpfählen davor. César lernte, dass er sich die berüchtigtsten Straßenräuber mitnehmen musste, Rowdys und Exsträflinge, und die Einwände der Leute verschwanden wie von Zauberhand. Die Straßen von La Perseverancia füllten sich mit vergilbten Zetteln, deren Text Carballo oft selbst verfasst hatte und auf denen die nächste Rede im Stadttheater angekündigt wurde (»Kommen Sie mit Ihrer Familie«, befahlen sie) oder der Besuch des Chefs in einem konservativen Viertel (und die Leute begleiteten ihn, damit die Anwohner dort wussten, dass Gaitán niemals schutzlos war). Das Komitee bekam oder gab sich den klingenden Namen *Die Staubigen,* weil die Mitglieder oben am Hang durch den Schmutz in die Stadt hinuntergehen mussten, aber dann erfuhren sie, dass man sie außerhalb des Viertels *Die Roten* nannte. Die Versammlungen fanden immer bei jemand anderem statt, und die Mitglieder stritten sich um die Ehre, die Gaitanisten zu empfangen. In leeren, kalten Küchen, die nach Butangas rochen, wurde ein Hut herumgereicht, in dessen schweißgetränktes Rund die Teilnehmer eine Münze fallen ließen. Damals teilten sich die Liberalen in zwei Lager: auf der einen Seite Gabriel Turbay, Sohn der ewig gleichen politischen Elite; auf der anderen der Chef. Bei einer der Versammlungen kam César Carballo auf die Idee, die Carrera Séptima mit Leitern und Flitspritzen voll Eisensäure abzugehen und an jedem Laternenpfahl die luxuriösen Stoffbanner des Kandidaten Turbay damit zu besprühen. Am nächsten Morgen waren sie nur noch Fetzen, und ganz Bogotá sah es. Der Erfolg des Manövers war durchschlagend. César Carballo war noch nicht zweiundzwanzig Jahre alt, aber schon einer der am meisten geachteten Männer im Komitee. Er gewann an Macht in seinem Viertel, und der Gaitanismus gewann an Macht in Kolumbien. Zugleich verschärfte sich mit dem neuen Mandat von Präsident Ospina die Gewalt in den ländlichen Gegenden.

Man konnte die Gerüchte kaum glauben. In Bogotá trafen allmählich Berichte von den Übergriffen der konservativen Polizei auf dem Land ein, die Liberale und ihre Familien bedrängte und verfolgte, wie man es seit dem Krieg von 1899 nicht mehr erlebt hatte. Eines Tages erfuhr man, dass ein junger Liberaler auf einem Platz in Tunja mit Macheten zerstückelt worden war, weil er nicht in die Hochrufe auf den Präsidenten eingestimmt hatte, und dann erfuhr man von einer Gruppe Polizisten in Guatavita, die mitten in der Nacht ein liberales Haus gestürmt, die sieben Bewohner umgebracht und die Möbel angezündet hatte. Ein achtjähriger Junge konnte durch die Küchentür entkommen. Sie fanden ihn in einem Graben mit hohem Gras, schlugen ihm mit der Machete die rechte Hand ab und ließen ihn liegen, damit er verblutete; aber der Junge überlebte und erzählte, was vorgefallen war. Ähnliche Opfer ähnlicher Grausamkeiten erzählten ähnliche Geschichten überall im Land. Nichts davon machte der Regierung große Sorgen. Das seien Einzelfälle, sagten ihre Sprecher, die Polizei reagiere nur auf Provokationen. Aber die Liberalen in Bogotá und vor allem die Anhänger Gaitáns machten sich sehr wohl Sorgen. Carballo hätte sich noch viel mehr Sorgen gemacht, wenn er damals nicht mit eigenen Zweifeln zu kämpfen gehabt hätte. An einem Freitag im Dezember schloss er gerade gegen drei Uhr nachmittags die Schusterwerkstatt, um zum Stadttheater hinunterzugehen, da merkte er, dass jemand auf ihn wartete. Es war Amalita Ricaurte, die Tochter von Don Hernán: ein Mechaniker, von allen geachtet und geliebt, der am rechten Arm die ehrenvolle Narbe eines konservativen Machetenhiebs trug und in dessen Werkstatt, einer Garage hinter dem ehemaligen Panóptico, bereits vier Versammlungen abgehalten worden waren. Amalita grüßte Carballo, kam aber nicht näher, wie ein scheues Tier, ging neben ihm her, ohne zu fragen, wohin er unterwegs war. Wortlos begleitete sie ihn drei Straßen weit, und erst als sie die Séptima, Ecke 26. erreicht hatten, sagte sie ihm mit einer dünnen Stimme, den Blick auf den Boden geheftet, dass sie schwanger war.

Das war das Ergebnis einer zufälligen Begegnung, das heiße Blut und seine Falle, die nun zu einer bleibenden Realität wurde. Amalita war eine kleine, schlanke Frau mit großen Augen und tiefschwarzem Haar, die drei Jahre älter war als Carballo und schon das Gefühl hatte, dass sie den Zug verpasste. Gewöhnlich ging sie auch zu den kulturellen Freitagen, weniger aus Begeisterung für Gaitáns Worte als auf Anordnung ihres Vaters, und so hatte sie sich Carballo angenähert, in den Schlupfwinkeln des politischen Aktivismus, den ihr Vater mit diesem jungen Mann mit der kräftigen Stimme teilte, der sich bereits das Wohl einer ganzen Familie auf die Schultern geladen hatte. Jahre später, als Amalita ihrem einzigen Sohn diese Episode erzählte, sollte sie ohne Scham von Liebe auf den ersten Blick sprechen, schmückte jene heimliche, flüchtige Begegnung mit großen Worten wie *unvermeidlich* oder *Schicksal*, sodass man unmöglich wissen kann, wie die Dinge tatsächlich abgelaufen waren. Man weiß nur, wie sie die einzige Frau im Gedächtnis behalten wollte, die davon erzählen konnte. Wie auch immer, Anfang 1947 lebte Amalita bereits in César Carballos Zimmer, übergab sich morgens im Familienbad und traf in der Küche auf dessen Mutter, die ihr mit grimmigem Gesicht eine entsetzliche Milchsuppe zubereitete und ihr vorzuwerfen begann, sie stehle ihr den Sohn, dränge sich in ihre Familie, wolle sich das Geschäft ihres toten Mannes unter den Nagel reißen. Es gab eine überstürzte, jedoch glückliche Hochzeit in einer Kirche im Zentrum und eine Feier mit Schnaps und Empanadas. In der Nacht umarmte Don Hernán Ricaurte, ein leeres Glas in der Hand, seinen frischgebackenen Schwiegersohn und sagte:

»Dieser Enkel wird in einem besseren Land auf die Welt kommen. Du und ich, wir legen uns ins Zeug, und mein Enkel wird in einem besseren Land auf die Welt kommen.«

Und Amalita, die ihren Bräutigam halb betrunken nicken sah, merkte, dass auch sie daran glaubte.

Die Monate der Schwangerschaft standen im Zeichen der Versammlungen – La Perseverancia erwies sich als das engagierteste Komitee der Gegend – und der Organisation von Demonstrationen und Reden in Bogotá und Umgebung. Die Hingabe ihres Vaters und ihres Mannes stand der anderer Teilnehmer in nichts nach. Als der Chef von dem großen Fackelmarsch zu reden anfing, ein Schauspiel, das selbst den Skeptischsten den Atem nehmen sollte, war niemand überrascht, als das Komitee von La Perseverancia den Auftrag oder die Herausforderung entgegennahm, ihn zu organisieren. Amalita war damals im sechsten oder siebten Monat. Während sie ohne jede Hilfe die Mühen durchlebte, ein Wesen in ihrem müden Bauch zu tragen, sah sie zu, wie ihr Mann sich um die Finanzierung kümmerte und von Haus zu Haus ging, um Münzen bat und bei den Kommiteetreffen den Hut herumgehen ließ, wie er dann durch das Viertel streifte und die Leute zur Herstellung der Fackeln verpflichtete. César besuchte die Werkstätten im Viertel, um billig an Werg zu kommen; besuchte Wäschereihöfe und verließ jeden mit Besen- oder Wischerstiel. Die Tischler gaben kaputte Stuhlbeine und die Mechaniker frisch gekauftes Benzin. Carballo besorgte Öl bei der Eisenbahn und gab Nägel aus der eigenen Schusterei dazu, und die Straßenjungen brachten ihm Dosendeckel, mit denen er das Werg am Holz befestigen konnte. Theoretisch hatte jedes Komitee eine bestimmte Anzahl von Fackeln abzuliefern, die dann für zwei Pesos verkauft werden sollten, um die Bewegung zu finanzieren. Das von César Carballo steuerte nicht nur die meisten Fackeln bei, sondern stellte so viele her, dass kein Gaitanist sich um seinen Feuerstab streiten musste. Don Hernán Ricaurte machte ihnen eine gewaltige Freude, als er seinen Schwiegersohn öffentlich umarmte und eine Banalität aussprach, die zugleich eine Auszeichnung war: »Aus dem Jungen ist was geworden.« Indessen fragten sich weder Amalita noch ihr Vater oder ihr Mann tatsächlich, wofür die Gaitanisten demonstrieren würden. Der Chef hatte es verlangt, und das war genug.

Niemals hatte man dergleichen in Bogotá gesehen. In jener Julinacht stieg das gesamte Viertel den Hang hinunter bis San Agustín, wo es sich mit anderen Fackelträgern aus andcren Vierteln vereinte: aus San Victorino und Las Cruces, aus La Concordia und San Diego. Schon um drei Uhr nachmittags passte keine Menschenseele mehr auf den Platz. Der Himmel war bewölkt, aber es regnete nicht, und jemand sagte, Gott müsse Gaitanist sein. Der Zug setzte sich langsam in Bewegung, zum einen wegen seiner erschreckenden Feierlichkeit, zum anderen, weil eine solche Menge von Männern und Frauen sich nicht schneller hätte bewegen können, ohne übereinander zu stolpern. Als es allmählich Abend wurde, flammten hier und da die Kienspäne auf, und César Carballo sollte später von der Hitze erzählen, die man auf einmal im Innern dieser Bestie verspürte. Sie nahmen die Carrera Séptima zum Regierungspalast, der Himmel hatte sich mit Purpur gefärbt, und die westlichen Hänge wurden vom Dunkel verschluckt. Als es Nacht war, schienen alle Lichter der Stadt vor lauter Ehrfurcht erloschen zu sein. Es war, was Gaitán verlangt hatte: ein Fluss aus Feuer. Carballo, inmitten seiner Leute, Schulter an Schulter mit den anderen Gaitanisten, schwitzte vor Hitze, die Augen brannten ihm im Fackelrauch, aber um nichts auf der Welt hätte er seinen privilegierten Platz verlassen. Die Gesichter seiner Gefährten strahlten gelb, und jenseits des Zuges war Bogotá dunkel, der Horizont verschmolz mit dem Himmel, und Schemen beugten sich aus den Fenstern, mal bewundernd, mal erschrocken, ohne das Licht in den Wohnzimmern oder Büros einzuschalten, als schämten sie sich ein wenig, dass es sie gab und sie nicht dabei waren, dass es sie gab und sie nicht mit dem Zug zogen, dass es sie gab und sie nicht Teil des Volkes waren, das dieses Wunder hervorbringen konnte. César hörte Gaitáns Rede am Ende des Marsches, verstand aber nicht viel, denn der Gefühlsüberschwang der letzten Stunden hatte das Verständnis entbehrlich, fast überflüssig gemacht. Als er nach Hause kam, roch seine Kleidung nach Rauch, sein Gesicht war rußgeschwärzt, aber glücklich, so glücklich, wie ihn Amalita nie zuvor gesehen hatte und niemals mehr sehen würde.

Das Land erwachte am nächsten Tag als ein anderes. Die Liberalen der Oberschicht stießen ins gleiche Horn wie die Kommunisten und bezeichneten den Marsch des Chefs als eine faschistische Übung. Sie erfuhren niemals, dass er ihnen insgeheim recht gegeben hätte. Er hatte Mussolinis Einmarsch in Rom erlebt, sich von ihm inspirieren lassen, und die Inspiration hatte ihre Wirkung gezeigt: Jetzt fürchtete man ihn, alle fürchteten ihn, alle hatten gesehen, was er in seinen Anhängern entfachen konnte, und alle fragten sich, zu was dieser Mann fähig sein würde, wenn sich ihm die Tore der Macht öffneten. Dann erreichte Carballo das Gerücht, Gaitán habe im Büro seine Stellvertreter beglückwünscht: »Sehr gut, meine kleinen Faschisten. Wem muss man dafür danken?« Und jemand hatte Carballo erwähnt. Mehr besagte das Gerücht nicht: Jemand hatte ihn erwähnt. Carballo war in seinem kurzen Leben noch nie etwas so Wichtiges passiert. Er sagte zu Amalita: »Wir haben das getan. Das haben wir getan.« Er näherte sein Gesicht dem Bauch seiner Frau und sagte das Gleiche zu dem Wesen, das hinter dem vorstehenden Nabel heranwuchs: »Wir waren das, wir haben es für den Chef getan, und der Chef hat es erfahren.« Diese Erinnerung, ihr junger Mann, der zu ihrem Bauch spricht, das Gesicht erhellt wie von einem leuchtenden Kienspan, sollte sie ihr ganzes Leben lang begleiten, denn fünfundzwanzig Tage später, als der Junge auf die Welt kam, mussten sie nicht lange nachdenken, um ihn Carlos Eliécer zu nennen: Carlos wegen Amalitas Großvater väterlicherseits, der in der Schlacht von Peralonso unter Befehl von General Herrera gefallen war, und Eliécer wegen des Mannes, der dem Vater eine Mission auf Erden gegeben hatte.

Es waren Tage des Schreckens. Was bisher Übergriffe einer konservativen Polizei gewesen waren, die außer Kontrolle geraten war, hatte sich in das fürchterliche Schauspiel des Alltags verwandelt: mit der Machete durchtrennte Kehlen, vergewaltigte Frauen, offene Gräben mitten auf dem Land, in denen namenlose Leichen beerdigt wurden. Im Radio ermahnte der Bischof von Santa Rosa de Osos die Bauern, sie sollten zu Gottes Soldaten werden und gegen den liberalen Atheismus kämpfen, und den anderen Bischöfen befahl er, die roten Apostaten aus dem Fenster zu stürzen. Die Gewalt hatte nun die Stadt erreicht, heimlich, tückisch lugte sie hinter den Ecken hervor, kam manchmal heraus und zeigte ihre gefährliche Fratze. Als Gaitán zum einzigen Anführer der liberalen Partei ernannt worden war, feierten ihn die Liberalen nicht, sondern bekamen Angst. Einem Schuhputzer, einem alten Mann, der seit seiner Kindheit vor der Tür desselben Cafés seine Dienste anbot, schnitt man mit einer Schneiderschere die rote Krawatte ab und setzte ihm die Schere dann an den Hals, für den Fall, dass er sich beschwerte. Ein rot gekleidetes Mädchen wurde mehrere Blocks weit verfolgt, erst beschimpft und dann betatscht, bis ein Polizist merkte, was geschah, und seine Pistole hervorziehen und drei Mal in die Luft schießen musste, damit die Verfolger sich zerstreuten. Am Rand der Ausfallstraße nach Norden tauchten Leichen mit Genickschüssen auf. Es waren Liberale, die aus Boyacá geflohen waren und es nicht bis in die Stadt geschafft hatten. Die Auflistung der Toten nahm kein Ende. Der Lokführer der Strecke Bogotá-Tunja ging an einem Sonntag um zwölf Uhr mittags aus und wurde erstochen, weil er nicht in der Messe gewesen war, und in den Dörfern in Santander wusste man von Pfarrern, die als Zivilisten getarnt mit dem Finger auf die Feinde Gottes zeigten, deren Leichen (manchmal ohne Kopf) an den nächsten Tagen unter den Bäumen am Platz auftauchten. Vom Terror las man in den Briefen, die die Liberalen an Gaitán schrieben, aber nicht in den Zeitungen: Für Präsident Ospinas Regierung waren diese Toten unsichtbar. Die Gaitanisten warteten auf ein Zeichen ihres Anführers. Anfang 1948 gab Gaitán dieses Zeichen. Er tat, was er am besten konnte: eine Menge zusammenrufen und vor ihr reden. Aber diesmal war es anders als sonst.

Später sollte von diesem 7. Februar im Tonfall der Legende gesprochen werden. Man muss sich das Schauspiel vorstellen: Die Plaza de Bolívar hatte sich mit über Hunderttausend Menschen gefüllt, aber man konnte die Absätze der Nachkommenden hören, das Husten eines alten Mannes, das Weinen eines müden Kindes am anderen Ende des offenen Platzes. Hunderttausend Menschen, ein Fünftel der ganzen Stadt war dort, war dem Ruf des Anführers gefolgt. Aber die Menge schrie nicht ihre Parolen, ließ niemanden hochleben, verdammte niemanden, entzündete keine Fackeln, schüttelte keine Fäuste, denn der Chef hatte sie nur um eines gebeten: um Schweigen. Ihre Leute würden überall im Land wie Tiere abgeschlachtet, hatte er gesagt, aber auf die Gewalt wollten sie nicht mit Gewalt reagieren. Doch sie würden ihnen eine Lektion erteilen: Sie würden schweigend marschieren, und ihr friedliches Schweigen würde stärker und beredter sein als die Wut des aufständischen Volkes. Seine Freunde hatten ihm gesagt, das sei unmöglich, man könne nicht Tausende von Empörten, die ihren Zorn herausschreien wollten, zum Schweigen verdammen, man könne die Massen nicht so kontrollieren. Gaitán gab dennoch den Befehl; und als der Moment gekommen war, gehorchte diese unkontrollierbare Masse, die aus einfachen, cholerischen, nervösen Leuten bestand, als wäre sie ein einziger verhexter Leib. Ebendas hörte César Carballo, der sich mit seinen Gefährten aus La Perseverancia auf die Steinstufen der Kathedrale gesetzt hatte. Von dort aus, ein, zwei Köpfe über der Menge, sah er das Podium, auf dem der Chef die Rede seines Lebens halten würde. Eine alte Frau in Leinenschuhen, die vom Schleppen eines Bündels Holz ausruhte, fasste es in Worte, die andere ebenfalls unterschrieben hätten: »Der Doktor hat einen Pakt mit dem Teufel.«

Da bestieg Gaitán das Podium. Inmitten dieses übernatürlichen Schweigens, bei dem Carballo hören konnte, wie seine Kleider andere Kleider streiften, wandte sich Gaitán an den Präsidenten der Republik und verlangte von ihm, der Gewalt ein Ende zu bereiten, aber er tat es nicht effekthascherisch wie sonst, sondern ruhig, feierlich, aber auch voll Einfachheit, als spräche er bei der Totenwache eines Freundes. Die Leute, die ihn heute hier begleiteten, sagte er, kämen von überallher aus Kolumbien, mit der einzigen Absicht, für ihre Rechte einzutreten, und ihre Anwesenheit hier sei ein Beweis ihrer Disziplin. »Seit zwei Stunden strömen sie auf diesen Platz, und es hat dennoch keinen einzigen Schrei gegeben«, sagte er, »aber wie bei heftigen Unwettern ist die unterirdische Kraft die stärkere.« Er fuhr fort: »Hier gibt es keinen Applaus, sondern es werden Abertausend schwarze Fahnen geschwenkt.« Und er sagte: »Diese Demonstration bedeutet, dass etwas Ernstes passiert, sie hat keine trivialen Gründe.« Dann sagte er im selben ruhigen Ton, mit dem er bis dahin gesprochen hatte, etwas, was César Carballo nicht sofort verstand, ihm danach jedoch das Blut gefrieren ließ.

»Hier ist die große Mehrheit, die einer Weisung gehorcht«, sagte Gaitán. »Aber diese Massen, die sich hier zurückhalten, werden ebenso dem Befehl gehorchen: Macht Gebrauch von eurem Recht auf Selbstverteidigung.«

César Carballo blickte sich um, aber niemand wirkte verwundert: weder seine Gefährten aus dem Viertel noch eine Gruppe Männer mit zugeknöpften Hemden, jedoch ohne Krawatte, auch nicht die Gruppe, die sie umgab und in der Carballo einen Fotografen mit dünnem Schnurrbart erkannte, den er schon bei anderen Demonstrationen gesehen hatte oder vielleicht bei den Stammtischen am Freitag. *Das Recht auf Selbstverteidigung:* hatte er richtig verstanden? Sprach Gaitán da eine Drohung aus? War das hier eine Demonstration der Stärke gegenüber der anderen Hälfte des Landes, damit sie wusste, wozu dieser Mann fähig war? »Herr Präsident«, fuhr der Chef fort,

»diese trauernde Menge, die schwarzen Fahnen, das Schweigen der Massen, der stumme Schrei der Herzen verlangt von Ihnen etwas sehr Einfaches: dass Sie uns, unsere Mütter, unsere Frauen, unsere Kinder und unseren Besitz so behandeln, wie Sie wollen, dass man Sie, Ihre Mutter, Ihre Frau, Ihre Kinder, Ihren Besitz behandelt.« Und die Leute, die die schwarzen Fahnen schwenkten oder aufs Pflaster blickten, schienen Gaitáns Worte zu hören, wie auch Carballo sie hörte, und doch runzelte niemand die Stirn, niemand sah den anderen an, um sich zu vergewissern, dass er sich nicht verhört hatte, denn niemand schien zu verstehen, was Carballo verstand: Gaitán hatte sich gerade durch diese wenigen Sätze eines schlafenden Vulkans in den gefährlichsten Mann Kolumbiens verwandelt. Nur eine Person griff seine heimliche Sorge auf, nur eine fasste in Worte, was er am Ende der Rede dachte. Das Volk verharrte in Schweigen, denn so lautete der Befehl des Chefs, und schweigend verließ es die Plaza de Bolívar in alle vier Himmelsrichtungen; aber als sie die Casa del Florero, ihren Balkon hinter sich gelassen hatten, schien ein Tabu aufgehoben zu sein, und jemand, der größer als Carballo war, mit dichtem schwarzem Bart, ließ wie beiläufig eine Bemerkung fallen, ohne kolumbianischen Akzent:

»Der Mann hat eben sein Todesurteil unterschrieben.«

Dieser Gedanke verfolgte Carballo von da an. Die Komitees der Viertel hatten ihre Versammlungen ausgesetzt, aber er erreichte, dass sein Schwiegervater Don Hernán Ricaurte einige der Gefährten von La Perseverancia überzeugte, und nach ein paar Tagen unterstützten mehrere Mitglieder seinen absurden Plan, Gaitán zu bitten, sich in Acht zu nehmen. Aber sie baten ihn nicht persönlich. In diesem März einen Termin beim Chef zu bekommen, war ein unmögliches Unterfangen. Die 9. Panamerikanische Konferenz nahte, bei der sich die Staatschefs des ganzen Kontinents in Bogotá versammeln würden, und Gaitán war allzu beschäftigt, um sich mit den Einbildungen seiner Anhänger abzugeben. Er hatte alle Hände voll mit dem Affront des Präsidenten zu tun, der ihn aus der kolumbianischen Delegation ausgeschlossen hatte. Ihn, den alleinigen Chef der liberalen Partei! Die Gaitanisten waren empört. Das fadenscheinige

Argument der Regierung lautete, Gaitán sei ein brillanter Strafrechtler, aber kein Experte für internationales Recht. Doch das ganze Land wusste, dass die Wahrheit eine andere war und der Präsident sich den Forderungen von Laureano Gómez gebeugt hatte, dem Anführer der konservativen Partei, der gedroht hatte, sich aus der Konferenz zurückzuziehen, wenn der Indio Gaitán daran teilnehmen würde. Laureano Gómez war der Mann, der während der langen Jahre, in denen die Liberalen an der Macht gewesen waren, den Konservativen die Parole eingegeben hatte: »unerschrockenes Handeln und gezielte Attentate«, damit sie das verlorene Land zurückeroberten. Er war ein Sympathisant Francos und hatte sich ausdrücklich und öffentlich eine Niederlage der Alliierten gewünscht. Er war der Feind, und der Feind – das war für Carballo und *Die Staubigen* von La Perseverancia eindeutig – hatte diese Schlacht gewonnen. Gaitán empfand jedoch keine Angst. Als sie ihm endlich ihren Vorschlag hatten zukommen lassen, eine Leibwache für ihn zu bilden, antwortete der Chef mit makelloser Logik, man könne ihn gar nicht ermorden, denn der Mörder wisse, dass er auf der Stelle ebenfalls ermordet werden würde. »Das ist meine Lebensversicherung«, sagte Gaitán. Und wenn es dem Mörder nichts ausmache, zu sterben?, fragten sie. Und wenn der Mörder, wie im Fall Gandhi, mit seinem Tod einverstanden sei? Der Chef hörte nicht auf sie. »Mir passiert so etwas nicht«, sagte er. Carballo hatte diese Worte nicht persönlich von ihm gehört. Sein Schwiegervater hatte sie ihm wiedergegeben, und das Wort seines Schwiegervaters war ihm genug.

Trotz ihrer Empfehlungen führte Gaitán sein übliches Leben. Er ging morgens in den Parque Nacional zum Joggen, dann ins Büro, alles ohne Begleitung. Er zog die Jacke aus, lockerte die Krawatte und umrundete ein, zwei Mal den Park, und niemand konnte sich erklären, warum er nicht schwitzte wie jeder normale Mensch. Abends ging er spontan allein aus, besuchte einen Freund oder fuhr mit seinem Buick umher, dachte an Dinge, die er niemandem offenbarte, und kehrte spät nach Hause zurück. Carballo wusste das – er wusste, dass Gaitán allein im Parque Nacional joggte und diese nächtlichen Spritztouren machte –, denn oft begleitete er ihn heimlich, folgte ihm von weitem, beobachtete ihn, wie ihn sein Mörder beobachten würde. Ja, *Die Staubigen* hatten beschlossen, dem Chef abwechselnd unmerklich als Leibwächter zu dienen. Eines Morgens folgte ihm Carballo zum Parque Nacional, sah, wie er den Buick vor dem kleinen Uhrturm abstellte und auf dem unteren Weg zu joggen anfing; auf dem oberen folgte ihm mit Abstand Carballo, joggte im gleichen Rhythmus wie der Chef. Aber es war nicht einfach, auf Gaitáns schlanke Figur zu achten und zugleich auf die faustgroßen Steine, die Schlaglöcher, die einem Unachtsamen den Knöchel brechen konnten. Als Gaitán zum Abschluss den Hügel hinablief, beschleunigte er. Carballo musste jäh die Richtung wechseln, damit er ihn nicht aus den Augen verlor, und trat dabei gegen einen Stein, der Gaitán fast vor die Füße fiel. Carballo verbarg sich hinter einem Eukalyptusbaum und sah, wie er anhielt und sich nach allen Seiten umblickte, und zum ersten Mal bemerkte er so etwas Ähnliches wie Furcht in seinem Gesicht. Er wusste, dass Gaitán in diesem flüchtigen Moment die Möglichkeit erwog, dass man ihn mit einem Stein beworfen hatte und nun ein Hinterhalt oder ein Angriff folgen würde: *unerschrockenes Handeln, gezielte Attentate.* Carballo hatte keine Wahl, er musste aus seinem Versteck hervorkommen. Die Erleichterung auf Gaitáns Gesicht wich gleich dem Ärger.

»Was soll das nun wieder?«, rief er. »Was tun Sie da oben?«

»Ich folge bloß Ihrem Beispiel, Chef«, sagte Carballo.

»Erzählen Sie keinen Blödsinn, Carballo«, sagte Gaitán wütend. »Von wegen Beispiel. Kümmern Sie sich lieber um Wählerstimmen, anstatt hier zu nerven.«

Er stieg in den Buick und schoss Richtung Süden davon. Carballo freute sich, denn er hatte festgestellt, dass der Chef ihn kannte oder sich an seinen Namen erinnerte, aber zugleich kam ihm ein Gedanke: *Auch er glaubt, dass man ihn töten will. Auch der Chef hat allmählich den Verdacht, dass ihm jemand auflauern könnte.*

Er hatte natürlich keine Beweise. Aber als er den Gefährten aus La Perseverancia von seinen Sorgen erzählte, entdeckte er, dass viele zunehmend an die Möglichkeit dachten, der Chef könne Opfer eines Anschlags werden, und einer hatte sogar schon einen anonymen Brief in schlechtem Spanisch bekommen: *Ihr sagt Gaitán, der soll sich vorsehen.* Sie waren nicht allein mit ihren Bedenken. In Bogotá lag die Paranoia in der Luft. Natürlich machte alle die Panamerikanische Konferenz nervös. Die Polizei hatte Viertel für Viertel durchkämmt, Huren und Bettler aufgegriffen und eingesperrt, die Stadt gesäubert, damit sie für die internationalen Delegierten gebührend gepflegt war, mit dem einzigen Ergebnis, dass sie für ihre Bewohner gespenstisch und spannungsgeladen wurde: ein Ort kurz vor der Ausgangssperre. Alles wandelte sich. Das Panóptico-Gefängnis hatte man in ein Museum umgewandelt, als wollte man zeigen, dass es hier keine Übeltäter mehr gab, nur Künstler und Philosophen. Aber außerhalb der befriedeten Stadt tobte der Krieg weiter.

Nachrichten von ihm trafen über geheime Kanäle ein. Es hieß, die Polizei von Boyacá lege den Liberalen Bomben vor die Haustür, ein Liberaler in Duitama sei zu einem steilen Abhang geschleppt und hinuntergestürzt worden. Es wurde auch phantasiert, aus Argentinien seien Peronisten nach Bogotá gekommen, um bei dem Sturz der Regierung zu helfen; andere dagegen behaupteten, die Yankees seien hier und tummelten sich in der Stadt, als Kaufleute oder Journalisten verkleidet, in Wirklichkeit seien es aber Geheimagenten, darauf trainiert, gegen die Gefahr des Kommunismus zu kämpfen. Über all das wurde in den Cafés diskutiert. An den Debatten und Veranstaltungen nahmen auch César Carballo und Don Hernán Ricaurte teil, die eher wie Vater und Sohn wirkten, nicht wie Schwiegervater und Schwiegersohn. Man kann annehmen, dass der eine dem anderen eine Lücke ausfüllte, denn während dieser Tage wurden sie unzertrennlich. Sie waren gemeinsam im Café *Asturias,* als eine Gruppe linker Studenten der Universidad Libre die Panamerikanische Konferenz als den verhüllten Versuch anprangerte, Kolumbien einen Marshall-Plan aufzudrücken; sie waren gemeinsam im Café *San Moritz,* als eine Gruppe Studenten der Universidad de La Salle die Anwesenheit von *Agents Provocateurs* im Dienst des internationalen Sozialismus anprangerte. Wenig verwunderlich ist es, dass sie auch in der Nacht des 8. April zusammen waren, als Jorge Eliécer Gaitán Leutnant Cortés verteidigte, den Mann, der für die Ehre des Heeres getötet hatte. Als Gaitán gegen ein Uhr morgens den Freispruch vernahm und von einer bunt gemischten Menge aus Militärs und Revolutionären auf Schultern herausgetragen wurde, ließen César Carballo und Don Hernán Ricaurte ihn hochleben, klatschten, bis ihnen die Hände schmerzten, und kehrten dann zu Fuß nach La Perseverancia zurück. Sie verabschiedeten sich ohne große Worte. Ja, es war eine Siegesnacht, aber ebenso eine Nacht wie jede andere. Sie konnten nicht ahnen, dass der nächste Tag ihr Leben verändern würde.

Später erzählte Don Hernán Ricaurte, der einzige Zeuge der Ereignisse dieses Tages und ihres Ablaufs, er habe an dem Vormittag an einem rosenholzfarbenem Studebaker gearbeitet und sei kurz vor Mittag hinunter zur Carrera Séptima gegangen, um sich Gesellschaft fürs Mittagessen zu suchen. Er ging Richtung Süden auf einer fröhlichen, vergnügten Straße, deren Laternenpfähle mit den Wimpeln der Konferenz geschmückt und deren Gehwege die saubersten der Welt waren. Der Himmel war bewölkt, nachmittags würde es regnen. Auf Höhe des Hotels Granada beschloss Hernán Ricaurte, den Parque Santander Richtung Avenida Jiménez zu durchqueren. Er würde die Nachrichten an der Kreidetafel von *El Espectador* lesen, würde sich über das, was sie sagten, ebenso empören wie über das, was sie nicht sagten, und sich dann einen Tisch mit Gaitanisten suchen, würde in aller Ruhe zu Mittag essen (es war Freitag) und dann in die Werkstatt zurückkehren. Aber er musste seine Gefährten gar nicht suchen, die Gefährten fanden ihn. Sie kamen aus einer Eisenwarenhandlung an der Avenida Jiménez, lauthals lachend wie eine Bande Jugendlicher. Sie grüßten einander, ohne stehen zu bleiben, und lenkten ihre Schritte aus alter Gewohnheit zum Café *El Inca,* dessen Balkon einen bevorzugten Blick auf die Carrera Séptima bot.

Don Hernán Ricaurte wusste nicht, dass ein Dichter diesen Ort zum schönsten Plätzchen der Welt ernannt hatte, aber er wäre einverstanden gewesen. Der Blick gefiel ihm, gern betrachtete er die Kirche San Francisco, ihr dunkles Mauerwerk an der Ecke, den Regierungspalast, der für die Gäste gerade erst geputzt worden war; vor allem betrachtete er gern das Agustín-Nieto-Gebäude, wo der Chef seine Anwaltskanzlei hatte. Als Gaitán einmal spät aus dem Büro gekommen war, waren ihm seine Beobachter, die Gefährten von La Perseverancia, bis zum Parque Santander gefolgt, wo er immer sein Auto abstellte. Don Hernán Ricaurte kannte Gaitáns Gewohnheiten wie die eigenen und dachte, dass der Chef gleich zum Mittagessen herauskommen würde, wer weiß, in welcher Gesellschaft. Später sollte er sich erinnern, dass er in dem Moment auf die Uhr gesehen hatte: fünf vor eins. Er sollte sich auch an die Position seiner Tischgefährten erinnern. An dem viereckigen Tisch saßen mit dem Rücken zum Fenster Gonzalo Castro und Jorge Antonio Higuera, gegenüber er und César Carballo – Schwiegervater und Schwiegersohn, die wie Vater und Sohn wirkten –, so nah am Balkongeländer, dass die Straßenbahnen direkt unter ihren Füßen zu fahren schienen. Er sollte sich jedoch nicht daran erinnern, über was sie sich gerade unterhielten, als Carballo nach ein paar Minuten auf die Straße blickte und ganz ruhig sagte: »Schaut mal, da kommt der Chef …« Aber er beendete den Satz nicht. Ricaurte sah, wie er die Augen aufriss und aufsprang, und auf immer sollte er die Szene in Erinnerung behalten, die ihn den Rest seiner Tage bis in die Träume verfolgte: Carballo, der eine Hand ausstreckte, als wollte er etwas packen, als der erste Knall erklang.

Ricaurte hörte zwei weitere Schüsse und konnte sehen, wie der Mann mit der Pistole den vierten abfeuerte. Die Schüsse hatten wie Knallkörper geklungen, wie Knallkörper, die Straßenjungen auf die Schienen legen und explodieren lassen; aber es waren keine Knallkörper, denn der Chef war auf den Gehweg gesunken, und die Leute stießen Schreie aus. »Sie haben Gaitán umgebracht!«, kreischte jemand unten. Eine Kellnerin vom *El Gato Negro* war auf die Straße gelaufen und heulte auf, fuhr sich mit den Händen an den Kopf und wischte sie dann an der Schürze ab. »Die haben Gaitancito umgebracht! Die haben ihn umgebracht!« Die vier am Tisch stolperten nach unten, bahnten sich mit der Kraft der Verzweiflung einen Weg durch die entsetzte Menge, und unten auf der Séptima sah Ricaurte, wie ein Polizist den Schützen ergriff, der rückwärts taumelnd zur Avenida Jiménez hatte fliehen wollen. Er musterte ihn aus der Ferne – schlecht gekleidet, schlecht rasiert, eine Mischung aus Wut und Furcht im Gesicht – und merkte, dass die wütende Menge ihn bereits umringte. Den Chef dagegen umringten die Freunde. Ricaurte erkannte Doktor Cruz und Doktor Mendoza, die dem Verwundeten Luft verschaffen wollten, während dieselbe Kellnerin vom *El Gato Negro* sich neben den Körper kauerte und versuchte, ihm ein Glas Wasser einzuflößen. Von einem unkontrollierbaren Drang beherrscht, traten die Leute zu Gaitán, um ihn zu berühren, darunter auch César Carballo. Ricaurte sah, wie er sich neben den Körper hockte und Gaitán eine Hand auf die Schulter legte. Es war eine flüchtige Bewegung, voll Nähe, doch auch voll Ehrfurcht, auf die Gaitán mit dem Triller eines Vögelchens antwortete. Er lebt, dachte Ricaurte und ebenso, dass der Chef durchkommen würde. Er umrundete die Gruppe und gelangte zu seinem Schwiegersohn, dessen Blick von Hass verzerrt war, aber auch beherrscht von einer entsetzlichen Vernunft. Er öffnete die Hand und zeigte Ricaurte, was er beim Hinabbücken zu Gaitán gefunden hatte. Es war eine Kugel. »Bewahre sie gut auf«, sagte Ricaurte, »steck sie in die Tasche und verlier sie nicht.« Dann hörte er von ihm den ersten der seltsamen Sätze, die er an diesem Tag zu ihm sagen würde: »Man muss den anderen finden.«

»Welchen anderen?«, fragte Ricaurte. »Waren es zwei?«

»Der andere hat nicht geschossen«, sagte Carballo, ohne ihn anzublicken, als suchte er etwas hinter ihm. »Er war größer, im eleganten Anzug, mit Regenmantel über dem Arm. Er hat den Wink gegeben, Don Hernán, ich habe es von oben gesehen. Man muss ihn finden.«

Aber eine fatale Trägheit hatte sich der Lage bemächtigt. Die Leute waren aus dem *El Gato Negro,* aus dem *Colombia* und dem *Asturias,* aus dem *El Inca* auf die Straße gestürzt, die Straßenbahnen auf den Schienen hatten angehalten, die Schaulustigen, von den Schreien angezogen, strömten aus den Nebenstraßen herbei, und im Nu waren es so viele, dass niemand wusste, wie sich zwei Taxis ihren Weg hatten bahnen können. In das glänzend schwarze legten sie Gaitán. Mitten in dem Chaos von Befehlen, Gegenbefehlen, geschäftigem Absatzklappern, kleinen oder großen Hysterieanfällen sah Ricaurte, dass unter denen, die den Körper trugen, Jorge Antonio Higuera war, doch dann verlor er ihn aus den Augen. Andere schrien: »Ruft Doktor Trías.« Die Taxis fuhren Richtung Süden davon. Im Rausch des Augenblicks bückten sich einige, um ihre Taschentücher mit Gaitáns Blut zu benetzen. Ricaurte tat es ihnen gedankenlos nach. Er ging zu der Stelle, wo der Chef zusammengebrochen war, und war überrascht von der Größe der schwarzen Blutlache auf dem Pflaster, schwarz und glänzend, obwohl die Sonne nicht schien. Ein Student benetzte eine Seite von *El Tiempo,* und die Kellnerin die Spitze ihrer makellosen Schürze. »Die haben unseren Doktor umgebracht«, sagte sie, und eine Kollegin, die bereits weinte, sagte, nein, getötet nicht, der Doktor sei stark.

»Nur ruhig, Liebes«, schluchzte sie. »Du wirst sehen, der Doktor erholt sich.«

Unterdessen war es zu einem Auflauf vor der Granada-Apotheke gekommen. Dort hatte man den Mörder in Sicherheit gebracht, und nun versuchte eine wütende Menge, in die Apotheke vorzudringen und ihn mit Gewalt herauszuholen. Dutzende von Männern warfen sich gegen die Metalljalousie. Die Schuhputzer versuchten es mit dröhnenden Schlägen ihrer Holzkästen, während zwei Lastträger ihre Eisenkarren wie Sturmböcke einsetzten. Die anderen klammerten sich an die Jalousie, als wollten sie sie mit einem Ruck losreißen. »Heraus mit dem Hund!«, brüllte einer, »er soll bezahlen, bezahlen für das, was er getan hat!« Die Menge ließ sich anstacheln. Die Minuten des Mannes, der auf Gaitán gefeuert hatte, dachte Ricaurte, waren gezählt, wenn er in die Hände der zornentbrannten Menge fiel. Die Masse schien gerade erfolgreich zu sein, da sah er mittendrin César Carballo, jedoch mit abwesendem Gesichtsausdruck, als beschäftigte ihn etwas anderes. »Da kommt er, da kommt er raus!«, schrie jemand von hinten, und ein anderer: »Bringt ihn um!« Unter klirrendem Metall und zersplitterndem

Glas und Entsetzensrufen kam Gaitáns Angreifer durch die Tür der Granada-Apotheke, herausgeschleift von mehreren Leuten, seiner Zuflucht entrissen. »Bringt mich nicht um!«, bat er, und Ricaurte schien, als hätte er zu weinen begonnen. Aus der Nähe wirkte er jünger: dreiundzwanzig, vierundzwanzig? Sein Anblick flößte zugleich Hass und Mitleid ein (der hellbraune Anzug mit dem Ölfleck oder etwas, was wie Öl aussah, das wirre, schmutzige Haar), aber er hatte versucht, den Chef umzubringen, dachte Ricaurte, und er verdiente die Rache des Volkes. Ein gewalttätiges Ungeheuer schlüpfte in seine Brust; er machte ein paar Schritte auf den mitgeschleiften Mann zu, aber da sah er seinen Schwiegersohn, der sich inmitten des Zorns Gehör zu verschaffen versuchte: »Bringt ihn nicht um! Den brauchen wir lebend!«, rief er. Aber es war zu spät: Ein Eisenkarren war auf den Kopf des Schützen niedergegangen, die Schutzputzer schlugen mit ihren Kästen auf ihn ein, durch die Luft dröhnte das Geräusch splitternder Knochen, jemand zog einen Füllfederhalter und stieß ihn dem Mann mehrmals in Hals und Gesicht. Der Schütze hatte zu klagen aufgehört. Entweder war er bereits tot, oder er hatte durch die Stöße oder vor Angst das Bewusstsein verloren. Jemand schlug vor, ihn mit der Straßenbahn zu überrollen, und einen Augenblick lang schien man das tun zu wollen. Jemand anderes sagte: »Zum Palast!« Die Parole entzündete sich in der entfesselten Menge, und diese begann, den Körper des Schützen Richtung Süden zu schleifen. Ricaurte dachte an Gaitán, der um diese Zeit auf einer Trage um sein Leben kämpfte, und er trat zu Carballo.

»Komm, Junge, misch dich da nicht ein«, sagte er und nahm ihn beim Arm. »Wir müssen beim Chef sein.«

Aber Carballo wehrte sich. Seine Aufmerksamkeit war anderswo, als wäre er betrunken. »Haben Sie ihn nicht gesehen, Don Hernán?«, fragte er. »Da war er, haben Sie ihn nicht gesehen?«

»Wen denn, Junge?«

»Den im feinen Anzug«, sagte Carballo. »Den eleganten Typen.«

Die den gelynchten Körper des Schützen mit sich zogen,

hinterließen eine unerwartete Kielspur, die Séptima füllte sich mit einer wütenden Woge, die alle mit sich riss, die sie auf ihrem Weg erreichte. Ricaurte hätte durch die Pasaje Santafé ausweichen, in die Carrera Sexta biegen und sich dann zur Clínca Central wenden können, aber im Blick seines Schwiegersohns zeichnete sich eine völlig neue Überzeugung ab, und er musste einfach mit ihm gehen: zum Palast, den Leichnam des Angreifers zum Palast bringen, den Leichnam dem Präsidenten vorlegen, damit er wusste, wie die Liberalen reagierten. In der Ferne waren bereits die ersten Schüsse zu hören: aber von wem, gegen wen? »Sie haben den Chef umgebracht«, sagte Carballo, und Ricaurte hörte ihn zum ersten Mal diese Worte aussprechen. »Nein, sie haben ihn nicht umgebracht, der Chef ist stark«, entgegnete Ricaurte, obwohl er selbst nicht daran glaubte. Er hatte die Wunden aus der Nähe gesehen, das Blut, das dem Chef aus dem Mund geronnen war, seinen leeren, verlorenen Blick, und er wusste, dass aus dieser Tiefe niemand entkam. Doch da sagte Carballo:

»Er hat einen eleganten Anzug getragen.«

Und gleich darauf: »All das ist schon einmal geschehen.«

Ricaurte verstand nicht, was er meinte, aber César sagte nichts weiter, sodass er nicht nachhakte, keine Fragen stellte, seinen Schwiegersohn nicht bat, es zu wiederholen. Sie gingen inmitten der anschwellenden Masse Richtung Plaza de Bolívar, an die dreißig Meter vom Leichnam des Schützen entfernt, sahen die erschrockenen Gesichter der Leute auf den Gehwegen und konnten aus dieser Entfernung auch erkennen, dass einige vom Gehweg auf die Straße sprangen, um den reglosen Körper zu treten, ihn zu bespucken, wild zu beschimpfen. Als sie die Calle 11 erreicht hatten, brach vom östlichen Gehweg eine Lawine aus Lärm und Wut über sie herein. Ein Mann mit Strohhut führte sie an, der eine Machete schwang und unter hysterischen Schluchzern und Racheschwüren verkündete, dass Gaitán, der Chef, eben gestorben war.

»Zum Palast!«, schrien alle, die ihm folgten, und vereinten sich mit der Gruppe, die den Körper des Schützen schleifte. Don Hernán Ricaurte hatte das Gefühl, auf einen führerlosen

Zug aufgestiegen zu sein, und der Zug des Schreckens fuhr nun auf der Plaza de Bolívar ein, wandte sich zum Kapitol, wo augenblicklich, in dieser Trauerstunde, die Staatschefs der Panamerikanischen Konferenz versammelt waren. Aber sogleich beschrieb er einen Kreis und kehrte auf die Carrera Séptima zurück, als wäre ihm eingefallen, dass sein eigentliches Ziel nicht darin bestand, den toten Körper eines Mörders zu der Freitreppe zu schleifen – denn in dem Moment war der Schütze bereits ein Mörder –, sondern in den Palast einzudringen: in den Palast einzudringen und Rache zu nehmen, in den Palast einzudringen und mit Präsident Ospina das Gleiche zu tun, was sie mit Jorge Eliécer Gaitáns Mörder getan hatten. Ricaurte sah, dass der Körper des Mörders beim Umschwenken auf der Plaza de Bolívar Jacke und Hemd verloren hatte, wie eine Schlange, die ihre Haut wechselt. Die ihn gelyncht hatten, hoben seine Kleider auf. Ein Mann hatte Hemd und Jacke zum Bündel gerollt, und als sie die Calle Novena erreichten, hatte ein anderer ihm bereits die Hose ausgezogen, sodass der Körper eine Straße weiter nur noch Unterhosen trug, zerrissen vom Schleifen über das Pflaster. Aus der Ferne sahen Ricaurte und Carballo dem Schauspiel entsetzt zu. Die Menschen vorne wollten den Mörder emporhieven und mit den eigenen Kleidungsstücken an das Palastgitter binden wie einen Gekreuzigten. Aber die beiden hatten keine Zeit für Mitleid, denn in dem Moment kam aus den Palasttoren eine Garbe von Schüssen, und die wütende Masse musste zurückweichen und mit schlagendem Schwanz wieder auf der Plaza de Bolívar Zuflucht suchen oder sich neu zusammenrotten. Ein sanfter Nieselregen setzte ein. Der Platz füllte sich weiter mit Bewaffneten. Bogotá verwandelte sich von Minute zu Minute immer mehr in eine Stadt im Krieg.

Richtung Süden züngelten bereits die Flammen in den Geschäften, jemand behauptete, der Palacio de San Carlos brenne, und im Radio wurde verkündet, man habe die konservative Zeitung *El Siglo* in Brand gesetzt. Kampfbereite Männer stießen an allen Ecken zu der Masse. Sie hatten Eisenwarenhandlungen und Kasernen geplündert, wie man später erfuhr, und kamen mit Macheten und Eisenstangen, aber auch mit Mauser-

Gewehren und Tränengaspistolen, um sich der Revolution anzuschließen. Dann ging das Gerücht um, das Palastbataillon sei ausgerückt, um die Séptima zurückzuerobern, und in Minutenschnelle hatte man eine Barrikade zwischen der Calle Novena und der Décima errichtet, auf Höhe der Gedenktafeln des Attentats auf General Uribe Uribe. Man holte Stühle, Schreibtische und kleine Schränke aus dem Kapitol, dessen Bewohner durch die Hintertür in ihre Dienstwagen geflüchtet waren, und hinter der Barrikade formierte sich eine erste Reihe von Männern mit Waffen, die ein paar Minuten zuvor noch der Polizei gehört hatten. Es war erst kurz nach zwei Uhr nachmittags, als die Verschanzten die Präsidentengarde anrücken sahen und zu schießen begannen.

Die Garde schoss zurück. Ricaurte sah, wie eine Reihe Soldaten in Stellung ging, ein Knie auf dem Boden, und das Feuer eröffnete. Von hinten sah er, geschützt durch die lebenden Körper, drei, dann vier Männer mitten auf der Straßen tot niedersinken, aber er kannte sie nicht. Es waren keine Gaitanisten aus seinem Viertel. »Haltet aus! Haltet aus!«, rief eine Stimme seitlich der Barrikade. Aber die Schüsse des Heers waren präziser oder die Unerfahrenheit der Rebellen allzu offensichtlich, denn die Männer fielen reihenweise und die hinter ihnen rückten beharrlich und mutig vor, als gäbe es den Tod nicht. Da sah Ricaurte zu Carballo, der gerade aufblickte: Etwas hatte seine Aufmerksamkeit erregt.

»Da sind Leute im Turm«, sagte er.

Es stimmte. Im Turm des Colegio de San Bartolomé, dem Sitz der Jesuiten, schossen mehrere Gestalten auf die Menge. Aber als Carballo und Ricaurte sich umblickten, merkten sie, dass auf allen Dächern Scharfschützen waren, und in Sekundenschnelle konnte man nicht mehr die Herkunft der Schüsse bestimmen, ebenso wenig vor ihnen Schutz suchen. Sie waren eingekreist. Aus dem Süden rückte die Garde an, im Norden erhob sich der Turm von San Bartolomé, und von den Dächern der Calle Novena eröffneten weitere Scharfschützen das Feuer, ohne Furcht oder Methode. Das Seltsame war, sollte Ricaurte später sagen, dass niemand die Flucht auch nur in Betracht zu ziehen schien. Die Masse, vom Rachedurst benebelt, blieb, wo sie war. Ricaurte erkannte, dass sie der Umzingelung nicht entkommen konnten. In genau dieser Sekunde zerfetzte ein Schuss aus dem Nirgendwo die Brust seines Nachbarn in der Reihe, der mit dumpfem Schlag zu Boden fiel und dort mit verbogenem Bein liegen blieb.

»Wirf dich hin, Junge«, schrie Ricaurte.

Aber Carballo gehorchte nicht. Wenn Don Hernán Ricaurte seiner Tochter und später seinem Enkel die Geschichte dieses Tages erzählte, sollte er davon sprechen, was sich damals im Gesicht seines Schwiegersohns abgespielt hatte, und mühsam mit seinen armseligen Handwerkerworten zu beschreiben versuchen, was für ein gequältes Licht er in Carballos Augen, auf seiner Stirn gesehen hatte, als er ihn den letzten seiner unverständlichen Sätze sagen hörte:

»Scheiße«, sagte sein Schwiegersohn. »Als würde sich alles wiederholen.«

Dann kam eine Geschossgarbe aus dem Norden, von den Scharfschützen, und Ricaurte warf sich zu Boden. Er fiel bäuchlings auf einen Toten, wusste nicht, wer es war; er fand eine Lücke, in der sich verstecken und zugleich weiteratmen konnte. Er spürte, dass sich Carballo neben ihn fallen ließ, Ricaurte spürte seinen Körper (den Druck auf den Beinen), konnte aber seine Stellung nicht ausmachen. Er schloss die Augen. Dort in dem engen Raum roch es nach Schweiß, nach feuchten Kleidern, die Welt war stiller, weniger entsetzlich als draußen, wo die Kugeln durch die Luft pfiffen. Man musste nur ausharren, und das tat Ricaurte: Er harrte aus. Er zählte die Minuten nicht, aber es verging nicht allzu viel Zeit, bevor das Wunder geschah. Es fing zu regnen an.

Es war ein Wolkenbruch, der dieses Monats würdig war, mit dicken Tropfen, die Ricaurte im Nacken und auf dem Rücken spürte, als tippte ihn auf der Straße jemand an. Er dachte an Gott. Dieser Gott, an den er kaum mehr glaubte, war auf seiner Seite, denn nur ein Regenguss konnte die Parteien dieser Schlacht zerstreuen. Und kaum zu glauben, er hatte recht. Die Schüsse flauten ab, je heftiger das Wasser strömte, wie eingeschüchtert vom Rattern des Regens auf den Dächern, an den Fenstern des Glockenturms, auf den Steinen der Freitreppen. Ricaurte hob langsam den Kopf, und als er aufstand, wurde ihm schwindlig, doch er wusste, das war seine Chance. Er rief Carballo, dessen Gewicht er noch immer an den Beinen spürte. Carballo antwortete nicht. Ricaurte war allein, unter ihm drei Körper, die übereinanderlagen. Keiner davon gehörte seinem Schwiegersohn. Er blickte sich um, und da sah er ihn, drei, vier Schritte weiter südlich, als hätte er sich Richtung Barrikade aufgemacht, und er lag nicht bäuchlings da, sondern blickte mit weit geöffneten Augen gen Himmel, das Gesicht vom Regen gebadet, eine Rosette aus Blut mitten auf der Brust. Das Blut war nicht schwarz wie Gaitáns, denn der Regen hatte es verwässert: Es war rosafarben, von einem intensiven Rosa, und schien sich auf dem weißen Hemd auszubreiten.

»Sie wissen nicht, wie oft man mir all das erzählt hat«, sagte mir Carballo, Césars Sohn und Don Hernán Ricaurtes Enkel. »Ich erinnere mich nicht, wann sie es mir zum ersten Mal erzählt haben, aber das ist der beste Beweis dafür, dass ich noch sehr klein gewesen sein muss. Ich erinnere mich nicht, dass ich je hätte fragen müssen, wo mein Papa ist oder dergleichen. Ich glaube, Mama fing an, mir einiges zu erklären, lange bevor ich danach hätte fragen können. So stelle ich es mir heute vor, versteht sich, denn ich erinnere mich an keinen Augenblick, an dem ich nicht schon mit dem gelebt hätte, was am 9. April geschehen ist. Mit diesen Bildern, die ich heute so gut kenne, als hätte ich sie selbst gesehen. Mit diesen Gespenstern, Vásquez, diesen Gespenstern, die mich begleiten, mich umschwärmen, mit mir reden. Ich weiß nicht, ob Sie mit den Toten reden, ich schon. Das habe ich mir mit der Zeit angewöhnt. Früher habe ich nur mit Papa gesprochen, und manchmal, das will ich nicht leugnen, auch mit Gaitán. Ich habe ihm gesagt: Papa wusste, dass man Sie töten würde, lieber Chef, warum haben Sie nicht auf ihn gehört? Bei diesen Gesprächen nenne ich Gaitán ›lieber Chef‹. Ich, der ich bei seinem Tod erst ein paar Monate alt war, spreche ihn so an, wie ihn Papa bestimmt angesprochen hat.

Nun ja, es gibt bestimmt schlimmere Verrückte, oder? Gefährlichere Verrückte.«

Ich glaube, in dem Augenblick begann ich, bedeutende Dinge zu begreifen (oder Dinge, die später eine einzigartige Bedeutung erlangen sollten), aber mein Begriff davon war noch zu verschwommen, um sie in Worte fassen zu können. Ich glaube, in dem Moment befielen mich auch Ahnungen. Ich dachte zum Beispiel, dass Carballo von mir erwartete, ein *Wer sind sie?* des Anschlags auf Gaitán zu schreiben. Wir hatten Stunden geredet, die Zeit war verronnen oder hatte sich gedehnt, und die geschlossenen Vorhänge in Carballos Wohnung hatten das Ihre getan und unserem Treffen einen geheimen Charakter verliehen – ein Verschwörertreffen. Man konnte nicht mit Gewissheit sagen, ob es Nacht oder Tag war. War es schon Nacht geworden? War es Nacht geworden und wieder Tag? Wie viele Stunden hatten wir hier verbracht, in die kleine, dunkle, enge Wohnung eingeschlossen, in Gesellschaft der Vergangenheit und ihrer Gespenster?

»Wo liegt Ihr Vater begraben?«, fragte ich Carballo.

»Ja, richtig«, sagte Carballo. »Nun, das gehört natürlich zur Erzählung. Sie haben vermutlich die Bilder gesehen: was am 9. April ab circa vier Uhr nachmittags geschehen ist. Die Brände und Plünderungen, die Stadt in Ruinen wie nach einem Bombenangriff. Der Tod, Vásquez, der Tod wurde über die Stadt versprengt. Ich bin immer der Ansicht gewesen, dass alles mit diesen Leute anfing, die den Leichnam zum Palast geschleift haben, nein, den gelynchten Körper des Mörders. Ich bin in dem Bewusstsein aufgewachsen, dass Papa dabei war. Dass einer von diesen Dutzenden, die zu Hunderten wurden, Papa gewesen ist. Was soll ich machen: Das ändert den Blick auf alles. Ich bin nicht mit Geschichten zum 9. April aufgewachsen, wie andere sie gehört haben. Ich bin mit der Geschichte des Tages aufgewachsen, an dem sie meinen Papa umgebracht haben. Oder vielmehr mit den Gründen, warum ich als Halbwaise aufgewachsen bin. Und dann habe ich nach und nach mitbekommen, was genau dieser Tag gewesen ist. Es ist seltsam, die Kindheit hinter sich zu bringen und mit dem Gedanken erwachsen zu werden, dass das Wichtige am 9. April Papas Tod war, nicht der eines anderen Herrn, der mir nichts sagte, dieses Herrn, der Politiker war und den sie umgebracht hatten, wie sie so viele andere umgebracht haben. Für mich war das Wesentliche am 9. April der Tod meines Papas, auf den geschossen wird und der stirbt, auf einem Haufen anderer Toter, stirbt wie einer der vielen Toten, der unzähligen, die um diese Uhrzeit in Bogotá bereits gestorben waren. Ein Kind begreift solche Dinge äußerst langsam. Ich begriff allmählich, dass Papa nicht der einzige Tote gewesen war, dass an diesem Tag und an den drei folgenden an die dreitausend Menschen in Bogotá gestorben sind und Papa bloß einer von ihnen war.«

»Jedenfalls einer der ersten.«

»Ja, aber bloß einer. Und später, als Jugendlicher, begriff ich allmählich besser, wie all das zustande gekommen ist. Ich begann zu verstehen, dass Papa nicht gestorben wäre, wenn nicht vorher dieser Herr mit Namen Gaitán gestorben wäre. Ich begann zu verstehen, dass Papa in die Spalte eines Erdbebens gefallen war, eines Bebens, dessen Epizentrum sich vor dem Agustín-Nieto-Gebäude befand, Carrera Séptima kurz vor der Ecke Avenida Jiménez, in Bogotá, Kolumbien. Ich begann zu verstehen. Manchmal denke ich, ich hätte besser nichts verstanden, nichts gewusst, wäre mit einer Lüge aufgewachsen, dass Papa etwa eines schönen Tages fortgelaufen oder in den Koreakrieg gezogen ist, was weiß ich. Ja, das wäre gut gewesen, nicht wahr? Zu denken, Papa wäre ein Held aus dem Koreakrieg, der mit dem Bataillon Colombia losgezogen und zum Beispiel in der Schlacht von Monte Calvo gefallen war. So nennt man sie doch, nicht wahr?«

»Ja«, sagte ich. »So nennt man die Schlacht.«

»Gut, aber so ist es nicht gewesen. Sie haben mir alles erzählt, Großvater und Mama. Alles über diesen Tag, alles über Papas Leben, alles, was ich Ihnen eben erzählt habe. Alles, was zu seinem Tod am 9. April geführt hat. Und auch alles, was danach kam.«

»Nach dem 9. April?«

»Nein, am selben Tag. Großvater konnte davon nicht erzählen, ohne dass ihm Tränen in die Augen kamen. Niemals, nicht einmal, als ich schon über zwanzig war und der alte Mann sich kaum mehr richtig zu erinnern schien, habe ich ihn darüber sprechen sehen, ohne dass er traurig wurde. Stellen Sie ihn sich vor, wie er mitten in einem Haufen Toter vor der Plaza de Bolívar steht, in einem magischen Augenblick, die Schüsse haben nachgelassen, und es hat den Anschein, dass die Welt nicht mehr einstürzen wird. Aber im Grunde war sie doch eingestürzt, denn sein Schwiegersohn ist tot. Großvater hat ihn geliebt, sehr geliebt. Gaitán war auch Familiensache, wissen Sie? Die Familien versammelten sich um Gaitán, um Gaitáns Versprechen. Und da stand der Großvater und musste sofort entscheiden, was er mit dem Körper des geliebten Schwiegersohns tun sollte. Bogotá war bereits eine Stadt im Krieg, das war eindeutig. Großvater hat mir erzählt, dass er einen Moment lang daran gedacht hatte, einen Polizisten zu rufen, als ginge das Leben normal weiter, und dann hat er gedacht, nein, das normale Leben ist bis auf Weiteres aufgehoben. Er nahm Papas Körper hoch, warf ihn sich über die Schulter wie einen Sack Kartoffeln und machte sich Richtung Norden auf, wollte sein Viertel erreichen. Großvater war kein kräftiger Mann, Vásquez, er war nicht groß, aber er hat es fertiggebracht, Papa hochzuheben und sich mit ihm an die Mauer der Kathedrale zu drücken, damit man ihn nicht sah. So ist er halb tot vor Angst zwei Straßen weiter gegangen. In der Ferne waren Schüsse zu hören, ab und an erklang einer aus der Nähe. Aber am meisten Eindruck haben die Schaufenster auf ihn gemacht, die zerstörten Schaufenster auf der Séptima, die Juwelierläden, alle Geschäfte quollen über von Leuten, die Sachen herausschafften: Kühlschränke, Radios, Kleider, was die Hände tragen konnten. Er sah, wie ein Kerl mit Machete einen anderen anhielt, der ein Radio trug. Er hat ihm das Radio weggenommen und auf dem Boden zerschmettert. Hat geschrien: ›Wir sind nicht zum Stehlen hier! Wir sind hier, um den Chef zu rächen!‹ Aber die meisten waren nicht einverstanden, und Großvater spürte Enttäuschung. Was die Gelegenheit zu einer Revolution gewesen wäre, hatte sich in ein Fest der Verbrecher verwandelt. Sie haben gestohlen, weil man stehlen konnte, getötet, weil man töten konnte, und auch sie wurden wahllos getötet. Einmal hat es Großvater so zusammengefasst: ›Sie haben getötet, um jemanden stürzen zu sehen.‹

Inzwischen hat sich Großvater nur noch gewünscht, nicht aufzufallen, unbemerkt zu bleiben. Zwei, drei Blocks mit Papa auf dem Rücken. Dann vier. Dann fünf. Er wich beim Gehen den Leichen aus, und manchmal waren es so viele, dass er sie umrunden musste, denn mit Papa konnte er nicht über sie klettern, sein Körper wog so schwer, dass er die Füße nicht hoch genug anheben konnte, um über die Toten hinwegzugehen. Es waren Männer, aber auch Frauen, hier und da natürlich auch ein Kind. Manchmal musste er ausruhen, dann lehnte er Papas Körper gegen die Mauer und versuchte, ihn nicht anzusehen. So hat er es immer erzählt: dass er versucht hat, ihn nicht anzusehen, denn wenn er ihn angesehen hätte, hätte er wohl nicht mehr weitergehen können. Unterdessen hat die aufgewiegelte Polizei immer noch geschossen. Die wütende Menge hat immer noch alles in Brand gesteckt, Läden mit jüdischen Namen geplündert, all die Juwelierläden in der Séptima. Wenn sie auf eine Eisenwarenhandlung stießen, haben sie Rohre, Sägen, Hämmer, Äxte herausgeholt, was auch immer dazu dienen mochte, den Chef zu rächen. Wenn sie auf einen Schnapsladen stießen, haben sie die Fenster eingeschlagen und sind mit Flaschen herausgekommen oder haben gleich an Ort und Stelle getrunken. Wer in die Ley-Filiale der Calle 11 wollte, um sich vor den Kugeln zu schützen, ist mit denen zusammengestoßen, die beladen mit Wäsche herauskamen. Großvater ist an dem Café vorbeigegangen, in dem er vorher gesessen hatte, als Gaitán umgebracht worden war, und die Tische waren zerstört, auch die Stühle, die Leute sind mit Stuhlbeinen und Holzstücken bewaffnet herausgestürmt. Aber ihn haben sie nicht einmal bemerkt. Als wäre er unsichtbar gewesen. Dann kam er an Panzern vorbei, die auf der Séptima Richtung Süden rollten. Die Leute machten ihnen den Weg frei, und er ist in ihrem Kielwasser weitergegangen, er hielt sie für aufständische Soldaten, die zum Palast fuhren, um den Präsidenten zu stürzen. Später erfuhr man, dass die Panzer an der Calle 10 stehen geblieben waren, das Maschinengewehr umdrehten und zu schießen begannen. Großvater hat es nicht gesehen, sollte aber später davon erfahren, und er hat es mir erzählt, als wäre er dabei gewesen. Am Ende wusste er nicht mehr, was er gesehen und was man ihm erzählt hatte. So geht es uns allen, denke ich mir.

Als er die Avenida Jiménez erreicht hatte, konnte er nicht mehr. Vier, fünf Straßen weit hatte er Papas Körper getragen und hatte keine Kraft mehr. Er hat Papa hingelegt und ein paar Minuten ausgeruht, ihn dann, mit all seiner restlichen Kraft, wieder hochgehoben und versucht, die Straße zu überqueren. Aber da fiel ihm eine Frau auf, die vom Regierungspalast hergelaufen kam, und im selben Augenblick hörte er eine Geschossgarbe, und die Frau brach tot mitten auf der Straße zusammen. Großvater hat es mit angesehen, hat gesehen, wie die Frau lief, wie sie fiel, als hätte man ihr die Beine abgeschnitten, und dann sah er zwei weitere Körper fallen, hörte die Schreie, die Hilferufe. Wären diese anderen nicht gestorben, dann wäre er tot gewesen, denn die Schüsse kamen von Soldaten, die sich an der Ecke der Pasaje Santafé postiert hatten und wahllos auf jeden schossen, der die Straße überqueren wollte. Großvater wartete eine ganze Weile, an der Ecke niedergekauert, aber die Soldaten haben das Feuer nicht eingestellt. Auf den Dächern waren außerdem Scharfschützen. Großvater hat gedacht, wenn er es bis zum Hotel Granada schafft, würde man ihm dort vielleicht Zuflucht gewähren, ihm vielleicht helfen, einen Krankenwagen zu finden, mit dem er Papas Körper nach Hause bringen konnte. Er holte wer weiß woher Kräfte, um ihn ein letztes Mal hochzuheben, und machte sich zur anderen Seite auf, ging so schnell er konnte, und dann hat er ein Brennen am Knöchel verspürt, den Schmerz, und ist samt Leichnam hingefallen und wusste, dass nun alles vorbei war.

Später dann, als ich bereits größer war, sagen wir sechzehn, fing Großvater mit etwas an, was er vorher nie getan hatte: Er bat mich um Vergebung. Vergebung, weil er Papa nicht hatte nach Hause bringen können, Vergebung, weil er ihn auf der Avenida Jiménez zurückgelassen hatte. Stellen Sie sich vor, er hat mich um Vergebung gebeten, weil er mit dem zerschossenen Knöchel Papa nicht hatte aufheben können, und dann, weil er ihn am nächsten Tag nicht hatte holen können. Aber niemand konnte am nächsten Tag das Haus verlassen, das wissen Sie. Wer die Ausgangssperre verletzte, war ein toter Mann. Großvater hat mir erzählt, wie sie eingeschlossen zu Hause vor dem Radio saßen und wie er sich darüber geschämt hat, was die Seinen, die Liberalen, in den eingenommenen Sendern getan haben. Sie haben das Volk aufgerufen, Konservative umzubringen, haben glücklich verkündet, sie hätten die Häuser der Oligarchen angezündet, haben den Leuten im Land gesagt, sie sollten ihre Macheten hervorholen und Konservativenblut vergießen, wie zuvor Liberalenblut vergossen worden war. Ich weiß nicht, ob Sie diese Sendungen kennen, sie sind grauenerregend.«

»Ich kenne sie, ja«, sagte ich, und das stimmte: Wir alle, die uns die Manie des 9. April gepackt hat, kennen sie vermutlich. Die Agitatoren hatten gleich nach dem Anschlag die Radiosender gestürmt und ließen von dort aus ihre Terrortiraden auf ein verwirrtes, verletzliches Volk los, das nur allzu bereit war, sich an den Trost der Rache zu klammern: »Der Krieg ist die Menstruation der Menschheit«, hieß es in einer der Hetzreden. »Fünfzig Jahre haben wir Kolumbianer in Frieden gelebt. Wir wollen nicht als die einzigen Feiglinge auf der Welt dastehen.« Diese Brandreden riefen dazu auf, den Präsidenten zu ermorden und zu Asche zu verbrennen, sie gaben Anleitungen, wie man einen »überzeugenden Molotow-Cocktail« bastelte, und riefen dazu auf, die Stellungen der Regierung »mit Blut und Feuer« einzunehmen. Darauf spielte Carballo sicher an. Aber vielleicht hatte er andere Beispiele im Gedächtnis, denn damals gab es viele beschämende Aufrufe, die das Schlimmste aus den Leuten herausholten.

»Dann ist er ihn suchen gegangen«, fuhr Carballo fort. »Er hat mir erzählt, wie er sich am 11. April mit zerschmettertem Knöchel ein paar Jungs aus La Perseverancia geschnappt und in die Hölle des Zentrums gestürzt hat, um Papa zu suchen. Aber er hat ihn nicht gefunden. Die Leichname wurden unter den Arkaden im Zentrum aufgehäuft, beidseitig einer neben dem anderen, wie Tunnel, die nach Tod rochen, und der Geruch ergoss sich ins Freie, erfüllte die Straßen. Die Leute sind durch diese Tunnel gegangen, bemüht, nicht auf fremde Tote zu treten, und haben die eigenen gesucht. Großvater ist sie alle abgegangen, allesamt, hat Papas Leichnam gesucht. Aber er hat ihn nicht gefunden. Er war auch nicht unter den Toten auf der Liste, die man an den folgenden Tagen angefertigt hatte. Und immer hat er sich die Schuld gegeben, dass Papa kein Grab hat, wo wir ihn besuchen können.«

»Er ist in einem Massengrab verschwunden«, sagte ich.

»Möglich, aber mir hatte man niemals etwas von den Massengräbern erzählt. Auch nicht von den Lastwagen voller Leichen, die vom Zentrum zu diesen Gräbern fuhren, auch nicht von der Möglichkeit, dass Papa in einem von ihnen begraben sein könnte. Es ist möglich, aber was für eine andere Möglichkeit gibt es schon? Nein, ich habe mich seit langem an den Gedanken gewöhnt: Papa ist in einem Massengrab. Schon seltsam, dieses Bedürfnis nach einem Grab. Seltsam, wie sehr ein Grab beruhigt. Ich habe nie die Beruhigung verspürt, zu wissen, wo sein Leichnam ist. Und nicht zu wissen, wo unsere Toten sind, ist eine stille Folter, ein Schmerz tief drinnen, er macht einem das Leben ganz schön sauer. Aber sauer stößt uns vor allem auf, dass mit unseren Toten nicht das passiert, was wir wollen. Als wäre der Tod der Augenblick, in dem man merkt, dass man die Kontrolle über etwas verloren hat; klar, wenn man den Tod eines geliebten Menschen vermeiden könnte, würde man das natürlich immer tun. Der Tod entzieht uns die Kontrolle. Und dann wollen wir wenigstens bis ins letzte Detail kontrollieren, was nach seinem Tod geschieht. Die Beerdigung, die Einäscherung, bis zu den verdammten Blumen, nicht wahr? Mama hatte diese Möglichkeit nicht, und das hat sie immer gequält. Deshalb verstehe ich sehr gut, was mit Gaitáns Leichnam geschehen ist. Sie wissen vermutlich, was mit Gaitáns Leichnam geschah.«

»Sie haben ihn nicht auf einem Friedhof beerdigen lassen«, sagte ich. »Sie haben ihn mit nach Hause genommen.«

Am 10. gegen vier Uhr morgens, nachdem Kolonnen von Betrunkenen zwei Mal versucht hatten, gewaltsam in die Clínica Central einzudringen und Gaitáns Leichnam zu holen, ließ Doña Amparo, seine mutige Witwe, einen Sarg holen, um ihn mitzunehmen. Es gibt mehrere Versionen, wie bei allem, was mit diesem Tag zu tun hat. Einige sagen, man wollte den Leichnam nur schützen, der schon wenige Stunden nach dem Attentat zur Reliquie geworden war; andere dagegen, Gaitáns Witwe wollte ihren Feinden von der Regierung nicht die Gelegenheit geben, mit einem Staatsbegräbnis ihre Hände in Unschuld zu waschen. Wie auch immer, Gaitáns Haus füllte sich früh am 10. mit Menschen, unter den Gaitanisten aus der ganzen Stadt auch *Die Staubigen* aus La Perseverancia, die sich alle sechs Stunden abwechselten und beim Chef Wache hielten.

»Großvater war einer von ihnen«, sagte Carballo. »Er machte seine Schicht, dann ging er wieder Papa suchen. Später hat er erfahren, dass man Gaitán an Ort und Stelle beerdigt hat, im Garten. Jahr für Jahr haben die Gefährten aus La Perseverancia am Tag des Anschlags ihre guten Kleider angezogen und sind hinunter zum Grab des Chefs gegangen. Ich weiß nicht, wie alt ich war, als man mich zum ersten Mal mitgenommen hat, aber ich war noch ein Kind: neun, vielleicht zehn, älter nicht. Nein, ich glaube, ich muss neun gewesen sein, ja, neun Jahre. Natürlich haben wir Gaitáns Grab besucht, weil wir Papas Grab nicht besuchen konnten. Wir gingen zu Gaitáns Haus, haben im Garten gebetet, Blumen niedergelegt, weil wir nicht an Papas Grab beten und ihm Blumen bringen konnten. Aber stellen Sie sich vor, wie lange ich gebraucht habe, um das zu verstehen, und mit welcher Selbstverständlichkeit das geschah. Mir kam es nicht seltsam vor, einen fremden Toten zu besuchen und zugleich für den meinen zu beten. Ja, ich wusste, dass der Begrabene nicht Papa war, aber wir haben zuerst für Papa gebetet und dann für ihn. Ein Kind macht eben, was man ihm sagt, und gewöhnt sich an das, was man ihm beibringt, nicht wahr? Gut, die ganze Familie ging also den Hang hinunter in Gaitáns Viertel, ein langer Fußweg, aber wir haben ihn als Ritual genommen, als Teil des Rituals. Großvater, Mama und ich sind hingegangen und anfangs auch andere Gaitanisten, aber mit der Zeit fielen sie ab, und nur wir sind übrig geblieben: die Familie. Auf dem Weg dorthin haben die beiden mir Geschichten erzählt. Wenn etwas Geld übrig war, haben sie mir ein Eis gekauft, und ich habe es unterwegs gegessen und ihren Erzählungen gelauscht. Am Ende aber landeten wir immer beim 9. April. Irgendwann auf dem Rückweg, manchmal auch auf dem Hinweg habe ich gesagt: ›Erzählt mir von dem Tag, an dem Papa in den Himmel gekommen ist.‹ Und sie haben erzählt. Sie erzählten vermutlich, was für ein Kind in meinem Alter angemessen war. Dann wurde ich größer, versteht sich, und sie haben Details hinzugefügt, und der 9. April war nicht mehr *der Tag, an dem Papa in den Himmel gekommen ist,* sondern *der Tag, an dem sie Papa umgebracht haben.* Und an einem dieser 9. Aprile hat mir Großvater zum ersten Mal von seiner Theorie erzählt. So nenne ich es heute, Theorie, aber in meiner Familie hieß es anders. Es hieß einfach nur, *was Großvater denkt.* So hat der Satz gelautet, so haben wir gesagt. ›Du weißt ja, was Großvater denkt …‹ ›Nun, wenn es darum geht, was Großvater denkt …‹ ›Was Großvater denkt, hat zu tun mit …‹ Und mehr musste man nicht sagen, denn es war klar, wovon wir sprachen.

Dann kam das Jahr 1964. Ich würde siebzehn werden und war gerade dabei, die Schule zu beenden. Ich war der Klassenbeste, Vásquez, und hatte schon den Bescheid, auf den die ganze Familie gewartet hatte: ein Stipendium für die Universidad Nacional. Ich wollte Jura studieren, wollte das tun, was nach Aussagen meiner Familie Papa gern getan hätte. Vor allem, weil Papa es gern getan hätte, *weil Gaitán es getan hatte.* Ich hatte angefangen, die Zeitungen zu lesen, als würde ich am nächsten Tag sterben. Großvater hat mich angesehen und gesagt: ›Ganz wie der Papa.‹ Ich hatte auch begonnen, mich tatsächlich für Politik zu interessieren. Großvater hat das vermutlich gemerkt, denn sonst hätte es nicht viel Sinn gehabt, dass er mir gerade damals von dem erzählte, was er dachte. An dem Tag, am 9. April 1964, waren wir auf dem Rückweg nach Hause, ungefähr auf Höhe der Avenida Caracas, da platzte er auf einmal heraus damit: ›Ich glaube nämlich, Junge, dein Papa hat es gewusst.‹ Ich habe gefragt: ›Was gewusst?‹, und er hat mich angesehen wie einen Schwachkopf, mit einem dieser beschämenden Blicke, die einem Ältere manchmal zuwerfen. ›Was wohl?‹, sagte er. ›Er hat gewusst, wer den Chef umgebracht hat.‹

Und er fing an, von dem zu erzählen, was er an dem Tag im Gesicht meines Vaters gesehen hatte, von all den seltsamen Sätzen, die er in nur wenigen Minuten von ihm gehört hatte, von seiner Reaktion auf die Schüsse, halb Selbstmörder, halb Verrückter. Er fing an, mir zu erzählen, dass Papa noch jemanden gesehen hatte, einen Komplizen oder Begleiter des Mörders, der einen Regenmantel trug und nicht wie dieser gewesen war, sondern elegant gekleidet. Er hat gesagt, Papa habe ihn gesehen und sich von da an seltsam betragen. Er war auf der Séptima seltsam gewesen, als sie Roa Sierras Leichnam hinterhergegangen waren, und war nachher seltsam gewesen, als sie die Barrikade errichtet hatten. Er wiederholte mir mehrmals den Satz, den er von Papa gehört hatte: ›Als würde sich alles wiederholen.‹ Damals hatte Großvater nichts begriffen. Das war das Letzte, was Papa gesagt hatte, bevor ihn der Scharfschütze tötete, aber Großvater hatte es nicht begriffen, hätte es damals nicht begreifen können. So hat er es mir gesagt: ›Damals habe ich es nicht begriffen. Aber später schon, auch wenn es mich viel Mühe gekostet hat. Und jetzt möchte ich, dass auch du es begreifst, Junge.‹

Als wir nach Hause kamen, wusste ich, dass die Sache ernst war, denn Großvater hat mich mit in sein Zimmer genommen, sonst ein verbotener Ort für mich. Er ließ mich auf seinem Bett sitzen (nie zuvor hatte er mir erlaubt, mich auf sein Bett zu setzen) und ist in die Knie gegangen. Er hat die Überdecke angehoben und unter dem Bett eine Holzkiste hervorgezogen, eine Schublade von einem nicht mehr existenten Möbelstück, samt Schloss, das zu nichts mehr nütze war, weil das Möbel dazu fehlte. Die Schublade war voller Dinge: Schuhe, Papiere, aber vor allem Bücher. ›Sieh mal, Junge‹, hat er gesagt. ›Die Bücher deines Papas.‹ Er hat mir eine Broschüre gezeigt: die Rede, die Gaitán an Rafael Uribe Uribes Grab gehalten hatte. Er war sechzehn gewesen und die Rede ein Auftrag des Centro Nacional de la Juventud. ›Damit du siehst, Kleiner, was der Chef in deinem Alter zustande gebracht hat‹, sagte Großvater. Dann hat er mir Gaitáns Doktorarbeit *Die sozialistische Idee in Kolumbien* gezeigt, aber gesagt: ›Das hier später.‹ Und schließlich hat er mir ein Buch in den Schoß gelegt. Es war *Wer sind sie?* von einem gewissen Marco Tulio Anzola. Auf die erste Seite hatte mein Vater seinen Namen geschrieben, *C. Carballo,* und auf die letzte das Datum, an dem es in seine Hände gelangt war: 30. X. 1945. ›Das hier schon, Junge. Geh und lies es, sobald du kannst, und dann sag mir, ob du begreifst, was ich begreife.‹

Das hat Großvater gesagt. Und es versteht sich von selbst, dass es genau so war: Ich begriff, was er begriffen hatte. Vielleicht nicht nach der ersten Lektüre, vielleicht nicht beim ersten Gespräch darüber, aber im Laufe der Zeit habe ich es begriffen. An dem Abend 1964, an dem 9. April, an dem Großvater mir das Buch geschenkt hat, das Papa gehört hatte, habe ich es zu lesen angefangen, und meine einzige Mission dabei war, in diesen dreihundert Seiten all das zu finden, was Papa in den Sinn gekommen war, als man Gaitán umgebracht hatte. Natürlich war ich erst siebzehn und verstand damals gewiss nur wenig davon. Aber mit den Monaten und Jahren begriff ich, begriff, dass in Anzolas Buch, diesem hässlichen, schweren Band von 1917, der Schlüssel zu dem lag, was Papa in den letzten Stunden seines Lebens gedacht hatte, am 9. April 1948. Diese Vorstellung war nicht einfach zu verdauen, aber ich bemühte mich. Ich habe das Buch zwei, drei Mal gelesen, dann fünf, zehn Mal, und mit jeder Lektüre sind einzelne Szenen, einzelne Sätze an die Oberfläche gestiegen. Ich habe dieses Buch, dieses verdammte Buch gelesen, und ich wusste es: Ich wusste ebendas, was Papa gewusst hatte, ein paar Minuten bevor er starb. Als hätte ich mich in seinem Kopf befunden, die Welt durch seine Augen gesehen, als wäre ich er selbst gewesen, ein paar Minuten bevor man auf ihn schoss. Und dieses Wissen wünsche ich niemandem. Es ist ein Glück, ein Privileg, versteht sich, aber auch eine Last, eine schwere Last. Dieses Los ist mir zuteilgeworden, ihm habe ich mein Leben gewidmet: das auf meine Schultern zu nehmen, was Papa in den letzten Minuten seines Lebens begriffen hat, das, was mein Großvater später glaubte begriffen zu haben, mit diesem Begreifen, das man mir vererbt hat.«

Da sprach ich die einzigen Worte aus, die ich in dem Moment, an dem Ort aussprechen konnte. Sie hatten die Form einer Frage, einer Frage, die ich vielleicht bereuen würde, aber sie nicht zu stellen, wäre eine Art Feigheit, vielleicht auch Blindheit gewesen.

»Und was für ein Begreifen ist das, Carlos? Was war es, was Ihr Papa und nun Sie verstanden haben?«

»Dass der elegante Mann vor der Granada-Apotheke sich nicht von dem eleganten Mann in der Calle Novena unterscheidet. Dass dieser Mann im Dreiteiler mit den Umgangsformen eines britischen Herzogs, wie García Márquez ihn beschreibt, sich nicht von dem Mann in Lackstiefeln und gestreifter Hose unterscheidet, den die Zeugin Mercedes Grau beschrieben hat, sich nicht von dem Mann unterscheidet, den der verschwundene Zeuge Alfredo García in der Tischlerei des Mörders Galarza gesehen hat, und dass er sich auch nicht von dem Mann mit dem Zylinder unterscheidet, den Anzola bei der Verhandlung nicht hatte nennen wollen. Dass dieser elegante Mann, der die aufgebrachte Menge angestachelt hat, bis er erreichte, dass sie Juan Roa Sierra lynchte, sich nicht von dem unterscheidet, der einen von Uribes Mördern gefragt hat: ›Wie war's, hast du ihn umgebracht?‹ Papa hatte begriffen, dass dieser Pfarrer, der Uribe 1914 in die Hölle wünschte, sich nicht von dem anderen berühmten Pfarrer unterscheidet, der vor dem Attentat auf Gaitán dazu aufrief, die Roten aus dem Fenster zu stürzen. Papa hatte begriffen, dass die Gerüchte und anonymen Schreiben, die in Bogotá vor dem 9. April die Runde machten, sich nicht von den Gerüchten und anonymen Schreiben unterschieden, die Bogotá vor dem 15. Oktober heimsuchten. Er hatte begriffen, dass all die Leute, die überzeugt gewesen waren, dass man Gaitán umbringen würde, sich nicht von denen unterschieden, die vierzig Tage vorher gehört hatten, dass man Uribe umbringen würde. Das hatte er begriffen, Vásquez, er hatte das Schreckliche begriffen: dass sie von den gleichen Leuten umgebracht worden waren. Selbstverständlich spreche ich nicht von denselben Personen mit denselben Händen, nein. Ich spreche von einem Ungeheuer, einem unsterblichen Ungeheuer, dem Ungeheuer mit den vielen Gesichtern und den vielen Namen, das so oft getötet hat und wieder töten wird, denn hier hat sich nichts geändert in den Jahrhunderten unserer Existenz, und es wird sich nie etwas ändern. Unser trauriges Land ist wie ein Hamster im Laufrad.«

Es gibt zweierlei Ansichten oder Betrachtungsweisen dessen, was wir Geschichte nennen: Eine ist die Zufallsvision, die Geschichte als zufälliges Ergebnis einer unendlichen Kette irrationaler Taten, unvorhersehbarer Möglichkeiten und willkürlicher Ereignisse ansieht (das Leben als ein hoffnungsloses Chaos, das wir Menschen verzweifelt zu ordnen versuchen); die andere ist die Verschwörungsvision, die Geschichte als Schauplatz voller Schatten und unsichtbarer Hände, spähender Augen, flüsternder Stimmen an den Ecken betrachtet, eine Bühne, auf der alles aus einem bestimmten Grund geschieht, Zufälle nicht existieren, schon gar keine Umstände zusammentreffen, und auf der die Ursachen der Ereignisse aus Gründen verschwiegen werden, die niemand je erfährt. »In der Politik geschieht nichts zufällig«, hat Franklin Delano Roosevelt einmal gesagt. »Wenn etwas geschieht, kann man sicher sein, dass es auf diese Weise geplant war.« Das Zitat, das ich in keiner zuverlässigen Quelle habe aufspüren können, entzückt die Anhänger der Verschwörungstheorien, vielleicht weil es von einem Mann stammt, der so lange Zeit so viel entschieden hat (also dem Zufall wenig Raum ließ). Aber wenn man sich vorsichtig über seinen stinkenden Brunnen beugt, liegt darin etwas, was den Tapfersten Angst einjagen kann, denn der Satz bringt eine der minimalen Gewissheiten zu Fall, auf die wir unser Leben gründen: dass das Unglück, der Schrecken, der Schmerz und das Leid unvorhersehbar und unvermeidlich sind, und wenn sie jemand vorhersehen kann oder kennt, wird er sein Möglichstes tun, sie zu vermeiden. Die Vorstellung, andere könnten genau wissen, dass in dem Moment etwas Böses geschehen wird, und verhindern es nicht, ist so grauenhaft, selbst für uns, die wir alle Unschuld verloren und jede Illusion über die menschliche Moral hinter uns gelassen haben, dass wir diese Vision der Ereignisse als ein Spiel ansehen, einen Zeitvertreib für Müßiggänger oder Leichtgläubige, eine tief verwurzelte Strategie, um besser mit dem Chaos der Geschichte und der Erkenntnis zurechtzukommen, die sich schon Abertausend Mal bestätigt hat: dass wir ihre Bauern oder Marionetten sind. Also begegnen wir der Verschwörungsvision mit gut eingeübter Skepsis, mit einem Hauch Ironie, wiederholen, dass es keine Beweise gibt; und die an sie glauben, werden uns sagen, das Hauptziel jeder Verschwörung sei gerade ihre Verschleierung, und dass wir sie nicht sehen, sei der beste Beweis ihrer Existenz.

An dem Freitag, dem 29. Februar 2014, fast hundert Jahre nach dem einem Attentat und fast sechsundsechzig nach dem anderen, lebte ich in einer solchen Welt, ironisch, skeptisch, einer Welt, die vom Zufall regiert wurde, vom Chaos, den willkürlichen Zusammentreffen. Und nun verlangte Carlos Carballo von mir, dass ich für einen Moment aus ihr heraustrat und in einer anderen Welt lebte, um dann in meine zurückzukehren und zu erzählen, was ich gesehen hatte. Er verlangte es von mir, damit die Vision seines Vaters nicht verloren ging. Mir fielen seine Worte über die Wahrheiten ein, die sich an den nicht sichtbaren Orten abspielen, die Wahrheiten, die sich nicht in der Welt abspielen, von der ein Journalist oder ein Historiker berichten kann, diese kleinen, zerbrechlichen Wahrheiten, die im Vergessen versinken, weil die Geschichtsschreiber sie niemals haben sehen, niemals etwas von ihrer bescheidenen Existenz haben erfahren können. Und ich dachte, dass Carballo nicht nur eine Wahrheit vor dem Vergessen retten wollte, die niemals in die Welt historischer Tatsachen hineingeboren worden war, sondern dass er auch seinem Vater eine Existenz schenken wollte, die er bisher nicht gehabt hatte. Ja, er hatte kein Grab, seine Gebeine keinen Stein mit seinem Namen, aber er würde einen Ort haben, an dem er mit diesem Namen und seinem Andenken existieren konnte. Das heißt, mit seinem Leben: seinen Taten, seiner Liebe, seiner Arbeit, seinen Leidenschaften, seiner Herkunft und seiner Nachkommenschaft, seinen Ideen und Gefühlen, seinen Projekten und Illusionen, seinen Zukunftsplänen. Nein, Carballo wollte nicht, dass ich das *Wer sind sie?* des Gaitán-Attentats schrieb, er wollte, dass ich ein Mausoleum aus

Worten errichtete, damit sein Vater darin wohnen konnte, wollte, dass die letzten beiden Stunden seines Vaters so festgehalten wurden, wie er sie auffasste, denn dann hätte nicht nur sein Vater einen Platz in der Welt, sondern auch eine Rolle in der Geschichte gespielt.

Das begriff ich, und ich hatte eine Idee. Ich sagte:

»Ich werde es schreiben, Carlos.«

Er blickte auf, reckte sich unmerklich, und ich sah einen leichten Tränenschleier in seinen Augen. Vielleicht war er auch nur müde, ebenso wie ich nach vierundzwanzig Stunden (oder vielleicht mehr: das ließ sich inzwischen unmöglich sagen) ununterbrochenem Gespräch und schmerzlichen Erinnerungen. Es war gewiss nicht mehr der 28. Februar, als ich ihm das sagte: So viel Zeit war in diesem Zimmer vergangen, dass wir schon längst mitten im ersten Märztag saßen.

»Sie werden es schreiben?«, fragte er.

»Ja. Aber dafür muss ich Ihnen vertrauen. Ich muss wissen, dass Sie mir die Wahrheit sagen. Ich werde Ihnen eine Frage stellen und stelle sie nur ein einziges Mal: Haben Sie den Wirbel? Haben Sie Gaitáns Wirbel aus Francisco Benavides' Schublade geholt?«

Er antwortete nicht.

»Oder lassen Sie es mich anders formulieren, Carlos«, beharrte ich. »Ich muss Gaitáns Wirbel und Uribe Uribes Kalotte mitnehmen. Ich muss sie Francisco zurückgeben, dem rechtmäßigen Erben dieser Knochen. Wenn ich sie mitnehmen kann, schreibe ich das Buch. Wenn nicht, schreibe ich es nicht. So einfach ist das.«

»Aber er ist nicht der rechtmäßige Erbe«, sagte Carballo. »Die Kalotte hat mir der Maestro gegeben.«

»Und den Wirbel? Hat er Ihnen den auch gegeben?«

»Francisco will auf sie verzichten«, sagte er.

»Er will nicht verzichten. Sehen Sie, Carlos, diese Knochen gehören weder ihm noch Ihnen. Diese Knochen gehören der ganzen Welt, denn die Vergangenheit, die sie in sich tragen, gehört allen. Ich will sie mir ansehen können, wann immer ich Lust dazu habe. Ich will, dass meine Töchter sie ebenfalls sehen

können. Mehr noch, ich will mit meinen Töchtern in eine
öffentliche Einrichtung gehen, an einen Schaukasten treten, ihnen die Knochen zeigen und alles erklären, was diese Knochen
erzählen.«

»Aber es sind doch Beweisstücke«, sagte Carballo. »Beweise
von etwas, was wir nicht sehen, aber das womöglich da ist. Auf
der Kalotte kann es Spuren von einem Schlagring geben. An
dem Wirbel ...«

»Quatsch«, unterbrach ich ihn. »Erzählen Sie keinen Scheiß.
Was ist schon an dem Wirbel? Die Kugel eines zweiten Schützen? Sie wissen bereits, dass das nicht der Fall ist, und wenn Sie
sich nicht mehr erinnern, sage ich Ihnen noch einmal, was Ihr
Maestro bei der Autopsie von 1960 entdeckt hat: dass es keinen
zweiten Schützen gab. An dem Wirbel ist also rein gar nichts.
Und was den berühmten Schlagring angeht, ist nichts davon an
diesem Stück Knochen zu sehen. Der Schlagring lebt in Anzolas Theorie, aber nicht in diesem Knochen. Diese Knochen sind
seit langem schon keine gerichtsmedizinischen Beweise mehr.
Es sind keine Beweisstücke, nichts dergleichen. Bloß Überreste, menschliche Ruinen, ja, die Ruinen edler Männer.«

Als ich in den Morgen Bogotás hinaustrat – in diesen Sams-
tagmorgen, diesen Märzmorgen –, trug ich in meinem schwarzen Rucksack Francisco Benavides' Eigentum. Ich legte ihn im
Wagen neben mich auf den Beifahrersitz, und auf dem Weg
nach Hause, in mein gegenwärtiges Leben, in das ich mit dem
Gefühl des Irrealen zurückfuhr, wurde mir bewusst, dass ich
beim Fahren ab und an einen Blick darauf warf, als wollte ich
mich vergewissern, dass alles, was sich in den vorhergehenden
Stunden zugetragen hatte, nicht einer kranken Phantasie entsprungen war. Die Ruinen edler Männer: der Vers aus *Julius
Caesar* hatte mich angefallen (oder vielleicht sollte ich sagen:
war mir zu Hilfe gekommen), wie so oft beim alten Will, dessen
Worte mir helfen, der chaotischen Erfahrung Form und Ordnung zu verleihen. In der Szene ist Julius Caesar gerade im Kapitol gestorben, dreiundzwanzig Mal erdolcht von den Waffen
der Verschwörer, verblutet unter der Statue des Pompeius, und
Marcus Antonius, sein Freund und Schützling, bleibt allein ne-

ben dem Leichnam. »O du, verzeih mir, blutend Stückchen Erde!«, sagt Antonius zu ihm, »dass ich mit diesen Schlächtern freundlich tat. Ruine bist du des edelsten der Männer, der jemals lebt im Wechsellauf der Zeit.« Ich weiß nicht, ob Uribe Uribe und Gaitán die edelsten Männer ihrer Zeit waren, aber ihre Ruinen, die mich auf der Fahrt nach Hause begleiteten, besaßen dieses Edle. Diese menschlichen Ruinen gemahnten uns an vergangene Irrtümer und waren einmal auch Prophezeiungen gewesen. Mir kam zum Beispiel in den Sinn, was einer der Anwälte der Privatkläger im Fall Uribe gesagt hatte. Nachdem die Beteiligung von anderen als den Mördern verworfen worden und das Verbrechen als ein politisch-anarchistisches deklariert worden war, sagte er am Ende: »Zum Glück war und wird der Fall General Uribe Uribe, *Deo volente*, einzigartig in Kolumbien bleiben.« Er irrte sich, und neben mir waren die materiellen Zeugnisse für diesen Irrtum, aber das Wichtige für mich war nicht das Andenken an diese Knochen, sondern das, was die Berührung mit ihnen im Leben dieser Männer bewirkt hatte: Bei Carlos Carballo, bei Francisco Benavides und seinem verstorbenen Vater. Und bei mir, versteht sich. Auch bei mir.

Da es ein Samstag war, glaubte ich, unangekündigt bei Doktor Benavides vorbeifahren zu können. Er öffnete mir mit der Lesebrille auf der Nase und einem Buch in der Hand; aus den Tiefen des Hauses drang ein trauriges Cello. Ich musste ihm den Grund meines Besuches nicht erklären. Er führte mich nach oben in seine Schatzkammer, in der vor fast neun Jahren alles begonnen hatte, und nahm seine Reliquien in Empfang. Wir redeten. Ich erzählte von den letzten Stunden, ließ viel dabei aus, fasste grob zusammen, was ich entdeckt hatte, denn alles zu erzählen, kam mir in dem Moment illoyal vor, wie die Verletzung eines Geheimnisses, vielleicht auch, weil Carballos Offenbarungen für mich bestimmt gewesen waren oder nur eine einzige Absicht gehabt hatten: in meinem künftigen Buch zu leben. Ich erzählte Benavides von der Verabredung, die ich mit Carballo getroffen hatte. Es war eine Abmachung in letzter Minute gewesen, ich verabschiedete mich gerade, stand mit beiden Füßen schon auf der Schwelle, als er mir sagte: »Und woher weiß ich, dass Sie Ihren Teil erfüllen werden? Sie nehmen jetzt diese Sachen mit, und Francisco wird sie zurückgeben, wie Sie beide behaupten, wird sie einem Museum schenken oder dergleichen. Woher weiß ich, dass Sie dann immer noch das Buch schreiben werden?« Da schlug ich ihm vor, Benavides zu überzeugen, dass er sie der Welt erst dann zugänglich machte, wenn mein Buch, Carballos Buch erschienen sei: wenn es bereits in der realen Welt lebte, sie mit den Geschichten anfüllte, die er mir erzählt hatte, vor allem mit einer von ihnen. Ich sagte es Benavides, und er war einverstanden; aber ich merkte, dass seine Beziehung zu Carlos Carballo, dem langjährigen Freund, dem Schüler seines Vaters, auf immer beschädigt war. Und ich spürte es, als hätte ich selbst einen alten Freund verloren.

Ein paar Tage später reiste ich für einige Zeit nach Belgien, wie es seit langem schon geplant gewesen war. Anfang des letzten Jahres, als ich noch meinen Roman über den Koreakrieg schrieb, hatte mir eine belgische Stiftung ein vierwöchiges Aufenthaltsstipendium für Schriftsteller angeboten. Die Vorstellung, mich in eine Wohnung im Zentrum von Brüssel einzuschließen und Tag und Nacht mit meinen fiktiven Figuren und ihren erfundenen Schicksalen zu verbringen, ohne die Verpflichtung, jemanden zu sehen oder mit jemandem zu sprechen oder irgendwelche Anrufe entgegenzunehmen, hatte ich damals unmöglich zurückweisen können, selbst wenn ich in Belgien keine Freunde gehabt hätte, die ich liebe und so oft besuchen möchte, wie ich nur kann, denn einige von ihnen sind bereits in einem Alter, in dem ich mich nach jedem Besuch fragen muss, ob ich sie beim nächsten Mal noch lebend antreffen werde. Also hatte ich keinerlei Mühe, eine Einladung anzunehmen, die es mir zugleich ermöglichen würde, Freunde zu besuchen und mich auf meinen neuen Roman zu konzentrieren. Aber jetzt, da die Reise unmittelbar bevorstand, hatten sich die Umstände geändert: Nicht mehr die fiktiven Figuren jenes Romans würden meine Zeit der Einsamkeit bevölkern, sondern eine wahre Geschichte, die mir Schritt für Schritt bewies, wie wenig ich bis jetzt von der Vergangenheit meines Landes begriffen hatte, die mich offen verspottete, als wollte sie mir vor Augen führen, wie dürftig meine erzählerischen Mittel waren, wenn es darum ging, das Knäuel der Ereignisse vor so vielen Jahren zu entwirren. Es würden nicht mehr die Konflikte von Figuren sein, deren Existenz von meinem Willen abhing, sondern mein Versuch, wahrhaftig und endgültig zu verstehen, was mir Carlos Carballo im Laufe mehrerer Treffen offenbart hatte, die jetzt in meiner Erinnerung verschwammen.

Und das tat ich dreißig Tage und Nächte lang. Die Wohnung an der Place du Vieux Marché aux Grains hatte ein Arbeitszimmer, das auf eine Straße mit Kopfsteinpflaster ging; an der Wand, zwischen zwei hohen Fenstern, durch die das kalte Licht des Nordens trat, stand ein Schreibtisch (mit schwarzer Lederunterlage und Schubladen voller Bleistiftstummel und Briefumschlägen früherer Bewohner), aber ich benutzte ihn nie, denn als ich das erste Mal die Wohnung betrat, stieß ich auf ein Wohnzimmer, um das sich weiße Schränke von einem halben Meter Höhe zogen, und am nächsten Morgen war diese fast durchgehende Oberfläche von all den Papieren bedeckt, die mich auf der Reise begleiteten – Kopien alter Zeitungen, Fotos, Bücher und Notizbücher –, und der quadratische Esstisch hatte sich in meinen Schreibtisch verwandelt. Auf all den Schränken und ebenso auf dem Sims des kalten Kamins wechselten die Dokumente ihre Stellung. Nach und nach kam während dieser vorzeitigen Frühlingstage eine mögliche Version von Carballos Geschichte ans Licht, und während der schlaflosen Nächte vertiefte ich mich ein ums andere Mal in meine wilden Notizen, bis die Ereignisse, die sich darin abzeichneten, im Verein mit meiner Einsamkeit und meiner Erschöpfung etwas in mir auslösten, was der Paranoia glich. Wenn ich zu einem Spaziergang hinausging, stieß ich auf eine Stadt, deren Museen, Buchhandlungen, Plakatwände sich alle dem Gedenken an die *Grande Guerre* verschrieben hatten, und ich sah mir diese Bilder an, die ich Abertausend Mal gesehen habe, den Stacheldraht, die Soldaten mit Helm in den Schützengräben, die lehmverschmierten Gesichter, die Granattrichter. Und ich musste daran denken, dass nur zwei Zugstunden entfernt Jean Jaurès umgebracht worden war (und warum nicht diesen Zug nehmen?) und drei

Stunden Autofahrt entfernt der Soldat Hernando de Bengoechea gestorben war (und warum nicht dieses Auto mieten?), aber zu derlei Ausflügen kam es nie. Ich kehrte rasch zu meiner Kopfsteinstraße zurück, zu meinem Arbeitszimmer, denn ich merkte, dass ich unentwegt an meine kolumbianischen Verbrechen denken musste, merkte ebenso, dass mich nichts in dieser erinnerungswütigen Stadt, nichts bei den möglichen Reisen in die Vergangenheit, die mir die Gegend bot, so sehr interessieren konnte, wie das schriftliche Erinnern an meine Gespräche mit dem Mann, der an Verschwörungstheorien glaubte. Noch anderes erlebte ich in diesen Tagen, noch anderes dachte und entdeckte ich. Zum Beispiel lernte ich einen Mann kennen, der in Sarajevo der Geliebte der Schriftstellerin Senka Marniković gewesen war. Aber derlei Anekdoten können nicht Teil dieses Buches sein.

Dagegen muss ich sehr wohl erwähnen, was mir auf der Rückreise passierte. Ich flog über New York, weil die Verbindung die billigste war, aber auch aus weniger praktischen Gründen, die hier nichts zur Sache tun, und am Ende blieb ich dort zwei ganze Tage anstatt der wenigen vorgesehenen Stunden. Ich hätte die Zeit in Antiquariaten oder im Kino verbringen können, aber besessen von den Geschichten und Personen meines Buches, immer noch im embryonalen Zustand, fand ich keinen Moment der Freiheit und gab der Besessenheit schließlich an einem Vormittag nach: Ich sah mir die Orte an, die Rafael Uribe Uribe Anfang 1901 in der Stadt besucht hatte, mitten im Krieg der Tausend Tage. Ich hatte kein Glück: Meine Nachforschungen führten ins Leere. Aber da fiel mir Carballos Theorie ein, der aus einem Buch mit dem Titel *Geheimnisse des Roulette und seine technischen Fallen* geschlossen hatte, dass Marco Tulio Anzola nach dem Prozess in die Vereinigten Staaten geflohen war, wahrscheinlich mit Hilfe oder Wissen von Carlos Adolfo Urueta, Uribes Schwiegersohn, damals Diplomat in Washington. Wenn Anzola nach New York gegangen sein sollte, dachte ich, dann musste er in den Archiven von Ellis Island registriert sein, die öffentlich zugänglich sind. Die Muße ist schöpferisch: An einem sonnigen Vormittag, bevor ich zum Flughafen fuhr, um nach Bogotá weiterzufliegen, stieg ich in die

Fähre, die Touristen und andere Müßiggänger zu der Insel bringt, über die die Immigranten ins Land gekommen waren, und fing mit den Nachforschungen an. Meine Suche dauerte nicht länger als eine Stunde: Auf dem Computerbildschirm tauchte Anzolas Einreisekarte auf. Sein Schiff, die *Brighton*, hatte vom kolumbianischen Hafen Santa Marta abgelegt. Sein Ankunftsdatum in New York war der 3. Januar 1919, unter seinen Begleitern Carlos Adolfo Urueta. Die Karte belegte auch sein Alter von achtundzwanzig Jahren, seine Augenfarbe – dunkelbraun –, seine besonderen Kennzeichen – ein Muttermal auf der linken Wange – und seinen Familienstand: verheiratet.

Was hatte Anzola in New York getan? Wie lange war er in den Vereinigten Staaten geblieben? Warum hatte er ein Buch für Spieler geschrieben? Acht Jahre nach Veröffentlichung dieses Buches war Gaitán in Bogotá ermordet worden. Ob Anzola von dem Attentat erfahren hatte? Was für eine Verschwörungstheorie hätte er damals entworfen oder erwogen? Ich machte ein paar rasche Fotos und hatte das Gefühl, dass mir gerade ein Gespenst erschienen war. Ebenso, dass Anzola noch nicht ganz aus meinem Leben verschwunden war. Echte Obsessionen verabschieden sich nicht so leicht.

Ich erreichte Bogotá in den ersten Apriltagen. Und ebenda, an einem der ersten Abende nach meiner Rückkehr, überraschten mich die Abendnachrichten und das Bild Carballos bei seiner Festnahme, der in einen Polizeiwagen stieg, mit der Miene eines überrumpelten Gauners. Seine Hände waren auf den Rücken gefesselt, aber er sah entspannt aus; der Kopf war zwischen die Schultern gesunken, aber nicht, um sich zu verstecken, sondern damit er sich nicht am Rahmen des Wagens stieß. In der Meldung wurde er beschuldigt, versucht zu haben, Jorge Eliécer Gaitáns Anzug zu stehlen, aber ich wusste, dass es nicht so war. Als der Journalist von dem Vorfall berichtete, als er erzählte, dass Carballo mit einem Schlagring die Vitrine zertrümmert hatte, in der Gaitáns Anzug ausgestellt wurde, als er ausführlich erklärte, dass der Museumswächter Carballo in dem Moment verhaftet hatte, in dem er eine Hand auf die Anzugschulter legte, wusste nur ich, dass es nicht seine Absicht gewesen war, ihn zu stehlen, sondern dass er auf dem Handteller denselben Stoff hatte fühlen wollen, den die Hand seines Vaters an jenem unheilvollen Tag berührt hatte. Auch das sind die Reliquien, dachte ich vor dem Fernseher: eine Art, mit unseren Toten zu kommunizieren, und da merkte ich, dass meine Frau neben mir eingeschlafen war und ich die Sache nicht mit ihr besprechen konnte. Ich stand vom Bett auf und ging ins Zimmer meiner Töchter, die ebenfalls schliefen, schloss die Tür und setzte mich auf ihren grünen Stuhl mit dem Vogelmuster, und da blieb ich, im Dunkel des friedlichen Zimmers, betrachtete neidisch die Ruhe ihrer langen Körper, stellte überraschend fest, wie sehr sie sich seit ihrer schwierigen Geburt verändert hatten, machte mir ein Spiel daraus, ihren leisen Atem unter den Geräuschen der Stadt auszumachen: dieser Stadt, die jenseits des Fensters begann und die so grausam sein kann, in diesem Land, das krank vor Hass ist, dieser Stadt und dieses Landes, deren Vergangenheit meine Töchter erben werden, wie ich sie geerbt habe, mitsamt ihrer Vernunft, ihrer Maßlosigkeit, ihren richtigen Entscheidungen und ihren Irrtümern, ihrer Unschuld und ihren Verbrechen.

Anmerkung des Autors

Die Gestalt der Ruinen ist ein fiktives Werk. Die Figuren, Vorfälle, Dokumente und Episoden aus der Wirklichkeit, ob gegenwärtig oder vergangen, werden hier zu der Geschichte eines Romans mit den Freiheiten, die der literarischen Phantasie eigen sind. Der Leser, der in diesem Buch Übereinstimmungen mit dem realen Leben sucht, tut dies auf eigene Verantwortung.

Danksagung

Während der drei Jahre, die ich an diesem Roman geschrieben habe, gewährten mir viele Verwandte, Freunde und Bekannte Zeit, Raum, Kenntnisse, Ratschläge oder Hilfe bei einzelnen Problemen, und hier will ich ihnen ausdrücklich danken. Es sind: Alfredo Vásquez, die Stiftung Passa Porta in Brüssel, die Agentur Casanovas & Lynch (Mercedes Casanovas, Nuria Muñoz, Sandra Pareja, Ilse Font und Nathalie Eden), Inés García und Carlos Rovira, Rafael Dezcallar und Karmele Miranda, Javier Cercas, Tatiana de Germán Ribón, Catalina Gómez, Enrique de Hériz, Camilo Hoyos und das Institut Caro y Cuervo, Gabriel Iriarte, Álvaro Jaramillo und Clarita Pérez de Jaramillo, Mario Jursich, Alberto Manguel, Patricia Martínez, Jorge Orlando Melo, Hernán Montoya und Socorro de Montoya, Carolina Reoyo, Elkin Rivera, Ana Roda, Mónica Sarmiento und Alejandro Moreno Sarmiento, Andrés Enrique Sarmiento und Fanny Velandia. Aber in der größten Schuld stehe ich bei Mariana, für die diese Seiten zuerst bestimmt sind und deren sichtbare oder unsichtbare Gegenwart diesem Buch (und dem Leben seines Verfassers) etwas verleiht, was auf mysteriöse Weise der Harmonie gleicht.

J. G. V.
Bogotá, September 2015

Zitat- und Bildnachweis

Inhalt

Juan Gabriel Vásquez
Die Reputation
Roman
Aus dem Spanischen von Susanne Lange
192 Seiten. Gebunden. Lesebändchen.
ISBN 978-3-89561-009-7

Javier Mallarino ist eine lebende Legende. Er ist der einflussreichste
politische Karikaturist Kolumbiens, ein Mann, der in der Lage ist, ein
Gerichtsurteil zu kippen, einen Bürgermeister zu stürzen oder ein
Ministerium ins Wanken zu bringen – dazu braucht er nur Papier und
Feder. Politiker wie Regierung fürchten seinen gnadenlosen Blick. Mit
65 Jahren, nach vier Jahrzehnten einer glänzenden Karriere, liegt ihm das
Land zu Füßen. Doch dann erhält er unerwartet Besuch von einer jungen
Frau, die ihn mit einer lange vergangenen Nacht konfrontiert, und zum
ersten Mal wird die Verantwortung für seine Zeichnungen zu einer Bürde.
Der große kolumbianische Romancier Juan Gabriel Vásquez erzählt
packend von der Last der Vergangenheit und dem Versagen der
Erinnerung. In *Die Reputation* spielt er meisterhaft mit den Grenzen
von Öffentlichem und Privatem und lässt den Leser auf beklemmende
Weise jegliche Gewissheit verlieren.

»Fesselnd und phänomenal.«
Ruthard Stäblein, *die tageszeitung*

Schöffling & Co.

Juan Gabriel Vásquez
Die Liebenden von Allerheiligen
Erzählungen
Aus dem Spanischen von Susanne Lange
264 Seiten. Gebunden. Lesebändchen.
ISBN 978-3-89561-007-3

»Noch nie hatte ich die Einsamkeit aus solcher Nähe gesehen.«

In den Erzählungen von Juan Gabriel Vásquez klaffen feine Risse
in zwischenmenschlichen Beziehungen und entfalten eine enorme
Zerstörungskraft: Auf einer Jagd begeht ein alter Mann Selbstmord,
weil er in die Frau seines besten Freundes verliebt war. Von da an entzweit
die Erinnerung an ihn die Eheleute. Die Ehe eines jungen Paares befindet
sich in einer Krise, und während der Mann kurzzeitig Trost bei einer
einsamen Witwe sucht, trifft seine Frau eine endgültige Entscheidung.
Der Erbe eines Gestüts verbringt eine Nacht mit einer Pferdeärztin und
erfährt, warum sie sich so sehr vor der Dunkelheit fürchtet. Ein Magier
vollbringt für seine Geliebte das Zauberkunststück seines Lebens.
Juan Gabriel Vásquez' Geschichten spielen im ländlichen Frankreich und
Belgien. Seine Anliegen sind jedoch universaler Natur: Liebe und
Abneigung, Einsamkeit, Verlust und Schuld. Mit allen sieben intensiven
Erzählungen beweist der große Romancier, dass er auch die kleine Form
meisterhaft beherrscht.

»›Die wirren Gefühle, die so sehr dem Glück geähnelt haben‹, treffen bei
Vásquez, dem inzwischen (…) wichtigsten kolumbianischen Gegenwarts-
schriftsteller, auf einen ebenso skrupulösen wie originären Chronisten.«
Marko Martin, *Neue Zürcher Zeitung*

Schöffling & Co.

Clarice Lispector
Der große Augenblick
Roman
Mit einem Nachwort von Colm Tóibín
Aus dem brasilianischen Portugiesisch von Luis Ruby
128 Seiten. Leinen.
ISBN 978-3-89561-623-5

Zwei Welten treffen aufeinander, als der kultivierte Schriftsteller Rodrigo S. M. die Geschichte der bedauernswerten Macabéa erzählt, die sich in der rauen Hafengegend von Rio mit Schreibarbeiten durchschlägt. Ihre seltenen Freuden im Leben sind Filme mit Marilyn Monroe, Coca-Cola und ihr großmäuliger Freund. Niemand, nicht einmal er, hat das unansehnliche, unterernährte Mädchen aus dem armen Norden gern. Obwohl Rodrigo vor so viel Elend erschaudert, bewundert er Macabéas innere Freiheit: Sie scheint einfach nicht zu wissen, wie unzufrieden sie sein müsste. Doch die arglose Heldin und ihr besser gestellter, aber zutiefst unglücklicher Schöpfer haben auch überraschende Gemeinsamkeiten, es trifft Leiden auf Verzweiflung. Beide sind letztlich Figuren in einem Spiel, mit dem die große brasilianische Schriftstellerin unsere Vorstellungen von Armut, Liebe, Identität und Fiktion auf den Kopf stellt. In ihrem gefeierten letzten Roman, der als Schlüssel zu ihrem Werk gilt, öffnet sie die Türen zu ihrer eigenen Gedankenwelt und den wahren Mysterien des Lebens.

»Clarice Lispectors grandioser Kurzroman *Der große Augenblick* ist bestürzend, böse und herzbewegend.«
Christian Thomas, *Frankfurter Rundschau*

Schöffling & Co.

Sascha Reh
Gegen die Zeit
Roman
360 Seiten. Gebunden. Lesebändchen
ISBN 978-3-89561-087-5

Anfang der siebziger Jahre herrscht Aufbruchsstimmung in Santiago de
Chile: Der sozialistische Präsident Salvador Allende ist fest entschlossen,
das Land aus seiner wirtschaftlichen Abhängigkeit zu führen und die Not
der verarmten Bevölkerung zu mildern.
Dafür setzt er auf ein kühnes Projekt: Die Fabriken des unwegsamen
Andenstaates sollen vernetzt und von einem zentralen Rechner gesteuert
werden. Ein internationales Team, unter ihnen der junge deutsche
Industriedesigner Hans Everding, wird beauftragt, das Datennetzwerk
aufzubauen. Begeistert ergreift Hans die Chance, an der Revolution
mitzuwirken und für eine gerechtere Gesellschaft zu kämpfen.
Der Putsch des Militärs setzt diesem Traum jäh ein Ende. Alle, die an dem
Netzwerk mitgearbeitet haben, geraten in Lebensgefahr. Niemand weiß,
wer Freund und wer Feind ist, und die gesammelten Daten dürfen
keinesfalls in falsche Hände geraten.

Gegen die Zeit erinnert an ein historisches Experiment mit überraschender
Aktualität: eine dramatische Geschichte von Aufbruch und Enttäuschung,
von Vertrauen und Verrat.

»Die sehr weitreichenden Fragen, die in diesem Roman verhandelt werden,
sind in der deutschsprachigen Gegenwartsliteratur wahrscheinlich nie
plastischer inszeniert worden.«
Kai Sina, *Frankfurter Allgemeine Zeitung*

Schöffling & Co.